湖北省学术出版专项资金
Hubei Special Funds for Academic Publications

武汉城市研究书系

武汉沦陷史

Wuhan Lunxianshi

主　编　涂文学　刘庆平
副主编　邓正兵　李卫东

长江出版传媒｜湖北教育出版社

序

章开沅

无庸讳言，武汉沦陷史研究曾经长期受到冷落。我虽然对日军侵略暴行做过若干系统揭露工作，但那只限于南京市内，并非武汉本地，因此内心常怀愧疚之感。

有件事使我尴尬。2002 年，日本“铭心会（南京）”会长松冈环率团专程前来武汉，调查武汉沦陷时期日军暴行。她是我在从事反对日本军国主义复活学术活动中结识的亲密战友，我当时正在汉城大学参加世界史国际研讨会，且还是大会主题发言人之一，只能委托两位年轻学者接待。但由于准备不够充分，平素又缺乏研究，也就没能满足友人的热切期盼，特别是与南京学界相比，更是瞠乎其后。

这是松冈环 1987 年以来第 17 次访华。离开武汉时，她代表铭心会赠送我两件珍贵礼物：一是她的最新著作《南京战・寻找被封闭的记忆》，一是全体团员在一面红旗上的签名题词。

新著的副标题是“侵华日军原士兵 102 人的证言”。自 1997 年秋开始，铭心会与旅日华侨中日友好促进会等社团，分别在东京、名古屋、大阪、广岛等 6 个城市设立“南京大屠杀情报热线”，千辛万苦寻找曾经参加过侵华战争的老兵，记录曾在他们头脑中封闭半个世纪以上的痛苦回忆，此项工作难度之大与用力之勤可想而知。此书由日中和平研究会策划，东京社会评论社于 2002 年 8 月 15 日出版。由于真实可信，备受各界关注，短短 3 个月内加印了 7 次，很快又销售一空。日本朝日电视台连续播放松冈环提供的采访录像带，竟获得两千万人次的收视。日本右翼势力气急败坏，疯狂攻讦，但丝毫也不能动摇以松冈环为代表的日本正义人士维护历史真相的钢铁意志。

铭心会访华团赠送的红旗上留下二十几位成员的题词与签名，仅就能辨认者记录如下：

历史应该明确无误。——松冈环

被害者的痛苦铭刻在心，因而发誓反对战争。——崎山昇

珍重生命，珍重历史。——高地良由经

为了创造美好的未来，目光也应注视过去。——新海智广

让历史真相永远流传。——高口悦子

从正视事实开始。——木村司

让历史共识成为中日友好的基础。——高实康稔

侵略军靴的音响，被高扬的反战呼声淹没，不忘南京。——森一女

反对“有事法制”，日本正在再次走上战争之路。——浅田文信

日本市民发誓不再拿起侵略的武器。——黑田薰

所知道的事情，不能忘却，不能回避，这是历史引发的沉重感受。

——桥场典子

战争、武力，什么也解决不了，和平友好是我们现在的追求。

——长崎门更月

坚决反对战争。——森正义

给世界以和平。——增日实

红旗正中集体题词与署名是：

前事不忘，后世之师——日中友好之翼铭心会（南京）

铭心会是一群普普通通的日本老百姓自发组织起来的民间团体，没有任何显要人物混迹其间，也没有任何政治背景。据我所知，会长松冈环是一位小学校长，秘书长是一位幼儿园老师，一些骨干也都属于社会中下层工资劳动者，如邮局小职员、小吃店老板娘之类，甚至有些就是家庭妇女。他们大多是参观南京大屠杀纪念馆以后，受到非常强烈的心灵震撼，发现日本政府与右翼分子在教科书问题上严重歪曲历史，掩盖历史真相，为复活军国主义开辟道路。他们没有很高的学历，却富有人性的良知，因而奋起维护历史真实，维护世界和

平。他们最初是少数人的聚合，逐渐形成为松散的团体，但发展很快，从一个地区延伸到另一个地区，终于形成一个颇具规模的铭心会。这群善良而又执著的日本老百姓，既不追名，又不求利，却年复一年，日复一日，坚持自己认为是正义的事业。许多活动都是自愿参加，也向社会各界急公好义人士募集少量捐赠。

所以，我把这面红旗珍藏在书房里，经常看看，如见故人，共吐心曲，仿佛仍在协同战斗。我把他们当做战友，也看成是老师。这些日本人能把中国抗战时期沦陷区历史研究做到如此极致，我们作为中国当代历史学者岂能淡漠视之。“难道你现在的科研项目就那么宝贵，那么重要，连一点时间也抽不出来关心自己所在城市的沦陷史吗?”我经常自责，也对那些自命为高人一等而实际是空谈误国的公众人物颇有微词。我现在已经很难进行这方面研究，但高兴地看到现今沦陷史已经愈益得到学界、社会、政府的重视与支持。特别是我的若干学生已经持之有恒，坚持沦陷区历史研究并且取得卓越成果。人心不死，史魂犹在，九十老翁，夫复何求?

文学最近携《武汉沦陷史》部分书稿前来看我并要求作序。我既已为重庆《大后方丛书》写序在前（共100卷)，自应为《武汉沦陷史》撰序鼓呼于后，理所当然，义不容辞。文学为武汉土著，曾师从皮明庥、冯天瑜治武汉城市史，又曾任职于武汉市档案馆多年，对武汉地区历史文献了如指掌，如数家珍。由他主持编纂《武汉沦陷史》，堪称最佳人选之一，必将大有所成。

武汉沦陷史本来就是武汉城市史的一部分，而从城市史的角度叙说武汉沦陷史，视野更为宽阔，视角更为多元，视觉也更为敏锐与深刻，不会停留于就事论事或表象之谈。作者在绪论中用二十余页的篇幅深入阐析战争与城市的关系、沦陷史研究的城市史视野、沦陷对中国城市的影响等，从理论与学术路径两方面都有创新，堪称开风气之先。

当然，无论从何种视角考察，沦陷史的主体都应该是直接蒙受残害的城市居民，而如何看待沦陷区的众多城市居民，至今仍然是一个令人困惑的疑难问题。

全面抗战爆发以后，沦陷区人民一批又一批从东南地区西迁到西南与西北等偏僻地区。但坚壁清野只能是一种政治口号，多数无依无靠并且失去抵抗能力的普通民众只能留在已经沦陷的城市，任由侵略军残害。根据国际惯例，这些城市的政府在撤退前应留下少数市政人员负责照料这些民众，但国民党政府人员在撤退之际大多是一走了之。即以当时的首都南京为例。据当年德国驻华使馆官员罗森给本国外交部报告记述，他在南京沦陷前曾与英、美使馆同事向蒋介石建议，即令南京被日军占领，“保留包括警察在内的南京文职市政管理机构也是有益的”。蒋政府曾有意让南京市警察局长王国盘（音译）留守。此人能说德语，且与德侨关系密切，应属比较理想的人选。但他却胆怯拒绝，并因此被解职，而南京市政府也没有改派他人接任，遂使数十万南京民众只能由南京安全区国际委员会二十几名外侨与许多中国志愿人员全面负责管理照料。但日军攻占南京以后，不顾国际公法，蓄意纵使官兵大肆烧杀淫掠，使南京滞留居民遭受空前深重灾祸。

抗战胜利后，国民党政府还都南京，沦陷区人民欢欣鼓舞，满心指望重见天日。不料国民党政府对沦陷区民众弃之于前，而又歧视压榨于后。接收变成“劫收”，所谓“五子（房子、厂子、金子、车子、婊子）登科”，巧取豪夺，特别是强制以法币兑换“中储券”等伪币，使所有沦陷区人民遭受一次大规模公开搜刮。国民党的失败，表面上是军事溃败，实际上是民心尽失，其中就包括沦陷区的亿万民心。流行一时的民谣“想中央，盼中央，中央来了更遭殃”，即当时真实写照。我认为，作为当代历史的一个重要部分，沦陷区人民的社会生态与心理变迁，也应该继续加强研究。

暑热渐近，头昏眼花，信笔写来，未知所云。聊以充序，尚请各界先进见谅。

戊戌仲夏于桂子山

年方九二也

序

张宪文

2018年5月13日，赴武汉大学协商学术合作事宜，巧遇湖北教育出版社李作君编审，他恳切地希望章开沅教授和我为即将出版的涂文学教授的新著《武汉沦陷史》各写一序。章开沅教授虽出生于江浙，是金陵大学和南京大学的杰出校友，但他长期引领湖北学术界，对武汉有更多更深刻的了解，更有发言权，而我是久居长江下游南京的山东游子，提笔论说武汉，实感惶恐。

武汉是名扬海内外的大都会。它雄踞江汉平原，握长江中游，是华中重要的水陆交通枢纽，也是影响广泛的工商业名城，素有“九省通衢”的美誉。特别是第一座长江大桥在武汉修建，以及毛泽东在武汉畅游长江，更加增添了武汉的知名度。

武汉，是中国历史文化名城。在孙中山革命思想的鼓舞和带动下，为中国近代民族民主革命运动做出了杰出的贡献。它与广州、南京等城市一起，高举革命火炬，在大江南北，点燃了熊熊的革命烈火，结束了两千多年的封建君主专制制度，推动中国近代社会走向现代化的道路。

中国的东方邻国日本，在19世纪中叶明治维新以后，试图建立亚洲第一大国，但其国土狭小，资源不丰，在国内扩张主义理论者和军国主义势力的助推下，不惜侵犯邻国，掠夺中国和亚洲各国的资源和财富，借以弥补国内资源的不足，以建立新兴的军国主义、霸权主义大国。

日本发动的侵华战争，除华北战场外，在中国长江流域的战略方向，是占领上海、南京，直取武汉，控制华中腹地，然后挥师南下，直捣东南亚各国，实现其称霸亚洲的企图。日本最初设想是三个月灭亡中国，然而在上海一地就遭到中国军队的奋勇抵抗，伤亡惨重。日本攻占中国首都南京，试图从政治上压迫中国政府投降。中国付出了 30 万军民被日军屠杀的代价，仍表现了不屈服的抗日决心。国民政府迁都重庆，显示了持久抗战的坚强意志。

日本占领南京及华东大片国土后，武汉的战略地位明显突出起来。除国民政府部分官员随主席林森迁往重庆外，许多重要的军政机关会聚武汉，以便就近指挥抗日作战。如国民政府军事委员会、第九战区司令部，以及许多文化团体、报刊媒体和由沿海地区迁来的企事业单位等，中共在国统区的派出机关也设在武汉。武汉地区形成了以国共两党为核心的各种抗日力量的大团结，成为了全面抗日战争中期的临时国都。

日本占领南京后的重大军事目标，是要占领武汉，以便控制中国腹地。它最初决定沿陇海铁路西上，转平汉铁路，进攻武汉。可是，滚滚的黄河之水，在郑州附近的花园口破堤，使豫皖苏的广大民众遭受家破人亡的惨剧。黄泛区的形成并未完全阻止住日军原有的战略企图。日本改变了进军方向和路线，沿着长江两岸西进，绕过大别山区，以从北、东两面包围武汉。

武汉会战，中日双方在豫皖鄂交界的广大地区，进行了大小战斗数百次，历时四个月时间，伤亡惨重。武汉会战成为中日双方自开战以来规模最大的一次会战。日军最终实现了它的战略目标，于 1938 年 10 月下旬占领了武汉。中国的南大门广州，也同时陷落。

武汉、广州的失守，标志着南中国军事、政治形势的巨大变化。从军事战略上说，中日战争进入了战略相持阶段。日本自九一八事变以来，在中国战场上不断增兵。这也给日本国内兵员、经济带来巨大压力。战争延伸至南中国，日本的战域更加广泛、兵力不足的弱点日益显露。这就导致日军兵力分散，无法集中运用优势兵力与中国军队作战。在多数情况下，只能分兵驻守铁路沿线。这一时期，中国政府不断召开军事会议，特别是南岳军事会议，调整军事战略方针，重新划分战区，以利继续战斗。

日本以战争手段在中国占领大片土地和大大小小的城市和乡镇，它给中国人民带来深重的灾难。战争导致中国形成三个区域，即国民政府仍然控制的西南、西北大后方，中国共产党在敌人后方收复的大片国土即抗日根据地，以及在日伪统治下的沦陷区。在这三个区域内，许多城市显示了不同的生存状况。就沦陷区而言，许多中国著名的大城市，如北京、天津、南京、上海、广州、武汉等，都陷入敌手。在这些城市中，都表现出日伪统治的共性和特性。如武汉沦陷后，日军首先加强军事控制，建立伪组织、伪政权，实施“以华制华”。而掠夺中国财富、实施奴化教育、残酷镇压中国民众，都是日军在中国沦陷区和占领的城市中广泛推行的残暴政策。然而，就是在日伪的严酷统治下，中国人民并不屈服，仍然不断地以各种手段和形式，与日军抗争。如武汉城区和周边地区的民众，有的是自发的或在中共领导下，继续与日伪斗争。再如上海沦陷后的“孤岛”时期，不仅广大市民生活在极端困难之中，各种政治力量亦表现了错综复杂的政治斗争甚至军事斗争，其中有国民政府、中共、伪政权、日军和租界力量。研究抗日战争时期的城市历史，是抗战史研究不可或缺的方面。而长期以来，我们不甚注意研究城市沦陷史，更未注意从不同的视角深化研究。涂文学教授的新著《武汉沦陷史》，为这方面的研究提供了典范。向他表示祝贺。

2018 年 7 月 2 日

于南京

目　录

绪论　沦陷史研究的城市史视野

（涂文学，江汉大学城市研究中心教授；
王　耀，江汉大学城市研究中心助理研究员）

第一章　从“天下四聚”之一到“东方芝加哥”：全面抗战前的武汉

（涂文学）

第二章　全面抗战前日本在武汉地区的渗透与掠夺

（陈朝霞，武汉博物馆副研究馆员）

第三章　武汉会战与武汉沦陷

（柯育芳，武汉理工大学教授；
邓正兵，江汉大学人文学院教授）

第四章　日军在武汉的军事统治和侵略暴行

（柯育芳）

第五章　日本“以华制华”的政策与武汉伪组织、伪政权

（彭　建，武汉博物馆副研究馆员；
李笙清，武汉博物馆馆员）

第六章 城市经济的衰败与殖民化

（王　钢，武汉图书馆馆员；
张　均，武汉地方志编纂委员会办公室）

第七章 以思想奴化为中心的文化控制

（李勇军，中南民族大学民族学与社会学学院副教授；
秦　熠，中南民族大学民族学与社会学学院讲师）

第八章 教育主权沦丧与城市奴化教育

（任晓飞，武汉博物馆副研究馆员）

第九章 城市管理体制异化与市政颓败

（路彩霞，湖北省社会科学院文史研究所副研究员）

绪论

沦陷史研究的城市史视野

全球城市史研究专家、美国哥伦比亚大学教授斯基娅·萨森曾言："一直以来，城市都是各种矛盾冲突的发生地——战争、种族冲突、宗教仇恨以及对穷人的驱逐。"由于城市是交通集结点，是国家权力的象征或区域的政治中心，是工商业中心和人口集聚中心，使其自诞生之初就与战争结下不解之缘。城市成为战争双方争夺的重要目标与打击对象，其得失更直接影响战争的进程与结局，十四年的抗日战争亦不例外。十四年间，日方自始至终以占领全国和区域中心城市为其首要目标，沦陷后的中国城市或成为日军的军事堡垒，或成为其后勤保障基地，或成为殖民经济的附庸，使得现代中国城市化、城市现代化乃至整个国家社会现代化进程严重受挫。当下，突破单纯政治史、军事史研究范式的窠臼，以新的城市史视角研究抗战史和沦陷史，从而在全新的视域和更深的层次上揭露日本侵华战争给中华民族带来的灾难性后果，以"推动国际社会正确认识中国人民抗日战争在世界中的地位和作用"。

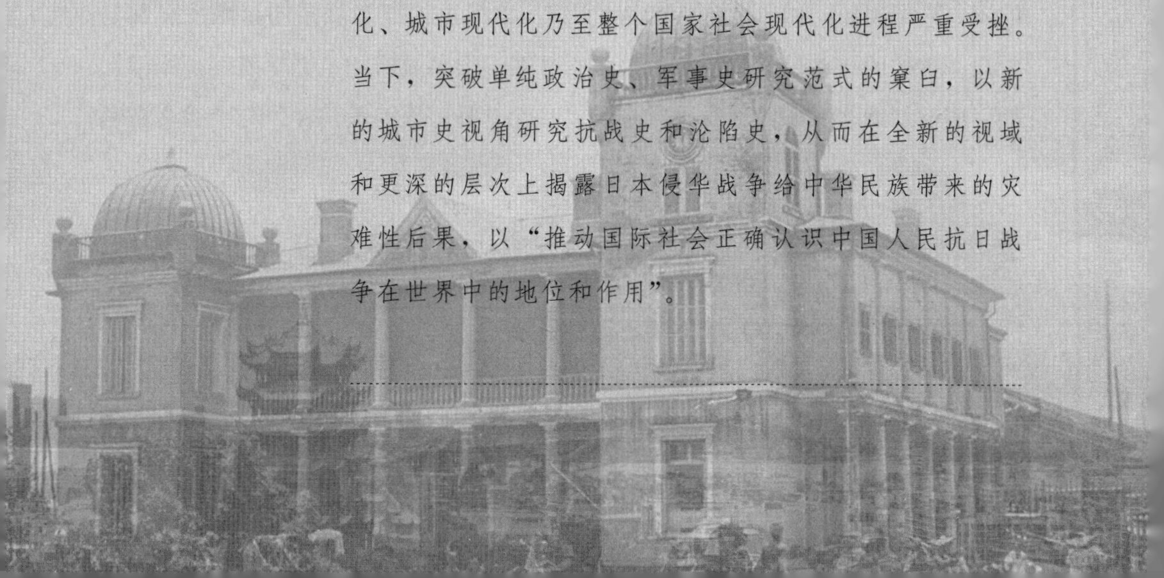

1931年日军发动九一八事变，沈阳成为日军攻击的首要目标。1937年七七事变爆发，日军的主要目标则是北京城。同年日军制造八一三事变，侵略目标直指上海。其后的太原会战、徐州会战、南京保卫战、武汉会战、长沙会战等诸多战役中，日方无一不是以占领全国和区域中心城市为首要目标。抗战十四年间，中国中东部共计1162座城市沦陷在日军铁蹄之下。因此，在抗战史、沦陷史的研究中，有关城市与战争关联的研究是不容忽视、必不可少的重要一环。然而在当前的研究中，以城市的视角进行抗战史、沦陷史的研究凤毛麟角、屈指可数。如何全面反映抗战、沦陷的真实面貌，深化抗战史、沦陷史研究？我们认为，对战争中的主要目标——抗战及沦陷时期城市开展研究，并以城市史的视野观照抗战史和沦陷史，不失为一条可行路径。

一、“筑城以卫君，造郭以居民”：战争与城市的关系

城市自诞生之初就与战争息息相关。战争是城市发展之因，也是城市发展之果。全球城市史研究专家、美国哥伦比亚大学教授斯基娅·萨森就曾指出：“一直以来，城市都是各种矛盾冲突的发生地——战争、种族冲突、宗教仇恨以及对穷人的驱逐。然而，历史上在民族国家通过武力方式来应对各种矛盾冲突的情况下，城市往往通过商业和市民活动来治愈创伤。”① 一方面，城市的起源、发展与战争息息相关、密不可分。美国著名城市史学家乔尔·科特金在《全球城市史》中指出安全的需求是城市产生的三大原因之一，“很多城市最初或是作为逃避游牧民族的掠夺，或是逃离在整个历史上全球很多地方普遍存在的不守法纪现象的避难之地而形成的”②。中国古代很多城市的起源发展都与其自身重要的战略地位和军事目的紧密联系，很多城市的主要功能就是军事性的，所谓“城者，所以自守也”③，“筑城以卫君，造郭以居民”④，“古者有城

① 斯基娅·萨森著，孙莉、黄小兵译：《全球挑战的城市化趋势：以不对称战争为例》，《国际城市规划》2011年第2期。

② 乔尔·科特金著，王旭等译：《全球城市史》，中国社会科学出版社，2014年，第5—6页。

③ 周才珠、齐瑞端译注：《墨子译注》，贵州人民出版社，1995年，第32页。

④ 李昉等：《太平御览》卷一九三，中华书局，1960年，第933页。

必有郭，城以卫民，郭以卫城”①，“古者，为国必察土地、山陵阻险、天时地利，然后可以王霸。故制地城郭，饬沟垒，以御寇固国”②。春秋时期，列强争霸，相互征伐，筑城频仍。据统计，各国筑城之举就超过 50 次。③ 而在欧洲“其中有的堡垒在不发挥作用后完全消失了，而另一些堡垒却因其能提供庇护而成功地吸引着工商业者，结果成长为重要城市”④。城市内“除了兵营和练兵场”外，“还有兵工厂和军火库”⑤，城市由始至终都一直扮演着军事要塞的角色。“古代城市的起源结构中，习染极深的是战争和统治，而绝非和平与合作。”⑥

另一方面，城市的中心地位决定了其在战争爆发时，往往成为兵家必争之地。城市既是一个国家权力的象征或一个区域的政治中心，又是工商业中心和人口聚集中心。此外，它还是交通集结点。由于“城镇聚集着财富和权力，因此引起征服者或掠夺者的注意”，“占据城市中心，就能最好地从政治上和经济上控制地区。因而，城镇是战争的首要目标”。⑦ 城市政治和军事价值往往成为攻防双方的重要目标与打击对象，城市得失影响战争的进程和结局。丢失了重要的城市，就等于丧失了进行战争的物质基础和重要平台。战国时期，关于攻城略地的记载屡见不鲜，不胜枚举。赵国攻燕国，“得上谷三十城”，秦国攻魏国，“拔魏之河内，取城大小六十余”。乐毅攻齐，则“下齐七十余城”。西

① 孙承泽：《天府广记》，北京古籍出版社，1984 年，第 42 页。

② 桓宽：《盐铁论・险固》，上海人民出版社，1974 年，第 108 页。

③ 胡如雷：《中国封建社会形态研究》，生活・读书・新知三联书店，1979 年，第 246—247 页。

④ 诺尔曼・庞兹著，刘景华、孙继静译：《中世纪城市》，商务印书馆，2015 年，第 15 页。

⑤ 刘易斯・芒福德著，宋俊岭、倪文彦译：《城市发展史——起源、演变和前景》，中国建筑工业出版社，2005 年，第 380 页。

⑥ 刘易斯・芒福德著，宋俊岭、倪文彦译：《城市发展史——起源、演变和前景》，中国建筑工业出版社，2005 年，第 48 页。

⑦ 帕特里克・奥沙利文等著，荣旻译：《战争地理学》，解放军出版社，1988 年，第 193 页。

周君曾献给秦昭襄王三十六城。① 城市在战争中的地位作用，都远远超过其行政边界，对它所在的整个地区、甚至整个国家的荣辱兴衰产生着巨大而深远的影响。城市的这些属性及功能决定其在战争中必然成为首要的攻击目标。古代如此，近代亦然，中国及世界爆发的若干次战争，其作战的目标指向主要是围绕大中城市进行，如二战欧洲战场的斯大林格勒战役，中国抗日战争时期的淞沪会战、武汉会战等，无一不是如此。

城市更是战争胜负的重要标志。正如人们看到的，无论是在传统的大规模战争，还是现代的高技术局部战争中，交战双方总是以夺取或固守某些重要城市为取胜标志的。第二次世界大战中的欧洲战场，德军入侵波兰和法国，以夺取两国首都华沙和巴黎宣告胜利；而苏、英、美等国也是以攻占德国首都柏林而宣告战争结束的；1978 年苏军入侵阿富汗标志性的事件是攻占首都喀布尔；2003 年的伊拉克战争，美英联军更是以长途奔袭，直接夺占并控制巴格达、巴士拉、纳西里耶、纳杰夫、乌姆盖茨尔等几个主要城市而宣布主要战事结束。在战争中，重要城市的得失将直接影响和左右战争的进程和结局，也成为战争胜负的主要标志。

武汉城市的起源与其独特的地理位置、与战争息息相关，所谓“雄镇虽闻夏口名，河山百战未全更”②。战争直接影响着城市的兴衰发展与城市功能的演进。武汉建城本就是军事需要的产物。商代盘龙城的军事意图极为突出，“商前期是盘龙城遗址持续的历史年代。盘龙城三、四期之交，正是历史上夏、商之际，是成汤南征之时。而古代南方遗留下来的商代遗址，以这里规模最大，布局最为清楚。从而推断盘龙城是商王朝征伐南方的军事据点。”③ 两汉三国时期郤月城、鲁山城、夏口城的修筑与战争直接相关。郤月城构筑于汉宣帝时，“是武汉地区见于史籍的最早一座城堡，它南倚龟山，北面汉水，紧扼

---

① 参见胡如雷：《中国封建社会形态研究》，生活·读书·新知三联书店，1979 年，第 246 页。

② 吴淇：《汉口》，武汉市方志办、武汉市图书馆编：《民国夏口县志校注》，武汉出版社，2010 年，第 615 页。

③ 陈贤一：《盘龙城遗址的分期及城址的性质》，《考古学研究》（五），2003 年。

汉水入江的交通要道，在军事上起着重要的屏障作用”①。鲁山城由刘表之子刘琦所建，其目的就是为了抵抗孙权势力的侵袭，但最终被孙权所占领。黄武二年（223），孙权筑夏口城于黄鹄山（蛇山），曾以重兵守之。武汉的地标建筑——黄鹤楼亦是建于此时，最初本是夏口城登高侦察的军事瞭望台。“吴黄武二年城江夏，以安屯戍地也，城西临大江，西南角因矶为楼，名黄鹤楼。”②可见，“夏口城和黄鹤楼的始筑，最主要的是军事功能，城为战守，楼为瞭望，都是为适应当时军事斗争的需要而诞生”③。

南北朝时期武汉更是南北争夺的前沿阵地。宋孝武帝孝建元年（454），刘宋政权在夏口城基础上构筑郢州城。南梁简文帝大宝元年（550），侯景叛乱，梁邵陵王萧纶引兵至江夏，双方在今武昌、汉阳多次交战，次年侯景攻克郢州城，梁湘东王萧绎派王僧辩帅兵从江陵出发东讨侯景，围攻郢州城、鲁山城长达5个月，城内“皆积尸于床下，而生者寝处其上，每屋辄盈满”④。是年六月才攻取鲁山，继克郢州。北齐天保六年（555），南梁守将将郢州城献给了北齐，其后双方在郢州进行了激烈的争夺，“城中食少，粮运阻绝，无以为计，唯煮槐楮、桑叶并纻根、水萍、葛、艾等草及靴、皮带、觔角等物而食之。人有死者，即取其肉，火别分啖，唯留骸骨”⑤。从宋孝武帝孝建元年在夏口建郢州城，一直到南陈光大元年（567）北周将军拓跋定率步骑二万攻取郢州，处于南北交会、兵家必争之地的郢州城经历了百余年的战火涂炭，其中尤以南北朝后期梁陈两朝为甚。唐末农民起义。起义首领王仙芝、黄巢转战江汉。乾符四年（877），王仙芝曾攻入鄂州（今武昌），广明元年（880）黄巢亦曾进逼鄂州江夏城下。宋金对峙之时，武汉长期是双方争夺的前沿阵地。名将岳飞自

---

① 皮明庥、欧阳植梁主编：《武汉史稿》，中国文史出版社，1992年，第99页。

② 李吉甫：《元和郡县图志》卷二十七《江南道三·鄂岳观察使》下册，中华书局，1983年，第644页。

③ 皮明庥、欧阳植梁主编：《武汉史稿》，中国文史出版社，1992年，第109页。

④ 姚思廉：《梁书》卷十二《韦睿传》，中华书局，1973年，第221页。

⑤ 李百药：《北齐书》卷二十《慕容俨传》，中华书局，1972年，第281页。

绍兴四年（1134）兼任荆南鄂岳州制置使起，驻屯武汉七年。他以武汉为基地，先后收复襄阳及郢、随、唐、邓州、信阳军诸州、军，并北伐攻克商州、虢州，抵挡住了金军的进一步南侵，保住了南宋的半壁江山。元末农民起义时，武汉更是饱受战火之苦，并先后成为徐寿辉天完政权和陈友谅大汉政权的首都。元至正二十三、二十四年（1363、1364）朱元璋两度围困江夏，击败陈友谅之子、汉帝陈理，包括江夏在内的江汉流域始归于明。明末清初，农民起义，明清交战，交替进行，武汉成为交战双方反复争夺的拉锯战场，战乱频仍，城市屡遭重创，百姓苦不堪言。崇祯十五年（1642），左良玉在李自成的逼迫下退守武昌，武汉三镇被左良玉军洗劫一空，其部“驻于武昌城外金沙洲，洲人受其荼毒，与汉口镇同。二镇故并饶财货，甲于全楚。不数日，荡然矣”①。在武汉劫掠一月后，左良玉军在李自成的锋芒下仓皇逃离武昌。崇祯十六年（1643）三月，另一支农民起义军张献忠部又攻占武汉三镇并建立大西政权，其虽在武汉有一些安抚措施，但为人暴烈，嗜杀成性，焚楚王府，烧黄鹤楼。是年八月，才退出武昌。左良玉重新占据武汉，对三镇又进行了历时一年零八个月的劫掠与破坏，甚至在顺治二年（1645）败退武汉时，放火焚烧武昌城。顺治二年，李自成抗清失败南下，经襄阳进入汉阳，再由江夏、咸宁、蒲圻到达通山，遭地主武装袭击身亡。连年的战乱，给武汉三镇以毁灭性的破坏。直至顺治九年（1652），湖广四川总督祖泽远仍奏称武汉地区“荒村野火，寥落堪悲”，“省会武昌徒存瓦砾，编蒲暂息”。②

到了近代，武汉更是长时期被战火所笼罩。太平天国运动期间，武汉是清军和太平军反复争夺的焦点，太平军1853年1月、1854年6月和1855年4月三克武昌，并四次占领汉口、汉阳。1864年7月，捻军在距汉口市区仅二十余里的黄陂滠口一带与清朝湖北守军激战，汉口一度告急。辛亥革命时，汉口和汉阳成为规模最大、争夺最激烈、牺牲最惨重的战场。1911年10月18日至

① 魏晋封：《竹中记》，转引自皮明庥、欧阳植梁主编：《武汉史稿》，中国文史出版社，1992年，第251—252页。

② 李文海主编：《清史编年》（一），中国人民大学出版社，1985年，第347页。

11 月 27 日，革命军与清军在汉阳、汉口进行了历时月余的激战，史称“阳夏战争”。10 月 31 日，清军纵火汉口。“汉口繁华市区顿成灰烬。入夜，大火更烈，烟云蔽空，惨不忍睹。这一次汉口大火延续至 11 月 4 日，市区 1/5 被毁，给武汉人民带来了巨大灾难。”① 北伐战争时，武昌城被围 43 天，城内百姓尽皆断食，只得“夹道冬青充饮食，当窗蕉叶入庖厨”②，饿殍载道，惨绝人寰。

战争与城市之间这种紧密的内在关联性和互动性，使得战争对城市发展产生了极为重要的影响。

其一，战争自身极大的破坏作用，常常给城市带来毁灭性灾难，城市的发展因此而陷于停滞甚至倒退。

刘易斯·芒福德曾言城市“招致集中的军事控制，有计划的劫掠，以及经济上的寄生性——这种种惯例都是与城市文明应促进生命活动背道而驰的，并且最终将一座又一座的古代城市引向毁灭……经城市的广泛联系和劳动分工合作所取得的大宗财富，现在却恰恰被战争的经济破坏活动所抵消。这种周期性的骚乱，早在古代城市的结构中就已伏下了远因”。③ 太平军占领南京后十余年，南京一直是战争风暴的中心，以丝织业为代表的传统支柱产业急剧衰落，南京作为东南政治、经济、文化中心地位完全丧失。

其二，战争对城市的发展在某种程度上也是一种机遇。这种机遇主要体现在时效性和空间性上。

时效性是就战争的性质属性而言，一场正义的战争在破坏一个旧世界的过程中不可避免地对城市造成破坏，同时因其推行的种种变革措施改变了传统的生产关系和社会结构，为新一轮城市发展创造了全新的制度和社会环境，使之在更高层面获得了超常规的发展。武昌起义期间，经过几十年积聚和发展的汉

---

① 皮明庥主编：《武汉通史·晚清卷》（上），武汉出版社，2006 年，第 436 页。

② 陶名溢等：《武昌关城四十天目睹之惨状》，《武汉文史资料文库》（第一卷），武汉出版社，1999 年，第 213 页。

③ 刘易斯·芒福德著，宋俊岭、倪文彦译：《城市发展史——起源、演变和前景》，中国建筑工业出版社，2005 年，第 47 页。

口惨遭兵燹，人口锐减、市面萧条。“汉水河口聚集之船不及往年十分之一”。但是，辛亥革命结束了两千多年专制制度，湖北军政府和随后的南京临时政府颁布了一系列鼓励城市和工商业发展的政策，为武汉商业的发展创造了新的环境和条件，武汉城市现代化在更高更新的层次上获得质的飞跃。“长期以来，汉口腹地的农产品是本埠源源不断的财富源泉，革命所带来的创伤有可能使武汉成为雄伟的制造业中心的日子越来越近”。“1912 年年初——革命后的第一年——汉口城的废墟仍在冒烟，贸易前景令人沮丧。尽管交通严重受阻，城区仍还在遭受蹂躏，但 1912 年的贸易总值竟然创历史纪录，超过 155 000 000 两”。汉阳钢铁厂“1913 年这座工厂仓促投产”。扬子机器厂，“这十年里（指 1911—1921）发展步子较大”①。《海关十年报告》以赞赏的口吻介绍辛亥革命后武汉贸易和工业的发展变化，肯定了革命后的一些新政对城市现代化发展的推动作用。

空间性主要表现在一场大的战争对此城是一种灾难，但对彼城却可能带来发展的机遇。太平天国运动时期，太平军与清军在武汉反复作战，城市人口锐减。“武昌城中，民物凋敝，官场尽如乞丐，非三五年长养抚育，其气不苏。”② 以至于王葆心在《再续汉口丛谈》中认为，这是自元末以来武汉四大奇灾之一。与武汉相反，在长江下游江浙一带的富商、地主、官绅为了躲避太平天国战乱纷纷迁居上海，他们所带来的巨额财富以及消费需求，不仅极大地推动了上海地价的上涨，同时也刺激了其他行业的迅速发展。“江浙一带富绅巨贾争赴沪滨，以外侨居地为安乐土。据统计所示，1860 年前英美居留地间华人已达 30 万，而 1860 年竟增至 50 万。此种避难的富豪都不惜以重金获得居留地间一栖址为万幸，西人于是大营建筑的投机，以最迅速的工程，最简陋的材料，就空地兴建大批房屋，以供华人居住，而转瞬间获得 4 倍的巨大利

① 穆和德等著，李策译：《近代武汉经济与社会——海关十年报告——汉口江汉关（1882—1931 年）》，香港天马图书有限公司，1993 年，第 74、107、129 页。

② 梅英杰：《胡文忠公年谱》（卷一），台湾文海出版社“近代中国史料丛刊”影印本，未载影印年份，第 4 页。

差。一些新的居民点和商业区开始形成，新筑室纵横十余里，地值每亩数千金，并越过租界地域向外扩展。静安寺在清华东北四里许，本一大丛林，无市也；粤匪时，英商开通马路，渐成市集，后被融入公共租界的版图。”① 大批江浙富商来沪，带来了上海商业和金融业的繁荣，“商人借经商之名，为避兵之实，既连袂偕来，即内地绅商，亦以租界处中立地位，作为世外桃源。商人集则商市兴，绅商集则金融裕，而商业之金融尽管乃次第而开设矣，此为此市钱市发达之最初原因也”②。同样是一场战乱，带给武汉和上海的影响却是如此不同。全面抗战时期，中东部城市一片焦土，城市现代化进程完全中断。但对大后方城市特别是重庆而言却恰恰相反，由于政府机关、工业厂矿、金融机构、高等学校的大量内迁，重庆成为名副其实的大后方的政治、经济、军事、文化中心，其城市现代化进程不断加快，开启了城市经济功能、社会功能的现代转型。

除了对城市的物质本体、经济功能的影响之外，战争对城市更深远的影响还体现在对城市文化、城市性格的塑造上。刘易斯·芒福德曾说：“驻军是城市建设的一支动力，对这一点不可低估。一支常备军是一群消费者，他们需要大量的供应。……城市出现这么一批机械的、训练得很顺从的人，势必影响到生活的各方面。军队的训练有素，为其他形式的高压政治提供了一个模式。人们逐渐习惯于接受训练教官的蛮横吼叫和上层社会的野蛮态度。”③ 武汉城市性格深受战争影响。武汉城市文化性格中“楚虽三户，亡秦必楚”的楚文化蛮勇气质，敢于斗争、敢于胜利的英雄主义精神，临危不惧、处危不惊的危机意识和应变能力，使得辛亥革命不仅在武昌首义，而且在武汉首胜，武汉人在近代中国民主、民族革命大潮中尽显风流，千古流芳。

---

① 戴鞍钢：《江南城镇通史·晚清卷》，上海人民出版社，2017年，第29页。

② 姚公鹤：《上海闲话》，商务印书馆，1933年，第161、162页。

③ 刘易斯·芒福德著，宋俊岭、倪文彦译：《城市发展史——起源、演变和前景》，中国建筑工业出版社，2005年，第381页。

二、"欲制中国之死命，以制上海、南京为最要"：沦陷史研究的城市史视野

城市是战争的主攻目标和胜利标志，这一战争史的重要特征在十四年的抗日战争中表现得尤为突出。有鉴于此，在抗战史和沦陷史的研究中，有必要以城市史的视野予以深度观照。

中国城市史的研究需要深化沦陷时段的研究，换言之，要加强对沦陷时期中国城市史的研究。城市史是一门从历史和社会的角度研究城市和城市社会发生、发展和演变规律的科学。对中国的城市而言，抗战及沦陷是中国近代城市发展进程中一个十分特殊的历史时段，日本的入侵与长时间的占领使得中国城市的形态与功能均发生异变，现代城市化进程出现断层。中国的城市化进程自晚清伊始直至全面抗战爆发前已有充分的酝酿与发展，特别是进入20世纪二三十年代，中东部城市进入发展的"黄金时期"，上海、天津、武汉、广州等城市都成为人口超百万的特大城市。然而全面抗战爆发，日本侵略对城市造成了巨大破坏，城市人口锐减，工厂西迁，商店关门，经济凋敝，城市现代化发展的惯性被扼止。大批城市沦陷不仅中断了中国近代城市化发展的正常轨迹，而且改变了中国城市发展的基本格局，沿海、沿江东南城市残破不堪，一片哀鸿，西南、西北地区城市因机关、企业及文教事业单位西迁而获得了发展良机。与此相关，在城市化种种动力机制中，战争和军事需要成为城市发展或衰退的重要因素。因此，研究抗战时期尤其是沦陷地区城市史，不仅能填补近代城市史研究的空白，而且对了解中国近代城市化发展速度迟缓、动力机制变异、城市功能蜕变、城市空间布局位移等有重要的学术意义和现实借鉴价值。

沦陷史的研究需要城市史视野的观照。沦陷史研究，应该主要是沦陷地区城市史研究。这是因为城市自始至终都是日军侵占中国的主要目标。战前，随着工业化运动的开展和中国城市功能的现代转型，城市尤其是东中部城市对中国经济发展的贡献几占半壁江山。按当年物价计算，1933年的国内净产值中，农业占65%；所有的工业（工厂、手工业、矿业、公用事业）占10.5%；贸

易居第三位，占 9.4%。其他部门依次为：运输 5.6%，金融、个人劳务和房租 5.6%，政府行政 2.8%，建筑 1.2%。① 从数据来看，城市经济所占比重似乎在整个国民经济中无足轻重，最多亦不会超过 35%。然而结合当时的人口数据却不难发现城市在国民经济中的重要地位。1933 年全国人口约为 5 亿，其中农业人口为 3.65 亿，占比为 73%，非农业人口 1.35 亿，占比为 27%。② 也就是说，27%的城市人口创造了 35%的社会财富。而在这些城市经济中，绝大部分的贡献均是来自于东中部城市，“20 世纪第二个 10 年开办的工厂(和矿场)，大都集中在上海、天津以及江苏、辽宁、河北、广东、山东和湖北等地。换言之，主要是在沿海和长江流域”③。到了 20 世纪 30 年代，这一数据有增无减，1933 年全国工厂共有 18 676 家，而其中上海3 485家，天津 1 224 家，武汉 787 家，无锡 315 家，广州 1 104 家，青岛 140 家，中东部六大城市占了全国的 38%；全国工厂资本数为 48 468 万元，中东部六大城市合计为 28 067 万元，占比高达 58%；全国工业生产总值为 138 662 万元，中东部六大城市就占了 78%，为 108 146 元；全国工人数 788 670 人，中东部六大城市合计有 434 360 人，占比 55%。④ 中东部城市在中国经济版图中的重要地位显而易见、毋庸置疑。

正是由于中东部集中了中国绝大部分财富，全面抗战伊始，日军的主要战略意图就是“致力于以占领足以控制中国大局的要冲为目标，进行无间断之积极作战，使国民政府产生连续的战败感”⑤，几乎所有的作战计划都是直指中国的主要城市。1935 年度作战计划中强调“不仅对于上海，还有南京、汉口、

---

① 费正清主编：《剑桥中华民国史》(上)，中国社会科学出版社，1994 年，第 41 页。

② 费正清主编：《剑桥中华民国史》(上)，中国社会科学出版社，1994 年，第 38 页。

③ 南开经济研究所：《南开统计周刊》，4 卷 33 期 (1931 年 8 月 17 日)，第 157—158 页。

④ 陈真等编：《中国近代工业史资料》第 4 辑，生活·读书·新知三联书店，1961 年，第 95 页。

⑤ 堀场一雄：《中国事变战争指导史》，时事通信社，1948 年，第 173 页。

长沙、重庆等处亦需派出舰艇。对该方向之用兵作战应特别予以关注”①。1937年，驻上海舰队司令官长谷川清则提出“单一目标”战略，“欲制中国之死命，以制上海、南京为最要”②。1938年6月，近卫首相智囊团“昭和研究会”炮制了《关于处理中国事变的根本办法》，强调：“攻下汉口是绝对必要的……对于国民政府来说，就意味着丧失了湖南、湖北的粮仓地带和中国内地唯一的大经济中心，不但会造成该政府自给的困难，并且会减弱现在唯一的大量武器的输入通道——粤汉路的军事、经济价值。这样一来，即使该政府逃到四川或云南，以保持余命，但在这种山岳地带，也无法发挥比一个地方政权更大的作用了吧。”③ 1942年1月，日军华北方面军制订“西安洛阳作战计划”，提出“攻占西安和延安，消灭胡宗南的第八战区中央军”④。1944年12月，豫湘桂战役完成之后，日本中国派遣军总司令官冈村宁次即筹划向昆明、贵阳、重庆、成都进攻，在《进攻四川作战计划大纲》和《派遣军今后作战指导意见》中提出“中国派遣军对中美联合从陆海两个正面进行总反攻的大陆作战必须判断适当，要抓住目前战略、政略上的最后良机，以异常的决心覆灭敌抗日根据地四川要地”⑤。

在以城市为主要目标的战略指导下，自九一八事变起，日军占领了包括华北、华东、华中、华南及西南腾冲地区等在内的大片中国国土，东北全部城市，江苏、浙江、山西、绥远等省的大部分城市，以及云南、贵州等省的部分

---

① 日本防卫厅防卫研究所战史室：《战史丛书·大本营陆军部》(1)，(东京) 朝云新闻社，1964年，第368页。

② 白井胜美、稻田正夫：《现代史资料 (9) 日中战争》(2)，(东京) 美铃书房，第17—18页、第186页。

③ 复旦大学历史系编译：《日本帝国主义对外侵略史料选编》，上海人民出版社，1983年，第266页。

④ 日本防卫厅战史室著，天津市政协编译委员会译：《华北治安战》(下)，天津人民出版社，1982年，第13页。

⑤ 日本防卫厅防卫研究所战史室著，天津市政协编译委员会译：《昭和二十 (1945) 年的中国派遣军》第一卷 (一)，中华书局，1982年，第75页。

城市先后沦入敌手。①

日军对中国的占领主要是对城市的占领，城市是日军的主要据点和大本营。如日军华北方面军下辖的第1军的司令部就设在石家庄，其隶属的第20师团驻扎在榆次（今山西晋中市榆次区），第14师团安置在磁县（今河北磁县），第109师团安排在顺德（今河北邢台市）。华中方面军下属的第10军的司令部被安排在杭州，由第18师团驻扎杭州，第114师团占据湖州。上海派遣军司令部被设置在南京，下辖第16师团驻扎南京，第3师团分散部署在镇江、丹阳等地，第9师团分别占据苏州、常熟、太仓、昆山等地，第101师团驻扎上海。② 这些城市在漫长的沦陷岁月里惨遭日军破坏，成为了日本军事占领、进行全面控制沦陷区、掠夺中国财富和资源的战略据点。

日本对中国财富和资源的掠取也主要是集中于城市。关于这一点，我们会在后文中详细阐述。

日本对中国城市的占领和掠夺，必然要中断城市发展的原有进程，改变城市本来的功能结构，使城市形态、城市性质发生蜕变。因此，以城市史的视野观照沦陷史研究，既有利于知晓日本的侵略意图、军事部署和战争进程，也有利于深入了解日本侵华对中国城市化和现代化进程所产生的灾难性后果。

但是，由于受观念、方法、史料等方面限制，过往的近代史和近代城市史研究、沦陷史和沦陷时期城市史研究并未受到学界重视。对单个沦陷城市的总体研究，“基本上没有开展，尤其是从东北四省到平津冀鲁、长江三角洲直至珠江三角洲地区的相关研究还很薄弱”③。就具体城市研究而言，已出版的著作成果仅有《秩序的沦陷——抗战初期的江南五城》《南京沦陷八年史》《沦陷时期的北平社会》等寥寥数本，论文方面则主要集中在对沈阳、上海、汉口、

① 傅林祥、郑宝恒：《中国行政区划通史·中华民国卷》，复旦大学出版社，2007年，第155—485页。

② 东晓、陈刚编译《〈战史丛书〉武汉会战资料汇编》，武汉出版社，2012年，第24、29、30页。

③ 陈谦平：《抗日战争研究的新史料与新视角》，《抗日战争研究》2016年第2期。

天津、广州等城市的研究，且多为教育、社会、人口、经济、文化等单一领域的研究。总体而言，沦陷史研究宏观描述较多，研究具体城市较少；揭露日方罪恶和暴行等表象研究较多，以城市现代化视野的长时段深层次研究较少。即使是已经出版的涉及具体城市的若干著作中，以城市史的角度对城市形态、功能、市政、城市现代化与现代城市化进程等内容的研究微乎其微。如《沦陷时期的北平社会》中，仅在第三章第六节中涉及了“为占领服务的城市建设和公用事业”的内容。《南京沦陷八年史》中，十二章内容则根本没有涉及城市形态、功能、市政等城市史内容。从这些已有的研究成果中我们不难发现，当下对沦陷城市的研究更多的还是传统政治史、军事史、经济史乃至地方史研究的延续。从城市史视角开展沦陷史研究，长时段、宽领域上探究战争和城市、沦陷对中国城市化乃至整个现代化进程产生的深远影响，城市史学界责无旁贷，任重道远。

三、“繁华市镇竟呈荒凉之景象”：沦陷对中国城市的影响

日本的侵华战争，不仅使中华民族遭受前所未有的苦难与屈辱，而且极大地改变了中国的历史进程，对现代城市化和城市现代化也产生了巨大而深刻的影响。

日军攻占中国城市的过程中，烧杀抢掠，无恶不作，城市被洗劫一空。1937 年卢沟桥事变后，华北各省主要城市迅速沦陷，造成大量工矿企业和设备损毁。其中，北平受损企业 97 家，损失 15 941 509 元；天津损毁工厂 53 家，20 502 093 元；青岛 137 家，10 618 980 元；山东 243 家，13 492 212 元；河北 27 家，23 487 712 元；河南 87 家，13 232 287 元；山西 71 家，15 157 746 元。[①] 八一三淞沪会战期间，上海工业直接损失就高达 8 亿元。[②] 另据上海公共租界工部局披露的统计数据，淞沪会战期间，上海全部被毁工厂 905 家，上海市社

① 陈真等编：《中国近代工业史资料》第 1 辑，科学出版社，1957 年，第 86 页。
② 日本东亚研究所：《中国占领地经济的发展》，资料乙第 86 号 A，1944 年，第 1 页。

会局的调查，被毁工厂近 2 000 家，而据日方估算，上海被毁工厂则有 2 270 家。① 1937 年 11 月 19 日，苏州沦陷。日军入城后大肆抢劫、纵火，江南名城内外处处血泊火海，瓦砾尸堆。阊门石路一带商业区被日机投掷燃烧弹烧毁，大火燃烧了三天三夜，面积几万平方米，石路一带遂成焦土。这一地区被毁商店、旅社、茶馆、戏院等二三百家，民宅六七百户，平民死亡不计其数。② 青岛“在事变前，共有纱厂十余家……事变后，除华商工厂一家存留外，其它纱厂完全破坏无余，以致事变前之一万七千三百五十四名女工及其关系之家族，共计四万余人，生活无着”，后虽经伪政权竭力复产，但效果甚微。③ 广州“本市最繁荣的长堤一带的蔬菜、水果、盐鱼等商店，以及城内汉民北路、惠爱西路及下九路、文昌路、第十甫路、十七八甫路、十三行、六街马路、杉木栏、黄沙等地的商店已成灰烬，满目荒凉。本市空间的大火，使数千间房屋被焚毁，全市商业受重大打击”。④ 日军在占领武汉初期，有计划地连续在城内放火。汉口和武昌不断可以看到日军焚烧居民住房的大火，有时一天竟有 10 多处烈焰腾空。放火之后，日军任火势扩展，有的地方大火竟连续 7 天不灭。民权路、民族路、汉江沿岸一带，尽成瓦砾。“武汉市区成为荒凉、恐怖的时节，人们提心吊胆，遑遑不可终日。不到 5 天，日军又大量拆毁民房，昔日商业繁华的黄陂街永界平迴（原文如此，疑为“回”）龙寺一带，一片瓦砾”。⑤ 抢劫更是常见的事情。据当时东京《朝日新闻》报道，日军自占领汉口，到 1938 年 11 月 25 日，1 个月时间，所存款项折合日币已达 60 万日元，而汇回日本的款项也有 60 万日元之多，军官的存汇款还不包括在内。由此可见日军在汉口劫掠的疯狂程度。1940 年 3 月 4 日，日军还抢掠了武汉大学的 42 080

① 朱斯煌：《民国经济史》，银行周报社，1948 年，第 244 页。

② 卞修跃：《日本侵华战争破坏了多少中国城市》，《新华澳报》（澳门）2005 年 7 月 6 日。

③ 《青岛市各纱厂相继开工》，《华北棉产汇报》1939 年第 2 期。

④ 台湾拓殖会社广东支店：《广东一年间回顾》，1941 年，转引自杨万秀《广州通史·现代卷》（下），中华书局，2010 年，第 486—487 页。

⑤ 《武汉文史资料》编辑部：《武汉大事选录 1898—1949 年》第 3、4 辑合刊，武汉市政协文史委员会内部发行，1990 年，第 330 页。

册图书。①

由于战争及日军沦陷时期的残暴统治，城市人口纷纷外逃，人口数量迅速下降，城市化水平直线下滑。南京沦陷后，在持续6周的大屠杀中，中国军民被日军残杀者超过30万人。南京人口也由1937年沦陷前的101.87万人锐减至1938年的43.8万人，到1945年日本投降时，南京人口也只有47.49万人。② 1937年广州人口为121.6万人，到1943年全市人口仅为64.3万人，几乎比全面抗战前减少了一半。③ 佛山经20世纪30年代初的发展，人口增长较快，至1937年城市人口已达20万。④ 但在全面抗战时期，佛山在日军的野蛮统治下，城市经济残破，民不聊生，佛山居民死亡、外逃者众多。到1946年仅剩下77 331人。⑤ 1936年，北京城近郊区人口为1 533 083人，10个远郊区人口为1 938 476人，共3 471 559人。沦陷期间的1942年，北京人口为1 792 860人，1943年到1945年连续下降，1944年只有1 639 090人。⑥ 郑州人口自卢汉铁路、陇海铁路通车后，迅速增长，到1936年，全市人口“约有二十万左右”。后因抗战沦陷，人口数量有较大幅度的下降，在1943年达到最低点，仅存三四万人。⑦ 福州城市人口在沦陷时期则由1934年的41.5万人减少至战后的25.8万人，人口损失率高达37.9%。⑧ 厦门沦陷后，为免于日寇的欺压大量人口逃难至后方或远渡南洋。到1941年全市人口仅余120 098人。即便抗战胜利后两年的1947年，厦门人口也只有137 000人，人口比全面抗战前

---

① 孟国祥：《大劫难——日本侵华对中国文化的破坏》，中国社会科学出版社，2005年，第27—28页。

② 曹洪涛、刘金声：《中国近代城市的发展》，中国城市出版社，1998年，第72页。

③ 冯静雯、李芳清：《浅论民国时期广州百货业的发展》，载《民国广州城市与社会研究》，广东经济出版社，2009年，第117页。

④ 佛山市地方志编纂委员会：《佛山市志》（上册），广东人民出版社，1994年，第200页。

⑤ 《南海公报》1947年12月15日。

⑥ 北京地方志编纂委员会编：《北京志·综合卷·人口志》，北京出版社，2004年，第25页。

⑦ 《郑州市委政研室关于郑州市几个基本情况调查》，中共郑州市委档案，全宗号1，卷17。

⑧ 福州市政协文史资料工作组：《福州地方志简编》（上），1979年，内部发行，第10页。

锐减了一半以上。① 在日本侵华期间，造成九江县人口死亡高达 23 537 人，整个九江地区的人口损失达 98 461 人，昔日繁华的口岸城市，沦为荒凉残败之城。② 南昌人口由沦陷前的 26 万人锐减至 6 万—7 万人。③ 武汉三镇沦陷前总人口为 125 万人，1939 年为 45 万多人，1940 年减至 31 万人，其中汉口仅有 15 万。直到日军投降的 1945 年，三镇人口为 79 万。伪政府公报就曾这样记载："当事变之际，市民逃避一空，繁华市镇竟呈荒凉之景象，热闹商场，徒余鼠窃之惊，所历浩劫亘古未有。"④

日军在占领城市后，奉行"以战养战"的策略，对城市工业、商业、金融、矿产等实施全面的管制与掠夺政策，将城市经济纳入其战争经济体系，为其侵略战争服务。

一是直接掠夺各类工商业资源并进行经营管理。上海的"日商纱厂被称为日本对华经济侵略的'枪尖'"。⑤"申新六厂于 1938 年 3 月 29 日被实施'军管'，申新五厂于 1938 年 7 月 13 日被'军管'，申新一、八厂于 1939 年 6 月由丰山纺绩株式会社代管"。⑥太原晋生染织厂被编为"军管理山西第 1 工场"，交由钟渊纺绩株式会社经营。太原炼铁厂、太原铸造厂等钢铁企业以及大同煤矿产品调剂与贩卖都被交给"兴中公司"经营。广东省营造纸厂被日本海军军部占领，利用该厂机器制造军需品；广州酒精厂在沦陷后被要求生产高度酒精以供军用。在青岛，唯一由华人经营的大棉纱厂——华新纱厂被强行收买并入日本人经营的宝来纱厂，"永裕盐业公司被海军'管理'，青岛茂昌蛋业冷藏公司被日特机关封闭，后强行作价给青岛三井物产株式会社，发展东亚蛋业冷藏株式会社。"⑦"日军占领天津后，曾以'军事管理'为名抢占了蜚声海

---

① 范寿春：《厦门知多少》，厦门广播电视报社，1999 年内部版，第 46—47 页。
② 政协九江市委员会文史资料研究会：《九江文史资料选辑》(3)，1985 年，第 164、194 页。
③ 《江西民国日报》1939 年 4 月 9 日。
④ 伪武汉特别市政府：《武汉特别市政府周年纪念特刊》，1940 年，第 3 页。
⑤⑥ 马俊亚：《抗战期间日军对江南棉纺织业的掠夺与控制》，《桂海论丛》2015 年第 4 期。
⑦ 傅清沛：《抗战时期日本侵略者对青岛的殖民统治与掠夺》，《山东社会科学》1995 年第 5 期。

内外的永利碱厂、利中酸厂；强行购买了中国油漆颜料公司，并改名为东亚油漆株式会社。天津著名实业家周学熙于 1906 年创办的启新洋灰公司和滦州矿务公司也被日方以‘军事管理’的名义强行霸占。”① 武汉沦陷以后，武昌第一纱厂被日军强占，交给日商经营，1941 年，改名为泰安纺织株式会社，以 60 万元作经营资本，并从九江英商纱厂和湖北官布局运来部分机器设备，开工生产。② 1939 年 9 月，日军强占南洋烟草公司并交给日商东亚烟草公司经营。1941 年，在日军的支持下，日本丸三烟草公司又强占英美烟草公司两个卷烟厂，次年改为颐中烟公司。武汉烟草行业全部为日本霸占。③ “汉口福兴源漂染整理厂原是一家规模较大、设备齐全的漂染厂，但在武汉沦陷后，机器设备如蒸汽机、锅炉、台车、黑油马达先后被日军吕武第六一一部队、大岛清酒厂、吉田产业株式会社、福美人酱厂运走。”④ 武汉车辆厂是华中地区重要的机车制造和修理厂，也被日军完全占领，为其修理铁甲车和机车。楚胜火柴厂在被日军占领后，设备被没收改建为日资“三井火柴厂”。既济水电公司、金龙面粉厂以及其他许多中小工厂，在西迁过程中都留下了许多机器设备，均被日军劫夺，日军利用其机器设备，设立新的工厂。如著名的日资华中电器股份公司、日华纺织株式会社、日华制油厂等，都是通过该种形式建立起来的。⑤

二是控制金融财政，操纵经济命脉。为了掠夺沦陷城市的物资和财富，支持日本的侵略战争，日伪实行恶性通货膨胀政策，毫无节制地发行军用票、中储券、“联银”券等各类无准备金的伪钞。日军在青岛大量发行“联银”券，仅 1938 年—1939 年两年中，就发行“联银”券 3.1 亿元。从 1939 年 3 月起，禁止法币流通，以“联银”券强行购买军事物资和工业原料。“日军占领广州

---

① 杨升祥、杜鸿林：《不能忘却的历史：日本侵略者对天津的经济掠夺》，《天津行政学院学报》2005 年第 3 期。

②③ 武汉市地方志编纂委员会：《武汉市志·工业志》，武汉大学出版社，1999 年，第 912 页。

④ 王新旺：《武汉沦陷时期日军的经济掠夺与民众生活》，《湖北社会科学》2014 年第 10 期。

⑤ 湖北省地方志编纂委员会：《湖北省志·经济综述》，湖北人民出版社，1992 年，第 87 页。

后，即大量发行没有准备金的军用手票强迫使用，不断压低法币、毫券与军票的兑换比率。1939 年初，规定法币 1 元 3 角兑换 1 元军票，毫券 1 元 8 角兑换 1 元军票。1940 年年中法币 1 元 5 角兑换 1 元军票。1942 年在广州法币 3 元 7 角兑换 1 元军票，在汕头法币 4 元兑换 1 元军票。1942 年 9 月，日军又下令禁止使用法币。"① 厦门沦陷时期，日伪发行各类伪币达 1 078 787 000 元。② "在开封，日曾规定人民不能持有法币，如发现持有法币一元者没收之，持有法币 60 元以下者处徒刑并罚款，持有法币 60 元以上者处死刑。"③ 1938 年 10 月，日军占领武汉以后，就在武汉发行"军用票"，在占领区强制流通，成为沦陷区的主要货币。伪省市政府规定，政府各部门之间的流通结算，一律使用军票。④ 到 1941 年底，军用票在华中各地的流通数量为 6 亿—12 亿日元。⑤ 而中储券的发行数量更大，在武汉发行的就达 1 481 亿元，票面额也由最初的 100 元增加到 10 万元。⑥

三是实行物资统制政策。日军对沦陷城市的物质进行严格统制，尤其是对粮食、军需物资等与战争有关的物资都实行统制政策，不允许自由交易，并通过成立垄断性的机构强化物资统制。日军在天津"制定颁布了违反统制物资治罪办法，成立各种统制机构，实行配给制度。采取军事、政治、经济并用的手段，严格统制物资，致使天津民族工业既难以得到原料，产品又被征购，一些行业陷入停产、减产，甚至破产的境地。"⑦ 厦门沦陷后，日军"颁布'搬运物品离厦者以军法处置'的军令，规定所有进出口厦门的货物，均由日人统

---

① 黄菊艳：《日本侵略者对广东的经济掠夺与经济统制》，《广东社会科学》1996 年第 4 期。

② 《厦门抗日战争档案资料·近代部分（二）》，厦门大学出版社，1997 年，第 398 页。

③ 刘世永：《日本侵略者对河南沦陷区的经济掠夺》，《河南大学学报（哲社版）》1988 年第 1 期。

④ 《市内交易一律使用军票》，《武汉报》1940 年 2 月 6 日。

⑤ 中国人民银行湖北省分行金融研究所：《湖北省金融志》，内部发行，1984 年。

⑥ 《伪中央储备银行》，《大公报》（汉口版）1946 年 1 月 18 日。

⑦ 杨升祥、杜鸿林：《不能忘却的历史：日本侵略者对天津的经济掠夺》，《天津行政学院学报》2005 年第 3 期。

制。日本殖民机构设立统制会，统制外埠货物；设立交通船舶机构，垄断与内地的粮食、燃料交换；设立水产公司，剥夺渔民利益；设立粮食统制，剥取厦门市民。”① 日军占领武汉以后，立即宣布矿产、苎麻、棉花、牛羊皮、猪鬃、桐油、生漆等列为军用专卖品，除指定的日商代军部收购外，任何人不得私自买卖。1940 年 9 月，日军成立武汉经济调查处，代表军方行使经济统制职能。1942 年 5 月 1 日，汉口经济警察处改组为湖北省物资物价调查取缔委员会，同时成立经济检查组，对所有物资实行全面统制。② 同年秋，日军又将武汉经济调查处扩大为武汉经济统制事务处，加强对武汉物资的统制。③ 1941 年 6 月 28 日，伪汉口特别市政府颁布《调查汉口特别市内现有米粮办法》，实行粮食统制。④ “同年 8 月，伪汉口特别市政府又制定《管理米粮对策》，规定全市之米店统一集中在姑嫂树、杨家河、巴江等三片集中经营，各轧米厂均应加入公会成为会员，由公会集资统一收买稻谷，严禁自行买卖，各米店依据计口售粮制度按限价配售。”⑤

即使是在日军长期经营的东北地区，其城市经济活动的主要目的也是服务于日本的侵略战争需要。工商业经济运行均要以服从侵略战争需要为前提，尤其是“1940 年后，随着华北战事的僵持，日本人开始对将华北与日本……在经济上实现一体化的梦想感到绝望”，对凡属有关军需部门和重要经济部门都实行统制，“国防上重要产业，公共公益事业和一般产业的基础产业，即交通、通讯、钢铁、轻金属、金、煤炭、石油、汽车、硫铵、碱、采木等产业”，由

① 张玉龙：《日军对厦门的经济掠夺与奴化教育述论》，《漳州师范学院学报（哲学社会科学版）》2003 年第 1 期。

② 武汉市地方志编纂委员会：《武汉市志·大事记》，武汉大学出版社，1990 年，第 137 页。

③ 皮明庥、欧阳植梁：《武汉史稿》，中国文史出版社，1992 年，第 617 页。

④ 武汉市地方志编纂委员会：《武汉市志·大事记》，武汉大学出版社，1990 年。

⑤ 徐旭阳：《抗日战争时期日本对湖北沦陷区经济掠夺述论》，《湖北第二师范学院学报》2012 年第 7 期。

“国营或特殊公司经营”。[①] 同时，极力控制、打击中国民族工商业，“侵占东北的中国企业，乃是日本在强占东北后的主要步骤之一”。“在九一八事变之前，东北各类轻重工厂或作坊共计一千五百三十四所”，这些企业在事变以后，“大部分因时局的变迁及日伪的压迫，而陷于停业或极度困顿的状态之中”。[②] 与此同时，为弱化中国民众的抵抗精神，日伪当局在城市中极力实施毒化政策，其主要手段“在东北努力唆使人民开设烟馆及赌场……其所采麻醉之策略，无所不用其极矣”[③]。再加上遍设妓馆，即“所谓王道治下之三毒政策”[④]，严重地侵蚀了城市健康肌体，毒化了社会风气，城市一直处在病态发展的轨道上，使东北城市发展从一开始便患上了严重的“城市病”，并因此赋予了东北城市发展的殖民性特征。

人口数量的锐减，“以战养战”策略的推行，都使得沦陷城市的现代经济中心的功能不复存在，完全异化，或成为日军的军事堡垒，或成为日军的后勤基地，或成为殖民经济的附庸，城市成为战争的工具。城市经济活动的目的由追求利润变成为侵略战争服务，经济活动的性质由原来的商品生产和商品流通变为战争物资生产和物资流通。城市经济从战前多元的、基本上自由发展的经济转变为日本强制管理下的“管制经济”。城市经济中的贸易、流通、商业功能消失殆尽，成为纯粹的服务于日本侵略与殖民统治的后方资源基地。天津在战前一直是华北地区交通、航运、转口贸易中心，而沦陷后，则完全被纳入日军的战争轨道，原有的功能完全衰竭，成为了一个“在‘日满华经济体制’中的战争军需品加工制作中心和为日满运送华北战略物资的供应集散中心”[⑤]。“1890—1930 年间，济南曾经是山东的经济和政治中心，然而在 1938—1945

① 日本“满洲国史纪纂刊行会”：《满洲国史·总论》，（东京）谦光社，1970 年，第 385 页。

② 维真：《九一八后东北与日本》，知识产权出版社，2016 年，第 104—105 页。

③ 《暴日以美女胭粉计迷醉东北青年》，《东北消息汇刊》1934 年第 2 期。

④ 《所谓王道乐土治下之三毒政策》，《东北消息汇刊》1934 年第 2 期。

⑤ 周俊旗：《简论抗日战争时期天津城市经济功能的转向》，《天津社会科学》1989 年第 4 期。

年间，济南已不再是这种中心，而只是一座被围困的城市。"① 这方面武汉表现得尤为突出。战前武汉的钢铁、冶金、纺织等工业在全国占据重要地位，沦陷时期工厂数量不断减少，工业门类残缺不全，资本总额跌至谷底，工业现代化进程完全停滞，"与其称之为工厂，倒不如说其带有小规模家庭工业、手工业性质，还不能称得上是近代意义上的工厂，这一点即使从20人以上的工厂都没有这一事实来看也是不言自明的"。② 沦陷使武汉从之前的工商业城市变成日军施行"统制"经济政策的原料产地和维持战争进行的资源掠夺地。

日军在沦陷城市只知掠夺，无心建设，城市毁坏严重，市政建设完全停滞，城市满目疮痍。在上海，"电力也少得可怜。1937年至1944年间，电力生产缩减了80%。租界里的工厂被迫关门停产，1942年只有一半工厂勉强开工。停电现象已习以为常，街上的霓虹灯熄灭了，出租车也绝迹了。公共交通车辆每天只能运行几个小时，满街都是失业的人"。③ 南京"城外市集，亦半付劫灰"，"城郭依旧，而人事全非矣"④。杭州"拱宸桥及吴市一带，以及南星桥至闸口一段房屋亦全毁"⑤。"沿西湖的几条大路，都是马路正中，堆有二丈余高的垃圾。至小街小巷，更是臭气熏天，举步维艰。"⑥ "所见一片破瓦颓垣，接连不断，全是倭寇纵火烧毁的"⑦。广州被"大火连续烧了整整三天，结果造成了本市空前的财产损失"⑧。即便市内劫后所存的新式省营、市营和民营工厂也几乎全被日军占据或劫迁。繁华的广州形同一座死城。武汉沦陷

① 鲍德威著，张汉等译：《中国的城市变迁——1890—1949年山东济南的政治与发展》，北京大学出版社，2010年，第190页。

② 涂文学：《沦陷时期武汉的经济与市政》，武汉出版社，2007年，第329页。

③ 白吉尔著，王菊、赵念国译：《上海史：走向现代之路》，上海社会科学院出版社，2005年，第271—272页。

④ 《藕孔日记》1938年2月21日，《新命月刊》1939年第1卷第6期。

⑤ 竺可桢日记，1945年10月23日，《竺可桢全集》第9卷，上海科技教育出版社，2006年，第547页。

⑥ 张根福、岳钦韬：《抗战时期浙江省社会变迁研究》，上海人民出版社，2009年，第360页。

⑦ 易君左：《战后江山》，江南印书馆，1948年，第145页。

⑧ 《各项事件传闻录》(英文)，广东省档案馆档案，档案号：94-1-1591。

后，“只有特三区英国电灯公司之电灯照常供给，中间仅因缺乏燃料限制钟点数日”，自来水也一度停止供给，到 1939 年 2 月，特三区才恢复供电供水。① 1939 年，武昌电灯尚未完全恢复，人民燃洋烛或煤油灯照明，易发生火警。而各处水管龙头多已损坏，不能供给市民使用。② 道路建设只是进行了一些修修补补的工作，仅修建柏油、碎石、水泥路面 240 352.29 平方米，新式涵洞两座。③ 另一方面，由于管理的无能和战争的破坏，原有道路破损严重。另外，日军在城内修筑工事，也极大地破坏了城市交通网，使城市设施变形或毁坏。如联通武昌山南、山北的重要交通通道——武昌洞，就被日军封锁，改成军火库。与其他大城市比较，“如上海、广州、平津、青岛等处，其损失之惨重，未有甚于汉口也”④。武汉沦陷七年间，共毁坏各类房屋 7 500 余栋，约 20 万间。⑤ 如果按 1945 年 12 月的价格估算，在武汉沦陷期间，各类公共和民用建筑价值在“三兆零七百六十余亿元”。⑥

随着战争的进行，东中部沦为一片焦土，大量的人口、政府机构、文化团体、工矿厂房纷纷西迁，西南、西北地区城市获得了超常规的发展，城市人口激增，市政建设飞速发展。据统计，西南三省在全面抗战前仅有 3 个建置市，即重庆、成都、昆明；战时还增加了贵阳和自贡 2 个建置市。另外，县级城市数量也有所增加，四川地区（包括西康）的县级城市在 1936 年为 180 个，到 1945 年增加到 187 个，增加了 7 个；云南则从 1935 年的 110 个增加到 1945 年

---

① 《汉市陷落后法租界水、电供应情况》，武汉市档案馆档案，档案号：历 104-1-107，第 25—26 页。

② 《为建议繁荣武昌各项意见请鉴核施行由》，武汉市档案馆档案，档案号：历 8-8-20，第 76—80 页。

③ 徐立文：《日寇铁蹄下的湖北邮政》，《武汉春秋》1985 年第 5 期。

④ 武汉档案馆、八路军武汉办事处旧址纪念馆、武汉图书馆合编：《武汉抗战史料选编》，内部发行，1985 年，第 553—564 页。

⑤ 涂文学、邓正兵：《武汉抗战与民族复兴》，中国社会科学出版社，2011 年，第 385—390 页。

⑥ 《汉口在抗战期间各种损失总计》，《汉口市政府公报工作报告（1945 年 10—12 月）》第 2 编，第 4 页。

的112个，增加了2个；贵州由战前的81个增加到1940年82个。① 由于大量沦陷区人口的西迁，西部地区的城市人口亦呈现爆炸式的增长。据估计，全面抗战时期中国各地人口流入西南地区的在300万—400万间，迁入西北地区的人口约300万，除重庆外，主要分布在成都、昆明、贵阳、西安、兰州等大城市及一些区域性的政治、经济中心与交通沿线。② 大量人口的需求直接催生了城市市政的进步。在成都，全面抗战期间完成了四条干路的修建，并翻修道路约4 000米，面积约21 000平方米；另外修补路面长度约35 000米，面积约24 000平方米。③ 城市用电量猛增，“到1941年，启明电灯公司的发电量增加至730万度，最高负荷为2 750千瓦，达到启明公司的鼎盛时期”。④ 城市空间亦逐步扩张。1940年四川省政府组织划界工作，成都全市区域面积约为64 400亩，较前扩大1倍多。⑤ 西部地区城市的发展直接影响了中国城市空间布局体系，即由沿海沿江东南部城市布局转向西南、西北地区的城市畸形繁荣。

总之，以城市史的视角来观照抗战史、沦陷史研究，一方面能够弥补过往对沦陷史研究的忽视，可以补上中国城市史研究缺失的一环，使得城市史研究逐步走向完整化、全面化；另一方面也可以突破沦陷史的“表象”研究与“浅层”研究，对抗战史、沦陷史研究提供一种新的认识和新的维度，拓展抗战史和沦陷史研究的广度与深度，从而努力“推动国际社会正确认识中国人民抗日战争在世界反法西斯战争中的地位和作用”⑥。

---

① 傅林祥、郑宝恒：《中国行政区划通史·中华民国卷》，复旦大学出版社，2007年。
② 张根福：《抗战时期人口流迁状况研究》，《中国人口科学》2006年第6期。
③ 《成都市政府二十八年度工作述要》，《成都市政府周报》第1卷，第17—18合期，1939年5月。
④ 何一民主编：《变革与发展：中国内陆城市成都现代化研究》，四川大学出版社，2002年，第525页。
⑤ 《成都市政府施政概况报告书》，《成都市政月刊》第1卷第5期，1939年9月。
⑥ 《让历史说话用史实发言　深入开展中国人民抗日战争研究》，《人民日报》2015年8月1日。

第一章

从“天下四聚”之一到“东方芝加哥”：全面抗战前的武汉

武汉是一座有着悠久历史的城市，5万—1万年前先民们即在此繁衍生息，3 500年前盘龙古城在这里构筑，是为武汉“城市之根”；武汉是一座充满个性魅力的城市，两江交汇，三镇鼎立，地理优势得天独厚，素有“九省通衢”之称；武汉是一座极富影响力的城市，“得武汉者得天下”。在近代历史舞台上，几乎每隔几年就要上演一出惊天动地的“历史话剧”——武昌起义、北伐战争、保卫大武汉，武汉一次又一次成为近代中国革命的中心；武汉是一座充满活力、辐射四面的商业大都会，十里帆樯，万商云集，“货到汉口活”。明清之际为“天下四聚”之一，近代以后则有“东方芝加哥”的美誉。武汉，一页页让人骄傲的历史，一段段让人回味的旧梦……

第一节　“东方芝加哥”与近代武汉的崛起

武汉历史悠久，远在5万—1万年前，武汉大地上已有人类活动的踪影。约3 500年前，商代在武汉近郊盘龙城构筑其在长江流域唯一之方城。约2 000—1 700年前，汉阳和武昌地区就先后出现了郤月城、夏口城和鲁山城。远在唐宋时期，武昌和汉阳的商业已十分兴盛。但是武汉在中国经济版图上卓越的区位优势和商业价值逐步显现并为世人所认识，则是17世纪中叶即明末清初汉口崛起后才开始的。19世纪60年代，汉口开埠，武汉由一个内部循环的内陆商业中心一跃而成国际贸易大港，19世纪末20世纪初，湖广总督张之洞推行“湖北新政”，武汉城市功能成功实现了从传统政治中心和商业市镇向近代工商大都会的现代转型。

一、“天下四聚”之一：前近代发展的高峰

1954年，一场百年一遇的特大洪水袭击了武汉，抗洪军民在城郊取土筑堤时，无意中挖出一座商代城池遗址。它就是后来蜚声中外的盘龙城。盘龙城的发现将武汉这座城市的历史推到3 500年前，让人们感受到武汉历史的悠久和厚重。

盘龙城是商朝南方的青铜文化中心。对于这座城池的性质，学术界目前还没有定论，不过多数观点认为它是商王朝南征时建立的军事据点，其目的是为了震慑南方蛮族，并取得附近铜绿山丰富的铜矿。

不知什么原因，盘龙城后来在历史上神秘地消失了，直到汉朝以后武汉地区才有新的城池出现。汉朝从南郡中分出一部分，另设江夏郡。江夏郡下设沙羡县，治所设于涂口（今江夏区金口镇）。是为武汉地区最早的行政建制。汉宣帝时期，戴监军在汉阳龟山西北隅筑郤月城（又称偃月城）。东汉末年，黄

巾起义的声浪已遍及全国，东汉政府已丧失对全国的控制，群雄并起，天下大乱。武汉地区当时属荆州江夏郡，是荆州牧刘表的势力范围。刘表为了遏制长江下游孙策势力的发展，于建安元年（196）任命部将黄祖为江夏太守，把江夏郡的郡治移至却月城，并以此为据点，练兵于石阳（今黄陂西南）、武湖，构筑沙羡屯，营建大型水师基地，厚集重兵，以图东拒孙策。建安四年（199），孙策领兵西进，攻却月城，大破黄祖军。建安八年（203），孙权再破黄祖。建安十三年（208），孙权攻破却月城。从此，孙权势力进入武汉地区。为了强化对长江中游地区的控制，并阻止曹魏势力的南进，公元223年，孙权在武昌蛇山东北角构筑夏口城，该城依山负险，周二三里，规模远胜却月城，城上筑有一座瞭望台，就是后来名扬天下的黄鹤楼。公元239年，孙吴政权又在夏口城上游的涂口（今江夏区金口镇）修建沙羡城，作为拱卫夏口的屏障。当时夏口城对岸的江北地区，为曹魏势力所控制，魏国大将文聘为江夏太守，曾率兵进抵鲁山（今龟山）。孙权集团为巩固夏口的防御地位，完善长江中游特别是夏口周边的防御体系，于是在原刘琦所筑鲁山城的基础上重新修葺扩建了鲁山城，使鲁山、夏口隔江相望、互为犄角。

以今天的眼光看，当年在战火中建立起来的夏口、却月城，规模都很有限，充其量只能算作是城堡。但它们的出现在武汉城市发展史上具有重大的意义，它标志着武汉“双城”格局的奠基，也意味着武汉这一地区性政治、军事中心的形成。虽然此后城池几经更名，但“双城”格局在武汉维持了千年之久。

南北朝时期，南朝刘宋政权以夏口城为治所，设郢州。郢州城为鄂中、鄂东之区域性军事政治中心。隋大业二年（606）改汉津县为汉阳县，从此，汉阳之名一直沿用至今。唐初，在汉阳鲁山城的故址上，一座新的汉阳城开始建立。唐朝中期，牛僧孺出任武昌军节度使。到任后，他在三国时期夏口城和刘宋时期郢州城的基础上对鄂州城进行了一次较大规模的翻修，以砖结构城垣代替夯土结构的城垣。汉阳古城的营建和鄂州城的翻修，使武汉城市的“双城”格局得到进一步地确定。元朝建立后，设湖广行省，鄂州更名为武昌。武昌城成为湖广行省的省会，汉阳升格为府城，武汉的城市发展也进入到一个新的时期。自此至明清，武昌、汉阳作为长江流域政治、军事和文化中心的地位日益突出。

早在武汉双城格局初现之际，城市的经济功能便显现出来。当时的沙羡屯、鹦鹉洲、黄军浦、南浦（南市）等错落于大江南北，成为转输粮草、物资的重要场所。至隋唐时期，鄂州（今武汉）已经成为长江流域与扬州、益州、江陵等著名港口齐名的重要商港。大诗人李白多次到过鄂州，对鄂州的繁华景象印象深刻，写下“万舸此中来，连帆下扬州”的诗句。在鄂州城外，兴起了著名的“灵泉古市”。“灵泉古市”位于今天江夏灵泉山，其地又称覃庙，古来水网密布，四通八达，彼时已形成规模可观的商业集市。

至宋代，随着长江航运的发展和江南经济的进一步开发，武汉地区商业获得迅猛发展，其标志就是“南市”的空前繁荣。“南市”又称为“南浦”，位于鄂州西南江面与沿岸之间，江面港湾与江岸街市连为一体。这片鹦鹉洲与鄂州江岸之间的狭长带状水域，形如一条内河，一直延伸到巡司河河口一带。它既是商船停泊之所，又是商品交易之地。陆游在《入蜀记》中记载了“南市”的繁华：“城外南市亦数里。虽钱塘（今杭州）、建康（今南京）不能过，隐然一大都会也。”

后来，由于火灾，南市被焚毁了。不过在南市附近，北倚黄鹄矶的沿江港埠一带很快形成新的市场。街市繁华，店铺、酒肆绵延数里，往来客商络绎不绝。“市”的出现和存在，并不仅仅是一个单纯的称呼，而是社会经济发展的一种表现和载体。

在“灵泉古市”与“南市”之后，作为“市”存在的商品交易场所和街区一直在武汉存在和发展着，其中最有名的“市”当然是明代中叶以后出现的汉口了。明中叶以前，今天的汉口还是一片与汉阳相连的河滩。每到洪水季节一片汪洋，水退之后芦荻丛生，颇为荒凉。明成化年间（1465—1487），汉水下游连年大水，汉水下游的水文形势发生重大改变，汉水流至汉阳县西排沙口、郭茨口间集中水流，径直东下，经龟山北麓注入长江，形成了一个稳定的主河道入江口。汉水改道结束了汉水下游河道游移不定的历史，新入江口两岸地势开阔，港湾水域条件良好，再辅以坚固的堤防，很快便成为“占水道之便，擅舟楫之利”的天然良港。

汉口的兴起与发展是一个典型的“市”的形成过程，最初作为天然良港，船舶停留在此，“舟中为市”。此后，伴随码头的建设，汉口出现最初的街区，从西到东，陆续出现大硚口、小硚口、杨家河、老水巷、兴茂巷、大王庙、宗三庙、五显庙、老官庙、沈家庙、关圣祠、鸡窝巷、鲍家巷、新码头、流通巷、接驾嘴、龙王庙等。《汉口竹枝词》说：“廿里长街八码头，陆多车轿水多舟。”① 随着商业的发展，人口也急剧增加。乾隆时期，汉口人口创下 10 万的历史纪录。到嘉庆十八年（1813），汉口人口已达 13 万之众。从明嘉靖年间到清嘉庆年间，200 余年的时间里，汉口人口数增加了 17 倍，这种异乎寻常的人口增长，显然是移民大量迁入所致。汉口成镇以来，经济快速发展，商业异常繁荣，经济发展的活力与魅力吸引了大批外来人口投资兴业、置产安家。

图 1-1　1876 年《湖北武汉全图》，可见三镇鼎立之势，市区房屋林立，江面船只穿梭，一派繁华景象②

① 叶调元著，徐明庭、马昌松校注：《汉口竹枝词》卷一，湖北人民出版社，1985 年，第 2 页。

② 雷鹏主编：《武汉工业百年》，内部出版，2009 年，第 7 页。

明末清初，汉口与北京、苏州、佛山并称“天下四聚”。文献记载：

汉口不特为楚省咽喉，而云、贵、四川、湖南、广西、陕西、河南、江西之货，皆于此焉转输，虽欲不雄天下，而不可得也。天下有四聚，北则京师，南则佛山，东则苏州，西则汉口，然东海之滨，苏州而外，更有芜湖、扬州、江宁、杭州以分其势，西则惟汉口耳。①

两湖淮盐经此分销，湖广漕粮在此交兑。除了这种带有官方性质的大宗买卖外，汉口商业更主要的是受市场所驱动的跨区域、长途贩运的大宗农副产品贸易，两湖川陕的米谷、江浙的纺织品、湘赣云贵的茶叶、陕甘晋豫的牛羊皮、川贵湘的竹木等事关国计民生的大宗商品都在汉口集散。此外，广东的日杂百货、京苏的鞋靴、广东的铁器以及湖笔徽墨等全国各地的精品名牌也杂陈于汉上，汉口赫然成为中国内地最大的商品集散中心。大商业、大市场、大流通使得明清时期的汉口商业蔚为大观。

作为汉口港埠的延伸和补充，汉阳的鹦鹉洲、武昌的鲇鱼套及塘角也发展成繁盛的港埠，作为省会的武昌和作为府治的汉阳在汉口的刺激带动下，城市商业和手工业也取得长足发展，那里商铺林立，店坊栉比，能工巧匠争奇斗妍，一派兴旺景象。武汉三镇以其宏阔繁华之状卓然屹立于华中大地。

二、近代武汉的崛起与兴盛

鸦片战争后签订的《中英南京条约》，开放了上海、宁波、广州、厦门、福州等 5 个通商口岸。第二次鸦片战争后的 1858 年签订了《中英天津条约》，汉口等一批沿江城市于 1861 年被迫对外开放。从时间上看，武汉开始其早期现代化历史进程的时间晚于沿海地区，但它取得的成绩却是有目共睹的。汉口开埠后，武汉在“欧风美雨”的冲击下迅速崛起，成为晚发早至的内陆开放城市。

晚清武汉城市的早期现代化，有两个历史时期至关重要。1861 年开埠，汉口被开辟为条约通商口岸，由一个以区域交换市场为主体的内陆商业市镇迅

① 刘献廷：《广阳杂记》卷四，中华书局，1957 年，第 193 页。

速上升为开放的国际性城市；1889—1907年，张之洞督鄂实行“新政”，武汉由功能单一的政治、商业性市镇向复合型现代性的工商都会转型。

（一）汉口开埠对武汉崛起的推动

1861年汉口开埠后，西方列强开始大批进入武汉，给这座城市带来了一系列新的变化。

首先，外商、外侨、外资的大举进军使武汉成为万商云集的国际性城市。

汉口开埠后，随着俄国资本的捷足先登，外资纷纷进入武汉。从1863年到1911年，俄、英、德、法、荷等国商人在汉开设工厂共76家，涉及的行业包括制茶、制革、打包、蛋品加工、炼金、面粉加工、酿酒、榨油、发电、机械修理等。

与此同时，国外金融机构也纷纷来汉。1861年，英国汇隆银行便在汉口设立了代理处，首开汉口外商银行设立之先河。1863年，英国麦家利银行在汉开设办事处，1865年在英租界购地建行，正式营业。此后，武汉开设的外资银行逐渐增多，至1882年共有10余家，如果加上一些外国银行的办事处，最多时超过40家。

洋行是外国商人在我国通商口岸设立的经济组织的通称，其经营范围以商业贸易为主，兼及金融、航运、房地产、出口加工等。汉口开埠后最早设立的洋行是英商怡和洋行、德商美最时洋行。继英、德两国在汉开设洋行之后，各国商人接踵而至，汉口一时间万商云集，洋行林立。在汉外籍商人来自俄国、法国、丹麦、荷兰、西班牙、比利时、意大利、日本、瑞士、秘鲁、巴西等国。1891年，汉口洋行有27家，外商及眷属370人。1901年增至76家，在汉外商共723人。1905年为114家，1911年达125家，1916年前后有142家，1925—1937年保持在130家左右。

随着外国工厂、银行和洋行纷纷建立，来汉的外国人逐渐增多。据日人水野幸吉1905年调查统计，在汉外国人已达2146人，其中英国人504人，美国人504人，法国人123人，德国人162人，俄国人325人，日本人528人。另有丹麦、瑞典、比利时、西班牙、葡萄牙、墨西哥等国商人尚未计算在内。到

1911 年，在汉外国人增加至 2 862 人。

其次，伴随着江汉关等机构以及租界的设立，近代城市管理的理念开始出现。

咸丰十一年十月九日（1861 年 11 月 11 日），总理各国事务衙门议准了湖广总督官文奏请在汉口设关收纳洋税的奏折。1862 年 1 月 1 日，江汉关正式成立。江汉关最初设于汉口河街，即汉口镇英国租界花楼外滨江。与此同时，在汉口青龙巷设江汉关监督署，并移汉黄德道于汉口，统称汉黄德道兼监督税务江汉关署，简称“江汉关”。江汉关的建立，凸显了汉口作为一个内陆外贸大埠的独立地位。1863 年 1 月 1 日起，江汉关正式对外征收正税，至此，汉口作为长江中下游地区独立的对外通商口岸正式形成。

江汉关作为现代关税制度的产物，其职能和管理方式完全是按照现代西方海关模式建立的，与中国传统的关卡相比，江汉关无疑是一个全新的系统。除了对外贸易关税的征收、管理、监督外，江汉关还担负了许多城市现代化基础设施建设、管理的任务。如港务、航道、引水、气象、邮政、检疫、管理报关行等。江汉关职能的扩展和延伸，对于城市早期现代化建设和武汉成为国际性城市——“东方芝加哥”起到了一定的推动作用。港务、航道、引水、检疫等职能不仅在提高长江的通航能力，吸引外商、外资、外轮云集武汉方面有积极作用，更重要的是在交通、外贸管理方式上引进国际方式和国际惯例，使武汉商业习惯迅速与国际接轨。另外，从传统邮驿制向现代邮政的转化，海关功不可没。1866 年，清政府开办海关邮政，江汉关开始兼理邮政业务。1878 年 12 月，江汉关创办汉口邮政分局。1897 年，清政府创办国家邮政。同年 2 月，汉口邮政总局成立，但仍由海关代管，一直到 1908 年汉口邮政才完全脱离海关而独立。

开埠后，从 1861 年至 1895 年，英、俄、法、德、日相继在汉口设立租界。汉口形成了一个濒临长江，上起武汉关，下至黄浦路，面积约 10 平方公里的租界区。租界行政管理机关为工部局，由纳税人会议产生，负责租界行政事务和其他管理职能。纳税人会议由领事主持，通过每年预算，制定和修改各项法规，并选举市政委员。此外，租界内还设有巡捕房和会审公廨，管理机构比较完善，对汉口乃至武汉近代市政管理起到了示范作用。在租界，各国都在沿江沿河处贯穿一条宽敞的干道。干道的临江、临河外侧，设置码头、趸船、花坛，干道内侧建有许多高层建筑和仓库。租界内侧街道大都与沿江主干道垂直或平行，各种公用设施、建筑与道路井然有序。在租界的样板效应和经济发展的刺激下，武汉三镇特别是汉口迅速发展起来，市政建设和市政设施也开始效仿租界进行。

再次，现代交通体系的建立，武汉区位优势和外向型特征开始凸显。

汉口开埠后不久，美国旗昌轮船公司就迫不及待地开辟了汉申线，揭开了武汉地区轮船运输时代的帷幕。自此以后，各国轮船“闻利共逐，如蚁慕膻，商船增加，日未有艾”，武汉成为“扬子江航路竞争之中心点”。1875 年，英国太古洋行设立轮船公司，共有 9 艘轮船航行于上海—汉口、汉口—宜昌、汉口—湖南等航线上。1881 年，英国怡和洋行的轮船公司开航，以总吨位 13000 吨的 12 艘轮船行驶在上海—汉口等航线上。其他国家轮船公司也纷纷在汉口经营轮船航运。1875 年，轮船招商局也在汉口设立轮船公司，1877 年它在收购旗昌产业之后达到事业巅峰，拥有轮船 33 艘，总吨位 23967 吨。

除长江内河航运外，外国公司还开辟了以汉口为起点和终点的国际航线。1869 年，英国贺尔特公司的两艘轮船首抵汉口运茶回伦敦，廾汉口直达海外航运之先河。1881 年到达汉口的远洋轮船有 30 艘，吨位 48670 吨。1907 年，日本轮船公司开辟了汉口与大阪、神户、横滨之间的直航。到 20 世纪 30 年代，汉口直航国外的航线延伸到欧洲的伦敦、汉堡、不来梅等城市。

全面抗战前夕，在汉经营轮船航运业的外埠公司有 50 多家，经营船舶超过 80 艘；湖北省属的轮船公司则多达 236 家，各种船舶 321 艘，形成了以汉口为中心通达国内外的 68 条航线。

随着现代交通的发展和国内外航线的广泛开辟，汉口成为繁忙的国际性商业港口城市。据江汉关统计，1882—1891 年“十年里每年进入汉口港的船只 23500 艘，总吨位达 1000000 吨，运送旅客 165000 人”。1912—1921 年十年间，进出汉口的外国轮船达 169 229 艘次，总吨位达 63 430 999 吨。

如果说 19 世纪晚期，轮船交通使武汉走向世界，那么，20 世纪初，随着京汉铁路的修建并开通，铁路与航运立体交通格局形成，武汉成为内地商业圈更广阔、对外联系更迅速更便捷的国际性商业大都会。京汉铁路 1906 年通车后，原来属于华北商业圈的河南省迅速转入汉口商圈，由该省输入汉口的货物量成倍增长。据统计，1904 年汉口输出货物贸易额仅 714 万两，京汉铁路通车以后，因河南各地货物集中于汉口，到 1910 年增至 1 790 万两。①

最后，现代市场体系初步建立，汉口由国内贸易市场一跃而为国际贸易商埠。

开埠以前，武汉只是一个内陆区域性经济中心；开埠后，武汉迅速进入世界市场体系之中。一方面，洋行直接进入武汉市场，在武汉与国际（主要是欧美）市场之间架起一座沟通的桥梁；另一方面，本地商人和商业行帮，积极调整经营方略和经营品种，较快完成了从传统市场体系（区域市场体系）到现代市场体系（国际市场体系）的过渡和转变。

开埠后，武汉市场商品结构发生重大变化，由过去经营米、布、盐、木材等主打商品向以洋纱、洋布、茶叶为主的外贸商品转变。开埠以后，洋纱、洋布以及西方其他工业品不断输入。1882—1891 年的海关报告说：

> 汉口进口一个令人瞩目的特点是煤油和外棉纱进口明显增长，外国鸦片的输入显著减少。这十年煤油贸易增长了 12 倍；首尾两年的贸易额分别为 483 994 加仑和 5 754 028 加仑……数据表明增长是持续的，且幅度较大。②

商品贸易结构的变化，直接带来了商人经营行为方式的转变，吸引和引导他们开展获利大的洋货进口贸易业务，汉口传统的商业组织——行帮在这种形

① 章有义：《中国近代农业史资料》第 2 辑，生活·读书·新知三联书店，1957 年，第 132 页。

② 穆和德著，李策译：《近代武汉经济与社会：海关十年报告——汉口江汉关（1882—1931 年）》，香港天马图书有限公司，1993 年，第 36 页。

势下出现分化和重组。汉口传统八大商业行帮主要经营农副土特商品，开埠以后，八大商业行帮的名称虽然保存下来，但旧瓶却装上了新酒，经营商品的种类和范围已与往昔大相径庭。其经营内容多为进出口商品，武汉市场上皮货、五金、洋纱、洋布等商品越来越多。

至辛亥革命前夕，汉口形成了所谓八大市场：茶叶市场、棉花市场、棉纱棉布市场、粮食市场、蛋品市场、桐油市场、水产品市场、畜产品市场。这些市场经营导向都是国际性的，有些完全是全新的，如棉纱棉布。有些传统市场经营品种、经营方式和商品流向在汉口市场国际化潮流冲击下部分或完全发生改变，如蛋品实行工业加工后主要用于出口，粮食的面粉加工和销售完全是开埠后才有的。

1867—1894 年，汉口年进出口总额由 3 100 万关两增至 4 300 万关两；1895—1910 年，年进出口总额由 4 300 万关两增长至 1.72 亿关两，增长了 3 倍；民国初年继续保持增长态势，1920 年为 2.20 亿关两，1926 年为 4.12 亿关两，较之 1920 年增长了 87%；20 世纪 30 年代，因战争、灾害和交通格局变迁等多重因素影响，汉口贸易额开始下降，1928 年为 4.43 亿关两，1931 年降至 2.99 亿关两，1935 年为 1.78 亿关两。在全国主要外贸大港上海、广州、天津、汉口四城市对比中，汉口的位置大多数年份都靠前，1865—1885 年 20 年间，汉口在四大港中仅次于上海而稳居第二；1886—1910 年 25 年中，汉口有 8 年仍居第二，12 年居第三；1911—1930 年 20 年中，汉口有 14 年居第二，5 年居第三，其中 1911—1919 年 9 年间一直占据着仅次于上海的第二把交椅。由此算来，在 1865—1930 年的 65 年中，汉口居全国外贸第二大港地位长达 42 年之久。

从 1861 年开埠到 20 世纪 20 年代中期，武汉在近代中国对外开放格局中晚发先至，成为仅次于上海的中国第二大通商口岸，商业贸易攀升到前所未有的巅峰，“自咸丰八年立约与外人开埠通商后，乃由国内贸易市场，一跃而为国际贸易商埠”，“长江沿岸之商场除上海以外，其交易总额无一能凌驾汉口者……其地实为南北交通之咽喉”。[1] 武汉，这个传统的商业市镇借助对外开

① 徐焕斗：《汉口小志·商业志》，1915 年，第 105 页。

放的发展之机，一跃而成蜚声海内外的国际性城市。

（二）张之洞与“湖北新政”

如果说汉口在近代的转型和商业发展得益于开埠，那么整个武汉，特别是武昌和汉阳在近代的崛起则与张之洞和他在武汉实行的“湖北新政”相关。如前所述，武汉城市并非一个整体，武昌和汉口的传统城市功能大不相同。武汉近代城市功能转型的核心是使城市具备经济功能即市场功能——通过早期工业化运动使传统城市由单一的政治中心和军事要津转化为具有政治、经济、文化等复合性功能的现代都市。这一使命历史性地落在了张之洞身上。

1889 年，为督修卢汉铁路，张之洞从两广总督任上来到武昌，开始了他长达 18 年的湖广总督辉煌生涯。张之洞以“朝气方新”的姿态，在湖北武汉推行“湖北新政”，修铁路，办工厂，练新军，兴教育，武汉不仅在其任上开始了从传统的政治中心和商业市镇向现代化的国际性工商业城市功能的转型，而且成为比较优势突出，与上海并驾齐驱的国际性城市——“东方芝加哥”。

张之洞督鄂前，武汉除了有一些外资工厂外，民族工业完全空白。张之洞上任伊始，即着手创办现代军事工业和民用工业，先后创办了汉阳铁厂（1890 年）、湖北枪炮厂（1890 年）、大冶铁矿（1890 年）、湖北织布局（1892 年）、湖北制麻局（1898 年）等现代工业企业。在张之洞“湖北新政”的大力推动下，武汉工业迅速跃升到全国前列，工厂总数和某些经济指标甚至一度超过上海。

除了近代工商业外，张之洞还十分重视文化教育的发展，把兴办教育当作其洋务新政的重中之重。“自强之策，以教育人才为先；教战设方，以设立学堂为本”。按照“中体西用”的指导思想，张之洞先后创办了两湖书院（1890 年）、算学学堂（1891 年）、矿业学堂（1892 年）、自强学堂（1893 年）、湖北武备学堂（1897 年）、湖北农务学堂（1898 年）、湖北工艺学堂（1898 年）、湖北师范学堂（1902 年）、两湖师范学堂（1904 年）、女子高等小学堂（1906 年）等，构建起传统教育与新式教育，普通教育与实业教育、军事教育相互配合，一起发展的现代教育体系。同时还广派留学生出国学习，使得“鄂省风气开通在先”，武汉也因此一改过去文化落后的局面，成为全国学界注目的焦点。

在近代市政建设方面，张之洞也做出了巨大努力。1899 年，夏口厅正式成立。至此，阳夏正式分治，汉口成为有独立行政权力的城市，它标志着汉口作为一个独立的现代城市终于脱离了传统社会的母体而获得了新生。在张之洞的有效治理之下，汉口华界的城市规划和市政建设开始起步。1904 年，张之洞主持兴建汉口后湖长堤。该工程完成后，上至舵落口，下至丹水池一大片地区露出水面，“涸出田十余万亩，泽国皆划为市廛”。① 1905 年，武汉三镇设立“马路工程局”，为现代市政机构之滥觞。1907 年，汉口老城墙被拆除并在原址上修筑了华界第一条马路——后城马路（中山大道），汉口的商业区与居民点向东北方向延伸，逐渐形成了六渡桥、花楼街、黄陂街、新堤街、半边街（统一街）、歆生路（江汉路）、三民路、济生马路、大智路、辅堂街（友益街）等新的街道，汉口的闹市区也渐转移到六渡桥和江汉路一带。张之洞还注意城市公用事业的建设，水电、电话、公用交通等都开始起步，城市面貌发生重大改观。

在近代，武汉以其独特的区位优势，仅次于上海的对外贸易，发达繁荣的工商业和颇具现代气息，整洁美丽的都市风貌，傲然屹立在长江之畔、汉水之滨。1918 年 10 月 18 日，美国《哈泼斯杂志》发表题为《中国的芝加哥》一文，文章指出：“汉口在全国商品市上所处的地位，可与芝加哥在美国的地位媲美。”自此，汉口“东方芝加哥”的声誉鹊起，蜚声海外。20 世纪初的武汉，城市现代化起点高，国际化程度高，在国内同类城市中比较优势突出，是仅次于上海的中国内陆最繁华的国际性大都市。以至于孙中山先生在《建国方略》中对武汉的未来发展充满信心，将其描绘为“沟通大洋”的“大海港”，与上海并称“海上双城”：

> 武汉者，指武昌、汉阳、汉口三市而言，此点实吾人沟通大洋计划之顶水点，中国本部铁路系统之中心，而中国最重要之商业中心也……而此

① 张之洞撰、许同莘编：《张文襄公奏稿》卷二十一，1920 年。

外汉口更为中国中部、西部之贸易中心，又为中国茶之大市场。湖北、湖南、四川、贵州四省，及河南、陕西、甘肃三省之各一部，均恃汉口以为与世界交通唯一之港。至于铁路既经开发之日，则武汉将更形重要，确为世界最大都市中之一矣。①

第二节　武昌起义与城市社会风尚的嬗变

辛亥武昌首义是武汉现代城市史的精彩开篇，革命推翻了专制制度，扫清了不利于工商业发展的诸多障碍，现代城市制度和城市建设、城市管理在新的历史起点上萌生、发展和不断完善，尽管民国时期政局动荡，自然灾害频仍，但武汉城市现代转型仍然亮点纷呈，勉力前行。

一、民初汉口重建

辛亥革命时期，武汉三镇战火纷飞，许多建筑物和公用设施被摧毁，工厂、学校也饱受炮火袭击。清军与革命军首先在武昌城内发生激战，此后汉口的江岸、江汉、硚口和汉阳等地区亦硝烟弥漫，武昌起义爆发后，1911 年 10 月 18 日至 11 月 27 日，革命军与清军在汉阳、汉口进行激烈的争夺战，史称“阳夏战争”。1911 年 10 月 30 日，清军统领冯国璋下令在汉口租界外市区纵火，以火攻摧毁革命军的抵抗。繁华商场顿成灰烬。

纵火地段下起今车站路、大智路，延及江汉路、民生路、六渡桥，上迄硚口玉带门一带，火势由下而上，席卷一二十里。大火从 10 月 31 日起，持续到 11 月 4 日，前后达 5 天之久。汉口市区烈焰冲天，“遂使锦绣之场，一旦化为

---

① 孙中山著：《建国方略》，生活·读书·新知三联书店，2014 年，第 198 页。

灰烬”。① 各行商业“残破殆尽”。②

大火造成汉口街市约四分之一被焚毁，“汉口遂成焦土，所余者上仅硚口至遇字巷一带，下仅张美之巷（今民生路）至花楼街一带而已”③。江汉关税务司函件中记载：

> 昨天（11月1日）汉口市内大约烧去一半，情况很凄惨。今天早晨清军指挥官说，其余一半也要烧。10点钟左右，日清公司仓库燃烧起来。从那里起，沿河街一带都在燃烧。太平路后面一带没有烧。……清军在太古码头纵火焚烧民船和舢板。④

大火造成了亿元以上的直接损失。汉口的商店、工厂纷纷关闭。汉口、汉阳的17家典当铺损失了340万串。汉口100多家钱庄，不能收回的债务约计3000万两。汉口18家票号所吸存款均被提取，而放出的款项又不能收回，只能以“五五折至六五折偿还”，票号周转失灵，“牵连倒闭者十有八九”。⑤ 银行、钱局等还受到挤兑的冲击，甚至被抢劫。数以十万计的市民倾家荡产，旬日之间沦为贫民。

战乱之后的武汉市面萧条，交通阻塞，人口锐减。1912年春，“汉水河口聚集之船不及往年十分之一，由此可见市面萧条一斑”。⑥

1912年1月25日，汉口总商会召开会议，“筹议重建汉口市面办法”。与会人士呼吁当局重建汉口。1912年2月，临时大总统孙中山饬令实业部通告汉口商民重建市区，并责成内务部筹划修复汉口事宜，使“首义之区，变成模

---

① 《武昌起义档案资料选编》（上卷），湖北人民出版社，1981年，第267页。

② 《夏口县志》，卷21，《杂志》，1920年刻本。

③ 《武汉指南》，汉口广益书局，1933年，第11页。

④ 中国近代史资料丛刊编辑委员会编：《中国海关与辛亥革命》，中华书局，1983年，第24页。

⑤ 武汉市地方志编纂委员会编：《武汉市志·金融志》，武汉大学出版社，1989年，第38、42、68页。

⑥ 中国史学会编：《辛亥革命》，中华书局，1961年，第625页。

范之市”。[1] 南京临时政府于1912年1月27日和2月1日，两次致电黎元洪，表达对汉口重建的重视，“汉口市政……此次兵燹后，宜规划妥善”。[2] 并以李四光、祝长庆、周汝翼为“特派汉口建筑筹备员”，协助工程规划。湖北军政府也以左德明为“汉口市街建筑筹备员”，调派工程师进行测量，并与明利营建公司订立合同，承修汉口马路。该公司参照西方城市建设和租界区市政，草拟了规划，绘制了建设汉口商场蓝图。它包括重建较为新式的商店、人行道及明暗排水沟等公共设施，改造街道和市容。

但是，无论是南京临时政府还是湖北军政府，均财政支绌。南北议和后，北京政府也只拨40万两银子作为灾后赈济，复建汉口亦被束之高阁。

当然，湖北军政亦并非完全无所作为，这一时期由湖北省财政司向德商捷成洋行借款白银10万两，修筑了沿江正街马路，并将建筑筹备处撤销，另设马路工程局。一年多时间内，后湖修造了几段马路。

1912年4月1日，孙中山辞去临时大总统后，偕同其夫人、两个女儿以及胡汉民、汪精卫等人乘船抵汉，探访首义之区。胡汉民谈到孙中山来鄂有三大感情，“一则调查战绩，凭吊忠魂”，“二则伤痛瓦砾，督促建筑”，“三则哀念流离，抚恤疮痍”。[3] 武汉在战火中的损失和重建，引起了孙中山的密切关切。在汉期间，孙中山莅临阳夏战场，踏访大火后的汉口废墟，对武汉商民蒙受之巨创，深表关切。“沿途指点商场，不禁燎原之痛。”孙中山对冯国璋的纵火暴行非常愤慨，斥责“逆贼纵火，全镇受殃，损失孔多，流通尤滞”，主张“由商会派代表赴京要求赔偿，亦宜电促上峰”。[4]

武汉工商界强烈要求北京当局以内帑补助，解救危机，但最终并无结果。

1913年12月24日，袁世凯以杨度督办汉口商场建筑事宜，将原先的马

---

① 中国社会科学院近代史研究所中华民国史研究室等编：《孙中山全集》，第2卷，中华书局，1983年，第69页。

② 曹亚伯：《武昌革命真史》（下），上海书店，1982年，第637—638页。

③④ 陈霁云：《中山先生五日驻鄂记》，《武汉文史资料》2016年第10—11期。

路局改为工巡处，由江汉关监督兼理工巡处。

1912—1914 年的三年中，汉口被焚房屋大多重建。但由于各种原因，按现代原则重建 1911 年革命期间被大火焚毁的汉口老城区的计划最终流产。这一计划搁置后，一些业主收回了原先的承诺，按照老样式建造新建筑。“到 1914 年，城市 80％得到重建，在现代原则基础上改造城市的机会丧失。”①

1914 年底，新的汉口发展计划酝酿出台：

> 这次计划由海关税务监督丁士源将军具体负责。它包括改造租界区到张公堤间的面貌，在长江大堤，日租界北面到京汉铁路间修建一条林荫大道，这条路从铁路路基处继续延展，经过水塔，穿过汉口老城直抵长江边。汉口城区的公路网络和泄水体系也确定下来了，今后这项计划将扩展到硚口。②

由于汉口是英国殖民主义者重点经营的地区之一，因此英方积极插手汉口商场建设。1914 年 9 月 17 日，《中英汉口修建借款合同》在北京签字。中方向英方萨穆尔公司借款 1 000 万镑，年息 5 厘，45 年为期，以汉口商场产业及其收入为抵押，不足部分由政府还本付息。但这一计划并未落实，因主其事者中国官员“毫无市政学识”，今天声称仿巴黎街道“以壮观瞻”③，明日又说“因陋就简”，只在原街道两边拓宽。至 1916 年，虽耗费 50 万元，市政建设却进展甚微。同时，英方因第一次世界大战爆发，将借款合同延期两年实施，也使工程无法顺利进行。

1923 年，北洋政府将汉口商场督办扩大为武阳夏商场督办，委派汤芗铭为武阳夏督办商场建筑事宜，并建立了督办公署。汤芗铭上任后委托工程师汤震龙编成 120 页，长达 4 万字的建筑汉口商场计划书。同时聘请勘测队员到武

---

①② 穆和德等著，李策译：《近代武汉经济与社会：海关十年报告——汉口江汉关（1882—1931 年）》，香港天马图书有限公司，1993 年，第 137 页。

③ 《申报》1916 年 10 月 31 日。

昌丈量土地，打算在粤汉铁路通车后，沿武昌白沙洲至青山的长江南岸，包括卓刀泉、东湖一带，扩张商埠。

与此同时，辛亥首义人士孙武曾编制《汉口市政建筑计划书》，1923 年由汉口地亩清查专局出版。孙武按照“拓商耕农、交通为首、水陆并举、法政兼施、中西融合、广筹资金、民众参与、重视管理”的城市建设和管理的思路，设计了汉口总体发展规划与分期施工方案。其中包括确定汉口城建基本性质和发展方向，预测城市发展规模；对汉口发展用地进行功能分区和比较选择；规划市内道路系统和火车站、长江大桥、汉水桥、港口码头、防汛、排水、公园和绿化、治安防护、农业用地等。

但是，20 世纪 20 年代初政局动荡，任武阳夏商场督办的汤芗铭与湖北督军萧耀南矛盾太深，无力经营汉口市政，因此这些计划终究只是纸上谈兵，难以实现。

当官方因经费和体制问题重建汉口计划不能落实之际，汉口民间重建热潮已悄然兴起。1914 年至 1918 年间，沪商蒋广昌和胡庆余堂，在今江汉路、南京路之间筹资修建义成总里。官僚身份的袁海观修建了长怡里、长乐里、长康里、长寿里等里弄。桑铁珊修建了保和里、保安里、保成里。赣商周扶九修建了五常里（今永康里）为中心的中山大道两侧店、房数百栋有余。从六渡桥到江汉路马路宽阔，洋房鳞次栉比，华界新市区中心的格局至此奠定。

汉口从汉江时代演进为长江时代，沿江租界区日新月异，中山马路一带的华界也日渐繁华，显现现代风采。①

武昌起义后汉口建房热以私营、民建的模范区建设最为引人注目。曾自称“都督创建了民国，我创建了汉口”的地皮大王刘歆生，以低价收购后湖一带大片土地，并承包了租界内填地、修路、建房等土木工程，建成歆生路及与这条路向南垂直的歆生一、二、三路（今江汉一、二、三路）。在江汉路一带，他修建了亨达利、中英药房等高质量铺面楼房。在街背建造生成里整齐的二层

---

① 胡莲孙：《三镇房地丛谈》，《武汉春秋》1983 年第 5 期。

楼住宅，在民意街、自治街、民主街修建了一批平房、板房。与孙武等人合资修建起花楼街口的“楼外楼”。罗汉的《汉口竹枝词》中云：“楼外楼高第五层，不须烦跨自升腾，请君放胆云霄去，牢系天梯有玉绳。”刘歆生还提供地皮约800亩（今解放公园处），帮助法商办起了西商赛马体育场——西商跑马场；又将一块地皮卖给西商，建成了西商网球场（即今球场路）。刘邀约实业银行行长梁俊华、粤商韦紫峰和巨富刘子敬等集资，1909年兴建起华商跑马场（在今华中科技大学同济医学院及万松园路一带），占地3.3万多平方米。每年春秋两季举行赛马，观众络绎不绝。刘的填土工程继续向西推进，从江汉路经交通路、江汉一路、生成里到济生堂（堆放棺材之处），均次第填平。同时，选定西起江汉路、北抵铁路、东至大智路、南抵中山大道这一地段（相当于今江岸区大智街办事处管辖范围）建立模范区，并于1922年在此设立模范区警察署。经过1913年以来十几年的建设，在刘歆生提供的土地上，修建了丹凤街（今江汉一路）、华商街、铭新街、吉庆街、泰宁街、保成路、汇通路、雄伟路（今南京路，雄伟系刘的大儿子之名）、云樵路（今黄石路）、瑞祥路、交易街等。模范区大兴土木修建的2000多栋房屋中，除刘歆生参与外，还有安利英洋行买办蒋沛霖修建的德润里，猪鬃买办周德安修建的丰寿里，桐油买办周绣山修建的云绣里和阜昌洋行买办刘子敬修建辅义里。在租界边沿，刘子敬等人还修了辅堂里、辅仁里。和记蛋厂买办杨坤山修了坤元里、坤厚里、坤仁里、宝庆里、宝善里。美最时洋行买办王柏年修建了昌年里。永兴洋行买办杨坤山修了潞安里、昭明里。和记洋行买办韩永清修建了永贵里。模范区街道一般为10米到12米宽，铺以碎石。到30年代时，对下水道和马路进行进一步改造。模范区的房屋均须建成甲级砖木结构或质量较好、整齐的房子。里弄住宅成排兴建，入门设有小庭院，内有堂房和居室，窗户较大，楼上有平台、阳台，称为石库门。临街铺面开阔，均为开放型。建成的大楼和别墅，在当时确乎时髦建筑。

二、武汉城市功能形态变迁与城市社会的现代转型

辛亥革命推翻了专制制度，清除了禁锢民间经济和城市自由发展的许多制

度性障碍，武汉城市功能结构开始了现代转型。

民初，湖北武汉军政当局颁布了一系列鼓励倡导发展工商实业的政策，主要表现在修复汉口商场的筹划、扶植鼓励工商业投资和成立汉口总商会等方面。1912 年初，南京临时政府委任李四光为特派汉口建筑筹备员；稍后，湖北省军政府组织实业、教育两部（后改为司），李四光为实业部长（后改为司长）。鉴于汉口在辛亥革命中为清兵焚毁，李四光首先接管清朝劝业道所属各实业单位，次第调查各工矿情况，号召原有职工开业复工。复兴汉口商场，李四光按照孙中山指示，派员清查、测量、登记各家被焚房屋地基面积，并与商绅协商，就汉口商务、保护营业权、促进水陆交通运输等事项仔细研究筹划、全面规划，以不负孙中山“务使首义之区，变为模范之市”之期望。这些积极举措，使湖北武汉实业发展呈现出前所未有的良好势头，民族工业发展进入“黄金时期”，1912—1927 年 16 年间，武汉有 600 家民办企业，其中 490 家创办于这一时期。①

在上述种种有利因素的促进下，民初至 20 世纪 20 年代，中国工业发展出现了一个前所未有的短暂的“黄金时期”，武汉现代工业化也因此迎来了一个蓬勃兴旺的发展期。

武汉工业发展在民国时期呈现明显的阶段性。大体说来，1912—1926 年这 14 年的时间是民族工业发展较好时期。其工业发展的基本趋势表现为：现代工业获得较全面发展，工业投资规模、工业整体发展规模、工业发展速度均呈较快增长之势。

1926 年，工厂发展到 301 家，是辛亥革命前的 120 多家（实际不足 100 家，有的厂建后即关停）的 3 倍。如果把较大型手工业作坊计算在内，则达 600 家。产业工人从 20 世纪初的 1.3 万人增至 20 年代中期的十余万人，工业资本额从 1911 年的 1524 万元增至 1930 年的近 3000 万元，工业整体规模较辛亥革命前增长了 3 倍。民国初期，武汉工业的发展不仅在规模与速度上大大超

① 参见皮明庥主编：《近代武汉城市史》，中国社会科学出版社，1993 年，第 413 页。

过了清末，而且在结构、投资主体、发展取向等方面均不同于清末张之洞时代，表现出一些新的特征。

第一，民族资本取代国家资本成为新时期工业的投资主体。在工业资本构成中，民族资本比重增长最为迅速，国家企业或官办企业日见萎缩，外资企业稳中有升。

民国前期武汉工业的投资主体是民族商业资本和金融资本。例如，投资纺织、轻工、面粉等行业的大多为民族商业资本家或买办以及少数实业家，如李紫云、刘谷臣、刘子敬、刘季五、徐荣廷、荣德生、宋炜臣、李国伟等。他们投资工业的动机在于堵塞漏卮、挽回利权，振兴民族工业，以国货与洋货争夺市场，最终以国货取代进口洋货，把长期流失的市场利润争夺回来。正如周恒顺机器厂在其产品上铸刻的口号：“国人细听，利权须争，我邦能造，不购外人，由知此意，方称国民，专买洋货，奴隶性情。”

第二，纺织工业成为武汉的支柱产业。在民国前期武汉工业发展中，纺织工业的发展最为显著，其投资规模、生产水平、从业人数、产量产值都超过其他行业，获得了超常规发展。1915 至 1922 年，武汉地区相继投资兴建了第一纱厂、裕华纱厂、震寰纱厂、申新纱厂，投资总额在 800 万两白银左右，投资规模之巨，在当时全国罕有其匹。纱锭数从 1912 年的 90 656 枚增至 1927 年的 258 160 枚；织布机从 1911 年 1 475 台增至 1921 年的 9 201 台，增幅之大可谓前所未有。武汉纺织工业规模仅次于上海，位居全国第二，生产规模占全国总量 14%左右。纺织业的发展还带动了相关行业的发展，如针织、色织、衣帽制作等，在民国时期从无到有，从小到大，发展也呈现迅猛之势。

第三，替代进口是这一时期工业发展的基本取向。民国前期武汉地区掀起的新一轮工业建设具有明显的替代进口的发展追求，它主要表现在工业投资主体的构成特征、工业投资的目标取向、工业发展的部门行业特征以及工业发展的实际后果等方面。

这一时期工业投资的主要领域，如纺织、粮油加工、日用化学工业等都曾经是洋货倾销最多，因而也是利权损失最严重的领域。如棉纱、棉布早为英国货充斥，继而为日货所充斥，而肥皂、火柴、面粉等产品也是英、美等国制造品的天下，国货无与焉。民国时期工业投资大多指向这些领域，其替代洋货的用意是显而易见的。武汉的实业家们显然是要以自己制造的产品——“国货”逐步替代洋货，以国产的棉纱、棉布、纸张、玻璃、肥皂、火柴替代进口的洋布、洋纱、洋纸、洋火、洋皂、洋烟。在关系到国计民生的领域，在反映国人基本生活需求的国内市场实现国货替代洋货，成为当时民族工业发展的一个基本取向。

进入民国，武汉商业外部循环的国际化特征进一步凸显。武汉“国际市场”基本形成于19世纪末20世纪初。进入民国以后，长江流域沿线地区进一步开放，宜昌、沙市、重庆、岳州、万县等沿江城市在开埠以后对外贸易获得初步发展，粤汉铁路武（武昌）长（长沙）段也于此时通车，武汉承东启西、控北引南的区位优势更显突出，交通格局由“帆船时代”到“轮船时代”再到“轮轨交行”时代，使武汉的交通优势进一步彰显，由此引发频繁的埠际转口贸易；加之社会结构的转型、政治体制的变革、近代金融信贷体系的进一步健全，促使武汉向现代化、国际化的目标加速迈进。武汉作为中国内陆“国际市场”的功能进一步强化。武汉“国际市场”的进一步发展主要表现在以下几个方面。

其一，从1911—1930年的22年间，武汉的进出口贸易获得稳步发展，贸易额逐年增长。虽然因种种缘故出现波折，但总的趋势是稳步上升。民国时期武汉进出口贸易的发展主要是间接贸易。直接对外贸易从绝对数值上看，从1911年的3714万关两增长到1930年的4529万关两，增幅不大，且远远落后于上海、天津、大连、广州、青岛等沿海城市，而且20世纪二三十年代以后，还呈现出进一步跌落之势。1918年尚居全国第三，到1930年降至第十位。但这并不表明武汉“国际市场”的功能地位衰微了，武汉的进出口贸易以间接贸易见长，是武汉对外贸易的主体，是武汉作为“国际市场”的主要表征，而这一主体部分，在这20年的时间里获得了迅速的发展。间接贸易额从1911年的11796万关两增长到1930年的20048万关两，增长幅度达59%。

其二，武汉继续扮演中国内陆最大“国际市场”的角色，继续承担着中部市场枢纽的经济功能。在当时中国人口最稠密、经济最活跃的长江流域，上海与武汉分别扮演着经济贸易的领袖角色。上海是长江乃至中国经贸活动的总汇，武汉则是长江中上游乃至中西部的贸易中心。

从 1912 年至 1933 年的 22 年间，武汉在中国四大对外贸易商埠中有 12 年稳居次席，1920 年以后始落于天津之后而居第三。其中主要原因是武汉直接对外贸易长期徘徊不前，而天津、广州、大连、青岛等沿海城市的直接进出口贸易增幅较大。武汉在直接贸易毫无优势的情况下大力发展间接转口贸易，并保持着可观的规模，正是转口贸易支撑着武汉作为“国际市场”的地位。而间接转口贸易的稳定持续发展，正是武汉“国际市场”的特色所在。

其三，武汉“集中土货，转输外洋”和“收纳洋货，散销内地”的中外贸易枢纽的功能进一步发展。武汉作为世界经济体系的重要一环，是联系中外贸易的枢纽，是西方工业经济与中国农业经济不均衡交换的中心，是西方工业产品与中国初级农业产品集中交易流通的主要市场。这一点在民国时期更显突出。反映在武汉的外贸结构上，则表现为经汉口出口外洋的产品以农副土特产品为主体，并且汇聚了中西部的物产，其数额之巨大，种类之繁多，均为其他任何城市所不能比拟。时人写道：

> 汉口是我国的一大商埠，为中部各省之商业枢纽，其地商业，虽不如上海之发达，但在国内也可算数一数二的繁盛城市了……在地位上讲它又是四川、河南、湖南、陕西几省的商业枢纽。上海各厂的出品和舶来品，都由汉口经过转运内地，货品以洋绒布蛋杂货为大宗，内地的出产物，由汉口转运上海出口的，大致有牛皮棉花等物。四川省的药材烟土人参等物由汉口运往各地的也不少。①

据有关资料显示，从 1912 年到 20 世纪二三十年代，经汉口出口的土货以茶叶、桐油、蛋品、肠衣、生漆、牛羊皮、药材、铁矿砂、豆类、油脂油料、

① 钟宝植：《汉口商务概谈》，《商业杂志》（上海），第 4 卷第 2 期，1929 年。

芝麻、棉纱棉花、烟草等为大宗，年均货值在200万关两以上，有的则超过千万关两。民元以后，汉口桐油、茶叶、蛋品的出口量在全国总额中占有相当份额，如茶叶占全国出口的60%，桐油一度占全国出口量的80%，肠衣、蛋品、猪鬃占全国出口总量30%以上，其他农副土特产品的出口量也居全国同类货物出口量之前列。这些土货来自湖北、湖南、江西、四川、陕西、云南、贵州、河南、山西等近十个省份，主要销往德、法、英、俄、美、澳、比等十余个国家和地区，其市场容量之巨与辐射范围之广前所未有，武汉作为中国内地土货集中出口或转口输出的枢纽地位进一步强化，正是这种内地土货总汇与中转出口的特殊地位，使武汉在直接对外贸易逊色于诸多沿海口岸城市的不利条件下，仍以强劲的增长势头发展着间接贸易，以规模巨大的间接贸易值岿然屹立于全国四大通商港埠之列。以土货集中输出与转口输出支撑起武汉“国际市场”，这一特征的形成既归因于武汉作为传统的国内贸易中心地位的功能扩张，也归因于西方列强开掘中国市场的基本目标——收购廉价的工业原料与农副土特产品，武汉则恰逢其时地成为符合其经济追求的一个市场工具。这是武汉“国际市场”在民元以后保持发展势头的基本缘由。

武汉作为中外贸易之枢纽的特征，时人早有洞见。民国时《汉口商业月刊》曾载文指出：

> （汉口）自咸丰八年立约与外人开埠通商以后，复由国内贸易市场，一跃而成为国际贸易商埠，成为国内五大商埠之一，贸易记录蒸蒸日上，曾一度与上海并驾齐驱……一方面仍为土货汇总中心，另一方面又为洋货集散之地，同时又因近年以来，汉口更变成国内转口贸易之主要商埠，其地位益形重要。①

其四，华洋互市、中外贸易的规模进一步扩大。作为“国际市场”的武汉，是外资外企和外国政治机构设置最多的中国内地城市。汉口的华洋互市始

---

① 鲍幼申：《建设武汉为中国工商业中心问题的商榷》，《汉口商业月刊》第2卷第11期，1935年。

于19世纪60至70年代，发展于19世纪80至90年代，大盛于1912年至全面抗战之前。

1901年，汉口有12个国家的66个洋行在此从事各类进出口贸易。至1911—1937年洋行数量大增，较前增加一倍多，为140家左右。各国洋行通过买办、分支机构和中资商行，组成一个辐射广远的市场网络，由此垄断并操纵着武汉的大宗商品的进出口贸易。例如英商怡和、太古洋行，长期控制石油的进口；瑞典德昌公司，居肠衣出口首位；英商和记、德商礼和洋行，则控制蛋品的出口。其他如俄国顺丰，德国美最时，法国立兴、永兴等洋行，分别垄断着茶叶、猪鬃、桐油等出口以及化工染料、五金电器、食品饮料等的进口。这些为数众多的洋行不仅垄断武汉市场的进出口贸易，而且将触角伸向金融、保险、房地产、出口加工等众多领域，成为左右武汉“国际市场”的一支举足轻重的力量。到1924年，武汉的外国银行增至18家，其业务范围广涉信贷、贸易、房地产、实业等多个领域，使民国中期的武汉金融市场带有浓郁的国际化色彩。

图1-2　20世纪30年代外贸繁荣的汉口港①

由于中外贸易的繁盛，与此相关的辅助行业也大获发展，如报关业即是显例。20世纪初，汉口报关行只有26家，到20世纪30年代竟发展到130家。最能反映华洋贸易繁盛的是汉口港所具有的国际化风采。据统计，民初中期货轮出入汉口港最为频繁，每年进出的中外货轮总吨位达500万吨，货船年均5 000艘左右。

① 樊枫主编：《绝代风华：一部用艺术链接的城市史》，武汉出版社，2015年，第203页。

综上所述，武汉进一步对外开放，在民国以后被日益卷入国际经济体系之中，与世界的联系更加紧密。

民国时期武汉城市的转型发展表现在社会结构方面，即在人口结构、职业结构、阶层结构、生活方式、价值取向方面发生深刻而全面的变化。

汉口作为一个商业城市，从商人口一直居于城市人口之大半。辛亥革命后，工商从业者更呈激增之势。下表所示即1909年与1915年汉口各种职业人数的比较，从而可以看出前后的变动。

表1-1　1909年和1915年汉口职业人数对照表①

职　业	1909年	1915年
军政　警法	7 199	652
学办　绅界　报界	2 365	2 351
商贾	1 660	30 990
律师	/	652
馆幕	1 493	/
司事点	2 301	/
矿师　儒士　星卜　地理	551（不含矿师）	1 513
术士　教干		148
机匠　窑工　水泥工		2 594
实业工人		2 221
小贸	10 503	9 464
小艺	/	4 625
水手　划夫	917	1 083
车夫　轿夫　码头夫	11 159	10 742

① 民国《汉口小志》；皮明庥主编：《近代武汉城市史》，中国社会科学出版社，1993年。

续表

职　业	1909 年	1915 年
医士	2 379	401
种植　畜牧	10 876	761
厨役　使役　挑水夫	1 500	13 779
金工　木工　石工	2 581	5 692
道士　僧侣	2 461	415
苦力		3 671
船业		251
洋伙		749
公差		487
渔业	/	588
优伶	60	109
无业	/	4 579
乞丐	1 368	494
教民	1 347	/
娼妓	1 304	/
堪舆	69	/
礼生	168	/
工乐	180	/
粪夫	1 125	/
其他	1 172	/

（表中“/”表示没有统计数据或将数据划为其他职业。）

"1912年的调查表明，'商界'占这个城市（即汉口）居民的31%。"① 1916年，在汉口25万统计人口中，从事工商业人口近12万人，几近50%。而军政、警法人员不到4000人。到1919年，武汉三镇工商业从业人数总计达20万。人口职业结构中封建社会中政治性职业如军政、警法人数的大幅度减少，而现代工商城市的典型职业如商贸、实业工人、小商小贩、各类服务业的从业人数则大增。一个现代型的城市职业结构正在形成。

职业结构的变迁，必然导致社会阶层结构的调整与重组。在城市的上层阶层中，封建官绅群体虽仍盘踞其中，但他们只是上层社会的一小部分，而且许多人逐渐演变成绅商，形成新的绅商阶层。许多传统商人投资工矿实业，成为新型工商阶层。而随着工业化发展而出现的大量产业工人则逐步取代传统的小手工业者、小商小贩和城市无产者而成为城市居民的主体。民国以后武汉各业产业工人总数为20万左右，他们和工商业从业人员、小手工业者、小商小贩、服务行业从业者和普通市民一起共同构成中下层阶层。

随着城市的职业结构、阶层结构的变化，作为城市文化深层结构的社会价值体系也发生相应的变化。商品经济的观念、实用主义的价值观、世俗化的生活情趣与理性主义的行为原则，与武汉尤其是汉口急功近利的码头文化相混相融，形成新时代武汉城市文化的时代特质和社会时尚。人们日常生活崇洋趋新，衣食住行无不习染洋化色彩"屋舍亦极壮丽，且高楼大厦亦甚多"②。旧式车轿、马车被脚踏车甚至小汽车、公共汽车所替代，吃西餐，穿西服，"民国以来，无冠裳品级之冒滥，但服饰奢靡更逾于前"。③ 武汉人的行为方式和社会生活发生了深刻的蜕变。

总之，在辛亥革命政治鼎革的推动下，武汉的社会结构和风尚习俗发生了深刻的现代嬗变。带着传统时代印痕的武汉渐行渐远，一个散发着鲜活现代气

---

① 罗威廉著，鲁西奇等译：《汉口：一个中国城市的冲突与社区（1796—1895）》，中国人民大学出版社，2008年，第38页。

② 徐焕斗：《汉口小志·商业志》，商务印书馆，1915年，第13页。

③ 《时报》1912年5月24日。

息的武汉尽管步履有些蹒跚，但却不曾停歇，勉力前行。

第三节　武汉建市与现代城市形态的建立

谋求城市政治地位的独立，建立现代城市制度，并以“现代方式”规划城市空间，进行城市管理和市政建设，当是中国城市现代化的重要甚至主要任务。武汉在20世纪二三十年代“市政改革”中一度走在全国前列。也正是在这个历史时段，武汉的现代城市形态基本建立，城市管理机制、城市空间格局、城市功能结构初步形成，对武汉此后的发展产生深远影响。

一、武汉（汉口）建市与现代城市管理机制初步形成

1926年9月7日，国民革命军北伐占领汉口，10月10日，北伐军攻克武昌，武昌、汉口、汉阳三镇成为广州国民政府统辖地域。同月，广州国民政府批准设立湖北政务委员会，以邓演达为主任，综理全省政务，省直接领导各县。1926年10月7日，国民政府“以汉口为华洋互市之区，实全国商务中心”，宣布成立汉口市政府。① 按照湖北政务委员会公布的《汉口市暂行条例》，汉口市直属于湖北省政府，不入夏口县行政范围，但市长由国民政府任命，刘文岛被任命为汉口市第一任市长。新成立的汉口市，除了汉口华界区域（即老城区）外，还将原湖北省政府管辖的第一特区（旧日德租界）、第二特区（旧俄租界）管理局纳入其管辖范围，成立了财政、工务、公安、教育、卫生、统计各局，府内设置秘书、审计两处。各局局长、秘书长由市长呈请湖北省政

① 《汉口市政建设概况》第1期，第15页，1930年9月，第1篇《总务》，武汉市档案馆档案。

府任命，审计处长由湖北省政府任命。① 设立市政会议。10 月 20 日，汉口市政委员会成立，② 以市长为主席，各局长为委员，隶属于湖北政务委员会。同时，依照《汉口市暂行条例》，设市参事会代表市民辅助市政。汉口市政委员会“多依粤市章程办理”。③

同年 12 月10 日，蒋介石以国民革命军总司令的名义任命黄昌谷为武昌市市长。12 月 18 日，黄昌谷在给武汉临时联席会议的呈文中云：

> 国民革命军总司令蒋十二月十日第四十七号任命状开：任命黄昌谷为武昌市市长。此状。等因。奉此。市长适于本月十六日到差任事，除分呈外，理备文呈钧会审核备案。④

武昌建市至此进入筹备阶段，据孙科《计划武汉三镇市政报告》说：

> 武昌市亦经由总司令部委任市长，现正筹备中，闻其组织除无特殊管理外，大致与汉口市政委员会略同。或拟加设土地局。至于汉阳市政，则尚未筹办。⑤

1926 年 12 月和 1927 年 1 月，《汉口市暂行条例》和《武昌市暂行条例》公布。⑥《汉口市暂行条例》共 8 章 47 条，《武昌市暂行条例》共 6 章 32 条。两市市政体制大同小异，均采委员会制。

1926 年底，国民党武汉临时中央党政联席会议经过筹备，宣布从 1927 年元旦正式在汉办公并发布命令，确定国都，以武昌、汉口、汉阳三城为一大区域作为“京兆区”，定名武汉，并组织管理京兆区的委员会。

1926 年 12 月，国民党中央执行委员、国民政府委员临时联席会议第 6 次

---

① 《汉口市政建设概况》第 1 期，第 15 页，1930 年 9 月，第 1 篇《总务》，武汉市档案馆档案。另见《湖北政府公报》第 1 期，1926 年 11 月 29 日，武汉市档案馆档案。

②③ 《汉口民国日报》1927 年 7 月 3 日。

④ 国民党党史馆档案汉 0617 号。

⑤ 孙科：《计划武汉三镇市政报告》(1927 年 1 月 1 日)，《市声周报》1927 年 1 月。

⑥ 《武汉国共联合政府法制选编》。转引自武汉地方志编纂委员会办公室编：《武汉国民政府史料》，武汉出版社，2005 年，第 219—223 页。

会议议决，推定孙科、宋子文计划武汉三镇市政委员会。① 1927年1月，国民党中央宣传委员会关于武汉市政问题的报告称，当时三镇的市政机关，汉口有市政委员会，武昌有市政厅，汉阳还没有市政机关的设立。为了进行市政建设，联席会议决定：

> （一）由中央设立武汉三镇市政委员会，以左列九人组成之：财政部长，交通部长，外交部长，湖北省民政厅长、财政厅长、建设厅长，武昌市长、汉口市长、汉阳市长。前项委员会对中央负责，为武汉三镇最高市政指挥监督及议决机关，其组织条例另定之。
>
> （二）武汉三镇市行政机关一部分有归并统一之必要。
>
> （三）由中央每月发给补助费二十万元，以六个月为限。②

由于正式的湖北省政府没有成立，此计划被搁置，三镇仍各自为政。

1927年3月15日，汉口英租界正式收回后，成立了汉口第三特别区管理局，直隶于国民政府外交部。③ 委原武昌市市长黄昌谷为该特别区市政局长，谢保权为主任。④ 该局设董事会，监事7人，除以局长为董事长外，于常年大会时，按票选出中国人3名，英国人3名充之。⑤ 中方的3名董事为汉口商会周星棠、省总工会朱菊（和兰）及市党部李国暄；英方的3名董事为亚细亚煤油公司的查尔顿、怡和公司的杜纳里、原英租界工部局总董狄克根。从此，该特别区“实际上管理权，完全操在我方之手，英董事3人实无能为力”。⑥

由于迁都之争及其他原因，湖北省政府迟迟未能成立。国民党二届三中全会后的4月10日成立了湖北省政府，旋即又成立了武汉市政府。1927年4月22日，国民党中执会致函武汉国民政府，告知其已正式成立：

---

① 《湖北政府公报》第7期，第82页，1927年1月10日，武汉市档案馆档案。

② 孙科：《计划武汉三镇市政报告》，《市声周报》1927年1月1日。

③ 《汉口市政建设概况》第1期，第1编《总务》第12页，1930年9月。

④ 《广州民国日报》1927年3月22日。

⑤ 《汉口民国日报》1927年7月12日。

⑥ 《一周时事述评》第13期，1927年3月14日，武汉市档案馆档案。

公启者：关于武汉市政府已成立，应由国民政府下令改武阳夏三镇为武汉市。同时下令裁撤武昌、汉口两市政厅，经本会政治委员会第十四次会议决议，武汉市政府现已成立，武昌、汉阳、汉口三市归并管理，并定名为武汉市。前各武昌、汉口两市政厅着即裁撤，交国民政府照办，相应函知贵府，烦即查照办理。此致，国民政府。①

经中央政治委员会议决，由中央党部，国民政府，省、市党部，省政府，汉口市商会，汉口市商民协会等各推委员共组武汉市政府，计中央党部推陈公博、苏兆征，国民政府推陈友仁，省党部推吴士崇（即吴德峰——引者注）、何羽道，市党部推詹大悲、李国暄，省工会推向忠发，省政府推张国恩，汉口市总商会推周星棠，汉口市商民协会推郑慧吾，共十一人为委员，并经国民政府任命于四月十八日正式成立武汉市政府。票选陈公博、李国宣（暄）、吴士崇为常务委员。将前有之汉口市政委员会、武昌市政厅及武昌市工务、公安各局一律裁撤，就原有之汉口市公安、财政、教育、工务四局改为武汉市政府公安、财政、教育、工务四局。武昌公安局改为第一公安分局，汉阳公安局改为第二公安分局，所有第一、第二、第三特区管理局，均划归武汉市政府范围；于武汉市政府设秘书处，前汉口市卫生局裁撤。前汉口统计局改统计股附于秘书处第一科。对于市政则从新计划力求发展，对于用人则力避冗滥，以党部及各团会组之政府，集各方之意见，共策进行，预料前途当有良好之成绩。”②武汉市政府设址汉口慈善总会（今市一医院中山大道一边隔壁），于是，以武昌、汉口、汉阳为管辖区域的三镇合一的市政府第一次成立。

关于武汉市政府成立之具体日期，历来有 4 月 16 日与 4 月 18 日两种说法。上引武汉市政委员会报告即说“并经国民政府任命于四月十八日成立武汉市政府”。但笔者认为武汉市政府成立应为 1927 年 4 月 16 日。根据有二，一是汉口市代理市长张笃伦给国民党中央执行委员会的呈文：“敬呈者：武汉市

① 国民党党史馆档案汉 635 号。

② 《武汉市政府行政概况——武汉市政委员会报告（1927 年 7 月 11 日）》，《长江流域商民代表大会日刊》，1927 年 7 月 11 日、12 日、14 日。

政府定于本月十六日午前十时，在崇善里旧汉口市政委员会举行成立典礼，届时敬请钧会派员监誓，并赐训词……”① 二是《汉口民国时报》1927 年 4 月 17 日的报道：“武汉市政府是由武昌市政厅、汉口市政委员会、汉阳是整合委员会合并成立之总机关。”这两则材料，邀请函在成立典礼之前一日，新闻报道在成立典礼之后一日，正好印证武汉市成立日期在 1927 年 4 月 16 日。

1927 年 7 月 15 日，汪精卫“分共”后，武汉与南京在反共问题上达成高度一致，宁汉逐渐合流。9 月 16 日，由 36 名委员组成的中央特别委员会在南京成立，代行中央最高职权，新的南京国民政府于 9 月 20 日重组成立，武汉国民政府宣布正式撤销，武汉进入了由李宗仁桂系集团近两年（1927 年 9 月 20 日—1929 年 4 月 5 日）的统治时期。

桂系把持武汉市政，原武汉市政府各委员纷纷离任。12 月，湘鄂临时政务委员会派张有桐前来接收，改武汉市政府为武汉市计划委员会，推举龚树溶、周星棠、李翊东 3 人为常务委员，于 12 月 31 日就职视事，前武汉市政府下设机构除公安局外一律撤销，只设公安、事务、计划三个机构。1928 年 5 月，湖北省政府第 6 次政务会议决定，武汉市政计划委员会更名为武汉市工程委员会，省政府委任胡宗铎、张难先、石瑛、孙绳、王恒、严重为委员，5 月 7 日，该委员会在武昌原湖北官钱局旧址成立，石瑛被推选为主任，工程委员会下设总务、工程、拆迁三处。

1928 年 11 月 1 日，新的武汉市政委员会成立，胡宗铎任委员长②，1929 年初，湖北省政府第 77 次政务会议决定，取消多年采用的委员会市制，改组武汉市政府，采市长制。2 月 1 日，新一届武汉市政府正式成立，潘宜之任市长。③

1929 年 3 月底至 4 月初，蒋桂战争以蒋派的胜利而终。4 月 5 日，蒋介石

① 国民党党史馆档案汉 0641 号。

② 《申报》1928 年 11 月 2 日。

③ 《申报》1929 年 2 月 1 日。

图 1-3　1929 年 2 月 1 日，武汉市市长就职典礼①

的中央军接收武汉，南京国民政府发布第 1463 号训令，改武汉市为武汉特别市，“国民政府令开武汉市著改为武汉特别市，……除公布并分行外，相应录令函达，查照并转饬所属一体知照。此令”②。同时任命刘文岛任武汉特别市市长并组武汉特别市政府。据内政部第 504 号公函云：

径启者，查武汉地方曩系普通市制，此次武汉勘定，业经主席指派刘文岛为武汉特别市长并奉篠电饬与文官处，照委该特别市各局局长及参事各员，当经本部函请国民政府文官处查照办理本案。惟查特别市组织法第三条规定，特别市之设立依国民政府之特许行之，现武汉既定为特别市，拟请呈由国民政府明令公布以完手续。③

4 月 6 日，刘文岛就任武汉特别市市长，并任命了市政府主要官员。④

但根据《特别市组织法》第一条规定，特别市直辖于国民政府，不入省县行政范围。武昌为湖北省政府所在地，省市政府同在一区内，政令分歧，利益冲突。同时，因汉口地当冲要，轮轨如织，工商荟萃，户口众多，有单独组织特别市之必要。于是，刘文岛向南京国民政府提出改武汉特别市为汉口特别市的请求。

同年 6 月，经行政院会议决议，改武汉特别市为汉口特别市，以汉口、汉

① 武汉市档案馆编：《大武汉旧影》，湖北人民出版社，1999 年，第 54 页。
②③ 中国第二历史档案馆馆藏档案，全宗号 1，目录号 2，案卷号 1654。
④ 《申报》1929 年 4 月 8 日。

阳为管辖区域，并将武昌改为普通市划归省政府管辖。6月中旬，南京国民政府将此决定告知湖北省及武汉特别市政府：“国府文官处函市府，着改名汉口特〔别〕市府。经十次市政会〔议〕议决，即日改名，并函省府武昌各该管事项准七月一日移交。(二十一日专电)”① 1929年7月，汉口特别市政府正式成立，直隶行政院。以刘文岛为市长。先后设立公安、社会、财政、工务、卫生、土地、教育、公用8局。武昌所有行政事务于7月1日正式移交省政府。“乃设武昌市政工程处于建设厅”。②

汉口特别市政府成立后，夏口县区域与行政事务大部分划入市的范围，县公署形同虚设。湖北省政府遂拟裁撤夏口县治，将该县管辖区域分别划归汉口特别市政府及汉阳县政府管辖（张公堤以外），一切行政事务均由汉阳县处理，呈报国民政府批准，1929年7月31日，裁撤了成立十余年之夏口县。③ 从此，汉口在一个城市里政出市、县两个政权的局面结束。

同年7月，经湖北省与汉口特别市协商，湖北省政府第68次政务会议划定汉口特别市范围，市区东界起自张家河口之谌家矶，沿扬子江汉口江岸、汉阳江岸以达汉阳之老关抬船路为界；市区北界起自张家河口之谌家矶沿张家河岸经二道桥，沿朱家河岸至戴家山（今岱家山）迤西沿张公堤堤外脚至禁口，再迤西沿长丰垸堤外脚经余家湾、毕家咀等处以达张家岗为界；市区西界起自汉口之张家港，沿长丰垸堤外脚经东姚家湾迤南以达舵落口，沿襄河东岸下流以达汉阳琴断口，沿三眼桥港岸经保丰闸、三眼桥以达升官渡为界；市区南界起自升官渡沿大路经潘家庙迤东经港口以达大山寺，迤南沿拦江堤内以达老关之抬船路为界。④

1930年4月，以汉阳城区划归市辖诸多不便，经省市两政府联席会议决

---

① 《申报》1929年6月23日。

② 《湖北省会市政建设计划纲要》，《汉口商业月刊》第2卷第3期（总第15期），《专载》第4页，1935年3月10日出版。

③ 《汉口市政府建设概况》第1期，第1编《总务》第9页，1930年。

④ 《湖北省关于准予派员会勘省市界情形的指令及湖北省教育厅的呈文及市政府关于会勘情形及附图说明的呈文》，湖北省档案馆馆藏档案，档案号：LS-3-0101-003。

定，并经国民政府第74次国务会议批准通过，将汉阳城区划进湖北省政府管辖，并入汉阳县，于5月15日移交。同年，省市两府联席会议议决，原夏口县旧管田赋等税在汉口市区以内者由市府管理，在市区以外者归所管县署（即汉阳县）管理。夏口县旧管租界地租划归汉口特别市政府。

1930年5月20日，南京国民政府公布了新修订的《市组织法》。新的市组织法与1928年的市组织法一个重要的不同就是废除特别市的提法，但对于直辖行政院的几个市仍予以保留，即“十九年市组织法虽废除特别市之名而未废其实，改分市为隶属于行政院及隶属于省之两种”①。新的《市组织法》颁布后，南京国民政府以“训令第2174号”文件“将原有南京、上海、天津、青岛、汉口五特别市均除去‘特别’二字，直隶于行政院；北平特别市当时系河北省政府所在地，广州特别市系广东省政府所在地，分别改称并改隶于河北省及广东省政府”②。汉口特别市政府接到行政院训令2392号指示后，即着手进行更名事项。1930年6月20日，刘文岛给南京国民政府去函报告更名工作进展情况：

> 钧院第二一七四号训令，以据内政部呈为依照新颁布市组织法，拟具市政组办法请鉴核施行案。经院决议改特别市为市，重委市长均转呈政府照办，余悉照部议办理，除转呈暨分另外，令仰查照部议办理等因奉此。自应送遵照积极筹备，藉副钧院推行新制，促进市政之至意。兹经职拟具实行新制办法（一）调查户口限七月二十日前由公安局办理完竣后送交社会局。（二）划分区坊间邻由社会局于八月十日前会同财政公安两局完竣后呈府核验。（三）本府一切章程细则交参事会各局处依照新市组织法修正呈报行政院备案。以上三条并经提交第六十次市政会议议决分令所署，迅即遵照办理各事案，所有尊令依照内政部拟具各市政组办法提案议决进行。③

① 钱端升：《民国政制史》（下），上海人民出版社，2008年，第703—704页。

②③ 中国第二历史档案馆档案，全宗号6，案卷号1099。

南京国民政府内政部接到刘文岛请示函后，报经行政院同意汉口市工作部署。经过近两个月的工作，7 月 28 日，刘文岛致函行政院，报告汉口特别市改为汉口市工作已于 7 月 1 日办理完毕：

呈为奉令改汉口特别市为汉口市，业已遵照前令于七月一日依法改组具报，……谨查前奉钧令改汉口特别市为市职已遵于七月一日依法改办，并具报在案。兹奉前因理合将依法已改汉口特别市为缘由备文呈请钧院俯赐鉴核……①

1930 年 8 月，湖北省主席何成濬以武昌为辛亥首义之区，宣布成立武昌市。10 月，“复设武昌市政府，下设工务局”。但根据《市组织法》，人口须在 30 万（或人口在 20 万以上，且营业税占该地 1/2 以上）方能建立普通市，武昌人口、税收均不足此数，不能建立。武昌市政府仅存 1 个月，即遭国民政府否决。何成濬只得“奉行政院令武昌不必设市之后，即令将武昌市政府取消”(同时取消“市”字名称的还有宜昌、沙市、新堤、武穴、老河口、樊城、沙洋等)。省会武昌的市政仍归省建设厅办理，乃成立湖北省会工程处，处理武昌城的工程事宜直至 1935 年。1931 年 1 月 13 日省政府第 68 次政务会议决议，将武昌市区归并武昌县办理自治。

1931 年 6 月 2 日，湖北省政府主席何成濬致函南京国民政府，以武昌、汉口“密迩相聚甚近”以及省市财政经费短绌为由，要求取消汉口特别市，将汉口改为省辖普通市：

南京兼院长蒋钧鉴辰密：

窃自奉令改组省市政府，遵即着手进行诸事将次就绪，惟据汉口市长刘文岛面称，现因撤销特别市之命令未公布不便办理结束，拟恳俯赐鉴核即颁明令，俾有所遵循。又职在京时原拟改特别为普通市以符章制，归后征询武汉各界意见，佥谓汉口无须设市政府，而商界主持尤为坚决。考其理由，则以武汉密迩相距甚近，市府既属于省府，诸凡要敕即由省府处

① 中国第二历史档案馆档案，全宗号 6，案卷号 1099。

理，则市府无异虚设徒耗经费，当兹财源枯竭，经费艰难之日，若仍省市分立，则整理计划，既难实行，而行政开支亦难减少，职为顺从民意，撙节约费计，拟暂不设市政府，只组织市政委员会隶属省府，专办汉口市政，一俟财政充裕，市政发达，再为设置。是否有当，伏乞电遵。①

何成濬电文中所说汉口各界皆不赞成设市，并非毫无根据的臆说，先是前年12月，汉口有商民刘炳勋等17人联名上书南京，要求撤销汉口市，主要是汉口市政腐败，所耗财政经费甚巨，商民不堪其苦。在何成濬大力运作下，1931年6月9日，行政院第25次国务会议决定，撤销汉口特别市建制，改为隶属于湖北省的普通市。6月22日，行政院以第2993号训令内政部和汉口市政府，告知改汉口特别市为普通市：

为令遵知事，案查前据湖北省政府主席何成濬世电称，窃自奉令改组省市政府，遵即着手进行……据此经提出本院第二十五次国务会议决议，汉口改为隶属于湖北省政府之市，呈请国府令行，当经电复该省政府知照，并呈请国府鉴核实行各在案，兹奉国民政府第一五八八号指令，开呈悉应准照办，仰由该院另行遵照可也……②

同日，国民政府指令下达后，汉口市政府即着手改制工作。

嗣后，汉口市市长刘文岛致函行政院，表示服从政令：

钧院第二九九三号训令，以查前据湖北省政府电请早颁撤销汉口特别市，明令并陈武汉各界意见，拟暂不设市，只组织市政委员会，隶属于省政府，专办汉口市政等，请经院决议，汉口改为隶属于省政府之市，呈请国府令行，当经电复，并呈国府在案。兹奉令开呈，悉应准照办。仰由该院另□□可也，等因。除令行湖北省政府暨内政部外；令仰遵等因，奉此并准湖北省政府函同前由，谨送令办理，当即令各局处会暨市立医院赶办

① 《何成濬请早颁撤销汉口特别市政府明令并陈武汉各界意见，拟暂不设市政府，组织市政委员会隶属省政府专办汉口市政以节经费》，中国第二历史档案馆档案。

② 《行政院第2293号训令，汉口改为隶属省政府之市》，中国第二历史档案馆档案。

结束以备移交，并函请湖北省政府当派员接收……①

7 月，汉口特别市政府正式改为汉口市政府，直隶于湖北省政府，由何葆华任市长。市府内设秘书处及一、二、三科。附属机关除接管市立医院、平民教养所、中山公园建筑事务所、妇女救济院外，火葬场改为火葬管理委员会，其他的如平民接待处、工商调查处、合作指导委员会、社会局（改为第二科）、工务局（改为第三科），均由市政府接收裁撤；汉口市公安局直隶于湖北省政府，改名汉口公安局；财政局、税捐稽征处、公债基金保管委员会，由省财政厅接收；公共汽车管理处、度量衡检定所、苗圃事务所，由省建设厅接收；教育局及所属机关、学校由教育厅接收；邮电检查所由武汉等备司令部接办。②同时，何葆华市长因经费支绌节省开支，将采办委员会裁撤。

1932 年 4 月，万声扬接任市长，将卫生管理处裁撤，市府内增设第四科，所有清洁打扫事项，划归公安局办理，公安局重归市政府指挥，复改名汉口市公安局。苗圃事务亦由建设厅移交市政府接管。此时，汉口市又改为特别市，隶行政院。7 月复改隶湖北省。③ 10 月，市政府改组，吴国桢任市长。

武昌方面，1935 年 6 月，湖北省政府成立了武昌市政处，与普通市近似，又不等于普通市。处长李捷才，其后由程文勋继任。1937 年由杨锦昱接任（抗战胜利后杨再次任处长，1946 年任武昌市市长）。

二、以功能分区为主旨的武汉（汉口）城市规划

纵览 1930 年代汉口市政府的城市规划建设理念，归纳起来，大致有如下四个方面。

其一，学习西方城市规划经验，通过系统的规划和改造，改变汉口不规则的长方形城市格局。1929 年，刘文岛在汉口特别市临时参议会成立会议上致

---

① 《刘文岛呈为奉令改汉口为隶属省政府之市遵即赶办交代仰祈钧鉴》，中国第二历史档案馆档案。

② 《汉口市政概况》(1933 年度)。

③ 皮明庥主编：《近代武汉城市史》，中国社会科学出版社，1993 年，第 350 页。

辞说：

我们的建设计划分两种，一种是物质建设，一种是精神建设。先讲物质建设，我们怎样改造我们的汉口呢？大概城市的形式有二，就是放射式和长方式，法国巴黎多是放射式的，而美国城市多半是长方式的。我们当应按照地势来断定改革的形式，汉口旧市区的地形是扁长形的，所以我们暂时的计划，便是要造成长方形的汉口，江海关以西沿江马路，已在修筑中，宽度定四十英尺，最低限度，今年可以修到招商局附近，中山马路亦在积极修筑中，还有几条横路，亦同时开工。但是长方形的街道，有利亦有害，最后还是想以市府所在为全市的中心区域，附近广建图书馆、公园等，另筑放射半径形的新马路。所以最后汉口的改造形式，是长方形与放射式相混合的。①

后来汉口市的几次规划基本上都体现了刘文岛的这一设想。如1936年的汉口都市计划书，其道路规划，总的设想是以市行政中心区为中心，向市内各地区规划几条放射线，其他大部分地区结合老市区原有道路走向，规划成棋盘式。当然，汉口后来的发展并没有形成放射式空间格局，而大体上仍然是长方式棋盘式，几条主要干道与江河平行，在主干道之间修筑若干条垂直道路，形成扁长形不规则的棋盘状。

其二，参照西方城市功能分区的规划理论，结合汉口城市具体状况，将汉口按商业区、工业区、住宅区、小工商业区以及高等教育区、市行政区进行功能分区，以彻底改变汉口工商不分、人商混居的杂乱壅塞状况。

其三，在城市建设中，把道路等城市基础设施的规划和建设放在突出位置。董修甲指出："在最初成立政府时，是要对于物质建设特别注意，因物质建设不注意，就不能发展交通，交通不展，就不能发展工商业了。所谓物质建设是指道路、码头及上下水道之建设。至于社会行政、慈善行政以及社会教育

① 《汉口特别市市政公报》第1卷第3期，1929年，武汉市档案馆档案。

图 1-4　20 世纪 30 年代的汉口一派生机①

与公共卫生，皆可以缓一步。”② 刘文岛亦表示：“谨遵先总理（孙中山）大汉口市之计划，斟酌本市财力，权衡事业缓急，分别先后，顺序进行。”并指出：物质建设与精神建设，“其缓急先后，自有定之秩序，顺之则事半功倍，逆之则耗费而无补”，“本市于物质、精神两方面兼筹并顾之中，尤稍注意物质之建设”。③ 在城市现代化早期，重视城市基础设施建设，很有必要，无可厚非，但将物质文明与精神文明对立起来，显然有失偏颇。另外，在基础建设上，汉口市政府也注意兼顾长远发展与近期实施两方面。工务局局长陈克明介绍汉口的道路建设时指出：“本市之主要及次要干道，均拟铺柏油路面，其余暂铺碎石。在未十分发达之处，路线虽规定甚宽，而路面在开始建筑时，则只铺砌中间一部，以节省经费，以后随交通状况，渐次铺宽。”④ 汉口第三主干道中正路（今解放大道）在 20 世纪 30 年代就是按这一原则逐步扩宽改造的。

其四，吸收“田园都市”，注重城市园林绿化和公园的规划建设。武汉建市以后，市政当局不论怎样更替，都十分重视公园建设，这与当时整个市政学界借鉴和吸纳欧美城市建设成果，甚至国内城市之侧的外国租界均设公园的影响，并形成了某些共识有关。自 1928 年起，武汉市就已划出并积极建设了汉口的第一大人造公园——中山公园、小公园——市府前花园，武昌则积极筹划

① 上海市历史博物馆编：《武汉旧影》，上海古籍出版社，2007 年，第 40—41 页。
② 董修甲：《中国市政问题》，《道路月刊》第 49 卷第 3 号，1936 年。
③ 刘文岛：《汉市之现在与将来》，《中国建设》第 2 卷第 5 期，1930 年。
④ 陈克明：《汉口市街计划》，《道路月刊》第 30 卷第 2 号，1930 年。

有天然形势的蛇山公园、首义公园。

综上所述，汉口市政府现代城市建设理念，既具有整体系统性，统筹规划城市的功能以其空间格局，又兼顾各个具体的建设项目，使之适应城市现代化发展要求；既注意保持汉口城市个性特色，如码头和传统商业街区的维护和兴建，又提出按照现代标准改造传统街区和布置城市空间；既注重传统城市的改造和城市基础设施建设，又关注城市生活、生态品质的提高，表现出汉口市政府作为一个现代城市政府的一定程度的成熟。因此，不仅受到后人较高评价，而且其具体规划因为“有一定的科学性、真实性和指导性，不少规划思想、原则和功能分区的设想为以后城市规划、建设所吸收”。①

在上述规划理念的指导下，从 20 世纪 20 年代到 30 年代中期，武汉特别市和汉口特别市、汉口市政府制定了三次城市规划。

第一次城市规划：1929 年武汉特别市时期《武汉特别市设计方针》和《武汉特别市工务计划大纲》。

1929 年，南京国民政府确定武汉为特别市。特别市政府成立伊始，即着手制定武汉城市发展规划。其成果反映在武汉特别市政府工务局总工程师、毕业于英国格拉斯哥大学的张斐然的《武汉特别市之设计方针》和董修甲任局长的武汉特别市政府工务局制定的《武汉特别市工务计划大纲》两份文件中。②

张斐然的《武汉特别市之设计方针》“以从事科学之建设，谋产业之发达，并预防无秩序的人口膨胀”，对人口规模、分区、交通、公园绿化、上水排水、街道之放宽及建筑之限制、修建全市各处江岸、建筑平民住宅和关于设计之各项基本调查及测量等方面都提出了大胆的设想和建议。后人对此评价颇高：

> 其所规划的武汉三镇行政区域范围，是依据孙中山《建国方略》论述的精神，结合三镇原来的天然界线以及预测 60 年间人口增加所需的城市建设空间和四周与中心之距离务求相等为原则，加以划定，面积共

---

① 武汉市地方志编纂委员会编：《武汉市志·城市建设志》（上卷），武汉大学出版社，1996 年，第 113 页。

② 参见《武汉市政月刊》第 1 卷第 2 号，1929 年 6 月。

669 600亩。其规划人口数量，是按每年3%增加和按《都市设计通则》预测60年后城市人口规模，同时依据市区总面积除去江河、湖泊、山地和规划的公园绿化系统等面积后，每市民应占有50平方米推算，可容纳594万人。①

张斐然从原有事实、今后趋势、交通关系、地形关系、风向关系和经济关系六个方面提出了城市功能分区依据意见。他的一些具体设想虽然没有完全被以工务局名义制定并经市政会议通过的《武汉特别市工务计划大纲》（以下称《计划大纲》）和《汉口市分区计划》所采纳（如他的分区图、公园系统图和铁道车站图就与市府正式公布的规划图不同），但他的一些设计理念和设想的一部分措施还是在当时和以后的市政当局规划、建设与管理的运作中得到借鉴和吸收。

董修甲任局长时主持制定的《计划大纲》规划的城市范围，包括当时的武汉市界以内全部区域，东以武丰闸、青山港、北洋桥、东湖门、南湖门为界，南以汤孙湖、李家桥、老关为界，西以三眼桥、保丰闸、琴断口、舵落口、东姚家嘴、张公堤一部分为界，北以张公堤、戴家山、三道桥、谌家矶、青山峡为界。该《计划大纲》包括分区、水陆交通、沟渠、公共建筑物、公共娱乐场、公用事业工程六大方面。虽然该《计划大纲》特别是其中的水陆交通和港务计划，在很大程度上继承了孙中山《建国方略·实业计划》的基本思想，但该《计划大纲》突出的特点，是第一次按照西方国家城市建设经验和当时中国城市规划流行的做法，将城市按照功能分区，实行重组规划。1930年以后，这种分区又作了一些调整。

第二次城市规划：《1930年汉口市分区计划图》。

1930年7月，汉口市政府工务科参照《武汉特别市之设计方针》的规划设想，制定了《1930年汉口市分区计划图》②。分区计划按商业区、工业区、

① 武汉市地方志编纂委员会编：《武汉市志·城市建设志》（上卷），武汉大学出版社，1996年，第120页。

② 参见《新汉口市政公报》第1卷第12期。

住宅区、小工商业区以及高等教育区、市行政区等，划分城市用地。

第三次城市规划：《1936年汉口市都市计划书》。

《1936年汉口市都市计划书》经市政会议第63次例会通过，同年5月12日由湖北省政府主席杨永泰转呈内政部，并于6月6日得到行政院批准予以备案。同时获准备案的还有《汉口市分区计划图》。计划书未批准前，曾由市工务局技正高凌美署名，以《汉口市都市计划概说》为题，在《新汉口》第2卷第10期上刊载。计划书主要内容包括全市面积、功能分区、人口规模、道路系统规划以及市场、运动场、飞机场、过江桥梁、隧道建设计划等。

关于全市面积和人口规模，计划书指出，除江河所占面积约15平方公里外，陆地和湖塘约占119.14平方公里。人口规模：商业区人均30平方米，可容80万人；工业区人均50平方米，可容84万人；住宅区人均80平方米，可容67万人，共231万人，每年人口增加率平均按3%计，39年后即达饱和。

上述三次城市规划，尽管内容繁杂，但其主旨则是十分明确的，即都强调城市功能分区，通过功能分区，理顺城市的空间格局，并由此展开相应的道路及其他市政设施的规划和建设。

三、以现代化道路建设为主的市政建设

武汉建市后，市政建设有了明显的发展。

武汉（汉口）建市前，三镇马路除汉口前一、一特区（旧德、俄租界）和日租界及武昌汉阳门新路（今民主路西段）为柏油路外，其他系碎石路。至于“汉口旧市区街道，大都狭窄潴湿，曲折异常，车马往来，肩摩毂击，稍有拥挤，交通即完全阻塞”，“其街道之与江河平行者，稍为整齐，而路线较长，其与江河成垂直线者，则狭而短，路线曲折，又不能接连”。而“沿江沿河一带，则吊楼屋柱，栉比鳞次，参差凌乱，污秽不堪，上下码头之处尤多不便行旅，故水陆运输不能联络，前后市区，不相贯注”。① 而在今中山大道至京汉大道（当时的京汉铁路线）之间，模范区以西长墩子（今江汉四路、自治街一带）、

① 《汉口市政概况》，第1期第2编，1930年，武汉档案馆档案。

济生新马路（今民主一街）一带，马路“多未开辟，且棚户林立，污秽遍地，火灾疫疠，危险堪虞”。①

武汉建市以后，市政府即着手现代城市道路的开辟和改造。1927 年，武汉市政府成立后，即分别组织了由政府机关和社会团体组成的汉口市开辟马路委员会和武昌市开辟马路委员会，其职责是：规定开辟马路之计划，并督促武汉市工务局之进行。经过十多年的努力，汉口城市道路在总体上有了相当大的变化，主次干道基本上实现了柏油路（部分地段为水泥混凝土路），其所附人行道基本水泥化，支线道路翻新为碎石路，城郊新辟了可通汽车的土路及石渣、煤屑路，整个城区的下水道系统得到较大的改善。城市道路设施是城市建设的基础，城市道路量与质的发展变化，是城市发展进步的标志之一。

（一）路桥规划

早在 1929 年，武汉特别市政府即已初步完成了城市道路系统特别是汉口道路体系的法规性规划。1929 年 6 月制定了《武汉特别市建筑暂行规则》，1930 年 1 月经第 40 次市政会议通过了经过修改完善的《汉口特别市建筑暂行规则》，1933 年又修订为《汉口市建筑暂行规则》，制定了共 13 章 210 多条详细的建筑规定，包括总则、请照手续、执照费、建筑时之责任及设备、取缔危险建筑物、拓宽道路、建造限制、设计标准、防火设备、公共建筑物、禁例、罚则及附则。其中，拓宽道路和建造限制两章中规定了市内道路和里巷的等级宽度。

1. 道路计划

1927 年初，汉口市政府初建立不久，曾制定《拓宽街道办法》，规定街分四级，路宽一至四级分别为 9 米、7 米、6 米、4 米。其后，新成立的武汉市政府在武汉三镇推广。1929 年武汉特别市政府成立后，制定了新规定：

> 以前定街道宽度太狭，办法亦不适当，殊不足应建设新汉口之需要……参考世界都市情形，将本市道路宽度，依照重要繁盛比例，分为五

① 《汉口市政概况》，第 1 期第 2 编，1930 年，武汉档案馆档案。

级。即如一等路宽定为40公尺以上；二等路宽定为30公尺以上；三等路宽定为20公尺以上；四等路宽定为15公尺以上；五等路宽定为10公尺以上。凡市民新建或改建房屋，均以上项规定宽度为标准，遵照退让。至里弄宽度，则以房屋数之多寡而分宽狭。如三层楼以及以上之房屋，两面前门里弄，至少须宽5公尺，一面前门或前后门相对者，至少须宽4.5公尺，后面里弄至少须宽4公尺，总里弄宽度不得小于5公尺；如内部支里弄，在四条以上者，总弄至少须宽6公尺。至二层楼房屋暨平房，则两面前门里弄至少须宽4公尺，一面门前或后门相对者，至少须宽3.5公尺，后门里弄至少须3公尺，总里弄宽度不得小于4公尺；如内部支里弄在四条以上者，总里弄至少须宽5公尺。独家房屋后门私巷之宽度，得减至2.5公尺。①

这些规定被列入《市建筑暂行规则》，以法规的形式固定下来。

为求旧市区道路整齐完善，从1927年起，汉口（武汉）市政府规划了旧市区的主次道干线，将旧有街巷打通、拓宽、截直。

按1927年武汉市工务局“将来计划”，修沿江马路（包括江汉关至襄河口沿江马路和襄河口至硚口码头沿江码路，并修沿江沿河堤岸）与后城马路（今中山大道），构成汉口旧市区两条干道。除东西两端有歆生路与第五条马路（硚口横马路）外，中间添设四条横马路，“皆始于后城马路，而终于河岸及江岸，将来襄河内部一切商货，均可在硚口或大王庙起卸，同时大江内运来旧市区之商货，均可在集家嘴及招商局起卸”。② 规划的五条横马路是：

一马路——张美之巷至河街横马路，已测量完竣（即今民生路）。

二马路——满春路至河街横马路（大约与今友谊南路平行，今无）。

三马路——利济巷经大王庙巷直达大王庙码头（即今利济路）。

---

① 《汉口市政建设概况》，1930年，另见《汉口特别市建筑暂行规划》。

② 《市政府行政概况》（七续），《汉口民国日报》1927年7月10日。

四马路——自居仁门经崇仁巷及粉馆巷至河街横马路（即今崇仁路南段）。

五马路——由硚口码头起经后城马路过玉带门直达西满路（今解放大道），即今硚口路。

在汉阳则计划拆城垣修筑环城马路、与硚口铁桥和大王庙桥接的沿河马路、凤山门至朝宗门干道（今汉阳大道）及接大王庙经兵工厂间马路沿龟山斜上而下弓形翻越至环城路的联通马路。武昌则计划修筑沿旧城基的环城马路（今中山路）、由文昌门到徐家棚的沿江马路（并修沿江堤岸及码头）等。

1930 年 6 月第 62 次市政会议通过公布的《汉口旧市区马路干线计划》比 1927 年计划有一些调整和补充，并规定了主次干道的宽度。该计划拟定的旧城干道网为两条主干道和九条次干道。

主干道仍然是沿江沿河马路和中山路（原后城马路），沿江沿河大道规定马路总宽 40 米，中山路规定宽 30 米（当时满春路至硚口段实际宽不过 8 米）。次干道路宽 21 米至 30 米不等。民生路、民权路、民族路，路宽均定 21.34 米，三民路定宽 30 米。另有五权一路至五路五条马路：

五权一路——为计划完全新辟马路，自中山路府西四路（今民意四路）口起，经药王庙、广福巷、宝庆正街等直达宝庆码头河边止，定宽 24 米（今无此路）。

五权二路——自中山路玉皇阁起，经里仁巷、大王庙达沿河马路，路宽定为 24 米（即今利济路）。

五权三路——自中山路观音阁上首水淌起，经过里仁巷直达沿河马路武圣码头止，“为建桥适当地点，亦即阳夏交通要道”（即今武胜路南段）。

五权四路——自中山路居仁门起，经过崇仁巷直达沿河边止。因拟“居仁门为将来总车站地点”（即玉带门车站），路宽定为 30 米（即今崇仁路南段）。

五权五路——原路面很窄，拟放宽至 30 米（即今硚口路）。

内街如前花楼（今黄陂街）、后花楼（今花楼街）、棉花街（今花楼街）、土垱（今统一街）、半边街（今统一街）、黄陂街（今大兴路）及直通硚口正街（今汉正街）、坝街（今长堤街）等，路宽定为10米至20米不等，小里弄规定4米至8米。①

这个旧城道路系统改造计划对民国中期以来的汉口道路建设，具有实际的指导作用，产生了重大的影响。虽然其中一些道路在沦陷前没有完成，但其后的市政当局依然循着这个计划逐步实现。如五权二、三路，于武汉沦陷后的1941年，由曾留学日本、担任过汉口市工务局科长的伪市政府工务局局长高凌美主持拆屋拓宽修筑为利济路、武圣路。五权四路于中华人民共和国成立后的20世纪50年代建成崇仁路。

图1-5　1930年修筑三民路安装的下水管②

1930年，市政府还将汉口中正路（原西满路，今解放大道一段）计划为第三条主干道，自循礼门车站起至硚口，拟改宽为60米，作为铁路外新市区之干道。③

2. 长江大桥计划

民国中期还着手制订长江大桥修建计划。

1929年，铁道部顾问、美国著名桥梁专家华德尔（Dr. J. A. L. Waddell）受邀来汉进行第二次桥址和线路勘测，并做出设计方案，但因种种原因此计划终于搁置。

1935年，粤汉铁路全线通车在即，武汉长江大桥建设重提，湖北省政府

① 参见《汉口市工业务报告》，第1卷第2—3期合刊，“计划”，第2—4页，1930年。另参见《汉口市市政建设概况》，1930年。

② 唐惠虎、李静霞主编：《武汉近代工业史（上卷）》，湖北人民出版社，2016年，第419页。

③ 刘文岛：《汉市之现在与将来》，《中国建设》第2卷第5期，1930年。

邀请茅以升先生主持设计，邀请英国驻华莫利纳森工程顾问团协同钻探，并绘制出大桥蓝图。大桥设计为从武昌黄鹤楼绵延至汉阳莲花湖刘家码头处、全长6 337英尺（约1 900米）的7墩8孔固定式铁路公路两用桥，公路中间还设计了电车轨道。1936年8月完成武汉建桥计划书。设计正桥和引桥总长1 932米，桥下净空为33米，工程预算1 070万元。同时设计长230公尺的汉水桥，工程预算150万元。政府当局还准备发行1 600万元建设公债，通车后16年内还本付息。1937年还进行了第三次新桥址勘探。全面抗日战争爆发后，此计划成为泡影。尽管没有建造起来，但建桥的工程规划和设计方案作了富有成果的探索。抗战胜利后，曾一度组建以茅以升负责的建桥筹备委员会，不久即撤销。中华人民共和国成立后的20世纪50年代兴建的武汉长江大桥，从总体方案看，基本采纳了20世纪30年代建桥的设计指导思想。

20世纪30年代制定的《新汉口建设规划》中提出了由汉口黄浦路至武昌徐家棚建造过江隧道的构想。20世纪90年代，这一构想成为长江二桥桥址的建设现实。当今武汉长江一、二桥建设的总体布局，也是吸收了民国时期专家学者许多远见卓识的。中华人民共和国成立后的三镇城市道路桥梁规划与建设，借鉴了20世纪二三十年代的几次都市计划中的有益构想。

（二）道路建设

武汉建市后，在1928—1938年沦陷前的10年道路建设中，市政府在汉口共新辟现代化的柏油马路6条（含同时新建地下大型排水设施），总长47公里；改造碎石路加铺柏油路面19条；碎石路改铺水泥路4条；新辟和改煤渣、土路为碎石路6条；新建马路路基和临时马路16条。翻造、修补各类马路及租界与特别区市政局翻修马路尚不计算在此列。

汉口新修的第一条道路是民生路。此路是今中山大道通往江滨的主要连通道，自中山路青莲阁原址起，沿旧张美之巷路线直达招商局码头江边止，长约850米。原巷路狭窄多曲，车马不能通行，以致江边至中山路之运输，须绕行特三区太平路（今江汉路）。早在1918年，汉口工巡处就曾准备张美之、六渡桥等五条马路次干道的扩建工作，然终未成事。1927年，武汉市市政府已将命名为一马路的张美之巷测量完毕，但因政权变化而搁浅。1928 年，武汉市工程委员会成立之始，即建议开辟此路，将街道加宽取直。1929 年 2 月，武汉市市政府布告拆房，3 月底一律拆完。同时，招商投标，由工务局局长赵心哲与财政局职员兼扬子贸易公司经理於忆辛签订承包合同。开工未久，时局突变，蒋桂更替，赵心哲与於忆辛卷款潜逃匿居日租界。1929 年 4 月，武汉特别市政府又重新招标，由袁瑞木营造厂中标承建，于 5 月 25 日继续开工，10 月底竣工，11 月初进行总验收。该路宽 21.34 米，两旁为水泥三合土人行道，各宽 3 米，中间为 15.34 米宽柏油路面车马道。在筑路前，路下层修筑了武汉第一条现代钢筋混凝土水泥管下水道干管及平均高 1 米、宽 75 厘米、以拆除汉阳城墙城砖修筑的砖砌暗沟，同时建成留混井 47 个，砖砌人孔 20 个。该下水道污水出口通长江。这条道路以及下水道全部工程费计 108 417 元。

继民生路之后，民权路、三民路（即六渡桥马路）、民族路柏油马路相继修筑。民权路于 1930 年 5 月 5 日开始拆卸房屋，于次年 5 月 25 日竣工。工程造价 99 630 元。三民路于 1930 年 5 月 5 日动工，11 月竣工。民族路于 1931 年 4 月 3 日开工，中因水灾停顿，1932 年 10 月 23 日竣工。

民族、民权、三民三路交叉口筑直径 60 米一大圆圈，中间屹立着孙中山先生的铜像。塑像工程于 1929 年开始筹建，石基座由工务局包予李万和承修。中因 1931 年水灾停顿，1933 年 4 月始告建成。铜像由上海雕塑家江小鹣设计，在上海铸造，1933 年 6 月 1 日举行揭幕礼。

汉口沿江大道，西南起长江、汉水交汇处的龙王庙大兴二路，沿江曲折向东北，直到堤角，全长约 12 公里，是汉口地区最早建成的一条主干道。自 1929 年 8 月 26 日起开始拆迁房屋，10 月 16 日动工筑路，1930 年 5 月 23 日开始铺筑柏油胶泥路面，至 1931 年 1 月江边人行道最后竣工（实际延长修筑了江汉关至周家巷段）。

1930 年 10 月市政会议决议，由周家巷以上，溯江至集家咀继续修筑沿江马路，铺筑柏油混凝土路面。1937 年 7 月竣工（此段今属沿河大道）。

在修筑沿江马路的同时，全线新建以木桩、片石和白灰水泥护堤脚、蛮石护坡的铁筋三合土驳岸，新建江汉关、熊家巷、民生路、周家巷等大小出江下水暗沟，江汉关至打扣巷修筑规范的石级大小码头 21 座，1933 年续建仓汉码头 1 座。沿江大道全线开通，增强了汉口港埠的吞吐功能。

此外，作为老城区的沿江沿河路与中山马路连通横马路干道网终点的五权五路，在 1937 年通过省政府的设计审查，于 1938 年初步拓宽完成。它是在原有中山横马路的窄巷基础上开辟的，从硚口码头直达平汉铁路边，与北段的硚口横马路碎石路相连（即为今硚口路），而其他连通中山马路与江边的四条次干道（五权一路、五权二路即今利济路，五权三路即今武胜路南段、五权四路即今崇仁路南段），则没有按照建设规划如期拓宽修筑成现代化的马路。

除了老城区的新辟现代化马路之外，在中山大道以外的半新市区和平汉铁路外的新市区，市政府还开辟了新的碎石路、煤渣路和土路干道。

1930 年 1 月起，市政府修筑了自中山路至王家墩飞机场的航空路，路面总宽 14 米，中间有水泥管涵洞 2 座。1934 年，该路全长 2 190 米，铺筑成平均宽 8 米的碎石路面，直通航空站，并修砖砌涵洞 3 个，水泥管涵洞 3 个。

府东二路（今前进二路）和府东四路（今前进四路）是中山马路连通半新市区的比较重要的连通道，府南二路（今民主二街）和市府路（今民主街）是中山马路与铁路之间半新市区，连接当时市政府驻地附近与江汉路及模范区（江汉路至大智路，中山大道至铁路，即今京汉大道之间的区域）的重要通道。1930 年，市政府决定先行修筑府东二路，再延长府南二路、市政府路，“使市政府附近各路与模范区路线联络贯通，渐臻完整之统系”。这条道路于 1935 年竣工投入使用。

济生四路后改名为府西二路（今友谊路），1929 年 7 月开工，至 10 月竣工。1933 年 4 月，双洞门马路水泥人行道筑成。原府西一路（今民意一路）靠近中山大道一段原有新汉舞台挡塞，不能通行。1934 年，拆除新汉舞台一部分，修筑碎石路加以连通，计长 89 米，中间车马道路宽 10 米，于 1934 年 5 月开工，8 月竣工。

1932 年，按照国民党所谓“剿总”的命令，汉口市政府在后湖郊区修筑煤渣路临时马路7条，分别为新华路、比杨路、石路、江桥路、中黄路、惠济一路、惠济二路。于1933年10月至12月陆续修筑完成。

1935年11月开始修筑府北路、恒山路、松滋路、保康路、咸丰路和宣恩路。12月开始修筑府南路、应城路。

在新筑道路的同时。汉口市政府还对包括中山路在内的汉口城区的一批老旧道路进行了改造，有的加宽路基，有的以碎石硬化路面，有的加铺柏油，使城市道路逐步具有现代气象。

（三）公园的构筑和城市绿化

明清时，武汉三镇商业繁荣，不少士大夫和富商大贾崇尚雅趣，于是，造园自乐之风盛极一时。据史料记载，这一时期三镇所造的宅院、官署花园、会馆花园、寺庙花园共40余处。由于历次天灾或战乱，这些宅院难以完整地留传至今。

汉口辟为通商口岸后，列强在汉口辟租界，随之修建了西式跑马场、西式花园以及租界区内的行道树、花坛、护栏等公共绿化设施。清末到民国初期，城市花园、景点、街道绿化在华界区内还是空白。

武汉近代城市公园的出现，最早为1923年武昌首义人士夏道南筹建的首义公园。20世纪二三十年代城市公园建设以汉口居多。

武汉建市后，公园绿化系统作为现代城市空间规划的重要组部分受到了市政府的相当重视。“公园的利益，不独可以增进市民的康健，并且足以怡养性情，有益社会道德，一研究各都市的罪案，即可悉知公园有补助政教不及的潜力，公园的重要，可说与沙漠的泉源相等，所以公园不是娱乐品，是必需品”。①

1931年，汉口特别市政府计划将西商、万国、华商各跑马场改建为市公园。

1928年创建的中山公园，园址原系李华堂的私人花园，名“西园”。1927

---

① 参见《汉口市政概况》（1933年度）。

年，汉口特别市政府将其作为逆产而没收，当时的面积仅为1870英方，为纪念孙中山先生，定名“中山园”。1929年，汉口特别市工务局将作为逆产没收的王铁、李春暄与西园毗连之地并入公园，使中山公园面积较西园扩大七倍，面积约12 523英方。① 按公园规划，进行挖湖堆山。成若干小岛，架桥相连，园内配置亭、台、楼、阁、假山、栽植各种花木两万余株；还有运动场、游泳池、溜冰场、民众教育馆和总理（孙中山）纪念堂等，公园粗具规模后即对群众开放。该园由留学法国的吴国柄参照各国最新建筑的公园设计，并首任该公园建筑主任。当时的市政府社会局长蒋坚忍称：“长江流域除上海法国公园略为设备完全外，其余皆不足中山公园媲美。”② 1933年大水，淹没该园，损失巨大，1932—1936年陆续恢复重建原有设施，并新建“日晷”、“张亭”（纪念张之洞所建），“湖心亭”、水阁、“四顾轩”（罗马式样）和以钢筋水泥仿制树枝形桥栏的“落虹桥”等建筑，又将协和医院后公地建围墙圈入，建筑内圈长500米、道宽12米的煤屑跑道，筑成面积约7 800余平方米的新运动场和看台新华路体育场处，公园扩大一倍，再次对外开放。

20世纪二三十年代在汉口新建的第二座公园为府前公园，位于汉口市政府门前（今西起民意一路，东至前进一路，北起民主街，至民主一街的范围即是），面积为12 800平方米，由市政府工务局负责设计与施工，1929年8月17日动工，1930年4月基本建成开放。这个公园平面仿西式几何图案布局，布置草地6 000平方米。全面抗战期间，日军在园内建兵营、马房、停放汽车等，公园毁于一旦。

湖北水灾纪念公园位于汉口谌家矶张公堤角，面积48万平方米，是1933年由湖北水灾善后委员会主持修建的。建园的目的为纪念1931年大水的救灾情况以及做出贡献的各界人士。全园有大门一座，碑亭三座（一碑为“张文襄公去思碑”；一碑叙述了水灾赈济之经过；一碑颂扬了政府救灾之功绩）。公园

① 《汉口特别市工务局业务报告》，第1卷第1期，“工程”，1929年，第13页。

② 《今日开幕之中山公园》，《碰报》1929年10月10日。

因属纪念场所，不对群众开放，驻鄂绥靖公署和武汉警备司令部共同发布禁止游人任意出入的公告。

与此同时，1933年湖北水灾善后委员会还主持修建了龙王庙花园（今四官殿防水墙外）。1930年，民族资本家周苍柏在东湖西北岸创设海光农圃，从日本引种樱花等观赏花木，建有游泳池、游船码头、动物园等，为广大市民提供休闲的娱乐场所。1935年，湖北省政府成立东湖建设委员会，聘建设厅厅长李范一为主任，集思广益，提出规划。海光农圃成为中华人民共和国成立后建立东湖风景区之滥觞。

四、战前武汉的工商业

（一）曲折发展的工业

1928—1937年这十年，史称民国经济发展的“黄金十年”，在国家经济复苏的大环境下，武汉工业也步出低谷，逐渐回升，迎来了一个新的发展期。

武汉工业发展仍以轻纺工业的发展为主，轻纺日用化工等行业在整个工业体系占有较大比重。据1933年汉口社会调查，当时符合实业部工厂法规定的工厂有300至400家，工厂总数500余家（此调查不包括武昌，武汉三镇工厂总数加上武昌应略高于此数），工人约为5.7万，工业登记资本额为3 000万元。至1936年，武汉（汉口）工厂数516家，工人4.38万，资金额增至5 148万元。可见1933年至1936年，工业投资保持着较强的势头。1936年工业产值为1.9亿—2亿元。在整个工业行业中，轻纺工业占有80%左右的份额，其中轻工业企业占全市企业数量的80%，轻工业企业资本总额占全市工业资本总额的69%，职工人数占全市职工总人数的80%，轻工业的年产值更是占据全市工业总产值的90%。①

这一时期的工业虽然同前一阶段相比较有了一定的发展，但其规模和速度与全国其他工业城市相比已显出缓慢后滞之势。武汉工业规模总量与上海的差距进一步加大，过去相对发达的工业产业如纺织、粮油加工、冶金，优势也在

① 参见《武汉指南》，汉口广益书局，1933年。

缩小。因此，武汉在全国工业城市的综合实力排名中呈明显的下降之势。例如，1934 年武汉、上海、天津、无锡、南京、青岛六城市部分工业指标的比较，武汉综合指标处于末位，其中大型工厂数在 6 城市中居第 6 位，大型工厂的职工数处于第 4 位，大型企业的资本规模，居第 5 位，动力设备居第 4 位，工业年产值居第 5 位。综合指标总评在 6 城市中名列第 5。这个排名相对于 20 世纪初或民国初期，显然是下滑了。更为严重的是，武汉工业综合实力的跌落之势愈益加剧，一如武汉对外贸易在全国对外口岸中的名次一样，30 年代开始急剧滑落。这些情况说明，武汉在 1928—1937 年的经济增长规模与发展速度，落在了其他沿海工业城的后面。从某种意义上说，19 世纪末形成的仅次于上海的全国第二大工商业城市的地位已经丧失。

尽管武汉同全国其他地区特别是沿海城市相比，工业发展在此阶段明显落后，然而这并不意味着武汉在此时期工业停滞不前。事实上，这一时期武汉的纺织、粮油和日用轻工等行业仍然努力克服内外不利因素，艰难地向前发展。

纺织工业在此阶段虽然起伏较大，但发展是显见的。20 年代末 30 年代初是武汉纺织工业的严冬，在天灾人祸、世界经济危机、农业危机等很多因素交相打击之下，以四大纱厂为代表的武汉纺织业举步维艰，大多歇业或停产。直至九一八事变后，全国掀起抵制日货的高潮，武汉纺织工业开始获得了一个前所未有的市场环境；加之当年农业丰收、棉花丰产，武汉纺织业纷纷开工、复工或增锭扩产。1936 年，纱锭数上升至 30 万枚。长期亏损的申新纱厂开始盈利，震寰、第一纱厂等老亏损企业也相继走出困境，转亏为盈，继而获得厚利。随着市场的活跃，产销两旺，纺织产品又有了新的增加。纱、布有 30 个品种。棉布增加了绒坯、纱直贡、府绸等 30 余种，色织布则有西服呢、华达呢等 20 多种。在纺织业的带动下，武汉中小棉织厂、针织厂和色织厂逐渐发展起来。1933 年，染织厂增至 50 多家，毛巾厂 24 家。针织产品日益增多，由民国初期只生产一种单纱袜发展到可生产双纱女袜、粗绒袜、驼绒袜、童袜等 5 种以及各种针织汗衫、背心、罗宋帽等 10 个品种。此外，尚有机制线、各种圆带、扁带和少量的毛呢制品等 20 余种。产品除销售本埠本省外，还销往邻近各省和上海、天津等地。在武汉工业的综合实力开始落后于沿海工业城市时，唯有纺织业仍然维持着传统的声誉，依然是仅次于上海的全国第二大纺织工业中心。

这一时期的粮油加工业也有一定的发展。1930 年，五丰面粉厂投产，投资额 35 万元，稍后又有数家面粉厂相继投产。至 1937 年，武汉较大的面粉厂有金龙、裕隆、福新、五丰、胜新 5 家，资本总额近 300 万元。其中福新面粉厂规模最大，有资本近 200 万元。其次为胜新，资本为 50 多万元。当时武汉面粉业的年产能力达 323 万包，年产值约 1 800 万元。1932—1937 年面粉业又有所发展，平均每年销售面粉为 356.4 万包。福新面粉厂是全国大型面粉厂之一，年产面粉 272 万包，所产“牡丹”牌面粉颇具声誉，出口欧洲各国。武汉成为当时国内重要的面粉制造中心，产量仅次于上海、哈尔滨、天津，居全国第四位，产销量总计则仅次于上海，居全国第二位。

武汉碾米业在 1912—1927 年呈现出良好的发展势头。后因湖北农业歉收及水灾影响，其生产销售在 20 年代末 30 年代初一度陷入萧条，1932 年逐渐恢复，至 1936 年重新迎来了一个发展高峰。据 1936 年的统计，碾米厂恢复至 176 家，共有资本 66.72 万元，其中多为中小厂，7 万元以上的厂 1 家，1 万—52 万元的 6 家，0.5 万—1 万元的 19 家，0.5 万元以下的多达 150 家。年产机米约 540 万石，年产值达 809.15 万元，从业人数达 1 180 人。产品约有 3/5 在本埠消费，余者运销郑州、开封、洛阳等地。①

榨油业与碾米业一样，在经过 20 年代末 30 年代初的萧条后，1932 年开始逐渐恢复发展。当时武汉各类榨油工厂作坊经过重新组合，从 1932 年的 8 家增至 1937 年的 12 家。30 年代后期一度成为国内植物油榨制中心。

以造纸、火柴、肥皂、烟草、印刷等行业为代表的日用轻工业在 30 年代后也获得了一定发展，但各行业之间发展呈现出明显的不平衡状态。20 年代造纸业衰落，白沙洲造纸厂、谌家矶造纸厂等大型造纸厂均告歇业，后来一直

---

① 《武汉市志·商业志》，武汉大学出版社，1988 年，第 565 页。

未能恢复生产。印刷业虽一直不景气，但随着现代印刷技术的更新，印刷业的生产规模和技术设备在此期间都有一定提高，从而为全面抗战初期武汉印刷业的繁荣奠定了生产规模与技术基础。火柴工业也出现新的变化，著名的燮昌火柴厂已停业。民初兴建的燧华火柴厂歇业后，厂房设备经过投资改造，以楚胜火柴厂为名重新投产，1932 年正式开工，以后产量逐年提高。至全面抗战前夕，楚胜火柴厂日产火柴最多时达 100 箱，除本市销售外，还运往西北各地。太平洋肥皂厂、汉昌肥皂厂、祥泰肥皂厂生产规模逐步扩大。祥泰肥皂厂的肥皂业发展颇为景气，获得了全面的发展，产品远销东南亚。汉昌烛皂厂于 1930 年停止生产蜡烛，专产肥皂，资本从 1917 年投产时的 2.4 万元扩大到 10 万元。1935 年改名为汉昌肥皂无限公司，年产值增长到 30 万两，肥皂年产量稳定在 7 万箱左右。1936 年全市肥皂产量达 66 万箱。

30 年代武汉卷烟工业发展迅速，成为华中最大的卷烟生产基地。南洋兄弟烟草公司规模宏大，月产香烟 2 500 箱，英美烟草公司仍然占据着卷烟市场的主导地位。至 1933 年，卷烟年产量达 11.3 万箱。

这一时期，武汉的轻纺日化工业除了粮油加工、火柴、肥皂、玻璃、制革、颜料等传统行业外，还出现了新建的或已形成专业化生产的制药、油漆、酒精、电镀、橡胶、制氧、电池等工厂或作坊，轻工日化工行业更加齐备。现代制药业是在西药倾销的冲击下由中药房逐渐演变发展而来的新兴行业。汉口自辟为口岸后，西药充斥市场，中药成药制作大受冲击。第一次世界大战期间，武汉制药业得到迅速发展，但旋因欧战结束，制药业又被西药所排斥打击。1925 年，武汉市民掀起抵制英、日货运动。武汉民生药房内出现了第一个机器生产成药的车间。至此，武汉现代制药工业开始起步。1930 年创立的中华、中其制药社，用机器生产大量的片剂和成药，济世诊所也曾生产来沙尔（臭药水）。到 1931 年，相继出现 10 多家药房兼制药作坊（不包括外资制药厂）。

机器制造业是武汉起步较早的现代工业行业。民初官办扬子机器厂、民营周恒顺机器厂均有所发展。其后，扬子机器厂发生产权变更，更名为六河沟制铁厂。民营机器工业除周恒顺厂，其余大多为万元以下的小厂或半手工作坊，发展缓慢。值得一提的是民营周恒顺机器厂，在武汉机器制工业中一枝独秀，在生产、销售等方面均获得长足发展。该厂在民国初期替甘肃造币厂制作成套制币机、为四川自流井盐场制造大型成套起重设备，从此声名鹊起，产销两旺。此后，该厂又设计制造出煤气机系列产品，产出 30、60、120、240 匹马力煤气机，各地纷纷争购，产品行销两湖、河南、陕西、四川等地。1931 年，厂主周仲宣次子周茂柏留学德国归来，与同学先后设计成功 12 匹—16 匹马力单缸立式煤气机，45 匹马力立式煤气发电机组。后来，煤气机产量占该厂各类产品总量的半数以上，最高年产量 2 000 匹马力。该厂在 30 年代规模进一步扩大。据有关资料统计，1936 年，周恒顺机器厂拥有各种机床 60 多台，其中有德制 16 英尺平面落地车床、英制 20 英尺龙门刨床、德制万能铣床和擂床、六角车床、自动螺丝车床等新式设备。原来的动力机已由蒸汽机改为煤气机、柴油机，共有动力设备 300 匹马力，职工 200 多人，工厂占地面积 3 000 平方米，生产能力、技术水平已居三镇民营企业之首。

20 世纪 30 年代武汉电力工业有较大发展，城市供电一直处于全国同类城市的前列，当时武汉电力企业有外资经营的 3 家电厂，民营的有既济，官营的有汉阳、武昌两家电厂。全市总发电量（含外商电厂）由 1927 年的 230.7 万千瓦时增长到 1937 年的 9 038.5 万千瓦时，为历史最高纪录，全市总装机容量 40 718 千瓦。

1928 年至 1937 年间，武汉工业的发展总的来说发展较为缓慢，虽然在资本额、生产总值、雇工人数等方面比民国初期略有增长，但速度与幅度较全国其他城市已显得缓慢。这一时期，武汉工业内部发展也呈现出不平衡性，轻工纺织的发展速度仍快于其他行业，重工、冶金、军工等规模较大的企业大都萎靡不振，停滞不前。工业企业数量众多，但资本规模偏小，许多行业没有形成规模经营的优势，因此在全国同行业中无足轻重。大多数企业分散经营、设备落后、没有自主的技术创新能力，产品单一、机械化程度低。这些结构性弊病决定了武汉工业整体素质的低下，限制了武汉工业向大规模、高技术方向升级，导致武汉工业综合实力不能始终居于全国城市的前列。

（二）商贸大埠位置后移，比较优势渐失

武汉商贸活动主要由国内贸易（通常所谓商业）与国际贸易（通常所谓对外贸易）两个部分组成。按江汉关统计资料，1912—1937 年，武汉的国内外贸易（即进出口总计）较清末有大幅度提高；从 1912 到 1927 年，武汉每年进出口总额在 11 795.75 万关两至 28 876.11 万关两之间，年均税收总额在 273.67 万关两至 559.57 万关两之间。

从商业贸易的规模上看，民国时期武汉进出口总值比前一时期有较大幅度增长，1922 年较 1911 年增长 191.7%，1928 年较 1911 年增长 294.9%，即 1928 年武汉进出口贸易总值接近于 1911 年的四倍。增长是显著的，但增长的时间区间不均衡，有较大的波动起伏。在总体上升的趋势中，间以一定的持平或下降。

从商业贸易结构上看，国内贸易与国际贸易的比例较之清末有显著变化。大致说来，国内贸易占 4 成，国际贸易占 6 成。而在国际贸易中，间接贸易又占 70%以上。也就是说，埠际转口贸易、过境贸易、中转贸易是武汉商贸活动的主体。

表 1-2　1929—1933 年武汉国内贸易总值表　　　　**单位：万关两**

年份	国内贸易总值	年份	国内贸易总值
1912	10 161.8	1923	22 061.0
1913	10 902.1	1924	24 297.3
1914	10 034.3	1925	26 500.8
1915	12 951.6	1926	26 665.3
1916	14 240.3	1927	21 069.0
1917	14 110.3	1928	28 821.0
1918	13 664.2	1929	24 465.6
1919	16 042.7	1930	18 990.1
1920	12 535.0	1931	15 878.1
1921	12 913.1	1932	12 224.3
1922	16 885.9	1933	13 608.7

从上表数据分析可知，民国时期的武汉国内贸易呈逐年增长之势，1912—1914 年是逐渐恢复发展的时期，1915—1919 年增长较平缓，1922—1928 年则是增长的高峰期。1929—1933 年因受世界性经济危机的冲击，加之金融危机和水灾影响，国内贸易开始呈现起伏波动、逐步下滑之势。1934—1937 年由于国内经济形势略有好转、金融市场相对稳定和民族工业的发展，武汉国内贸易又呈现出稳步回升的势头。直至全面抗战爆发，回升的势头方告一段落。

在民国时期的武汉经贸活动中，对外贸易是突出的一个领域。这一时期，武汉的经贸活动不仅延续着 19 世纪中叶以来土货出口、洋货进口的中枢角色地位，而且进一步发挥了市场中心的功能，使武汉进出口贸易呈现发展势头。综观这一时期武汉商贸活动可以看到，武汉仍然发挥着连接国内国际两个市场的桥梁作用，汉口仍然是华洋互市、中外贸易的重要场域，以至于可以把它称为一个深居中国内陆却连接着五洲四洋的“国际市场”。

武汉的对外贸易，其表现形态主要是一种“间接贸易”。因此，武汉“国际市场”不是作为一个终端市场，而是一个中转市场、转口市场或过境市场。有的论者谓之“二传手”，生动地刻画出了武汉对外贸易的间接性特征。

武汉虽作为全国五大商埠之一，但直接进出口额向来规模不大，开埠以后的 1861 年仅有 52 万关两。截至 1906 年，直接进出口额始终徘徊在 500 万关两上下，从未达到千万关两的水平；民元以来有所增长，以 1922 年至 1938 年间增幅较大，有两年进出口总额曾达到创纪录的 8 000 万关两以上。大多数年份在 5 500 万关两左右。

因此，若以直接贸易论，武汉在全国的商贸地位将大打折扣。不要说与上海、天津、大连、广州诸埠无法匹敌，就是同青岛、烟台、宁波、厦门诸港相比，也无优势可言。其原因，盖因武汉并非滨海港口，直接进出口为所长，但潜力亦有限。然而，武汉并未就此止步不前。民国时期，武汉进出口总值能稳居全国前列，主要是间接贸易独步天下，擎起了武汉“国际市场”的大半天空。武汉进出口商品多以上海为中转。武汉土特商品输至上海，在上海输往国外。洋货也多在上海进口，再输武汉。武汉的洋行，其总号多在上海，汉口洋行多为分行。

如果我们把民元以来武汉的进出口贸易剖为两块，一块是直接贸易，一块是间接贸易，从贸易值进行比较，则两者的差距十分明显。

表 1-3　间接贸易与直接贸易的比较①

年份	输入额			输出额			输出入合计		
	间接输入（1）（单位：万两）	直接输入（2）（单位：万两）	（1）：（2）	间接输出（3）（单位：万两）	直接输出（4）（单位：万两）	（3）：（4）	间接输出入（5）（单位：万两）	直接输出入（6）（单位：万两）	（5）：（6）
1912	5 233	2 201	2.38	8 270	1 734	4.77	13 503	3 035	4.45
1913	7 136	3 416	2.09	8 267	1 681	4.92	15 403	5 097	3.02
1914	6 473	3 529	1.83	7 660	1 791	4.28	14 133	5 319	2.66
1915	5 894	2 792	2.11	10 196	1 629	6.26	16 090	4 421	3.64
1916	6 871	3 593	1.91	10 611	1 234	8.54	17 482	4 836	3.61
1917	6 910	3 676	1.88	10 162	1 277	7.96	17 073	4 952	3.45
1918	6 234	3 097	2.01	10 283	1 059	9.71	16 516	4 156	3.97
1919	7 558	3 746	2.02	12 492	1 449	8.62	20 040	5 195	3.86
1920	8 174	4 292	1.90	8 821	1 134	7.78	16 995	5 426	3.13
1921	8 692	4 748	1.83	8 663	1 025	8.45	17 355	5 772	3.01
1922	9 681	4 891	2.01	10 993	1 636	6.72	20 611	6 428	3.21
1923	10 204	3 855	2.65	13 770	1 628	8.46	23 975	5 482	4.37
1924	12 993	6 071	2.13	15 312	1985	7.71	28 245	8 057	3.51
1925	13 367	5 402	2.47	15 509	2 999	5.17	28 876	8 401	3.44
1926	11 742	5 432	2.16	16 769	2 365	7.09	28 511	7 796	3.66
1927	7 377	1 893	3.90	12 719	1 199	10.60	20 096	3 092	6.50
1928	13 337	5 041	2.65	17 829	2 776	6.42	31 166	7 816	3.99
1929	11 705	3 461	3.38	14 847	2 801	5.30	26 552	6 261	4.24
1930	8 749	2 664	3.28	11 299	1 865	6.06	20 048	4 529	4.43
1931	11 446	3 072	3.73	9 393	2 712	3.46	20 839	5 783	3.60

① 此表据《武汉海关志》《武汉市志·对外贸易志》有关数据制作。

从上表比较可知：从民国元年到民国二十年的20年时间里，武汉年均间接进出口贸易总额为直接进出口贸易总额的3.63倍，差距最大时达6.5倍。在间接贸易中，出口贸易最大，与直接出口的差距也最大。20年间，间接出口比直接出口年均高出6.91倍，最多时间接出口额为直接出口额的10.6倍。相对而言，间接进口与直接进口的差距则没有如此悬殊，一般保持在2∶1左右。由此可见：武汉“国际市场”是以间接出口贸易为主体的市场。

纵向比较而言，20世纪30年代，武汉的商贸呈衰微趋势。

20世纪最初几年，汉口是次于上海的国内第二大外贸大港，其对外贸易总额始终占全国10%左右。但到了1936年，武汉却屈居为五大商埠（上海、天津、汉口、广州、青岛）末位。短短30年后，往日“九省通衢”、万商云集的武汉已开始显现出美人迟暮的窘态，不禁让时人生出“黄鹄、大别之间已无行人憩足”的无奈叹息。1935年10月8日，上海《申报》记者在《西行见闻》这样描述当时的武汉：

> 汉口居长江和汉水的左岸，全市人口约有八十万左右，一向有“九省通衢”以及“东方的芝加哥”之雅号。其实，“九省通衢”差不多已成了过去的名词，因交通事业的发达，自西向东的货物输出，可由陇海路或长江直抵上海，南可经广州出口，并不像从前一样，西部、西北部以及西南部各省出口的物品，均须以汉口为唯一之集散地。至于“东方的芝加哥”，似乎有些夸大。别的不说，即就武汉区仅有的工业丝厂业而论，全区四家中关门的已有三家，硕果仅存的一家，也奄奄一息了。汉市社会情形，据调查所得，无论商业、金融、人民生活，各方面均形困难之状。①

究其原因，1931年大水以及武汉作为蒋介石对江西苏区“剿匪”的前沿指挥所，对城市功能的进一步升级改造带来负面效应，都是重要原因。但时人认为，现代交通带来武汉区位优势的失落是其关键因素。

本来，“中外通航，轮铁交轨，（汉口）中心之势力愈亦巩固，未来之希

① 《申报》1935年10月8日。

望，更属无穷尽焉”。然而“天下事殊有未可过于乐观者：汉口之华中商业王国，并无金城汤池之固，国内交通组织苟有更张，则汉口将有失其‘九省通衢’地位之可能，汉口苟失其‘九省通衢’之地位，则汉口之没落，殆亦指顾间事耳”。此一状况在20世纪30年代初不幸被言中。1934年6月“铁道部本国国有铁路沿线出品展览会”在北平举行。这次会议展示的商品集中和市场交易状况，显示出武汉经济中心地位衰落已初露端倪。“平汉粤汉两路沿线出品……该两路均以汉口为起迄点，汉口既属‘九省通衢’‘腹地聚散中心’，则该两路之出产，自应十九以汉口为集中地，然衡以两路报告，殊竟有大谬不然者”。《汉口商业月刊》对各种商品集中于汉口之数量统计后得出结论：

两路之出品以汉口为集中地者，均不足六分之一，而所谓集中汉口者，又并非以汉口为唯一集中地，不过共北平、郑州、长沙等埠平分春色而已。据此观察，则汉口目下是否仍保有“九省通衢”“腹地聚散中心”之资格，实大有疑问焉！

根源何在？粤汉路、陇海路的通轨是为始作俑者。“陇海路通达西安，陕甘之宝藏流入徐海；郑州握四方交通之枢纽，中州之贸迁遂不一其途；（粤汉路）株韶接轨，三湘货物南入百粤”①。

这段话的意思是说，横穿中国东西的陇海路建成，原来受汉口市场辐射的陕西、甘肃等省份，开始脱离与武汉市场的紧密联系而直接同沿海城市进行贸易往来，郑州由于平汉路和陇海路在此交叉而成为交通枢纽，河南省的商贸呈现多元格局，不再以武汉为中心。1936年粤汉铁路开通后，武汉由中国腹地铁路运输的终点一变而为过境站，一向以武汉为中心的湖南，这时也变得“势利”起来，甩开武汉而靠上了华南大埠——广州。武汉开始被“边缘化”，“九省通衢”、区域乃至全国商业中心地位发生动摇。

20世纪30年代是武汉比较优势丧失的起点，这种衰落是由许多种因素造

① 李之觳：《从铁展会平汉粤汉两路沿线物产报告中观察汉口地位》，《汉口商业月刊》，第1卷第7期，1934年。

成的，政治腐败、战乱频仍、两次大水，同时交通格局的改变使武汉传统商业中心地位动摇则是不容忽视的重要因素。从历史发展的经验看，古今中外由于商路的变迁致使城市衰退甚至沦为废墟的例子屡见不鲜。而商路的变迁实际上是社会经济整体格局变化的表现，它与生产力的发展和生产方式的变化有直接联系，有其内在的规律。

第二章
全面抗战前日本在武汉地区的渗透与掠夺

汉口地处中国腹地，位于长江中游富庶的江汉平原，有着充足的货源和广阔的市场，同时还有着便利的交通。正是由于汉口具有这种得天独厚的地理条件，日本对其觊觎已久。中日甲午战争之后，凭借《马关条约》的签订，日本乘机打开了进驻武汉地区的大门，从此开始干涉这片领域上的政治、军事、经济、文化等各方面的内政，犯下了种种罪行。

第一节　政治入侵

由于清政府的落后，西方列强与之缔结了许多不平等的条约。凭借这些不平等条约，西方列强开始了对中华民族的入侵。日本在甲午战争后，以战胜方的身份获得了在中国开设租界的权利，并逐步在汉口设立专管租界，从而在领事制度下攫取各项特权，为日本侵华利益服务。

一、汉口日本租界的建立

甲午战争后，日本以战胜方的身份与中国签订了《马关条约》，其中第六款中约定：

> 现今中国已开通商口岸之外，应准添设下开各处，立为通商口岸，以便日本臣民往来侨寓，从事商业工艺制作。所有添设口岸均照向开通商海口或向开内地镇市章程一体办理，应得优例及利益等亦当一律享受：一、湖北省荆州府沙市；二、四川省重庆府；三、江苏省苏州府；四、浙江省杭州府。日本政府得派遣领事官于前开各口驻扎。①

此条例让日本获得了在中国开设租界的权利。

1840 年鸦片战争以降，通过各种条约的签订，列强在中国获得开放通商口岸的权利后，主要采用两种形式对其进行管理：一种以上海为代表，各国在地域内划出一定的范围作为租界，租借国在租借地内享有领事裁判权；另一种以宁波为代表，各国建立通商场，但不享有领事裁判权。所谓领事裁判权，实际上是列强妄图谋取在华脱离中国司法管辖、保护自己国民最大利益的一种特权，其本质上是对中国司法主权的严重破坏。最初日本也企图在约定的通商口岸获取上海式的专管租界，遭到清政府的拒绝。

---

① 王铁崖：《中外旧约章汇编》(一)，生活·读书·新知三联书店，1957 年，第 616 页。

日本政府并未死心，他们等待时机谋取专管租界权。《马关条约》第六款约定：

日本臣民得在中国通商口岸城邑，任便从事各项工艺制造，又得将各项机器任便装运进口，只交所定进口税。日本臣民在中国制造一切货物，其余内地运送税、内地税、钞课、杂派，以及在中国内地沾及寄存栈房之益，即照日本臣民运入中国之货物一体办理，至应享优例豁除，亦莫不相同。

根据条约约定，日本人在中国通商口岸从事制造活动只需要交进口税，其余一概豁免，取得了极大的经济特权，严重损害了中国的经济利益。于是，清政府试图要求日本除缴纳进口税外，再另征10%制造正税，日本便趁机提出要增开沪、津、厦、汉四地租界，以相抵换。1896年9月13日，清政府同日本签订了《通商口岸日本租界专条》，“中国政府亦允，一经日本政府咨请，即在上海、天津、厦门、汉口等处，设日本专管租界。”日本终于取得了在汉口设置专管租界的权利。

图2-1 汉口日租界山崎街（今山海关路）旧影①

之所以要在汉口开设租界，是因为日本早已瞄准了汉口所处地理位置在商业上的优势。1886年，日本《外务省警察史》即描述道：

① 上海市历史博物馆编：《武汉旧影》，上海古籍出版社，2007年，第65页。

汉口位于扬子江上游，清国十八省中央，与外国通商之繁荣仅次于上海港，为贵州、云南、广西、伊犁等地的贸易咽喉，有我北海道物产销售第一之港场，且清国兵勇过半为湖北湖南之民，清军之盛衰与此地相关，实为清国之重地。①

1895年10月，德国借口干涉日本还辽有功，强迫中国签订了《德国汉口租界合同》，勘定自通济门外（今一元路）沿江官地开始到李家墩（今六合路）止，长三百丈，进深一百二十丈，计六百亩的地域作为德国租界。1896年6月，俄、法两国继德国之后也与清政府签订了《汉口俄租界地条约》和《法国汉口租界条款》，议定从英国租界以下到今蔡锷路止，长一百九十二丈，计四百一十四亩六分五厘为俄租界；由俄租界下到通济门城内官地止，长九十六丈，计一百八十七亩为法租界。列强纷纷在汉口地域圈地划界，占据地盘，日本也急于分一杯羹。

于是，1898年7月16日，日本驻上海总领事小田切万寿之助与汉黄德道瞿廷韶及汉阳府补用知府钱守恂在汉口签订了《汉口日本专管租界条款》，约定汉口日本租界范围为：

汉口镇德国租界北首起，量得东界沿江长一百丈；南界紧靠德界，东起江口，西至铁道地界为止，北界自东界之北端江口起至西界之北端铁路地界为止，画成直线（此直线必须与南界作平行线，不得歪斜不齐）。此为日本专管租界。③

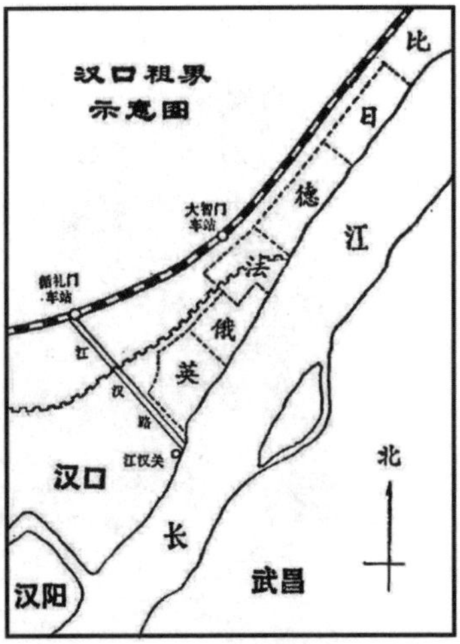

图 2-2　汉口租界示意图②

条款中划定了面积为247.5亩的地域作为日本专管租界，同时对汉口日本租界的公共设施管理权、租金及租金调整与缴纳办法、入住日本租界之中国人

① 《外务省警察史》第49卷，不二出版社，2011年，第109—110页。
② 萧致治：《汉口租界》，《武汉大学学报》（哲学社会科学版）1978年第4期。
③ 王铁崖：《中外旧约章汇编》（一），生活·读书·新知三联书店，1957年，第788页。

需满足的条件、已有坟地及日本在租界内建造坟地的相关办法、地基所有权、修建码头相关办法、司法权、利益一体均沾等进行了规定。此外，还附带特别规定：

> 此次所定日本租界，以界址过于窄狭，将来商户盈满，则当临时酌妥情形，仍在丹水池迤下之地，由日本领事官随时与江汉监督商酌，购买妥宜地基，以便日后设立工厂。倘或丹水迤下地方，有已归洋人租界之处，即应在于丹水池以至沙口等各处地方，择江岸水深与泊船相宜之地代之，总以附近铁路为主。①

这条规定，为此后日本租界的不断扩张埋下了伏笔。

1906 年，随着京汉铁路的开通，汉口成为重要的交通枢纽，经济得到进一步的发展。日本驻汉口领事水野幸吉便要求日租界向大智门火车站方向拓界，获取大智门车站外毗连铁路的土地。此要求遭到时任湖广总督张之洞的拒绝，于是日本转而谋求丹水池以下地域。1907 年 2 月 9 日，日本与中方签订了《日本扩张汉口租界专约》(或称《中日会订推广汉口日本租界条约》《扩张汉口日本居留地决定书》)，规定了："日本扩张新租界系从旧有租界界线起，向北沿江得一百五十丈，其东界及西界则依旧有租界之界线而延长之。"② 自此，汉口日本租界新增面积 375.25 亩，总面积扩展到 622.75 亩。

从此，日本在武汉地区建立了"国中之国"——日本租界，在其内建立起政治、经济、军事以及文化、教育等基地。在之后的岁月里，日本租界经历过一次收回与一次交还，断断续续地存在了 45 年之久。

二、日本领事制度及其所获特权

领事，是一国根据有关协议，派驻他国城市，在一定区域内保护本国政府和商民权益的代表。通过驻外领事，对驻在国领土内的本国国民根据其本国法律行使司法管辖权，实质上是一种治外法权，是对一个主权国家属地优越权的

---

① 王铁崖：《中外旧约章汇编》(一)，生活·读书·新知三联书店，1957 年，第 790 页。
② 《日本扩张汉口租界专约》，《外交报》1907 年第 7 卷第 14 期，第 7 页。

侵犯，更是对一国独立司法主权的剥夺。

（一）日本租界的领事制度

领事制度原本是国家间商业往来发展的产物，其起源可以追溯到古希腊的“外国代表人”制度和罗马共和国时期的“外国人执政官”制度。欧洲中世纪后期，由于航海和商业的发展，在意大利、西班牙和法国等地的城镇中，外国商人经常从他们同行中自行推选解决彼此之间商业纠纷的仲裁人，称为“商人领事”或“仲裁领事”，后来这种由商人推选的仲裁者演变为国家派遣的外交代表，拥有对本国侨民的司法管辖权，逐渐形成了近代的领事制度，领事的职务也由最初保护贸易和航海，逐渐扩展到外交、政治及军事等各领域。

18世纪后期，西方列强向东方进行殖民扩张，通过各种不平等条约推行片面的领事裁判权制度，严重侵害了驻在国的司法主权。外国正式向中国派驻领事，始于1842年，中英《南京条约》中首次允许英国向华派设领事。1843年中英《五口通商章程》第十三条又规定：“凡英商禀告华民者，必先赴管事官处投禀，候管事官先行查察谁是谁非……间有华民赴英官处控告英人者，管事官均应听诉……倘遇有交涉词讼，管事官不能劝息，又不能将就，即移请华官公同查明其事，秉公定断……其英人如何科罪，由英国议定章程、法律发给管事官照办。华民如何科罪，应治以中国之法。”此规定开启了领事裁判权制度在中国的建立。其后通过1844年《望厦条约》《黄埔条约》、1858年《天津条约》中，各国都对在华领事裁判权进行了谋取。除此之外，许多国家通过援引最惠国条款，享有在华的领事裁判权。

1870年，日本政府要求向清政府派驻领事官，订约通商。1871年，两国在天津正式签订《修好条规》和《通商章程》，约定两国互设领事，并开上海口、镇江口、宁波口、九江口、汉口镇、天津口、牛庄等15处中国口岸和横滨、箱管、大阪、神户等8处日本口岸进行通商。此后，日本在中国各地开设了领事馆。甲午战争后，中日签订了《马关条约》，废除了之前的相关约定，为日本领事裁判权夺得了更多权益。

日本汉口领事馆开设于1885年，位于汉口日租界，由日本上海总领事馆兼辖。1891 年 9 月一度关闭，1898 年再行开馆。1909 年 10 月升为总领事馆，管辖长江中上游地区日本人事务，成为日本在长江流域的又一总领事馆。其管辖区域 1913 年为湖北省内汉阳府、武昌府、德安府及黄州府；江西省内除袁州府地方；河南省；陕西省；甘肃省；新疆省。1926 年改为湖北省内武昌、鄂城、咸宁、通城、大冶、嘉鱼、蒲圻、崇阳、阳新、通山、夏口、汉川、黄陂、汉阳、孝感、沔阳、安陆、应城、应山、云梦、随县、黄冈、蕲水、麻城、广济、黄安、罗田及黄梅各县，另有河南、陕西、甘肃、新疆等省。

日本领事馆是日租界内的最高权力机关，领事是界内的最高权力者，领事拥有对界内行政事务等多方面的监督权，并可以以“馆令”的形式发布各种行政法令，还直接掌握警察权，拥有执法权。

（二）领事制度下的日本特权

通过领事制度，日本通过种种手段为日人谋取最大利益。领事成为侵害武汉人民利益的直接凶手。

1. 土地使用权

近代社会，外国商民在中国租界一般通过永租、购买和无偿占有三种方式获取土地使用权。日本在租界内多是通过永租的方式，一般租地每 30 年要办理一次换契续租手续，若逾期尚未办理，中国政府则可以注销租契，收回土地。因此，租界内土地的所有权属于中国政府，日民只能取得土地使用权。日商在租界内租地时，“必须禀明日本领事官照会地方官履勘，印发租契三纸，由日本领事官会印，一给租户，一存日本领事衙门，一存中国地方官衙门”。租界内所租土地“只准出名承租之人居住”，“如有不得已事故非转租不可之时，仍于转租之前，由日本领事官照会中国地方官，方能换给租契”①。

然而，日本却想方设法谋取额外的土地使用权，尤其是在租界交界线上，发生了多起争执事件。1918 年 12 月，日本驻汉领事濑川浅之进试图让京汉铁

① 《汉口日本专管租界条款》，王铁崖：《中外旧约章汇编》第一册，生活·读书·新知三联书店，1957 年，第 789 页。

路局将陈家大路捐作公共道路。因此路段是通江出路，要留为以后粤汉铁路联运作为岔道，故铁路局断然拒绝。但日本工部局仍然自行建筑了一条马路，1921年又在此处开挖沟渠，1928年在江边修筑码头，铁路局多次函请阻止都没有结果。日本领事据《汉口日本专管租借条款》第二条辩称，在日租界，“界内所有道路、堤塘、沟渠、码头以及稽查地面之权，由日本领事官管理。其道路、堤塘、沟渠码头由日本领事官设法修造”。但依据《欧西通行公法》，“凡铁路用地，无论何国民人租住，均应迁让”。又汉口各租界条款中，均记载有“租界内如有中国铁路须用地基，仍准让还”等条，日本任意占用铁路局土地以扩充租界面积，纯属严重侵犯所驻国土地权的行为。湖北当局与日本领事交涉，也没有得到解决。①

1928年，东京建物会社地基侵入了平汉铁路界内，由此发生争执，后依据旧图会同勘测并立木桩为界，双方各绘详图交换。次年，东京建物会社在交界处建筑房屋，并于1930年2月越界树立灰板墙，平汉铁路局去函阻止，日本人置之不理，占据了此一路段。同年，日本工政局还占据了铁路局二十九汉方的土地建筑房屋，遭到铁路局抗议停工，日本领事桑岛主计据称，此地为日方购买，不予理会。②

2. 司法权

根据1871年签订的《中日修好条规》，中日“两国政事禁令，各有异同，其政事应听己国自主，彼此均不得代谋干预，强请开办。其禁令亦应互相为助，各饬商民，不准诱惑土人稍有违犯”（第三条），“凡交涉财产词讼案件，皆归审理，各按己国律例核办。两国商民彼此互相控诉，俱用禀呈。理事官应先为劝息，使不成讼。如或不能，则照会地方官会同公平讯段”（第八条）。即

---

① 《国民政府交通部咨（第六五号）：咨国民政府外交部为汉口日本工部局侵占京汉路产咨请严重交涉由》，《国民政府交通部交通公报》1930年第11期，第13—14页。

② 《咨铁道部咨（第一七一一号）：咨汉口特别市政府：平汉路在汉口日本扩充租界内地亩与东京建物会社界线争执及为义太洋行宋炜臣盗卖纠葛两案请予协助设法向日领交涉并见复由》，《铁路公报》1930年第63期，第7—8页。

关于中国人的案件，由中国按照中国的法律核办，关于日本人的案件，由日本按照日本法律判决。

但日本想得到的，并非仅限于此。他们希望得到单方面优例而不是对等的司法权。凭借中日甲午战争中的胜利，日本废除了《中日修好条规》，重新签订了中日《通商行船条约》。该条约第二十款规定："日本在中国之人民及其所有财产物件，当归日本派官吏管辖。凡日本人控告日本人或被别国人控告，均归日本妥派官吏讯断，与中国官员无涉。"直接地扩大了日方的司法审判权。第二十二款规定："凡日本臣民被控在中国犯法，归日本官员审理，如果审出真罪，依照日本法律惩办。中国臣民被日本人在中国控告犯法，归中国官员审理，如果审出真罪，依照中国法律惩办。"第二十三款："中国人有欠日本人债务不偿或诡诈逃避者，中国官务须严拿追缴。日本人有欠中国人债务不偿或诡诈逃避者，日本官亦应一体办理。"第二十四款："日本人在中国犯罪或逃亡负债者，潜往中国内地或潜匿中国臣民房屋或船上，一经日本领事照请，即将该犯交出。中国人在中国犯罪或逃亡负债者，潜匿在中国之日本臣民所住房屋或中国水面日本船上，一经中国官照请，日本官即将该犯交出。"表面上看起来，日中双方的权利是对等的，但实际上日本人作为被告，是由日本自己处理的，而中国人作为被告时，虽说是由中国自己裁决，却通过《中英天津条约》《中英烟台条约》《中美续约附款》等约定，日本依据片面最惠国待遇，取得了对华人作为被告的各种民事、刑事案件的观审权。

在汉口日本租界中，更是出现了中外混合法庭——会审公廨、会审公堂或会审公所，直接享有会同审判华人等的会审权，领事不仅参与对纯粹华人刑事案件的审判，且能左右公廨的判决，领事有对公廨签票的核准权，签票需经领事批准签字才能生效。领事对是否交出躲入租界的中国刑事犯有审核权，如领事以证据不足等为由，拒绝在签票上签字，中国官府则无法逮捕逃犯；领事还对是否引渡界内的中国政治犯也有决定权，中国要缉捕在界内活动或躲入租界的政治犯，也需经过领事的允准。实质上日本租界相当于独立王国，在相当长时间内，很少有所谓的国事犯被引渡给中国官府。事实表明，华人、无约国人一旦进入日租界，便在一定程度上受到了日本领事的司法管辖。①

3. 警察权

一般而言，租界租用方不能在租界内驻扎军队，作为租界内合法暴力机关的便是警察。根据规定，日租界警察署作为日本领事馆的下属机构，由领事直接掌握，负责汉口领事馆管辖范围内的一切治安等事项。对管内日本人，主要依据《居留民取缔规则》《警察犯处罚令》等执行公务；对居住在租界内的华人，则主要依据《居留地警察规则》《居留者取缔规则》等行使权力，若违反规定，则可能被处以罚款、拘留、逮捕等处罚。租界警方对犯罪的华人有逮捕权，对于租界内的现行犯包括嫌疑犯，租界警方可径予逮捕，并于拘禁 24 小时之后再做处置；租界警方对被捕的华人有预审权，对于被捕者，租界警方都可以先进行预审，以确定是否无罪释放还是递解中国官府，而在预审时，警方经常对被捕者进行严刑逼供。

日本领事还利用警察权越界逮捕租界外的华人或无约国人。1922 年 5 月 18 日，日租界警察私自到武昌城内逮捕韩国人李基彰，认为他是韩籍党人，犯有国事罪。汉口交涉员向日本领事抗议并要求道歉及惩办日警察，均遭拒绝。日本领事坚称韩人系日本属民，可自由逮捕，反而要求湖北长官进行引渡。② 这种在省会地方肆意抓捕，事前既未照会交涉署，临时又没有通知警察厅的行为，是对中国主权的公然侵犯。

同时，依据《中日通商行船条约》第六条之规定，日本臣民准许持照前往中国内地各处游历、通商，执照由日本领事官发给，由中国地方官盖印。若旅行者没有执照或违反法律规定时，须将其送交给领事官惩办，中国地方官拘禁时，不得有虐待之处分。③ 并且，执照自发给之日起，以十三个月为限。若无

① 费成康：《中国租界史》，上海社会科学院出版社，1991 年，第 133 页。

② 德柏：《日本驻汉口领事违法逮捕韩人事件》，（北京）《国民外交杂志》1922 年第 1 卷第 2 期，第 7—8 页。

③ 第六调查委员会学术部委员会编：《关于治外法权惯行调查报告书》，东京东亚研究所，1941 年，第 25—27 页。

执照进内地者，也不过罚银三百两了之。而在通商各口岸，出外游玩地不过百里、期不过五日者，则无需请照。此条为日本间谍以旅游为名义到中国内地肆意搜集情报提供了法律依据。这些间谍只需持有日领事所发的护照，在其协助下，便可四处奔走，查探中国的兵政要情，为日本发动侵华战争提供决策参考，严重践踏了中国的领土主权。

（三）日本领事庇护下的不公事件

由于这些片面优惠性的权利，很多日本商民在日本领事的庇护下在汉口地区为非作歹，肆意凌辱和欺压中国百姓，造成了诸多不公事件，犯下了种种罪行。

1. 田种香事件①

1923 年 12 月 19 日，汉口俄租界日本本多洋行在检查货物之时，发现丢失了 4 根金表链，怀疑偷盗者为某日本人或中国厨师田种香。日本疑犯被送往日本租界警署，田种香则被送往俄租界警署。其后，田种香又被移交至日本警署与日本疑犯对质，期间因受到严刑逼供，田种香于次日自缢而亡。后经查明，不见的金表链是由本多洋行大班出差时带走，并非两人所为。事件传出后，在日本官署及洋行、住宅工作的华人聚集了数百人，到日本警署外抗议，要求抵偿人命，为死者雪冤。日本警署用高压水龙头向市民射击，造成多人受伤。中国官方派遣军队进行弹压，日方借口日租界治安不保，调集了海军陆战队上岸，又调集义勇队布满租界，在边界四周架设机枪，断绝交通数十小时。事后，日本领事欲向死者家属赔偿 4 000 元抚恤费，遭到拒绝。于是日警署告知洋务公所会审员往验以证田种香为自缢而亡。但交涉员致函日本领事，说明检验尸身所见伤痕，系生前受到严刑无疑，同时指出日警署无权从俄捕房提走田种香，本多洋行的诬告与警署的虐待，是田种香致死的原因。23 日，武汉

① 《汉口日商本多洋行华厨田种香在日警署缢死案请转饬持平办理并见复照会》，《外交公报》，1926 年第 61 期，第 2—19 页。

国民外交委员会①召开紧急会议，决议通电全国，揭露日警署虐杀田种香的经过，提出六条要求，即：(1) 取消日本在华领事裁判权，解除日本在汉军警武装；(2) 撤换日本驻汉领事；(3) 惩办驻汉警察署署长；(4) 日本本多洋行副班应按律治罪；(5) 日本政府派员向中国官厅道歉；(6) 抚恤田种香家属。25日，武汉各团体在汉口老圃侧召开国民大会，到会群众两万余人，坚持武汉国民外交委员会提出的六条要求，敦促政府对日交涉。同日，交涉署两次致函日领事，要求惩办日警署署长及管理署员、本多洋行副班，从优抚恤田种香家属，同时要求日领事向中国官署道歉。但日领事林久治郎对田种香案件责任全部予以否认，后仅允酌给抚恤金。1924 年 8 月，外交部向日使两次提出抗议，日使坚称田种香为自杀，与日领署无涉。双方僵持不下，田种香案件不了了之，成为悬案。

2. 贾初敏事件②

1924 年 2 月，汉口日本东孚商行行主鸟羽田长诬告汉川同太棉花行主人贾初敏欠该行款项，将贾初敏骗至洋行禁闭了 5 天，致使贾于 2 月 23 日死去。鸟羽田长报告夏口检察厅及洋务公所、英捕房，日领署派员检验，结论为自缢而亡。此案发生后，武汉外交协进会于 26 日召集 700 余人集会，致函交涉署及检察厅，要求为同胞申冤。27 日，交涉署向日领事提出交涉，日领事传讯东孚商行伙计陶云章等 9 名证人预审贾初敏案。证人们同声斥责鸟羽田长的罪行，日领事借故延长时间，以致两次预审均未终了。3 月 3 日，交涉署两次致函日领事，指出鸟羽田长是逼死贾初敏之主犯，要求依法严办，并从优抚恤贾之家属。3 月 5 日，日领署公开审判贾案。陶云章等供认奉命诱捕、监禁贾初敏之事实，并当场展示证据，日方见状，宣告退庭。4 月 21 日，日领事强行宣告该案终结，宣布鸟羽田长无罪，陶云章则以胁迫死者罪，交由中国法庭制

---

① 1923 年 4 月 12 日武汉国民大会上通过决议，成立武汉国民外交委员会，以抵制日本侵略。

② 《武汉市志·外事志》中称为“贾邦敏”，上海《民国日报》1924 年 2 月 29 日报道此事时则称“贾初敏”，本文以《民国日报》为准。

裁。湖北交涉员电告北洋政府，详呈贾案始末，恳照会日使，对鸟羽田长按律治罪，以卫中国主权。外交部于5月20日照会驻京日使芳泽谦吉，请饬驻汉口日领事依法严办。27日，芳泽谦吉函复外交部，拒绝一切要求，6月中旬，夏口地方审判厅判令陶云章对贾初敏家属赔偿损失1300串，了结此案。

3. 日商殴伤华人事件①

1924年6月2日晚，陈贵元、叶书生、王长发等3人憩息于打扣巷剪子街日商浅田洋行门前。行主久保田不问情由，出门用脚乱踢3人。叶书生等与之理论，该行日本伙计竟然持刀刺伤3人。陈贵元因伤势过重昏倒。街邻不服，要将日人送交法庭，日人在行内辱骂。一时聚集了很多路人，有的向洋行里面投掷石块，少数人愤怒至极，冲入洋行，捣毁了家具器皿。此时警察厅武装警察队、汉黄镇守使署巡缉营、警察五署署长先后赶来保护浅田洋行，并抓捕市民20余人，解押警察厅讯办。又将受伤3名华人送至夏口地方检察厅验伤。对日商行损失，警察五署署长与该司司账查点清楚，损失约600两银，立纸为凭。3日，交涉署向日领事提出交涉，于5日根据警察厅及洋务公所呈报，两次致函日领事提出正式交涉，声明肇事原因实为浅田洋行日人逞凶杀伤华人从而激怒群众所致，请求惩办行凶日人，并赔偿伤者医药费。结果日领事复函，称华人对日商“暴行掠夺”，要求严惩华人，赔偿日商损失。交涉署又根据夏口地方检察厅的验伤公函3次致函日领事，请求依法办理，日领事仍不承担责任。7月中旬，外交部向日使提出抗议，日使照复外交部，称使馆所得报告与中国方面所称完全不同，并谓日商损失颇巨，应请中国政府查明予以赔偿。此案遂不了了之。

三、租界内的日本居留民团

自1871年中日签订通商条约以后，很多日本人进入中国，聚集在租借地和通商口岸，从事各种职业。汉口也是如此。据统计，1901—1906年，居住

① 武汉地方志编纂委员会主编：《武汉市志·外事志》，武汉大学出版社，1991年，第93—94页。

在汉口领事馆辖区的日人分别为74、106、270、347、528、1 060人。① 随着日本对华的全面入侵，到达汉口的日本商民日益增多。

为了统一管理这些居留民，汉口日租界实行了《居留民团法》。在此之前，各地日租界的日本居留民组织了很多自治团体，如1888年成立的上海日本人慈善会，1890年成立的上海青年会、上海日本俱乐部及运动俱乐部，1902年成立的日本上海医会（1906年改称上海医师会），1903年成立的上海赤门俱乐部（次年改为日本俱乐部）等，均有领事制定规则进行管束。

1905年2月，日本第二十一次帝国会议通过外务省提出的《居留民团法》，并于3月7日公布实施《居留民团法施行规则》，规定：租界内兼有立法权和行政权的机构为居留民选举产生的居留民会。居留民会的议员不需比选举人有更高的财产资格，议员任期2年，其中半数以上必须是日本人。由议员互选产生的议长、副议长也必须为日本人。只有日籍议员占与会议员的半数以上时，才能开会。居留民会除了选举行政委员会和民团长外，对民团的预算、决算、税务、教育、消防、义勇队、救济、卫生、交通等各种行政事务均有决议之权。负责民团日常行政事务的机构为居留民团行政委员会，它由居留民会选举产生。行政委员会由10名委员组成（1935年参事会成立后改为5名）。行政委员会的职权包括执行居留民会的各项决议，议决由居留民会委托的事宜，代表居留民会对紧急事务作出决议，处理各项日常行政事务，任免绝大部分的民团职员，以及指挥、监督、惩戒所有的民团职员。在行政委员会下，设有各种专门委员会作为咨议机构。民团事务所是行政委员会具体完成行政事务的办事机构，下设有庶务、调查、财务、工务、电气、港务、卫生、保净等科，以民团长为首的民团吏员、雇员驻所办公，领取薪金。但其中又规定：居留民团作为法人受官厅之监督，在法令或条约范围内处理公共事务，并依法令、条约或惯例处理民团相应事务；居留民团设置居留民会及官吏；对居留民团之监督，按领事→公使（大使）→外务大臣的顺序，依各地情形不同，可省略第二

① 日本外务省通商局编纂：《清国事情》第1辑，日本外务省发行，1907年，第688—689页。

顺序的监督。①

根据《居留民团法》，居留民团有权制定民团条例，居留民团行政委员会有权制定民团执务章程，居留民会拥有立法权和行政权，可以选举产生居留民团行政委员，但重要职位的任免必须得到领事的同意。居留民会选举的议员须经领事认可，居留民团团长助役由居留民团长推荐，但也须得到领事及驻华公使的认可。从中可以看出，居留民团的主要权力集中在对居留民团自身的管理上，而且受到领事的监督和制约。

1907年9月1日，汉口日本居留民团成立，由日本领事馆指定武内金平等10人为临时行政委员会成员，负责处理日本租界内的行政事务，大部分事务暂时由领事馆代管。汉口的居留民团管辖在汉口、汉阳、武昌三镇居住的日本侨民。此时的居留民团仅负责共济会的墓地、火葬场和办理汉口明治小学校及附属幼稚园。不久，民会正式成立，选举了行政委员，居留民团的职责除了经营专管居留地外，也将势力伸展到了周边地区。

1908年3月25日，汉口居留民团召开了首次民会，选举了行政委员。7月，领事馆将管理权移交给居留民团。1909年，居留民团开始拥有征收税费及整理居留地工务等权利。其税收以下层日人及中国人为对象，缴纳“取得课金”“营业课金”“杂种课金”等。民团支出则有土木费、事务所费、警备费、教育费、水道费、卫生费等项。经营的事业主要有土木、教育、卫生医疗及宗教等方面。其经营的诸种事业，既是为自身运营谋利，也是一种侵略手段。以卫生医疗事业为例，其主要目的即“以军队为中心，维持日本人社会，防止传染病向日本国内蔓延，同时，对中国方面也不失为一种重要的怀柔政策”。②

1935年1月，汉口日本居留民团行政委员会改称参事会，职能基本与以前相同。1937年卢沟桥事变后，战争全面爆发，日本撤侨，居留民团也

① 英修道：《列国在中华民国的条约权益》，东京丸善株式会社，1939年，第591页。

② 木村健二：《在外居留民的社会活动》，大江志乃夫等编：《近代日本和殖民地·膨胀的帝国人流》，岩波书店，2001年，第49页。

一并撤出。1938 年武汉沦陷，撤离的日侨又逐渐回到汉口。1940 年 3 月，汉口日本居留民团恢复，从执行机关改为咨询机关，直至 1945 年日本投降方才撤销。

作为一种政治制度形式，汉口居留民团也成为日本入侵汉口地区的帮凶。他们中的很多人，并非简单地从事商业活动，更多的是为日本侵华战争服务。在租界发生紧急事情时，居留民团也积极为保障日本人利益服务。1923 年，值“五九”国耻八周年之际，武汉由学联发起外交后援会，争取收回旅顺、大连，废除“二十一条”，46 个团体 6 万群众在汉口老圃集会，决定对日经济绝交。日领事于 1923 年 6 月 12 日晚召开了日租界居留民团会，决定召集义勇队实行“自卫”。又，在 1928 年发生的“水杏林惨案”中，中国工人集体罢工，整个日本租界面临瘫痪。当日下午，日本租界便举行了“官民合同临时联席会议”，选出了弘扬收容部委员、粮食部委员、电灯水道部委员、情报部委员、教育及租界卫生部委员、租界防御补助部委员、临时庶务会计部委员，进行紧急应对工作。而七七事变后，各地居留民团纷纷成立各种组织，“不惜以决死之心，积极应援奉仕，协助军方，以赢得圣战胜利”①。

四、日本租界内的罪恶行为

自 1871 年中日两国订约通商后，日本居留民进出中国。日人早期多聚居在租界地和通商口岸，以贩卖物品、航运及公司职员等为主要职业。到了后来，在很多貌似正当营业掩护下，租界内隐藏着诸多罪恶行为。而这些行为，也都得到了以日领事为代表的日本政府的支持和庇护。

（一）贩卖烟土

日本人进入中国后，多以贩卖鸦片、吗啡攫取巨大的经济利益。当时东北地区的吗啡主要由日本人从大连运入，华中地区的吗啡主要由日本人从青岛运入，华南地区的吗啡则主要由日本人从台湾运入。贩毒者均持有护照，一经查出，他们即可寻求日本领事的保护。1898 年，日本驻天津总领事言道：

---

① 白井忠三：《天津居留民团三十周年纪念志》，天津居留民团发行，1941 年，第 540 页。

在天津有日本侨民5000余人，70%从事吗啡等违禁品的贩卖。从中药铺到饭馆、杂货店，鲜有不经营违禁品的，而且都是大宗现货交易，日租界的繁荣应归功于吗啡交易……而领事馆对此竟不闻不问，毒品贩子只有在中国海关被抓获，或因其他事情牵连，才有可能受到法律的追究，尚未发现被领事当局检查而暴露罪行者。如果彻底取缔贩毒活动，天津将没有日本居留民了。①

按领事裁判权相关规定，中国方面抓获日本毒贩，只能送交日领事处理，而领事则有权将毒贩罚款开释，最多不过拘留两三个月而已。

汉口地区的领事对毒贩的庇护更是如此。汉口是长江流域日人制贩毒品的重要据点，主要制造鸦片、“白面”、“红丸”等，这些违法的行为，都受到了日领事的包庇。

1920年12月14日，汉口车站查获了烟土10余包。根据被抓获的日本人供认，烟土准备贩运至由日商尾桥宋之助等人开办的日华大药房售卖。中方根据条约将犯人送往日本领事馆，并要求处理日华大药房。此事最终不了了之。

1929年2月，武汉市公安局接到密报，在法租界共和舞台小巷内有两名日本人设立吗啡制造厂。卫戍司令部进行查抄，当场抓获日人章良，并将其遣送至日本领事馆，日领事将其处以少数罚款了事。但此人旧习不改，又到法租界长青里96号制造吗啡，被法巡捕房查抄，他又转至特一区坤厚里69号营业，再被拿获。②

1935年5月，汉口市公安局派警员查悉，日租界内制毒场所及毒贩机关星罗棋布，计有贩卖红丸场所6处，由8名华人主持；鸦片营业所2处，为2华人开设。凡此皆由日领署予以保护，制毒机关虽由华人出面主持，但均有日人股份在内，日警则按月领取酬金，从中包庇。此外，还有吗啡制造厂4处，吗啡分销厂5处，出售吗啡之店铺20处。各厂吗啡，除租界内制造外，概来

① 江口圭一：《日中鸦片战争》，岩波书店，1988年，第39页。

② 《禁烟公报》1929年7月第7期。

自上海日商永福洋行，再由汉口日商永进洋行转卖各分销厂。各厂制造吗啡时保护严密，一般于夜间工作，而销售时无论买卖，均不直接受授，由引线将银货用纸包好，各放一处，暗中传递。各分销厂买进时，按批发价计算，吗啡每两约洋 32 元至 34 元，每包 19 两 6 钱，计值 620 余元，而零售价格则每两 60 元左右。①

汉口市政当局针对日本人在汉口制造毒品的事实，函告日租界当局，希望严加禁止。日本领事竟然声称，麻醉药品及注射器具之制造，已照有关法令，予以禁止；麻醉药品之出售，除医生、牙医、兽医、化学师、登记药剂师或合法外国侨民，持有日本领事发给之采购证者，以及登记药商得售与外，其余亦一概禁止；并声明：日总领事署内警察当局，为管理麻醉药品之合理机关，受日总领事署之指挥。② 由此一来，便通过“持有采购证”一说，将贩卖毒品的行为堂而皇之地合法化。

1937 年七七事变后，日本侨民撤离长江沿岸后，汉口市公安局接管日租界，在新小路 4 号、11 号、13 号，中街 94 号、96 号、100 号、138 号、140 号，同安里 14 号、16 号，重阳里 6 号，福顺里 4 号、6 号、12 号，康强里 3 号、5 号，太和街 89 号等处，抄获日人许多制毒机器及吗啡、海洛因等毒品。③ 警员在检查时发现，日人毒品制造厂除内部设有地窖外，或于天花板上设置密室，或于壁室内私设暗房，一切布置均极严密。警员将其查抄详情拍摄成照片，后又拍摄成影片，由内政部禁烟委员会常务委员甘乃光用英语加以说明，将摄影分制成中英文有声片，于 1938 年 6 月送交国联禁烟委员会第 23 届日内瓦会议中国代表胡世泽，请其在会议期间宣传放映。④ 影片放映后，引起了包括美、英等多国代表的震惊，日本代表天羽英二对胡世泽的发言深表不满，称其所引材料多为谣言，并在委员会决议定稿时，表示日本政府不接受决

---

① 国民政府内政部禁烟委员会补印：《禁烟年报》（1937 年度），第 8—9 页。

② 国民政府内政部禁烟委员会补印：《禁烟年报》（1937 年度），第 10 页。

③ 国民政府内政部禁烟委员会补印：《禁烟年报》（1937 年度），第 11 页。

④ 马模贞：《中国禁毒史资料》，天津人民出版社，1988 年，第 1536 页。

议内容，以弃权表达其立场。① 闭会时，胡世泽在中国图书馆放映该片，约有200人观看了此片，日人在华制毒贩毒的种种黑幕暴露无遗。1938年11月2日，为了彻底摆脱国际舆论的压力和监督，日本政府宣布退出国际禁烟委员会，自此开始更加明目张胆地对华开展毒化活动，而这种在日领事包庇和积极斡旋下的毒品交易，给汉口人民乃至整个中国带了极为深重的危害。

（二）贩运私盐②

1927年，汉口日商昭和海运公司经理古幡景美得到唐生智准运食盐3 500吨的非法护照，先后贩运食盐1.8万吨。第一批9 000吨已经销售，第二批9 000吨分别存于招商局与三菱公司堆栈。11月，唐生智下野，西征军抵达武汉。存在招商局的4 000吨食盐被新的武汉财政委员会没收拍卖，存在三菱公司的5 000吨借日租界保护，拒不交出。交涉员甘介侯遂将政府食盐专卖规定及古幡景美贩运私盐的情况函告日本总领事高尾亨，要求古幡景美将5 000吨私盐全数交出，否则停止保护古幡景美在汉口经营的昭和海运公司、东方商运公司、中国实业公司及其他营业机构财产及债权，禁止昭和海运公司船只及其所运货物出入口，古幡景美若出日租界范围以外，中国政府不负其人身安全责任。1928年1月25日，日方复函，强调古幡景美贩运食盐有唐生智护照，因运费关系提存三菱公司，并无违法行为。又说古幡景美所运私盐已不止一次，海关也允许其上岸。当时，中国政府法令明确规定，凡属贩运食盐，须得财政部或盐运使署发给护照方为合法。唐生智并非财政部长，无权发放护照，而且古幡景美运盐进口，并未按照海关章程办理，属于违法行为。因此，古幡景美所运私盐应一概没收。但他以日租界及日领事裁判权为护符，蓄意敲诈5 000吨私盐运费45万元。交涉署据理力争，最后古幡景美将5 000吨私盐全数交出，但武汉财政整理委员会依然给予他一定运费和堆栈租金，宣布取消对古幡

---

① 岡田芳政：《外務省關係電報及文書》，岡田芳政：《續・現代史資料（12）阿片問題》，みすず書房，1986年，第537頁。

② 武汉地方志编纂委员会主编：《武汉市志・外事志》，武汉大学出版社，1991年，第108—109页。

景美的制裁，了结此案。

（三）设置军械洋行，贩卖毒药、枪械

1912 年，日商山本适太郎在武昌府侧开设共和洋行，专门修理军械。

1923 年 6 月，日清汽船株式会社商船“襄阳”轮自沪到汉，卸货时，海关人员在趸船上查获日人私运手枪 71 支、子弹 1 万发，当场抓获走私人员两名，另有两人乘机逃跑。海关人员将枪械带回，两名人犯交由日本领事处理。

1931 年 4 月，驻汉口第 48 师宪兵营将正在贩卖毒药手枪的日本浪人哥林吉低当场捕获，搜出手枪 5 支、毒质药水 50 瓶。审讯时，哥林吉低供认专以贩卖手枪为业。其后，在被押解至武汉行营军法处审讯时，哥林吉低翻供，称此种手枪专供杀臭虫使用，在日本并不被视为杀人武器，可公开贩卖。军法处取枪灌入药水，便可毒杀犬类，放射于空中，也能致使空气变化。此案最后由五省外交专员周泽春会同汉口特别市政府与日领事交涉，日领事坂根顺三承诺将哥林吉低送回日本法办，并保证在汉日侨不再发生类似事件。①

同年 10 月 4 日晚，日本总领事坂根顺三集合各旅馆的日本浪人秘密训话，授以各种对华手段，并委托某国军舰将大批枪械、炸弹、大炮运到汉口。11 月 10 日，租界日本义勇军因枪械不充足，又由日军的比良军舰将 1927 年造的大批新式兵器装运来汉，由日军陆战部分配。11 月 16 日，日本领事馆召集在汉日侨，鼓励其加入义勇队，可领取由陆战部保管的枪械子弹，同日，日本陆战部又走私进入汉口 200 箱子弹和装有军火的数十只大木箱。次日，日本的一艘载有武装海军数十人的汽船也满载军用品运往长沙。② 由此可见，在汉口地区进行枪械走私的行为，很大程度上受到了日本领事馆的支持和保护。

---

① 武汉地方志编纂委员会主编：《武汉市志·外事志》，武汉大学出版社，1991 年，第 114 页。

② 中央档案馆、中国第二历史档案馆、吉林省社会科学院：《日本帝国主义侵华档案资料选编·九一八事变》，中华书局，1988 年，第 483—490 页。

第二节　军事侵略

甲午战争后，列强瓜分中国，开始在沿海派驻海陆军，建立军事基地，获取租界地，并保护侨民利益。由于汉口位于黄金水道的中心地带，在东西南北水上贸易中具有枢纽作用，往返于上海——宜昌的汽船极其繁盛，四川的货物可运输到汉口，外来的洋货也可经汉口入川，自汉口到湖南长沙、湘潭的航路，横渡洞庭湖可到达常德，流经汉口的汉江则将西北陕西省及湖北西北部的郧阳、襄阳相连通。而当时正在建设的京汉铁路、粤汉铁路，更是让汉口具备四通八达的地理优势。列强们纷纷抢驻汉口作为军事据点，谋取开辟华中市场，获取资源，以武力维护和扩大侵华权益，日本尤是如此。

一、耀武扬威的日本海军

鸦片战争以后，西方列强开始用坚船利炮打开中国的大门，维护和扩大各自侵华利益，因此出现在汉口江面上的军舰多以英法德美为主，其目的主要在于勘探水文地形，开辟通商场地，"以有形之威严折清国官民倨傲之念、使之降心相从，隐然充当本国商人的后盾"①。日本对此心向往之。1871 年，中日两国签订《修好条规》，约定"为保护己国商民起见""两国兵船往来指定各口"，日本军舰便开始游弋在长江流域的各港口。而其实际意图，则不只是保护日本商民而已。

甲午战争后，日本通过《马关条约》和《中日通商行船条约》的签订，获得在中国各通商口岸派遣军舰巡查的权利，日本外务大臣大隈重信提请，在上海派出炮舰。其后，1897 年日本海军正式规定：以上海作为两艘日舰的常泊

① 《機密送第 54 號》（1896 年 10 月 15 日），海軍省—公文備考—M29—3—231，日本防衛省防衛研究所档案。

港，驻泊的日舰须分别开往马尾、沙市和汉口停泊。① 1900年6月中旬起，日本向长江流域增派3艘炮舰，其中"八重山"号往返于上海与汉口之间，在汉口驻泊了35天。同年10月中旬，又派遣"摩耶"号开往汉口驻泊，1905年12月，日本海军成立了"南清舰队"（1909年1月改称"第三舰队"），其主要停靠口岸为江阴、镇江、南京、大通、芜湖、安庆、九江、大冶、汉口、沙市、宜昌、岳州、长沙等处，巡航在长江流域上的日舰耀武扬威，借以威慑清政府、保护日本居民的在华利益，同时提升在列强侵华中的军事地位。1908年，汉口发生摊贩罢市风潮，龙王庙河街的日商泰兴一号、泰兴二号等店开门营业，遭到摊贩的干涉，日商开枪击伤数人，摊贩便将两店全部捣毁。"日领当电致寄泊日本租界之兵舰启碇上驶，欲派兵径至华界保护"。②

1911年辛亥革命爆发后，列强为保护侨民和租界的安全，纷纷派驻水兵登陆，和租界志愿兵进行联合防守，同时源源不断地增派海军和陆军进行支援。日本海军省规定：为了庇护日侨和日船，日舰"可采取认为必要的方法，且在必要时使用兵力干涉之"。③ 武昌起义爆发时，"隅田"号日舰便迅速开到武昌，派兵登岸把守租界，"对马"号旗舰也于10月12日抵达汉口，载陆战队员130人，其数量远超英、美、德舰所载人数，第三舰队司令官还被推举为各国海军最高指挥官，"对马"舰舰长也成为各国陆战队司令官，指挥租界防卫。到11月驻汉的日舰已达6艘。武昌首义时，革命党人已经明确宣布"伤害外人者斩，保护租界者赏"，但各国领事仍推日本驻华第三舰队司令川岛令次郎为总指挥，并以保护租界为名，联合对革命党人进行武力威胁。

1912年，汉口局势趋于平复，各国军队开始撤离汉口，至1913年10月，"所有各国驻泊沿江保商兵舰，多已驶回本国，惟日本藉口该国商人在南京被

---

① 《官房1435號丿2》（1897年4月27日），海軍省—公文備考—M30—3—262，日本防衛省防衛研究所档案。

② 武汉大学历史系中国近代史教研室编：《辛亥革命在湖北史料选辑》，湖北人民出版社，1981年，第400—401页。

③ 《官房機密第574号》附件（1911年11月15日），海军省—清国事变—M44—1—136。

戕之故，不但不退去兵舰，且有增加”①。1913 年 10 月 27 日，日本又将在汉口新造的“势多”“坚田”二舰编入了长江警备队。② 1914 年，驻泊汉口的日舰舰长还与陆军派遣队司令官和代理总领事签订《关于警备的协定》，保证在危急情况下掩护武昌、汉阳的日侨撤退，并对日租界和汉阳铁厂、既济水电公司、东亚制粉会社，以及必要时攻击“暴徒”之“重点”，都尽可能予以支援。③ 借此，日本海军军舰虽不再在汉口直接巡航，但亦可随时进驻长江流域配合陆军进行军事行动。

果不其然，1915 年，为了逼迫袁世凯政府接受“二十一条”，日本海军省令“第二舰队”司令官亲率两艘军舰和一个水雷战队驶往长江口，同时要求驻上海海军为日舰进入长江流域准备领航员，提供情报工作。日舰在长江附近配置了 8 艘战舰、10 艘驱逐舰，其作战计划为：“尽快控制江口要地，进而破坏长江干流水陆防御设施及敌舰艇，扼制从外海通往汉口的水路，以确保通航自由、保护居留民、与汉口驻屯军联络。必要时掩护陆军溯江而上，与之协同作战。”直至袁世凯被迫签订不平等条约后，日舰才返航。④

除了维护汉口地区已得利益外，日本军舰还在宜昌、大冶、长沙、常德、汉江上游等地区活动。1915 年，日信洋行在汉阳堆栈与湖南帮苦力发生冲突，驻扎在汉口租界的日军司令官便派一排驻军渡江到达汉阳，驻屯在该堆栈内示威。⑤ 1917 年 1 月，正值南北军阀混战不休之时，荆州军队与湖南残兵在荆州、沙市大肆掠夺，一名日本卖药商人遭到抢劫，日本炮舰“伏见”号便赶至沙市保护日本商人。⑥

---

① 《扬子江日舰队之调查》，《申报》1913 年 10 月 10 日。

② 《日本在汉口添设军舰》，《寰球中国学生会周刊》1913 年 10 月 27 日。

③ 《機密第 37 號》附件（1914 年 3 月 26 日），《在支帝國及各國租界防衛關係一件》第 3 卷，外務省記錄 B—5—2—2—0—42—0—0—03。

④ 《對支行動報告》（1915 年 5 月 12 日），《海軍大臣致第三艦隊司令官》（1915 年 5 月 9 日），日獨戰書—T3—159—616。

⑤ 《汉口交涉议结志闻》，《申报》1915 年 5 月 23 日。

⑥ 《外电》，《申报》1918 年 1 月 26 日。

1917年，日本趁北洋政府对德、奥宣战之机，再次恢复了在长江流域的“巡航”，派“伏见”号到汉口。于是，1918年1月，经美国在华海军提议，日、美、英等国海军在长江流域“为保护盟国侨民生命及财产而协同行动”，并推举日本指挥官负责全盘事务。① 日本海军在各列强在华的地位迅速提高，在长江流域更是耀武扬威。

为了便于海军官兵修养，保障“巡航警备”的实行，日本海军甚至于1913年借租界内三菱分社的房屋，设立了“下士卒集会所”。1919年10月后，又由汉口的日本商社出资，在租界另行租房使用。1923年8月，海军又接受了日本陆军派遣队非法修建的部分军营，用作“海军集会所”，1924年，“海军集会所”又改为“官营”。

图2-3　设于汉口日租界的日本海军陆战队驻地②

① 《一月二十九日午前十一時四十五分米國海軍ホーン中佐來談要領》，海軍省—公文備考—T7—25—2136。

② 唐惠虎、林阳春、韩兆海主编《武汉抗战图志》，湖北人民出版社，2005年，第209页。

1923年田种香事件发生后，日本借口为保障租界治安，派遣海军陆战队登陆汉口，在日本租界内布满义勇队，边界架设机关枪，断绝租界内外一切交通。1924年又使“宇治”号、“伏见”号乘载约600名士兵抵汉，同年又增派海军第二水雷舰队14艘军舰到达汉口。

1925年汉口六一一惨案发生后，汉口租界区局势动荡，日本军部派遣军舰“对马”号搭载海军陆战队200余士兵到汉口，在日本租界架设机枪及电网。

1926年9月，北伐战争武汉战役爆发后，日本又借口保护侨民，派195名日本海军陆战队队员登陆汉口。

1930年中原大战时，日本派海军水雷舰队司令于4月9日到汉口进行巡航，7月在汉口停泊的日本军舰有6艘，8月则达到10艘。此后数月，一直有4艘军舰停泊在汉口。

1931年九一八事变爆发后，各地兴起反日抗日风潮。1931年9月22日，时任日本海军第1遣外舰队司令的盐泽幸一抵达汉口。次日，约200名日本海军登陆汉口进行军事操演，将机关枪、小钢炮、军用小汽车等布满日租界。10月10日，又有200余驻汉日海军登陆，并对汉口日本租界进行了全面军事部署。11月，日本租界内包括日领事馆、正金银行住宅、大石洋行及汉口银行在内的各高层建筑楼顶都安装了望远镜，停泊在汉口江面的第24驱逐舰举行了军事演习。15日，停泊在江面的8艘日本军舰起锚示威。20日，约500余海军士兵登陆汉口进行阅兵活动，参加典礼的有步兵14小队，每队32人，手提机关枪12挺，小机关枪车2辆，每辆车载机关枪1挺。12月14日，又有约220名陆战队队员在汉口租界内演习巷战，日本义勇队也一并进行军事操练。

一·二八事变后，日本乘机派遣37艘军舰到达汉口。为协助驻汉海军陆战队在日本租界与华界交界处构筑防御工事，日本海军登陆汉口，并断绝除成忠街、河街、山崎街总领事馆前的交通，对汉口日本租界进行了封锁式的军事防卫。1月30日，日本海军在大正街、上小路、南口三处越界建筑防御工事。2月6日，日租界周围所筑沙包堡垒增至21个，海军陆战队队员也增至1000余名。2月17日，日军约1000名士兵进行了巷战演习。3月1日，约300余士兵又在日租界新马路—马图一带举行了野外军事演习。1933 年，日本在汉常驻军舰达到 5 艘，并频繁开展军事演习。

1936 年 9 月 19 日，汉口发生了射杀日本领事馆警察吉冈庭二郎的事件，日军海军陆战队立即登陆戒备。① 10 月，日军在汉共有陆战队官兵 400 余人，有工程、特务、通信、巡逻 4 队，配备有山炮 4 门、野炮 8 门、曲射炮 4 门、钢炮 4 门、重机枪 30 余挺、轻机枪 40 余挺、手提机枪 30 挺、花机枪 10 挺、步枪 500 支、手枪 200 支、子弹 600 箱、炮弹 400 箱、炸弹 400 箱，均储存于军械房地窖内，另有铁甲战车 2 辆、三轮机枪摩托车 6 辆、铁丝网及木桩无数，停泊在汉口江面上日本军舰上的海军官兵有 161 人，设备齐全。此时期，还有“在乡军人护卫团”参加各种战备活动，该护卫团拥有枪 200 支、子弹 40 箱，每晚一班 10 余人，建成了 100 余人的义勇队。

至 11 月，汉口江心日本军舰停泊有“滩风”“岛风”“汐风”3 艘，安宅旗舰 1 艘，驱逐舰“栗”号 1 艘，浅水舰“热海”“坚田”“岛羽”“小鹰”4 艘。此外，有陆战队 900 人余，电讯队 28 人。同时由上海运来大批化学战斗品，军械有步枪千支，重机关枪 13 挺，轻机关枪 10 余挺，铁甲跑车（灰色油漆）2 辆，机关车 5 辆，轰炸机（拆散存放于陆战队左库房）4 架。日领事馆花园侧水泥钢骨地下室则存有机关枪 4 挺、步枪 120 支、手枪 80 余支。山崎街明治小学楼上存有步枪 12 箱、子弹 20 余箱。②

1937 年 7 月 7 日，全面抗战爆发，驻汉日军加强戒备，开始将各地日侨集中到汉口，准备经由上海撤回日本，海军陆战队于 1937 年 8 月 8 日凌晨拆毁租界内的军事设施及照明设施，并撤离在汉的最后一批日本侨民及物资。

二、日本陆军进驻汉口

为维护日本在长江流域的既得权益，谋求日本在华行动的更大空间，趁着辛亥革命的爆发，日本陆军也迅速进驻到汉口地区。

---

① 《汉口日租界日警吉冈被害》，《陆大月刊》第 2 卷第 10 期，1936 年，第 89 页。

② 《汉口日租界现有日本实力》，《青萍月刊》第 2 卷第 1 期，1937 年，第 20 页。

1911 年 12 月底，日本陆军派遣十八师团 726 人（含：司令部官兵 36 人、两个步兵队 575 人、机关枪队 101 人、患者收容班 14 人）进驻汉口①。日参谋总长奥保巩在对派遣队司令官下达的命令称："须以所辖部队保护帝国领事馆及帝国臣民，且在必要时尽力维护我利权""在实施任务时，须与第三舰队保持密切联系，对长江之交通，当直接与之交涉，以图维持。"② 表明其派军意图即维护日本权益。

初时，日本陆军派遣队进驻汉口，只是临时借用日租界内日侨的私房及学校校舍等驻扎。其后他们加紧物色修建军营所需地皮，向日本陆军省提出在沿江紧靠日租界的原比利时租界（此前已被清政府收回）内建营。由于该地域属于官有土地，须与清政府交涉，日本政府便令驻华使领向清廷和湖北军政府提出交涉，均遭婉拒。

于是，日本计划采取移花接木的手段获取汉口兵营用地。1912 年，日本陆军派遣队购买了租界外西北面大仓洋行的地皮，实际面积达 20 884.80 坪。为掩人耳目，日本向中方谎称此地皮为日商永记所有。获取地皮后，日军以该洋行修建民屋的名义修建两层楼的营房，营房长 76 间，宽 10 间。中国方面提出反对时，日本称"系大仓行作为租界居民之用，并无别意"，后来日领事又称"所居租界房屋异常狭隘，有碍卫生。该守兵等十病八九，不得已送往鸡公山养病，乃因死亡过多。适值大仓建筑房屋出租，拟饬该守兵租住"。③

其后，日陆军派遣队以同样手段，由大仓洋行出面贷款给买办张俊臣购买地皮，并将所购土地作为贷款之抵押，借张逾期不能还款之名义，使土地转归大仓洋行从而属于日军所有。1914 年 2 月和 10 月，日军分别购得军营北面与

---

① 《職員表、人馬一覽表送附ノ件》（1911 年 12 月 24 日），《陸軍省大日記》之《清國事件/軍事機密/清國革命亂関係書類》（1911 年），陸軍省—清國事件—M44—1—30。

② 《參謀本部參密第 1416 號第一・中清派遣隊司令官ニ與フル命令伝宣方ノ件》（1911 年 12 月 23 日），《陸軍省大日記》之《清國事件/軍事機密/清國革命亂關系書類》之《（自）明治四十四年——（至）大正二年清國事變書類》第 2 卷，海軍省—清國事變—M44—2—137。

③ 《驻汉日兵轶居界外之交涉》，《申报》1912 年 10 月 18 日。

东面的地皮 5 100.44 坪、西北面万家庙地皮 5 447.35 坪，以及万家庙东北面地皮 307.65 坪，从而使军营用地面积扩展大半。① 1915 年 3 月，又假借太古洋行名义，从日商门野童九郎手中购得从军营至日租界的道路用地 1 149 坪。②

取得用地后，日本驻扎了大量军队。据《申报》不完全统计，1912 年 10 月 18 日，日本驻兵有 560 名，1913 年 4 月 22 日有 2 000 名，至 1916 年 4 月 23 日，日本加派驻兵 1 个营，1922 年 12 月 22 日则加至 2 个营。屯驻在汉口的日本士兵实行轮换制，基本上一年一轮换。

日本私自设立军营，使陆军驻守固定化，从而在汉口地区建立起一套完整的军队驻扎机制，军事侵略之野心昭然若揭。时有竹枝词一首《东洋兵房》记录了这种情形："租界东洋驻重兵，保商何必要连营。可怜卧榻横陈夜，时听旁人酣睡声。"③

陆军派遣队成为随时为维护日人利益而纵横租界的军政力量。1915 年风闻日侨将举行提灯会庆祝日军占领青岛，汉口居民大为愤怒，聚众冲击日本商店，为此，日本租界加紧防备，日领事召集驻扎抛球厂兵营的日兵二营到界内戒严。④ 5 月 18 日下午，日本棉花会社武汉支店汉阳工厂遭到华人冲击，日军派遣队出动半个小队开往该厂戒备。⑤ 1916 年 7 月 30 日晚，革命党人在汉口与北洋军开战，日陆军派遣队参与防守日租界，还应法国领事邀请，派 70 余

---

① 《陸軍省經理局科員、陸軍一等主計佐藤甲子壽談軍營用地購買問題》(時間不詳)，《外務省記錄》之 G 門/都市、港灣、土木、建築、土地、建物/3 類/土地建物/《本幫人ノ中國ニ於テル土地買收及讓渡関係雜件附建物讓渡ノ件》，B—G—03—01—00—04—00—00—00—000。

② 《中支那派遣隊司令部経発第 91 號・道路敷地買収ノ件申請》(1915 年 7 月 9 日)、《参第 393 號一・漢口土地買收及契約擔任官ノ件》(1915 年 10 月 5 日)，《陸軍省大日記》之《大日記乙輯》，1916 年（大正五年），陸軍省—大日記乙輯—T5—3—12。

③ 徐明庭辑校：《武汉竹枝词》，湖北人民出版社，1999 年，第 213 页。

④ 《汉口罢夜市案续志》，《申报》1915 年 5 月 19 日。

⑤ 《日本棉花會社漢陽工廠ヘ暴徒亂入ニ付報告ノ件》(1915 年 5 月 20 日)，《日本外交文書》，1915 年（大正四年）第 2 册，第 719 页。

人进驻法租界。①

日本陆军派遣队组建之初，日本陆军省决定在汉口常设军用无线电台。1912年8月，参谋本部提出在汉口、上海与日本大濑崎之间开通军用无线电报的计划，并由陆军省军务局工兵课派出工兵军官前往汉口，确定在汉口的无线电信通信所的位置。② 1913年，日陆军省暗中运送无线电台设备到达汉口，并秘密装置，1915年正式开始收发电报。汉口的无线电报所用电力经过改修，电柱增长为236尺，可昼夜对青岛发报，有足够能力在夜间与秦皇岛、济南、大连湾、日本大濑崎通信。③ 日本设于汉口的军用无线电台，功率远远高于别国设于中国境内的电台，所用电力分别为75千瓦（通信装置）和25千瓦（发报装置），电柱达236尺，功能强大，并且与设在日本国内、中国华北和辽东等地的军用电台组成了庞大的无线通信网络，情报的搜集和传送相当便捷。此电台直至1922年7月派遣队撤回日本时方才拆除。而1933年3月28日，汉口日本海军陆战队在原有短波电台之外，还安装了长波电台，领事馆、日商三井洋行也各装备短波电台，私自与长春及日本东京等处通讯，严重损害了中国主权。④

对于日本的这种军事入侵行为，中国政府也颇有认识。1919年巴黎和会上，中国代表便要求撤退“凡法律上无所根据而现在中国之外国军队及巡警机关。”但巴黎和会对于中国的合理要求并不理会。1921年，中国代表团在华盛顿会议第八次太平洋远东委员会中再次提出撤退外国军警，并承诺担任保护在

① 《革命派殘黨ノ中國市街ニ於ケル暴動狀況報告ノ件》（1916年7月31日）、《漢口暴動詳報送付ノ件》（1916年8月1日），《日本外交文書》1916年（大正五年）第2册，第199—202页。

② 《陸軍省受領密受第75號・工兵將校一名ヲ漢口及上海ニ差遣ノ件》（1912年10月7日），《陸軍省大日記》之《密大日記》，1914年（大正三年），陸軍省—密大日記—T3—3—6。

③ 《漢口無線電信所改修工事ニ關スル報告》（1916年2月14日），《陸軍省大日記》之《密大日記》，1915年（大正四年），陸軍省—密大日記—T4—4—12。

④ 《交涉制止汉口日租界私设电台》，《交通职工月报》1933年第4期，第72—73页。

中国之外人生命财产之责任。提议最终获得通过，日本无奈于1922年7月1日撤离驻汉日本陆军，做出日中亲善的伪面孔。① 与之同时出现的，则是日本海军的卷土重来。

三、军事干预下的日中冲突

日本海陆军入侵武汉，依仗着强大的军事力量，制造了多次冲突事件，腥风血雨，不断地从汉口的天空倾泻而来。

（一）西村事件②

1913年8月，日本陆军派遣队少尉军官西村彦马带一名士兵闯入奉系北洋军第39混成旅驻汉营区，刺探该部及开往江西、湖南的军队人数等，遭到守卫士兵的抵制。双方发生冲突，西村彦马拔出佩刀将守卫砍伤后逃跑，愤怒的士兵抓住西村彦马，“去其装械”，反缚其双手悬绑在梁上。湖北镇守使杜锡钧闻讯后，将西村彦马等送回。

事后，黎元洪派交涉员与日本驻汉总领事交涉，要求日本驻汉总领事处罚西村彦马等人，并对日军严加约束。但日本政府认为中国军队严重侮辱日本陆军，不仅向黎元洪提出严重警告，还向北洋政府提出要求：对行凶的中国军官处以严刑，且判刑时还要有驻汉口日本军官在场；将凶手所在军队的长官从连长到都督，以及与此事件相关的汉口镇守使、参谋长全部撤职，且一年之内不得任用于大小文武官职；派使节到日本道歉；对受害日本官兵所受损失及名誉伤害予以赔偿。③ 驻汉日本海陆军轮番进行军事演习，日本国内舆论则对日本政府要求道歉的要求极为不满，认为“日政府要求过轻”，而“应修改条件，

---

① 《日本决定撤退汉口日本驻兵》，（北京）《国民外交杂志》1922年第1卷第2期，第4—7页。

② 《收特派湖北交涉员（胡朝宗）函》（1913年9月15日）之附件《清折》（1913年9月12日），“中央研究院”近代史研究所编：《中日关系史料——一般交涉》，“中央研究院”近代史研究，1986年，第322—323页。

③ 《漢口ニ於ケル西村少尉淩辱事件ニ関シ中國政府ニ要求スベキ事項ニ付照會ノ件》之《附屬書一》（1913年8月30日），《日本外交文書》1913年（大正二年）第2册，第453页。

如延长关东租约，并在汉口设立兵房等条件，皆应加入”①。在中日双方的不断交涉下，最终以湖北都督府审判处判处涉事官兵监禁，其营长和排长撤职，师长到日本总领馆道歉，黎元洪通过外交部向日方通报惩处情况，通过驻日代办向日本政府道歉，此案才得以告终。

西村事件与当年的南京杀害日人案等四案一起，成为日本向中国发难的重要借口之一，造成了中日外交的严重风波。

（二）日舰撞沉华轮案②

1913年9月14日，汉口小轮“鸿翔”自黄州驶往汉口途中，与日本巡洋舰“卡农”号相遇，避让不及遭当头横撞。该轮断截为数段，全船仅救起七人，其余五十余人都溺水而亡。惨案发生后，中国“楚同”兵轮舰长根据国际航行条约将日本巡洋舰扣留，并要求索赔损失抚恤。

（三）汉口四三惨案

1927年4月3日下午，日本水兵欲乘坐人力车，因车资过少与人力车夫发生争执，日本水兵用刺刀将车夫刺倒在地，并猛踢车夫，使车夫身受重伤，路过的一名中国工人上前援助车夫，遭到日水兵的刺杀。③ 路人见状，大呼日本兵杀人，迅速聚集了大批武汉群众，附近酒店里的日本人也冲出来参与行凶。后来义愤填膺的武汉工人群众将参与行凶的日本水兵大冈胜芳、和田裕松、江崎九人、长田武雄、周崎清、丰田三郎和闹事者杉田悌韩、石田仓三、石井小卫兵、服部又次郎等数人一起送往省总工会。不久，日本领事召集大批水兵登岸，当时自大新街口沿长田里以至日领馆一带，聚集了大批工人群众，日兵开枪射杀群众，手无寸铁的工人群众纷纷后撤，遭到日兵的一路追杀。人群撤退至长田里日本会所（俗称东洋庙）一带，因交通阻塞，人群难以逃散，

---

① 《中日交涉案之层波叠浪》，《申报》1913年9月24日。

② 《日舰撞沉华轮之交涉》，《申报》1913年9月21日。

③ 《驻汉日水兵昨日登岸大屠杀　水兵坐车不给资　故意向工人挑衅日兵舰水兵全部登岸　三次用机枪扫射　枪杀民众至五十人之多　外交部严重抗议　武汉民众群情愤激》，《汉口民国日报》1927年4月4日。

日水兵便集聚在此架起机枪向人群扫射，此前赶来的湖北省总工会纠察队劝说群众后退，日水兵进行了三次扫射，死伤无数。这时已至黄昏时分，一队日本兵自铁路外球场返回租界，行至三元里口，听闻租界发生冲突，便掏出手枪向街人射击，打死10人，打伤数十人。这就是四三惨案。

关于此事，汉口日本总领事高尾亨致外务大臣币原喜重郎的报告中则称：

> 四月三日下午四点左右，两名水兵一人手拿樱花，一人手举小鸟从日本租界其后门附近经过，这时待在附近的五六个中国小孩朝他们背后扔石块，并不停地嘲笑奚落他们。水兵对其不逊的态度无比愤怒，屡屡回过头去跟他们对抗。这时一个二十五岁左右的中国年轻人从横道上窜了出来跟他们打斗起来。见此情景，附近的人力车夫苦力等群众一拥而上，他们拳打脚踢，施行暴力。在厮打中，一个中国人受伤流血倒在地上，寡不敌众的水兵慌忙逃离现场……①

这等颠倒黑白的说法只能证明日本人对此惨案发生的心虚。

四三惨案的发生，是日本对中国赤裸裸的挑衅。在此之前的1927年1月5日，武汉国民政府收回了汉口的英租界，极大鼓舞了中国人民反帝的热情，人民群众纷纷要求继续收回包括日本等其他列强的租界，废除一切不平等条约。武汉国民政府于3月4日决定“着外交部迅速交涉收回汉口法、日租界”。这些行为让日本政府感到不安，日本外相币原喜重郎在一次演说中强调，日本在华的权益“不得稍受限制和变更”，否则当采取适当手段对付。在华的日本大资本家，如日华实业协会和大阪纺织联合会负责人面对日本经济利益遭受损失的状况，声称：“吾人决信，对今日中国无理之行动，万一各国不能一致行动，我国只好不得不单独出兵。”② 与此同时，英美等国家正在南京制造屠杀中国民众的惨案，在武汉发生的此次惨案则是日本人向武汉国民政府的挑衅和威胁。在四三惨案发生前数日，侨居汉口的日本人中，稍有重资的家庭及妇女

① 武汉地方志编纂委员会办公室：《武汉国民政府史料》，武汉出版社，2005年，第85页。
② 信夫靖三郎：《日本外交史》（下册），商务印书馆，1980年，第517页。

儿童都搬入了日本军舰，由此可见，惨案的发生很有可能是早有准备的。

四三惨案发生后，武汉工人群众十分愤慨，要求国民政府严惩凶手，收回日本租界。但日本政府的态度极其强硬，坚持不撤兵不道歉，并加强了对武汉地区的经济封锁，联合英国关闭了英、日在武汉的全部工厂企业，使一万八千余工人失业，同时，又联合英、美等国列强一起调令大批军舰赶赴汉口，到4月14日，汉口的日舰达到11艘，连同英国4艘、美国6艘、法国4艘、意大利2艘，共集聚了外国军舰27艘，在汉口沿岸摆成了长达一里半的包围线，威胁武汉国民政府和民众。随后，英、美、法、日、意等国就南京事件向中国发出联合通牒，加强对武汉国民政府的外交恫吓，逼迫武汉当局对日妥协。

面对这种经济和军事上的困境，4月25日，武汉国民政府与日本副领事商定并达成了非正式解决四三惨案的六条办法：日方撤退水兵，拆除防御工事；日商复业，发还工人工资；国民政府方面撤退驻防华界的军警和纠察队；工人服从政府命令而不仇视日本人；武汉政府负责保护日本人生命财产；四三案保留，俟至适当时期，再开谈判。如此这般，四三惨案最终不了了之。①

（四）日水兵枪杀华兵案

四三惨案发生后，汉口日租界戒备森严，各路口均用沙包与铁丝网堵塞，仅开放一口。行人通行之处，每晚10时后，若无日本海军所发通行证，便不能进出，武装站岗的日兵常与华人发生冲突，华人皆敢怒而不敢言。1927年9月21日，停泊日租界的日清汽船株式会社“沅江”轮，预备开赴长沙。有徒手华兵数十人，拟搭乘该轮赴长沙遭到拒绝。华兵再次要求，该轮不予理会，同时通知附近日本军舰请求戒备。日领署警察署长小川要之助并赴武汉卫戍司令部，要求派队弹压。前来制止华兵行为的武汉卫戍士兵被日方哨兵阻止，不准通过。由于双方语言不通，意见隔阂，发生冲突，造成3名中国士兵死亡，士兵、工人等多人受伤的惨剧。此事最后被大事化小，以日本驻武汉海军陆战

---

① 张光宇：《汉口“四三”惨案始末》，《史学月刊》1984年第5期；邓正兵、林硕：《汉口“四三”惨案述论》，《江汉大学学报》（社会科学版）2008年第3期。

队撤回而告终。

（五）水杏林事件①

1928年，济南惨案发生后，日本政府借口保护侨民，派遣了多艘军舰，屯驻在汉口江面，又经常派军队上岸操演以达示威的目的。1928年12月17日，日本海军陆战队5辆炮车在人烟稠密又狭窄的同德里附近演练战术，5辆炮车平列飞驰，将路旁的黄包车夫水杏林撞倒，在送往同仁会医院后并不施救反而送回其家中，致使水杏林死去。此案发生后，中方认为这一惨案是由于“不平等条约之束缚”造成，要求赔偿埋葬费、家属抚恤金，并处罚事件当事人，废撤日本海军陆战队等。12月29日，汉口组织“水杏林案后援会”，提出收回日本租界并废除中日两国之间的不平等条约，并要求日方处罚当事人并道歉，号召全市展开抵制日货运动。日方对此采取了强硬态度，陆续派遣大批舰队来汉，汉口反日罢工运动不断开展。经过中日双方多次谈判，7月9日达成协议：日方向中方道歉，并赔偿水杏林家属抚恤金4 600元。

第三节　经济掠夺

经济是一个国家生存和发展的命脉。日本自1868年明治维新以后国内经济得到了迅猛发展，但由于其国土面积狭小、资源匮乏等限制，地大物博、资源丰富的中国便成为其觊觎的对象，处于长江流域中部的武汉地区，更是让日本垂涎三尺。日本利用政治和军事上的便利，不断扩张长江流域航线，使武汉地区沦为其原材料产地和商品倾销市场。

① 《汉口日本海军陆战队炮车轧毙车夫水杏林案》，《外交部公报》第2卷第3期，1929年，第55—62页。

一、扩张长江流域航线

1899年4月，《修改长江通商章程》规定汉口作为通商往来贸易口。日本邮船会社社长近藤廉平在出游考察之后指出：

以为汉口与上海轮船之商业，汉口与他处通商口岸来往轮船之商业，将来必大可推广。十年以内，必可见其明效。

他认为：

彼时北京至汉口之铁路，约可竣工，而现在粤汉铁路亦正在赶造。此两条大铁路日后竣工之后，两路火车载至汉口之货，必系不少。因彼等所经之各处，乃最有出产之地也。而轮船即可由汉口载货而至他处，则轮船生意亦即由此可以加增矣。①

因此，1899年12月，近藤廉平向内阁大臣提出了“建议书”，称：

日清战役之后，列强之视线皆齐集于中国，竞相努力扶植势力于其他，扩张贸易、敷设铁路、开设航路、建立金融机关、开掘矿山等等，企图远大，计划周密，日夜汲汲于此，惟恐落于人后。盖今日列强扩张国利国权之余地，仅剩东洋一地，故而倾其全力于此，亦不足怪也。当此时我国对外之要务，如不对相同的东洋采取更急迫迅速的方针，则在获取实力实权之道及我国在东洋贸易繁盛之后，即无法得占先鞭……故而目下振兴我国东洋贸易之方策，急速施行者有二，一曰扩张东洋航路，二曰设立日清间之金融机构。②

当此之时，俄国在中国的航运权逐步扩大，西方列强又在中国竞相修筑铁路，日本意识到列强“随之而来的必然是对中国利源的开发”，而日本“不仅没有准备吸收和吞吐的机构设备，而且现在我国在东洋的航权实力与列强相比更是弱小，假如一朝列强的计划得以实现，长江的航权成为英、德垄断的场所，华北、华南的航路成为列强汽船会社横行之处，当其时我国不仅中国陆上

① 《中外日报》1903年10月1日。

② 《近卫笃麿日记》（附属文书类），日本鹿岛研究所出版会，1965年，第二部，第209页。

的交通权毫厘未得，海上的交通权亦落于人后，那么即使维持现在的这一点航权实力也必成难事”。同时，日本看到了在中国实行贸易输出带来的巨大利益，认为：

> 中国是输给我国原料、输入我国产品的大市场，今后我国的对外贸易必然最为依赖中国。一旦占有中国，具有四万万民众、无限的原料、无尽的宝藏以及价值数亿的贸易必然足够我们经营。
>
> 我国的对华贸易，如与中国的整个贸易量中相比，虽然现在仅占很少份额，但随着今后中国的开发和逐渐发达，并对之诱长推动，则我国所获之利将难以估量。仅以中国的贸易来看，我国与列强相比，我国有利之点则非止一端：日中距离相近一也，两国同文二也，风俗习惯无大差别三也，两国人种相近四也。以上数点均是列强不足我之处，只要今后经营得法，在与中国的贸易上凌驾于列国之上决非难事。①

因此，日本认为必须要尽快扩张东洋航路，在东洋获取巨大的利益。

1897 年 10 月，日本政府指定扬子江航线即上海—汉口、汉口—宜昌两条航线为命令航线，这两条航线也是为扬子江上游日本经营定期航线的开始。日本交通部指令：一，由上海经镇江、芜湖、九江到达汉口的航线每月往返 6 次（11 月到次年 2 月的 4 个月期间，每月往返 4 次），使用轮船 2 只；二，由汉口经沙市到达宜昌的航线每月往返 3 次（10 月到次年 3 月的 6 个月期间，每月往返 2 次），使用轮船 1 只。并约定上海—汉口线自 1898 年 1 月开始向后补助 10 年，汉口—宜昌线自 1899 年 1 月开始向后补助 9 年，给予长期的航线补助。②

日本大阪轮船公司在上海—汉口线开通后，立即设立了汉口分公司，作为经营汉沪航线的主要据点。同时在汉口、上海、宜昌等主要口岸以及沙市、岳州、九江、南京、芜湖、镇江等地，或建筑仓库，或停泊仓库船，极为讲求各

---

① 《近卫笃麿日记》（附属文书类），日本鹿岛研究所出版会，1965 年，第二部，第 209—213 页。

② 神天外茂夫编：《大阪商船株式会社五十年史》，大阪商船，1934 年，第 254—255 页。

种水陆设备的完善。1901年，日本政府加倍增加了航行补助费额，并将上海—汉口线增加为3只船，汉口—宜昌线增加为2只船。1902年9月，又为开辟汉口—湘潭线创办了湖南汽船会社，共有3艘轮船，每月从汉口发船9次。1903年5月，日本邮航公司也收买了英商麦边洋行的船只、码头以及其他所有设备，准备开设长江航线。1905年，上海—汉口线不仅增加了船只，同时增多了航行班次。同年，大阪—汉口线也正式开航，夏季涨水期有3艘船往返直航于汉口和大阪之间。于是，日本人经营的各轮船公司，麇集于长江航线。①

1905年，为了增强竞争力，日本政府力促日本邮船会社长江航路、大阪商船会社长江航路、湖南汽船会社、大东新利洋行等四家轮船公司合并组成日清汽船株式会社，并由日本政府给予长达五年的资金补助。1907年日清汽船株式会社正式成立。本社设于东京，在上海和汉口设分社。

日清汽船株式会社在创立之初，招募若干中国股本，后来公司业务开展顺利后，所有中国股份都被日方陆续收买兼并。上海分社开设天津、广州、镇江、南京、芜湖、九江6个出张口；汉口分社管辖宜昌、沙市、重庆、万县、长沙、岳州、常德、湘潭等地区。规定上海—汉口线每年由3月1日到11月底9个月内，每周航行4次以上，12月至次年2月底3个月内每两周航行6次以上，合计每年必须发船192次以上；汉口—宜昌线每年4月1日至9月底6个月每月航行6次以上，10月1日至次年3月底6个月期间每月航行4次以上，每年合计60次以上；汉口—湘潭线每月航行8次以上，每年64次以上，但在浅水期则每月航行3次以上；汉口—常德线每月航行2次以上，1年开船12次以上，浅水期停止或减少。其中，上海—汉口航路是日清轮船株式会社轮船数量最多、吨位最大的航路，有8艘轮船，合计吨位25 656吨，汉口—宜昌航线有2艘轮船，合计3 249吨，汉口—湘潭航线也有2艘轮船，合计

① 《大阪商船株式会社五十年史》，第255—256页；浅居诚一编：《日清汽船株式会社三十年史及追补》，日清汽船会社，1941年，第23—24页。

2 173吨。

随着在中国外轮货运的扩张，日本从中获取了相当的利润。1905 年时，虽然位于英德之后，日本仍获取了 1 300 余万海关两利润，至 1920 年，日本获取了 707 210 534 两运费。以日清轮船公司 1907—1928 年的利润率为例，22 年的平均利润率便达到了 11.48%，其中 1919 年更是高达 19.36%。

这种经济上的牟利是建立在对中国经济极大损害的基础上的。刘锦藻在《清朝续文献通考》中记载了当时清政府官方人士的看法：

迩者，各国商船争赴中国，计每岁进出口货价约银二万万两以外。洋商所逐什一之利，已不下数千万两。以十年计之，则数万万两。此皆中国之利，有往而无来者也。①

日本轮运势力在中国大肆扩张，扩大了它在中国的商品市场，对中国商业经济带来了极大的冲击，甚至当时于民间所用之物，无不来自于外洋，“人人以洋货为惊奇，件件窒华商之路，径百行百艺日渐日微，歇业居多，莫由自奋，甚至饥寒不保，无以为生，奈之何民不穷且盗也。”②

对诸国商船的优渥待遇，和对中国自己商船的层层剥削形成鲜明对比，引发了中国种种社会矛盾，马建忠在《论洋货入内地免厘》中谈道：

乃洋商入内地，执半税之运照，连樯满载，卡闸悉予放行。而华商候关卡之稽查，倒箧翻箱，负累不堪言状。③

而且，诸国商船随意进出入中国内河，又多不遵从中国禁例和当地风俗，与中国的船只以及百姓起了冲突，政府也多以惩处华人为主，而任对方人员逍遥法外。郑观应《盛世危言》载：

洋船撞毁华船，反咎以不谙趋避，或诬其桅灯不明，改重就轻，含糊了结。……外国税华货进口，务从其重，中国税洋货进口，务取其轻。华

① 刘锦藻：《清朝续文献通考》，商务印书馆，1955 年，第 8145 页。
② 《奏请大开制造严查保甲折》，《新辑时务汇通》，上海崇新书局，1903 年，第 1 页。
③ 宜今室主人编：《皇朝经济文新编》税则卷，上海宜今室，1901 年（光绪二十七年），第 13 页。

人商于西国，按名纳税，岁有常规。洋人商于中国者，北突西奔，绝无所费。

日轮航行于中国内河，不但掠夺了当地的资源，大肆倾销物品，还乘机偷税漏税、私运烟土、贩卖军火，种种违法行为令其而大牟其利。

日本在中国肆意扩大航业的野心昭然若揭，甚至于英法等列强都对其有着深刻认识。《申报》1915 年 4 月 22 日第 6 版中记载了京津《泰晤士报》所言：

数日来日本之行动已中国人人心中怀一仇视日本之心，不易消解。凡洞悉日本经济内情者，知日本必须经营海外之发展，而其所经营之地惟一中国而已。今日本不谋商业之发展以济其穷，乃欲为领土之拓张，建帝国于大陆，以雄踞中国全部，而驱逐外人于域外。甚者且谓日本怀帝国大梦，欲将远东欧美人势力扫除净尽……

1917 年 7 月，日本大阪商船会社和日本邮船会社又决议，将输出欧美各国的中国商品全由日本船只装至神户，再由神户改装大船运赴欧美，同样的，由欧美输入中国的商品，也必须由欧美装日本船只到神户，再由神户改装小船，驶到中国海口。由此，中国的国外贸易，都必须以日本神户作为运输中心，日本不仅掌握了中国的对外贸易，同时也操纵了其他列强国家的对华贸易。

航运公司与商号之间的关系非常密切，因此日本的轮运势力很大程度上操纵着中国的商品贸易活动。章乃炜在《汉口商务之调查》中称：

汉口商业竞争，殊形剧烈。彼商号之不与汽船公司或保险公司相交接，获利必致大减，甚有大遭亏损者。①

而上海、汉口、天津等地的轮运势力，尤以日本为最。第一次世界大战后，长江航线上的轮船公司都试图力求振作，但是因船只太多，运费便十分低廉。而自 1922 年 6 月起，日、英等国的船只从汉口直接放行，迫使中国船运不得不大幅降低货物运费，借以维持。

---

① 《商务官报》28 期，1908 年 10 月 25 日，第 22 页。

这种对华航运的大肆损害，最终引起了中国全国规模的船员大罢工。1927年1月3日，在武汉英国租界内发生对英示威运动，即使在这种大局势下，日清轮船株式会社所属的各船只，仍始终通行无阻，所有下游一带，几乎为其专利。① 究其缘由，无外乎是日本轮运在不断扩张中，已经形成足以操纵中国和其他列强国家航运的优势。

因此，在中国海员罢工停驶外国轮船期间，虽然对外轮公司造成了一定的打击，但同时对中国的经济也造成了影响。正如裕孙《英日籍轮停驶后之杂感》一文中谈到的：

> 在国人方面，航船吨位，骤减半数，当然不敷需求，于是各埠进口之非英日洋货，与出口之非售与英日土货，一律无从疏通，货本积压，金融停滞，华商因此所感之痛苦，诚不减于外人或且倍于外人。交通命脉，操诸异族之手，在平时固属一样装货搭客，毫无异感，一旦事变发生，则恃以制敌者而转为敌制。天下可悲之事，孰逾于此。②

二、攫夺关税协定特权

关税是一国对于经过国境各货物所赋课的一种税。在中国历史上，关税有着漫长的发展时期，唐代在广州设立了“市舶司”，负责管理海运贸易等。清代改市舶司为海关监督，设立了粤海关、闽海关、浙海关和海关等，管理海运事务。而各关以及关税的征收，各朝各代均是根据当时的内外形势和需要而自主决定。

关税设置的目的要么是为了减少外货进口，从而保护国内产业，使其充分发展，故而税率较高；要么是为了增加财政收入，让外货较为容易进口，因此税率较低。关税自主权本是一主权国家的应有权利。

《南京条约》签订之前，中国一直拥有完整的关税主权。《南京条约》签订后，中国丧失了关税自主权，进口税受到束缚。洋货进口后，1861年中英

① 《江汉关》，1927年，《关册》，第8页。
② 《银行周报》9卷29号，1925年8月4日，第8页。

《长江通商收税章程》中规定：

洋商由上海运土货进长江，该货应在上海交本地出口之正税，并先完长江复进口之半税，俟到长江各口后，一经离口贩运，无论洋商华商，均逢关纳税，过卡抽厘。

又曰：

洋商由上海运别口所来之土货，已在别口交过出口正税，并在上海交过复进口税，若再出口往长江，毋庸在上海纳出口税，并长江复进口之税。1863 年，中丹缔结商约中规定：

丹国商民，议定沿海通商各口，载运土货，则准出口先纳正税，复进他口再纳半税后，欲复运他口，以一年为期，准向该关取给半税存票，不复更纳正税，俟到改运之口，再行照纳半税。

于是，沿岸移出入税成为协定税制。1858 年，中英《天津条约》中确定内地子口税税率，并以征收子口税代替内地厘金等税。此后，各国均相继效仿。

甲午中日战争后，日本逼迫中国与之签订《通商行船条约》，其中，第九款规定："运进中国口者，只输进口税，运出中国口者，只输出口税"，同时，"现时及日后所输进、出口税，不得加多，或有殊异"。第十款中又规定，由日本人运至中国的货物，从一通商口岸到另一处，"不论货主及运货者系何国之人，不论运器船只系属何国，所有税赋、钞课、厘金、杂派各项，一概豁免"。第十一条又强调，日本运进中国的货物，可以一次缴纳税费而免交其他个子口税费。并强行规定，如果是规定完税的货物，只需缴纳进口税的一半，如果是免税的货物，就按价值每百两征收二两五钱，凭借缴纳票据豁免内地各口的税费。第十二款中规定，日本人运出购买的中国货物时，只需要缴纳出口正税，而免收子口税项。第十三款约定，允许日本人进口货物后，缴纳完进口税，便可在 3 年内运出时无需缴纳任何费用。第十五款又规定，日本商船进入中国通商口岸，缴纳船钞后，便可以在 4 个月内不用缴纳船钞通行于各通商口岸和港口。同时，日本商船在中国修理之时，或者装运免税货物等小船往来中国通商口岸时，都不需要缴纳船钞。①

通过这些条款，日本无论从中国进口还是出口货物，都仅仅只需要缴纳一次子口税，便可在中国内地各口岸通行无阻，豁免所有税赋、厘金等，而日本缴纳的税费只是进出口正税的一半。但中国商人在日本却并无这种权利。这种片面特权的规定，对中国实业的发展造成了极大的损害。

甚至在厘金未废除之前，日本领事也常"变更原约，误解子口文义，以通过税与落地厘，牵合为一"，命令日商拒绝完纳厘金，在各口出现了多次交涉事件。

1914年初，汉口日商五城洋行拒绝完纳厘金，汉口征收局扣留了日货。日领事致函湖北交涉员，称：敝国商人向未承认厘金，若果适有一二敝商认纳此项厘税者，是系自己愿弃权利，与主张条章上权利者毫无相关。并威胁称：希贵交涉员和平交涉，尊重国谊，立予释放已扣敝商等货物，以免交涉，若仍坚持误会，不以释放为然，致使敝商受有不测损害，即其责任应归贵交涉员负担。当汉口征收局延迟放货后，日本领事便派人到交涉署多方要挟，迫使交涉员归还所扣日商货物。

中华民国成立后，国内关于关税自主的要求日益迫切。1919年巴黎和会上，中国代表提出要求关税自主，但被不允加以讨论而搁置。1921年华盛顿会议上，中国政府再次提出关税自主。1925年10月，在北京召开了关税特别会议，但结果只是各国承认中国关税自主原则外，并无任何实际意义。

国民政府北伐成功后，与美、德、英等国分别签订协议，实现关税自主。但日本坚决不签，而根据"最惠国待遇"规定，日本不放弃关税协定权，其他国家实际上仍可享受这一特权。直至1930年5月6日，国民政府外交部长王正廷和日本驻华代理公使重光葵在南京签订了《中日关税协定》，在失去了关税自主权80余年后，中国才最终收回了关税自主权。但是该协定仍规定日本享受最惠国待遇，并将优惠待遇内容扩至船钞、关税等共达110种项目之多，

① 王铁崖：《中外旧约章汇编》(一)，生活·读书·新知三联书店，1957年，第663—665页。

而中国所享有的优待权仅 11 种。同时，协议附件中，中国还承诺负责整理无担保或担保不足的日债，此后日本即据此向国民政府索要旧债，此协定便成为偿还“西原借款”的法律依据。这种名为互惠、实则不平等的协议，为日本掠夺中国资源和抢占中国市场提供了最为有利的条件。①

三、抢占原料产地和商品倾销市场

资本主义国家往往通过输出加工品、输入原材料来积累资本。甲午战争之后，日本趁着第一次世界大战期间欧美列强无暇东顾，加速了对汉口的经济入侵，在汉口建立了数十家商号，使其在汉口的经济实力居于诸国前列。

日本以汉口为据点，向中国贩卖日本加工商品，同时又从中国购买大量原料运回日本销售。

表 2-1　1903—1905 年日本输入汉口主要货物价额表②（单位：两）

	1903 年	1904 年	1905 年
铜块	798 338	2 589 674	7 974 198
棉制品	93 400	173 505	65 394
海产物	955 301	1 059 484	662 530
煤炭	656 834	454 730	328 320
火柴及其材料	172 799	161 174	140 772
洋伞	164 293	167 482	90 014
棉缫机器及附属品	151 778	145 743	76 607
棉丝	10 157 380	6 701 040	4 991 204
拟洋纸	——	9 189	10 089
枕木	106 883	40 000	616 648
总输入品价额	13 257 006	11 502 021	14 955 776

相对于日本对汉口的输入额，汉口对日本输出品的价额则要少得多。以 1905 年为例，汉口的总出口额为 5 700 万两，其中对日本出口额约为 850 万

① 张毓珊、孔士谔：《中国国际贸易问题》（中），商务印书馆，1936 年，第 131 页。
② 水野幸吉：《漢口——中央支那事情》，富山房，1907 年，第 382 页。

两，仅占15%左右，而此年日本输入汉口的货物总输入额是汉口输入日本的货物总额的近2倍之多。

（一）日本对矿产资源的掠夺

汉口对日本的输出品中，占重要部分的就是钢铁的输出。汉口的钢铁贸易，主要来自于汉冶萍公司。汉冶萍公司在清末是用新式机炉设备制炼的唯一企业。欧战爆发后，才有其他钢铁厂设立，1914至1922年间汉冶萍公司每年的生铁产量，占据了全国新式铁厂总产额的三分之二。

正是由于汉冶萍公司创造的良好经济效益以及丰富的矿产资源，日本对其觊觎甚久，试图以商业贸易到借款的形式，逐步干涉汉冶萍公司。1910年11月7日，日本八幡制铁所与汉冶萍公司签订售铁合同，1913年借给汉冶萍公司2 000余万贷款，截至1914年12月，汉冶萍公司近6 500万元的总资本，除了政府出资3 370万元，其余的3 530万元均来自于日本贷款。借款合同上就签订了借款以厂矿财产和铁砂作为担保；铁砂除汉阳铁厂自用外，应尽先售与日本人；铁砂售价由双方议定，不受国际市场影响；日本八幡制铁所可以预购等条款。日本以对汉冶萍公司缺乏经营大规模工业人才、造成公司经济状况不佳为由，与汉冶萍公司签订第三号条款，约定："宣统三年即明治四十四年起，至宣统六年即明治四十七年止，此四年内制铁所愿购、公司愿售每年生铁大约一万五千吨之谱，每年预于年前彼此将次年购售之数订定。"实际上就是为日本的制铁厂谋得了绝大部分的原料。即便是汉冶萍公司在略有盈余时，提议提前偿还借款，都被日本拒绝。

日本还大肆收购公司股票。汉冶萍公司股东要求召开股东大会，添招股本，偿还日款，取消日本要求签订条款的借口。然而，1915年1月，日本驻华公使向袁世凯政府递交"二十一条"，其中第三号条款中提出："两缔约国互相约定，俟将来相当机会，将汉冶萍公司作为两国合办事业；并允：如未经日本国政府之同意，所属于该公司一切权利产业，中国政府不得自行处分，亦不得使该公司任意处分。""中国政府允准：所有属于汉冶萍公司各矿之附近矿山，如未经该公司同意，一概不准该公司以外之人开采，并允此外凡欲措办无论直接间接对该公司恐有影响之举，必须先经公司同意。”其后于 5 月 25 日正式签署的《中日民四条约》中明确为：中国政府因日本国资本家与汉冶萍公司有密切之关系，如将来该公司与日本国资本家商定合办时，可即允准；又，不将该公司充公；又，无日本国资本家之同意，不将该公司归为国有；又，不使该公司借用日本国以外之外国资本。如此一来，日本便能够合法的限制汉冶萍公司独立运营及开采所属各矿的权利，将其私有产业变成了由日本与之合办的企业。

至 1926 年 4 月，汉冶萍公司生存颇难之际，日本大藏省在东京举行了“汉冶萍公司善后处理会议”，决定设立“公司整理委员会”，试图将公司大权紧紧掌握在日本人手中，如此一来，公司在生铁、钢、焦煤等生产、矿石资源的开发，以及企业的扩充与否等问题的决定方面，都得仰日本资本之鼻息。1926 年，日本再次借款给汉冶萍公司时，要求：以后公司不许向任何他方借款；钢铁输入日本，不问市价若干，概以每吨六元计算；公司须按期摊还积欠日本四千余万借款的利息。① 种种这些，日本将本属于中国的钢铁资源及其应得的利益，都攫取到自己手中，甚至依托强大的钢铁业，跻身于军事强国之中。

（二）掠夺原材料，倾销成品

日本对武汉原材料的掠夺主要体现在棉花等物品上。江汉平原以盛产棉花闻名。棉花市场在汉阳打扣巷街相接近之处，其商店之大者，皆开设于此。棉花市场，亦因季节而开，最盛之时，每日民船数百，积载棉花，集合于此。每年汉口棉花的出口总额，占据了全国棉花输出总额的 40%左右。江汉平原出产的棉花质量优乘，用其生产的土布“质细密美丽，暖而耐久，故不问男女，用以作衣裳”，而且与美、印等棉掺用生产出的布更是甚佳，价格又低廉。同时，日本等国对原棉的需求量极大，因此汉口的棉花原料成为其掠夺对象。据

① 《时事短评：日本与汉冶萍公司》，《现代评论》第 3 卷第 75 期，1926 年 5 月 15 日，上海市档案馆档案，档案号：D2－0－1782－440。

对湖北皮棉出口统计，仅 1908 年输出日本的棉花便有 210 000 担，价值 3 150 000海关两。日本还利用航运便利的条件，于 1905 年在汉口设立了棉花打包厂，一天之内即可打包 1 000 件，减少了运输时间，将其抢运回日本国内棉纱厂加工，再将日本的纺纱返运回中国市场。至 1928 年，日本棉花打包能力达一日 2 450 包，而与之同时的英国隆茂洋行在汉口第三特别区湖南路所设打包工厂一日为 900 包、英平和洋行一日为 750 包，华商利华工厂一日为 800 包。①

湖北生产的土布原本是驰名全国的手工业产品，一直畅销陕、川、晋、豫、赣、黔、滇等各地区，土布纺织“实为鄂民生计之一大宗”。但是，随着日本政府为缓解自 1890 年来所形成的第一次生产过剩的存货压力，对本国商人向华倾轧输出棉纺织品给予鼓励措施，如 1894 年免除棉纱输出税，1896 年又免除棉花输入税，1897 年日政府银行又以 300 万日元借与横滨正金银行，扶植日纱对华输出。随后，日本纺纱联合会又实施了一系列奖励棉布、棉纱出口的办法，这些方法实施后，日本纺织品很快打入了中国市场，大批洋布、洋纱推销到乡村。据海关统计报告，1896 年沙市开埠之初“洋棉纱并无销路”，而到了 1907 年，在这个棉花生产和土布十分发达的地区，洋纱转而“销流颇畅”。由于洋纱、洋布的大量倾销，汉口在 1911 年前洋布店已有 40 余家，洋纱号也发展到了 20 余家。湖北土布生产业濒于破产境地。

洋行，是列强国家进行经济侵略的重要工具，各国洋行凭借不平等条约的庇护，利用自身雄厚的资金优势，又通过买办的帮助，使汉口的各行各业无一不受洋行的操纵。日本趁欧美列强忙于第一次世界大战之机，加快对汉投资，建立了数家洋行。据统计，1905 年，日本在汉洋行已达 43 家，其中 20 家设在英租界，如日清轮船株式会社、三井洋行、吉田洋行、大安洋行、富士洋行、武林洋行、斋藤洋行、高田洋行、日本邮船会社、铃木洋行、隆泰洋行、三信信托公司等；设在法租界的有三菱洋行、大仓洋行、古河洋行、大茂洋

---

① 《汉口棉花打包能力》，《纺织时报》第 475 期，1928 年，第 310 页。

行、嘉泰洋行、瀛华洋行以及大同矿业会社等。至1916年前后，日本在汉洋行有62家，位列诸国之首，“在汉列国（15国）有最大之贸易额者，日本商人也，负最多关税者，日本商人也，吸收最多货物者，日本船舶也，商店最多，人口最众者，日本人也，有最多数之银行者，亦日本人也。”① 至1924年，日本洋行更增加到75家。为了更好地协调各洋行间的利益，在汉日本洋行组织了多个各业同业会，包括棉花同业会、棉丝布同业会、谷肥同业会、猪鬃同业会、麻业同业组合、皮革同业会、制靴店组合、洋服店组合、饮食店同业组合、土木建筑业组合等。在此基础上，在汉日本洋行于大正八年（1919年）组织了商会——汉口日本商工会议所，借以保护日洋行的发展和利益。

在汉口收购中国原棉，销售日产棉纱、棉布的日本洋行主要是东棉汉行。该行在收购原棉之前，先派人到沙市、天门等产棉区调查当地种棉面积、产量预测，报送上海分行。东京总行汇总美国、印度等国棉花情况后，定出收购计划和收购策略；买办还与当地花行联手操纵价格，或弄虚作假，以次充好，借以肥己。在收购的付款方式上，很多时候是先贷款给棉农买种子、肥料，有时预购青苗，有时则现货现款。东棉汉行进口的棉纱、棉布，原先是为了与英国抗衡，虽质量稍差，但价格特低，扩大了销售量；后来为了与武汉民营纺织业争夺市场，又以低价大肆倾销，逼迫武昌第一纱厂和震寰纱厂降价，连年亏损，无以为继。在武汉几次抵制日货运动中，东棉汉行和其他日商洋行一起，勾结中国商人暗中破坏，如化整为零、偷运贩卖、改换商标、冒充国货，甚至利用兵舰掩护偷运。②

此外，大阪日本棉花株式会社是经营棉、纱、布最大的商业公司，1903年在汉口河街（1917年迁至英租界一码头）开设汉口日信汉行。经营地区包括湖北、河南、湖南、陕西、四川、贵州、甘肃等，在汉口、郑州设有两个打包厂。该行主要是收购棉花，供应上海、青岛的日本纱厂，并销售日本的棉

---

① 曾兆祥：《湖北近代经济贸易史料选辑》第4辑，湖北省志贸易志编辑室，1986年，第324页。

② 《汉口租界志》编纂委员会：《汉口租界志》，武汉出版社，2003年，第136页。

纱、棉布。后来扩大经营范围，兼营苎麻、牛羊皮、油脂及其他杂货的出口和五金的进口。日信汉行每天接收大阪总部的业务电报以及各通讯社的电讯，同时在汉口市面各行号搜集信息，行情判断准确，因此在汉口棉市具有举足轻重的地位，获利颇丰。1937 年七七事变后，日信汉行日人紧急撤退，汉口沦陷后又全部回汉。

1902 年开设在汉口的日本三井洋行、三菱洋行则主要经营车糖（精制白糖）、海味品的进口，以及牛羊皮、猪鬃的出口。两行联手在汉口的车糖市场上与英商太古、怡和洋行展开激烈竞争，于民国初年逐渐占有垄断地位。1912—1935 年汉口年均输入车糖 8 万吨，同期两行年均输入 6.75 万吨，货值 2 300 万元，占汉口年均输入车糖总数的 80%以上。经销方面，一般提货时先付两周的定期支票，甚至 3 周至 1 个月的远期支票（海产品因品种繁多，可提货后再结算，支票可以延期），对少数业务来往较多的华商如丰裕顺、慎昌、同裕、同盛等可以不先付支票，进行拉拢。此外，还采取期货办法，提前 1—3 月预付定金，提货时抵偿货款。逾期不提货，将定金作为栈租和利息，有利可图时也可提前提货，运输上也尽量给进货者方便，如购糖 300 包以上的，可由货轮沿龙王庙至集家嘴的码头卸货，购 30—50 包的，用汽车送货，收取少量运费。

1912 年，日本在汉口歆生路中段开设思明堂药房。该房经营的药品主要为仁丹、大学眼药、中将汤、哈郎淋浊丸等日本成药，暗地里则贩卖吗啡、海洛因等毒品。其后还经营医疗器械、化学仪器、卫生材料、化工原料等，并代销日本如武田兵卫制药、盐野制药、万有制药等几大著名药厂的产品，代售日文书籍和报刊。1934 年，又在日租界内开设分店。其经营手法无所不用，如通过收买江汉关日籍职员，大肆偷逃关税，印制不具国名的“三楚制药公司”或只有英文商标，冒充中国或进口产品，推销其自制的成药和化妆品等，还给江湖医生滥发“日本大阪医科大学”等毕业文凭，让他们取得行医资格，以利于推销该堂药品，同时，还以高额回扣、空白发票和酒色招待等手段吸引大买家。

（三）金融掠夺

日本还在汉口开设了许多银行，大量吸收公司存款，并以贷款为手段，摧残、兼并中国本地企业，使很多工厂负债累累，被迫关闭。以 1906 年在汉口设立分行的日本横滨正金银行为例，该行是日本实力最强的银行之一，为日本在中国的全面经济扩张服务，是日本对华金融活动的主要支柱。正金银行主要作用是统一货币发行和代理公款收付。在汉口成立分行后，该行于 1911 年在汉发行面值为 1 元、5 元、10 元、20 元、50 元、100 元的银圆券，共 100 万(据 1921 年调查)。发行银圆券目的是整理汉口地区流通的货币，以便实施以日本银元为基础的货币政策。代理公款收付，使正金银行能对汉口政府相关事业进行贷款行为，从而对日本在汉口地区的殖民侵略起了重要的支撑作用。正金银行汉口分行专司长江流域所产之棉花、麻、五倍子、赤麦、牛皮、猪鬃、药材、桐油、菜油、黄蜡、漆等的对下游输送及对日输出汇兑，同时兼理自日本及下游输入之棉丝、布绢、生丝、文具、机械、自行车、颜料、药材、纸张等之汇兑。

这种疯狂的经济掠夺，使汉口地区的巨大财富日益外流，直接破坏了湖北地区农业和手工业相结合的自然经济，进一步加深了这一地区半殖民地化的程度，从而使其逐渐沦为日本的商品销售市场和原料供给地，其对外贸易完全依附于国际市场而受日本控制，国内商人几无自主的资格。

第四节　谍报活动

情报，自古至今，在国与国之间的政治、经济、军事利益谋取中都是极为重要的资源。获取情报信息，很大程度上影响着一国与他国的力量对决。甚至情报信息的占有多寡，决定着一场战争的胜负，在这个方面，日本军事集团意识尤为深刻，也将谍报活动发展到极致。日本对中国的谍报渗透更是无孔不入，全面抗战前，在武汉地区日本也是建立了庞大而精密的情报网络，将武汉地区的政治、军事、经济等状况窥探无余，为日本入侵武汉、最终占据武汉起到了至关重要的作用。

一、乐善堂及其系统组织的间谍活动

伴随着日本国内资本主义开拓海外市场的迫切需求，日本政府自19世纪80年代开始进行军备扩张。与此同时，为了实现其大陆政策，日本海陆军不断派遣驻华武官到中国各地搜集军事情报。

1872年8月，日本派遣池上四郎等人从横滨出发到达中国东北地区，调查地理、风俗、政治、兵备、财政等情况。他们在一年的时间里，对中国北方的大部分地区进行了调查，于1873年8月回到日本。此后，日本又相继派遣福岛九成、黑冈季备等勘察台北、彰化、台南以及南部地区，实测山川地理，了解风俗人情。1877年留学厦门的山口五郎太化名苏亮明，着中国服装，到处刺探中国情报。参谋本部管西局长桂太郎曾向北京、天津、上海、汉口、广州、厦门、牛庄等地派遣13名军官，专门调查地理政情，以作为对华作战时决策的依据。

1886年，日本参谋本部派遣陆军中尉荒尾精到中国，实行间谍活动。荒尾精（1859—1896），又名义行，号东方斋。他的青少年时代处于日本幕府统治末期和明治维新初期，正是日本急于对外扩张的时期。荒尾精深受政策感染，产生了“经营中国”的理想和目标。1878年荒尾精进入陆军教导团炮兵科学习，1880年又入陆军士官学校步兵科，1885年进入参谋本部中国科工作。1886年，受参谋本部的派遣，荒尾精以现役军人的身份执行特殊使命——在华中地区筹建间谍机构。

荒尾精先到达上海，拜访了乐善堂上海分店的店主——日本商人岸田吟香。岸田吟香曾任《东京日日新闻》主笔，还是日本第一名参加西乡从道侵略军到台湾活动的随军记者。他在上海开办的乐善堂表面以经营眼药水和杂货为主，实际上为日本侵华搜集情报服务。在他的帮助下，荒尾精与井深彦三郎、高桥谦等人在汉口开办了乐善堂分店，成为中国大陆的第一个日本间谍机关。

根据《日清通商章程》规定，日本人在汉口租界内享有通商权益，但未经批准不得在租界外擅开洋行等。汉口乐善堂建立在英租界内，为了支持其自由活动，日本驻汉口领事町田实一向江汉关道台交涉，提出汉口乐善堂可在租界外自由经商并降低厘金，允许乐善堂自由向中国人销售货物，与瑞士商人亨达利一样享有通商权利，并降低内地运入税等。为了支持乐善堂的发展，包括日本农商务省、上海三井等十多家政府部门与民间企业，先后以“补偿金”之名义予以资助。

汉口乐善堂为英租界内汉口河街的一家两层临街建筑，主要经营“精锜水”眼药、畅销品“宝丹”药丸，以及用铜板印刷成的、便于举子携带的袖珍本应考书籍等，同时，它还在汉口地区销售日本棉织品（包括斜纹布、麻绢等）、漆器、铜器、陶器以及海产、杂货、玻璃、香水等物品。利用此店，荒尾精等人一方面筹措活动经费，另一方面进行隐秘的谍报搜集工作。

乐善堂分为内员和外员两部，内员一般雇有日本店员七八人、中国店员五六人，表面是百货商店，内部却进行搜集和研究中国情报的工作；外员则被要求到中国各省探查人物（分为君子、豪杰、长者、富豪等）、秘密会道门（如哥老会、九龙会、白莲会以及马贼等）、各省土地、被服、运输、粮薪、兵制、制造、山川地理、人口、风俗习惯等情况，为日本政府提供真实的情报。荒尾精制定的《同志须知书》《内员须知》及《外员探查须知》等规章制度中强调：“我堂目标远大，任重道远，非轻易所能致，其关系国家兴亡者实非鲜浅，亟应深谋远虑，慎其行踪，重其举止，做到万无一失，以俟其机，然后采取迅雷不及掩耳之手段，务期达到目的。”

荒尾精招请了在天津、上海等处的日本浪人参加乐善堂间谍组织，其中有备山内品、浦敬一、藤岛武彦、中野二郎、中西正树、白井新太郎、石川伍一、片山敏彦、维方二三、井手三郎、田钢安之助、北御门松三郎、广冈安太等人。1888 年，山崎羔三郎、奈良崎八郎、平冈常次郎、丰村文平等一批日本玄洋社成员也参加了汉口乐善堂谍报组织。在荒尾精的训练指导下，这些浪人大多成为日本侵华间谍中的重要人物。

这些店员均蓄辫发，着汉人服饰，乔装成中国人外出活动，如山崎羔三郎蓄发留辫，穿清朝服饰，化名常致诚，取字子羔，自称原籍福建或广东，在近两年的时间里，他扮作药商和医师，徒步到达数省，还深入云南内地的少数民族地区进行调查，他掌握了熟练的汉语语言和各地风土人情，在同行中，几无能出其右者。石川伍一和松田满雄两人到西南巴蜀地区调查，并将调查资料整理成《四川报告书》，详述了西南地区山河形势、要塞、风土、气候、人情、风俗、农工商、水路物资、金融、运输交通等各方面内容，并附有细致的图解，为日本入侵中国提供了极有价值的情报。广冈安太在中国北部进行调查，详细记录了山河险隘、人物兴亡等，1889 年，广冈安太与高桥谦、石川伍一、松田满雄在四川重庆成立了乐善堂四川支部。高桥谦于 1884 年 9 月从长崎登船来到上海，致力于研究中国风俗地理，1886 年前往汉口乐善堂拜会荒尾精，并投身于汉口乐善堂的谍报活动中。在荒尾精回国筹划建立日清贸易研究所时，他曾主持汉口乐善堂事务。甲午战争爆发后，高桥谦加入了日本第 2 军，随军从辽东半岛东侧的花园口登陆，他利用对中国情况的了解，为日军提供建议，使得日军的运输线恢复畅通，从而为日军侵华提供了有利条件。

通过汉口乐善堂，日本政府获得了大量情报，店员们收集的资料后来被根津一整理成《清国通商总览》一书，由日清贸易研究所印刷出版。该书共两编 3 册，第 1 编包括交通运输、金融、工业生产、外国贸易、商业组织、商业习惯，以及中国各省及北京、南京、各通商口岸的地理、气候、人情风俗、教育、政治组织情况，并附有中国农工商业的沿革、中日贸易沿革等内容；第 2 编包括各种物产如陶瓷器、铜铁器、丝棉织物、漆器、手工艺品、农畜产物、海产物、矿产物等各方面内容。该书准确记载了中国四百余州的山川平原，展现了中国人的真实生活，不仅是日本最早的有组织的搜集情报的成果，也是日本以实际调查所得资料将中国社会、政治、经济等问题加以综合整理公之于世的最初文献，被称为中国大百科辞典。在出版之后，该书在日本国内广受赞誉，称其“使世人因而了解老大帝国的实情”，使“有识之士莫不感奋”，日本由此更加坚定了对长江流域进行政治、经济掠夺的政策。

此后汉口乐善堂又设立了长沙支部、北京支部、天津支部、福州支部等，主要调查长江两湖、北京、直隶以及东北和东南沿海等地，还涉猎到西南、西北等偏僻地区，全面地调查了中国的地理国情。

1889 年，荒尾精回日本复命，他将乐善堂在中国搜集的情报及个人对中国的见解整理成数万字的《复命书》，向日本参谋本部进行报告。同时，他向日本政府建议办一所“为治理东亚做准备而培养必要人才”的学校。1890 年，日本政府在内阁机密费项下拨付 4 万元资助荒尾精在上海创办间谍学校——日清贸易研究所，培养新间谍。

甲午中日战争中，汉口乐善堂和日清贸易研究所培养的间谍发挥了巨大的作用。据不完全统计，甲午战争前后，汉口乐善堂和日清贸易研究所先后派出 19 名职员和 72 名毕业生参加日本军队在华的间谍活动。如石川伍一在甲午战争前，到北京、张家口、大同、金州、大孤山和晋、豫、陕、鄂各省的主要城镇进行搜集，测绘了军用地图和兵要地志，并根据辽东各港口的侦察成果编纂了《辽东半岛沿海水深潮汐的资料》，为日本在辽东半岛选择登陆地点作了前期工作。石川伍一搜集的大量军事情报，受到了日本参谋次长川上操六的嘉奖。甲午战争爆发后，石川伍一搜集了大量北洋水师和驻朝鲜清军的部署情报，将其军备及军火供应等情况悉数告于日本本部。

曾任《汉报》社长的宗方小太郎作为汉口乐善堂的成员、北京支部负责人和日清贸易研究所学生监督，于 1894 年 7 月奉日本大本营命令侦察威海卫北洋舰队的动向，他到达芝罘后，混入威海军港，将港内一切布置详细记录，又登上“济远”舰探查舰船上装载的兵器，并探知“济远”“威远”二舰以及威海港内的北洋舰队 14 艘战舰于 2 天后将装载 6 000 余名士兵开往朝鲜的情报，于是日本海军军令部根据这一情报在朝鲜大东沟附近设伏，突袭中国军舰运兵船，击沉“高升”号，致使 700 多人牺牲，甲午战争由此爆发。由于他在对华进行间谍活动中取得的突出功绩，受到了明治天皇的亲自接见与褒奖。宗方小太郎还编撰了《武汉见闻随录》一书，其中对武汉三镇地形、学校及教会、汉阳制铁厂、武昌织布局、水师及陆军概况、江南水师建制、铁政局和枪炮局等情况进行了详细的描述。

中日甲午战争后，日本又在日清贸易研究所的基础上，成立了专门研究中国问题的“东亚同文书院”，其发起人及成员中，不少都是汉口乐善堂或日清贸易研究所的成员。“东亚同文书院”以研究中国现状为专务，承袭乐善堂和日清贸易研究传统，重点对中国进行实地调查。从第1届学生开始，每届学生以3个月至半年时间，到中国各城乡进行实地考察，考察的内容包括各地经济状况、经商习惯、地理形势、民情风俗、社会风貌、金融资本、交通运输、地方行政组织等，所得材料由学生整理成《调查旅行报告书》呈交日本国内，为日本政府获取中国情报服务。记录方式除文字外，还有图表、素描、照片等等。在20世纪上半叶的40余年间，东亚同文书院5 000余学生先后参与中国调查，旅行线路700条，遍及除西藏以外的中国所有省区，北达外蒙古的库伦和乌里雅苏台，西达新疆库车、伊犁、塔城，直抵中俄边境，有的还涉足东南亚和俄国西伯利亚。1918年前后，东亚同文书院陆续出版了18卷《支那省别全志》，依次对广东、广西、云南、山东、四川、甘肃（附新疆）、陕西、河南、湖北、湖南、江西、安徽、浙江、福建、江苏、贵州、山西、直隶等各分卷，内容包含了总说、市场、贸易、城市、交通、运输机关、邮政、电信、气候、主要物产、商业习惯、工业和矿业、进口货、商业机构、金融货币及度量衡等方面，搜集了大量详尽的资料，并绘制了中国各地实况五万分之一标尺的军用地图，涵盖了房屋、道路、矿产、水源、渡口、桥梁等具体信息，为日军侵华提供了重要的情报资源。

二、日本对武汉地区地形、兵要及经济情况的窥探

地图测绘对一个国家有着重要的作用，它所涉及的山川河流、道路交通、水文矿产等都是主权国家的重要机密，无论是军事指挥还是运输建设等都会以此作为重要依据，而兵要地志在军事作战中更是影响胜负的条件之一，为了获取中国地图和兵要地志，日本通过各层次人士的间谍活动，在中国编织了一张

巨大的情报网络，除了上文中谈到的乐善堂及其系统谍报外，日本情报来源还遍布整个社会。

1885 年日本农商务省黑田青隆等人来华，对经济、贸易、海关等进行考察，一行人从香港出发，历经澳门、福州、澎湖岛、淡水、基隆、北京、天津、张家口、汉口、宜昌、九江、上海等地，根据此次实地考察编纂了《漫游见闻录》一书，涉及了各港口地理、地形及兵事情况，其中对湖北楚军的编制便有详细的记述："(每营) 有营官一员，帮带一员，文案二员，账房二员，册记一员，哨官五员，亲兵哨官一员，护兵二十员……炮队五十员，装备三尊抬炮，每炮二人扛之，一人装弹药，有队长瞄准，挥黑方旗射击；散勇四百员，装备的是步枪和长矛。"①

1892 年，日本财政史学家安东不二雄受日本横滨正金银行委托，至中国考察财政。据此他撰写了《支那漫游实记》一书，除了商业、财政等方面记述外，书中对扬州、天津、牛庄、芝罘、上海、镇江、芜湖、九江、汉口、宜昌、重庆、宁波、温州、福州等重要港口的地理地形详细勘察记录，并详备地描述了长江水军情况，"江军分布于从上游的湖北荆州府到江苏海门之间大约 900 海里的范围内，横跨湖北、湖南、安徽、江苏、江西五省，皆驻扎于江岸防御的要冲，总兵驻扎于湖南岳州、湖北汉阳、江西湖口、江苏瓜洲和狼山五处，江军装备大多为炮船。共 6 标 24 营，在水师提督所在地驻有 5 营，瓜洲镇 4 营，湖口 5 营，岳州 4 营，汉阳 4 营，狼山 2 营……岳州、汉阳两处的水军在每年秋季之时集中到洞庭湖……演习内容为炮船的配合、进退、发炮，演习之后哨官以下的各队长会按照惯例进行射击或者射箭的比武"。②

根据 1901 年 9 月的《辛丑条约》，日本以"保护侨民"为借口取得在中国驻军权，次年 9 月，日本陆军省发布清国驻屯军编制，设驻屯军司令部于天津。1911 年，日本陆军派遣队进驻汉口时，承担的一项重要任务便是实施

---

① 黑田清隆：《漫游见闻录》，日本农务商省，1888 年，第 263 页。

② 安东不二雄：《支那漫游实记》，博文馆，1892 年，第 76—80 页。

"谍报勤务"："谍报事项为：有关清国官革两军之事项（兵力、编成、配置、行动、兵备充实程度、兵员武器弹药等之补充、两军其他内情等，）有关各国军事之事项（驻军之兵力、编成、配置、行动、军队与清国官革两军之关系、其他军事设施等），有关地方状况之事项（政治经济状态等），有关地理之事项（已制地图之补修订正、地图之搜集、地理物资之调查、军事要地地志之补修订正等）"①。

1912 年中华民国成立后，清国驻屯军改称支那驻屯军。为了更深入细致的测绘中国地图，1913 年第二次临时测图部解散之际，日本参谋本部即令支那驻屯军司令部承袭有关测量业务，并从国内派遣数十名测图员进驻支那驻屯军司令部，以协助对中国全土十万分之一的测图。

1914 年，驻屯军颁布《测土实施要领》，规定测图者进入测量地测量期间，要尽量采用隐秘手段，一般分为三班，每班以有经验者为班长，2—3 人为一组，3 个月为 1 期，每期中止后，返回天津，交纳测图领取旅费，再进入其他测量地。测图人员在与地方官民发生纠纷时，可直接与日本领事馆联系，求得保护。同时，还制定了《兵要地理调查要领》（以下简称《要领》），规定测图员在测量时，尚须承担兵要地理调查任务。依照《要领》，调查以道路、地形、宿营力、给养力、搬运材料、水运、铁道、气象、卫生等为要点。《要领》指示，测量行动方式要灵活多变，一般外部作业，可雇中国人先至宿营地打探虚实，内部作业则须在夜深人静时进行。为加强业务指导，驻屯军下发《外邦测图规定》，决定实施对直隶省、山东省及安徽省的干线测图，并对福建省未测区域实施补测。干线测图主要是参考既成线路图进行改测，具体做法是各班在规划区域内根据地形及道路选择重要公路，以大干线为主，编织路网，为防止误差，各班要参考既成十万分之一图、德制二十万分之一影印照片及百万分之一东亚地图的旧版实施详细测图。

---

① 《参謀本部參密第 1416 號第二・中清派遣隊司令官ニ与フル訓令ニ関スル件》及所附《中清派遣隊諜報勤務實施ニ関スル要綱》，1911 年 1 月 24 日，《陸軍省大日記》之《清國事件/軍事機密/清國革命亂関係書類》，1911 年，陸軍省—清國事件—M44—30。

1897年6月始，日舰开始在长江“巡航”，其目的之一便是探察中国社会状况和监视列强在华动向，从中获取相关情报。辛亥革命爆发后，日本海军为了伺机扩充在华权益，插手中国内政，大肆开展谍报活动。长江流域第三舰队司令官不仅随时向海军大臣等电告各种情况，还陆续发送了《关于清国事变的警备报告》(1913年8月12日改为《关于支那事变的警备报告》，共238号)，1911年11月10日起先后发送《关于清国事变的密报》若干号等情报。这些情报主要叙述了该舰队“巡航警备”区域内发生的战争、事变、交涉，以及日舰和别国海陆军的行动，情报均来自于各警备舰。

图 2-4　汉口日租界江面停泊的日军军舰①

1931年底，武汉官方发现“有类似军官之日人二名，乘小汽艇沿江上驶，直至硚口为止，彼等在各码头均停留甚久，手执纸笔，似在彼处测绘地势，此事并经武汉警备司令部口头抗议有案”。②

随着1937年日本发动全面侵华战争并相继占领中国广大地域，各类兵要地图的需求猛增，除参谋本部陆地测量班外，还有支那派遣军测量班、第一野

① 上海市博物馆编：《武汉旧影》，上海古籍出版社，2007年，第64页。

② 顾维钧：《参与国际联合会调查委员会中国代表处说帖》，台湾文海出版社，1974年，第171页。

战测量队、第二野战测量队、第三野战测量队、参谋本部地志班、冈村部队照片印刷班、多田部队测量班、吕集团照片印刷班等多支测量队，测量方法也由原来简易的怀表测量法，改为收音机计时法等，并开始广泛运用空中摄影测图。同时，随着日占区的不断扩大，测图者还大肆抢掠、改绘中国版各式地图。

1937年日本占领南京后，小川部队第二野战测量队在南京陆地测量总局掠取大量中国版各式地图，这些地图，“作为日本外邦图的编纂资料，颇具重要价值，若用于未来作战，则更加有效”①。时所获十万分之一图就包括了湖北地区的184张之多，五万分之一图湖北有261张，两万五千分之一图湖北有69张，一万分之一图武汉地区有66张，另外还有百万分之一民国舆图、五十万分之一民国舆图、三十万分之一民国图、二十万分之一民国图、十万分之一调查图、水道图、铁路图、航运图等多幅，及测量原簿、测量书、印刷照片等大量资料。各测量队掠取中国版地图后，即进行改制印刷，改编后的地图，地名村落均为中日文对照，日文在前，中文在后，图上不但标有“秘密”“机密”等字样，并附有制作者、使用者及发行日期等。

日本有组织有计划地在华绘制各战略要地地图，掌握了中国军队军事活动的详细情报，实际上是对中国国家主权的入侵。这种行为，也极大的增强了日本对华扩张的野心，并在日本入侵中国的军事行为中起到了重要作用，极大地加速了日本侵略中国的步伐。

与此同时，日本也对华经济情况进行了大规模的调查。自1898年始，日本农商务省等部门开始派遣“清国实业视察员”对中国的经济进行调查，其目的是在于“精查详查清国实业上的真相，以窥知实业界的盛衰消长”。②

吉川荣吉编撰的《清国农商工视察报告》，于1899年由日本农商务省农务局刊印。该书分为商业、农业、养蚕、蚕丝业四部分，对上海、杭州、湖州、

① 藤原彰：《外邦兵要地图整备志》，不二出版社，1992年，第216页。

② 吉川荣吉：《清国农商工视察报告·绪言》，农商务省农务局，1899年。

苏州、汉口、广州、福州、厦门等地的相关情况进行了详细记录。

为了使日本政府对中国丰富物产有全方位细致的了解，东亚同文书院在中国做实地调查之时，根据不同地域的不同特点来设定不同的调查主题，再据其设立不同的调查班进行调查，比如针对金融调查，便设立了南部金融班、汉口及京汉沿线金融班、山东津浦沿线金融班、中北部金融班、南满金融班等。根据东亚同文书院调查编纂的《清国商业惯习及金融事情》一书，出版于1904年。该书分为“清国商业惯习”和“金融事情”两卷，主要针对上海和汉口两地经济状况进行调查，对汉口商帮、交兑习惯、行帮及市场、报关行及渝行、会馆公所等，以及银号、银炉、银元局、公估局、钱庄、票号、当铺、货币种类等内容有详细记载。

1907年，东亚同文书院又出版《支那经济全书》，该书分为4辑，每辑有若干编，第1辑7编，主要涉及农政、手工业、工业、资本家、物价、人民生活、财政等事项；第2辑6编，主要涉及商贾、特许商（盐商、茶商）、买办、会馆公所、行规条约、家规店规等；第3辑5编，主要包括旧关（常关）、新关（海关）、水运、仓库、山西票庄等；第4辑4编，包括商政、商品陈列场、商用书式、商用账簿等。1908年又出版8辑：第5辑2编，为铁道总论和分论；第6辑6编，记录邮政、电信、度量衡、货币、支那银行、支那的外国银行；第7辑8编，为海上保险、商帮、牙行、报关行（包括渝行与通关所）、招牌、广告、商标、列国对清贸易；第8辑7编，为农业、米、麦、豆（包括豆饼与豆油）、砂糖、棉花、脂肪油与蜡；第9辑2编，为畜牧（含牛骨、皮货、制革等）和海产；第10辑3编，为木材、木炭、矿山；第11辑7编，为一般工业、磷寸（火柴）、造纸

图2-5　《支那经济全书》封面

业、精米业、制粉与制面、纺织业及棉丝、棉织物；第12辑6编，讲的是制丝业、绢织物、陶瓷器、出版业、文房用具、杂货等。从中可以看到，此书对中国的经济面貌掌握得相当全面。其中，很多资料都是通过实地调查得来，比如第1辑第6编“人民生活程度”中对汉口每月的温度、民众衣冠、饮食、居住状况等生活状态有详细描述，再如第9辑第1编中对汉口重要商品之一——牛皮的经营状况便有细致记录，并对当地的牛皮行进行描述。

1907年，根据各地驻华领事馆的调查报告，日本外务省通商局出版了《清国事情》一书。该书分为两辑，第1辑4卷，第2辑10卷，分别对驻华各领事馆管辖区域内所发生的各项事宜进行记录。其中第1辑第4卷“在汉口帝国领事馆管辖区域内的事情”长达400页，分为地势、面积、人口与职业、管辖区内的一般特征、衣食住状态、气候与卫生、商业机关与市场、贸易、工业与矿业、重要农产物、林产物与畜牧、土地、金融与度量衡、铁路、航运、汽船业与仓库、租界、土地房产的买卖与租赁、劳动价格、物价、学校与公共团体等17章，记述详细，非常齐全。

为了获取这些详细的材料，除了实地考察，日本还购藏、劫取了大量中国地方方志。中国方志的撰写，有着非常悠久的历史，方志记载翔实，人口、军事布防、军队人数、兵器、船只、马匹、经济资源、地理等各方面都囊括其中。通过方志来了解中国的地理要冲，事半功倍，因此，日本非常注重对方志的获取。其获取方式在19世纪中叶以前主要通过贸易、购买等途径，甲午战争后，日本更是大肆搜集、劫取和掠夺中国的方志，不惜动用各方面关系和手段。1929年，日本为搜集东海藏书楼的典籍，外务省提供了大量经费，还具体策划将典籍以外务省公用货物的名义，利用外交豁免权运往日本。

三、特务机关及“参谋旅游团”活动

1935年底，日本制造“华北事变”，加快了全面侵华的步伐。日本参谋本部在驻华各地领事馆设立了武官室，又先后在北京、天津、南京、汉口、青岛、太原、济南、通州、张家口、绥远、多伦等地建立特务机关。日本认为汉口自粤汉全路通车后，武（昌）汉（口）两埠乃今后中国政治商业之总枢纽地，是以将在汉之特务机关扩大机构，全部加以改组，内设政治、军事、文化、社会、行动、设计、经济及交际八组，每组正副组长各一人，组员十人。日本参谋本部规定：军事间谍应于无论何时于该侦察区内对中国军队之军力、军械分布及活动计划加以最审确之注视，凡中国国内无论发生何种变化，军事间谍应即刻报告东京参谋本部，及同在中国从事间谍行为之其他同仁；军事间谍当深切认识中国各地方的特征条件，并随时注意铁路交通上最细微的变化，对于军械储藏所及弹药库所在，尤应特别注意；对于一切军营要塞，和一切可能改为制造军械场所之工厂，军事间谍当设法鼓动华人对于日本之信仰心，在可能情形之下，并应与中国地方文武官先缔结私人间之交往，以便观察彼等个人之品性，以及彼等对于军事政治上之同国的敌人之意见，并侦察彼有无其他的秘密活动；军事间谍对于其所侦察的城市之经济的情形及要事，殊有认识并了解之必要。对于矿业、银行、商务、企业之有关军事方面的条件，尤应特别注意。七七事变爆发后，日本参谋本部将谍报重点转向长江流域，7 月 13 日，派遣陆军步兵大尉成田贡至汉口，援助在华武官进行谍报活动。

1937 年 2 月，日本陆军参谋本部要员楠木实隆在上海召集长江一带特务机关负责人举行对华情报工作会议，制订了具体计划，其中包括：由大使馆人员负责收买各地机场工作人员及航空学校学员，由各地特务机关人员协助调查中国航空建设的情报及飞行员人数；拉拢各地日本商人，让其利用所雇的中国店员调查各省市镇乡的交通要道；由楠木实隆编制系统调查表一个月内分发给各地，完成对中国的各项调查；发展和训练新谍报员，选择要地设立情报联络点。通过这些强化措施，日军情报机构在对中国陆军组织系统、部署情况和装备、国防工事构筑、空军组织系统、兵力及作战力量等等各个方面，都搜集了大量重要情报。

在对中国陆军进行调查之时，日本除了利用各层次的间谍网络搜罗情报外，还不断派遣人员利用“调查”“参观”“旅游”的旗号，进行情报搜集活动。1937 年 4 月，日本参谋部第二科以到中国旅游为由，调查中国军事设施情况。其中大多都是参谋大学和陆军大学、航空学校毕业的高材生，不仅学历高，且具备作战经验，兵种还相当齐全。在他们出发之前，日本外务省便给驻华各地的领事馆发布通知，要求协助其调查。

旅游团来华后，装着旅游观光的样子，但在旅游过程中，基本上不乘坐交通工具，而采用步行的方式，对关隘、要塞进行步量。另外，他们还与汉奸、特务秘密联络，了解中国的具体情况，这批旅游团先后到达新疆、内蒙、山西、湖北、河南、广东、广西等地，搜集了大量详细情报。

可以看出，日本包括政府、民间等各个阶层自上而下的形成了一个庞大而精密的情报网络，将武汉地区的政治、军事、经济等状况窥探无余。而这些情报，为日本入侵武汉、最终占据武汉起到了至关重要的作用。

第三章

武汉会战与武汉沦陷

日本对武汉觊觎已久，七七事变后对武汉更是志在必得，遂于 1938 年 6 月，发动了对武汉的大规模进攻。中国军队进行了英勇还击，利用武汉外围的皖、赣、豫、鄂等地有利地形，迟滞日军进攻达 4 个月之久，给日军以沉重打击。这是抗日战争战略防御阶段中日双方进行的一场规模最大的战役。由于中日军队实力相差悬殊，10 月 25 日—27 日，汉口、武昌、汉阳相继沦陷，从而开始了日本对武汉长达 7 年的殖民统治，武汉人民饱尝了亡国奴的苦难。

第一节　武汉会战的成因及双方军事部署

从灭亡中国的战略需求出发，日本对武汉特殊的战略地位早有明确认识。为此，日军多次制订攻占武汉的军事计划，把攻占武汉视为其侵略中国的关键步骤。中国政府对此也早有充分估计，因而非常重视武汉的得失，制订了周详的防御方案，把精锐之师部署于日军进攻武汉的必经之地。中日之间的一场大战势所难免。

一、日本法西斯的全面侵华

1937年7月7日，驻北平（今北京）丰台地区的日军以一名军人失踪为由，要求进宛平城寻找，遭到中国军队拒绝后，在卢沟桥向中国军队发起攻击，史称七七事变，标志着日军全面侵华战争的开始，中国掀起了全民族抗战的高潮。16日、17日，蒋介石发表庐山谈话，号召全民族抗战，31日，蒋介石发表《告全体将士书》，宣告战争已经全面爆发。28日，日军猛攻北平南苑，次日北平失陷，30日，天津失陷。中国政府定下了“以空间换时间，积小胜为大胜”的方针，蒋介石为了把日军由北向南的入侵方向引导改变为由东向西，以利于长期作战，而在上海采取主动反击的行动。8月13日，上海南火车站的日军首先遭到轰炸。虽然日本方面派出上海派遣军（3个月后增加到50万人)，开始向上海进行大规模进攻。中国政府却毫不畏惧，针锋相对，先后派出中央军精锐和大批内地省份部队（包括川军、滇军、桂军、粤军、湘军等）合计70万人，与日军血战3个月之久。这就是声势浩大的淞沪会战，它给予日军以沉重打击，粉碎了日军“三个月灭亡中国”的迷梦。

8月22日，国民政府军事委员会正式宣布红军改编为国民革命军第八路军（9月11日改称第18集团军)。随后，八路军主力在朱德、彭德怀率领下相继挺进华北抗日前线。9 月 22 日，国民党中央通讯社发表《中国共产党为公布国共合作宣言》。次日，蒋介石发表《对中国共产党宣言的谈话》，承认中国共产党的合法地位，第二次国共合作正式形成。10 月 12 日，国共两党达成协议，将南方 8 省 14 个地区的红军和红军游击队，改编为国民革命军陆军新编第四军（简称新四军）。

11 月 20 日，中国军队在伤亡 25 万人后被迫撤退，上海沦陷。由于下达撤退命令过于仓促，后方国防工事交接发生失误，加上中国全面抗战初期的军队训练素质较低，引致撤退演变为溃败。20 日、21 日，中国政府宣布将首都和所有政府机构由南京迁往陪都重庆，而军事作战中心则先迁往武汉。蒋介石致电国民党各省市党部和各战区将领，指出国民政府迁渝（重庆），能“使中枢不受敌人暴力之威胁，贯彻我全面持久抗战之主旨，以打破日寇速战速决之迷梦。”① 12 月 13 日，日军侵占南京。

南京失陷后，胜利的气氛笼罩了日本军方和内阁，日军认为通过速战速决，已经取得最后胜利，中国已经战败。于是，摆出一副战胜者的姿态，等着中国政府去向日本政府乞和投降。1938 年 1 月中旬，蒋介石在汉口国民政府军事委员会驻地，召见军事委员会高等顾问蒋方震，决定派蒋方震出使欧洲，同日本展开外交战，争取国际同情和援助。

1937 年底，日军继续进攻，山东大部失陷。1938 年 2 月，日军华北方面军企图沿津浦路南下和华中派遣军会合。中国军队在以徐州为中心的地区与日军激战，史称“徐州会战”。

徐州会战后，中日力量对比并没有根本改变，日军仍继续进攻。6 月 6 日，日军占领河南的省会开封，郑州危急，日军兵锋所指，直逼武汉。蒋介石心急如焚，他最担心、最不愿看到的事——日军沿平汉线（今北京—汉口的铁路）南下武汉，终于出现了。不得已，蒋介石急忙在武汉召开最高军事会议，

---

① 秦孝仪主编：《中华民国重要史料初编——对日抗战时期》第 2 编，中国国民党中央委员会党史委员会，1981 年，第 212 页。

毅然决定在豫东地区作战略撤退。9日，蒋介石根据德国军事顾问法肯豪森在战前的提议，命令在花园口炸开黄河南岸大坝，史称“黄河花园口决堤”。此举虽然暂时阻挡了日军西进和南下，但也造成了黄河下游的大规模水灾，使近百万民众直接死亡或间接因饥荒而死。

与此同时，1938年2月18日，日军大本营为准备进攻武汉成立了以畑俊六任司令官的华中派遣军，并下令解散华中方面军及上海派遣军、第10军，改由华中派遣军统一指挥占领京沪杭等地的全部华中日军。3月24日，日本国会通过了国家总动员令，授权政府可无限投入经费支持战争（仅为进攻武汉就筹措经费32.5亿元），作为总动员令的一部分，国民征用令亦容许日本政府大规模征兵，仅为进攻武汉就征召新兵24万人。4月初，日军大本营决定实施徐州会战的同时实施武汉会战，命令海军“以攻占汉口为目的，向南京—汉口—岳州间的长江及其沿岸准备作战”，① 并陆续增强中国方面舰队兵力。5月29日，日军大本营发布进攻武汉的预令。6月3日，下令攻占安庆，作为进攻武汉的前进基地。②在这期间，日本又扩建了10个师团，即第15、第17、第21、第22、第23、第27、第104、第106、第110、第116师团，其中8个师团调到中国关内，两个师团调到中国东北。③

二、武汉的特殊战略地位

日军对武汉虎视眈眈的基本原因，在于武汉的战略地位十分重要。武汉位于长江中游，扼长江、汉水要冲，是中国的心脏腹地，是当时中国的第二大城市，又是东西南北水陆交通的枢纽。西通巴蜀，南连湘粤，北接中原，东连苏浙皖，素称“九省通衢”。武汉是中国中部最发达的工商业城市，当时总人口已超过125万，被长江及汉水分成三部分：武昌、汉口及汉阳，武昌是政治中

①② 日本防卫厅防卫研究所战史室著，天津市政协编译委员会译：《日本海军在中国作战》，中华书局，1991年，第294页。

③ 郭汝瑰、黄平章：《中国抗日战争正面战场作战记》下册，江苏人民出版社，2005年，第778页。

心，汉口是商业集中地，汉阳是工业重镇。在粤汉铁路建成后，武汉是中国内陆联结海外的主要中心，是将南方沿海港口运来的对外援助物资运往内陆的枢纽，因而是支持中国全面抗战的重要战略支撑点。曾长期担任日本驻汉口领事馆领事的水野幸吉，在《中国中部事情：汉口》一书中提出："武汉乃长江之眼目，中国之中枢，制中国于死命之地。"① 这一观点在日本很有影响，也很有代表性。日本"武汉通"内田佐和吉甚至断言："武汉实乃中国水陆交通中枢之地，九省通衢乃是过去未发达时代之认识，而今武汉雄踞中国 20 余省之中间位置，此地繁盛之状也非古人能够想象。"② 将武汉的战略地位，提高到了无以复加的高度。上海、南京沦陷后，中国政府包括政府机关大部和军事统帅部，以及民营部门、大批难民、各种战略物资，大举西迁至以重庆为中心的西南大后方，其中大部分因运输不及仍滞留于武汉。加上武汉原有的工业、经济、文化基础，到 1937 年底，武汉已成为当时全国军事、政治、经济中心和事实上的战时首都。鉴于武汉的重要战略地位，日本御前会议决定，迅速攻取武汉，从而迫使中国政府屈服，以尽快结束战争。

武汉所具的特殊战略价值，早就引起了日本战略家的高度重视。1887 年 2 月，日本参谋本部要员小川又次炮制《清国征讨方略》，要求在对华全面战争中，派出一支战略大军协同海军，利用长江通道攻占武汉并设立战略集团司令部，以达到"据长江"的"持久之计"。这大概是日军统帅部最早的最为完整一份攻占武汉方案。1905 年 8 月，日本内阁会议决定："确实扶植帝国在汉口方面之利权，并对清国将来之发展作好准备。"③ 1911 年辛亥革命爆发，日本乘机向武汉地区派驻军舰和地面部队，于同年底组成"中清派遣军"（后称驻汉口守备队），首任司令官是尾野实信，下属司令部 1 个，步兵 2—3 个大队，另附机关枪队等。该部队成为插入中国中部腹心地区的一柄匕首。

第一次世界大战期间，1918 年，日本提出了大规模侵华作战构想，规定

---

① 水野幸吉：《中国中部事情：汉口》（中译本），武汉出版社，2014 年，第 1 页。

② 内田佐和吉：《武汉巷史》（中译本），武汉出版社，2014 年，第 1 页。

③ 外山操、森山俊夫编：《帝国陆军编制总览》，（东京）芙蓉书房，1987 年，第 49 页。

进攻中国腹心要地武汉的办法，是以海、陆军部队与汉口的守备队相互呼应，“沿长江逐次跃进”攻占汉口。① 5 年后，日本修改过的《国防方针》，明确提出了对汉口的进攻方略，规定：“以（华北）军沿京汉线南下，与沿扬子江西进的（华东）军相互策应，在汉口附近作战。”② 华盛顿会议后，日本在中国的扩张势头受到一定遏制，1922 年 5 月被迫将驻汉口守备队撤编，但仍然十分重视武汉的战略地位。1925 年日本组成大型军事调查团，乘军舰对自上海至武汉的长江各要点进行了大规模侦察，调查团由参谋本部作战课长畑俊六为团长，成员包括海陆军各分管作战、情报、要塞、船舶等方面的官员，活动时间长达 1 个月之久。1938 年，畑俊六出任华中派遣军司令官，直接指挥了进攻武汉的作战。

在这次大型侦察活动的基础上，日本制订了 1926 年度作战计划。该计划确定中国为首要作战对象，对华作战将使用 16 个师团，约为其总兵力的 50%；进攻方向分东北、华北、华东与福建等 4 个方面。其中对武汉的进攻明确规定从上海开始，作战部队统属上海方面的战略集团，兵力暂定以 1 个军 3 个师团为骨干。③ 该计划是 20 年代日本最重要的一份策案，为后来历年计划案的蓝本。

1931 年九一八事变至 1937 年全面抗战之前，日本对关内地区各作战方向规定最为详尽的方案，是 1935 年度的作战计划。该计划对于长江一线的作战同样十分重视，强调“不仅对于上海，还有南京、汉口、长沙、重庆等处亦需派出舰艇。对该方向之用兵作战应特别予以关注”。其步骤是：陆军第 9 军（以 3 个师团为骨干）在海军协同之下，在扬子江下游地区登陆，占领上海及其附近地区，其后“根据情况令华北方面军沿京汉线南下与之呼应，沿长江对

① 日本防卫厅防卫研究所战史室：《战史丛书·大本营陆军部》(1)，（东京）朝云新闻社，1974 年，第 223 页。

② 外山操、森山俊夫编：《帝国陆军编制总览》，（东京）芙蓉书房，1987 年，第 270 页。

③ 日本防卫厅防卫研究所战史室：《战史丛书·大本营陆军部》(1)，（东京）朝云新闻社，1974 年，第 368—369 页。

汉口作战”。①

通过对上述各时期日军作战方案的综合考察，可以得出关于日本对武汉进攻方向的结论如下：武汉是日军对华作战构想中的进攻目标之一，溯长江西进武汉为日军既定的战略主攻方向。由此可见，日本早就确定了以武汉为控制中国“大局要冲”的战略。

所以，1938 年 5 月底，日军大本营在拟定的当年秋季攻占汉口的作战指导大纲中，直言不讳地提出：“攻占汉口是早日结束战争的最大机会”，“通过这一作战，可以做到以武力解决中国事变的大半”，“从历史上看，只要攻占了汉口、广州，就可以统治中国”。② 6 月，在《关于处理中国事变的根本方法》中又提出：“只要国民政府还盘踞在汉口，汉口就是主要以西北各省为其势力范围的共产军和主要控制着西南各省的国民党军之间的接合点和楔子”，“所以首先为了摧毁抗日战争的最大因素——国共合作势力，攻下汉口是绝对必要的”。③ 战时经济体制的推行虽然减缓了日本财政破产的速度，但是长久下去并非办法，加上对苏联军事实力的顾虑，日方急欲在短期内迅速逼垮国民政府，以便聚集更多资源，进行北进或者南进。正如日本天皇裕仁在武汉会战前的御前会议中所说，要给国民政府最后致命的一击，迫使中国投降，不愿再见到“帝国雄师百万受制于中国”。在当时的日本政府看来，中国有 4 个“要地”，即平津地区、长江三角洲地区（上海、南京）、珠江三角洲地区（广州）和武汉三镇，控制了这 4 个“要地”，就控制了中国。

日本是实现了资本主义工业化的海洋国家，其本土及其殖民地，大体沿西太平洋岛链构成北南带状态势，日本的侵华作战必须跨海西进，由水路入侵中

① 日本防卫厅防卫研究所战史室：《战史丛书·大本营陆军部》(1)，(东京) 朝云新闻社，1974 年，第 301 页。

② 日本防卫厅防卫研究所战史室著，天津市政协编译委员会译：《日本海军在中国作战》，中华书局，1991 年，第 86 页。

③ 复旦大学历史系日本史组编译：《日本帝国主义对外侵略史料选编（1931—1945）》，上海人民出版社，1975 年，第 262—264 页。

国腹地，日本的优势从根本上说源自海上。中国是以自然经济为主体的半封建农业国，自1895年甲午战败之后，中国海上力量一蹶不振，完全失去了制海权，包括长江三角洲等滨海防线，直接暴露在日本军舰的炮口之下。自武汉无论以东或是以南至海，均有上千公里大陆，地域如此宽大，不乏回旋余地。故日本的侵华战略，概言之就是江海战略，以其水上力量联络或支撑其各个战场；而中国则利用复杂而广阔的陆地进行持久周旋。① 武汉就是日本实施江海战略与中国实施大陆战略的联结点所在。

对武汉的这种特殊战略地位，身为最高统帅的蒋介石，也有较为清醒的认识。他于1938年1月，在河南省会开封召开的第一、第五战区团以上军官会议上指出："自从上海、南京失守，我们唯一的政治、外交、经济的中心应在武汉，武汉决不容再失，我们要维持国家的命脉，就一定要死守武汉，巩固武汉"，"武汉重心不致动摇，国家民族才有保障。这就是我们的战略。"② 陈诚则指出："今日武汉已成为第三期抗战中最重要的据点，这里是我们雪耻复仇的根据地，也是中华民族复兴的基石。"③ 为了应对即将到来的日军对武汉的进攻，1938年1月17日，中国政府在军事上作出重大调整和部署，改组最高统帅部，蒋介石任陆海空军最高统帅、国民政府军事委员会委员长，何应钦任总参谋长，并对战区进行重新划分。3月29日至4月1日，国民党临时全国代表大会在武昌召开，设置总裁1人，由蒋介石担任。至此，中国的战时领导体制基本形成。

中国共产党对武汉的特殊战略地位也有较为充分的认识，所以适时提出了"保卫大武汉"的口号，把武汉比作"东方的马德里"，是世界反法西斯的中心。周恩来撰文指出："只有坚守武汉，才能保卫武汉，只有以保卫武汉的口

---

① 有关日军早期对武汉战略的认识，参见徐勇：《近代日本之扬子江扩张及其战争规划再研究》，《军事历史研究》2015年第1期。

② 秦孝仪主编：《中华民国重要史料初编——对日抗战时期》第2编，中国国民党中央委员会党史委员会，1981年，第68—69页。

③ 《武汉日报》1938年7月7日。

号和决心来动员一切，来坚持和扩大抗战力量，才能争取不断的胜利，才能使抗战持久，抗战前途争取到最后胜利。”“我们不能保卫武汉到最后，那我们就不能在保卫武汉的战斗中过渡到相持的局面。”① 叶剑英认为：“武汉如果轻易失去，毫无疑义的将直接引起战争形势严重的变化。敌之沿江跃进，直取武汉的企图，是直接联系着敌人总的战略方针——速战速决的。”②

为了配合武汉保卫战，1937 年 9 月上旬，中共中央派代表董必武抵达武汉，住在汉口安仁里 1 号，着手重建湖北、湖南、安徽、江西的中共党组织。日军侵占上海的当天，中共中央根据时局变化，指出抗日救亡运动的“中心将转移至武汉”。③ 12 月成立长江中央局，中旬，中共中央政治局委员陈绍禹（王明）、周恩来、秦邦宪（博古）以代表身份抵汉，极大地加强了武汉地区的抗日救亡工作。中共长江中央局的“中心任务是武装民众，准备发动游击战争，有计划地建立几个游击队和游击区”。④ 1938 年夏，新四军第 1、第 2、第 3、第 4 支队先后挺进苏南、皖南、皖中等地，在长江南北两岸日军占领区积极发动抗日游击战，牵制和消灭日军一部分兵力。

国共两党为了抵御民族大敌，进一步加强合作，7 月 6 日，在汉口两仪街上海大戏院召开了国民参政会第一届会议。大会庄严宣告：“中国民族必以坚强不屈之意志，动员其一切物力、人力。为自卫，为人道，与此穷凶极恶之侵略者，长期抗战，以达到最后胜利之日为止。”⑤ 会议期间，蒋介石发表谈话，要求全国军民“一切的奋斗，要巩固武汉为中心，以达成中部会战胜利为目

---

① 《周恩来军事文选》第二卷，人民出版社，1997 年，第 138、第 149—150 页。

② 叶剑英：《论目前战局——注意敌人沿江跃进》，《新华日报》1938 年 8 月 10 日。

③ 《张闻天、毛泽东关于上海失守后救亡运动的方针和部署致秦邦宪等电》，1937 年 11 月 12 日。

④ 中共中央党史研究室：《中国共产党历史》第一卷（下册），中共党史出版社，2002 年，第 295—296 页。

⑤ 《国民参政会首次大会宣言》，《新华日报》1938 年 7 月 16 日。

标”。[①] 7 月 31 日，蒋介石在武汉召集高级将领会议，强调武汉战略地位的重要，指出：“此次保卫武汉的战役，乃是我们国家前途和整个抗战局势最重要最紧急的关头”，“我们一定要拿出必死的决心，确保武汉的安全”，“誓与武汉共存亡”。[②] 8 月 12 日，中共湖北省委致函国民党湖北省党部和武汉卫戍区政治部，提议“立即开始组织工人、农民、市民的自卫团体，武装他们以严格的军事训练”，“在战区和临近战区开始游击战争的布置，准备在敌人占领后，能够将该地区的群众自己武装及配合适当的正规军，发动大规模的游击战争”。[③]

在国共两党的号召下，全国抗战力量集中到武汉，使武汉成为全国抗战中心、战时首都，武汉一时成为全国乃至全世界关注的焦点。1937 年 12 月 25 日，新四军军部在汉口太和街 26 号正式成立。在此前后，国民政府的最高军事指挥机关——军事委员会迁至旧督署（今武昌造船厂）内办公（蒋介石则在汉口交通银行大楼等地设立办公处，军事委员会机要室、铨叙室则在江汉二路 157 号原华商总会办公），国民政府行政院在中央银行大楼办公，国民党中央党部、监察部、外交部、财政部等主要部门，以及党政军其他主要领导，都移驻武汉。八路军、新四军在武汉设立了办事处（分别在汉口日租界中街 89 号、太和街 26 号）。[④] 以中共中央机关报刊《群众》（1937 年 12 月 11 日）和《新华日报》（1938 年 1 月 11 日）为代表的 100 多种进步刊物，一大批中国一流的学者和文化界名人，如郭沫若（住鄱阳街原日本三井洋行），几十个群众团体，700 多家工厂（包括从上海等地迁来的 170 多家），[⑤] 云集武汉。苏联军事顾问、苏联志愿航空队、英国伦敦援华委员会、印度援华医疗队、国际学生代

---

① 蒋介石：《抗战建国周年纪念告全国军民书》（1938 年 7 月 7 日），转引自秦孝仪主编：《先总统蒋公思想言论总集》第 30 卷，中国国民党中央党史委员会，1984 年，第 269 页。

② 蒋介石：《发扬革命历史的光荣保卫革命根据地武汉》，转引自秦孝仪主编：《先总统蒋公思想言论总集》第 15 卷，中国国民党中央党史委员会，1984 年，第 408—423 页。

③ 武汉市政协文史委、社科联、历史学会：《抗战中的武汉》，内部出版，1985 年 5 月，第 184 页。

④ 汉口日租界中街 89 号当时是大石洋行办公地，现为长春街 67 号。

⑤ 《武汉文史资料》1996 年第一辑，第 92 页。

表团，国际友人白求恩、斯诺、斯特朗、史沫特莱、艾黎、伊文斯等，先后来到武汉，支援武汉人民保卫家园的斗争。

中国人民要保卫武汉，坚持抗战；日本侵略者要夺取武汉，迫使中国屈服。这就构成了当时中日双方在战略上的一场决战。

三、中日军事部署和作战计划

日军为攻占武汉，倾举国之力，孤注一掷，集结 14 个师团、3 个独立旅团、140 余艘海军舰艇以及 500 余架飞机，总计 40 万余人的兵力，① 是中日战争爆发以来最强大的兵力，妄图沿长江、淮河西进，攻取武汉。据战后发现的日军文件所述，“陆军为汉口作战倾注了全力，没有应变之余力”，② 连日本本土仅留的 1 个近卫师团也待命随时准备增援武汉。日军的战略部署是：华北、华中日军，在追击从徐州突围的中国军队主力时，在行进中转进并展开为武汉会战。即：华中派遣军以 1 个军的兵力沿长江由东向西进攻武汉，主力则沿淮河由东向西推进；华北方面军在攻占郑州之后转锋南下，与华中派遣军主力合攻武汉。

面对日军咄咄逼人的气势，国民政府下定了“以全力保卫大武汉”的决心，在军事上作了针锋相对的部署，倾注了最强大的兵力。早在 1938 年 1 月 11 日，蒋介石未雨绸缪，在武昌成立武汉卫戍总司令部，以陈诚任总司令（9 月 10 日以后由罗卓英接任），郭忏任参谋长，下设武汉警备司令部，郭忏兼任司令，辖有第 94、第 54 军，其中第 94 军担任武汉三镇的警备和治安，第 54 军担任武昌郊区的警备和野战工事的构筑，极力、尽快增强武汉的城防工事，初步确定构筑机关枪掩体 172 个、步兵炮掩体 60 个、野炮掩体 46 个、重炮掩

---

① 包括第 3、第 6、第 9、第 10、第 13、第 16、第 27、第 101、第 106 师团主力，第 4、第 15、第 17、第 18、第 22、第 116 师团一部，台湾步兵旅团、骑兵第 4 旅团等。航空兵由德川好敏（1884—1963）指挥，德川好敏是日军第一个飞行员。

② 日本防卫厅防卫研究所战史室：《战史丛书·大本营陆军部》(1)，(东京）朝云新闻社，1974 年，第 552 页。

体32个、掩蔽部174个、观测所27个。① 26日，陈诚在构筑工事会议上，确定武汉国防工事分为10个区动工兴建，要求从2月1日起，每个工兵连完成1个工事，每天总计完成10个工事。② 2月以后，蒋介石不断电令军令部长徐永昌，督促部队在武汉以东、以北、以南山区构筑防御工事，并限期完成，指出长江沿线"马当（引者注：今马档）、湖口、九江、田家镇防务特别重要，其工事与炮位以及部队防务，应由军令部特别督促布置"，表示要"亲往各该要塞检阅"。③

到1938年5月，在北起黄陂横店，南至贺胜桥，东起葛店，西至汉阳新沟的武汉城防区，中国军队构筑了永久防御工事650个，形成了以武汉为中心的大纵深防御体系。在武汉的外围，大别山北麓地区构筑了六（安）霍（山）线、立（煌）商（城）线、潢（川）光（山）罗（山）线、长（台关）信（阳）武（胜关）线工事群，其中尤以叶家集、小界岭、武胜关、平靖关、九里关地区的工事最为重要；江南的幕阜山地区主要修筑了江西武宁横路、修水铜鼓和湖北阳新辛潭铺地区的工事，并在湘北和湘赣铁路的东段构筑了二线阵地；在安庆至武汉的长江江段，构筑和扩建马当、湖口、田家镇等江防要塞工事。

此外，蒋介石还从国外购买100多架作战飞机，100多门榴弹炮、野战炮，用于武汉作战。作战飞机从苏联购买，其中的E-15型战斗机性能优于日本的96式战斗机，E-16型战斗机是对付日军轰炸机的良器。

6月中旬，蒋介石在汉口召开军事会议，研究武汉会战的战略部署：1. 各有关战区积极出击，牵制日军力量；2. 在鄱阳湖以东迎击日军，并相机与日军决战；3. 在武汉外围（大别山、九宫山、幕阜山、庐山等山脉）布置重兵，

---

① 《武汉城防增筑计划》，国民政府军令部战史会档案，中国第二历史档案馆藏。今天，在汉口的张公堤一带，仍然留存有当年修筑的碉堡10多座，有些还保存完好。

② 武汉市政协文史委、社科联、历史学会：《抗战中的武汉》，内部出版，第20页。

③ 秦孝仪主编：《中华民国重要史料初编——对日抗战时期》第2编，"作战经过"（2），中国国民党中央委员会党史委员会，1981年，第294—306页。

沿长江两岸的丘陵湖沼和江防要塞加强兵力，以迟滞日军的进攻，巩固武汉核心；4. 各参战部队把重点放在外翼，争取行动主动，以达到消耗和歼灭日军有生力量的目的。

蒋介石亲任武汉会战总指挥，确定了“战于武汉之远方，守武汉而不战于武汉”的战略部署，① 以第五战区（司令长官李宗仁，7 月中旬—9 月中旬由白崇禧代理）下辖孙连仲、李品仙 2 个兵团（第 3、第 4 兵团）守淮南、淮北直到长江北岸，以第九战区（司令长官陈诚）下辖薛岳、张发奎 2 个兵团（第 1、第 2 兵团）守武汉城区城郊、长江南岸及江防。另以第一战区在平汉铁路的郑州至信阳段以西地区，防备华北日军南下；第三战区在安徽芜湖、安庆间的长江南岸和江西南昌以东地区，防备日军经浙赣铁路（杭州—株洲）向粤汉铁路（广州—武昌）迂回。直接投入一线作战的总兵力（不包括第一、第三战区的策应部队），共达 50 个军 130 个师，各型飞机 200 余架、各型舰艇 40 余艘，共 110 余万人。

蒋介石以长江为界，将中国军队划分为南北两大战区。江北战区，以 23 个军为基干，主力配置于大别山西北面的信阳、商城地区；另将一部兵力配置在大别山南麓至长江北岸一线。江南战区，以 26 个军为基干，主力配置于武汉以东的长江南岸沿线。进行初步军事部署后，蒋介石下令：限 8 月 15 日以前，驻武汉三镇的各机关团体，厂矿、企业、学校，全城居民，一律撤退到云南、四川、湖南以及鄂西等地，只留军事指挥机关——国民政府军事委员会，在武汉指挥作战。同时，蒋介石紧急动员军队，指出：“此次保卫武汉的战役，乃是我们国家前途和整个抗战局势最重要最紧急的关头”，要求“高级将领应抱定必死的决心，誓与武汉共存亡”。②

关于武汉会战战略，蒋介石指出，“我军此次作战，将不以一城一地的得失进退为重，而在于自动的选择有利的作战地区，达成歼灭敌人有生力量之目

---

① 中国第二历史档案馆：《抗日战争正面战场》上册，江苏古籍出版社，1987 年，第 648 页。

② 蒋介石 1938 年 7 月 31 日向武汉各部队长官的训话。转引自秦孝仪主编：《先总统蒋公思想言论总集》第 15 卷，中国国民党中央党史委员会，1984 年，第 409 页。

的”。他在日记中告诫自己，“对防守武汉，绝不做无谓之牺牲”，“此次保卫武汉战略，当取韧性”。① 很明显，蒋介石“保卫大武汉”的作战总方针，就在于歼灭日军的有生力量，而不拘泥于武汉一城一地之得失。

中国军队关于武汉会战的具体战略指导是：兵力消耗以60%为标准，其余备作下一阶段作战的基础；沿江部队须绝对固守，尤其要注意江防阻塞，“以短小空间换取长大时间”；② 以山区为根据地，实施夹击，注意截断日军后方联络线；注重襄阳与宜昌、南昌与长沙之间的交通线，以宜昌为第五、第九战区的联结中心。③

与此同时，作为进攻一方的日本，更是紧锣密鼓，剑拔弩张。6月15日，日本天皇召开御前会议，正式做出进攻武汉的决定。24日，日本天皇召集五相会议，对进攻武汉作了具体的准备与部署。稍后，日军参谋本部据此拟订出《以秋季作战为中心的战争指导要点》，明确其战争指导方针是“捕捉结束战争之机”，“进一步统一强化总动员”。提出的战略指导是“尽量缩短汉口作战和广州作战的时间间隔”，对“敌方兵力尽力给予重大损害”，“以后竭力限制战局的扩大，采取紧缩持久的态势，在汉口附近布置机动兵团”。④

日军原定以一部兵力攻占安庆，作为进攻武汉的前进基地，然后以主力沿淮河进攻大别山以北地区，由武胜关攻取武汉，另以一部沿长江西进，作为助攻。⑤ 但因6月9日中国军队于郑州花园口掘开黄河大堤，日军被迫中止沿淮河主攻武汉的计划，改以主力沿长江两岸进攻。由于花园口决堤，突入豫东地区的日军第14、第11、第16师团，其大炮与机械化装备基本失去用途，或被

---

① 《蒋介石日记》(1938年7月26日、29日)。

② 蒋介石：《抗战必胜的条件与要素》，转引自秦孝仪主编：《先总统蒋公思想言论总集》第15卷，中国国民党中央党史委员会，1984年，第122—123页。

③ 《武汉会战方针、目的及策略指导》，国民政府军令部战史会档案，中国第二历史档案馆藏。

④ 白井胜美、稻叶正夫：《现代史资料(9)日中战争》(2)，(东京)美铃书屋，1964年，第269页。

⑤ 《战史丛书(89)支那事变陆军作战(2)》，东晓、陈刚编译：《〈战史丛书〉武汉会战资料汇编》，武汉出版社，2012年，第157—158页。

洪水淹没，或为中国军队歼灭，从而迫使日军在占领开封、中牟、尉氏后，停止向西追击，给了中国军队以缓冲、休整和重新部署的机会。

黄河决口造成了从郑州至蚌埠地区长约500公里的黄泛区。日军自北南下沿平汉线进攻武汉的计划破产，进攻郑州的日军第2军主力，不得不改变计划，掉过头来，沿着漫长的黄泛区东北面绕行，向合肥地区集结。然后，于8月底，从黄泛区南面（淮河南侧）向信阳方向进攻。这一过程，使日军第2军进攻武汉的时间，推迟了将近两个半月。同时，使日军原计划利用淮河为水运交通，向信阳进攻的目的破产。因此，日军总的战略计划也被迫更改。即以主力从北方席卷武汉，变更为以主力沿长江进攻武汉。

对于洪水泛滥后给日军造成的不便，中外文献多有记载。日军第16师团第20联队上等兵东史郎记述很有代表性，不妨摘录如下：

> 湍急的浊流滚滚而来，冲走了一个个村庄。顷刻之间出现了一潭湖水。在南京战役时，我们遇到了火攻，现在又因遇到了水攻而奔逃。我们选择较高的地方。急急忙忙地跑向3里以外的尉氏城。……6月27日，每到傍晚，粮食就所剩无几了，每当旭日东升，我们就出去找粮食。与后方的联络完全中断的时候，一发子弹、一粒大米都不可能送来。我们必须珍惜每一发子弹、每一粒米。香烟也全部抽完了。……我们到处转来转去找食物，旱田里开始还有土豆种，不过，没几天就被吃光了。把南瓜秧弄来煮着吃，但马上就被各分队抢光了。很快田地里没有一点可吃的东西了。洪水又切断了我们前后的道路，一连过了好几天，粮食都没有送来。十五六天之后，战斗机空运来了一些粮食，虽然只有一点点，但是肚子里总算填了些米饭。我们开始了行动，进行转移……敌人知道我们粮食不足、弹药缺乏，像饿狼似的穷追不舍。我们后退一里，敌人就前进一里，可以说在战场上后退比前进更困难。士兵与士兵之间的联系完全中断了，中队长和小队长也找不到了。……不久我们就来到了一条大河边。这条河大约有3000米宽，十几天前这里还是农民们祖辈传下来的赖以生存的旱

田，还是成熟的高粱地。农民撑着小船或木筏在收割露在水面上的高粱穗。①

花园口决堤使中国统帅部对日军进攻武汉的路线有了比较准确的判断：

黄河泛滥后，敌已不能利用陇海铁路西犯，淮北地区又有多数河流梗阻，复有黄水泛滥可能。至郑州以西，我凭河防守亦易，逆料敌由平汉线进犯公算较少。②

武汉会战是一场伟大而神圣的民族自卫战争，中国共产党为制订武汉会战战略，积极建言献策，提出了很多中肯可行的作战方略。周恩来于 1938 年 7 月 7 日，在《新华日报》发表的《论保卫武汉与中国抗战的发展前途》一文中，就指出，在“保卫武汉战役中，运动战、阵地战应成为密切配合，游击战要准备发动”，“最好是能击败和阻止敌人于进攻武汉的山地之外，次之也要能侧击和消灭敌人于进攻武汉的山地之中，最后还要能截击和歼灭敌人于湖沼地带，这样才能达到直接保卫武汉的目的”。因此，要“在敌人进攻正面的近后方，以运动战配合（实施防御——笔者加）被进攻的部队，夹击敌人；在敌人的远后方，以广大的游击战……将敌人后方变为前线”。③ 8 月 6 日，在《关于保卫武汉的方针问题的指示》中，中共中央提出“保卫武汉重在发动民众。”“军事则重在袭击敌人之侧后，迟滞敌进，争取时间，务须避免不利的决战。至事实上不可守时，不惜断然放弃之”。④ 并建议国民政府在战术上，“用正面之阵地战，配合两翼之运动战”，在战略上“部署足够力量于外线”，以“配合内线主力作战，增强敌人困难，减少自己困难，造成有利于持久战之军事政治形势”。⑤

---

① 东史郎：《东史郎日记》，江苏教育出版社，1999 年，第 418—428 页。

② 《李宗仁致蒋介石密电（1938 年 6 月 22 日）》，中国第二历史档案馆：《抗日战争正面战场》上册，江苏古籍出版社，1987 年，第 675 页。

③ 《周恩来军事文选》第二卷，人民出版社，1997 年，第 135 页。

④ 《毛泽东军事文集》第二卷，军事科学出版社、中央文献出版社，1993 年，第 359 页。

⑤ 《毛泽东军事文集》第二卷，军事科学出版社、中央文献出版社，1993 年，第 163—164 页。

第二节　武汉会战主要作战

1938年6月—10月，日军动用14个师团约40万人的兵力，对武汉发动大规模进攻。中国政府组织130个师约110万人的兵力，以长江为主轴线，在长江南北两岸广大地区，利用有利地形，特别是湖沼和山地，进行持久而有力的抵抗，使日军的炮火优势不易发挥。为了拖住日军的后腿，避免东西两线同时作战，苏联以志愿军的名义，派出空军作战。这就使武汉攻防战在空中和陆地同时激烈进行。日军伤亡巨大，也很难短期攻占武汉。为了改变这种不利态势，日军公然违反国际法，公开使用毒气，致使中国军队伤亡巨大。为了保持抗战的有生力量，中国军队主动撤离武汉。

一、序战、空战和日军的毒气战

（一）序战

早在1938年5月中旬，华北日军第14师团两万余人，在师团长土肥原贤二的指挥下，数日之内卡断了陇海铁路线，兵临兰封城下。中国第一战区司令长官程潜以为日军将南犯武汉，令第一战区第1兵团总司令薛岳，率第74、第71、第64、第8军，以及第3集团军和新编第35、第88师等部队，前出兰封地区阻击。双方在兰封东北地区展开激战，相持不下。见此情景，薛岳指挥各路大军对重围中的土肥原部发起总攻，意在全歼这支日军。重围中的日军第14师团亦拼死突围，皆被中国军队堵住去路。5月23日夜，土肥原部1个旅团，在其大批战车、大炮支援下，企图撕开一道口子，突出重围。由于桂永清、邱清泉两部轻敌，薛岳围歼土肥原师团的计划流产。1938年5月底，日军第11师团数万人，从山东菏泽地区南下，与第14师团会合，一举突破兰封地区中国军队防线，向开封逼近。

与此同时，日军华中派遣军一部，从芜湖沿长江水路进攻安庆。安庆居于武汉与南京之间，日军要侵略武汉，就必须先行强占安庆，再利用安庆飞机场等设施，对武汉发动攻击。这样安庆就成为日军攻占武汉的大跳板。5 月 29 日，日军下达 101 号大陆令，命令“中支那（华中）派遣军司令官以一部占领安庆附近”。后又下达第 120 号大海令，命令“支那（中国）方面舰队司令长官协助陆军协同占领安庆附近”。① 6 月 1 日，华中派遣军司令长官命令第 6 师团坂井支队，② 从合肥出发（由于沿途遭受中国军队阻击，8 日才占领舒城，13 日才占领桐城），南下攻占安庆；命令波田支队（台湾混成旅团）协同海军，③ 沿长江西上攻占安庆。至此，“安庆攻略战”全面拉开。

6 月 10 日夜，日海军中国方面舰队第 3 舰队（及川古志郎兼司令），集结战舰 40 余艘，商轮 13 只，汽艇 80 余艘，加上数百只木船，在日军航空兵团第 3 飞行团 50 余架侦察机、战斗机、轰炸机掩护下，由芜湖溯江而上，开始大举向安庆发起进攻。防守安庆的中国第 27 集团军，以第 133 师在巢县、无为、庐江，阻击合肥日军南下，以第 134 师自枞阳至安庆沿江布防，阻止波田支队西进。11 日中午，日军舰队通过大通江面，遭到中国江防军的炮火阻击，终因军力悬殊，被强行通过。后日军试图在枞阳镇一带登陆，因第 134 师顽强抗击，未果。12 日凌晨，波田支队在距安庆 20 公里的南北两岸马窝子、大王庙分别登陆，迅速向城区逼近。傍晚，占领安庆飞机场，当晚，安庆沦陷。安庆之战正式拉开了武汉会战的序幕。

日军攻占安庆后，下一个目标就是地处江西彭泽县境内的马当、湖口。马当是长江最重要的要塞之一，水流湍急，形势险要。6月22日，日军波田支

① 《战史丛书（89）支那事变陆军作战（2）》，东晓、陈刚编译：《〈战史丛书〉武汉会战资料汇编》，武汉出版社，2012 年，第 160 页。

② 坂井支队以步兵第 13、第 47 联队和独立山炮兵第 2 联队为基干。

③ 台湾混成旅团以台湾步兵第 1、第 2 联队和台湾山炮兵联队为基干，由波田重一指挥，故称波田支队。

图 3-1　1938 年 6 月 20 日，从安庆附近溯江而上的日本海军第 3 舰队①

队与海军第 11 战队进攻马当。经过两天激战，日军仍无法打通水上通道。波田支队遂被迫放弃从江上展开进攻的计划，改以一部兵力在马当以东的茅林洲、香口一带登陆，沿长江南岸向马当迂回进攻。中方负责马当—湖口防御的指挥官，是中国第 16 军军长李蕴珩。他好大喜功，昏庸糊涂，大敌当前，居然举行所谓“抗日军政大学”的结业典礼，对日军突然袭击全无准备，战斗无人指挥，阵地乱成一团，香口遂告失守。随后，香山等阵地也相继失守。

负责指挥马当要塞阵地防守的守备第 2 总队总队长鲍长义，没有派部下军官去参加李蕴珩的所谓结业典礼，而是下令所部军官坚守岗位，把所属 3 个步兵大队安置在马当以东的长山，依托这里的 8 个钢筋水泥构筑的坚固工事进行防守。日军在占领香口、香山等阵地后，于 24 日早 8 时向长山发起猛烈进攻。中国守军轻、重机枪一齐开火，日军组织的 4 次突击均被打退。日军见步兵进攻毫无进展，便出动 10 多艘军舰，向长山步兵阵地炮击。香口日军趁势再次

① 邓正兵、朱莉主编：《武汉会战日方图片汇编》，武汉出版社，2013 年，第 133 页。

向长山突击，企图凭借强大火力掩护突破守军防线。第2总队官兵仍然坚守阵地，毫不退缩。25日，第16军第60师在空军配合下，向登陆日军展开反击，将日军步兵压退至江边，于当日中午收复香山、香口。但到下午，日军大举反扑，香山、香口再度失陷。26日，日军施放毒气弹，[1] 长山阵地才被日军攻占，马当陷落。

得知马当要塞失陷的消息后，蒋介石在武汉大发雷霆，下令中国军队全力反攻，一定要收复马当要塞。武汉卫戍总司令陈诚更发布了一道死命令：

> 香山、马当为皖、赣门户，其得失影响于今后作战之胜败甚巨。……务速恢复香山、马当要塞阵地而确保之。攻克香山及马当要塞区者，各赏洋5万元。如有作战不力者、畏缩不前者，即以军法从事。[2]

第16、第49军等部遵令向香山日军发起大反攻，一度再次收复香山，并予日军以重创，但因日援军大举而至，激战数日，终究未能收复马当要塞。马当战后，第16军军长李蕴珩以疏于防范、作战不力受到军纪制裁，而第167师师长薛蔚英更因贻误战机而受到枪决处分，该师番号被撤销。29日，日军占领彭泽，并以爆破队打开马当封锁线，疏通长江航道。随后，波田支队等部在海军的协同下，沿长江继续西进，当日攻占彭泽。7月1日起，以陆海空军协同作战，猛攻作为九江门户的湖口，中国军队第26师刘雨卿部奉命死守，经数日激战，波田支队以施放大量毒气突破了中国守军阵地。7月4日，湖口失守，九江门户大开。

（二）空战

日军为了迫使中国政府屈服，对中国战时首都武汉进行了狂轰滥炸。1937年8月21日，日机首次飞临武汉上空。9月24日，日军轰炸汉口、汉阳，造

---

① 《陈诚致蒋介石代电（1938年6月30日）》，中国第二历史档案馆：《抗日战争正面战场》上册，江苏古籍出版社，1987年，第682页。

② 《陈诚致蒋介石电（1938年6月27日）》，见马振犊：《广济战役前武汉会战战况史料选》，《民国档案》1985年第2期，第45页。

成700余人伤亡，这是日军对武汉的首次大规模轰炸。① 据不完全统计，武汉会战期间日军战机空袭武汉共61次，出动飞机946架次、投弹4590枚、炸死炸伤8600余人，炸毁房屋4900栋，② 而实际损失大大超过这个数字。“当年遭受轰炸最激烈，受害最深的地区，有武昌的徐家棚、大朝街、水陆街、中正路、平阅路等地，汉阳的铁厂及河泊所、新堤洲等地，汉口的江岸一带及武圣庙、药帮巷等地”③。

图3-2　1938年夏日机轰炸汉口后，坐在废墟上痛哭的妇女④

日军轰炸的目标很多是非军事的。1938年7月12日，丧心病狂的日军将百余枚炸弹投向位于繁华市区的学校、医院和车站、码头以及近郊农村。据资料显示，当天被送进医院的伤残者：天主堂医院113人、仁济医院135人、同

① 《王世杰日记》，中国社会科学院近代史研究所：《近代史资料》总第119号，中国社会科学出版社，2009年，第179页。

② 《湖北省各地敌机空袭投弹统计表》，武汉地方志编纂委员会办公室编：《武汉抗战史料》，武汉出版社，2007年，第6491页。如从1937年8月算起，则日军共空袭武汉297次，投弹7510枚。

③ 中共湖北省委党史研究室、湖北省抗战课题组：《荆天血案——日军侵鄂罪行实录》，中共党史出版社，2010年，第115—116页。

④ 美国《LIFE》杂志1938年10月17日。

济医院 110 人、重伤医院 50 人，其他医院 50 人。在胭脂路，几十间房子被轰然而下的炸弹击中，民众躲避不及，死伤无数。省立医院的病房被炸塌，许多职工和病人被活埋。美国圣公会办的希理达女子中学屋顶上虽插有美国国旗，但仍然不能保障该校安全，同样遭到日机轰炸。

为了保卫武汉，打击日军的嚣张气焰，中国空军进行了可歌可泣的战斗。据中国方面不完全统计，在武汉会战期间，中国空军积极参与作战，在苏联航空志愿大队的配合下，中国空军鏖战长空，与日军航空兵空中大战 8 次，击落日机 64 架，炸毁日机 18 架以上，炸沉日舰 23 艘，① 有力地支援了地面部队的作战。据日军统计，1938 年 5—10 月，仅日本海军航空兵即损失飞机 136 架，战死官兵 116 人。② 这 8 次空中大战是：

1. 二一八空战。如从空中战场看，武汉会战的战火在 1938 年 2 月 18 日于日军的空袭中展开，中国空军 29 架苏制战机击退了 38 架（其中轰炸机 12 架）日军飞机的进攻。这次空战，中国空军击落日军飞机 11 架，自己损失 4 架。③ 这是武汉地区的首次空战大捷，中国空军第 4 大队队长李丹桂等 5 人殉国。

2. 二二三空战。中国空军与苏联志愿空军混合编队使用 CB-2 型轻型轰炸机，由武汉起飞，首次出击日军台湾松山机场，炸毁日军飞机 18 架后，安全返航。

3. 四二九空战。四二九空战是抗日战争战略防御阶段最大规模的一场空战。④ 4 月 29 日，日军航空兵（陆航的 18 架战斗机和海航的 27 架舰载战斗机）⑤

---

① 何应钦：《日本侵华八年抗战史》，（台北）黎明文化事业有限公司，1982 年，第 309 页。

② 日本防卫厅防卫研究所战史室：《中国方面海军作战（二）》（中译本），中华书局，1991 年，第 48 页。

③ 《武汉日报》1938 年 2 月 19 日。

④ 双方公布的战绩相差悬殊。

⑤ 《战史丛书（79）中国方面海军作战（2）》，东晓、陈刚编译：《〈战史丛书〉武汉会战资料汇编》，武汉出版社，2012 年，第 400 页。

对武汉实施大规模轰炸，以庆祝裕仁天皇的生日，并企图消灭再建中的中国空军。中国方面由于事前已知道其目的，乃加强准备，67 架战斗机从汉口和孝感机场起飞，对日军进行猛烈还击。经 30 分钟激战，中国空军共击落日机 21 架，自己损失 12 架。① 空中英雄陈怀民为国捐躯。

4. 空军远征日本。5 月 19 日晚 11 时，中国空军第 14 队队长徐焕升、副队长佟彦博分驾两架马丁式飞机，从汉口起飞，开始远征日本的壮举，20 日晨 3 时到达日本长崎、福冈、佐世保上空，散发《告日本国民书》《告日本工人书》等传单数十万份，上午 10 时凯旋，返抵汉口。

5. 五三一空战。5 月 31 日，日军 30 多架战斗机、19 架轰炸机进攻中国空军汉口基地，中国空军在战斗机大队长布拉戈维申斯基率领下，50 架战斗机升空迎战，经过 15 分钟战斗，共击落日军飞机 14 架。②

6. 南昌空战。7 月 4 日，日军中攻机 26 架、战斗机 23 架袭击南昌机场，中国空军出动战斗机 65 架进行拦截，双方发生激烈空战。

7. 八三空战。8 月 3 日，日军中攻机 18 架、舰载战斗机 3 架、轰炸机 18 架空袭汉口，中国空军出动飞机 50 多架升空拦截，在武昌南郊上空发生激烈空战。这次空战，中国空军击落日军飞机 12 架。③

8. 韶关空战。8 月 30 日，日军 29 架战斗机、轰炸机攻击韶关机场，企图空中截断粤汉铁路，封锁武汉出海通道。中国空军第 3 大队与之激烈作战，大队长吴汝鎏牺牲，击落日军飞机 6 架，击伤 4 架。④

（三）日军的毒气战

武汉会战期间，日军第一次有计划有准备大规模地把毒气作为主要作战手段，仅仅从 1938 年 8 月至 10 月，日军公然违反国际公约，在 375 处使用毒

---

① 《新华日报》1938 年 4 月 30 日。

② 《武汉日报》1938 年 6 月 1 日。

③ 《新华日报》1938 年 8 月 4 日。

④ 陈应明、廖新华：《浴血长空——中国空军抗日战史》，航空工业出版社，2006 年，第 119 页。

气，发射毒气弹 4 万发以上，① 屠杀中国军队和平民。为了进行毒气战，日本建立了一支由步兵和炮兵组成的化学战部队。步兵称为“野战瓦斯队”，以中队为单位；每个中队约 400 人，配备的主要进攻性武器是施放毒气的毒气发烟筒和撒布毒剂的布毒车。炮兵称为“迫击炮大队”，以大队为单位；每个大队 963 人，配备有 94 式轻迫击炮 36 门，以发射毒气发烟弹为主。会战期间，鉴于战区地形和气象对毒气战的限制，日军采取了灵活机动的小规模施放毒气的战术，同时也不失时机地组织了多次较大规模的毒气施放。② 毒气战对于日军帮助极大，对于日军顺利完成攻占武汉的作战起到了举足轻重的作用，也给中国军队造成了极大的伤亡和损害。

图 3-3　一名中国军方发言人在汉口向外国记者展示从日军手中缴获的瓦斯气罐③

日军在武汉会战中，多次使用毒气，进行了疯狂的毒气战。主要战例

① 《朝日新闻》1984 年 10 月 6 日。

② 纪道庆：《侵华日军的毒气战》，北京出版社，1995 年，第 133 页。

③ 秦风老照片馆编：《抗战中国国际通讯照片》，广西师范大学出版社，2008 年，第80 页。

有：湖口争夺战中，7月3日，配属波田支队的野战毒气第13中队（欠1个小队）施放毒气弹165个，守军150余人中毒，4日再放333个，“中毒者甚众”。[①] 8月2日，日军第6师团第23联队野战毒气第5中队在湖北黄梅商家桥以东施放毒气筒1000发；8月5日到9月11日的瑞昌作战，日军波田支队、第9师团使用毒气到了疯狂的程度，共投放各类毒气弹2000多发；[②] 9月23—27日，日军第10师团第40联队进攻河南罗山洪砦、东湾附近等地时，配属的日军第2野战毒气队第6中队、第7小队施放毒气筒2691个；同一时间，在河南商城，日军山炮兵第19联队数十次发射毒气弹共420发；[③] 29日，第27师团第3联队攻击赣北的麒麟峰时施放毒气，曾一度攻上山头；10月30日上午11时，日军第3师团辎重第3联队第1大队，在追击途中遭到中国散兵1200余人的进攻，日军施放毒气发烟筒8个，使中国军队溃退，有16人窒息而死。

武汉会战后，日军各级部队在战斗总结里都一致认为：“毒气战对于装备低劣的中国军队是一种有效的武器。”[④] 所以，日军的许多部队把在武汉会战中临时建立的毒气发烟队固定化。在后来的多次会战中，毒气已成为日军一种重要武器。

二、江南战场作战

（一）九江战役

九江地扼鄂赣门户，由中国第2兵团司令张发奎指挥10万大军防守。7月19日，日军第11军司令官冈村宁次正式下达进攻九江的作战命令：日军第

---

① 郭汝瑰、黄平章：《中国抗日战争正面战场作战记》下册，江苏人民出版社，2005年，第797、799页。

② 纪学仁：《侵华日军毒气战事例集》，社会科学出版社，2008年，第64—123页。

③ 纪学仁：《侵华日军毒气战事例集》，社会科学出版社，2008年，第112—123页。

④ 日本华中派遣军司令部：《武汉攻略战期间的化学战实施报告》，1938年11月30日。转引自李力：《关于日军大举进攻武汉期间实行的毒气战》，《社会科学战线》1992年第2期，第199页。

101师团推进至湖口附近，接替第106师团的守备任务；波田支队、第106师团与海军协同，于23日开始向九江进攻，并做好向瑞昌、德安进攻的准备；第6师团由潜山向太湖、宿松、黄梅进攻，以策应溯江部队作战。由于九江北临长江，东滨鄱阳湖，利于日海军舰队和空军飞机发挥其海空优势，所以张发奎认为，固守城垣有相当困难，必须在九江西南丘陵地带设立二线预备阵地，一旦九江失守，以资抵抗。① 但是，蒋介石误以为张发奎保存实力，命令必须固守九江，张发奎只好按照这一决策来进行部署。

23日零时，波田支队由湖口乘船，在海军第11战队的掩护下，潜入到鄱阳湖中鞋山附近，企图从姑塘登陆。中国守军预备第11师发现时，日军已掩袭至滩头，虽竭力抵抗，击沉日军舰艇10余艘，但在日海军舰炮火力压制下，守军伤亡惨重，波田支队得以强行登陆。24日，日军占领姑塘。25日7时许，日舰20艘、飞机50多架，对九江守军阵地和市区进行狂轰滥炸，掩护其陆战队登陆，并迅速迫近九江城区。25日晚，第2兵团即全线后撤，向南、向西转移，放弃九江。27日晨，日军占领九江城区。中国军队撤向狮子山以南新阵地，31日退守东牯岭、牛头山、金官桥一线，与日军对峙，九江战役结束。

（二）南浔战役

日军第11军占领九江后，以第9、第101、第106、第27师团等，兵分3路，先后在赣北展开攻势，以图扩张战果，并相机攻取德安、南昌，然后切断粤汉路，对武汉进行大包围，以图歼灭中国野战军主力。中国军队第九战区调整作战部署：以第2兵团担任沿江正面防守，而赣北方面的作战则统一由第1兵团总司令薛岳指挥。薛岳以主力固守南浔铁路（南昌—九江）正面阵地，一部加强鄱阳湖湖防，机动部队部署于德安西方地区，待机出击日军侧背。

7月下旬至8月初，日军第106师团沿南浔铁路两侧向德安方向推进，在

---

① 《第二兵团司令张发奎报告书》（1938年8月7日）。中国第二历史档案馆：《抗日战争正面战场》上册，江苏古籍出版社，1987年，第696—699页。

沙河镇、南昌铺一带与中国第8、第64军进行了7天7夜的反复争夺，遭受重创，参与进攻的16000多人伤亡过半，联队长1人、大队长3人战死。① 为了支援第106师团的作战，8月20日，日军第101师团在星子县鄱阳湖西岸登陆，21日占领星子县城，然后沿德（安）星（子）公路一线发动进攻，作战非常不顺，先后在东西孤岭、隘口等地遭到中国军队强有力打击，伤亡亦过半，号称“战神”的日军步兵第101联队联队长饭冢国五郎被击毙，师团长伊东政喜负伤。② 日军进攻受阻，冈村宁次不得不下令第101、第106师团暂时停止进攻，在沙河镇等地休整。8月22日，日军大本营再次下达进攻武汉的第188号大陆令、第135号大海令。日军华中派遣军据此于当日17时正式下达了沿长江两岸攻占武汉的命令，即“中支作命甲第六十号”，要求第11军以主力置于长江以南，从咸宁贺胜桥地区切断粤汉铁路，由南方迂回武汉，并“消灭途经各地之敌，以挫伤敌之继续作战士气”。③ 日军第11军的具体部署是：由波田支队、第9师团、第27师团经瑞昌、阳新地区向西猛攻，“击溃中国在该地区的主力部队，截断粤汉铁路”，与其他方面的日军共同形成对武汉的战略大包围，最终夺取武汉。④

为了打破在南浔线的僵局，日军第27师团开始沿瑞（昌）武（宁）线进攻武宁，⑤ 准备迂回中国军队左侧背，诱南浔线中国大军西移，为其正面第106师团南进创造良好条件。24日，日军第9师团攻陷瑞昌，并由瑞昌向西南推进。为配合第9师团作战，第106师团再次主动发起进攻。从27日开始，

---

① 郭汝瑰、黄平章：《中国抗日战争正面战场作战记》下册，江苏人民出版社，2005年，第811页。

② 万高潮等：《血战武汉》，中国文史出版社，2005年，第69—70页。

③ 日本防卫厅防卫研究所战史室著，田琪之译：《中国事变陆军作战史》第2卷第1分册，中华书局，1979年，第140—141页。

④ 此处引用的华中派遣军的命令和冈村宁次的命令有一点差异，冈村宁次放大了华中派遣军的命令。“挫伤敌之继续作战士气”和“击溃中国在该地区的主力部队”这两个命令有不同，相对来讲，华中派遣军的命令比较切合实际，较易执行。冈村宁次不把中国军队放在眼里，想“超额完成任务”，不现实。

⑤ 具体作战经过见下一部分的“瑞武路作战”和“阳新战役”。

日军第 106 师团与中国第 70、第 64、第 4 军大战于庐山南麓的金官桥一线。9 月 4 日，日军第 106 师团占领马回岭，但因伤亡过大，又被迫停止进攻，在马回岭地区进行休整，并补充兵源。为加强该部战斗力，冈村宁次将从杭州地区调来的第 11 军第 22 师团的山炮兵第 52 联队配属给第 106 师团。双方在马回岭一线相持不下，形成对峙格局，直到 9 月下旬。

（三）瑞（昌）武（宁）路作战

8 月下旬，日军波田支队和第 9 师团由瑞昌出发，分别沿长江、瑞（瑞昌）阳（阳新）公路西进。张发奎指挥的中国第 2 兵团在该地区“准备聚歼西进之敌”。中国统帅部紧急增调汤恩伯第 31 集团军（辖第 13、第 85、第 98 军）至瑞昌以西地区。这样，张发奎就能指挥中国第 31 集团军、第 32 军团这两支精锐之师，① 组织有效抵抗。张发奎的作战设想是，“兵团作战指导的着眼，在于如何去阻止沿瑞阳公路西进与溯江直上的敌人，并如何设法隔离敌人之水陆两面行动，使其失去互相呼应的效用。如果我们能把握任一个方面的战斗成功，均可挫折敌人的攻势。”②

这次作战中国军队有许多有利条件，其中最主要之点，是地理上有利于防守。因为瑞昌县城以西是连绵的山地，瑞阳公路蜿蜒于群山之间。中国军队巧妙利用这一有利地形，构筑了坚固的阵地带，可以封锁瑞阳公路和瑞武公路，更可以从各个方向攻击日军。③ 另外，在山地战中，日军的炮火优势不易发挥，中国军队手榴弹和白刃战更能发挥作用。

---

① 蒋介石原定以汤恩伯为突击军军长，但因湖口、九江、瑞昌过早失守，不得不将军委会直辖的这支最精锐的部队用于阳新地区的防御。参见苟吉堂著：《中国陆军第三方面军抗战纪实》，（台北）台湾文星书店，1962 年，第 99、第 112 页。

② 张发奎：《抗日战争回忆记》，载广东省政协、韶关市政协、始兴县政协文史资料研究委员会合编：《挥戈跃马满征尘——张发奎将军北伐抗战纪实》，广东人民出版社，1990 年，第 114 页。

③ 中国军队“依山地形势，在每个山头修筑工事，把几个山头组成一个棋盘阵地，一个山头受敌攻击，其他山头可以立即配合出击，歼灭敌人”。见王成斌、刘炳耀、叶万忠、范传新主编：《民国高级将领列传》（第一集），解放军出版社，1988 年，第 230 页。

但日军的优势更多，除国力强大、有明显的炮火优势外，日军的军事技能也超过中国军队。日军“对于山地作战部队均预先特别选定，其装备都适合山地战之要求，山炮大量使用，步兵穿着便于爬山之装备，并携带有披荆斩棘的工具”，中国军队认为难于攀登的峭壁或忽视的小道，日军常“利用夜袭轻装突击”，中国军队控制的大部分高地，常常被日军夜袭夺取。①

双方各有短长，战事一开始就十分激烈，渐渐演成逐山争夺的态势，日军推进的速度十分缓慢。此时正是夏秋之交，日军中大规模爆发疟疾。据 1938 年 8 月 30 日冈村宁次的报告，进行武汉地区作战的 40 万日军中，有 15 万疟疾病患者，② 超过了三分之一，极大地影响了日军的进攻能力。

31 日，汤恩伯利用日军的这一困难，命令所部改取攻势。第 32 军团第 52 军第 25 师也趁机发起大举反击，并连克数地。这些攻势作战，有力地支持了第 72 军等部在金牛山、竹山地区的防御。双方战线出现了暂时的胶着。9 月 2 日，张发奎命令刚从武汉警备司令部调来的第 30 军团所属第 49 师增援码头镇，第 11 军团所属第 9 师增援汤恩伯部，中国军队的作战能力得到增强。3 日晚，第 32 军团军团长关麟征再次组织对郎君山、牯牛岭一线的反击。日军则像一只斗红了眼的公鸡，拼命反扑。5 日，武山、凉月山、望人垴失陷。

在旷日持久的搏杀中，最为激烈的，莫过于 9 月 4 日至 10 日虾蟆洞一线的争夺。这一次争夺，双方大规模的搏杀就有 7 次之多，中国第 13 军和第 32 军团表现得非常英勇。③ 战至 9 月 12 日，日军才攻下陈家坳、前门塘、雀儿冲、仙女池一线。④

---

① 张发奎：《抗日战争回忆记》，载广东省政协、韶关市政协、始兴县政协文史资料研究委员会合编：《挥戈跃马满征尘——张发奎将军北伐抗战纪实》，广东人民出版社，1990 年，第 116 页。

② 白井胜美、稻叶正夫：《现代史资料（9）战争》（2），（东京）美铃书房，1978 年，第 411 页。

③ 具体情况见陈荣华主编：《江西抗日战争史》，江西人民出版社，2005 年，第 111—113 页。

④ 参见第 13 军军长张轸的日记，张轸：《武汉战役部分日记》，《武汉文史资料》1984 年第 2 辑，第 50 页。

日军未能取得突破性进展，不得不调整部署，将作战重点集中在沿江地区，全力进攻码头镇和富池口，并增调第27师团进入该地区，一方面呼应南浔路方面的日军，夺取武宁，割断中国军队在修水上下游之间的联系，掩护南浔路日军侧背的安全，援救处于困境的第106师团，一方面策应波田支队和第9师团在阳新地区的进攻，随时做好从武（宁）阳（新）公路西进的准备。①

由于沿江地带地势平坦，有利于日海陆空三军立体作战，充分施展其炮火优势，9月10日，日军第9师团一部占领了瑞（昌）阳（新）交界的大风山。14日，波田支队突破中国守军左翼阵地，攻陷码头镇，第9师团一部则突入和尚垴、笔架山一线。19日，日军突破中国第11军团第54、第13军防线，向中国第4、第14师阵地猛攻，当晚，守军在受日军重创后，主力奉命转至瑞阳公路两侧的柯家山、狮子山、坡峰尖一线，日军则准备向公路北翼的鸡笼山发起攻击。② 与此同时，16日，日军在第3飞行团的支援下，第27师团向江西武宁县西北箬溪方向进犯，中国第30、第18军沿瑞昌—箬溪公路依托附近山地顽强抵抗，③ 24日，日军第27师团一部才冒险深入到德安西边的白水街以西地区。

在战局严峻之际，24日，蒋介石将瑞武路的作战由第2兵团改归第1兵团指挥，并令第1兵团指挥部速到武宁指挥，以确保武宁。④ 薛岳接受这一任务后，果断下令调集就近的第91、第142师，连夜抢占瑞（昌）武（宁）线上的要地南屏山，切断日军第27师团后路。在25、26日两天的恶战中，第60师、新编第13师几乎全歼了日军铃木联队，⑤ 第141、第142师收复麒麟

---

① 多数论著遗漏了这一重要事件，或者将第27师团的作战仅仅视为武汉会战南浔战役的一部分。这是不准确的。从本文的叙述可以看出，第27师团的作战是在两大战场的结合部进行的，与两大战役的进程都有密切的关系。

② 鸡笼山是日军从陆路进攻半壁山要塞的必经之地。

③ 箬溪今已不在，淹没于富水水库之中。

④ 万高潮等：《血战武汉》，中国文史出版社，2005年，第66页。

⑤ 指10月11日从苏州调来的第17师团部队，由第17师团步兵团长铃木春松指挥，计有该师团第54联队第1、第3大队，第53联队第3大队，以及野炮兵第23联队。

峰，使日军第 27 师团东进援助第 106 师团的企图被粉碎。日军第 27 师团在麒麟峰再次受挫后，只能置陷入重围、濒于绝境的第 106 师团而不顾，主力休整，以 1 个联队、1 个炮兵大队为先锋，转向辛潭铺前进。

在瑞武路发现日军第 27 师团后，中国统帅部对日军第 11 军的新动向，作出了比较准确的判断，适当修改了原定的作战部署，将后方有战斗力的预备队约 4 个军增调到前线，将久战疲惫的第 32 军团等部调往咸宁、通山等地，①一方面让其休整以恢复战力，另一方面作纵深配备，以利今后的长期作战。9 月 16 日，中国统帅部正式下达了新的武汉会战作战计划，第一次明确将阳新附近的作战作为武汉会战的核心战斗，提出新的作战目标，那就是要确保箬溪、辛潭铺"要地"，② 实施纵深配备，阻遏日军新一轮攻势。

具体部署是：

> 阳新河以南，卢汉（184 师、182 师、183 师）、汤恩伯部（23 师、新 35 师、4 师、110 师）及 14 师应以现在态势阻敌西进；万福麟（预 4 师、130 师、116 师）、张刚（193 师、82 师）部应确保阳新河北岸及沿江半壁山等要点，并以黄国梁军（92 师、30 师）推进至三溪口，准备在辛潭铺、三溪口、下浮屠之线截击西进之敌。③

稍后，中国统帅部还专门针对日军第 27 师团，部署第 30 集团军和第 18 军等部，在瑞武公路沿途地区逐次进行顽强的抗击。18 日，第 18 军又奉令改归汤恩伯指挥，增强了中国军队的左翼作战能力，使中国军队的战力分配更符合战场实际。在第 18 军等部正确的运动防御战术的作用下，日军第 27 师团进展缓慢，苦战 8 个昼夜只推进 20 公里。23 日，中国军队借机在沿江地区发起

---

① 第 32 军团参加了台儿庄等重要战役，伤亡很大，以其中最有战斗力的第 52 军为例，该军在参加瑞武路作战前夕，"有作战能力的官兵，已不足原来人数的一半"。见郑建邦、胡耀平整理：《我的戎马生涯——郑洞国回忆录》，团结出版社，2008 年，第 125 页。

② 辛潭铺又写作"星潭铺"，属阳新，富河上游的一个重要集镇。

③ 中国第二历史档案馆编：《抗日战争正面战场》上册，江苏古籍出版社，1987 年，第 662 页。

反攻朱婆山的战斗，夺回了其中一些小高地①，使三个方向的日军都陷入“苦战”之中，互相不能增援。

为增加第 27 师团的进攻能力，使其从苦战中解脱出来，冈村宁次命令第 101 师团第 102 旅团组成佐枝支队（步兵 1 个联队、骑兵 1 个小队、野炮兵 2 个中队），配属给日军第 27 师团。

针对日军再次增兵的情况，24 日，中国第九战区除下令在南浔线作战的中国军队，注意策应在瑞武公路的作战外，还将新到的第 16 师配属给第 18 军，令第 110 师归还第 13 军建制②，以加强中国军队在瑞武公路地区的作战能力。因此，日军佐枝支队在箬溪东北的白水街附近遭到中国第 18 军第 60 师等部的反攻，联队长谷川幸造被击毙。

瑞武公路成为双方争夺的焦点，双方相持了 12 天，日军始终不能越雷池一步。

（四）万家岭大捷

中日双方在赣北马回岭一线相持不下，使冈村宁次进攻武汉的计划受阻，力图寻找新的突破口，攻占德安，以保证西进武汉南侧的安全。9 月下旬，冈村宁次从空中侦察了解到中国第 9 战区主力在瑞（昌）武（宁）路方面作战，南浔铁路与瑞武路之间的守军兵力薄弱，出现空隙，便命令整补后初步恢复元气的第 106 师团绕行走马岭正面，迂回袭击德安，③ 第 106 师团接到冈村命令后迅速行动，10 月 2 日，师团主力孤军深入到万家岭地区。

发现日军第 106 师团孤军深入后，薛岳认为机会难得，随即给在武汉的国民政府军委会和第九战区司令部发电请示：“敌人狼奔豕突而进，孤军深入，实犯兵家之大忌，此等有利时机，兵团正宜乘时反攻，予以决定性之打击，而我转用兵力，时间空间，均当许可”，于是，薛岳进驻白槎指挥并下决心“抽

① 陈诚：《武汉外围战况概述》，《湖北文史资料》1985 年第 1 期，第 9 页。

② 第 110 师原为突击军之一部，此时归还第 13 军建制，有利于加强中国军队在南浔、阳新两大战场的反击作战能力，具有一定的战略价值。

③ 由于军制等方面的原因，日军的补充能力是很强的，中国军队在这方面的表现就差得多。

调德兴、南浔、瑞武三方面兵力，包围万家岭附近之敌，捕捉而歼灭之”。①蒋介石迅速回电同意，表示再调部队支援薛岳。薛岳迅速抽调第 66、第 74 军和第 187、第 139、第 91、第 142、第 60、第 19、新编第 13、新编第 15、预备第 6 师，会同正面阻击日军的第 4 军，四面包围，全力出击。10 余万军队开始在崇山峻岭中运动。

图 3-4　1938 年 10 月初，中国军队冲入万家岭村舍，与日军展开激烈巷战②

10 月 1 日至 3 日，第 74 军第 58 师向占领万家岭、哔叽街一带的日军发起连续攻击。日军在飞机掩护下拼死反击，双方伤亡均重。直到 4 日，双方在小金山、万家岭、张古山、箭炉苏一带连续激战，阵地几度易手。此时，薛岳调遣的各部队已陆续靠拢，对日军第 106 师团形成合围之势。日军第 106 师团见情况不妙，企图向北转进，向日军第 27 师团靠拢，突出中国军队的重围。

5 日、6 日，中国第 1 兵团主力第 74 军等部在长岭、背溪街、张古山、狮子岩等处与日军第 106 师团激战。6 日，薛岳认为歼灭当面日军的时机已到，下达了总攻击令，中国第 66 军第 195、第 160 师向石堡山攻击，第 74 军第 51 师向长岭北端和张古山制高点强攻，经过白刃格斗，占领日军张古山主阵地。拂晓后，日军拼力反扑，一度夺回阵地。中国军队组织敢死队再次夺回。9 日，中国军队夺回梨山等阵地，最后将包围圈紧缩到南田铺、雷鸣鼓刘和潘家 3 个村庄约 4 平方公里的狭小地区。日军第 106 师团损失惨重，特别是基层军官伤亡更大，华中派遣军司令官畑俊六不得不亲自组织向万家岭地区空

① 《国民政府军令部战史会档案》，中国第二历史档案馆藏。

② 唐惠虎、林阳春、韩兆海主编《武汉抗战图志》，湖北人民出版社，2005 年，第141 页。

投了200多名联队长以下军官。

10日，日军第106师团的防御阵地彻底崩溃，中国第66军收复万家岭、田步苏，第4军收复大金山西南高地和箭炉苏以东高地，第74军收复张古山，第91师收复杨家山东北无名村，第142师收复杨家山北端高地。战斗中，第4军前卫突击队曾突至万家岭第106师团司令部附近，差一点生擒第106师团师团长松浦淳六郎。万家岭战役胜利结束。此战共歼灭日军1万余人，① 缴获轻重机枪200余挺、步枪3000余支、山炮16门、迫击炮28门、战马300余匹，生俘日军100余人。

万家岭大捷导致日军士气严重受损。根据被俘的日本军官中山泰德笔述："此役松浦师团，除留守南浔路正面一部外，战后未死伤之官兵，得脱者仅二三百人，松浦师团长仅以身免。其炮兵及无线电台全部毁灭，是为江南空前之血战。"② 松浦师团在万家岭被歼的消息传到日本后，朝野莫不震惊。日本民众对该师团更是鄙夷，以后日军补充兵员听到即将编入第106师团，均认为是不祥之兆，互相抱头痛哭，第106师团成为"死亡师团"的代名词。

（五）阳新战役

到9月下旬，中日军队在瑞武路一线及附近地区相持近1个月，日军陷入"苦战"。为打破僵局，23日，日军调整部署，暂时放弃消灭中国军队主力这一原定主要作战目标，改为尽全力攻占长江南岸要地富池口。为此，日军第11军给阳新地区日军配备了大量野战攻坚的炮兵和坦克部队，计有独立重机关枪1个大队又1个中队、独立轻装甲车2个中队、迫击炮2个中队、工兵2个联队又2个中队、野战重炮兵1个联队、野炮兵1个大队。③ 日军炮火增加，机动性增强，而且目标单一，一时进攻能力大增。

9月14日，在空军的掩护下，40余艘日舰以猛烈炮火轰击富池口，富池

① 由于有部分兵力驻守九江，实际参战人数约13000人。

② 转引自舒醒：《万家岭战役：中国抗战史上的空前胜利》，《党史文苑》2010年第21期，第27页。

③ 王辅著：《日军侵华战争》第2册，辽宁人民出版社，1990年，第901页。

口保卫战正式打响。此后，日军数度进攻，并使用毒气，中国军队凭险死守，数度退敌，牺牲惨重。24 日，富池口被日军攻陷。

富池口的陷落，没有使中国军队丧失斗志。中国军队的作战重点，一直不局限在沿江地区，阳新腹地、幕阜山区，才是预定的江南主战场。中国军队仍然控制着瑞阳公路以南山地，这里是中国军队的“攻势地区”，掌握了这一地区，“倘敌再西进，则随时予以侧击，使我军转于主动地位”。具体说来，第 2 兵团的作战重心，一线在“老虎头、九山鸦头亘晒山一带及其以西地区”，二线在辛潭铺、排市地区。①

被富河流域所覆盖的阳新，湖网之间，丘陵起伏，地势复杂。早在战前，为了利用富河南北山地阻敌西进，武汉卫戍部队共征集民工 1 万余人，以第 77 师为基干，用 1 个多月时间修筑了三条防御工事带。② 这些工事对后来的作战发挥了较好的作用。

日军控制富池口后，挟新胜之余威，向半壁山要塞发起进攻。面对日军新一轮进攻，中国军队做好了充分的抗敌准备。在要塞外围区，9 月 23 日至 10 月 7 日，日军第 9 师团被中国第 60 军等部阻止于排市富水北岸，受到重大打击，③“陷入了苦战”，“攻击这一地区的波田支队连续由于弹药、炮弹不足而遭受巨大损害”。④

在要塞核心区，担任防御任务的，是以第 98 军第 193 师第 385 旅为基干的一个加强旅约 7 200 人，配备了机械化炮第 10 团等重炮部队，超过当时一个

---

① 《陈诚致蒋介石密电（1938 年 9 月 15 日）》，中国第二历史档案馆编：《抗日战争正面战场》上册，江苏古籍出版社，1987 年，第 731—732 页。

② 中共阳新县委党史办公室：《阳新人民革命史》，华中师范大学出版社，1991 年，第 238、339 页。

③ 余建勋：《阳新、崇阳阻击战》，载文闻编：《我所亲历的武汉会战》，中国文史出版社，2005 年，第 128—134 页。

④ 户部良一：《华中日军：1938—1941——以第 11 军的作战为中心》，载杨天石、臧运祜编：《中日战争国际共同研究之二：战略与历次战役》，社会科学文献出版社，2009 年，第 264 页。

师的兵力。[①] 第385旅沉着应战，在7天的要塞保卫战中，击退日军7次强行登陆。

但是，担任要塞外围区鸡笼山、朱婆山这两大阵地防御任务的第54军第18师，由于师长李芳彬贪生怕死，在战斗最关键时刻临阵脱逃，致使鸡笼山、朱婆山很快失守，要塞核心区过早暴露在日军面前，给第385旅的防御带来极大困难。29日田家镇失守后，半壁山要塞又失去江北的重要屏障，要塞防御战进入最艰苦阶段。

由于波田支队连续作战一个多月，而中国守军则以逸待劳，日军久攻不下。日军华中派遣军发现波田支队无力单独完成进攻半壁山要塞的任务后，9月30日，从第15师团抽调第60联队，编成高品支队，协同波田支队作战，以加强其进攻能力。高品支队编成后，在海军第3舰队支援下，迅速在韦源口（属大冶）登陆，使半壁山要塞顿显孤立而突出，为波田支队的进攻解除了侧面威胁。

10月4日，波田支队和特别陆战队，在32艘军舰和80余架飞机掩护下，向半壁山要塞发起了最后的疯狂进攻。当晚，中国第385旅主动撤出。

与此同时，9月下旬，中国军队与日军鏖战半壁山要塞之际，日军第9师团主力沿着瑞阳公路，从鸡笼山直扑阳新木石港，遭到中国第60军和第85、第54军各一部强有力的阻击。24日木石港沦陷后，日军又西窜排市。中国军队在排市地区组织了一场声势浩大的阻击战，特别是中国军队组织的石梯战斗、栗树尖战斗和汤公泉反击战，[②] 尤为壮烈。“阻击战从10月1日坚持到5日，日军在排市周围多次强渡富河，均被击退。10月6日，日军出动汽艇百

---

① 郭汝瑰、黄平章主编：《中国抗日战争正面战场作战记》下册，江苏人民出版社，2005年，第833页；陈中介：《半壁山要塞固守实况》，《武汉文史资料》1985年第2辑，第24—25页。

② 详细经过见《第九战区武汉会战战斗详报》（1938年），八路军武汉办事处旧址纪念馆档案。

余艘强行登陆，双方展开肉搏，鲜血染红富河水”，① 排市沦陷。随后，日军第 9 师团攻向辛潭铺，接应日军第 27 师团的进攻。

9 月 28 日，日军第 27 师团突然脱离瑞武公路附近的小坳地区，改经箬溪、大桥河、龙港，向辛潭铺推进。此处正是幕阜山脉腹地，两侧全是高山，中国军队依托有利地形，组织第 6、第 54、第 75、第 98 军和第 26、第 30 军团等部，进行有力抵抗。战至 10 月 2 日，日军攻占龙港。由于日军第 27 师团和第 9 师团即将合拢，那样对中国军队极其不利，所以，中国军队决定趁其立足未稳发起反击。10 月 3 日，中国军队第 110、第 128 师曾一度收复木石港，第 92、第 50、第 14 师也反攻至汤公泉、髻山等地。②

日军第 27 师团在这一阶段的进攻作战中，遭遇中国第 2 兵团。同时，在南浔线正面、位于瑞武公路以南地区的日军第 106 师团，遭到了中国军队的围攻。日军第 27 师团不得不奉命救援，可自身也遭中国军队有力打击，而陷入进退两难的境地。

恰在此时，万家岭大捷消息传来，蒋介石深受鼓舞，10 月 10 日致电陈诚，要求第九战区“除应以一部追捕当面残寇并截断向西突进敌之后方联络线外，并以主力剿灭箬溪及其以西之敌，俾进而策应我阳新方面之作战，以粉碎敌攻略武汉之迷梦”。③ 11 日又将《总预备军挺进攻击计划》速电陈诚、薛岳，要求阳新方面 3 个师、箬溪方面 3 个师，攻向排市、小坳地区，造成阳新河以南之歼灭战。④

中国军队开始了声势浩大的反攻作战，特别是荣誉第 1 师等部的反攻，有

① 饶有庆、李学均主编：《鄂南抗日民主根据地史稿》，湖北人民出版社，1991 年，第 26—27 页。

② 中国第二历史档案馆编：《抗日战争正面战场》上册，江苏古籍出版社，1987 年，第 754 页。

③ 中国第二历史档案馆编：《抗日战争正面战场》上册，江苏古籍出版社，1987 年，第 760 页。

④ 中国第二历史档案馆编：《抗日战争正面战场》上册，江苏古籍出版社，1987 年，第 762—764 页。

比较明显的效果。“荣誉第1师奉命自阳新镇南岸出击，攻击风火尖、仙姑庙，一直打到棕山岭，占领了东岩、西岩一带高地，直捣龙港敌军后方”。①“荣誉师是由抗战中伤愈官兵拨编而成的，官兵抗日意志坚决，作战经验丰富，勇敢善战，是一支素质不错的队伍”②。

图 3-5 长江南岸战场，中国士兵用机枪射击低飞的日军侦察机③

必须指出，由于装备等方面的原因，中国军队的反攻，效果只能是有限的。正如10月13日陈诚在致蒋介石的密电中所讲：“敌近来气焰日减，惟苦于兵力，尤以每次均系一师一旅逐次增加，不能集中优势兵力予敌以歼灭之打击为憾。”④ 中国军队虽不能予日军以致命打击，但日军第27师团也不敢恋战，18日攻陷了辛潭铺、阳新县城后，不敢进攻辛潭铺以西中国军队的纵深

① 陆诒：《回忆保卫武汉之战》，《湖北文史资料》1985年第1期，第17页。

② 郑建邦、胡耀平整理：《我的戎马生涯——郑洞国回忆录》，团结出版社，2008年，第136页。

③ 秦风老照片馆编：《抗战中国国际通讯照片》，广西师范大学出版社，2008年，第25页。

④ 中国第二历史档案馆编：《抗日战争正面战场》上册，江苏古籍出版社，1987年，第766页。

阵地，只好一部在辛潭铺现有阵地全力防守，① 主力则轻装北进，一路沿富水进攻通山，10 月 27 日攻陷通山县城；一路经三溪口以南，向金牛（今属大冶）方向进犯，10 月 27 日在贺胜桥、咸宁间截断粤汉铁路。

因中国军队在长江沿岸的险要尽失，同时武汉北大门信阳已陷敌手，日军又在广东登陆，所以从 1938 年 10 月 1 日开始，蒋介石就考虑放弃武汉。后因种种原因，14 日才做出了“一周内”大军转移的部署。② 张发奎部奉命向通城、岳阳等地后撤，沿江进攻的日军进展才比较顺利。17 日高品支队攻占大冶石灰窑，19 日攻占黄石，22 日占鄂城。与高品支队一同作战的是波田支队。18 日，日军完全占领阳新沿江地区。24 日，即到武昌以东约 30 公里的葛店。

与此同时，日军第 9 师团由于新配备了野战重炮兵第 6 旅团、第 3 牵引车大队和坦克第 5 大队，③ 进攻能力大增，迅速突破中国第 53 军防线，17 日占领阳新西南重镇三溪口。但在继续西进时遭到中国第 11、第 32 军团等部在黄龙山一带的坚强抗击，于是向北迂回至第 32 军团的北翼，在黄家大屋附近突破第 32 军团防线，④ 24 日进至贺胜桥以东地区。

三、江北战场（含大别山北麓战场）作战

（一）黄广战役

在九江攻防战激烈进行的同时，日军第 6 师团于 1938 年 7 月 24 日由安庆渡过太湖，突破了中国第 31、第 68 军的防线，然后按既定部署向太湖、宿松、黄梅一带展开进攻，中国军队虽进行了顽强抵抗，但终究未能挡住日军的

---

① 据汤恩伯的说法，由于他多次命令所部采取强袭、逆袭等办法，从 10 月 6 日到 27 日，在龙港、辛潭铺一线地区，先后歼灭日军 3000 人以上，给予日军以很大杀伤。参见苟吉堂著：《中国陆军第三方面军抗战纪实》，（台北）文星书店，1962 年，第 114 页。

② 敖文蔚：《武汉撤退真相述论》，载陈富安、刘光明主编：《武汉会战研究》，武汉大学出版社，1991 年，第 138—141 页。

③ 王辅著：《日军侵华战争》第 2 册，沈阳：辽宁人民出版社，1990 年，第 910 页。

④ 郭汝瑰、黄平章主编：《中国抗日战争正面战场作战记》下册，江苏人民出版社，2005 年，第 863 页。

推进，26 日安徽太湖失守，8 月 2 日宿松失守，4 日湖北黄梅失守。日军直逼武汉门户广济（广济县城即今湖北武穴市梅川镇）和田家镇。但黄（梅）广（济）地区的地形复杂，北为崇山峻岭，南为水田湖沼，日军大兵团行动时，新武器、重型武器的使用，都受到很大限制，只有宿松—黄梅—广济间公路可以通行，湖山之间，自东向西渐次狭窄，形成牛角，有利于中国军队逐次抵抗、节节阻击战略的实施。

蒋介石对黄广战役中中国军队作战的部署是："广济阵地与田家镇要塞相连系，极为重要，应置重点于该地，集结兵力，纵深配备"；"太湖、宿松、黄梅据点，仅以必要各一部守备，为攻势之支撑即可，应以主力机动使用，由北方向南侧击敌人。"① 第五战区右翼兵团制订的中国军队的作战方针是：

> 本兵团决战防御击灭当面敌人的目的。拟于黄泥湖北岸亘大金铺、双城驿、亭前驿、二郎河镇、西北连山地占领数线阵地带，拒止敌之西进，依机动转取攻势，将敌压迫于长江方面捕捉而歼灭之。②

根据蒋介石的战略，中国第五战区将其所属第 4 兵团部署在广济、黄梅及田家镇以迎击日军，第 11 集团军及第 68 军被命令在黄梅县布置防线，而第 21、第 26 集团军及第 29 军团向南移动以侧击日军。

在战役初期，中国军队在黄广公路北侧配置强大兵力，利用有利地形对日军实施多次侧击，取得了比较明显的效果，中国军队对日军"进行反复攻势"，日军第 6 师团的战术被迫多次调整。③ 一名参加战斗的日军部队长也无可奈何地说："我攻击部队是在严密防范敌人侧面攻击，以免头尾脱节的基础上不断向前向前的。(8 月) 18 日夜，连辎重部队也持枪整队戒备，严防敌人从我侧

---

① 《蒋介石致白崇禧等密电稿（1938 年 7 月 26 日）》，国民政府军令部战史会档案，中国第二历史档案馆藏。转引自中国第二历史档案馆编：《抗日战争正面战场》上册，江苏古籍出版社，1987 年，第 688 页。

② 《第五战区关于武汉会战右翼兵团之作战计划（1938 年 2 月）》，国民政府军令部战史会档案，中国第二历史档案馆藏。

③ 日本防卫厅防卫研究所战史室著，田琪之译：《中国事变陆军作战史》第 2 卷第 1 分册，中华书局，1979 年，第 142 页。

面及背后偷袭。”① 在中国军队的强大压力下，8 月 24 日，日军被迫放弃太湖、潜山、宿松，变换后方联络线（补给线）为江湖（黄梅小池口）。

到 8 月中下旬，黄广地区日军第 6 师团虽多次补充也只有不到两万人，中国军队在这一地区有近 7 个军，共 8 万人，② 在人数上形成绝对优势，形成积极进攻的最好时机。第五战区第 4 兵团适时发起了反击，8 月 28 日，第 48 军第 176 师两个团附野炮兵 1 个营，由西北向黄广公路以南及黄梅的江北地区攻击，第 68 军以 1 个旅附山炮两门的兵力向黄梅县城东南攻击。③ 第 29 集团军第 161 师主力，同时发起进攻，并获得一定战果。但由于反击作战的作战力度和攻击方向、攻击目标选择不正确，中国军队耽误了这一周的作战有利时间。④ 日军迅速在黄广地区完成新的集结，并开始反攻。9 月上旬，日军一部突入中国军队在广济地区的笔架山、田家寨、后湖寨、五峰寨阵地，并有迂回田家镇要塞的企图。面对日军新一轮的攻势，第 4 兵团司令李品仙不仅没有选择反击作战的方式，以攻为守，反而采取了消极防御的方针，重新调整了中国军队的战线，以一部集结于黄泥湖以北至栗木桥一线，主力则集结于界岭以东高地。李品仙的这一部署，将广济—武穴公路暴露在日军面前，使日军轻取武穴。9 月 6 日，广济失守。广济一失，日军攻占田家镇就处于更加有利的地位。

（二）田家镇血战

田家镇是武汉以东、长江北岸最重要的军事重镇。它与南岸的码头镇、富池口相呼应，形成长江屏障武汉的门户，因而，中国政府派出重兵镇守。

由于中国军队在黄广地区发动的多次反攻效果不理想，未能阻止日军前

---

① 武穴市政协文史资料编委会：《武穴文史资料》第 2 辑，1990 年，第 94 页。

② 《我所亲历的武汉会战》，中国文史出版社，2005 年，第 183 页。

③ 《李品仙致蒋介石密电（1938 年 8 月 27 日）》，国民政府军令部战史会档案，中国第二历史档案馆藏。转引自中国第二历史档案馆编：《抗日战争正面战场》上册，江苏古籍出版社，1987 年，第 707 页。

④ 参见柯育芳《论黄广会战中国军队反击作战的战术运用》，《抗日战争研究》2008 年第 1 期。

图 3-6　1938 年 9 月 25 日，向田家镇要塞进攻的日军吴港第 4 特别陆战队①

进，广济、武穴先后失陷，日军迅速包围田家镇要塞。在这种情况下，第 4 兵团不但不反攻解围，反而后撤自保，对此，蒋介石极其不满。他接到李品仙呈递的有关撤退命令的报告后，立即致电白崇禧等，指出：

> 往者本委员长以顾虑我军装备、训练及战略上之关系，未遽下攻击命令，兹者敌愈深入，其后方唯一连络线——长江航路，舰船不断受我要击损害，补给大感困难，我则在国内作战，随地均可补给，且山地作战，敌重兵器失其效用，是装备上敌我已处对等地位。故我军黄、太、宿及岷山大屋之攻击，敌一战即溃，足证其战斗力已日趋脆弱。此诚我争取最后胜利之良机，非以攻为守、转守为攻，不能保卫大武汉，无以收抗战成果，希即部署所属并使咸喻斯旨，以旺盛之企图，转移攻势，努力杀敌，争取最后胜利。国家存亡，在此一举，其共勉之。②

白崇禧也认为，第 4 兵团应“改取机动配置，正面仍以一部守御，主力集结敌之侧背，求其弱点，相机攻击，断其后方连络线，以此广大地域，运用广

---

① 邓正兵、朱莉主编：《武汉会战日方图片汇编》，武汉出版社，2013 年，第 86 页。

② 中国第二历史档案馆编：《抗日战争正面战场》上册，江苏古籍出版社，1987 年，第 723—724 页。

大面之运动战”。① 在蒋介石、白崇禧的督促下，9 月 7 日，李品仙命令所部于 8 日开始实施反击。②

但由于此前李品仙已下达了撤退的命令，且各军在撤退时又形成混乱局面，③ 影响了反击作战的力度（特别是作战意志），所以反击作战的效果很不理想，不能从根本上解除日军对田家镇的威胁。在这种情况下，蒋介石在 9 月 11 日明确要求“我各军应乘敌立足未稳、增援未到之先，各以放胆之行动，更尽最大之努力，对孤悬之敌再加猛烈攻击，以求收彻底胜利之成果”。④ 后又在 18、19 日给李宗仁的密电中，要求李宗仁亲自督促所部，确保田家镇北侧安全，并批评少数部队，“或对敌情侦察不明，或对友军支持不力，迹近观望，予各个击破之好机，无异坐以待毙，影响全局，殊堪痛恨”，表示，“如再有互相推诿、观望不前，致失机宜，定予严惩”。⑤ 在蒋介石一再施加的压力下，李品仙被迫一再发起反击。但此时已回天无力，反击作战的时机和反击作战的力度，都不可能达到战场的实际要求。

就在中国军队一再错失良机时，黄广战场的情况发生了对中国军队极其不利的新变化。9 月 8 日至 14 日，广济地区日军得到较好的休整，且补充了新兵 3200 人，战斗力有了相当程度的恢复。同时，日军还命令海军第 11 战队与在广济地区的原有日军联合作战，并增加了数十架飞机和 20 多艘军舰的支援。稍后，又命令第 116 师团第 20 联队进驻广济地区，防守日军在广济的新占领

---

① 《白崇禧致蒋介石密电（1938 年 9 月 6 日）》，国民政府军令部战史会档案，中国第二历史档案馆藏。转引自中国第二历史档案馆编：《抗日战争正面战场》上册，江苏古籍出版社，1987 年，第 724 页。

② 这次反击作战的具体部署和实际经过，见郭汝瑰、黄平章主编：《中国抗日战争正面战场作战记》下册，江苏人民出版社，2005 年，第 827—828 页。

③ 国民政府军令部战史会档案，中国第二历史档案馆藏。

④ 《蒋介石致白崇禧密电稿（1938 年 9 月 11 日）》，国民政府军令部战史会档案，中国第二历史档案馆藏。转引自中国第二历史档案馆编：《抗日战争正面战场》上册，江苏古籍出版社，1987 年，第 728 页。

⑤ 中国第二历史档案馆编：《抗日战争正面战场》上册，江苏古籍出版社，1987 年，第 735—736 页。

区。这样，日军在广济地区的作战能力，达到空前的水平。

9 月 15 日，日军出动数十架飞机、20 余艘军舰向田家镇要塞区守军阵地轮番进行猛烈轰炸，其陆战队一部则在空中力量掩护下，在潘家湾、中庙、玻璃庵一带强行登陆，中国守军第 57 师苦战将其击退。17、18 日，日军第 6 师团第 11 旅团第 13 联队及独立山炮兵第 2 联队凭借其强大的火力优势，突破中国第 9 师在铁石墩、骆驼山、涂家湾、潘家湾的阵地。田家镇血战的核心战斗打响。

19 日晨，日军向中国第 57 师正面猛攻，于胡家山、老鹤案、乌龟山阵地一线反复展开拉锯式争夺，相持不下。此时，中方新投入田家镇战场的第 4 兵团第 26 军向日军侧背发起猛攻，占领四望山、铁石墩等地，切断了日军第 11 旅团与广济的联系。日军为解第 11 旅团之围，于 20 日急派部队增援。日第 11 旅团得知师团已派出增援部队后，派第 13 联队 1 个大队前往接应，同时以主力猛攻乌龟山阵地，并施放毒气。乌龟山守军两个连苦战至 21 日 22 时突围南撤，阵地被日军占领。22 日，日军第 36 旅团的增援部队于 18 时攻占四望山。23 日，日军又攻占铁石墩，突破第 121 师阵地。

24 日，长江南岸的富池口要塞被日军波田支队攻陷，日海军第 11 战队沿江上驶，田家镇要塞遭日军飞机及舰炮的猛烈轰击，工事及防守人员损失巨大，局势极为危急。26 日拂晓，日军以舰炮、飞机连续向要塞区轰击约 3 小时，然后集中兵力向守军黄泥湖至马口湖间主阵地进攻，当日突破防线。26 日，日海军第 11 战队的吴港第 4、第 5 特别陆战队及上陆山炮队从上洲头登陆，沿江岸向田家镇要塞象山炮台进攻。28 日，日军陆、海、空协同猛攻田家镇及要塞核心区。激战至下午，阳城山、玉屏山阵地相继为日军第 6 师团攻占。① 28 日晚，李品仙下令放弃田家镇要塞。29 日，田家镇沦陷。

田家镇血战，予日军以重大打击，仅 9 月 22 日至 29 日的战斗就歼灭日军

---

① 玉屏山是田家镇要塞的最高峰。

近 7000 人。[①]

（三）潢川保卫战

当冈村宁次指挥的第 11 军沿长江两岸西进时，1938 年 8 月 22 日，东久迩宫稔彦率领的第 2 军主力则从合肥出发，[②] 27 日进攻安徽六安和霍山，企图沿大别山北麓进攻武汉的北大门信阳，然后沿平汉路及其以西地区南下，从北面、西面迂回，包围武汉。8 月底日军第 2 军攻占六安、霍山，9 月 2 日攻占叶家集渡过史河，然后，兵分两路，左路第 13、第 16 师团穿越大别山北麓直逼武汉，右路第 10 师团继续向固始、潢川推进，直奔罗山、信阳。9 月初，代理第五战区司令长官的白崇禧急调第 3 兵团第 27 军团军团长张自忠率第 59 军开赴潢川布防，以掩护胡宗南等部在信阳、武胜关等地集结。9 月 6 日，日军第 10 师团攻陷固始，然后沿固潢公路直扑潢川。

潢川一带地势平坦，易攻难守。据此，张自忠将第 180 师独立第 39 旅置于潢川守城；以独立第 26 旅前出城东七里岗布防；以第 38 师第 113 旅至七里岗以东的春和集阻敌；以第 38 师主力配置于潢川城西二十里铺地区，担任预备队。部署刚定，日军第 10 师团就到了春和集，与仓促布防的第 113 旅迎头相撞，潢川保卫战打响。

经过 5 天激战，至 11 日晚，日军第 10 师团冈田支队突破中国第 113 旅防线，[③] 占领春和集。但次日在黄冈寺遭到独立第 26 旅的顽强阻击，双方形成拉锯式争夺，相持不决。冈田旅团伤亡极大，失去续攻能力，只好停止攻击。14 日，日军第 10 师团主力稻谷旅团和师团重炮兵进至黄冈寺。鉴于第 59 军正面抵抗强劲，日军变换战术，以小部兵力继续攻击正面，主力则溯淮河西上，向潢川以北、以西迂回。15 日，日军攻克潢川西北之息县县城，17 日占领光州，并继续向罗山方向进犯，企图切断第 59 军退路。

---

① 《广济县志》，汉语大词典出版社，1994 年，第 283 页。

② 因为张鼓峰事件，日军第 2 军的行动晚了许久。

③ 冈田支队以步兵 4 个大队和山炮 1 个大队为基干。

根据日军的战役调整，张自忠也进行了相应调整。他命令第38师主力向西北方向出击；另以第113旅1个团向潢川以北十五里铺出击，阻止日军后续部队由此增援息县；以第180师主力配置于潢川西郊，掩护城防部队后方；军部则由城西移至城南。14日深夜，潢川东、西、北三面均发生激烈战斗，只有城南相对平静。15日中午，日军派出骑兵突袭第59军军部。当时保卫军部的只有1个手枪营，情况万分危急。张自忠镇定自若，一面指挥手枪营抗击来袭之敌，一面调集部队增援，激战半天，终将日军骑兵打退。

日军屡攻屡挫，恼羞成怒，竟惨无人道地施放毒瓦斯，导致第59军官兵大量伤亡。16日晨，七里岗阵地失守，日军开始攻击潢川城。紧急关头，张自忠亲自带领第180师师长刘振三和军部毅然进入潢川城，守城官兵士气为之大振。16日午后，日军第10师团集中所有野战重炮，向潢川城发起猛烈攻击，同时大量施放毒气。全城硝烟四起，毒气弥漫。由于缺乏防毒面具，官兵伤亡不断增加，刘振三师长两次中毒昏迷。往复拼杀至17日中午，城北、城西角均被日军炮火摧毁，日军步兵蜂拥入城。张自忠命士兵上起刺刀，组织敢死队，与日军展开肉搏战。18日，潢川西北之日军，又从息县分兵攻击罗山县城，切断了第59军的退路。19日凌晨，张自忠下令，趁夜向潢川西南方突围，潢川变成一座空城。

潢川战役，第59军孤军苦战12昼夜，歼灭日军大队长以下3000余人。①

（四）富金山战役

日军第2军攻占六安、霍山后，其左路第13师团在师团长荻洲立兵指挥下，于1938年9月2日开始进攻富金山。富金山在商（城）六（安）公路的南翼，山上可以居高临下地封锁这条公路，日军想攻占商城就必须先取富金山。守富金山的是宋希濂指挥的第71军的两个师和原东北军第51军第114

① 中国第二历史档案馆：《中华民国史档案资料汇编》第五辑第二编军事（三），江苏古籍出版社，1998年，第78页。

师。宋希濂以最精锐的德械师第 36 师守中间的主阵地,① 第 114 师居左，第 88 师居右。日军进攻矛头直指主阵地，第 36 师拼死抵抗，使日军攻势屡屡受挫。② 日军派第 10 师团濑谷支队前来增援，转攻左翼第 114 师，并采取迂回战术。当地农民发现日军濑谷支队迂回行动后，立即报告第 88 师。第 88 师师长钟彬当机立断，令第 528 团在老乡带领下，在日军必经之路的险要隘口设伏。日军钻进伏击地区，突遭打击，损失 400 多人，不得不原路返回。

日军第 13 师团见久攻不下，只好向第 2 军司令官东久迩宫求援。9 月 11 日，日军增援部队第 16 师团到达富金山。经过 9 天的激战，守军伤亡惨重，无力再战，只好撤离阵地，16 日日军攻占河南商城，守军撤至商城以南地区，转移到沙窝、小界岭一线阵地，依据大别山的战略据点继续抵抗。

（五）小界岭战役

小界岭今属湖北麻城市福田河镇，地处鄂豫两省交界处，是大别山北麓最后一道阻挡日军的防线，由第五战区第 3 兵团第 71、第 30、第 42 军等部 7 个师 1 个旅共 10 万余人防守,③ 其中第 71、第 30 军防守沙窝，第 42 军防守新店，其他部队在立煌等地。日军投入第 13、第 16 师团和第 10 师团濑谷支队为主的 5 万余人。守军 3 个军利用地形优势，顶住了日军一轮又一轮的猛攻。

日军继续加大进攻作战的力度，还使用了大量的毒气。尽管中国军队很多人被飞机大炮炸死炸伤，被毒气毒死毒伤，但他们没有丝毫退缩，仍然英勇作战。第 30 师师长张金烈在部队基本被打光后致电第 2 集团军司令孙连仲要求

---

① 第 36 师原装备有性能良好的中正式步枪和进口的德国毛瑟步枪 5000 支，人员过万，故号称“德械师”。淞沪会战后，就只有 3000 支了，南京保卫战后就只有 1000 支了，到富金山战役就只有几百支了，其余都是新补充的“汉阳造”步枪。不过，这在当时中国军队中，仍然是较好的装备。参见萨沙：《抗战轻武器大百科》，广东旅游出版社，2015 年，第 172 页。

② 中国第二历史档案馆：《抗日战争正面战场》上册，江苏古籍出版社，1987 年，第 730—731 页。

③ 此时第 71 军缺第 36 师，因为富金山一役，第 36 师只剩下 800 多人，被调往后方整补。

撤退，孙连仲大声说，“你部只要还有一个人活着，这个人就要给我站在阵地上。”① 第30师第176团全团原有2800人，撤出战斗时仅剩300余人，可见战况之惨烈。

孙连仲将军的第3兵团司令部和第2集团军指挥部，设在小界岭界口往南200米的裴树凹。日军飞机投下炸弹，将指挥部炸毁，孙连仲从瓦砾中爬起，又扒开瓦砾救出苏联军事顾问阿尔费罗夫，继续指挥战斗。后来，重建的指挥部，移驻附近的朱家大庙，仍然位于战斗的最前沿。第31师的阵地被日军突破，日军离孙连仲的指挥部近了，孙连仲抓起一支冲锋枪，带着警卫人员冲上去督阵。溃退的官兵见了莫不惊愕，拼死反击，阵地又硬给夺了过来。第30军军长田震南，干脆在指挥部放了一副棺材，以此表达为国捐躯的巨大决心，极大地鼓舞了抗日将士的士气。

小界岭战役从9月18日日军占领沙窝、新店，② 一直打到10月下旬，是武汉会战中少有的没被日军突破的战略防线。24日，中国军队奉命撤退，25日，麻城县城失陷，30日，麻城县宋埠失陷，日军最终穿越大别山。此战役被国民政府誉为“第二个台儿庄战役”。据日军战史记载，这次战役，日军仅仅第13、第16师团就战死1000人，负伤3400人，中国军队战死15000人。③

日本当时的报纸报道小界岭战役时，援引荻洲立兵向第2军司令官的报告称：“我军遇到强手宋希濂军的顽强抵抗，伤亡甚大，战况仍然毫无进展。我军对富金山之敌束手无策!”蒋介石事后也通报全军，予以褒奖，称赞第36师“士气极旺，迭挫顽敌”，“抗战精神，历时弥增”。④

（六）信（阳）罗（山）战役

日军占领潢川后，其第3师团主力、第10师团一部、战车第7联队直奔

① 杨麟、夏锋、肖杰：《小界岭：武汉会战唯一攻不破的防点》，《湖北日报》2015年8月16日。

② 沙窝、新店位于商城以南20多公里处。

③ 《战史丛书（89）支那事变陆军作战（2）》，东晓、陈刚编译：《〈战史丛书〉武汉会战资料汇编》，武汉出版社，2012年，第211页。

④ 方知今：《武汉会战纪实》，中国友谊出版公司，2015年，第192—193页。

罗山、信阳，中国第1、第45军等部早已在那里严阵以待。第1军是当时中国军队装备最好的部队，有当时中国唯一的一支坦克部队和阵容最强大的炮兵旅（当时最大的炮兵编制）。中日军队激战20多天，10月6日，日军迂回到新塘，并攻占平汉铁路的柳林车站，战局到了极其危险的关头，因为“武胜关为鄂北门户，敌若由西进攻信阳之同时以一部由罗山南下，则武胜关之险难保，敌将直窥堂奥矣”,① 中国统帅部紧急抽调部队组成豫南兵团，防止日军“迂回至武胜关后方”。② 但胡宗南拥有较强兵力却不积极作为，没有很好地完成统帅部规定的“取侧面攻势，先击破由豫南方面包围之敌，并确保信阳”的任务,③ 12日日军攻占武汉的北大门信阳，控制了平汉铁路南段这一重要的枢纽。李宗仁曾“电令胡宗南自信阳南撤，据守桐柏山、平靖关，以掩护鄂东大军向西撤退。然胡氏不听命令，竟将其全军七个师向西移动，退保南阳，以

图3-7　信阳之战中，中国军队向日军阵地发射迫击炮④

① 中国第二历史档案馆：《抗日战争正面战场》上册，江苏古籍出版社，1987年，第648页。

② 中国第二历史档案馆：《抗日战争正面战场》上册，江苏古籍出版社，1987年，第753页。

③ 中国第二历史档案馆：《抗日战争正面战场》上册，江苏古籍出版社，1987年，第740—741页。

④ 唐惠虎、林阳春、韩兆海主编：《武汉抗战图志》，湖北人民出版社，2005年，第146页。

致平汉路正面门户洞开”。① 据日军战史记载，这次战役，日军仅仅第13师团就战死550人，负伤1560人，中国军队战死13000人。②

第三节　武汉沦陷

根据“守武汉而不战于武汉”的作战方针，中国统帅部较早制订了武汉撤退方案。这是抗日战争史上最大规模的撤退。中国军队的成功撤退，保存了中国抗战的有生力量，使得日军付出巨大战争消耗后，占领的只是一座武汉空城。武汉会战因而成为中国抗战的重要战略转折点，从此，日军再也无力发动大规模的战略进攻，中日战争进入战略相持阶段。

一、武汉大撤退

（一）政府机构、学校和人民的撤退

早在武汉会战打响之前，武汉地区的民众和工厂、物资，已经开始大规模搬迁工作。1937年11月20日，国民政府决定迁都重庆，到23日，国民政府机关人员、公物，包括军政部兵工署所属兵工厂1万吨兵工器材，③ 皆由轮船先行运到武汉。12月，武汉开始接运上海内迁工厂，由此，武汉大撤退的序幕拉开，国民政府为此在武汉专门成立船舶运输司令部，负责长江流域的运输工作。18日，武汉行营和湖北省政府决定疏散人口。到1938年1月，武汉港共接运工厂146家，设备14600吨，技术工人2500人。④ 24日，湖北省政府颁布难民疏散办法，指定潜江、石首、公安、松滋、枝江、宜昌、江陵、宜都

---

① 李宗仁口述，唐德刚撰写：《李宗仁回忆录》，广西人民出版社，1980年，第757页。

② 《战史丛书（89）支那事变陆军作战（2）》，东晓、陈刚：《〈战史丛书〉武汉会战资料汇编》，武汉出版社，2012年，第206页。

③ 1937年12月15日—1938年2月22日，这批器材从武汉装运完毕。

④ 毛磊等：《武汉抗战史要》，湖北人民出版社，1985年，第120页。

8县收容武汉难民。① 到3月，武汉地区的运输工作全面走上正轨，物资运输量大增，一度出现运输通畅，滞留人员物资迅速减少的情况。4月31日，武汉大学迁往四川乐山，500名学生及重要设备、图书均入川。随后，中华大学迁至宜昌，华中大学迁往桂林。但是，由于自然条件和运输能力不足,② 到武汉会战末期和结束后几个月，仍然有大量物资滞留在武汉和宜昌港口。由此，出现中国抗战历史上最大规模的撤退——武汉大撤退。

随着田家镇战役和信阳战役的结束，特别是8月23日日军开始使用九江对岸的黄梅小池二套口机场,③ 对武汉实施近距离、大规模轰炸后,④ 武汉大撤退已经无法避免。早在会战刚刚开始的6月，武汉警备司令部、湖北省防空司令部就为疏散人口发表了《告同胞书》，指出，“武汉人口稠密、万一敌机大举来袭，市区平民，也许要遭受重大损害”。⑤ 6月，明确规定武汉疏散难民办法、疏散地点和难民给养等问题，18日，在汉召开各校校长会议，规定6校留省，其余搬迁。7月，成立武汉人口疏散委员会。8月1日，国民党中央委员会令其中央党部和国民政府各院、部、会驻武汉办事处限期迁往重庆，3日，武汉卫戍总司令部政治部发表文告，劝导武汉民众疏散，撤离三镇。10月16日，蒋介石决定放弃武汉。1938年10月24日，蒋介石正式下达武汉撤退的命令，国民政府军事委员会在武汉举行中外记者招待会，郑重宣布“我军自动退出武汉”。汉口市长吴国桢宣称：“保卫大武汉之战，我们是尽了消耗战与持久战之能事，我们的最高战略是以空间换取时间。……我们的人口疏散，产业的转移，已经走得相当彻底，而且我们还掩护了后方建设。”⑥

---

① 陈富安、刘光明：《武汉会战研究》，武汉大学出版社，1991年，第300页。

② 由于媒体多次宣传中国军队大捷，许多人到了宜昌、鄂西又折回武汉，或者半途返回武汉。

③ 黄梅小池二套口机场从8月底开始成为日军第3飞行团的主机场。

④ 整个8月，日军空袭武汉12次，投弹1715枚，死伤3112人，炸毁建筑2298栋。《新华日报》1938年9月2日。9月，日军更加大了对武汉轰炸的力度。

⑤ 《新华日报》1938年6月8日。

⑥ 转引自李健、宋俭等：《“10·25”武汉沦陷全记录》，崇文书局，2004年，第29页。

图 3-8　1938 年一家汉口大型烟厂的女工集合待命，准备撤离武汉①

对于武汉撤退，蒋介石头脑十分清醒，他在日记中这样写道："此时武汉地位已失重要性，如勉强保持，则最后必失，不如决心自动放弃，保全若干力量，以为持久抗战与最后胜利之根基。"② 31 日，蒋介石在《武汉撤退告全国国民书》中指出："我国抗战根据，本不在沿江沿海浅狭交通之地带，乃在广大深长之内地，而西部诸省，尤为我抗战之策源地；此为长期抗战根本之方略"，"我国在抗战之始，即决定持久抗战，故一时之进退变化，绝不能动摇我抗战之决心"，"盖抗战军事胜负之关键，不在武汉一地之得失，而在保持我继续抗战持久之力"。③

在蒋介石和中国统帅部的领导下，武汉及周边地区中国军队各部交替掩护撤退，长江以北的主力撤至平汉路以西的汉水沿岸及大洪山区，第 2、第 3 集团军经应城撤向豫西，第 17 军团向南阳、第 11 集团军向洛阳店集结，第 21、

① 秦风老照片馆编：《抗战中国国际通讯照片》，广西师范大学出版社，2008 年，第 101 页。

② 《蒋介石日记》（1938 年 10 月 24 日）。

③ 秦孝仪主编：《先总统蒋公思想言论总集》第 30 卷，第 301—304 页。

第 26 集团军转进大别山，第 26 军向钟祥，第 55 军向枣阳，第 87 军向沔阳，第 29 集团军向潜江转移；在长江以南，薛岳的第 1 兵团仍于九江以南抗击日军，并可视情况退往湖南，第 2 兵团依托幕阜山，掩护西面的粤汉铁路，第 22 集团军担任金口以西长江南岸的守备。整个武汉城区只留卫戍部队 1 个旅的正规军和 1 个警备团作象征性抵抗。这场撤退相当成功，整个武汉地区参战的 130 个师没有一个被日军成建制歼灭，全部安全退往后方。

在武汉会战的最后时刻，国共两党的领导人临危不惧，镇定自若。10 月 22 日，八路军总司令朱德从华北前线来武汉参加国防会议，并在周恩来的陪同下，与蒋介石就相关军事问题进行商谈。同日，《新华日报》和八路军驻武汉办事处工作人员乘“新升隆”号轮船撤离。23 日上午，朱德从武汉乘机返回前线。24 日，周恩来在汉口界限路为《新华日报》汉口版出版最后一期报纸口授社论——《告别武汉父老》，指出：“我们只是暂时离开武汉，我们一定要回来的，武汉终究要回到中国人民的手中。”① 直到报纸编排出来，安排报社最后几名工作人员撤离后，晚 8 时才与叶剑英、童小鹏一起离开武汉。郭沫若也为《扫荡报》撰写了《武汉永远是我们的》的社论，指出：“我抗战的中心力量并无亏损，反而争取了主动地位，环阵于武汉的四周……我们的武汉并不是对于佛朗哥的马德里，而是对于拿破仑的莫斯科！”② 在这期间，周恩来还部署了沦陷以后的汉口情报战，将八路军办事处电台台长肖贤法、报务员张元留下，建立秘密电台。

蒋介石在日军兵临城下的险境里，一直坚持到 24 日晚上 7 点半，经陈诚等人一再劝告，才乘坐专机离开武汉。当时武汉市区已经遭到日军炮击，专机又遭遇恶劣天气，险些机毁人亡。蒋介石离开武汉仅仅 12 小时后，日军第 6 师团进入距离汉口仅仅 4 公里的戴家山。由于成功撤退，中国军队兵员和装备的损失 1 年后基本恢复。

① 《新华日报》1938 年 10 月 25 日。

② 转引自毛磊、刘继增：《武汉抗战史要》，湖北人民出版社，1985 年，第 390 页。

（二）撤退中的运输概况

1938 年 10 月初，武汉再次出现大规模的难民潮和物资潮，宜昌港再次出现大量积压，估计总货物运输量在 20 万吨左右。24 日以后，武汉大撤退更是进入最危险、最忙碌、最艰难的时期。多家民营交通企业，如招商、太古、三北、聚福、怡和等，参与了这场大撤退。

其中，运输规模最大的是轮船招商局，该局自 1937 年 8 月 14 日至 1938 年 10 月底，所运各类物资共 47.8 万吨，人员 94 万人，军马 2 528 匹。① 招商局除增加了汉口到宜昌间长江航运能力外，还开辟了汉口到湘江衡阳间的航线，租用柴油机浅水小轮船 20 艘，加上该局原有小轮船，组成 10 个船队，每队配小轮船 3—4 艘，拖带木驳船航行。② 同时与粤汉铁路局接洽，租用长沙、衡阳回空车辆联合开办水陆联运。汉口到长沙、渌口、衡阳段水运，湘粤间用铁路运输。后因日军飞机轰炸粤汉铁路，又改为汉口到长沙、渌口、衡阳段水运，衡阳至曲江或英德陆运，英德到广州水运，很有成效。直到武汉沦陷后，这种联运才中断。③

其次是民生公司。民生公司的 22 艘轮船和 850 多只木船参加了这场大撤退，它与招商局、三北公司等，在汉口成立了“长江航业联合办事处”，自 1938 年 5 月 20 日起，协同运输，专门负责物资抢运。

当时，陆路运输非常困难，公路修筑投入巨大。汉（口）宜（昌）公路全长不过 300 多公里，从 1924 年开始修建，前后花费了 10 年时间。1935 年扩建汉宜公路，到 1937 年才完成，光是民工就使用了 10 多万人，花费大量人力、财力和物力，才勉强修好这条石子路面的公路。1935 年，汉口发生大水灾，汉宜公路全线淹没两个多月，路基被冲毁 5 公里，桥梁被冲断 25 座，损失巨大。

因而，进出四川的通道——宜昌以上的三峡，就成了抗战的重要运输线。

---

① 招商局《纪念刊》，第 131 页。

② 张后铨主编：《招商局史》（近代部分），人民交通出版社，1988 年，第 474 页，

③ 王洸：《中国水运志》，（台北）“中华大典编印会”，1966 年，第 293—294 页。

三峡航道狭窄，弯曲复杂，滩多浪急，险象丛生，有的地方仅容一船通过。1 500吨以上的轮船不能溯江而上，所有从上海、南京、武汉来的大船，当时都不能直达重庆，乘客和货物都必须在宜昌转乘小船（换上能走长江三峡的大马力小船，也就是所谓的川江轮）。要在 40 天内，将所有的人员和货物运到重庆，困难之大，难以想象。

民生公司总经理卢作孚为了缩短运载时间，将整个运输划分为 3 段航行。即宜昌至三斗坪为第 1 段，三斗坪至万县为第 2 段，万县至重庆为第 3 段。每艘船以吃水深度、马力大小为基本依据，用一部分船只先运货物至三斗坪，当即返回，再由公司调船运至万县或直运重庆；对重要物资和大型货物则由宜昌直接运至重庆，并在重庆满载出川抗日的士兵，再顺江而下。卢作孚以巨大的爱国热情，冒着被日军轰炸的危险，亲自巡查督促，整日整夜操劳。当时，日军飞机经常在三峡地区扫射轰炸，几乎每天都有民生公司的船只被日机炸毁或者炸伤。据统计，民生公司在整个大撤退运输中，损失轮船 16 艘，116 名公司职员牺牲，61 人受伤致残。

早在 1937 年底，卢作孚就与国民政府签订了“万吨器材包运合约”，指定民本、民元、民权、民风、民贵、民俗、民族 7 轮专运，到 1938 年 2 月，就按合同将全部军用物资和器材全部运出。随后，又马不停蹄地运输其他各类物质。经过民生公司上下齐心协力的奋战，到宜昌沦陷前，该公司运送部队、伤兵、难民等各类人员，总计 150 余万人，货物 100 余万吨，其中包括两万吨空军器材和广东炮厂的物资。① 1939 年元旦，卢作孚获得了国民政府颁发的一等一级奖章。

（三）工厂、军工厂的撤退及日军的阻挠

为了使武汉工厂内迁做好充分准备，国民政府很早就成立了组织工厂内迁

① 还包括：兵工署 22 厂、23 厂、24 厂、25 厂、陕西厂、河南巩县分厂、河南汴州厂，金陵兵工厂，湘桂兵工厂，南昌飞机厂，宜昌航空站，航委会安庆站，航委会无线电厂，中福煤矿，大成纺织厂，武汉被服厂，武昌制呢厂，武汉纱厂，扬州航空站，钢铁迁建委员会，申钢厂，大鑫钢铁厂，周恒顺机器厂，天元电化厂，新民机器厂等，以及国民政府机关、科研单位、学校设备、珍贵历史文物等。

的机构：一是钢铁厂迁建委员会（1938 年 3 月 1 日成立），直属军政部，以杨继增为主任，负责拆迁武汉附近的钢铁厂和兵工厂；① 二是湖北省建设厅，负责省属各工厂的迁建，把省属官布局、官纱局迁往陕西，麻布局、谌家矶纸厂、白沙洲造纸厂、修船厂迁往四川，大冶象鼻山矿的机械迁往鄂西；三是工矿调整处，全面督导了组织武汉民营、官营各工厂的迁建。② 1937 年 12 月 29 日和 1938 年 1 月 2 日，工矿调整委员会两次在汉召集各纱厂负责人开会，讨论纱厂迁川事宜。“鉴于沪、苏、锡、常一带纱厂资敌以及被毁，而后方军民急需被服的情况，因而必须保存实力。工厂调整委员会当即宣布武汉首先西迁纱厂的纱锭不得少于 5 万锭，计为震寰、裕华纺织厂 3 万锭，申新纱厂 2 万锭。”③ 8 月 5 日，蒋介石手令限期拆迁武汉纱厂，申新、大成 2 厂分迁川、陕。汉阳铁厂和兵工厂一分为二，一部分至重庆，另一部分运往湘西。福顺机器厂、张鸿兴机器厂等则运往常德等处。

日军千方百计阻挠武汉撤退，对撤退过程中的人员和物资进行了残暴的轰炸。10 月 22 日，“新升隆”号满载乘客，包括《新华日报》和八路军驻武汉办事处的 84 名工作人员，离开汉口。第二天中午，当轮船到达燕子窝港口时，突遭日军飞机的低空扫射和轮番轰炸。“新升隆”的船顶和驾驶室被炸塌，20 多位乘客遇难。

武汉大撤退最后也是最悲壮的一幕，是江兴轮的沉没。江兴轮和建兴轮是从武汉最后开出的两艘轮船。当时，白崇禧命令江兴轮将汉口日租界的 6 门高射炮、500 箱弹药运走。④ 高射炮搬运到码头时，船上已经挤满了最后一批离开武汉的乘客近万人。10 月 25 日，江兴轮和建兴轮离开武昌，先后遭遇日军飞机轰炸。建兴轮目标小，船长技术高超，躲避及时，没人伤亡。江兴轮吨位大，日军紧盯不放，先是两架日机扫射，当场打死几十人。江兴轮上有许多军

---

① 汉阳铁厂的一部分是后来重庆钢铁厂的基础。

② 武汉市档案馆等编：《武汉抗战史料选编》，内部出版，1985 年，第 250 页。

③ 林继庸：《武汉工厂内迁大后方概述》，《武汉文史资料》2015 年第 2 期，第 19 页。

④ 万高潮等：《血战武汉》，中国文史出版社，2005 年，第 46 页。

人，见日军猖狂，十分气愤，于是开炮还击，击落1架日机。6架日机迅速赶到，对江兴轮俯冲投弹扫射，甚至投掷大量燃烧弹。江兴轮很快沉没，船上近万人极少生还。

图3-9　为了保存民族工业，工业机器由汉口用人力或船运迁往大后方①

在各方共同努力下，由武汉内迁的民营工厂有250家，其中冶金机械110家，轻工36家，化工17家，纺织83家，水电4家，② 约占全面抗日战争时期内迁工厂的57%，由外埠迁汉而西迁的工厂170家，运出的物资共达51 182吨（加上汉阳铁厂达108 000吨），撤退的技术人员10 000余人。③ 其中迁入四川、重庆的厂矿98家（全国245家），迁入湖南的115家（全国121家），陕西21家（全国42家）、广西7家（全国25家），贵州、云南9家。④ 武汉大撤退是全面抗日战争时期规模最大、效果最好的撤退。

武汉大撤退的成功实施，使得当时中国的主要经济实力得以保存，政治实体、工业命脉、教育传承以及商业和文化种种事业随之转移到陪都重庆，重庆成为中国和远东抗战的中心。一大批工厂、大量的机器通过长江水道转移至重庆，为接下来的持久抗战提供了经济支持。全面抗战爆发前，中国武器生产能力薄弱，且基本都在沿海一线，内陆地区除了1个中型的四川成都兵工厂以外，几乎没有大型兵工厂。中国兵器工业大量内迁四川等地，重新在西部崛起，尽管仍存在原材料匮乏、动力不足等诸多不利因素，但其生产能力从整体

① 秦风老照片馆编：《抗战中国国际通讯照片》，广西师范大学出版社，2008年，第124页。
② 武汉市政协文史委、社科联、历史学会：《抗战中的武汉》，1985年，第180页。
③ 刘宏友、徐诚：《湖北航运史》，人民交通出版社，1995年，第358页。
④ 《武汉抗战史料选编》，内部出版，1985年，第256—257页。

上仍超过了全面抗战前的兵器生产水平，并根据实战需要研制、生产了战防炮、枪榴弹、掷榴弹等新型武器。据统计，部队作战消耗较大的机关枪、迫击炮弹、手榴弹分别比全面抗战前增长677％、867％、165％；能充分满足中国军队需要的有重机枪、迫击炮、枪掷弹筒、枪掷榴弹和手榴弹；不能满足的有榴弹炮等7种。据统计，1937—1945年，中国兵工厂生产了98门大口径火炮、1.53万门迫击炮、83.72万支步枪、11.12万挺轻重机枪。由此可见，全面抗战期间重新崛起的中国兵器工业，对中国军队顽强、持久的抗战，无疑是至关重要的。

二、武汉沦陷

（一）武汉三镇沦陷

由于中日军队在赣北、鄂东地区相持不下，日军不得不放弃原定歼灭中国军队主力的作战目标，转而急于攻取武汉。11月以后，长江进入枯水期，日军进攻武汉就更加困难，其海军优势届时将大打折扣，于是日军大举增兵，①以打破僵局。9月30日，将驻南京的日军第15师团第60联队调归波田支队指挥，并增配独立轻装甲车第8中队、野战重炮兵第10联队、迫击炮第4大队第2中队，进一步加强波田支队进攻作战能力。波田支队得以沿长江顺利向西推进，10月16日攻占大冶，17日攻占石灰窑，18日攻占阳新，19日攻占黄石港。在此期间，日军第21军以3个师团兵力，在海军第5舰队的配合下，对中国的海上生命线施加压力，以两栖登陆的方式占领广东沿海港口。由于广东地区粤军主力多被抽调支援武汉会战，故日军不到半个月时间就占领了广州地区。

到1938年10月上旬，武汉外围作战已逐渐逼近武汉城区，武汉核心地区

---

① 仅日军第11军的配属部队就有独立机关枪两个大队、战车1个大队、4个中队、炮兵6个联队6个大队，高射炮14个队等部，参见《战史丛书（89）支那事变陆军作战（2）》，东晓、陈刚编译：《〈战史丛书〉武汉会战资料汇编》，武汉出版社，2012年，第231—234页。

的守备提上议事日程，为此武汉卫戍司令部制订了相应的作战计划，以第185、第43、第92师分别固守汉口、武昌、汉阳，其核心外围则由第3集团军以及第93、第13、第6师防守，以第58军为总预备队。① 同时，在谌家矶水下设置水雷阻塞线，驻有布雷兵1个队。水雷由德国土木工程师设计，钢铁雷壳内装TNT炸药2吨多，外裹三合土，每个重7吨左右。每3个水雷1组，按钮后同时爆炸，威力很大。岸上有观测所和炮台。10月17—18日，日军3艘军舰驶至谌家矶以下离布雷区约5公里处，开炮轰击守军炮台，双方发生炮战。②

但由于武汉会战外线作战战局急剧恶化：在长江以北，日军第3、第10师团和骑兵第4旅团，从信阳南下，分别攻占了应山和安陆地区；22日，上巴河被日军攻占；23日，黄州、团风、新洲、阳逻失陷；24日，仓子埠失陷，日军攻占黄陂，直逼汉口；在长江以南，波田支队沿长江南岸直逼武昌城下，10月22日，阳新、大冶、鄂城防线相继失守，日军第9、第27师团插入贺胜桥，推进到咸宁地区。中国统帅部最终放弃了在武汉城区及其近郊与日军决战的计划。只留下第185师第545旅（配属1个高炮连）作象征性抵抗。24日，蒋介石正式下达放弃武汉、实施撤退的命令。

图3-10　1938年10月25日，日军第6师团佐野支队突破汉口以北戴家山，占领蓬字守望台③

① 中国第二历史档案馆：《抗日战争正面战场》上册，江苏古籍出版社，1987年，第657—658页。

② 《江岸文史》总第七辑，政协武汉市江岸区文史学习委员会，2005年，第57—58页。

③ 邓正兵、朱莉主编：《武汉会战日方图片汇编》，武汉出版社，2013年，第172页。

第185师第545旅以其所属第1090团在汉口的刘家庙、丹水池、谌家矶、戴家山至张公堤一线布防，以第1089团任汉口守备（该团第2营在姑嫂树、禁口、博学书院一线警戒，第1营在特四区长江沿线警戒），其余在江汉路附近待命。24日下午，第1营占领戴家山阵地，第2营占领谌家矶及横堤一线，并派兵1个连进驻三道桥以北，对五通口及横店两个方向严密警戒。第3营1个连附机枪1个排在黄鹤洲至刘家庙一线沿江警戒。①

25日上午5时30分到中午1时30分，日军以飞机、大炮、毒气弹，多次进攻刘家庙、谌家矶、戴家山等中国军队主阵地，守军阵地大半被毁。第1090团官兵在敌我力量悬殊的情况下，仍英勇作战。傍晚，日军兵分两路，攻占戴家山，守军被迫撤退。晚10时，第545旅在香烟厂、琴断口渡过汉水，在十里铺集结，日军第6师团第23联队率先进入汉口城区。26日晨4时50分，波田支队在武昌大堤口及武胜门外各码头登陆，占领武昌。27日午后，日军高品支队一部渡江占领了汉阳。至此，武汉三镇沦陷，武汉保卫战结束。

图3-11　1938年10月26日，日军第6师团佐野支队进入汉口租界②

---

① 国民政府军令部战史会档案，中国第二历史档案馆藏。

② 邓正兵、朱莉主编：《武汉会战日方图片汇编》，武汉出版社，2013年，第175页。

（二）海军作战与武汉沦陷

武汉又称江城，世界第二大河长江、长江最大的支流汉水直穿市中心。所以，在武汉会战中，海军的作用也不可小视，在某种意义上讲，甚至起了关键作用。日军要占领武汉，必须拥有强大的海军。当时，中国海军与日本海军相比，虽然处于极端劣势（日本海军规模是中国海军的 20 倍以上），也英勇作战，击沉、击伤日军舰艇及运输船只共 50 余艘，击落日机 10 余架①，但自身也损失惨重，基本上全军覆没。

为了保卫武汉，1938 年 2 月 1 日成立海军战时总司令部，陈绍宽任总司令，以"永绥"炮舰为旗舰，驻于汉口；陈季良任参谋长兼第 1 舰队司令，共有舰艇 20 余艘，以"民权"炮舰为旗舰，负责武汉以东长江江防；曾以鼎任第 2 舰队司令，共有舰艇 20 余艘；另成立江防军总司令部，刘兴任总司令，曾以鼎任副总司令。② 武汉会战打响后，中山舰与"永绩""江元""江贞""楚观""楚谦""楚同""楚豫""民生"等舰船在陈绍宽的指挥下，为打破日军长江跃进战略，在长江中游执行布雷任务，并担任长江航道空防、巡逻任务，往返护送各种船舶航行，以高射炮、高射机枪反击日军飞机。日军战史承认："从江岸来的敌人炮火、江上的水雷攻势以及空袭比预想的还要激烈，使我方的损害十分巨大，推迟了进击。特别是敌人的水雷攻势非常顽强，安庆到九江间我扫除水雷部队排除的敌水雷达 590 余个。"③

武汉会战的最后一幕，海军担当了主要角色。日本海军首先突入汉口的是其海军滑走艇队，时间是 26 日上午 8 时 30 分，日本海军溯江部队指挥部于中

---

① 郭汝瑰、黄平章：《中国抗日战争正面战场作战记》下册，江苏人民出版社，2005 年，第 867 页。

② 郭汝瑰、黄平章：《中国抗日战争正面战场作战记》下册，江苏人民出版社，2005 年，第 775 页。

③ 《战史丛书（79）中国方面海军作战（2）》，东晓、陈刚编译：《〈战史丛书〉武汉会战资料汇编》，武汉出版社，2012 年，第 385 页。

午1时半抵达，吴五特登陆大队下午6时在汉口日本租界登陆。①

为了阻滞日军的攻势，早在10月24日，中山舰奉中国海军总司令部命令开赴金口。金口是武汉上游的一座古镇，距武汉市中心26公里。24日下午3点，日本海军第15航空队水上轻型轰炸机6架，飞临中山舰上空，与中山舰进行了一场空前未有的海空大战。日机轮番投弹轰炸，江面上升起无数水柱，浪花四溅。中山舰虽然只装有4门小口径炮，仍然不畏强敌，迎战日机，舰首、舰尾和左右两舷火炮齐发，不断反击。中山舰连中数弹，先是船壳破裂进水，紧接着军舰动力操纵失灵，舰体开始左倾，最后驾驶台被穿透，大火弥漫，完全失控。当舰体倾至40度时，突然舰首稍昂，随即轰然一声巨响，水柱冲天，一代名舰中山舰，终因负伤过重，于当日下午4时30分左右沉没于金口，全舰40多名官兵牺牲过半。

三、武汉会战对全国战局的影响

武汉会战长达4个半月，以广阔的长江中下游地区和淮河流域作为战场，包括江西、安徽、河南、湖北4省。由于中国军队的坚强抗击，日本动用了当时能够集结的最大兵力，发挥了陆、海、空装备上的绝对优势，中国军队的战斗力受到重大打击。但是并没有歼灭中国军队的主力，没有使中国军队的抗战意志有所减退，反而使日军的有生力量遭到严重打击，日军“速战速决”的战略方针被彻底粉碎。日军陷入了其最不愿意进行的持久战的泥淖之中。武汉会战以后，本来就感兵力不足的日军，随着战线的延长，兵力愈发感到不足，无力再组织像淞沪、徐州和武汉会战这样大规模的、以攻城略地为目标的战略进攻，而被迫转为战略防守。中国政府既未因武汉、广州的失守而屈服，日本的侵华战争也未因日军占领武汉、广州而结束。中国政府在武汉失守后声明说：“一时之进退变化，绝不能动摇我国抗战之决心”，“任何城市之得失，绝不能影响于抗战之全局”；表示将“更哀戚、更坚忍、更踏实、更刻苦、更猛勇奋

① 《战史丛书（79）中国方面海军作战（2）》，东晓、陈刚编译：《〈战史丛书〉武汉会战资料汇编》，武汉出版社，2012年，第395页。

进”，戮力于全面、持久的抗战。[①] 可以说，武汉会战成为日本由战略进攻走向战略防守的转折点。

日本是一个岛国，战略物资缺乏。为了进行武汉会战，“连学校教练用的步枪都被收回”，用于装备扩建的军队。更由于兵员不断增加，国内劳力、粮食、能源均感不足。武汉会战结束后的 1939 年，日本军费的支出已达 61.56 亿日元，已远远超出了日本国家的储备量，从而使“日本国力穷困急剧表面化”，已经失去了充分保障军队军事物资供应的能力，从而“加重了日本中央统帅部首脑的痛苦和压力”，以致其参谋总长和陆相自称：“外强中干是我国今日的写照，时间一长就维持不住了。”[②] 在武汉会战后，日军的编制、装备和部队战斗力，总的来看比会战前有所下降，不得不将华中日军的“作战地区大概规定在以武汉为中心的安庆、信阳、岳阳、南昌之间”。[③] 这也是日本不得不改变其政治和军事战略，企图“以华制华”“以战养战”的重要原因。

武汉会战结束不久，毛泽东致信蒋介石，指出，经过武汉会战，“抗战形势有渐次进入一新阶段之趋势。此阶段之特点，将是一方面更加困难；然又一方面必更加进步，而其任务在于团结全民，巩固与扩大抗日阵线，坚持持久战争，动员新生力量，克服困难，准备反攻”。[④]

经过 4 个月激战，中国空军耗损极大，几近于无力再战，海军基本上全军覆没，陆军损失惨重。短时间内，中国政府军的总体战斗力大幅下降，不得不进入西南、西北较为落后地区“苦撑”抗日危局。由于日军成功攻占武汉，切断了中国国内最主要的交通通道，封锁了中国的主要国际通道，使中国抗战渐渐失去国际支援，更难集聚反攻所需要的各种战略资源，给中国抗战造成了空

---

① 秦孝仪主编：《中华民国重要史料初编——对日抗战时期》第 2 编，中国国民党中央委员会党史委员会，1981 年，第 354—355 页。

② 日本防卫厅防卫研究所战史室著，田琪之译：《中国事变陆军作战史》第 3 卷第 1 分册，中华书局，1979 年，第 96—102 页。

③ 白井胜美、稻叶正夫：《现代史资料（9）日中战争》（二），（东京）美铃书屋，1964 年，第 402 页。

④ 武汉档案馆等编：《武汉抗战史料选编》，内部出版，1985 年，第 269—270 页。

前困难。中国统帅部也不得不修改武汉失守后的总体战略，提出“游击战重于正规战”①，主张“发动有限度之攻势与反击，以牵制消耗敌人”，“策应敌后方之游击部队，加强敌后方之控制与袭扰，化敌后方为前方”。② 从而明确中国军队的作战方针是：“以一部增强被敌占领地区内力量，积极展开广大游击战，以牵制消耗敌人。主力应配置于浙赣、湘赣、湘西、粤汉、平汉、陇海、豫西、鄂西各要线，极力保持现在态势。不得已时，亦应在现地线附近，尽量牵制敌人，获取时间之余裕，俟新战力培养完成，再行策动大规模攻势。”③ 由于中国军队保有相当一部分主力，武汉会战争取到了一定时间，转移到华中地区的设备及人员成功地迁移至西南地区，为以后能长期坚持抗战奠定了基础。

---

① 《周恩来传》，人民出版社、中央文献出版社，1989 年，第 431—433 页。

② 秦孝仪主编：《中华民国重要史料初编——对日抗战时期》第 2 编，中国国民党中央委员会党史委员会，1981 年，第 568 页。

③ 中国第二历史档案馆编：《中华民国史档案资料汇编》，第五辑第二编军事（一），江苏古籍出版社，1998 年，第 659 页。

第四章

日军在武汉的军事统治和侵略暴行

日军侵占武汉后，对武汉进行了残酷的军事统治，在武汉地区始终部署了其历史上在海外规模最大的野战部队，使武汉城区据点密集，军事恐怖日甚一日。日军虽没有像在南京那样对中国人民进行大规模的屠杀，但屠杀事件也屡屡发生，7 年间从未间断，累积起来，其所屠杀的民众也不下 10 万人。此外，日军还强化了宪兵队、特务部的职能和作用，以防范和镇压武汉人民的反抗。同时，广泛推行“慰安妇”制度，以维持其“军心”的稳定。

第一节　军事部署

武汉是日军深入中国腹地的主要军事堡垒，为了摧垮中国人民的抗日意志，保持对中国战时首都——重庆的巨大军事压力，日军在武汉部署了强大的军事力量。在武汉城区及近郊，日军部署了大量的“警备”力量；在武汉周边地区，日军始终部署近10个师团的野战部队，将武汉变成了日军一座巨大的兵营。

一、日军在武汉城区及近郊的军事部署

1938年10月25日，日军占领汉口，26日侵入武昌，27日侵入汉阳，武汉三镇全部沦陷。日军为控制武汉、镇压武汉人民的反抗、掠夺武汉地区的财富，在三镇驻有大量军队，极力扶植汉奸和伪政权，同时设有宪兵队和特务机关。11月3日，指挥侵占武汉三镇的日军华中派遣军司令部指挥所进驻汉口盐业银行（今位于北京路、中山大道交会处的中国工商银行大楼），其下属第2军司令部也同时进入汉口。12月9日，日军第2军司令部回日本，15日，其任务由第11军司令官冈村宁次承接，并指挥第2军原属各部（3个主力师团）。日军华中派遣军司令部设于汉口三元里附近原日军营房。第11军军部驻汉口。

1939年9月，华中派遣军番号撤销，从10月1日起，第11军隶属日军中国派遣军序列，并配属了战车集团（由派遣军直辖，归日军第11军指挥）。同时，设立“武汉警备司令部”（司令部地址今位于汉口循礼门车站附近），下辖警备队，石木贞直（1939年至1942年冬）、古贺（1942年冬至1943年）、萱岛（1944年至1945年）先后任司令。

（一）海军的部署

日本陆海军在武汉市内划分有管辖范围：海军统治特一区（原德租界）、

特二区（原俄租界）及其以下市区，陆军则统治其余的大部分地区。海军的指挥机构最早是华中派遣海军司令部，司令部地址在汉口沿江大道的伪中央银行，司令官先后有日比野、中川、前田，统一指挥九江至宜昌及长沙一带的日军海军舰艇，后为第1遣华舰队及其所属的汉口特别根据地队。汉口特别根据地队是由海军第1遣华舰队第4防备队于1939年11月改编而成，司令先后有小林仁、松永次郎、一濑信一等。①

太平洋战争爆发后，日本海军在武汉地区的力量有所削弱，主要舰艇调往太平洋方向。1942年1月，汉口特别根据地队降格改编为海军汉口警备队。1943年8月，汉口警备队撤销，同时第1遣华舰队降格改编为长江（扬子江）特别根据地队，司令部驻汉口二曜路，归海军中国方面舰队直辖，先后由近滕信竹、大野一郎（此时辖九江警备队）、押山耕一郎、泽田虎夫任司令官。

此外，日本驻汉海军还设有管理政治任务（含谍报工作）的机构——海军武官府，驻汉口兰陵路。侵汉日军军需最早靠海军船只运送，太平洋战争爆发后改为征用大批中国木船，组成船团以供军需。1942年以后建有第2941部队（日军汉口碇泊场司令部），专门负责日军陆军水上运输任务，由里见任司令官，司令部设于汉口江汉关。初期有船团10余个，最高时有40多个。每个船团有3—50吨木帆船30艘左右，不固定，可随时组合。船团长均由日本人担任，另有武装护送人员3—5人。这些被强行征集的中国船只，都在汉口白鳝庙一带编队待命。② 另外，武汉日军还有属于陆军的第2船舶输送司令部汉口支部，拥有各类大小船只385艘，总吨位近1万吨。③

（二）空军的部署

武汉是侵华日军航空兵的主要基地。日军驻汉空军部队，最早是德川好敏指挥的航空兵团，下辖第1（最早的团长寺仓正三，后为秋山丰次，有飞行第77、第31战队、轻轰炸第44战队等）、第3（团长菅原道大，有飞行第45、

① 黄力民：《日本帝国陆海军档案》，九州出版社，2012年，第216页。

② 刘宏友、徐诚：《湖北航运史》，人民交通出版社，1995年，第369页。

③ 《武汉区接收船舶数量及分配一览表》，1945年，旧航业整理委员会档案，卷号10。

第 75 战队)、第 4 (团长藤田朋，有飞行第 64、第 60、第 98 战队) 飞行团，① 实力雄厚。1938 年底以后，随着作战任务的改变，日军对其航空兵力进行了不同程度的调整。1939 年的空军主力是日军陆军航空兵第 1 飞行团，下辖有战斗第 59、重轰炸机第 60 (三菱“九七式”重爆即重型轰炸机 12 架)、第 98 (伊式重爆即意大利菲亚特 BR. 20 重轰炸机 8—10 架)、第 12 (意大利菲亚特重轰炸机 9 架) 战队。这些驻汉日军空军以汉口为基地 (有短暂转场)，对重庆和武汉周边地区进行狂轰滥炸。

日军空军在武汉最盛时期是 1940 年、1941 年进行“101 号作战”“102 号作战”期间。为了进行“101 号作战”，日军在武汉集中了大量的航空部队，尤其是集中了海军航空兵的几乎全部精锐，并将万国赛马场、华商赛马场改建成对重庆等地进行轰炸的主要基地——“W”基地。主要有：第 1 联合航空队 (配属有鹿屋航空队和高雄航空队)，司令官山口多闻；第 2 联合航空队 (配属有第 12、第 13 航空队的全部和第 14、第 15 航空队的一半)，司令官大西泷治郎。② 3 月，日军陆军航空兵第 3 飞行团的轻轰炸机第 75 战队、独立侦察第 17 中队也分别进驻武昌、汉口机场。日本陆海航空军在汉的飞机 400 多架，其中，“中攻”机就有 130 架。1941 年，日军海军第 11 航空队的大部分兵力 (对地攻击机约 180 架) 进驻汉口和孝感机场，在中国方面舰队指挥下，自 7 月 27 日至 8 月 31 日，对重庆等要地进行了轰炸，史称“102 号作战”。

太平洋战争爆发后，日军在汉空中力量有很大调整，总的趋势是不断减少。1942 年 4 月 15 日，第 3 飞行团改称第 3 飞行师团 (师团长中薯盛孝)。1943 年 8 月 30 日，该师团从汉口起飞支援日军东南亚战场的作战。③ 不过，日军为了某些特定的目的，有时也会在短期内集中较多的空中力量。如 1944

---

① 徐平主编：《侵华日军通览 (1931—1945)，解放军出版社，2012 年，第 49—50 页。

② 笠原十九司：《日中战争时期日本海军航空队实施城市轰炸全貌》，载《“抗日战争与中国社会”宜昌国际学术研讨会论文集》(中)，2015 年，第 208 页。

③ 张明金、刘立勤主编：《侵华日军历史上的 105 个师团》，解放军出版社，2010 年，第 389 页。

年8月，为进行打通大陆交通线的“1号作战”，就曾集中较多的空军力量于武汉：从东京调来的飞行第22战队，① 有中岛4式“疾风”战斗机37架，②队长岩桥让三；从台湾调来的日军陆军航空兵飞行第29战队，有中岛2式战斗机21架，队长川田武雄；加上大岩三雄率领的飞行第60战队、松尾政雄率领的飞行第48战队，到9月1日，日军第5航空军（司令部设在汉口，司令官桥本信秀）可出动的飞机达到207架。③

1945年1月中旬，第5航空军司令部离开武汉，新设第13飞行师团进驻，负责指挥第2飞行团所属战斗机第9、第24战队、袭击机第6战队第3中队、侦察机第21中队、轻型轰炸机第90战队和独立第54中队。3月下旬，第13飞行师团所属20架战斗机被调到冲绳应急，仅剩30架性能、型号参差不齐的各种飞机，武汉日军空军已山穷水尽。④

（三）陆军的部署

1938年10月底，日军第14师团一部1 500余人进驻武昌，11月中旬以后，侵占汉口的日军第11军第6师团向武昌进犯，担任汀泗桥以北粤汉铁路沿线及武昌东、南要道的“警备”，司令部设在武昌珞珈山（武汉大学）。下旬，第16师团进驻武昌，其中，第33、第38联队驻守武昌城区，第20、第9联队驻扎城外3—6公里的地区。汉口方面的“警备”则于11月5日移交给第2军第13师团，由该师团步兵第26旅团司令官沼田重德指挥从各师团选出的3个大队建立汉口警备队为基干担任，司令部位于黄陂。汉口警备队有混成的

---

① 该战队进入武汉使日军有1个月时间的空中优势，不过，在中美空军的联合打击下，不到1个月时间就损失了一半飞机，队长岩桥让三也在战斗中毙命。参见陈应明、廖新华：《浴血长空——中国空军抗日战史》，航空工业出版社，2006年，第326页。

② 中岛4式“疾风”战斗机是当时日军最先进的战斗机，由日本中岛飞机公司设计生产，装有12.7毫米口径机枪2挺，20毫米口径炮2门，外挂250公斤炸弹2枚，最大时速624公里，日军称之为“大东亚决战机”。

③ 陈应明、廖新华：《浴血长空——中国空军抗日战史》，航空工业出版社，2006年，第315—316页。

④ 陈应明、廖新华：《浴血长空——中国空军抗日战史》，航空工业出版社，2006年，第388页。

1个联队的兵力，联队长由原第33联队长担任。其中的第16师团组成的第33大队，由该师团每个联队挑选1个中队，共4个中队组成，大队长由原第9联队第3大队大队长富山担任。① 汉阳方面经第15师团高品支队和第18师团牛岛支队“扫荡”后，由石原支队于11月2日侵占汉阳（蔡甸）、汉川、黄陵矶后担任汉阳方面的“警备”，12月上旬以后，蔡甸地区的防务改由第16师团第33联队实施。

1939年6月30日，在日本广岛编成的日军第39师团驻武汉城区及近郊，师团长村上启作，下辖有：师团司令部，第39步兵团（辖步兵第231、第232、第233联队），搜索第39联队，野战炮兵第39联队，工兵第39联队，辎重兵第39联队，通信队，兵器勤务队，卫生第1、第2野战病院，病马厂等。其步兵第231联队直接负责武汉三镇的警备，步兵第233联队部署在长江岸边的阳逻到河口镇一带，步兵第232联队部署在以孝感为中心的河口镇到孝感西北一带。直到1944年7月该师团调往湖北当阳地区，该师团盘踞武汉三镇前后长达5年之久。另外，日军第40师团一部驻汉口至广济（今武穴市）的长江沿岸地区。由于日军在武汉周边地区频繁作战，兵力不够，这些守备三镇的日军部队不得不经常被抽调到前线作战，致使武汉城区的守备有时只好安排一些拼凑的单位来进行。如1940年枣宜会战期间，就是由临时混成的第101旅团（旅团长为第27步兵旅团长松山佑三）担任汉口及附近地区的警备。②

1938年10月，日本陆军成立汉口宪兵队，直属华中派遣军最高司令官统率。汉口宪兵队下设庶务（管理财政、给养、人事）、警务（管理警务、交通）、司法（管理日军军纪）、特高（负责情报战）4课。特高课下辖有宪佐队，设在花楼街靠近交通路的巷子内。

---

① 《东史郎战地日记（1938.10—1939.9）》，世界知识出版社，2000年，第17、第22、第26页。

② 日本防卫厅防卫研究所战史室著，田琪之、齐福霖译：《中国事变陆军作战史》第3卷第2分册，中华书局，1983年，第5页。

早在1938年6月18日，日本陆军在未占领武汉前即成立汉口特务机关，森田皋任首任特务机关长。日军侵入武汉后，即10月28日，该特务机关迁移至汉口保华街金城银行原址（今武汉市青少年儿童图书馆）。1941年6月7日，日军汉口陆军特务部迁到汇丰银行大楼（今沿江大道中国光大银行大楼），改称“联络部”，习惯上仍被称为特务部。特务部受汉口日军华中派遣军司令部（后为日军第11军）直接指挥。首任特务部长为森冈皋，1939年8月1日，柴山兼四郎接任，1941年6月落合鼎五继任。在此前后，日本海军也不甘落后，于1938年9月20日成立了汉口临时海军特务部，部址设在汉口原中央银行（今黎黄陂路、沿江大道交会处宋庆龄旧居纪念馆），由左近允尚任代理部长（1939年3月10日正式）。1939年3月10日，汉口临时海军特务部改名为汉口海军特务部，与陆军特务部分界管辖。1942年2月，其办公地址由四民街56号迁至黄陂路18号，并兼理汉口驻在海军武官府（汉口长江特别根据地队）事宜。①

位于武汉地区的日军第11军是日本历史上在中国关内保持的人数最多、力量最强的一支野战部队，其规模始终超过15万人（加上配属部队），最强时兵力达到23万人，是侵华日军中一支战斗力比较强的机动部队。其司令官先后有5位：冈村宁次（1938年6月23日—1940年3月9日）、园部和一郎（1940年3月9日—1941年4月10日）、阿南惟几（1941年4月10日—1942年7月1日）、冢田攻（1942年7月1日—12月22日）、横山勇（1942年12月22日—1944年11月22日）。参谋长分别是吉本贞一（1938年6月20日—1939年1月31日）、沼田多稼蔵（1939年1月31日—8月1日）、青木重诚（1939年8月1日—1941年3月1日）、木下勇（1941年3月1日—1942年12月1日）、小薗江邦雄（1942年12月1日—1944年2月7日）。

日军第11军所属部队，1939年时有第3、第6、第13、第33、第34、第

① 武汉市档案馆档案，档案号：8—9—118。

101、第106师团,① 和独立混成第14旅团、野战重炮兵第6旅团、骑兵第4旅团，战车第7、第13联队，空军第3飞行集团的第1飞行团（辖独立飞行第83侦察中队、独立飞行第10战斗中队、飞行第90轻轰炸中队），以及海军、防空、兵站部队各一部；太平洋战争爆发时有第3师团、第6师团、第13师团、第34师团、第39师团（1939年10月调入）、第40师团（1939年10月调入）和独立混成第14旅团、独立混成第18旅团（1939年11月调入），战车第7、第1联队，第3飞行集团的第1飞行团，以及海军、防空和兵站部队各一部。1942年2月17日，日军将独立混成第18旅团与后备步兵3个大队扩编为第58师团。1943年9月27日，第116师团划归第11军指挥。

日军第11军有一支很特殊的部队，即汉口防疫给水部。它屯驻于汉口官厅街，部队长最早是增田知贞，下辖6个班，总计人员90人。② 这支部队很神秘，有关其活动的具体内容，外界知之甚少。

1944年7月，为接替南下作战的第11军，日军编成第34军（又称“武汉防卫军”），担任武汉周围地区的“警备”任务，编入日军中国派遣军战斗系列，司令官佐野忠义（1945年1月栉渊锭一接任），参谋长镝木正隆，辖第39师团及1个独立混成旅团、4个独立步兵旅团和3个野战补充队。其中独立第5野战补充队（系1944年在大阪编成，3月编入第11军，7月编入第34军）驻武汉，辖3个步兵大队和炮兵队、工兵队，队司令部设在汉口，队长田盐鼎三。8月26日，第34军编入第六方面军（司令官冈村宁次，参谋长宫崎周一），继续担任武汉地区的防卫任务。1945年6月17日，日军大本营下令将该军司令部调归关东军，原所辖部队编入第六方面军战斗系列。

1945年初，日军由第六方面军直辖兵团驻华中地区（司令部设在武汉大学医院），第六方面军下辖第11、第20军,③ 直辖第132师团和独立混成第

① 1939年2月7日，第33、第34师团编成，编入该军系列。
② 日本731研究会:《细菌战部队》,（东京）晚声社，1996年，第232页。
③ 1945年6月17日，第34军司令部调入关东军建制，所属各部改归第六方面军直辖。

17、第83、第84、第85旅团，[1] 独立步兵第5、第7、第11、第12旅团，及第2独立警备队，共约5万余人。其中独立混成第83旅团（由原第5野战补充队编成）驻武汉，旅团长田盐鼎三，辖第87、第88、第89、第90、第91步兵大队和炮兵队、工兵队，兵力5000人，司令部设于汉口。

武汉会战以后，日军使用毒气的方式（即所谓“化学战”）改为炮击毒气弹、化学迫击炮弹，以及投掷毒气弹等，使用毒气的种类有糜烂性的芥子气、路易区气。1940年3月间，日军由横滨调来第2独立化学大队驻汉口。1941年，由东京调华中地区的新编第4化学兵团约3000人，分驻南昌、岳阳、宜昌；11月由大阪调华中地区的第31、第32化学兵联队3000人，驻汉口。同年，由东京派出化学专业人员80多人，在汉口组织瓦斯教练班。此外，日军“荣”1644部队（专门从事细菌战的部队）在汉口、武昌分别建有支队，人数约二三百人。[2]

（四）日军在武汉扶植的伪军及其部署

日军还大力扶持建立伪军，以协助日军对武汉地军事统治。当时在武汉地区的伪军有不少，主要有：

1.“中国人民剿共自卫军”。总司令部设于黄陂、孝感交界的桥石边一祠堂内，司令金安人（金龙章），下辖8个师2个独立团，总兵力约3万人，[3] 在汉口中山大道东亚旅社设有办事处，是武汉及周边地区的第一支伪军（1940年7月以前是这一地区伪军的主力）。[4] 其下辖警卫旅就驻在武汉城区，其所属独立第82师（师长汪步青）主要活动于汉阳黄陵矶、大军山一带，所辖第92师（师长熊光）驻汉阳蔡甸。

---

① 第132师团由第39师团和独立步兵第5、第7、第11、第12旅团各一部编成，下辖步兵第97、第98旅团及通信、工兵、辎重等特种部队，由柳川悌任师团长，1945年4月12日编入第34军。

② 日本731研究会：《细菌战部队》，（东京）晚声社，1996年，第210页。

③ 汪浩：《金龙章与“自卫军”》，载《湖北文史资料》1986年第3辑，第124页。

④ 李翔：《湖北伪军的演变及活动》，《湖北文史资料》第40辑，第152页。

2.“黄卫军”。美其名为黄色人种保护黄色人种的军队，1940 年 12 月正式成立，司令熊剑东，参谋长邹平凡，有 3 000 多人。大部驻于武汉及近郊，一部驻于监利、螺山一线，军部驻蒲坛。1941 年春曾全部调回武汉进行整编和训练，军部驻汉口双洞门仁厚里。1942 年达到最盛，军部设在汉阳的大咀(东江脑)，编为 2 个师。1943 年分裂，“黄卫军”的历史结束。①

3.“定国军”。与“黄卫军”有渊源，大部系改编自“黄卫军”。刘国钧(系冈村宁次的学生)、刘天雄兄弟组建，司令部位于武昌沙湖街。

4.“华中剿匪军”。其所属的第 8 师有 3 000 人左右，其中一部分就驻在武昌。

5. 伪中国人民自卫军第 8 军。军长李汉鹏，军部驻黄陂蔡店新李湾，军直属 4 个旅 2 个团。所属 4 个师，1 个师驻黄陂泡桐店，3 个师驻孝感东杨港、杜涂湾、周兴店一带。② 1939 年 7 月被全歼。

6. 伪陆军第 13 军。李宝琏任军长，军部驻汉口三眼桥，部队分布在黄陂、孝感一带。

7. 伪海军汉口基地部。1943 年 4 月设立，司令孟秀春，练兵营设于武昌下新河。

8.“兴亚军”。有近 1 000 人活动在黄陂东乡长堰、许家桥和北乡木兰川一带。

9. 伪鄂省保安旅。该部有 500 多人驻武昌。

10. 汪伪特务组织。经历了六个性质不同的阶段：陈文组（情报小组的代号)、特工总部武汉区（办公地址在原汉口英租界巡捕房旧址——特三区管理局，今南京路市二医院附近，区长先后有傅胜兰、姚筠伯，日军派驻有 3 人组成的特务班，1942 年裁撤)、特工总部汉口直属组、特工总部武汉直属站(1943 年 3 月设立)、军事委员会政治保卫总监部武汉区（组长、站长、区长

---

① 郑均平：《邹平凡从“黄卫军”到新编第二十一军》，《湖北文史资料》第 16 辑，1986 年，第 118—122 页。

② 宋仁善：《李汉鹏伪八军的覆灭》，《武汉文史资料》1985 年第 1 辑，第 62—63 页。

张孟青，1943 年 10 月设立)。日军汉口宪兵队特高课在汪伪特务组织都派有宪兵军曹和伍长驻留。①

11. 伪武汉绥靖公署 (1940 年 5 月—1942 年 7 月)，叶蓬任主任，郭尔珍任参谋长，总部设在汉口中山大道远东地区饭店 (今六渡桥百货公司)，辖有武汉绥靖军、黄卫军、定国军等，军力两万余人。有伪武汉绥靖公署特务营分驻汉口、武昌。

12. 陆军第 29 师。黄卫军一部于 1942 年冬改编而成，师长张佑之，长期驻扎汉阳白沙洲、鹦鹉洲一带，受日军汉口特务部直接指挥。

13. 武汉行营。日军特务部长兼任行营顾问，辖有 5 个师 1 个旅，兵力 28 000余人。②

伪政府还在武汉三镇遍布警察部队，以维持其反动统治。仅汉口特别市的武装警察 1941 年就有 5 000 多人，③ 其中伪汉口特别市警察局保安警察大队 1941 年有伪军 341 人，其所属的侦缉队有伪军 74 人。④ 1941 年驻在武昌的伪警察部队主要是，伪湖北省保安教导大队有官兵 516 人，伪铁道保安队有 138 人，伪武昌县 (今江夏区) 保安队 (由原盘踞在青山旧八吉府土匪武装肖春霆部于 1943 年改编而成) 有 200 人，⑤ 1943 年到 1945 年驻有伪湖北省保安第 1 旅，旅长袁四正。1944—1945 年，在武昌的金水闸一带驻有伪湖北省保安第 1 总队。

此外，伪军还设有伪中央陆军军官学校武汉分校 (位于武昌抱冰堂前) 及所属教导团、伪中央陆军将校训练团武汉分团 (皆驻武昌)、伪黄卫军军事学校 (1942 年春设立，校址在汉阳南城巷训女中学旧址)、伪自卫军军山军官学

① 张孟青：《武汉汪伪特务组织的演变和灭亡》，《武汉文史资料》第 7 辑，第 25—34 页。

② 李翔：《湖北伪军的演变及活动》，《湖北文史资料》第 40 辑，第 154 页。

③ 《武汉报》1941 年 4 月 20 日。转引自涂文学主编：《沦陷时期武汉的政治与军事》，武汉：武汉出版社，2007 年，第 248 页。

④ 武汉市档案馆档案，档案号：8—3—30。

⑤ 武汉地方志编纂委员会主编：《武汉市志·军事志》，武汉大学出版社，1992 年，第 88—89 页。

校。另在原中央陆军军官学校（一般称“黄埔军校”）武汉分校开设有绥靖公署军事训练团，日军派宇佐美俊男为联络官，常驻团部。

其他还有很多汉奸军事组织，诸如“中华护国军”、“长江上流剿匪总部”、“中国和平建国集团军”等，名目林立，番号众多。最盛时，驻守武汉市区及周围水陆交通沿线城镇的伪军有 8 万余人，汉口周边平均不到 20 公里就有一个伪军守备的据点。

二、日军在武汉城区及近郊的据点和军事设施

素有“九省通衢”美誉的武汉，因其贯通东西南北的优越的交通地理位置，沦陷以后一直是日军重点控制的地区之一。日军把武汉市看做是大东亚战争“完遂之最前卫”及后方兵站基地。武汉沦陷期间，整个武汉成了日军的大兵营，三镇各地到处驻有日军，重要战略要点完全被日军控制，日军的据点不计其数，甚至连武昌路的隧洞都成了日军的军用仓库。其中，日军首脑机关最集中的地区是汉口特二区、特三区，日军宪兵司令部、特务机关部、军用无线电台（设在上海银行）、日本领事馆，以及众多的营房，都在这两个区。

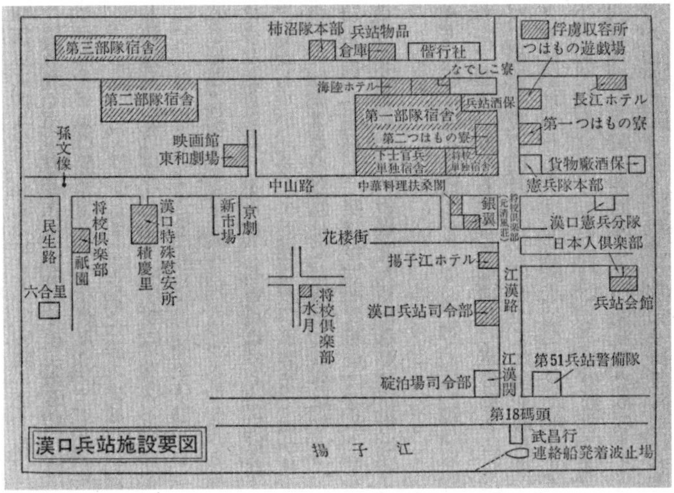

图 4-1　日军绘制的《汉口兵站施设要图》①

---

① 山田清吉著《武汉兵站》，东京图书出版社，1978 年，第 148 页。

日军非常注意对汉口的掌控。在西流湾、谌家矶、朱家墩、朱家河、造纸厂、堤角、张公堤、戴家山、姑嫂树、黄家湾、禁口、舵落口等地，修建了大量永久性机枪掩体，在古德寺、罗家庄、新马路、航空路、赵家条、三眼桥、博学书院、堤角等地修建了大量碉堡，在易家墩、昙安山、戴家山、堤角、姑嫂树、舵落口等地修建了大量的重炮阵地。同时，特别注意对长江江面的封锁，在分金炉江边、植物油厂、江岸车站、落河沟等处，建立了多个射向的机枪座。在万松园驻有日军“第四防备队防空中队高射炮队”，担任日军王家墩机场等汉口日军军用机场的防空任务。小维四街（三阳路附近）驻有日军“第四防备队”本部，主要担负汉口日军海军区内的警备任务，其性质等同海军陆战队，侧重搜集长江水面和江河码头地带的军事情报。黄陂路驻有日军“第四防备队第二中队”。成忠路（今张自忠路）与河街（今沿江大道）交会处驻有日军“汉口海军特别陆战队”。三民路有日军宪兵分遣所，驻有日军“维新路宪兵队”（日军将三民路改名为维新路）。位于全新街山陕会馆内的西关帝庙(今已不存)，也驻扎有日军 1 个小队。

另外，原交通银行永宁巷直属仓库——工贸仓库，成了日军的粮草仓库。江汉关成了日军的军用码头，江汉关大厦成了日军第 2 船舶输送司令部所在地。江汉路 129 号大厦（原武汉中国国货股份有限公司），是日军军火库和松田兵站所在地，日军华中派遣军汉口兵站设在江汉路左侧第 18 码头，在汉口民众乐园设有池田龙兵站。中山公园驻有高炮部队——城户部队。宁波里、四明里的很多房屋成为日军食堂、宿舍，由日军特务部收管。①

汉阳的汉江一线是日军的驻兵重点，在蔡甸、新沟、汉川、系马口筑有大量的碉堡工事，南岸嘴、东正街、洗马街、潜龙正街的江边，都修有永久性机枪掩体。龟山是日军防御的重点，在它的东北、东南、西南端都有永久性机枪座，东、西两面都有永久性观察所。在三合堂和五里墩有日军碉堡。另外，日军在慈惠、沙嘴、余石墩 3 处修有飞机场，在沌口设有马草收集场和屯粮仓

---

① 武汉市档案馆档案，档案号：历 100-1-26。

库，在龙霓山、黄陵矶、大军山、大集等地修有坚固工事。在黄陂，日军也驻有大量军队，一般在1个旅团左右，修筑有大量坚固工事。

在武昌，马房山、小洪山、蛇山、巡司河、武泰闸、梅家山、中正路、凤凰山、余家湾等地修建有大量永久性机枪阵地，在白沙洲、长虹桥、相国寺、长春观、徐家棚等地修建有大量碉堡，在簸箕山、马房山、南湖机场、徐家棚等地修建有重炮阵地。汉阳门成了日军的军用码头。武昌车辆厂一带的日军军马场，成为武汉日军的重要后勤基地之一，有军马1 000余匹。武汉大学图书馆主楼竟成为“华中皇军东湖疗养院”。武汉南郊重镇金口驻有日军1个大队，附近的凤凰山驻有日军1个警备队，金水农场驻有日军1个班。武昌县山坡镇驻有日军1个大队，以山坡火车站和山坡街为驻防重点，另在附近的李铁垴(今山坡中学)驻扎有骑兵中队，有战马200余匹。① 其他日军据点还有很多，参见本章附表。

日军占领武汉后，武汉自然成为其后方根据地。“兵站的首要作用在于维持、提高军队战斗力，解除后顾之忧。兵站业务的重要事项包括运送、补给作战军需品和马匹，收容、治疗并往后方输送伤兵人马，处理需要整理的物品，调查、取得并增殖战地资源，安排来往人马的住宿、给养及诊疗，确保后方联络线以及占领地的行政等。”日军在汉口设立了第11野战输送司令部，下置岳阳和石灰窑两个兵站部，每个兵站部统辖一切军事运输，下设宿舍股、输送股、祭神股、慰安股、俘虏股、会计部、卫生部、修建股、农园股、暗号班等机构。“兵站是不上前线的后方军部”。②

在中国关内的各大城市中，日军汉口兵站设施最为完备，直接隶属第11军。第11军参谋部直接监督兵站。③ 武汉首任日军兵站司令为松田光作，继任是堀江贞雄（1942年11月以后)。1945年2月25日，兵站司令部由汉口江汉路的四明银行大楼迁往位于武昌胭脂山的原国民党湖北省党部大楼。日军在

---

① 《武汉文史资料》1992年第1辑，第84页。

② 山田清吉：《武汉兵站》，东京图书出版社，1978年，第13—14页。

③ 山田清吉：《武汉兵站》，东京图书出版社，1978年，第142页。

汉口、武昌都设有兵站，其设施主要有第一、第二兵寮，单独宿舍，部队宿舍，将校俱乐部，特殊慰安所等。①

日军侵占武汉后，除利用原有的军事设施外，还动员人力物力新修了大量的军事设施，在汉口设立司令部指挥所、军营房，把武汉作为他们重要经营的战略据点。如征用韩家墩以下土地扩建王家墩机场（1942 年 9 月），征用苦力 700 余人、耗时两个多月修筑南湖飞机场（1940 年），征用苦力两万余人修筑徐家棚飞机场（1943 年）。1943 年 3 月，在仓埠北门外修建军用机场，1944 年在黄陂横店附近修建机场。

三、日军在武汉周边地区的军事部署

（一）日军部署情况

1939—1945 年，日本在武汉及周边地区部署了一支强大的野战部队，规模始终在 15 万人以上。这支野战军，是日本历史上派驻在国外规模最大的野战军，对中国战时首都重庆及抗战大西南后方，构成了极其严重的威胁。最高峰时，这支侵占中国武汉地区的日军第 11 军，就曾指挥过 9 个陆军主力师团、4 个混成旅团及大量特种部队。“武汉的日军，不同于华北、华东的日军部队，其任务是执行着控制我国中原地区平汉、粤汉铁路的陆上南北交通和长江的东西水上运输，牵制和吸引住我国野战兵团的主力于该地，巩固其向我国大后方发动进攻的基地。”②

1938 年 10 月日军侵占武汉后，以冈村宁次为司令官的第 11 军的 7 个师团占据武汉外围鄂、湘等省的部分地区。到 1938 年 11 月，日军开始转入“警备态势”，以武汉为中心，沿铁路、公路、长江、汉水逐渐推进，广设据点，控制武汉周边地区的交通要道，最终形成与中国军队对峙的格局。溯长江而上的日军，止于岳阳，在湖北监利县境的白螺矶构筑军用飞机场，与南岸的岳阳成犄角之势，掌控长江上游；沿汉江西进的日军，守于沙洋对岸，以确保鄂中

① 山田清吉：《武汉兵站》，东京图书出版社，1978 年，第 246 页。

② 王辅著：《日军侵华战争（1931—1945）》第 2 卷，辽宁人民出版社，1990 年，第 1127 页。

占领区。

1939 年春及以后几个月的时间内，日军各师团在武汉周边地区的具体部署概略如下：第 3 师团位于应山、信阳地区（原本有第 10 师团，1939 年 10 月奉命回日本整编），掌控武汉的北大门；第 6 师团位于鄂南、岳阳、平江地区（原本有第 9、第 27 师团，第 27 师团 1938 年 11 月 29 日奉命调回华北，第 9 师团于 1939 年 6 月 15 日奉命回日本修整，后于 1941 年 7 月中旬增调第 4 师团增强这一地区的兵力），掌控武汉的南大门；第 13 师团、骑兵第 4 旅团位于京山、钟祥、宜城地区，掌控武汉的西大门；第 16 师团位于鄂东麻城地区(稍后进驻安陆，1939 年 7 月 11 日奉命回日本)，第 101、第 106 师团位于赣北地区（稍后即 1939 年 4 月中旬由第 33、第 34 师团和独立混成第 14 旅团接任，其中第 34 师团司令部设在黄陂，主要守备宣化店、麻城、宋埠之间区域。① 第 101、第 106 师团于 1939 年 11 月 7 日奉调回日本)，掌控武汉的东大门。

1939 年 9 月，日军大本营为统一指挥在中国关内各地的日军，配合汪精卫筹建伪政权，在南京成立了以西尾寿造为总司令官、坂垣征四郎为总参谋长的日军中国派遣军司令部。与此同时，日军华中派遣军撤销，日军第 11 军归日军中国派遣军直辖。1940 年枣宜会战期间，第 22 师团抽调部分兵力组成松井支队配属给第 11 军。5 月，第 13 师团侵占宜昌，之后一直控制该战略要地，直到 1944 年 5 月奉命南下参加长衡会战，盘踞宜昌达 5 年之久，对中国战时首都重庆构成直接威胁。1940 年 7 月 1 日，第 4 师团由关东军调出，编入第 11 军系列，驻防安陆、孝感一带。同时，第 39 师团调驻荆门、江陵，独立混成第 18 旅团也调驻当阳，协助第 13 师团的防务。1941 年 2 月，第 17 师团（1938 年 4 月 4 日编成，1940 年 11 月已在武汉地区集结完成）从苏州调归第 11 军建制。4 月下旬，除留下步兵第 215 联队、山炮兵 1 个大队为基干组成的荒木支队外，第 33 师团调归日军华北方面军。11 月，第 4、第 6 师团奉

① 蔡仁照、姜普敏：《冈村宁次亲历记》，国防大学出版社，1995 年，第 96 页。

调太平洋战场。

太平洋战争爆发前夕，日军第 11 军的编成情况是：第 3 师团，师团长高桥多贺二，准备调往太平洋战场，后因武汉地区兵力不够，只好从镇江地区折返武汉；第 6 师团，师团长神田正种，位于汉口及其近郊；第 34 师团，师团长大贺茂，位于鄂东赣北地区；第 39 师团，师团长澄田赉四郎，位于鄂西宜昌、沙市地区；第 40 师团，师团长青木诚一，位于南昌地区；独立混成第 14 旅团，旅团长中山淳，位于赣北地区；独立混成第 18 旅团，旅团长堤不夹贵，位于应城地区。

之后，日军又不断对武汉周边地区兵力进行调整。太平洋战争爆发后，日军不断从中国战场调兵，许多主力常设师团被迫改编为野战能力较弱（并不等于“警备”和防守能力弱）的三单位制师团。从武汉地区调出的有：第 3 师团步兵第 18 联队（1942 年 7 月）、第 13 师团步兵第 58 联队（1942 年 12 月）、第 116 师团步兵第 138 联队（1942 年 11 月）、第 34 师团野炮兵第 34 联队（1943 年 5 月，师团所属炮兵降格改设为炮兵队）。①

为了弥补武汉地区兵力的不足，日军又新增设了一些师团。1942 年春季，新组建的第 58 师团进驻应城地区，4 月 10 日，第 11 军所属独立混成第 14 旅团和 3 个后备步兵大队扩编为第 68 师团。1943 年，第 37 师团侵驻信阳，9 月，第 116 师团进驻石首地区，加入第 11 军战斗系列。1944 年 5 月 23 日，该师团侵至岳阳，后随第 11 军主力南下参加长衡会战。1943 年底，第 39、第 58 师团驻于荆州地区。1944 年 2 月 1 日，独立步兵第 5 旅团在宜昌编成，下辖独立步兵第 207、第 208、第 209、第 210 大队及通信队，4 月移驻沙市，7 月 17 日编入第 34 军战斗系列；15 日，独立步兵第 11 旅团在信阳编成，下辖独立步兵第 231、第 232、第 233、第 234 大队及通信队，先后担任平汉铁路武汉以北地区和应山地区警备任务；同日，独立步兵第12旅团在湖北咸宁地区

① 黄力民：《日本帝国陆海军档案》，九州出版社，2012 年，第 61—72 页。

编成，下辖独立步兵第235、第236、第237、第238大队及通信队，担任蒲圻、咸宁地区的警备任务。1945年初，第64师团移防湖南长沙、湘阴地区，3月4日，第47师团抵达汉口，4月29日，以第39师团一部和独立步兵第5、第7、第11、第12旅团各一部，在湖北当阳编成第132师团，归第六方面军直辖，担任当阳地区的守备任务。

1944年7月31日，日军大本营为准备"一号作战"中的华中攻势作战，又在湖南成立了自日本关东军调来的第20军；并在武汉成立了第六方面军，统一指挥两湖地区的第11军和第20军、在汉口留守的第34军和两广地区的第23军及香港占领地日军，以准备参加"一号作战"中的"湘桂战役"。至1945年夏，日军第六方面军管辖第11军、第20军、第34军，控制中国鄂、湘、皖、赣等部分地区。日军第六方面军只有两任司令官，即冈村宁次和冈部直三郎。1945年9月18日，日军第六方面军司令官冈部直三郎在武汉向中国第六战区司令长官孙蔚如投降。日军投降时在武汉地区的兵力部署如下：

第3师团（师团长辰已荣一）　岳阳东北地区

第116师团（师团长菱田元四郎）　葛店地区

第132师团（师团长柳川悌）　天门岳口地区

独立混成第17旅团（旅团长谷害夫）　岳阳地区

独立混成第83旅团（旅团长田盐鼎三）　黄陂地区

独立混成第85旅团（旅团长松井节）　应城地区

独立混成第86旅团（旅团长上野源吉）　蒲圻、嘉鱼地区

独立混成第88旅团（旅团长皆滕喜代志）　金口、新滩口地区

独立步兵第5旅团（旅团长谷害夫）　沔阳地区

独立步兵第11旅团（旅团长加藤胜藏）　孝感地区

独立步兵第12旅团（旅团长安永笃次）　咸宁地区

第六方面军直属部队（包括第4野战铁道司令部等）　汉口、武昌

（二）伪军部署情况

日军在武汉周边地区还大力扶持建立伪军。如扶持的“中国人民剿共自卫军”，先后有第 7、第 15、第 23、第 25、第 78 师和独立第 99 师等番号，主要活动于云梦、孝感地区，金龙章任司令。又如扶持的“湖北省保安司令部”下辖保安教导部队、保安第 1 总队、保安第 2 总队和铁道保安队、鄂南保安队，杨揆一兼任司令。伪保安部队是各级伪政权特别是县级伪政权的安全屏障。其中，比较有实力者如“江陵保安大队”有 600 多人，步枪 458 支，轻重机枪 8 支。此外，在咸宁有“华中剿匪军”第 8 师，在黄冈、鄂城有“华中剿匪军”第 9 师，在汉川、应城有“华中剿匪军”第 10 师，在孝感有“华中剿匪军”第 11 师，在黄安（今红安）、礼山（今大悟）有“华中剿匪军”教导师，在黄安（今红安）、汉川等地有“兴亚军”一部（约 5 000 人），在沙市、江陵有 1 个伪军暂编师（1944 年，师长鲁国柱）等汉奸军事组织。在应城、安陆一带，杨青山被日军委任为伪鄂西保安司令，号称有 6 个团。这些伪军组织助纣为虐，祸害人民，犯下滔天罪行。不过，这些伪军组织虽然名义和番号唬人，其实都是些乌合之众，多为国民党军中的败类和社会上的地痞流氓，因为种种原因，比如没有经费等，而甘当汉奸，战斗力低下。

1940 年，伪国民政府军事委员会设立武汉绥靖主任公署，主任叶蓬，参谋长郭尔珍，下设参谋、交通、军法、政训、军需、军医、副官、总务、经理 9 处，驻汉口远东饭店（今六渡桥百货大楼）。1942 年整编后，指挥伪军第 11、第 12、第 22、第 29 师，分驻孝感、信阳、天门、沔阳等地。1942 年 8 月 10 日，伪公署改组为“国民政府军事委员会委员长武汉行营”，主持湘鄂赣三省军事工作，伪行营主任由汪精卫代，参谋长杨揆一实际主持，统辖伪军计 5 个师、1 个旅，共 1.8 万余人。1943 年 4 月 20 日，又恢复伪武汉绥靖主任公署，杨揆一任主任，1945 年 3 月 3 日叶蓬任主任。1945 年日本投降前夕，所辖部队人数为 22 946 人，主要辖有：第 1 师（师长程万军）、第 13 军（军长李宝琏，下辖第 5、第 11 师）、第 14 军（军长邹平凡，下辖第 29 师和步兵第 17 旅、步兵第 13 独立旅，1945 年春由陆军第 29 师扩编而成，军部及直属部队驻汉阳城，其他部队分驻汉川、沔阳各乡镇)、鄂豫边区“剿匪”司令部（第12师)、特务团①。

在武汉周边地区还有周振武的“鄂南和平反共清剿军”、金肃伟的“华中和平靖绥军”、张启璜的“豫鄂皖边区绥靖军”、熊光的“鄂西保安军”、卢芬的“华中别动军”等伪军，他们最终都逃脱不了灭亡的命运。

武汉周边地区的日伪军，在不同的县有不同的分布情况。在有些县，日军力量较弱，日军实际占领的时间较短或区域较小。“在这些地区，或者由于中国军队的顽强抵抗，日军在达到一定进攻目的后旋即退出全境，因而境内只有部分地区被日军短期占领（如罗田、英山两县即是如此)，或者地接鄂西后方国统区，敌人难以长期占领，只是短期或不定期进犯和扫荡（如五峰、宜都、长阳、襄阳、枣阳、郧县、南漳、谷城、光化 9 县，均是这类情况）”②。在武汉这样的中心区和若干交通要道、战略要点，如信阳、岳阳、应城、天门、江陵、云梦、黄梅等县，基本上被日军全部占领。

第二节　侵略暴行

武汉沦陷后，侵华日军立即宣布军事戒严，成立了军事管制委员会，封锁了武汉内外水陆交通要道，前后共达 7 年之久。虽然进入武汉城区时，日军颁布了《武汉三镇进入要领》，对军队按区域、顺序、兵力进行了“统制”，“以防止军队乱入”，对军队在城区的军事活动，规定“尽量有宪兵伴随”，③ 使武

---

① 武汉地方志编纂委员会主编：《武汉市志・军事志》，武汉大学出版社，1992 年，第 86—87 页。

② 徐旭阳：《湖北国统区和沦陷区社会研究》，社会科学文献出版社，2007 年，第 344 页。

③ 《战史丛书（89）支那事变陆军作战（2）》，东晓、陈刚编译：《〈战史丛书〉武汉会战资料汇编》，武汉出版社，2012 年，第 249—249 页。

汉没有成为第二个南京。但毋庸讳言的是，武汉人民仍过着亡国奴的生活，遭受着日本法西斯的野蛮统治。日军以“征服者”自居，对“被征服”的土地和人民进行野蛮烧杀，肆意蹂躏，猖狂劫夺，为所欲为，任意凌辱和残杀无辜人民，犯下了累累罪行。

一、对平民的杀戳与抢掠

（一）烧杀抢掠

武汉沦陷后，日军在三镇到处屠杀无辜平民。据不完全统计，日军侵占武汉期间，直接被日军屠杀致死致伤的汉口居民就有 10 494 人，失踪 1 630 人；黄陂伤亡群众 7 804 人，烧毁房屋 53 467 间。①

日军在占领武汉初期，有计划地连续在城内放火。在汉口和武昌不断可以看到日军焚烧居民住房的大火，有时一天竟有 10 多处烈焰腾空。放火之后，日军任火势扩展，有的地方大火竟连续 7 天不灭。民权路、民族路、汉江沿岸一带，尽成瓦砾。1938 年 10 月 28 日，日军侵犯金口镇，烧毁东震寺半边街民房 300 余栋，致使千百人无家可归。1941 年 5 月 12 日，侵占仓子埠、李家集、新洲、刘集（今双柳）的日伪军 1 000 余人进犯辛冲，共烧毁房屋 1 099 间，烧死居民 31 人。据统计，在日军盘踞武汉的 7 年里，汉口有 34 640 户、124 300 人无家可归，房屋被毁达 43 025 间。日军强迫汉阳琴断口民营富源、华兴两砖瓦厂生产酒精，枪杀了富源的经理和股东，勒令附近农民毁坏 329 亩青苗种植酿酒的原料，厂内的工人和附近农民有 39 人因反抗惨遭杀害，100 余人被迫逃离家乡。②

抢劫更是常见的事情。据当时东京《朝日新闻》报道，日军自 1938 年 10 月底占领汉口，到 11 月 25 日，1 个月时间，所存款项折合日币已达 60 万日

---

① 中共武汉市委党史研究室：《中国共产党武汉史（1919—1949）》，湖北人民出版社，1999 年，第 468 页。

② 中共湖北省委党史研究室：《血魂——湖北抗日战争纪实》，人民出版社，1996 年，第 146 页。

元，而汇回日本的款项也有60万日元之多，军官的存汇款还不包括在内。由此可见日军在汉口劫掠的疯狂程度。1940年3月4日，日军还抢掠了武汉大学的42 080册图书。①

图4-2　沦陷期间，日军疯狂掠夺大冶铁矿，运回国内。图为日军在大冶铁矿②

（二）掠夺霸占民产

为了满足侵略战争之需，日寇对汉冶萍公司等众多工厂的机械设备疯狂拆运。将汉冶萍之江岸大型钢铁起重机拆走；还在汉阳兵工厂、铁厂及民营机械厂废址上搜刮钢铁。仅南岸嘴一带就有数十家民营机械厂的设备、钢铁被拆除运走。日军还在民间寻铁找铜，强买强夺，以做枪炮原料。日军为了修建军用机场大量霸占民田，1940年初修建南湖机场圈占土地2 000亩，1942年9月23日，日海军特务部扩建王家墩飞机场，征用韩家墩附近土地约20万亩，当地674户居民流离失所。1943年修建武昌白浒湾机场圈占土地5 000亩，导致

① 孟国祥：《大劫难——日本侵华对中国文化的破坏》，中国社会科学出版社，2005年，第27—28页。

② 湖北省档案馆编：《湖北抗战图史》，湖北人民出版社，2012年，第80页。

3 000 多农民流离失所。①

（三）强征民夫，强拆房屋，垄断经济

日军在武汉三镇强征民夫、强拆房屋的事几乎每天都在发生，其中抓丁较多、拆毁房屋较多者仅在武昌就有 3 次。一次是修建南湖飞机场，日军拆毁房屋近 1 000 间，强抓壮丁 700 多人。一次是在武泰闸强征民夫 400 多人，在长沙会战中为日军探地雷充当炮灰。一次是修建徐家棚飞机场，日军在这一地区强抓壮丁 2 万多人，强拆民房几千间，致使徐家棚地区“良田五千余亩化为荒土，居民三千余人流离失所”。② 第二次长沙会战期间，日军还在当时的黄陂县抓丁 1 万余人，为日军前线输送粮弹和挖掘战壕，修筑工事。③ 据抗战结束不久湖北省政府不完全统计，全面抗战期间武汉三镇共损毁房屋 12794 间，约 9 000多间是沦陷时期日军纵火焚烧或拆毁所致，其余 3 000 多间为日军轰炸所至。④

日军一进入武汉就宣布：所有矿产、棉花、布匹、油料、苎麻、牛羊皮、猪鬃、桐油、生漆、竽角以及粮食、食盐等一律为军用专卖品或统制物质，除指定日本洋行代军部收购外，任何人不许私自买卖。1941 年 3 月，日军规定，华资工厂最高限度的供电量为以往用电量的 70%，年底再降为 45%，之后又一再减少，甚至减少到 10%，使华资工厂苦不堪言。⑤ 在日本帝国主义超经济垄断高压下，以中小企业为主的武汉民族工商业被扼杀、控制，原料短缺，发展停滞甚至倒退，武汉经济遭到严重破坏。

除此之外，日军还通过没收“敌产”、发行军票、修建机场、构筑工事、设立马场等搜集物资和聚敛钱财，这些物资全部运回日本，供日军开支。在近

---

① 武汉地方志编纂委员会主编：《武汉市志·大事记》，武汉大学出版社，1992 年，141 页。

② 武汉市档案馆等编：《武汉抗战史料选编》，1985 年内部发行，第 438 页。

③ 黄陂县政府：《黄陂抗战史料》。

④ 湖北省政府社会处、湖北省政府统计室：《湖北省抗战损失统计·房屋拆毁统计》，1946 年 2 月，湖北省档案馆藏。

⑤ 宜文、文若鹏主编：《山河破碎——日寇侵华罪行实录》，军事谊文出版社，2010 年，第 170 页。

7 年的沦陷时期内，武汉遭受的财产损失无法统计。

二、对抗日军民的残酷镇压

自从日军踏进武汉的第一天起，武汉人民就进行了不屈不挠的斗争。日军对武汉人民的反抗进行了残酷无情的镇压。

图 4-3　日军在汉口车站“扫荡”①

日军在武汉三镇均设有集中营，汉口江汉路泰宁里，保成路泰余里、德安总里及前进四路武汉印书馆和武昌的文昌门正街及洗马池等 4 处，都是集中营。每个集中营关押 700 人到 1 500 人，被关押的俘虏遭受非人的待遇，大多被折磨致死。1942 年 3 月，汉口日军宪兵队将 128 名俘虏运到沙嘴村附近杀害，日军武昌警备队将 300 名俘虏在张公堤附近杀害。仅在汉口地区的日军集中营，就有 15 000 人被杀害。②

为了方便镇压武汉人民的反抗，日军在武汉四周遍设杀人场、埋人坑。日

① 田苏苏主编：《日军镜头中的侵华战争：日军、随军记者未公开影像资料集》，河北美术出版社，2015 年，第 257 页。

② 中共湖北省委党史研究室、湖北省抗战课题组：《荆天血案——日军侵鄂罪行实录》，中共党史出版社，2010 年，第 150 页。

军仅在汉阳的杀人场就有 10 多处。汉口郊区的走马岭、戴家山公路桥附近和武昌大矶头等处，都有大批中国人在这里被集中杀害。其中规模大的“杀人场”有 5 个：

1. 汉阳渔门乡“杀人场”

汉阳渔门乡即现在的东西湖慈惠街。这长约 5 公里宽约 1 公里的地方，都是日军屠杀中国抗日军民的范围。其中倒口（现舵落口火车站）和弯滑坡（现沙咀村北面）为日军杀人最集中的地方。

图 4-4　1952 年在黄陂刘店乡坦教湖边发掘出的日寇杀人场①

2. 黄陂坦教湖“杀人场”

距离当时的汉口市区有 10 多公里的黄陂刘店乡一干山下的坦教湖边（今属黄陂区滠口街），有日军的“杀人沟”60 余条，每条沟长约 6 米至 10 米，深 2 米多，宽近 2 米。在这里被杀的中国人至少在 4 000 人。每次杀人的前一天，日军汉口地区警备队或“大孚宪兵队”必先派人挖好坑，第二天用白纱布蒙上被杀人的眼睛，然后松绑，强令他们沿沟跪在一排，日军刽子手双手举起片刀，照头一砍，踢一脚，死尸就滚到沟里。1939 年至 1945 年 7 年间，每月

① 唐惠虎、林阳春、韩兆海主编：《武汉抗战图志》，湖北人民出版社，2005 年，第 219 页。

至少屠杀 2 到 3 批，每批 20 到 30 人，多时 60 至 100 人。被害者有工人、农民、学生、商人、新四军将士及爱国人士。1949 年后，当地农民不断挖出遗骨，经统计，在这块方圆不足 2 亩地的土地上，被日军残酷杀害者有 1 万余人，当地人称之为“万人坑”。1952 年 7 月，当地农民挖出了 60 多个掩埋死人的土坑，仅在其中一个坑中就挖出 800 多具骷髅和大堆白骨，坑内还遗留有捆绑被害人的绳索、手铐、脚镣。①

3. 汉阳晴川阁江边“杀人场”

日军侵入武汉后，该地即为汉阳宪兵分队占据，晴川阁下的趸船上即为日军杀人场所。

4. 武昌临江张公亭附近“杀人场”

日军统治武汉时，靠近张公亭的平湖门、文昌门一带临江马路上，是没有人行走的。这里是日军武昌宪兵分队和警备队的杀人场。

5. 汉口江汉关“杀人场”

根据汉奸任铁夫的口供，日军宪兵队在这里屠杀和沉入江中的人，7 年时间至少有 1 000 人。②

除在这五个地方集中屠杀平民百姓和抗日志士外，日军还在武汉各地制造骇人听闻的惨案，主要有：

1. 王家河惨案（又称“石丘惨案”）

1939 年农历七月上旬，国民党军游击队捕杀了黄陂王家河乡的大汉奸魏勉武。十八日深夜，日军在魏勉武的侄儿魏翳云和翻译李某的策划下纠集 700 余兵力分 3 路袭击王家河。十九日晨，日军合围王家河。日军途经高庙时，抓走 8 个和尚。行至殷杜湾前，又围捉了一群割谷的农民，将其砍杀在田中。日军在河两岸各村庄要道布岗设哨，有 2 位青年妇女，被日军抓获，有一位 19

① 徐明庭：《汉口近郊坦教湖“杀人场”纪实》，《长江日报》1982 年 8 月 16 日。

② 《武汉市人民检察署专报》（1952 年 9 月 15 日），中央档案馆、湖北省档案馆：《侵华日军在湖北暴行史料》，中国档案出版社，2005 年，第 11—13 页。

岁的村民，日军从床下将他拖出，系在马尾被活活拖死。产妇熊清英在田中躲避，日军搜出后，一刺刀将她刺死。在王家大湾，日军纵火烧屋，26 栋房屋顷刻化为灰烬。日军进入王家河镇后，枪杀商贩及行商者 20 多人。10 余名躲藏在暗楼的妇女，被日军强行拖下，横加侮辱。在王家河镇外等地，日军对逃难的人群发射毒瓦斯弹，不少人口鼻流血、窒息昏厥。有孕妇 2 人中毒后，胎儿死于腹中。下午 2 时左右，日军将抓获的人群集中进行屠杀。首先从人群中挑出十几名壮年做苦力组，洗刀、抬尸、挖坑。然后把抓来的群众分成 5 至 9 人为一排，用绳子捆起来，手被捆在背后，在日军门协中队长指挥下，几十个日军士兵冲入人群，将人拖至石丘中央，分作一排排地跪下，接着日军士兵举刀直劈，霎时人头纷纷落地。其余未害者，日军架起机枪全部射杀，屠杀历时 1 个小时。日军除在各村杀死分散的居民以外，仅石丘及道士刘湾塘边等处就集中屠杀 480 余人。惨案之后王家河镇闭市数月，两岸商旅不行。仅 13 户人家的耙齿港李湾就有寡妇 10 人，大李湾被害者 24 人，因忧愤致死的数十人。其他各村因而田园荒芜、老幼无依，或病、或饿、或流落他乡而致死者，则更难计其数①。事后清理屠杀现场，能够查出姓名的尸体就有 278 具。1949 年后，政府在石丘修建了“抗日惨案公墓”，以记录日军这次犯下的滔天罪行。

2. 沈家田湾惨案

1939 年 6 月 16 日（农历四月二十九日），4 名日军士兵窜入沈家田湾村骚扰民众，并掳一年轻妇女，欲施兽行。该妇女反抗不从，当场被日军刺杀身亡。农民吴厚才等见状愤怒至极，操起农具与其中两名日军士兵搏斗，吴厚才被杀害。另两名日军士兵逃回横山驻地。当天晚间 7 时，日军数十人包围村庄，大肆搜捕百姓，抢劫财物，纵火焚烧房屋。凡来不及逃避的百姓，被日军捆绑在长凳上，用刺刀在颈项上拉锯式残酷宰割，许多百姓被割破喉管死亡。第二天黎明，日军趁逃避的百姓归村时，再次对该村实施洗劫，纵火烧毁房

---

① 沈昭武、王学其：《黄陂王家河“七一九”惨案》，载《湖北文史资料》1986 年第 3 辑第 118—122 页。黄陂县政协：《王家河“七一九”惨案》，载《武汉文史资料》1984 年第 2 辑第 111—116 页。

屋。农妇吴厚清怀孕 6 个月，被割去双乳，剖腹戮胎，其状惨不忍睹。这次惨案，全村被烧毁房屋 108 间，遭杀害的男子 16 名，妇女 5 名，全村血染废墟，惨绝人寰。①

3. 罗家大树惨案

1939 年，占领新洲城的日军高桥部队一名士兵被击毙，日军将附近村庄一些农民打得死去活来。日军还不解恨，将其中 30 多人杀害。过了两天，日军将另外 30 多个被抓农民押至新洲城南罗家大树堤边，强令他们撕破自己的衣裳，蒙住双眼，然后拖至举水河边杀害，随后将尸体扔进举水河。同一天，另一股日军窜进城北的喻家湾、张家港、李家坟、汪家套、冷水潭等村庄，沿家挨户浇油纵火，这些村庄顿成火海，大火从下午烧到深夜，大多数村庄被烧成焦土，1 000 多人因此无家可归，被烧财物和牲畜不可数计。②

其他惨案还有不少，如丁王湾惨案（烧毁房屋 80 多幢，残杀无辜百姓 24 人）、周李家田惨案（烧了 6 栋民房，古籍、古画和古玩 30 余箱化为灰烬）、林家大湾惨案（142 人被活活烧死，林家大湾被全部烧毁，另 17 村 735 栋房屋被焚③），汉阳山惨案（烧毁房屋 2 000 多栋）、甘棠铺惨案（14 个湾村，一日之间，俱成焦土），梅林④惨案（18 000 余间房屋被焚），鲁台惨案（日军在鲁台双凤亭设立刑场，先后在此杀 300 余人）、东震寺惨案（1938—1944 年，武昌金口镇被焚烧民房 296 栋，多处建筑物被毁），等等，不胜枚举。

---

① 吴庆生：《沈家田湾“四二九”日寇暴行纪实》，载《武汉文史资料》1985 年第 3 辑，第 81—83 页。

② 汪少廷：《遭遇日寇大屠杀亲历记》，《武汉文史资料》1995 年第 4 辑，第 175—177 页。

③ 中共湖北省委党史研究室、湖北省抗战课题组：《荆天血案——日军侵鄂罪行实录》，中共党史出版社，2010 年，第 169—171 页。

④ 梅林乡（今江夏区舒安乡）是国民党武昌县政府所在地。

第三节　军事管制

日军对武汉的军事管制，主要是通过划分军事区、日华区、特别区、轮渡区和租界区，实施区域控制来完成的。其核心统治机构是特务部和宪兵队，并在军中大肆设立“慰安所”。从而造成了武汉历史上最黑暗的一页，武汉人民过着亡国奴的生活。

一、租界区、军事区和轮渡区的设立

日军侵入武汉之初，设立了“需要统制区域的外线”，规定汉口第一是张公堤一线，第二是从外国码头到汉水上钢药厂下码头对岸一线，武昌为旧城墙一线，汉阳为东月湖到上钢药厂东端一线。对这个区域，首先要进行“扫荡”，然后严禁进入。①

日伪军经常设置所谓“交通安全周”强化对来往行人的监督检察，颁布“取缔携带枪械入境办法”以防止中方游击人员渗入城区，又经常实施“冬季联防”，加强对全城的武装控制，搞得全城风声鹤唳，人人自危，一片白色恐怖。仅1941年4月的“交通安全周”就出动了近2000武装警察，成立了以督察长柯庆隆为总指挥官的庞大管制机构，“取缔”了中山路、江汉路、民生路、花楼街、民族路、三民路、汉正街、四民街（今胜利街合作路口至黄兴路一段）、鄱阳街、洞庭街、沿江河街、汉景街（今中山大道一元路北至陈怀民路一段）、大智路等街区的交通通行。1941年冬又成立了阵容庞大的“治安对策委员会”，以日军汉口宪兵队长为委员长，包含有日军汉口宪兵队本部课长、本部副官、武汉地区宪兵分队长、第11军司令部的相关将校、警备司令部相

---

① 《战史丛书（89）支那事变陆军作战（2）》，东晓、陈刚编译：《〈战史丛书〉武汉会战资料汇编》，武汉出版社，2012年，第247—248页。

关将校、海陆地区警备队将校、日本领事馆警察署长、汉口特别市警察局长、湖北省政府警务处长和水上警察局长等人，由第11军参谋长和日军在汉海军部队参谋长直接领导。

日军为了加强对武汉的控制，还将武汉三镇划分为军事区、特别区、轮渡区和租界区。军事区主要在武昌汉阳门沿江上段，汉口中山大道以北济生五马路、前进一路至大智路一带；租界区主要在汉口江汉路下段租界。

所谓“军事区”，是指日军盘踞的地区和所有交通枢纽，包括军用码头(汉口江汉关、武昌汉阳门),① 军用仓库（下新河裕华纱厂为总仓库，江汉关至王家巷码头仓库地带、两湖书院和武胜门数栋楼房为分仓库),② 以及军工厂（张之洞路)、兵工修理厂（大朝街造币厂内)、汽车修理厂（明月桥)、军医院（平阅路、三道街各1座)、宪兵营（马路街297号、八铺街各1处)、野战医院（韩家墩原博学书院，今武汉市第四中学)。③ 在军事区，日军将部分房屋占作兵营或军事机关，其余房屋特别是市中心商业地段如黄陂街、四官殿、回龙寺一带较为高大的建筑物全部拆毁，取其砖瓦石木，用来建造碉堡和工事。日军军事区划定了陆、海军的势力范围，汉口界限路（即合作路)、大智路以上至今天的前进一路一带归陆军管辖，界限路、大智路以下归海军控制，各自设立陆军、海军警备区。此外，日军在武汉三镇还建有两个军用农场，由专门派到武汉的“青年农业义勇团”和第6116部队经营管理。这两个军用农场，一个在汉口江岸铁路俱乐部附近，一个在武昌徐家棚一带，占地400亩以上。④

所谓的“租界区”主要指的是日租界和残存的法租界，以及原为德、俄、英租界收回后改成的第一、第二（第一次世界大战期间收回)、第三特区(1927年1月3日收回)。日军占领武汉后，特一、二、三区除法租界外被辟

---

① 市民过江只好改在武昌鲇鱼套的原玻璃厂处和汉口六码头。
② 两湖书院在今武汉音乐学院一带。
③ 大朝街在今武昌复兴路一带。平阅路在今彭刘杨路。
④ 《武汉文史资料》1992年第1辑，第113页。

为“安全区”，各障碍物处均有英国海军陆战队守卫，难民有7万多人涌入。①

1937年8月，汉口日本总领事馆撤出汉口，馆舍被中国抗日军民破坏。武汉沦陷后，日本总领事馆于10月27日复设，馆舍在今汉口江汉路、江汉二路交会处，花轮义敬就任沦陷后的首任总领事。不久，日本总领事馆在山崎街第51号总领事馆原址（今山海关路汇申大酒店）重建，管理武汉及周边地区日侨事宜，田中正一、伊东隆治、田中彦藏等先后任（代）总领事。1938年12月，日本为了管理除东北以外的中国大陆地区，成立兴亚院。次年10月23日，兴亚院汉口派遣员事务所在特三区洞庭街25号成立。1942年11月1日，兴亚院撤销，改组为大东亚省，兴亚院汉口派遣员事务所并入日本总领事馆。日本总领事馆配合汉口日本陆、海军特务部等组建了伪武汉治安维持会、伪武汉特别市政府、伪湖北省政府等汉奸政权机构，对武汉人民进行残酷的压榨和掠夺。

地处汉口城区下游的日租界，独立于日伪汉奸傀儡政权统治之外，重新成为日本“侨民”在汉的“自治区域”。1938年10月武汉沦陷后，日侨纷纷回汉。居留民团也重新恢复，团址在汉口湖南街14号（旧农民银行），参事会长暂缺，参事会员为大西初雄、山崎诚一郎、条冈规矩夫、中西嘉吉、白仓清一郎。居留民会议长为门多义道，副议长为高桥茂次。1943年8月时，团址在汉口日租界中街21号。继日本总领事馆于1月5日在武昌设警察分署后，居留民团也于2月4日在武昌中正路441号开设武昌事务所，同时开设明治小学校分校。

日租界巡捕房为日本总领事馆的下属机构，负责领事馆管辖区域内的警察事务，业务和人事由领事馆负责，经费由居留民团提供。领事馆复建后，1938年11月5日，警察署恢复设立，署长为和久井吉之助（警视），警部为的场太七郎，有日籍巡查21人。11月7日，警察署在汉口日租界大正街35号开设

① 中共湖北省委党史研究室、湖北省抗战课题组：《荆天血案——日军侵鄂罪行实录》，中共党史出版社，2010年，第143页。

日租界派遣（出）所，由渡部诚治任部长。1938年12月末，警察署有警视、警部、警部补、巡查部长、巡查共39人。1939年1月5日，开设武昌警察分署，由的场太七郎（警部）任分署长。1939年12月末，警察署有警视等62人。1940年末，有79人。由于日租界由日本人直接控制，“社会治安相对安全”，被中国抗日军民炸毁的一些建筑重新修复，成为日人在汉洋行经理居住的首选之处。

二、日军宪兵队和特务部的暴行

（一）日军宪兵队的暴行

1938年10月，日本陆军成立汉口宪兵队，直属华中派遣军最高司令官统率，五十岚翠任首任队长，队本部设在旧法租界的和利冰厂办公楼（今岳飞街44号）。以后历任宪兵队长有美座时成、岸银二郎、富田直澄、膳英雄、加藤圭二、福本龟治。日军宪兵队负责在华中地区日军占领区内的安全、谍报、游击战、暗杀活动，为进行总体战而收买汉奸组成宪佐队，形成很多网格式据点，布有多种情报网，同时负责管理日军军纪。

日军宪兵队对武汉人民实行恐怖统治。他们随意逮捕市民，严刑逼供，滥杀无辜，镇压武汉抵抗组织，在武汉犯下滔天罪行。

图4-5　武汉沦陷之初，设于江汉路口中国银行处的汉口宪兵队本部①

汉口宪兵队直辖有汉口、武昌、汉阳3个宪兵分队。汉口宪兵分队设在原大孚银行大楼（今中山大道、南京路交会处），在四民路长堤街口和汉正街设有宪兵派出所，在特一区、刘家庙、循礼门、扬子厂（谌家嘴）、水源地（水

① 唐惠虎、林阳春、韩兆海主编：《武汉抗战图志》，湖北人民出版社，2005年，第211页。

厂)、维新路等地设有派遣队，在茂隆打包厂、大王庙电厂、王家墩飞机场、野战邮电局等地设有宪佐班，在花楼街、姑嫂树、戴家山、循礼门设有4个检问哨。武昌宪兵分队设在武昌民主路基督教青年会（城北分队驻马路街，城南分队设在八铺街)。汉阳宪兵分队设在汉阳显正街晴川阁。

汉口宪兵队所在地大孚银行大楼，是一座地地道道的杀人魔窟。据记载，从1938年11月到1939年11月，仅一年时间被宪兵队残杀埋在该杀人场的中国人就有2万人左右。① 据原汉口日军特务部长福山太一郎1946年在汉口日本战犯拘留所供称，在大孚银行大楼硝镪水洞内，骨肉化尽的中国人有1万多，在日军汉口宪兵队本部，被狼狗咬死的有5000多人。② 在汉口华商街华商总会（今江汉二路武汉市科技情报中心）也设有水牢，在这里被折磨致死的也有很多。③

一次，驻武昌日军宪兵队从监狱提出被关押的中国百姓，用汽车载往文昌门外江边，刺杀后推入江中，随江水冲走。1942年驻湖北黄陂宪兵队施用残酷的刑罚，屠戮无辜百姓。日军宪兵队割下城关大西门外布店老板的头颅，当作“红狮子头”名菜，端上宴席，以此取乐。在任家湾，几个日军宪兵队割下一个农民头颅，当足球踢来踢去。日军宪兵把被俘的中国士兵成批地押往新兵训练场，当刺杀的靶子。在汉口花旗银行旁边，3个日军宪兵抓住1个妇女，当即按倒在地强行侮辱。花旗银行的一个外国人目睹此事后说：“这还是日军的宪兵，宪兵尚且如此，其他的士兵还能不成为强盗吗?!”④

1944年11月21日，美军一架空袭东京返航的B-29轰炸机迫降在汉口西北，3名飞行员被日军俘虏。12月16日至17日，日本宪兵队派人伪装成中国

---

① 李重汉：《在兽蹄蹂躏下的武汉》，《新华日报》1939年10月13日。

② 徐明庭：《“大孚”宪兵队的罪行》，武汉市江岸区政协文史委编：《江岸文史资料》第二辑，2000年10月，第269页。

③ 武汉市江岸区政协文史委：《江岸文史》总第七辑，2005年，第63页。

④ 转引自史鸿轩：《日本甲级战犯罪行实录》，《决策探索》2005年第7期，第93—95页。

图 4-6 日本宪兵在汉口美国领事馆前设立岗哨和栅栏，严查过往行人①

老百姓，将这 3 名飞行员用绳捆绑牵去游街 4 小时。期间，在寒冷的冬日，美军飞行员只穿着衬衣和单裤。日本宪兵队对他们不断地拳打脚踢、吐口水，把飞行员打得头破血流，最后在火葬场焚化。这就是震惊中外的武汉杀俘事件。②

（二）日军特务部的成立和暴行

日军侵占武汉后，为了控制占领区并迅速大量掠夺中国财富，设立陆军特务部和海军特务部于汉口。日军海军特务部只管辖汉口旧俄、德、法、日等租界地区，以汉口界限路与陆军特务部辖区分界。陆军特务部起初控制着由界限路到硚口的旧英租界和汉口华界区，其后随着陆军控制地区的扩大，陆军特务部的控制范围也就随之扩大，所有湖北沦陷的市县都设有陆军特务部的派出机

① 邓正兵、朱莉主编：《武汉会战日方图片汇编》，武汉出版社，2013 年，第 235 页。

② 战后，经多方调查，日军第 34 军参谋长镝木隆以下与此事有关的 5 名宪兵被判死刑。其中，被抓获的元凶松浦 1945 年 10 月 23 日被判绞刑。汉口宪兵队长福本龟治被判无期，日本驻汉口总领事真锅被处以 3 年有期徒刑，其他相关人员因自杀等原因才免予起诉。

构。所以当时一般人称特务部即指陆军特务部。

特务部的主要任务是搜刮物资。为达到搜刮目的，在占领区内，特务部有权处理除作战指挥以外的一切政治经济事宜，是沦陷区的实际政权机构，只是航运、铁路由海军或陆军军部直接控制，邮电由陆军报道部控制。

特务部的组织分第 1、第 2、第 3 课及经济班、金融班、地方班、宣抚班、房屋班、顾问室、人事科等。第 1 课管中国机关，就是控制维持会和以后的省、市两级汉奸政府，另外还运用了一个“武汉参议府”（以何佩瑢、石星川为正副总裁，表面是伪省市政府的咨议机构，实际是蓄养高级汉奸的场所），其第 1 任课长是浅见。第 2 课管理情报调查，控制各地的警察机构，召集一些流氓做间谍工作，其课长先是荻原，后为近藤。第 3 课管经济工作，课长远藤。所属经济班负责搜刮物资，管理军票回笼，控制戒烟局、盐政局。金融班管理银行，调整军票发放数量，以保持军票价值。此外，地方班管理武汉所属各市、县的派出特务机构，以控制各市、县伪政府。房屋班管理武汉地区所没收的房屋及屋内所储存的一切财产，包括原国民党公有、私有的，房主逃走后留下的，以及部分外国人的房产。所没收的房屋大部分供日军机构、日本官员使用。顾问室由部长直接领导，向伪省市两级政府机构派遣顾问。特务部中绝大部分人是日本人，绝大多数有在汉口各日本洋行经商的经历。特务部很重视所谓的“宣抚”政策，认为这样可以摧毁中国人的抵抗意志。汉口日军特务部担当沦陷区“政务指导机关”的角色，所以在整个武汉沦陷期间，汉口日军特务部实际上是日军对武汉地区进行统治的最主要的军事机构。

陆军特务部负责人称部长，第一任部长森冈皋是一个“中国通”，曾担任日本参谋部驻汉陆军武官。后来继任部长的有柴山兼四郎（于 1943 年 3 月 20 日—1944 年 5 月调任汪伪政府最高军事顾问）等人。日军特务部通过各特务机关长与军中宣抚班，向武汉地区各级伪政权、伪警察局及各经济文化机构派驻顾问和嘱托，对武汉人民实施殖民统治。

日军特务部的罪行主要有：1. 发行军票，以利搜刮。由日军指定正金银行办理，与法币同时流通。2. 贩卖鸦片，毒害人民。设立所谓“戒烟局”（民间称劝烟局，名义上先属伪维持会后属伪市政府管辖，实际由特务部控制），实际是把由热河运来的红土（鸦片）供给遍布各地的售吸所（烟馆），以毒害中国人民牟取暴利。3. 设立盐政局，实行限量分配食盐，规定中国人每人每月只能买1市斤，以后又打八五折。4. 接管武汉的工厂企业。5. 收买伪军，笼络汉奸。伪组织的大小官员都是由特务部决定的，汉奸头子们经常奔走特务部。特务部对高级汉奸重在政治上收买，对汉奸头子们的贪污睁一只眼闭一只眼。何佩瑢、杨揆一当“省长”就靠卖“县长”“局长”进行贪污。

特务部的最大掠夺办法就是发出大量军票收购物资，以鸦片、食盐收回军票。掠夺所得物资全部运回日本，掠夺的金钱供日军开支。至于各地的税收机构概由伪组织管理，但由于日军只占领了一些点、线，伪省政府权力限于武昌城，市政府权力限于市区，县长只能在城内活动，全部土产收购工作都由日军经理部通过日本洋行与中国商人来往。特务部于1940年5月设立中江实业银行，名义上是伪省市两府合办，实际伪省市政府不能过问。主要任务是收买物资，实际就是经营盐烟专款，借款给中国土产商人（主要是棉商）周转资金。

表4-1　1939年汉口日军特务部编成人员表①

部长	课长	业务区分	嘱托奏任扱	嘱托判任扱	雇员	佣人	计
柴山	浅见	庶务	三	七	一三	四六	六九
		市政指导	八	五	八	五	二六
		地方政务		三	一三	四	二三
		上海连（联）络所		三（内文官军属一）		二	五

① 《汉口军特务部诸工作概况报告》（1939年9月）。涂文学主编：《沦陷时期武汉的政治与军事》，武汉出版社，2007年，第485页。

续表

部长	课长	业务区分	嘱托奏任扱	嘱托判任扱	雇员	佣人	计
柴山	村上	整理		一	二	二	五
		宣传谋略	五	二	二		九
		情报	一（兼任者一）	一	二		四
	浅田	金融	一				一
		产业	二	五	八	一	一六
	稻叶九江特务机关	九江特务机关	三	六	七	九	二五
		同仁会诊疗防疫班					
	南昌	南昌班	一		四	三	八
	满铁	调查班	三	三			六
	同仁会	诊疗班	九	六		一四	二九
	同仁会	防疫班					
	邮便	检阅班	一	一	九		一一
	合计		四〇	四三	六八	八六	二三七

日军在中国占领时期最高权力集中于军部。军部直接搜刮的机构是经理部、兵站部，它们通过洋行以军票为手段进行搜刮。1944 年后，日本国力更显得枯竭，特务部采取了更多的搜刮措施。经济班配合日军宪兵队组织稽查队，到处搜刮人民手中的物资。日军的搜刮使货物流通更不顺畅，加上美机不断轰炸汉口，特务部所在的汇丰大楼、中江银行大楼和江边的商轮被炸，特务部和中江都迁到三眼桥办公，人心浮动，市面混乱，伪储备券一再贬值。

三、武汉地区的慰安妇制度

1937年南京大屠杀前后，日军开始意识到在华作战势必长期而艰苦，于是，将原来随营娼妓集合起来，指定区域居住，变本加厉地在各地建立慰安所，名为陆军公娼区、海军公娼区。日军在武汉掳掠的中国妇女，也被送入慰安所充当慰安妇。

在汉慰安妇除中国妇女外，主要由日本和朝鲜妇女组成，其中又以朝鲜妇女为多。据统计，1939年10月底，武汉三镇有朝鲜女性829人；1940年底，汉口有朝鲜女性614人，其中慰安妇256人，分布在27家慰安所内。另有艺妓16人，女招待82人，武昌有朝鲜女性175人，也主要为日军服务。① 日本投降后，慰安所人员被集中到中山路北与江汉路西的日军司令部军用宿舍，随后用船运到上海遣送回国。

在这些众多的慰安所中，影响最大、设施最完善、慰安妇最集中的是汉口积庆里"慰安所"。位于今江汉区统一街六渡桥附近的积庆里，总占地面积13 000平方米，纵横着8条长约600米的巷道。主巷道为南北向，宽4.5米，两边各有7排二层楼石库门房屋，一共80多栋。日军攻占武汉后，曾在此强征其中的8栋楼房，设置慰安所。其中，日本人经营的慰安所11间，朝鲜人经营的慰安所9间。慰安所存在长达7年之久，经常保持有日本慰安妇约130名，朝鲜慰安妇约150名，共280名左右。② 《武汉兵站》和《汉口慰安所》(分别由侵华日军武汉兵站副官山田清吉和汉口兵站司令部军医大尉长沢健一撰写）两书，对此有详细记录，包括积庆里慰安所设置始末，并配有方位图、布局图、历史照片等，成为日军在武汉设置慰安所的重要佐证。

作为当时日军的内部服务机构之一，慰安所在内部机构、服务对象上都有

① 中共湖北省委党史研究室、湖北省抗战课题组：《荆天血案——日军侵鄂罪行实录》，中共党史出版社，2010年，第120页。

② 《武汉文史资料》2014年第4期。

图 4-7　1939 年 5 月，日军高野部队在湖北抓获到来不及撤离的中国军队随军护士，后强迫其充当随军慰安妇，备受凌辱①

严格要求，不仅设有医院等配套设施，在服务军种上也有一定限制。为了防止华人进行谍报工作和暗杀，绝不允许华人入内。也不接待日本海军官兵（因日本海军在汉口有慰安所）、日侨。当时日军在积庆里中山路主入口砌有砖墙，设立“诘所”（即门岗），由宪兵站岗，其他通道则全部封闭。除了各种事务性用房外，两侧民房成为各妓楼的屋号，有日本的福岛、松原妓楼所开的支店，多冠本店之名。如大阪清南楼（大阪）、成楼（神户）、羽田别庄（广岛），此外有清富士楼、战捷嬉、松本楼、胜己倭、松浦楼等 9 轩。另外有朝鲜人经营的三好楼、青山馆、三成楼、泰平馆、平和馆、花乃屋、武汉楼等 11 轩。

积庆里慰安所由日军华中派遣军汉口兵站（首任兵站司令为池田龙）管理。兵站主要干事是藤井源治和高桥，此二人创建和“完善”了积庆里慰安妇制度。积庆里设有日本陆军汉口特殊诊疗所，专门为慰安妇治疗性病，负责人

① 长沢健一著：《汉口慰安所》，东京图书出版社，1983 年，第 101 页。

是长沢健一（后为宫崎菊雄和大泽义夫）。

总而言之，武汉的沦陷，对三镇的一般市民来讲，不啻是一场噩梦。人们承受的，唯有殖民统治的高压、生活的重负和心灵深处痛苦的呻吟与无助。此时人们心中的武汉，已不是前程似锦的"东方芝加哥"，更不是充满自信的"模范都市"，而是没有灵魂的行尸与苦难深重的地狱。

附表：日军在武汉城区及郊区军事设施一览表①

工事种类	位置	主要射向
轻掩盖机枪座	西流湾	西流湾西平野
轻掩盖机枪座	谌家矶被服厂东端	西流湾西平野
轻掩盖机枪座	2号工事之西	西流湾西平野
永久轻机枪座	谌家矶江边	扬子江江面
轻掩盖机枪座	朱家墩	西流湾西北平野
轻掩盖机枪座	造纸厂北侧朱家河河边	堤外平野及河边
永久轻机枪座	造纸厂北侧堤内	堤外平野及河边
轻掩盖机枪座	造纸厂北侧堤内	堤外平野及河边
二个射向之永久机枪座	谌家矶车站	谌家矶车站北铁道两侧
永久轻机枪座	彭家后头	谌家矶车站北铁道两侧
二个射向之永久机枪座	纸厂南朱家河边	朱家河口
轻掩盖机枪座	堤角东端	造纸厂
永久机枪座	堤角西端	藤子岗
永久轻机枪座	勃字碉北堤上	藤子岗
二个射向之永久机枪座	14号工事西张公堤上	藤子岗
永久轻机枪座	戴家山街尾	戴家山北平野
二个射向之永久机枪座	戴家山街尾	戴家山北平野
永久轻机枪座	戴家山	戴家山北平野
永久轻机枪座	戴家山	王家咀方向

① 涂文学主编：《沦陷时期武汉的政治与军事》，武汉出版社，2007年，第431—442页。

续表

工事种类	位置	主要射向
二个射向之永久机枪座	戴家山西侧堤缘	金银滩及堤外平野
永久轻机枪座	戴家山至姑嫂树间堤上	金滩银滩
永久轻机枪座	戴家山至姑嫂树间堤上	金滩银滩
永久轻机枪座	戴家山至姑嫂树间堤上	金滩银滩
永久轻机枪座	七段堤上	丰荷山夹膀山
永久轻机枪座	七段堤上	丰荷山夹膀山
永久轻机枪座	姑嫂树东北堤	丰荷山夹膀山
轻掩盖机枪座	姑嫂树堤上	火石桥
轻掩盖机枪座	姑嫂树堤上	火石桥
轻掩盖机枪座	姑嫂树堤上	冯家墩
永久轻机枪座	黄家湾堤	堤外平野
永久轻机枪座	黄家湾堤	堤外平野
永久轻机枪座	黄家湾堤	堤外平野
轻掩盖机枪座	禁口堤上	堤外平野
轻掩盖机枪座	禁口堤上	堤外平野
二个射向之永久机枪座	舵落口街	通蔡甸大道
二个射向之永久机枪座	舵落口桥侧	汉宜公路
永久机枪座	汉宜公路上	汉宜公路西湖间
永久轻机枪座	禁口至博学间堤上	新张公堤内侧
永久轻机枪座	禁口至博学间堤上	蔡家庙
轻掩盖机枪座	萧家堤	辛家地东段
轻掩盖机枪座	韩家墩	无线电台
轻掩盖机枪座	罗家庄	辛家地东段
轻掩盖机枪座	辛家地西堤上	祝家湾北平野
轻掩盖机枪座	祝家湾	祝家湾北平野
轻掩盖机枪座	易家墩	舵落口东平野
永久轻机枪座	丹水池	扬子江江面

续表

工事种类	位置	主要射向
二个射向之永久机枪座	长湖堤东江边	扬子江江面
二个射向之永久机枪座	长湖堤东江边	长湖堤
永久轻机枪座	中国植物油厂	扬子江江面
永久轻机枪座	江岸车站江边	扬子江江面
永久机枪座	落河沟	扬子江江面
永久轻机枪座	江岸	扬子江江面
永久轻机枪座	分金炉江边	扬子江江面
永久轻机枪座	分金炉江边	扬子江江面
永久轻机枪座	分金炉江边	扬子江江面
永久轻机枪座	警备部门首西侧	扬子江江面
二个射向之永久机枪座	中训团后侧	武汉陆军医院北侧
二个射向之永久机枪座	铁路外新马路	新马路市街
二个射向之永久机枪座	循礼门车站	中正大道
二个射向之永久机枪座	航空路口	航空路
二个射向之永久机枪座	电厂河边	襄河
轻掩盖机枪座	三眼桥	三眼桥村落
轻掩盖机枪座	三眼桥	公路
二个射向之永久机枪座	戴家山街后	张公堤内及黄汉公路
修整完善之碉堡	戴家山	四向
碉堡	堤角	四向
碉堡	长湖堤	四向
碉堡	古德寺	四向
碉堡	罗家庄	四向
碉堡	皇家墩	四向
碉堡	赵家条	四向
碉堡	杨森花园	四向
碉堡	新华路火葬场	四向

续表

工事种类	位置	主要射向
碉堡	贺家墩	四向
碉堡	机场古牛洲	四向
碉堡	机场堤角	四向
碉堡	博学书院	四向
已被覆完成之重迫炮阵地	昙安山庄	西流湾北、二道桥、小湖口
已被覆完成之重迫炮阵地	戴家山南公路旁	东边咀及朱家河外
已被覆完成之重迫炮阵地	姑嫂树	夹膀山丰荷山北
已被覆完成之重迫炮阵地	舵落口后	西湖襄河间隘路
已被覆完成之重迫炮阵地	易家墩	西湖襄河间隘路
已被覆完成之重迫炮阵地	堤角附近	西流湾北二道桥
屋顶形铁丝网	谌家矶阵地前	
篱笆形铁丝网	谌家矶、藤子岗	
外壕	谌家矶及各碉堡	
永久轻机枪座	中正桥西江边	鲇鱼套河口
永久机枪座	中正桥塊	中正桥
永久轻机枪座	张江陵路中段	鲶鱼套
永久机枪座	新桥	鲶鱼套
永久轻机枪座	新桥	鲶鱼套
永久机枪座	武泰闸	武泰闸堤
永久机枪座	梅家山	梅家山南
二个射向之永久机枪座	余家湾铁路边	四向
二个射向之永久机枪座	永安寺巡司河边	四向
轻掩盖机枪座	马房山	南湖
轻掩盖机枪座	马房山	街口头南公路
轻掩盖机枪座	洪山南侧	街口头
轻掩盖机枪座	小洪山	通珞珈山公路
轻掩盖机枪座	小洪山东小高地	珞珈山

续表

工事种类	位置	主要射向
轻掩盖机枪座	小洪山	茶叶港
轻掩盖机枪座	小洪山	茶叶港
轻掩盖机枪座	洪山北侧	刘家湾
永久轻机枪座	文昌街口江边	扬子江江面
永久机枪座	张江陵路蛇山脚下	扬子江江面
永久机枪座	蛇山桥下	中正路胡林翼路口
永久机枪座	熊廷弼路中正路口	交叉路口
永久机枪座	胡林翼路中正路口	交叉路口
永久轻机枪座	凤凰山	
永久轻机枪座	大堤口	扬子江江面
永久轻机枪座	张江陵路	扬子江江面
永久轻机枪座	张江陵路	扬子江江面
永久轻机枪座	粤汉铁路车厂公路旁	扬子江江面
永久轻机枪座	余家头江边	扬子江江面
二个射向之永久机枪座	余家头江边	扬子江江面
永久轻机枪座	余家头江边	扬子江江面
永久轻机枪座	杨家路江边	扬子江江面
二个射向之永久机枪座	杨家路江边	扬子江江面
二个射向之永久机枪座	三弓路武丰堤江边	扬子江江面
二个射向之永久机枪座	任家路武丰堤江边	扬子江江面
永久轻机枪座	张公祠武丰堤江边	扬子江江面
永久观测所	蛇山尾	四向
永久观测所	蛇山尾	四向
永久观测所	凤凰山	四向
永久观测所	凤凰山	四向
碉堡	白沙洲	四向
碉堡	长虹桥	四向

续表

工事种类	位置	主要射向
碉堡	相国寺	四向
碉堡	长春观	四向
碉堡	阳逻湾	四向
碉堡	赴家墩	四向
碉堡	徐家棚	四向
重迫炮阵地	南湖机场北端	老人桥、通惠桥、余家湾之南端
重迫炮阵地	马房山西侧	广福庵、伏虎山、陈家湾
重迫炮阵地	徐家棚	余家头、罗家墩及机场
重迫炮阵地	安家湾	车马岭
重迫炮阵地	播箕山西侧	冷水下铺、南湖门
永久机枪座	美娘山	美娘山西侧
永久机枪座	美娘山	琴断口
永久机枪座	仙女山	仙女山西侧
永久机枪座	锅顶山	锅顶山西侧
永久机枪座	扁担山	三眼桥
永久机枪座	黑山	襄河
永久机枪座	五里墩	公路
永久机枪座	三里坡	鹦鹉洲
二个射向之永久机枪座	横堤	鹦鹉洲
永久机枪座	杨泗庙江边	扬子江江面
永久机枪座	工防街	襄河
永久机枪座	泉隆河沿	襄河
永久机枪座	白鳝河沿	襄河
永久机枪座	南岸咀	襄河口
永久机枪座	南岸咀	襄河口
永久轻机枪座	南岸咀江边	扬子江江面
永久轻机枪座	洗马长街江边	扬子江江面

续表

工事种类	位置	主要射向
永久轻机枪座	东正街江边	扬子江江面
永久机枪座	凤凰山东	扬子江江面
永久轻机枪座	潜龙正街江边	扬子江江面
二个射向之永久机枪座	龟山东北端	龟山北侧
永久轻机枪座	龟山鞍部	龟山北侧
二个射向之永久机枪座	龟山西端	龟山北侧
永久机枪座	龟山东南端	龟山南侧
二个射向之永久机枪座	龟山西南端	龟山南侧
永久机枪座	夹河北岸	夹河南岸
永久机枪座	夹河北岸	夹河南岸
永久机枪座	冰糖角	瓜堤及江面
永久机枪座	瓜堤正街河沿	扬子江江面
永久机枪座	凤凰山西端	凤凰山西
永久观测所	龟山东端	四向
永久观测所	龟山西端	四向
碉堡	三合堂	四向
碉堡	五里墩	四向

说明：本表是依据1941年日军“武汉警备司令部”参一科调制的《武汉核心区工事清册》汇编而成。原表中“工事种类”原系用相关符号表示，本表中改为文字说明工事种类。参见湖北省档案馆档案，档案号：LSC2-13-1，《武汉核心区工事位置清册》，1941年。

第五章

日本“以华制华”的政策与武汉伪组织、伪政权

日军占领武汉后，为了达到“以华制华”、控制武汉的目的，战略上以政治攻势为主，扶植伪组织和伪政权，“以冀便于统治与长期侵略”。① 从 1938 年 10 月武汉沦陷，到 1945 年 8 月日本投降的七年间，在汉口日军特务部的操纵和直接扶植下，武汉地区先后建立多个伪组织、伪政权。这些伪组织、伪政权“由（日军）政务指导机关负责”监管，② 为贯彻日本殖民统治政策，实施反共、亲日政策，进行一系列社会活动，尤其重视从政治、思想上加强对武汉的全面统制，企图将武汉变成日本侵略中国的前哨及“大东亚战争之兵站基地”。③

① 《日寇扶植的武汉汉奸政权》，《武昌市区伪组织成立经过》，湖北省档案馆档案，档案号：18—10—617。

② 《汉口方面政务处理纲要》，日本防卫厅防卫研究所战史室著、田琪之译：《中国事变陆军作战史》第 2 卷第 1 分册，中华书局，1979 年，第 214—215 页。

③ 《日柴山部队长视察武汉发表谈话》，《申报》1943 年 6 月 22 日。

第一节 沦陷初期的伪组织与伪治安维持会

1938年10月日军占领武汉后，为了弥补其后方兵力和资源的不足，亦为了在华中地区建立长期的、稳固的殖民统治，在日本陆、海、外交联络会议制定的《汉口方面政务处理纲要》中明确提出，以“扶植治安维持会”和“目前以获得帝国军队生存必要物资为主，不打算以我国资本及资材进行新的建设”为主要指导原则。在政治上，日军为了对武汉实施有效而方便的统治，通过组织、拼凑各种政治组织和傀儡政府，以达到“以华制华”、分而治之的目的，使沦陷区经济成为日本战时经济体系的附庸。于是，南京国民政府政权机关撤离后武汉地区出现的权力真空，迅速被形形色色的伪组织、伪政权填补。

一、沦陷初期的伪组织

武汉沦陷前后，由在汉外国人或失意政客、旧官吏、知名士绅组成的各种伪组织纷纷出笼，在沦陷初期的武汉地区扮演了建立伪政权的过渡角色。

（一）“汉口市安全区委员会”

1938年10月，在国民党军队撤守、日军即将侵入武汉之时，为应对武汉地区出现的暂时的权力真空，由曾担任过汉口市政府参议、英商怡和洋行经理的英国人杜百里出面牵头，组织成立了“汉口市安全区委员会”，负责维持上至江汉路以南、下迄六合路的地方秩序。该组织所谓的安全，实际上是为了保护他们自己的利益。

武汉沦陷前夕，杜百里曾派人前往新洲与日军接洽，试图在日军进入武汉后，能保持该组织的存在。1938年10月25日，即汉口沦陷日的早晨，杜百里与马格等人以“汉口市安全区委员会”的名义，前往阳逻迎接日军进入武汉。27日，杜百里又组织“汉口市安全区委员会”全体成员，在江汉关前列队欢迎进城的日军。该会专门制作了一种绿色圆圈中间有红十字的旗帜作为标识，并将停泊于长江江面上的英、美等国军舰上的海军陆战队士兵调上岸来担任站岗警戒，试图借此维持汉口第一、二、三特别区的地方秩序。日军并不买账，反而勒令该组织立即撤销解散，被调上岸担任租界区警戒任务的各国海军陆战队士兵也被日军强令返回军舰。不仅如此，为便于日军车辆通行，法租界沿江放置的所有障碍物被一律拆除。对于“特区”内的一些里弄、房屋，日军认为只要是他们需要的必须立即腾迁，有的被日军辟为办公机构，有的供给日侨居住。

与此同时，汉口还出现了一个慈善团体“世界红卍字会中华总会西南分会”，会址设在汉口南京路口原大孚银行旧址。该组织活动范围很小，开展的活动也极其有限，是一个对没有逃走的百姓发放“难民证”的机构。其后，“湖北自保团”“武汉各界联合会”等各种伪组织纷纷登场，不遗余力地帮助日军稳定武汉社会秩序。

（二）“湖北自保团”

武汉沦陷不到一周，1938 年 10 月 28 日，原国民党军统特务胡宗均在汉口新市场（今武汉民众乐园）成立了“湖北自保团”，胡宗均自任团长。胡宗均曾是北洋直系军阀吴佩孚旧部，他利用这一身份，纠合一些旧关系，抢在其他汉奸前面成立“湖北自保团”，为日军效力，以换取个人地位。数日后，“湖北自保团”改名为“湖北自警团”。

日军占领武汉后，为巩固其防御工事，加强其搬运能力，以抓壮丁来“征工”，以拆房屋来“征料”。如在武汉沦陷之初，“（日军）即强拉苦力七百余人聚集南湖飞机场，初作零星工事，继作飞机跑道。每人每日仅予日币四角，馒头二枚，食不果腹，遑论妻子。如此继续强制竟达二月之久，被抓苦力穷病交加，不堪言状”。① “湖北自保团”的主要任务，就是为驻汉口的日军池田龙兵

① 《日寇征工征料修建军事设施》，《武昌市抗战史料汇编》，1948 年 11 月，湖北省档案馆档案，档案号：18—10—617。

站（设在汉口民众乐园）提供“苦力”。他们趁逃往附近乡间的人民复归汉口的机会，大肆强行拉夫，凡是年轻力壮者无一幸免，年龄较大而身体健康的也难以逃脱。被自保团强行拉去的民夫被迫给日军修筑机场和其他军事工程，以及拆房屋、筑公路、架桥梁等。

（三）“武汉各界联合会”

1938 年 11 月初，即武汉沦陷一周左右，日军在汉口划定难民区和日华区，便于加强对汉口的统治。难民区划定后，基督教循道公会牧师沈文卿出面组织汉口难民区委员会，办理难民区救济工作。汉口难民区委员会之难民区的范围，上起硚口，下抵利济路，前至襄河边，后达中山大道。难民区后来扩大了范围，从利济路延伸至大夹街新街口。

为恢复社会秩序，平稳市面，汉口日军陆军特务部指派高田太郎、在田胜两名特务，指使曾在汉口日本住友银行当过文牍的蓝熙周出面，在汉口难民区内组织成立“武汉各界联合会”。会址先是设在汉口汉正街维新巷口米店内，后因难民区的范围扩大，该会迁至汉正街淮盐公所内办公。联合会会长一职名义上由商人徐礼斋担任，何可人任副会长，但实际权力却掌握在第二副会长蓝熙周手中。“武汉各界联合会”由一些商人、旧政客、封建会道门头子组成，作为伪武汉治安维持会的前身，具有临时伪政权的性质。其任务是动员武汉居民“复归、复业”，促使汉正街各店铺开门营业，为难民区内的难民发放安居证。“武汉各界联合会”的成员佩戴盖有该会印章的袖章，在沦陷区内通行无阻，既可避免被日军拉夫，又可开门营业。在“武汉各界联合会”的策划下，不久就在至公巷对面湖南会馆开设了难民区独一家演出汉剧的戏院——联合戏院，在汉正街余庆里口开张了第一家酒楼——随园酒楼，借以打开难民区的繁荣局面。为控制该组织，“武汉各界联合会”甫一成立，汉口日军特务部就派来一名朝鲜人李福贤任该会“嘱托”，代表日军特务部对该会执行监督职能。

“武汉各界联合会”在汉口中山大道扬子街口大陆银行原址（今茶叶公司门市部）临时设立了一个办事处，为居民填发安居证。该会每天派出专人，由日军用汽车送到办事处办公。当时居住在法租界内的中国人很多，他们凡是到法租界以外的地方，必须持有安居证。当时的安居证每张收费 1 元法币，黑市价格则超过 10 元法币。尽管安居证是由日军强行发放，但为了通行的安全和方便，中国人也不得不买。

汉奸们借“武汉各界联合会”这块招牌欺压同胞，巧立名目进行压榨。按该会规定，难民区内的所有商民想开门做生意，必须每月向“武汉各界联合会”缴纳 1 元会费，否则不准营业。仅此一项，汉奸们的搜刮就十分惊人。

二、伪治安维持会

1937 年 12 月 13 日，日军占领国民政府首都南京。日本内阁会议在 12 月 24 日出台的《处理中国事变纲要》中，明确提出“目前应组织治安维持会”的主张。① 日军占领武汉后，积极贯彻这一侵略指导方针，将武汉三镇划分为军事区、难民区、安全区。在严密控制、镇压人民反抗的同时，为适应武汉占领区的扩大和巩固，仅限于难民区的“武汉各界联合会”已不能满足其殖民统治的需要。日军迫切需要建立一个临时性的带过渡性质的伪自治机构，来恢复武汉的社会秩序。

汉口日军特务部的首要任务是安定人心，恢复市面繁荣。他们立即展开活动，一时间找不到合适的大汉奸出来号召，只好以宣抚班的金安人、胡宗均两人署名贴出安民告示，说明日军不会在武汉采取报复镇压手段，劝老百姓安居复业。但老百姓根本不相信这一纸告示，所以汉口的中国社区在一段时间内还是百业停顿，市井萧条。见此情景，日军特务部开始搜罗汉奸、流氓、恶棍，拼凑伪组织。“湖北自保团”“武汉各界联合会”等各个伪组织的头面人物纷纷抛头露面。在汉口日军特务部的扶植下，胡宗均、谢典三、郑逸庵、李孟坚、蓝熙周、计国桢等组织成立伪汉口区维持会，计国桢、蓝熙周分任正副会长。其后，在此基础上成立的伪武汉治安维持会，势力范围覆盖到了汉口、武昌、汉阳三镇。

---

① 日本内阁会议：《处理中国事变纲要》(1937 年 12 月 24 日)，复旦大学历史系日本史组编译：《日本帝国主义对外侵略史料选编》，上海人民出版社，1975 年，第 255 页。

图 5-1　伪汉口区维持会成立大会现场①

（一）伪武汉治安维持会

1938 年 11 月 26 日，经过紧张的筹备，在武汉沦陷一个月之后，武汉地区第一个具有伪政权性质的“武汉治安维持会”在汉口南京路胜利街口的原汉口商业银行（今武汉市少年儿童图书馆）正式挂牌成立。成员主要有计国桢、叶春霖、金龙章（北洋军阀吴佩孚旧部）、侯永德、杨辉庭、鲁方才、张若柏等。对其成立情状，当时的报纸进行了报道：“由日人准备之‘汉口政府’今晨已在前商业银行正式成立。门前悬挂日本及五色旗帜，满街日兵站岗，戒备森严，站岗者手持机关枪，如临大敌。”②

伪武汉治安维持会由汉口日军特务部一手导演成立，其中武昌大东门长春观的当家道人侯永德发挥了极大作用。侯永德，清朝末年官吏，辛亥革命后以出家，做了武昌长春观的当家道人。侯永德实际上是日军安排潜伏在武汉的特务机构负责人。当日军一进入武汉，侯永德就活跃起来，手持特别派司（即日军特务证件）随时出入日军特务部，直接与日军接触，出谋献策。伪武汉治安

① 湖北省档案馆编：《湖北抗战图史》，湖北人民出版社，2012 年，第 73 页。

② 《汉口伪组织昨日成立》，《申报》1938 年 11 月 26 日。

维持会众汉奸的粉墨登场，主要由他牵线、导演而成。虽然他在维持会中没有任何名分，维持会大小汉奸却都得仰他的鼻息，听他指使。①

由于一时找不到具有相当潜在势力和号召能力的“中国要人”担任会长，日军特务部最后只得让计国桢充任会长一职，叶春霖任副会长，企图借助帮会的势力来维护其殖民统治，并派井上哲为该会顾问。

计国桢，上海人，全面抗战前与日商有生意上的来往。计国桢以前在汉口万年街开设针记公司多年，经营煤气灯及各种零件，又是新市场（民众乐园）协记公司股东，长期以信奉佛教的一副伪装的善人面目示人。武汉沦陷前夕，计国桢迁居汉口特三区湖南街（今南京路市二医院斜对面）。日军特务部觉得计国桢在汉口商界声望不高，易于控制，再加上计国桢与日商素有往来，能为日军解决军需给养和搜刮各种战略物资，在日军特务部组建“汉口治安维持会”征询各方意见时，计国桢得到日商的极力推荐。在这种情况下，日军特务部便将计国桢扶上了伪维持会会长的位置。

除了叶春霖担任伪维持会副会长外，伪维持会下面还设有秘书处，秘书三人，一人掌机要，一人办文件，一人办日文，由旧政客张若柏担任秘书长。秘书处之外，另设参事室、财政局、社会局、建设局、教育局、警察总监部、戒烟局、盐政局等多个机构。各局之下设三个或四个科室不等，科以下分股办事。警察总监部下设汉口、武昌、汉阳、水上四个警察局，所有警察服装由伪满洲国制作。伪维持会各机关均有日军特务部派驻的嘱托，总嘱托为日本人浅见敏彦。伪武汉治安维持会是一个彻头彻尾由日军特务部扶持并控制的机构。伪维持会与日军特务部之间的往来行文，均以会长和部长具名，遇到特殊情况，以各部局长具名后呈文。

伪武汉治安维持会职责主要有以下几项：一是为日军提供粮食、蔬菜、马料和其他日常生活物资，有时还要为日军强拉妇女，组织军营慰安所，供日军

① 秦特征：《武汉沦陷时期汉奸政权的演变》，政协武汉市委员会文史学习委员会编：《武汉文史资料文库》（第二卷），武汉出版社，1999年，第28页。

淫乐；二是征派人力，为日军提供劳役，从事军事运输、建筑碉堡工事、修筑公路桥梁等；三是负责召回逃亡外地的商民，恢复当地的农工商业。为了安定人心、恢复商业活动，伪维持会出过安民告示，并着手召集一些旧警察和流氓组编新警察队伍，以维持社会秩序。但日军又横行无忌，导致这些警察长期不敢站街，商店开业的也极少。

作为武汉沦陷早期的伪组织，伪维持会协助日军设立汉口难民区和军事禁区；设立日语学校进行奴化教育；掠夺公私财物；创办伪国民党汉口特别市党部机关报《大楚报》(1939 年 3 月 6 日创刊)；出版《武汉治安维持会公报》，“公示法令及发表各种政务事项……采单行本式，每半月发行一次”；① 先后颁布多项法西斯法律条例，如 1938 年 12 月 20 日颁布的《武汉司法部临时办法》《审判暂行条例》，1939 年 1 月 17 日颁布的《司法审议会暂行办法》，1939 年 1 月 24 日颁布的《违警法》《即决手续法》等，为建立和巩固日军对武汉的殖民统治发挥了临时政权的作用。但由于计国桢等汉奸号召力和影响力不够，伪武汉治安维持会并没有如日本侵略者所期望的那样，在维持社会治安、恢复市面繁荣等方面打开局面。

对伪武汉治安维持会的成立，广大爱国民众并不买账，“(汉口) 街面上的传单、墙壁上的标语，时常可以发现……虽经日当局伪走狗的涂抹，但一下雨，马上标语又出现了，是永远擦不掉的痕迹”。②

伪武汉治安维持会人员组成情况，《申报》曾作过形象的报道：“……武汉现在的汉奸团体、维持会的负责人，多半是从前武汉商界活动的人，游戏场的经理是维持会长，像杨辉庭、李鼎安、金龙章等，都是维持会重要的负责人物。”③ 为保证维持会的特殊性，在日军特务部的干预下，“湖北自警团”“武汉各界联合会”等其他汉奸组织和机构被予以撤销。伪维持会积极秉承日军旨意，主要着力于为日军提供人力及物资供应。从某种程度上来说，武汉沦陷初

① 《武汉治安维持会公报简章》，湖北省档案馆档案，档案号：LS64-2-693。
② 《武汉沦陷后情形——武汉之归客谈》，《申报》1939 年 4 月 13 日。
③ 《武汉沦陷后情形（续）——武汉之归客谈》，《申报》1939 年 4 月 15 日。

期成立的伪武汉治安维持会，不仅充当了武汉市和全省伪政权的角色，还在华中地区起到了极坏的示范与引导作用。

（二）伪武昌治安维持会

1939 年 1 月 25 日，即在伪武汉治安维持会成立两月之后，伪武昌治安维持会成立，杨缵绪出任会长一职，程明超任副会长。对此，《武昌市抗战史料汇编》有如下记载：

……杨逆缵绪因而出马，于二十八年（1939 年）元月二十五日伪武昌治安维持委员会遵命成立，由方逆伯康、汪逆筱舫分任科长，由张逆书森、胡逆如诚、吴逆干卿、黄逆则之、王逆预旃、唐逆亚生、史逆汉樵……等分任各区区长，各自展开其所谓“鸡杂”（“稽查”之变音，民众痛恨之时号）、“鸭杂”（“压榨”谐音，同上）之千古罪行矣。①

伪武昌治安维持会内设顾问室，由日本人高桥担任主任。参事有邱秀峰、刘立藩、张树森等 20 人。秘书长濮智诠，科长汪燊、陈尚修。科员有刘连璧、余晓依等 29 人。

武昌治安维持会下设九个区，每区分设 1 名区长，另有书记、传达、工役等 31 人。

伪武昌治安维持会经费每月 3 500 元，成员薪饷按月发放，会长杨缵绪最多，每月薪俸 700 元。副会长程明超 300 元，秘书长和科长为 240 元，科员 120—160 元不等，参事一律每月 100 元。传达和工役最少，每月只有 20 元。

伪武汉特别市政府成立后，“张逆仁蠡感于单纯维持社会治安之阶段业已过去，颇觉特别市政府高贵堂皇，于是对维持会名义不感兴趣。在此不感兴趣之遭遇下，杨逆缵绪因之塌台，而武昌治安维持会随之瓦解。张逆仁蠡于是大享其武汉特别市之滋味”②。武昌治安维持会财产移交伪武汉特别市政府武昌办公处，仅仅存在了数月之久的伪武昌治安维持会便随之瓦解。

---

① 《武昌市抗战史料汇编》，湖北省档案馆档案，档案号：18—10—617。

② 《武昌市区伪组织成立经过》，《武昌市抗战史料汇编》，湖北省档案馆档案，档案号：18—10—617。

（三）伪汉阳治安维持会

伪武汉治安维持会成立后，张杏书出面组织成立伪汉阳治安维持会，由张杏书出任会长。伪武昌治安维持会顾问室主任高桥兼任伪汉阳治安维持会顾问室主任。维持会下设参事室、秘书室和财务、社会二科，直接受伪武汉治安维持会节制，每月领取经费 2 500 元。参事有潘鹤青、周金山、阮翊武等 11 人。秘书陈秋实，财务科长李子书，社会科长叶承林。科员有姚慕冰、刘以南、李至哉等 20 人。另有办事员、工役等 21 人。

1939 年 4 月伪武汉特别市政府成立后，伪汉阳治安维持会改为伪武汉特别市政府汉阳办事处。其后，伪湖北省政府成立，汉阳奉命成立县政府，全县划为鹦鹉、蔡甸、黄陵、新滩、新沟、侏儒、大集 7 个行政区，辖 25 个乡镇、419 保、6 069 甲。首任伪县长为陈秋实。①

张杏书病死后，在 1939 年 2 月 24 日召开的“日华联席政务会议”上，伪武汉治安维持会会长计国桢提议：“据汉阳区治安维持会秘书陈秋实等联名呈报，该会会长张杏书因公致疾积劳身故，应如何优给恤金并予治丧费，以及筹备追悼之处请公决案。”② 决议中包括抚恤金、治丧费、衣棺费及追悼会时间、地点等内容。1939 年 3 月 7 日，第十二次“日华联席政务会议”对张杏书追悼大会经过提请鉴核，并通过“任命萧登云、黄农轩分任（伪汉阳治安维持会）正副会长”的决议。

作为建立武汉傀儡政权的过渡机构，日军围绕伪武汉治安维持会组成了一个庞大的行政班子，其机构设置较为完整，为日后正式成立武汉地区汉奸傀儡政权打下了基础。

① 汉阳县县志编纂委员会：《汉阳县志》，武汉出版社，1989 年，第 89—91 页。

② 《武汉治安维持会联席政务历次会议记录》（第十一次会议），武汉市档案馆档案，档案号：8—10—2。

第二节　伪武汉特别市的成立与演变

武汉会战后，日军在华中地区的军事进展缓慢，在湖北及相邻的湘赣两省仅控制二十余县，建立以武汉为中心的跨省区域的伪政权的计划被迫推迟。汉口日军特务部只好退而求其次，决定先建立一个独立的伪武汉特别市政府，再谋求建立全省乃至整个华中地区的伪政权。从 1939 年 4 月到 1943 年 10 月，伪武汉特别市政府存在的短短四年半中，其名称和隶属关系发生过数次变化。汪伪南京国民政府政权建立后，先后更名为“汉口市政府”“汉口特别市政府”，直属于汪伪国民政府行政院管辖。最后于 1943 年 10 月降为普通的汉口市，划归伪湖北省政府管辖。

一、伪武汉特别市政府的成立

伪武汉治安维持会成立不久，由日军控制的汉口《大楚报》《武汉报》派出记者四处访问武汉地区一些所谓的社会名流，如蓝熙周、计国桢等人，征求他们的意见。这些汉奸体会到日本主子的意图，众口一词地表示，在暂时无法组成省政府之前，以先成立一个“武汉特别市政府”为宜。

（一）伪武汉特别市政府的成立

伪武汉特别市政府筹备期间，在伪市政府头目的人选问题上，汉口日军特务部选定远在北平的张燕卿出任伪市长一职。张燕卿曾在伪满洲国担任实业部、外交部大臣等重要伪职，是较早投靠日本的铁杆汉奸，其父张之洞为晚清大臣，曾任湖广总督，办洋务，建工厂，兴学堂，政声卓著，以其出任伪武汉特别市市长一职，可以借重其父在鄂未泯之政声名望。可张燕卿却无意担任这一职务，而是推荐其弟张仁蠡出任。

张仁蠡（1900—1951），字范卿，祖籍直隶南皮（今河北宁津），出生于湖北武昌，是张之洞最小的儿子。张仁蠡早年曾在私立民国大学教书，后任职于北京政府教育部，历任湖北有奖债券局会办、湖北督军公署秘书。他在冀东担任丰润县县长时出任伪冀东防共自治政府民政厅厅长，从此走上汉奸道路。

汉口日军特务部长森冈皋派特务部第一课长浅见敏彦赴北平接张仁蠡回汉。1939 年 3 月底，张仁蠡及随行人员 10 余人到汉后，被安置在南京路原商业银行斜对面的一家日本人开的小旅馆。伪武汉治安维持会财政局顾问高濑贵给张仁蠡送去 20 余种用日文写成的“基本法规”。张仁蠡立即着手将它们翻译成中文，以熟悉这些抄自伪满洲国的“基本法规”，为成立伪市政府做准备。

由日本驻汉报导班控制的《武汉报》在头版刊发了“武汉维持会代表三镇民众拥戴张仁蠡为首任市长”“新市政府预定二十日正式成立”，以及“维持会自今日起结束成立新市府筹备会”“张仁蠡、计国桢两氏分别招待记者团谈话”① 的消息，为伪武汉特别市政府的登场进行新闻造势。

1939 年 4 月 19 日，在汉口日军特务部的操纵下，伪武汉治安维持会举行推戴式，由伪武汉治安维持会会长计国桢向张仁蠡呈递推戴书：“谨代表全体市民，恭戴张公仁蠡为武汉特别市市长。”张仁蠡接到推戴书后，将自己事先拟好的复书交给计国桢：“矧江汉乃童年垂钓之地，诸君皆平生师友之资；戴山知重，葵谊难辞。”②

4 月 20 日，伪武汉特别市政府在伪武汉治安维持会原址正式成立，张仁蠡出任市长，发表伪市府成立宣言：

> 从此抚辑遗，与民始更，策武汉之安宁，谋工商之发展，本过去光辉之历史，为新中国之建设，更努力进而求中日真正之提携，东亚永远之和平。③

对于伪武汉特别市政府的成立，《申报》进行了报道：

---

① 《武汉维持会代表三镇民众拥戴张仁蠡为首任市长》，《武汉报》1939 年 4 月 15 日。

② 程华：《日伪武汉市长张仁蠡》，见政协武汉市委员会文史学习委员会编：《武汉文史资料文库》（第七卷），武汉出版社，1999 年，第 549 页。

③ 武汉地方志编纂委员会主编：《武汉市志·人物志》，武汉大学出版社，1999 年，第 65 页。

> “汉口市政府”今晨十一时正式成立，张青甫（音译，即张仁蠡）就“市长”职，所有旅汉欧人，连同新闻记者在内，均未被邀参加。在举行成立典礼处附近四分之一里之区域内，宣布特别戒严，所有观礼宾客均经搜查。事后举行“市民游行”，但天不作美，游行者在凄风苦雨中倍呈悲惨景象。下午新任“市长”在公园设宴招待来宾，被邀者约一千五百人。①

5 月 1 日，伪武汉治安维持会将所有政权移交伪武汉特别市政府。

张仁蠡不忘计国桢“推戴”之功，上任后即投桃报李，任命计国桢为参事室主任。附属于伪市府的参议府亦随之成立，由何佩瑢、石星川分任正副议长。成立当日，伪武汉特别市政府全体成员在市府门前合影留念，随后举行庆祝酒会。

1943 年 10 月，伪汉口特别市降为普通市，隶属伪湖北省，张仁蠡转任伪华北政务委员会委员兼伪天津特别市市长。1945 年 2 月，张仁蠡辞职回北平寓所当寓公。日本投降后，张被捕入狱。中华人民共和国成立后，张仁蠡于 1951 年在镇反运动中被判处死刑，在北京被执行枪决。

（二）伪武汉特别市政府的组织结构与性质

伪武汉特别市政府有着较为完善的组织机构，设有秘书处、临时司法部、警察总监部、高等法院和高等检察厅。直辖财政局、社会局、宣传局、建设局、教育局等机构，以及驻武昌办公处、汉阳办事处和驻北京、上海、南京、日本东京办事处。具体如下②：

秘书处　主要负责发布伪市政府政令及办理一切日常事务。秘书长杨恩霨。杨恩霨及孔楚材、杨蔼堂等人都是由张仁蠡相携来汉，在伪市府各局及下属机构中担任重要职务。参事室主要办理法规的编撰和审查事务，主任计国

---

① 《汉口又成立伪市政府》，《申报》1939 年 4 月 21 日。

② 参考涂文学主编：《沦陷时期武汉的政治与军事》，武汉出版社，2007 年，第 38—42 页、第 96—104 页。政协武汉市委员会文史学习委员会编：《武汉文史资料文库》（第七卷），武汉出版社，1999 年，第 550—551 页。

桢，参事有刘翰如、叶春霖、王武刚等人。

临时司法部　驻大华饭店。部长周鸿俊。下设各级法院、检察厅和监狱。

警察总监部　驻大华饭店。总监刘翰如。下辖汉口、武昌、汉阳、水上四个警察局以及警官教练所。伪武汉特别市政府改为伪汉口特别市政府后，警察总监部撤销，改为市警察局，局长张学骞。

财政局　驻伪市政府四楼。局长索樾平。下设税捐总署、统税署、盐政管理局、戒烟局、税关筹备处与第一、第二屠宰场，以及公产经租处等。

社会局　驻伪市政府一楼。局长杨蔼堂。下设市立医院、劳工协会、妇女职业讲习所和武昌、汉阳、汉口三个清洁事务所。

建设局　驻伪市政府五楼。局长方子颖（即方达智）。下设堤防工程管理局、汽车渡船管理所。

教育局　驻伪市政府一楼。局长高伯勋。下设教员训练所和各级学校。

宣传局　驻伪市政府三楼。局长徐养之。

其他重要机关和负责人　卫生局局长王大德，戒烟局（驻特三区大华球场隔壁）局长沈竹痕，盐政管理局（驻特三区湖南街）局长孔楚材，统税局（驻特三区联怡里）局长刘权，税捐总署（驻大华饭店）署长周朝璋等。

伪武汉特别市政府成立后，伪武昌治安维持会随着伪武汉治安维持会的撤销而终止，转而以“武汉特别市武昌办公处”的名义单设统辖机构于武昌市区。① 地址设在武昌旧督署内，处长初为陈尚修，后由黄锡龄接任。为稳定武昌市场，加强对市民的控制，武昌办公处将辖区划分为11个“市民复归复业事务所”。

伪武汉特别市政府汉阳办事处设在汉阳西门城内处，主任李志三不久调任建设局汽车渡船管理所所长，主任一职先后由喻建藩和屠义尚接任。该处设文牍1人、事务员8人、通译1人及书记若干人，“为办事之便利得分股办事，

① 《武昌市区伪组织成立经过》，《武昌市抗战史料汇编》，湖北省档案馆档案，档案号：18—10—617。

股设股长，以文牍或资深之事务员兼充之”①。主要处理汉阳地区一般行政之承转、民意承转、各机关之联络、对行政各处局主管设施之助成及代办、其他一切行政联络等。

为加强对驻北京、上海、南京、日本东京等办事处的控制，伪武汉特别市政府制定了《武汉特别市政府驻外办事处组织规程》，其中第三条规定“驻外办事处每处设置主任一人（荐任）、处员二人（委任），驻外办事每处用书记一人，夫役二人”。第五条明确“驻外办事处直隶于武汉特别市政府”。② 驻外办事处工作职责主要有各驻地的情势判断及资料搜集、联络事项、武汉特别市政府事务宣传事项、市政府及直属各处局部交办事项及各局部附属机关委托事项等。

1940 年 3 月伪南京国民政府成立后，伪武汉特别市政府遵行“中央”法令，“除改组所属内部机构外，并将原有官阶名称亦按照中央规定分别更改。兹特探志如后：佥判、佥事、主事一律取消；佥判与主事，改称科长、科员，佥事任通译者，改为助理秘书，各科之佥事，改称帮办；在各警察分局，暨汉阳办事处，以及其他附属机关之佥事，一律改为文牍；原有荐任（技）士，改为委任技佐，原技佐改为技士；各机关如设有秘书主任一人者取消，改为秘书，如设有秘书室之主任，则不更改云”③。

汉口日军特务部在伪市政府内设立参议府，由北洋军阀时期曾任湖北省长的何佩瑢任议长，石星川任副议长。参议有叶春霖、林德基、王武刚、陶敦礼、林尚志、徐海铎等人。

伪武汉特别市政府秘书处设有涉外科，科长李绍汉。这是武汉地区伪政权最早设立的外事机构，不仅管辖武汉地区外交事务，还管辖包括湖北省以及江西、湖南一部分地区的涉外事宜，掌管伪武汉特别市政府的涉外谈判，对外订

① 《武汉特别市政府汉阳办事处组织规则》，武汉市档案馆档案，档案号：9—31—259。
② 《武汉特别市政府驻外办事处组织规程》，武汉市档案馆档案，档案号：9—31—258。
③ 《遵照中央法令　市府改正官阶》，《武汉报》1940 年 5 月 17 日。

立契约及其他一切交涉事项。①

二、伪湖北省政府

1939年4月，汉口日军特务部为加强对河南、湖南、江西三省沦陷区的统治，先后向“梅机关”申请在汉成立“湘鄂赣政务委员会”和“武汉政务委员会”的跨省政权。由于“梅机关”认为这一方案与最高当局扶植汪精卫建立伪中央政权的方针相背，均予以否决。无奈之下，汉口日军特务部为了抢在汪伪中央政府成立之前建立起由自己控制的地方傀儡政权，以便在汪精卫伪政府成立之后取得主动，觉得有必要立即成立伪湖北省政府。于是，汉口日军特务部部长柴山兼四郎指示伪武汉特别市政府成立伪湖北省政府筹备处，并示意张仁蠡等汉奸出面，请伪武汉特别市参议府议长何佩瑢筹组伪湖北省政府。

何佩瑢（1880—1942），字韵珊，湖北建始人。早年考入自强学堂，后留学日本振武学校。曾任湖北督军公署参谋长、湖北省省长等职。1938年10月武汉沦陷后，何佩瑢投靠日军，出面组织“民众救国会”，自任会长。

1939年9月，“武汉政权准备委员会”改称“武汉政权树立委员会”，何佩瑢任委员长。10月，在日本驻汉陆、海、外三机关的操纵下，“湖北省政府筹备处”成立，由石星川负责筹备工作。11月2日，“武汉政权树立委员会”举行第四次会议，决定成立“湖北省政府”。会后，石星川与张仁蠡、雷寿荣等汉奸头目即赴何佩瑢住宅，“敦请”何佩瑢出任“省长”一职。11月4日，张仁蠡向何佩瑢递交伪湖北省省长推荐书。翌日，伪湖北省政府在武昌司门口原金城银行武昌支行旧址正式成立，何佩瑢出任伪省长。

伪湖北省政府是日军在华中地区建立的第一个省级傀儡政权，在行政关系上，它同伪武汉特别市一样独立于伪华北临时政府和伪南京维新政府，没有上

---

① 《行政院指令》行字第679号，武汉市档案馆档案，档案号：9—1—618。

图 5-2 位于武昌的伪湖北省政府①

级行政领导机关，只听命于汉口日军特务部。② 成立之初，伪湖北省政府辖地有鄂东、鄂北、鄂南和鄂中 30 余县，以及豫、湘、赣三省与湖北相邻的信阳、岳阳、临湘和九江等县，共计 40 余县。③

伪湖北省政府成立当天，何佩瑢对记者发表就职谈话，称自己出任此职是为了“以友邦阐明和平，人民望治弥切，关怀桑梓，义不容辞”。尽管何佩瑢及其统领的伪湖北省政府得到汉口日军特务部的大力扶植，汪伪政权却并不看重他，“自汪逆兆铭出艳电后，即于青岛与华北之王逆克敏、南京之梁逆鸿志举行会谈，是即所谓三巨头会议，而对华中的何逆佩瑢未及邀请”④。

伪湖北省政府成立之初，实行的是省长制，省政府最高行政首长称省长。1940 年 10 月，汪伪中央政治会议决定改组伪湖北省政府，实行省政府委员制，省长改称省主席。1943 年，汪伪政府最高国防会议决定调整地方行政机构，省主席又改称省长，行政权力重新集中于省长。根据 1939 年 12 月 21 日公布的《湖北省政府组织条例》规定，第一条即将伪省政府定性为“于省之管辖区域内为最高行政机关”，其行政区域包括“河南、湖南、江西等省与湖北

① 唐惠虎、林阳春、韩兆海主编：《武汉抗战图志》，湖北人民出版社，2005 年，第 206 页。
② 《三千万民众期望达到，新湖北省政府今日成立》，《武汉报》1939 年 11 月 5 日。
③ 湖北省地方志编纂委员会：《湖北省志·政权》，湖北人民出版社，1996 年，第 258 页。
④ 《日寇扶植的武汉汉奸政权》，《武昌市抗战史料汇编》，1948 年 11 月，湖北省档案馆档案，档案号：18—10—617。

毗连地方”。对于伪湖北省政府所处之武汉地区行政管辖，则订有“(伪) 省府对于武昌市区及汉阳市区遇有关系时，得会同市政府行使政权”之条。①

伪湖北省政府合署办公，下设一室六厅一处，即参事室、秘书厅、政务厅、财政厅、建设厅、教育厅、警务厅和保安处。秘书长张若柏是原参议府秘书长，张若柏调任财政厅厅长后，秘书长一职由贺遐昌接任。政务厅厅长为汪沄，财政厅厅长为刘泥清，建设厅厅长为宋怀远，教育厅厅长为徐慎五，警务厅厅长为王寿山，保安处处长为孙基昌。各厅、处下设秘书室和 5—7 科，整个机关共计员额 (不含伪省长和各厅、处长) 623 人。后又添设宣传处 (处长吕东荃)、社会运动委员会。同时将各地“维持会”改为“县政府”。伪湖北省政府在武汉附近设立 5 个厘金局，另设武汉参议府及由伪湖北省政府和伪武汉特别市政府联合组成的省市财政管理委员会。1940 年 10 月，伪南京国民政府改组伪湖北省政府，厅长以下原佥判、佥书、主事等名称一律取消，采用官职合一的科长、股长等职务，基本采用了原国民党政府政权机构体制。

1942 年 6 月 6 日，伪湖北省政府主席何佩瑢“巡视”鄂城、大冶的途中突然患病，不久死去。汪精卫先是令贺遐昌以伪湖北省政府秘书长身份代理伪湖北省政府主席职务，随即于 6 月 28 日调派汪伪中央军事委员会参谋总长杨揆一接任伪湖北省政府主席兼保安司令。

从 1939 年到 1945 年，伪湖北省政府存在的 6 年时间里，是日军扶植、控制的御用政权机关，也是华中日军在湖北地区实行殖民统治的工具。

三、伪武汉参议府

伪武汉特别市政府的成立未经上级国家机关筹设，而系伪武汉治安维持会筹备推荐产生，与传统的正常程序迥异。为了掩人耳目，增强其合法性，同时也为了网罗更多的上层汉奸为己所用，在伪武汉特别市政府成立后，汉口日军特务部特意设立了伪武汉参议府。

---

① 《湖北省政府组织条例》(1939 年 12 月 21 日)，《湖北省政府公报》第一期，武汉市档案馆档案，档案号：bB1121—14。

（一）伪武汉特别市政府参议府的成立

参议府隶属于伪武汉特别市政府，由何佩瑢和石星川分任正副议长。参议府内另设立了武汉政权树立准备委员会，由何佩瑢和张仁蠡兼任正副委员长，进行华中地区独立伪政权的筹备工作。

参议府议员由伪武汉特别市政府聘请所谓的地方绅耆组成，议长何佩瑢兼任政权树立准备委员会委员长，副议长石星川兼任政务训练院院长。二人利用参议府网罗了一批地方上的老政客和土豪劣绅充当参议，这些人大部分是湖北人，也包括部分湖南和江西籍的人员，主要是为了迎合日军试图建立以武汉为中心的华中三省的伪政权的意图。参议有：计国桢、鲁方才、金安人、雷寿荣、范鸿泰、程明超、关麟书、叶春霖、王武刚、凌启鸿、刘道仁、程汉卿、李鼎安、杨辉庭、杨缵绪、陶敦礼、郑嵩溪。①

参议府成立之初，办公地址暂时设在何佩瑢位于汉口兰陵路的公馆，悬挂“参议府临时办公处”牌名。1939 年 4 月 23 日，伪武汉特别市政府以公函形式，将参议室关防和牙章一颗送至何佩瑢寓邸。关防为铜质，文曰：“武汉特别市政府关防”；牙章文曰：“参议长印”。

参议府名义上是一个咨询机构，同时办理审核法令及预决算等事项。1939 年 4 月 29 日公布的“武汉特别市参议府会议章程”规定：议长收到咨询案件后，即命秘书处长整理成议案，然后召开参议会议事，通过表决定为决议案，将表决结果制作成意见书，由议长署名送呈伪武汉特别市市长。1939 年 6 月 20 日，又出台了“武汉特别市参议府参议会议事细则”，对参议会签到、议案审查、审查报告书处理、表决方式等作了较为详尽的规定。

参议府下设两个训练单位，一个是保安训练院，负责培训伪军官和伪警官；另一个是政务训练院，负责培训伪文官，院长由石星川兼任。

（二）伪参议府名称与性质的改变

伪湖北省政府成立后，旋即将原属伪武汉特别市政府的参议府改为“武汉

---

① 《日本帝国主义在中国沦陷区》，见武汉市档案馆、八路军武汉办事处旧址纪念馆、武汉图书馆合编：《武汉抗战史料选编》，内部出版，1985 年，第 400 页。

参议府”，作为省、市政府的咨询机构，与伪武汉特别市政府平起平坐。“武汉参议府为咨询机构，关于本府预算决算、拨用国税、募集省债、任免简任官、制定省单行法规及其他法律行为，均应提会审议。”①

1939 年 11 月 15 日，伪武汉参议府正副议长及各参议正式就职。石星川任议长，雷寿荣任副议长，谢石钦任秘书长。担任伪参议的有谭道南、范鸿泰、程明超、郑兰溪、李芳、刘道仁、关麟书、谢立生、陈养真、戴秉清。10 月 16 日，伪武汉参议府举行首次会议，通过的第一个议案即是促进树立中央新政权。

伪武汉参议府下辖以前由伪武汉特别市政府管辖的武汉戒烟总局、武汉盐政管理总局、武汉统税总局、武汉司法部及由原政务训练院与保安训练院合并而成的武汉训练院，成为具有实际职能的行政机关。汪伪政权未成立之前，作为地方伪组织、伪政权经济命脉的盐、烟两项税收，原归伪武汉治安维持会代管，后由伪武汉特别市政府管理。伪湖北省政府成立后，与伪武汉特别市政府共同组设“省市财政管理委员会”，由伪省财政厅长和伪市财政局长担任委员，委员以下分设总务、税务、收支、审核四个股，省、市各派两名股长。经过省市财政管理委员会的短期管理，改归伪武汉参议府代管。1940 年 3 月 30 日汪精卫伪政权成立后，随着“国府还都”，汪伪中央以盐、鸦片税均属“国税”为由向日方交涉，要求撤销代管盐、烟二局的伪武汉参议府。1940 年 4 月 30 日，伪武汉参议府被予以撤销，伪议长石星川当即去职，参议府遂结束其“参议”使命。由参议府代管的武汉“国税”事项，被汪伪行政院财政部湘鄂赣临时财政管理委员会接管。

四、汉口直辖与武汉市政管理的分裂

1940 年 3 月底，由日本当局扶持的汪伪中央政府在南京成立。同年 9 月，汪伪中央政府对伪武汉特别市政府进行改组，武昌、汉阳两区域被分割出去，汉口成为直属伪行政院的伪汉口市政府，市政管辖范围大大萎缩。

---

① 《湖北省政府组织条例》，武汉市档案馆档案，档案号：bB1121—14。

（一）伪南京国民政府的成立与武汉市行政管辖的变化

1938年7月12日，日本近卫内阁核心五相会议制定了《适应时局的对中国的谋略》，其中最重要的内容是大力扶植中国的伪中央政府，“起用中国第一流人物，削弱中国现中央政府和中国民众的抗战意识，同时酝酿建立巩固的新兴政权”；“利用、操纵反蒋系统的实力派，使在敌人中间建立反蒋、反共、反战的政府”①。

1. 伪南京国民政府的成立

1937年全面抗战爆发后，汪精卫任国防最高会议副主席，地位仅次于蒋介石。汪精卫对抗日一直怀有失败主义和悲观情绪，加上不甘屈居于蒋介石之下，在日本当局的政治诱降下，最终走上了投乱叛国的不归路。

汪精卫于1939年7月来到南京。9月5日，汪伪国民党六届一中全会在南京召开，汪精卫与伪中华民国临时政府（北平）行政委员长王克敏、伪中华民国维新政府（南京）行政院院长梁鸿志就建立统一的伪政权问题进行谈判。21日，汪精卫在上海发表声明，表示要致力于“和平之实现，宪政之实施”。同日，北平临时和南京维新两个伪政府发表联合声明，宣布拥护汪精卫成立中央政府。② 1940年1月27日，汪精卫宣布成立“还都委员会”。3月12日，汪精卫发表《和平宣言》，宣布即将召开伪中央政治会议，组织伪中央政府，“还都”南京。1940年3月30日，汪伪中央政府成立，根据《国民政府成立大纲》规定，名称仍为“中华民国国民政府”。伪国民政府以原南京国民政府主席林森为主席，由汪精卫“代理”，以示伪政府继承了原南京国民政府法统。下设五院、军事委员会和各部、委机构。

汪伪中央政府成立，武汉汉奸弹冠相庆，《大楚报》出了一期国府还都纪

---

① 黄美真、张云编：《汪伪政权资料选编：汪精卫集团投敌》，上海人民出版社，1984年，第89页。

② 中国人民解放军军史资料编审委员会编：《八路军——参考资料》（2），解放军出版社，1992年，第226—228页。

念特刊，大肆宣传，武汉地区的伪政权、伪组织、伪团体纷纷通电响应。①

2. 武汉行政管辖的变化

1939 年伪湖北省政府成立后，伪省长何佩瑢与汉口日军特务部联系，试图将武昌、汉阳划归伪省政府管辖，扩大伪省政府的势力范围。但张仁蠡自恃同日军关系密切，坚决反对，加上日军特务部也不想将伪政权命运全部押在何佩瑢、石星川等人身上，认为这样不利于分而治之，便对伪省政府的请求不予支持。

1940 年 4 月 17 日，汪精卫以伪国民政府行政院院长身份视察武汉，同汉口日军特务部协商伪湖北省政府、伪武汉特别市政府并入汪伪政权事宜。同年 5 月 12 日，汪伪国民政府财政部部长周佛海来汉，与汉口日军特务部部长柴山兼四郎谈判伪中央与地方的财政统一问题，柴山同意将武汉的税收权交给伪中央政府，但对起始日期及上缴数额没有达成协议。② 直到 6 月 5 日，汪伪政权驻武汉的湘鄂赣三省财政整改委员会在汉成立，才正式接管武汉的盐、烟统税，并负责支付华中日军和伪湖北省政府、伪武汉特别市政府的经费。

1940 年秋，汪伪国民政府中政会第二十二次会议决议改组鄂、浙省政府，“特任何佩瑢为鄂省主席”。伪武汉特别市政府改组为伪汉口市政府，直属行政院，“特任张仁蠡为汉口市长”③。数月后，伪汉口市政府又改为伪汉口特别市，仍然直属于伪国民政府行政院，内部机构先后经过数度调整。撤销武昌办公处和汉阳办事处，原属伪汉口特别市政府管辖的武昌、汉阳被纳入伪湖北省政府的管辖范围。同时裁撤武汉参议府、临时司法部、最高法院、最高检察厅，将警察总监部改为警察局，所属汉口、武昌、汉阳、水上四个警察局改为警察分局，其中武昌、汉阳、水上三个警察分局隶属于伪省政府，汉口分局合并到市警察局。从此，伪汉口市政府的管辖范围逐步萎缩。

---

① 《大楚报庆祝国府还都特刊》，《大楚报》1940 年 3 月 30 日。

② 武汉地方志编纂委员会主编：《武汉市志・人物志》，武汉大学出版社，1999 年，第 576 页。

③ 《改组鄂浙省政府，汉口市直属政院》，《大楚报》1940 年 10 月 5 日。

伪汉口市政府之名仅仅存在了几个月，1941 年 3 月又改称“汉口特别市政府”，市长一职仍由张仁蠡担任。伪汉口特别市政府一切组织照旧，只是依照规定酌予增设裁并。

（二）权力格局变化与汉口变回“普通市”

1943 年 10 月 19 日，汪伪国民政府将伪汉口特别市由“行政院”直辖改为“湖北省”管辖，改名为“汉口市”。自此，随着权力格局的变化，汉口亦由“特别市”降为了“普通市”。

1. 叶蓬与伪武汉绥靖主任公署

汪伪国民政府为统帅武汉地区的伪军力量，1940 年 3 月 31 日设立伪南京国民政府军事委员会驻武汉绥靖主任公署，以节制湖北、河南南部伪军各部队。公署主任叶蓬，参谋长郭尔珍，下设参谋、交通、军法、政训、军需、军医、副官、总务、经理 9 处，驻汉口远东饭店（今汉口六渡桥百货大楼）。①

叶蓬（1896—1946），湖北黄陂滠口人。保定陆军军官学校第六期步兵科毕业，曾任武汉警备司令部少将参谋长、武汉警备旅旅长兼武汉警备司令等职。1939 年，叶蓬在周佛海的游说下加入汪精卫集团，在上海筹组傀儡政权，被推选为伪国民党中央执行委员，兼任上海日伪中央训练团教育长。1940 年，叶蓬任汪伪国民政府军事委员会常务委员。

叶蓬兼任伪中央军校武汉分校教育长，该校前身为设于上海江湾的伪中央陆军军官训练团。1941 年 11 月 18 日，该校办完第二期后被撤销。叶蓬将伪武汉军官分校改组为暂编伪陆军第 29 师，另成立伪武汉绥靖主任公署教导团（前身为伪中央陆军军官学校教导团，驻武昌）。

1941 年 12 月，以原伪中央陆军军官学校武汉分校为基础改编的驻武汉绥靖主任公署军事训练团成立，叶蓬兼任团长，接收了原伪中央军校武汉分校的校舍、装备、武器、被服、书籍、卷宗等，1942 年 2 月 24 日开课。团本部设团长办公室和教务、政训、总务、经理、医务 5 科。学员为来自伪军各部的官

---

① 武汉地方志编纂委员会主编：《武汉市志·军事志》，武汉大学出版社，1992 年，第 86 页。

兵，第一期受训学员有伪第 11 师官兵 53 人，伪第 12 师官兵 50 人，伪第 29 师官兵 24 人，伪鄂西保安司令部官兵 55 人，伪鄂南保安司令部官兵 61 人，伪和平救国军第 2 师官兵 43 人，其他志愿投考的 42 名，共 328 人。全校共培训官兵 700 余人。有各式杂牌步枪 300 支，轻重机枪 12 挺，八一迫击炮 1 门。日军派宇佐美俊男为联络官，常驻团部。①

1942 年 7 月 16 日，伪中央政治委员会决定撤销军事委员会武汉绥靖主任公署，改组为“国民政府军事委员会委员长武汉行营”，主持湘鄂赣三省军事工作。8 月 10 日，武汉行营正式成立，主任先缺，后由汪精卫自兼。伪湖北省政府主席杨揆一兼任行营参谋长，主持具体工作，以实现“武汉一带军事政治一元化”②。叶蓬调任伪国民政府军事委员会参谋本部参谋总长、陆军训练总监。

武汉行营下设高级参谋、高级副官、机要室、总务处、参谋处、经理处、政治训练处，其中总务处、参谋处、经理处以下分设三科，机要室负责机要文书和电务。行营所辖伪军计 5 个师、1 个旅，共 1.8 万人。

1941 年 12 月太平洋战争爆发后，日军加大了对汪精卫伪政府的支持。汪精卫趁机进行“建军”运动，整编各地名目繁多的伪军，给予陆军番号，将沦陷区的军事指挥权统一起来。伪武汉绥靖主任公署（伪武汉行营）指挥的伪军计有陆军第 11 师、第 10 师、第 22 师、第 29 师。这些伪军部队实际上都直接受日军控制，伪绥靖公署（伪武汉行营）徒有虚名而已。

1944 年 4 月 22 日，伪武汉行营撤销，恢复“武汉绥靖主任公署”。主任杨揆一，参谋处处长孙梦，交通处处长傅伯良，军法处处长左麟，政训处处长何仲英，军需处处长张亚，军医处处长陈康达，副官处处长赵乾，总务处处长萧肇基，经理处处长吕渭林。1945 年 3 月 3 日，伪中央政府最高国防会议第 66 次会议决定，杨揆一调任伪国民政府军事委员会军事参议院院长，叶蓬为

---

① 武汉地方志编纂委员会主编：《武汉市志·军事志》，武汉大学出版社，1992 年，第 124 页。
② 《绥靖公署撤销，设置武汉行营，杨鄂省主席兼行营参谋长》，《武汉报》1942 年 7 月 17 日。

伪武汉绥靖主任公署主任兼伪湖北省省长、省保安司令部司令。

叶蓬到任后，将伪汉口市政府财政局长李绍汉撤职，换上自己的亲信章振铎，为其搜刮民财。他一边垄断食盐、贩卖鸦片、中饱私囊，一边扩充武力，为将来投靠蒋介石国民政府积攒本钱。于是，伪武汉绥靖主任公署对伪军部队进行扩编，至日本投降前夕，伪武汉绥靖主任公署所辖部队还有 22 946 人。1945 年伪武汉绥靖主任公署序列如下①：

第 1 师　师长程万军

第 13 军　军长李宝琏，辖第 5 师（师长古鼎新）、第 11 师（师长李宝琏兼）

第 14 军　军长邹平凡，辖第 29 师（师长李吉龙）、步兵第 17 旅（旅长潘涤非）、步兵第 13 独立旅（旅长苏振东）

“鄂豫边剿匪司令部”　第 12 师（师长张启璜）

特务团　团长曹必清

叶蓬复任伪武汉绥靖主任公署主任，正是世界反法西斯战场节节胜利之时。见日本人大势已去，叶蓬私下与重庆国民党地下人员联络，试图为自己寻找一条后路。日本投降后，国民党军事委员会将叶蓬所属伪军改编为“先遣军”第七路军，任命叶蓬为总司令。后该部主力被编入国民党第六战区。叶当即在武昌纸坊挂出“第七路军司令部”的牌子，召集一些伪军头目开会，以第七路军总司令名义委派公秉藩、李宝琏为军长，张启璜等为各师师长。当国民党湖北省政府鄂东行署主任李石樵到达武昌时，叶蓬安排伪湖北省政府财政厅造册，向李石樵移交。

武汉光复后，叶蓬于 1945 年 10 月 1 日被第六战区司令长官部逮捕收监，关押于汉口博爱路军统看守所。后解往南京。1946 年冬，经国民政府高等法院判处死刑，就地枪决。

2. 汉口改回“普通市”

1942 年 6 月 28 日，汪伪国民政府任命杨揆一为伪湖北省主席（后称省

① 武汉地方志编纂委员会主编：《武汉市志·军事志》，武汉大学出版社，1992 年，第 87 页。

长）。杨揆一到任不久，即以节省开支为由，向南京汪伪政府建议将“汉口特别市”改为“普通市”，意欲将汉口纳入伪省政府管辖之下。1943 年 10 月 19 日，汪伪行政院第 182 次会议决定：

> 汉口特别市改为普通市，任命石星川为汉口市市长。……并特派前汉口特别市市长张仁蠡为华北政务委员会委员，提中政会追认。顷悉华北政务委员会已定张仁蠡为天津特别市市长，即刻连同其他华北各省市省长、市长，由华北政务委员会汇呈，请国民政府正式任命。①

石星川（1880—1948），兴国（今湖北阳新）人，曾留学日本，学习军事。日军侵占武汉，石星川住进法租界，面对日本人和一些老相识、老部下的游说，他不动声色，意存观望。1939 年 4 月 20 日，石星川应汉口日军特务部部长森冈皋的邀请，出任伪武汉特别市政府参议府副议长兼伪政务训练院院长。11 月 5 日，伪湖北省政府成立。同年 11 月 15 日，石星川出任伪武汉参议府议长。

石星川就任伪汉口市市长当日，在其私邸接受《武汉报》记者采访时表示：“……此次中枢将汉口特别市改为普通市，张市长转任华北政务委员会委员并已定为天津特别市市长，任命本人继任汉口市长。其机构虽已缩小，但其责任仍极重大。自维轮材，不无惶恐。好在规模已具，本人当可萧规曹随。……今后施政当秉承中央意旨，在省长之领导、友邦协力之下，竭尽绵薄……”②

汉口降为“普通市”后，编制缩小为一处六局。伪市政府大体上仍是伪汉口特别市政府时期的原班人马，留下的 6 名伪局长仍在伪汉口市政府任职，分别是秘书长贺遐昌，财政局局长李绍汉，警察局局长陈孝芬，社会局局长王锦霞，卫生局局长江华缙，教育局局长萧治平，建设局局长高凌美。同时强化保甲制度，将舵落口沿张公堤、襄河边划分为十二区，以警察分局局长兼任区

① 《汉口特别市改为普通市，任命石星川为汉口市市长并调张仁蠡任天津特别市市长》，《武汉报》1943 年 10 月 20 日。

② 《汉市政机构改组，张石两市长发表谈话》，《武汉报》1943 年 10 月 20 日。

长，设区员 1—3 人。区以下设联保处，置联保主任、书记员和保丁，再下为保甲。

1944 年 12 月 18 日，美军战机轰炸汉口，伪汉口市政府大楼被美机投掷的燃烧弹烧毁，伪市政府不得不迁到对面的一座两层小楼内办公，各局无形之中陷入瘫痪。日本投降后，石星川四处活动，命伪市政府所属各局伪局长将经营事项一一造册，等待国民政府接收，希望能以此戴罪立功。

1945 年 10 月 1 日，国民政府第六战区长官部正式公布逮捕武汉地区汉奸 200 多人，石星川与叶蓬于当日被逮捕，关进武昌监狱。1946 年 4 月 6 日，湖北省高等法院以“前伪汉口市长石星川，六日午后二时经高院判处死刑，褫夺公权终身，财产全部没收”①。经与之交谊甚厚的国民政府参军长商震代为疏通，经最高法院复判，处以无期徒刑，褫夺公权终身，其所有财产除酌留家属必需之生活费外，全部没收。石星川被捕后忧郁成病，精神错乱，于 1948 年 7 月 22 日病死于武昌狱中。

第三节　伪政权的施政方针和对外措施

作为一个完全由日军扶持起来的汉奸政权，伪武汉（汉口）政府一切秉持日军的意思行事。早在 1938 年 10 月日军占领武汉后，日本内阁就确定了在武汉“建立防共地方政权”的政策。② 1939 年 4 月 20 日，张仁蠡在日本人的扶植下组建伪武汉特别市政府时，其“基本政策”和“法规”均由日本顾问高濑送来，内容便多半抄自伪满洲国“法规”。张仁蠡及其属下所需做的，就是将这些法规翻译过来并对译文进行润饰。在人事安排上，伪武汉政权唯日方命令

① 《伪汉市长石星川判处死刑》，《申报》1946 年 4 月 7 日。

② 《汉口方面政务处理纲要》，日本防卫厅防卫研究所战史室著、田琪之译：《中国事变陆军作战史》第 2 卷第 1 分册，中华书局，1979 年，第 214 页。

是从，伪市长张仁蠡只是宣布任命而已。沦陷时期，伪武汉政权对日军的各项要求言听计从，实施的反共、反英美及亲日方针与对外措施均仰日鼻息，成为日军殖民武汉的工具。

一、反共投降的施政方针

武汉伪政权由日军势力扶植保障，其政治取向、政策措施无不以日本军国主义利益为圭臬，同时为维持自身政权的功能及运作，实施一系列防共投降的政策方针。

（一）“积极防共”的政策

伪武汉特别市政府成立后，首先表示将贯彻“积极防共”的施政方针。由于中国共产党坚定的抗日主张，使得日伪政权意识到“现在中国最大及东亚最要之安危问题，厥为防共”,① 为此，伪武汉特别市政府认为中国共产党是东亚的最大灾难，中日战争爆发的原因“乃国民党为共产党所愚弄”的结果。对于中国共产党领导和积极进行的抗日斗争，伪武汉特别市政府视为“惨酷政策，如焦土抗战诸端，使人民转徙流离，穷苦无告”，是共产主义残酷政策下的非理智行为。伪政权还罔顾历史事实，指责共产党领导下的人民军队，“自赤军成立以来，内之窃取政权，杀人放火，使人民涂炭，百姓流离；外之启蒙今邦，扰乱和平，使兄弟阋墙，操戈同室”②。他们不去斥责日本侵略者给中国人民带来的深重灾难，相反把战争中人民生命财产的损失和辗转流离的无穷苦难归根于中国共产党的抵抗，称要救民于水火，“非积极防共实不能救民间之疾苦，谋社会之安宁”。在此基调上，伪政权的工作就是要使“政治修明、社会安定，使士农工商各安其业”③，消除共产主义存在的基础。

为了抵制共产主义，伪武汉特别市政府成立了宣传局，通过各种手段对共

①③ 张仁蠡：《市长施政方针谈话》，《武汉特别市政府周年纪念特刊·总纲》，1940年，武汉市档案馆档案，分类号：bB4/14。

② 《中华民国新民会“兴亚”运动周宣言》，1939年7月18日，武汉市档案馆档案，档案号：8—9—144。

产主义理论和中国共产党进行“批判”。同时进行复古文化宣传，麻痹广大市民，以达到“阐明共产党理论之错误、手段之残毒……绥抚乱离民众之归来，更培植吾国固有道德，发东亚精神，务肃清毒焰（指共产主义）而后已”①。另外，伪武汉政权意识到对妇女进行反共教育的重要性，为了普及反共宣传，经伪武汉特别市政府核准公布，于1939年8月成立伪武汉特别市防共妇人会，该会受伪武汉特别市社会局的指导监督，以“增进妇女智能、坚强防共壁垒为宗旨”②，表面上是要提高妇女文化知识、改善妇女生活等，其重点放在“防共宣传事项”，通过妇女活动来影响家庭及扩大反共宣传。

1940年3月汪精卫在南京成立伪国民政府，树立所谓“和平、反共、建国”的政策，汪伪政权视“共产党实为全面和平唯一障碍……非反共不能得到真正和平，非得到真正和平不能挽救国家，复兴民族”③。为了加强和扩大反共宣传，混淆民众视听，伪武汉政权与汪伪同声相应，不遗余力地进行“反共”的鼓动造势。伪武汉政权非常清楚武汉地位的重要性，“本市为长江重要的都市，不独居政治文化的重心、经济商业的枢纽，同时交通的发达，人口的稠密，无一不与治安发生连锁性”④。因此“为拥护政府建国的政策及维持地方的治安”，必须严密防止共产主义分子，“宵小最易混入市区”，导致“地方发生暴徒破坏的事件”。

为进一步加大防共宣传力度，1941年12月30日，伪汉口特别市警察局局长张学骞对全体武汉市民作“防共与治安”的广播演讲。在广播中，张学骞认为在“今日国家多事的时候，共产邪说最易流行，地方治安影响极大”，伪政府“要努力注意防共”，“维持地方的秩序和人的安宁，不能不积极的预为防范”。张学骞根据汪伪实施的“反共”政策，诬蔑“共产党是专门麻醉青年、

① 张仁蠡：《市长施政方针谈话》，《武汉特别市政府周年纪念特刊·总纲》，1940年，武汉市档案馆档案，分类号：bB4/14。

② 《武汉特别市防共妇人会章程》，《武汉特别市政府公报》1939年9月，武汉市档案馆档案，分类号：bB1122/15，105—110页。

③ 《庆祝中日两国调整与前途展望》，《大楚报》1940年12月7日。

④ 张学骞：《防共与治安》，《武汉报》1941年12月31日。

欺骗农工，使社会上的各种阶级互相对立、互相斗争”，“共产党以杀人放火、扰乱治安为目的”，并危言耸听地说共产党实施的那一套“如果在中国施行起来，必定使社会上发生极大的不安和恐怖”。同时不忘为汪伪政府亲日投降涂脂抹粉，“所以中央政府树立反共建国的政策，领导民众迈上复兴民族的大道上走”。①

在反共的具体行为上，张学骞将共产党看作最大危险，主张伪汉口特别市政府要进行积极的“清剿”，遇到共产党要全市“马上交通断绝，施行紧密的搜索”，“如果防共不严，地方永无安宁之日”，城市居民在“精神上与事业上必定会感觉极端的不安”。只有扑灭了共产党在市区的一切活动，“各位市民住在本市无论为工为商”，才能“安居乐业”。②

除了伪汉口特别市警察局要担负起严密防共，维持“地方治安”的任务，伪武汉政权还强令要求武汉市民共同肩负“防共”的责任，要与“警察合作打成一片，共谋地方的治安，实现防共政策”，切实做到“防共应行注意的事项”：包括要“拒绝邪说”，伪政府害怕共产党抗日救国思想的传播，将共产党抗日救国的主张称为“邪说”，认为“共产党的手段无非是鼓动风潮，挑拨阶级斗争，使社会上造成一种恐怖的局面”，然后“用欺骗的方法，极尽巧言的能事，所以往往一般意志薄弱的青年，容易中他们麻醉的毒，卒之弄得身败名裂、无家可归了”，所以只要市民“毅然决然地拒绝不听，那末共产党骗人的法宝无法施展，就自然的会消灭了。”③

此外，伪武汉政权还要求市民“修养品性”，勿被共产党思想所左右，要求市民做一个“好人”，“言语行动都循规蹈矩”，同时“安分守己，遇事遵照政府规定的条例分别去做”，并将坚持抗日的共产党视为“不向正路上走，自然会一天一天的堕落下流以至身败名裂”的“罪人”，宣扬共产党“不独是家庭间的罪人，同时也就是社会上的罪人”，④其实质不过是要沦陷区的武汉人民完完全全地做日伪殖民统治下的逆来顺受的“良民”。

---

①②③④　张学骞：《防共与治安》，《武汉报》1941 年 12 月 31 日。

图 5-3　伪警察总监部汉口警察局①

1945 年 4 月，日本帝国主义已穷途末路，败局已定。此时的武汉伪政权继续秉承汪伪反共政策。汪精卫死后，1945 年 4 月 17 日，为“积极推进反共政策并便利联络及设计指导反共事务起见”，伪南京国民政府代理主席陈公博颁发《中国国民党设置中央及省市反共机构组织纲要》。根据纲要精神，伪汉口市在必要时可以成立“对共委员会”，“指导民众加强反共信念”，并设立相关秘密反共团体，针对不同阶层进行反共宣传，“如对教育人员由党部会同教育局设立教育界反共团体，对文化人由党部会同宣传处设立文化人反共团体，对工人由党部会同福利局设立工人反共团体”。对于其他公开团体则亦应“努力运用并强化其反共信念”②。

---

① 张明权主编：《档案中的武汉抗战》，内部出版，2015 年，第 67 页。

② 《中国国民党设置中央及省市反共机构组织纲要》，武汉市档案馆档案，档案号：59—1—32。

（二）投降卖国的施政方针

伪武汉政权在日军的扶植下建立，一切活动均受日军的控制和支配，实施的所谓的政策和方针都集中体现了日本侵略者的利益和要求。1939 年 4 月 20 日，伪武汉特别市政府粉墨登场。这年 6 月，伪武汉特别市市长张仁蠡“访求所及，觉当前之所急”，论列伪武汉政府所谓的“施政方针”十三条，涉及政治、经济、教育、文化、市政、外交等方面。从罗列的内容看，沦陷时期，贯彻伪武汉政权“施政方针”的中心准则是“积极防共”和“亲仁善邻”，围绕这一中心实施的一切政策都是为了巩固日伪在武汉的殖民统治。

日军占领武汉初期，武汉人民流离失所，“当事变之际，市民逃避一空，繁华市镇竟呈荒凉之景象，热闹商场徒余鼠窜之惊，所历浩劫亘古未有”，为迅速稳固日军对武汉城市的控制，伪武汉特别市政府将“抚辑流亡”作为首要的施政策略。“当军事初定之际，劳来安辑，困难极多。汉口各区已渐恢复，武昌、汉阳亦经条具方案办理复归复业，限以时日必期竣事”①。同时，将因日军侵略，导致“无家可归与老弱残废不任职业者，则组织救济委员会”，实施所谓的“救济”。对于因逃离战乱从其他地区涌集武汉的难民进行清理和强行遣送原籍，“将所有盘踞商店之贫苦难民即指定地点予以疏散，侵害产权之无业游民即由社会局会同警察局督促迁移”②，“自市政府成立后，经遣送四次计八百三十七人”③，至 1940 年共遣送难民 11 090 人。此外，由于大量武汉市民的回归也给伪特别市政府带来了问题，市民的房屋财产多被日军侵占，随日军进入武汉的日本商人又将繁华地段的门面和其他房屋占据，导致回归市民无以依托，“犹疑未定，兼之房屋多被占用，欲复归无所；货物早经收押，图复业而难能”。伪政府对于日军强占的房屋、日商占用的民房不敢过问和收回，只是通过与日方协商，由伪市社会局出面“经营租赁”，向日商收取少量租金，发还原房主。此后，伪市政府又成立房地清理委员会，专事清理房地产、发放

①③ 张仁蠡：《市长施政方针谈话》，《武汉特别市政府周年纪念特刊·总纲》，1940 年，武汉市档案馆档案，分类号：bB4/14。

② 《武汉特别市政府周年纪念特刊·社会》，1940 年，武汉市档案馆档案，分类号：bB4/14。

租金等事宜。但由于房屋主要为日方占据，难以收回，成效有限。为稳定日伪政权统治，加强控制，伪武汉政权名义上要筹划建筑平民住宅，美其名曰“使贫苦民众得栖息之便”；并声称恢复水陆交通，“使商贾行旅无颠顿之苦”①，这些不过都是徒具表文，欺骗民众的空言而已。

日军在武汉的殖民统治渐趋稳定后，伪武汉政权开始完善机构，施行政府职能，帮助日军对沦陷区的武汉人民进行全面监管。为强化对武汉人民的管制，伪武汉政权将“整理警政”“成立法院”作为施政的当务急要，强调武汉“市区之安宁，端赖警察之良好，在今日闾阎初定之际，尤为当务之急”。伪武汉特别市政权成立初期，设立伪警察局，武汉三镇的“全部员警，至上年年底（1939 年 12 月）已达三千二百三十七名”，但仍觉“警察力量仍感不敷”，又于 1940 年“分期扩充警额以厚实力”。② 在不断增加扩充警员的同时，伪武汉政权还进一步完善保甲制度编束武汉人民，“欲期户口之清、组织之密，要在编练保甲”。

除此之外，伪武汉政权还打着“积极进行以为人民之保障”的幌子，建立所谓“高等、地方两法院暨检察厅以及监狱看守所”③。伪武汉特别市政府成立不久，即于 1939 年 5 月成立了伪湖北汉口地方法院、伪湖北汉口地方检察厅、伪武汉特别市监狱、伪汉口地方法院看守所等，1940 年 1 月又成立了伪湖北武昌地方法院、检察厅及伪湖北武昌地方法院看守所，以此来钳制人民，压制武汉市民的反抗。

在实施伪政府的职能、稳定自身的统治方面，伪武汉政权实行一系列所谓的“整饬财政”“保护堤防”“推进建设”“振兴商业”“经济提携”等措施，以保护“人民生业”，“增加赋税”，促进“市面繁荣”，“总期早日恢复武汉之繁荣，确立华中政治之核心”，④其实质是为日军加强对武汉经济财富的剥削，

---

①③④　张仁蠡：《市长施政方针谈话》，《武汉特别市政府周年纪念特刊·总纲》，1940 年，武汉市档案馆档案，分类号：bB4/14。

②　《武汉特别市市政府工作概况》，1940 年 1 月 10 日，武汉市档案馆档案，档案号：8—9—89。

将武汉变成日军殖民统治下的“治安确立、物资丰富、生产力增强，作为‘大东亚战争’之兵站基地”。① 像“整饬财政”的税收来源靠毒害人民的烟、赌、娼的泛滥，“振兴商业”靠盘剥武汉商民，至于“经济提携”表面上称“谋与日本之技术资本互相提携”，实则是为了日本搜刮中国财富、控制中国经济，为日军进行侵略战争服务。

在对外方针上，伪武汉政权实施所谓的“亲仁善邻”的媚日政策，反对英美。1939 年 4 月，伪武汉特别市政府秘书处设立涉外科。由于当时汪伪政府和伪湖北省政府还没有成立，加上日军的扶持，伪武汉特别市政府在一定程度上具有湖北省甚至华中地区行政首府的特征。因此，该科不仅管辖武汉地区涉外事务，而且也管辖包括湖北省以及江西、湖南一部分地区的涉外事宜。掌管对外订立契约及其他一切交涉事项。1940 年 3 月南京汪伪政权成立后，鉴于武汉当时的特殊地位，伪南京国民政府行政院指示“涉外事项除属于国际交涉者函由交涉员办理外，其余仍由市政府自行处理”②。根据汪伪国民政府提出的“和平”“兴亚建国”的思想，伪武汉政权对外亲日，排除英、美文化影响，树立“彻底的击灭英、美势力，永远地保持东亚自由，东亚与英美势不两立”的思想。③

武汉沦陷期间，除了以上伪武汉政权提出的对内、外施政方针外，伪武汉政权为了巩固统治，还实施了所谓的“提倡文化”“改善农村”“恢复工厂”“组织劳工”等方针策略，尽管名目多样，花样百出，其目的都是“俾整个新中国及东亚新秩序之建设得以完成”，④ 内容实质都是投降卖国。

二、亲日反英美的对外措施

作为日军殖民武汉的统治工具，伪武汉政权迎合日军殖民武汉的需要，推

① 《日柴山部队长视察武汉发表谈话》，《申报》1943 年 6 月 22 日。
② 《行政院指令》(行字第 679 号)，武汉市档案馆档案，档案号：9—31—618。
③ 张仁蠡：《彻底击灭英美势力》，《武汉报》1942 年 5 月 13 日。
④ 张仁蠡：《市长施政方针谈话》，《武汉特别市政府周年纪念特刊 • 总纲》，1940 年，武汉市档案馆档案，分类号：Bb4/14。

行一边倒的“亲日”对外措施，仰仗日军势力，全面排挤在武汉的英、美等外国势力，借以巩固政权统治。

（一）在汉英、美势力的削弱

1937年日军挑起卢沟桥事变后，中国进入全面抗战时期。同年8月11日，日本驻汉口总领事馆暂时关闭，领事赴上海总领事馆办公。1938年10月日军占领武汉后，日本总领事馆也随之重新开馆。日军占领武汉初期，英、美、德、意等国在汉口的总领事馆，法国、荷兰、比利时、丹麦、挪威、西班牙、芬兰、葡萄牙等国在汉口的领事馆仍然开馆办公。日本虽与英、美矛盾日益激化，但尚未与英、美撕破脸面，还维持着表面的“和平”。1938年10月底日军进占武汉后，在汉英军与日军即互相会晤，“英长江舰队司令贺尔特少将昨日午后曾往访日本长江舰队司令近藤少将，近藤即于一小时内，回访贺氏”,①“日本炮舰舰队旗舰舰长近藤少将，今日登此间英、美海军指挥乘舰作礼节上之访谒”。② 但即便是这种假惺惺的表面互访，也掩饰不了日军的骄横，“日军闯入英军防区，英方亦知如加拒绝，亦属徒然，故英水兵所防守第三特区中难民区，亦任日军入内，而其后所发生事件，遂暴露日军对于此种‘友善’态度矣。(英人）未得日军特殊款待，彼得悬挂其国旗之产业，恰如悬挂其他国旗之产业无异，均遭蹂躏。英军官佐在第三特区江堤上陆，被日军搜查。自晚六时至翌晨六时，英侨欲出或复入前英租界者，均不准许”③。

直到1941年12月太平洋战争爆发后，日本彻底撕下了伪装，英、美、荷兰、挪威等国在汉口的领事馆被迫关闭，英、美总领事则被日军拘押遣送出境。而芬兰因苏芬战争已于1940年自行关闭回国。

武汉是近代中国内地最早对外开放的地区和城市之一，其独特的区位优势和良好的外贸环境，吸引了包括英、美在内的众多外国人来汉经商，刺激着武汉外向型贸易经济的发展。武汉沦陷前，外资企业在武汉的城市经济活动中占

① 《沦陷中之武汉》，《申报》1938年10月29日。

② 《日军在汉暴行一斑》，《申报》1938年10月31日。

③ 《汉口沦陷前后经过情形——外籍记者返沪谈》，《申报》1938年11月7日。

有相当比重，扮演着重要角色。

截至1938年前，外资先后在武汉开办的企业200余家，雇用工人1万余人。这些外资企业以美最时、顺丰、礼和、安利英、沙逊、和记、怡和、慎昌、立兴等洋行所办工厂占较大规模和较大数量。洋行企业涉及20多个工业行业，其中德资、美资、法资企业以农副产品加工业为主，英商、日商工厂以轻工业为主，英商垄断蛋品加工和卷烟生产。①

中日全面战争爆发后，由于受战争影响，水陆运输中断，加上农村经济凋敝以及日商的垄断，武汉外商洋行的商业基本停顿，而即使勉强营业的英、美等商行在日军的打压限制下也举步维艰，“今汉口之英商对于彼等将来贸易之可能性深为悲观”，认为“此次以后将长期无从营业矣”。② 因“日方对于美人商业擅设限制，多方为难……实为蓄意摧残美人在汉商业”，导致美国“在汉商业势将无法继续”。③ 根据伪武汉特别市政府1940年初的调查统计，当时在汉仅存的欧美商行（含部分工厂和保险公司）66家，其中18家停业，1家暂时停业，28家商务减少，3家商情缩减。除少数生产、公用型企业，如和利冰厂、汉口电灯公司维持营业外，直接经营进出品贸易的商行几乎全部停业，与进出口贸易相关的商业经营也不同程度下降，更多的商行只得苦苦支撑、维护门面。

与欧美外商洋行机构全面凋敝形成鲜明对比的是，日军进入武汉后，日本商行借着日军势力抢占土地、房屋和其他商业设施，业务很快恢复和发展起来。1941年12月，太平洋战争爆发后，英、美洋行遭到了灭顶之灾。日军立刻宣布英、美等国在汉洋行及其堆栈中的货物为敌产，应予以没收。勒令英、美洋行交出所有账册，全部财产由日本人接收。并将所有英、美在汉人员禁锢起来，集中押送上海。英、美在汉产业包括银行、洋行、工厂等完全为日本人

---

① 武汉市档案馆编：《武汉对外开放史》，武汉出版社，2005年，第472—473页。

② 《汉日军歧视英人，英将提强硬抗议》，《申报》1938年11月2日。

③ 《汉美商请政府向日提抗议　认为蓄意摧残商业　应令日人开放长江》，《申报》1938年11月17日。

所有。如汇丰银行有关账册报表概由横滨正金银行接收，行址由日军特务部占领办公；安利英洋行由日本海军武官府接管，交三井洋行经营；和记洋行被三菱公司接管；美孚、德士古、亚细亚三家公司油料及设施全部被日军接收，由日商在汉的丸善油槽株式会社取而代之。至此，武汉地区的对外贸易全部由日商控制。

（二）伪政权的反英美活动

从 1937 年卢沟桥事变到攻占武汉，日军对中国实施了大规模的武装入侵。尽管日军占领了中国大片领土，但中国人民并没有屈服，同时日本也付出了沉重的代价。在中国战场，日军共投入了其陆军总数 2/3 以上的兵力，此外还有大量的空军和海军，一年多的战争使日军伤亡几十万人，开支了数以亿计的巨额军费，仅日军进行“汉口作战”，日本当局拟定的作战规划中就计划“必须增兵约 40 万人和新编兵团 24 万人，作战军需估计要 325 000 万日元”。① 战争初期，日本曾狂妄叫嚣三个月内占领中国，后又改为在 1938 年底结束中国战事，但中国人民的抵抗彻底粉碎了日军速战速决的企图。战争进入相持阶段后战线不断延长，后勤补给日益困难，日军不得不调整其侵略政策，加紧扶持伪政权，进行大东亚共荣的宣传。同时，伪政权亦秉承日军的旨意，鼓动宣传亲日共荣，进行了一系列的反英、美的活动，完全倒入日本侵略者的怀抱。

武汉伪政权的亲日反英、美活动，大体以 1941 年 12 月太平洋战争爆发为时间界限，分为前后两个时期。

前一时期从 1938 年 10 月日军占领武汉，先后建立伪政权到 1941 年底，这一时期为武汉沦陷初期，也是殖民统治的确立时期。武汉沦陷初期，就远东的国际形势来看，由于日军对中国的侵略打破了原有的政治、经济和外交格局，英、美的利益受到很大的损害。英、美与日本的关系也紧张起来。日本为独霸东亚，也有意排挤英、美势力。由日军一手培植的武汉伪政权，在外交上

---

① 《中国事变陆军作战史·攻占武汉（节录）》，武汉地方志编纂委员会办公室编：《武汉抗战史料》，武汉出版社，2007 年，第 282 页。

采取对英美排挤、向日本“一边倒”的对外方针。1939 年 4 月，张仁蠡在日军的扶植下，从华北赶往武汉，就任伪武汉特别市市长。同年 6 月，张仁蠡在其“施政方针”的谈话中，明确表示伪政府的目的在于“谋中日密切亲善之实现”。① 在这样一个原则下，前期武汉伪政府重在亲日、反英美的舆论宣传，积极鼓吹“大东亚共荣”，以此欺骗与奴化中国人民。

为消弭广大民众的反日情绪，并抵制重庆政府的抗日宣传，伪武汉市政府及其旗下的汉奸组织站在美化日本侵略的立场，对近代中国的历史和外交政权进行了全面地歪曲，完全无视日本在近代对中国的种种侵略行径，辩称因为日本的强大，中国才免遭亡国。他们还说，清代以来中国海禁既开，西方列强纷纷在中国攫取权益。中国不仅在军事上没有国防，在经济上也没有国防，门户洞开，毫无保障。西方列强在中国划分势力范围，占领军事要地，准备瓜分中国。但是日俄战争后，日本异军突出，“列强深恐实行瓜分，因势力不敌日本而亏，故改唱门户开放、机会均等之论，相约维持中国领土之完整”。并表示“设使东亚无日本之举，则中国早已为列强瓜分”②。

伪武汉政权认为中国是一个弱国，第一次世界大战后，国际局势变化，列强在中国的均势被打破，中国独立失去保障，因此必须找一个可以依赖的国家，与之缔结盟约，“内则以互惠之条件，作经济之提携，外则以军事之协商，应国际之事变”。要寻找这样的国家，非日本不可。日本发达的工业可以帮助中国开发工业，日本强大的海陆军足以对付西方国家对中国的侵略。并且由于“日本对于欧美列强之进入东亚，向来抱着反对的态度”。中国如果借助日本的帮助，以排挤欧美的侵略，废除不平等条约，必为日本所愿意；反之，如果中国与“和日本对立的其他强国”相结合，则日本会感到威胁，必然对中国施行武力。而“此际中国自身的国防既不可靠，其他强国在情势上又万难以武力帮

① 张仁蠡：《市长施政方针谈话》，《武汉特别市政府周年纪念特刊・总纲》，1940 年，武汉市档案馆档案，分类号：bB4/14。

② 《对东京日英会谈意见书》，《武汉青协周年纪念专刊》，1939 年 7 月，华中青年协会刊印，第 5 页。

助中国，则中国必首先遭受牺牲。所以我们深信与日本联合，是中国唯一的外交路线”。①

对于中日战争，伪政权认为完全是重庆国民政府联系英美、反日的错误外交政策造成的。伪政权批评过去国民政府没有认识到联日的必要性，“民国肇建，国无老成，新学之士狃近习而务新奇，舍数千年相习之东方文化而慕欧风，袭政治之形态而忘立国之精神，于是政治组织、社会风尚、民众思想均随政体而易其途辙，而中日关系亦因层层因果日益疏矣”。北伐战争以后，过激思想弥漫全国，以“阶级抗争之说煽人民浮嚣之气……教民以舌锋挑敌，于是空言未终，实祸已至”。伪政权甚至说：“强国自有强化之道，弱国亦有弱国之方”，批评重庆国民政府：“与中日之交涉既不能强，又不能弱，游移欺骗，贻患邦家者也，鹬蚌长此相持，而人民安所托命。”②

伪政权千方百计替日本侵略行为进行辩护和美化，鼓吹日本用兵不是针对中国民众，也不要中国的领土和赔款，而是希望中国摆脱英美的羁绊，参与东亚新秩序的建设，要求武汉人民“服从新政府的一切法令，追随政府的领导来尽个人对于国家的天职……和友邻亲善合作……坚定意志，来消弭欧美阴谋国家的策动和防止共产党徒的煽惑”③。

在进行亲日反英美宣传的同时，沦陷初期伪武汉特别市政府和其后伪汉口特别市政府在具体的涉外活动上，也完全倒向日本及其盟国，对英、美等国的在汉利益则进行了种种限制。

武汉是华中地区的特大城市，驻有各国领事。依照外交礼节，彼此应相互酬酢，以资联络感情。但 1939 年 4 月 20 日伪武汉特别市政府成立时，“所有

---

① 《兴亚纪念日告全国青年书》，《武汉青协周年纪念专刊》，1939 年 7 月，华中青年协会刊印，第 5 页。

② 《武汉特别市市政府成立宣言》，《武汉特别市政府周年纪念特刊》，1940 年，武汉市档案馆档案，分类号：bB4/14。

③ 《七七纪念日市长演讲》，《武汉特别市政府周年纪念特刊》，1940 年，武汉市档案馆档案，分类号：bB4/14。

旅汉欧人，连同新闻记者在内，均未被邀参加”。① 张仁蠡任伪市长后，除与日军机构和官员密切交往以外，极少有与英、美驻汉外交官举行活动的记录。伪市政府成立后，开始还不定期举办记者招待会，最初除邀请大批日本记者外，也邀请当时西方在汉新闻机构的记者和负责人，如英文《楚报》主笔记者哈礼和美联社社长涂宾。1940 年以后，英、美记者不再受到邀请，每月定期举办的新闻发布会也直接更名为“中日新闻记者会”。

伪武汉市政权对日军百般听从。日军侵入武汉后，占领了大量的政府机关建筑和民房，其中一部分为日本军政机关占有，一部分则由日本商人使用，对此伪武汉特别市政府不但不设法收回，相反还将大量的土地、房屋、仓库交给日军使用。并将中山大道六渡桥以下至法租界一带划为日华区，表面上中日商人均可经营，实际上好的铺面全部被日本人占有。

伪武汉市政权对英、美在汉机构和人士却表现出外交上少有的“强硬”态度。就在日军大肆占领土地房屋的同时，1940 年 11 月，伪汉口市政府发布训令，清查欧美各国侨民在租界外私购民房土地，或假托教会、医院、学校变相购置土地的情况，要求各部门迅速“详细调查，如有违约私行购置产业及假托影射等事情，应依照约章切实禁阻或予纠正，以保主权”。② 表面说是基于主权的考虑，实是维护日本的独占地位，排除英、美势力。

由于日军的军事殖民和经济垄断，英、美在汉企业和机构在沦陷后，经营发生困难，大多关门歇业，少数维持经营的也缩小生产规模，裁减工人和职员。加上日本侵入以后武汉经济凋敝，市民生活困难，因此工潮时有发生。其中影响较大的有颐中烟公司劳资纠纷案和英文《楚报》及路透社工潮案。在这两起外事工潮案中，为迎合日军的需要，伪市政府社会局和市政府秘书处涉外处都积极进行“调解”工作，打击英、美在汉势力，像在武汉具有悠久历史的英文《楚报》也被迫停刊。这也正合日本当局拟取缔英文《楚报》，独霸武汉

① 《汉口又成立伪市政府》，《申报》1939 年 4 月 21 日。
② 《汉口市政府训令》府新字第 2456 号，《汉口市政府公报》，第 12 期。

新闻界的企图。①

1940 年以后，日本积极推行南进政策，严重侵害了英、美在远东的利益，因此日本与美、英之间的矛盾日益尖锐。日本东条英机内阁成立后，加强对美作战准备。1941 年 12 月 8 日，日军偷袭珍珠港，太平洋战争（日本称大东亚战争）爆发。

太平洋战争爆发后，日本同美、英等国全面交恶，日军一方面对中国沦陷区内的英、美利益进行彻底的肃清，一方面加强对沦陷区的经济掠夺和殖民活动。为适应日军战争的新需要，伪汉口特别市政府进一步强化了奴化宣传，亲日反英美的对外立场显得更加突出。这一时期，日伪涉外活动具有以下特征：

首先，进一步在宣传上曲解历史，无视日本给中国带来的巨大灾难，将英、美视为中国最大的外来恶势力，而日本则是中国乃至东亚的救星。妄言七七事变的对象不是中国人民，而是针对英、美对东亚黄种人的侵略。同时，将日军挑起的中国人蒙受苦难的七七事变作为纪念日，宣称没有七七事变的发生，中、日两国就不会深知同室操戈的痛苦，因此也不能发现英、美挑拨的恶毒；不发现英、美挑拨的恶毒，就不会对英、美侵略东亚发生憎恨。因此，七七事变后，由于和平运动的发展，“中日反倒生出比事变前还强十倍亲密的友谊”，“七七事变的对象是英美……是大东亚战争的起点”。②

其次，在行动上，武汉伪政权全面配合日军，采取清剿政策，从各个方面挤压英、美在汉利益。太平洋战争爆发后，在汉日军迅速包围了英、美驻汉外交机构，并没收了英、美在汉商行、货栈和银行。同时宣布英镑、美元等货币为敌性货币，禁止在市面流通和自由兑换。1943 年 1 月 9 日，南京汪伪政府对英美宣战。同日，伪汉口特别市政府特意举行“拥护国府参战击灭英美民众大会”。翌日又做出决定，各级电影院一律停止放映英、美电影，以及含有亲英、美内容的其他影片。同时规定所有商店不许使用英文招牌。

---

① 《汉口禁止英方新闻事业　路透社及〈楚报〉被迫停业》，《申报》1941 年 7 月 24 日。

② 《大东亚建设民族大会宣言》，武汉市档案馆档案，档案号：8—4—29。

1942年5月中途岛海战后，日军在太平洋战场节节败退，由攻势转为守势。为了将牵制在中国战场的60万陆军解脱出来，加强对美作战，日本东条内阁决定采取“对华新政策”，以交还租界、废除治外法权等措施加强汪伪政府的政治力量。1943年1月11日，日本同汪伪政权签订交还租界和废除治外法权的协定。此前几日，汪伪政府向英、美宣战。同年6月，为表示“尊重中国主权及领土”，日军又将英、美在华的部分财产共461件移交汪伪，其中在武汉交还的有121件，包括汉口电灯公司、平和洋行、隆茂洋行、怡和洋行之行宅、华中大学、博学中学、普爱医院等。① 被移交的英美财产要么已被日军劫掠一空，要么对于日军没有利用价值。尽管如此，伪汉口特别市政府认为这是外交上的胜利，是日本“发扬友谊的道义精神，着实实践中日基本条约”的结果。伪汉口特别市政府深感面子有光，俨然以民族英雄自居，大言不惭地表示：“我国百年来之耻辱，已一扫而光，而完成自由、平等、独立之建国精神。”②

对于日本交还租界和移交英美财产等“亲善行为”，伪汉口特别市政府自然效命和追随，以体现“积极协力大东亚战争，以尽同甘共苦的责任”③。太平洋战争爆发后，伪汉口特别市政府除马上协助日军对在汉英、美人士进行管制，驱逐英、美等国驻汉外交官外，同时伪市警察局重新清查与核发外侨居住证，除日本人外，其他国家在汉侨民均须重新办理居住证明，“凡非敌性国人民，其居住证正面中央加印宽约一公分之蓝色垂直线一条，其敌性国人民，则加印同样宽度红色垂直线一条，以资识别”④。

最后，在对日本“友邻亲善合作”，反对英、美的行为上，伪汉口特别市政府在武汉搜集战略物资，直接帮助日军进行所谓的“大东亚战争”。战争后期，由于日军战略金属物资短缺，伪市政府多次策动并强迫武汉社会各阶层捐

---

① 《汉厦粤地产四六一件友邦昨交还国府管理》，《大楚报》1943年6月30日。
② 《本市交还各件计电灯公司和隆茂等》，《大楚报》1943年6月30日。
③ 《友邦实践条约精神　交换特三区管理权》，《大楚报》1942年4月13日。
④ 《水警局核发侨居住证》，《大楚报》1943年2月1日。

献金属品。1942 年 4 月，伪汉口特别市政府组织各机关及各民众团体举行“献纳金属”活动，“共征集献纳钢铁锡铅等金属物品 2 000 余斤又 130 余件，及铜币 7000 余枚”。同月，又逼令市各学校举行二次献纳金属物品活动，由各中小学、简易小学等 71 个单位献纳铜铁锡铅等金属 3 000 余件又 200 余斤，及铜币等 6 300 多枚。① 1944 年 5 月，伪汉口市政府为了完成日军下达的筹集 1 000 吨生铁的指令，专门成立“铁类收集委员会”，“对本市公私有之铁类，如扬子江岸之铁栏杆等先一一调查清楚，再由铁类收集委员会进行收集”。② 同时，伪政府还听任日军随意破坏市政设施，将武汉地区的铁制栏杆和下水道铁盖全部挖走，作为钢铁资料运往日本本土。

第四节　伪政权的反动党化活动与社会运动

日军占领武汉后，日本当局在继续保持军事侵略的同时，加大了对蒋介石国民党政权的政治诱降力度。为了打击国民党在华中沦陷区内的势力，在汉口日军特务部的授意下，伪湖北省省长何佩瑢组建伪共和党，配合湖北省沦陷区内的“党务”政治工作。日本当局扶植的南京汪伪国民党政权成立后，树立“和平、反共、建国”的反动政策，被日本视为“正统”的汪伪国民党在沦陷区内全面施行行政和党务统一的政策，积极打击、取缔影响其政治势力扩张的伪共和党。同时，汪伪国民党中央党部在沦陷区湖北各地还相继建立汪伪国民党组织，实施党化运动。1941 年汪伪国民党汉口特别市党部成立后，在武汉进行了一系列亲日投降的卖国活动。

---

① 《汉口特别市政府警察局工作报告》，中国第二历史档案馆档案，全宗号：2003，案卷号：1445。

② 湖北省地方志编纂委员会：《湖北省志·金融》，湖北人民出版社，1992 年，第 77 页。

一、伪共和党的成立与消亡

伪湖北省政府和汪伪南京政府成立后，各自发展政党，扩大力量。在日军的默许下，伪湖北省省长何佩瑢建立“共和党”与汪伪国民党相抗衡，拟扩大华中沦陷区的统治。1940 年后，随着持久战的发展，为了加强对沦陷区的有效统治，日本全面扶植汪伪南京政权对各沦陷地区的伪政府实施管辖，在汪伪国民党的党化活动下，伪共和党成立不久即告消亡。

（一）何佩瑢与伪共和党的成立

汪伪国民政府在南京成立后，1940 年 5 月，伪湖北省省长何佩瑢在日军的默许下，在汉口胜利街兰陵路成立了所谓的“共和党”，以“铁血十八星旗”为党旗，并在伪共和党党刊《共和周刊》上标举“拥护汪先生的新中央政权”“拥护汪先生实行三民主义”的口号。

何佩瑢成立“共和党”与汉口日军特务部企图策划建立华中伪政权密切相关。武汉沦陷后，汉口日军特务部拟于将来占领区扩大后，进一步建立湘鄂赣三省伪政权，于是在 1939 年 9 月，抢在南京汪伪国民政府成立之前，决定实施湖北省、市分治的计划，建立湘鄂赣三省伪政权。同年 11 月 4 日，汉口日军授意伪武汉特别市市长张仁蠡代表伪武汉政权树立委员会向何佩瑢呈递推举何佩瑢为伪湖北省省长的拥戴书。11 月 5 日，何佩瑢将参议府议长一职让给石星川后，出任伪湖北省省长。

为了扶植武汉伪政权，打击蒋介石国民党在沦陷区的势力影响，日军也想方设法搞一些党派组织，武汉地区也曾组织过“东亚青年联盟”等小型的群众组织。然而，由于民众的抵制，这些组织号召力太小，在政治上起到的作用微乎其微。日军一直想在武汉搞一个类似华北“新民会”的较大的伪组织，但限于条件不够，一直没有凑齐这副班子。

此时，伪湖北省省长何佩瑢为了迎合日军的意图，也为了配合伪湖北省政府“党务”工作，向日军献策要重建所谓“共和党”。原来，早在民国初年，两湖方面曾经以当时湖北省议会议长汤化龙等人为核心，拥戴“首义元勋”、时任民国政府副总统黎元洪为领袖，建立了一个名为“共和党”的政党，虽然共和党并不反袁世凯，但不久就瓦解了。何佩瑢在当时共和党内只不过是二流人物，现在为了达到建党目的，用借尸还魂的方法，再次打出“共和党”的招牌，得到了华中日军的赞许。

当时华中日军还须听命于南京日军司令部，筹组“共和党”的计划送到南京以后，日本南京军方考虑到诱降蒋介石“和谈”等问题，主张慎重，因此只允许何佩瑢秘密地进行建党筹备活动。

何佩瑢于 1940 年 5 月在汉口兰陵路正式组建“共和党总部”，由他自任总裁，石星川任副总裁。伪共和党总部下设秘书厅和总务、财务、组织、宣传、社会、农工、妇女七部，每部下分处室，处室下分几科。伪共和党骨干：秘书长谭希吕、总务部部长谢立生、组织部部长李芳、社会部部长乐大成、宣传部部长黄实光、农工部部长宋怀远等基本上都是旧军阀时代的一些老政客。

伪共和党成立于南京汪伪政权建立后不久，表面上标榜拥护汪伪中央政权，然而从何佩瑢个人而言，他一直积极谋求建立一个“华中政府”，成立配合伪湖北省政府党务工作的伪共和党，实际上也是为了与汪精卫搞的伪国民党分庭抗礼。

从沦陷时期湖北以及武汉伪组织、伪政权的人员组成来看，大体上可以分为地方系和中央系。地方系主要是间接或直接地以汉口日军特务部为靠山，这些人大抵在武汉一沦陷即与日军搭上了关系。中央系则依持南京成立的汪伪政府，他们虽然也仰日鼻息，但较地方系晚了一步，在日军面前并没有地方系那样得宠。同时，地方系又可以分为“何派”和“张派”，“何派”以何佩瑢的伪湖北省政府为根据地，“张派”以张仁蠡的伪武汉市政府为根据地。而何佩瑢、张仁蠡也一直因省、市关系而明争暗斗。何佩瑢处心积虑想得到华中伪政权的领袖地位，取得对张仁蠡伪武汉特别市政府的领导权，但日军在湖南、江西两省作战并不顺利，战局僵持，三省政权失去存在的条件。何佩瑢自知“华中政府”实现无望，于是转而向日本军方提出“省、市政府合并”的计划，实际上是想用省来辖市。从何佩瑢安排的伪共和党总部人员组成可以看出，其高层人物如谭希吕、黄实光、宋怀远等都出任伪湖北省政府高官，几乎全属地方系的“何派”，不但汪伪中央系的一个没有，就连地方系的“张派”也没有一个。①

伪共和党不用汪伪“国旗”为党旗，而以武昌辛亥革命时期的“铁血十八星旗”为党旗，标榜所谓的“全民主义”。在伪共和党“总部”下还组织了一个“和平宣传团”，由谢福琳任团长。同时，为发展党员，伪共和党还在《大楚报》发布信息，拟在各县筹建支部。为此，伪共和党还设有党务人员政治训练班，专门吸收失业青年受训，准备在日军侵占的鄂中各县成立县党部，从事宣传“中日亲善”等活动。

（二）党争与伪共和党的消亡

尽管何佩瑢的建党活动得到了日本华中派遣军的赏识，但随着战争局势的变化，日本为了加强对沦陷区的全面统治，开始积极扶植汪伪南京政权对各沦陷地区的伪政府实施管辖。

1940 年 3 月汪伪南京国民政府成立后，汪精卫的伪国民党被日军视为“正统”。在日本的支持下，汪伪政权推行“和平、反共、建国”的反动政策，在沦陷区内实行其行政和党务统一的政策。汪精卫效法 1940 年日本政府解散国内所有的政党团体以及工会等群众组织，将之合并为统一团体——“大政翼赞会”的做法，施行“新政治体制”，以“强化国民党领导中心”，并宣扬要在“一个领袖统率之下，一个主义指导之下，集合各种政治和社会力量”，并规定伪中央政治委员会主席为总会“领袖”，“有绝对权力”。

在这个基调下，何佩瑢“共和党”的存在势必为汪伪政权所不容。况且何佩瑢的伪湖北省省长也并非由汪伪中央正式任命，汪精卫对何佩瑢其实并不认同。早在 1940 年 3 月 20 日，汪精卫在南京召开伪中央政治会议，开始着手筹建汪伪国民政府。参加这次伪中央政治会议的有汪伪国民党、伪华北临时政府、伪维新政府以及伪蒙疆自治政府等代表，却并没有邀请何佩瑢参加，可见

① 程华：《伪共和党内幕》，政协武汉市委员会文史学习委员会编：《武汉文史资料文库》（第二卷），武汉出版社，1999 年，第 73 页。

汪精卫对何佩瑢的冷淡。然而就在会议前夕，何佩瑢却被汉口日军特务部安排用日本军用飞机送到南京，要求参加会议。由于有了日军特务部撑腰，汪精卫只得把何佩瑢作为列席补进汪伪中央政治会议的名单中。

汪伪南京国民政府正式成立后，原属伪维新政府的苏、浙、皖伪省政府汉奸头目，先后得到汪伪政府的加委。而何佩瑢的伪湖北省政府却迟迟未见南京委任，直到1940年10月3日汪伪中央政治委员会第二十二次会议，才正式承认并公布何佩瑢为伪湖北省政府主席。汪伪政权成立后不久，汪精卫就开始实施针对伪共和党的清除工作，他首先命令其控制的驻汉特务机构特工总部武汉区，将伪共和党秘书长谭希吕扣押；并将伪共和党农工部秘书朱光照、和平宣传团团长谢福琳等捕送汉口日军宪兵队。接着，汪精卫又派南京伪国民党中央组织部部长梅思平来汉，迫使共和党解散，给何佩瑢封了个“湘鄂赣三省国民党党务特派员”。另外，把伪共和党骨干谭希吕、李芳等都拉拢安置在汪伪国民党湖北省党部当委员。

伪共和党到此已是空架子，1940年12月13日“共和党”总裁何佩瑢发表通电和宣言，宣布解散“共和党”，全体党员加入汪伪国民党。汪精卫铲除“共和党”的心思即了，马上做出称颂其积极意义的表面工作，同月17日，他在南京发表谈话中称：“‘共和党’‘大民会’‘兴业建国运动本部’先后声明解散，此种解散是积极的发展的，对于造成以‘国民党’为中心势力，是一个有力的推进。”① 由此可见，伪共和党的短命，汪伪国民党中央的分化及排挤是起了重要作用的。

伪共和党的存在前后只有仅仅数月时间，可谓兴亡倏忽，其之所以迅速败亡，固然是因为它与汪伪国民党党争的缘故，然而它建立及消亡的背后亦有着不为常人所知的原因。据曾任伪武汉市政府秘书回忆，② 伪共和党之所以存在

① 程华：《伪共和党内幕》，政协武汉市委员会文史学习委员会编：《武汉文史资料文库》（第二卷），武汉出版社，1999年，第74页。

② 程华：《伪共和党内幕》，政协武汉市委员会文史学习委员会编：《武汉文史资料文库》（第二卷），武汉出版社，1999年，第75—76页。

与汉口日军特务部长柴山兼四郎和伪湖北省省长何佩瑢阴谋私分武汉“国税”节余有着密切关联。

早在汪伪中央政府成立之前，日军先后扶植的伪武汉治安维持会、伪武汉特别市政府、伪湖北省政府等伪政权组织的财政来源主要依靠食盐专卖收入、烟土公卖收入等所谓“国税”，这些“国税”由这些伪组织设立相关机构在武汉就地征收。由于食盐、烟土收入大，武汉的伪组织除每月上缴汉口日军特务部一笔“军协款”，及供伪省、市政府正常开支外，还有不少余额，截至1940年4月这些节余款已超过百万元，而当时市面大米的价格仅十多元一石。

1940年3月汪伪南京中央政府成立后，垂涎武汉的“国税”收入，准备将伪武汉盐政管理局、伪武汉禁烟局和伪武汉统税局三局收归汪伪中央管理。当年5月，汪伪国民政府财政部部长周佛海抵达汉口，就统一伪国民政府财政问题和汉口日军特务部长柴山兼四郎等会谈。会谈结果，柴山兼四郎同意将武汉税收权交由汪伪国民政府，但对交换起始时间及上缴数额，意见不一，未达成协议。

就在未达成协议的期间，柴山兼四郎为分销“国税”节余，支持伪湖北省省长何佩瑢迅速成立“共和党”，并当即从节余款中划出近百万元巨款作为“共和党”的补助费，这批补助费无需任何报销手续，同时又在“共和党”内部又划出数十万元作为总裁机密费，而这笔总裁机密费则由柴山兼四郎与何佩瑢暗中平分，而不露痕迹。

了解伪共和党于汪伪政权拟接管武汉“国税”之际而迅速建立的这一内幕，对武汉日伪方面的一些难以理解的动态也就有了明晰的认识。武汉沦陷之初深得日军器重、被称为湖北“四大汉奸”之一的雷寿荣，曾先后出任伪湘鄂赣三省地方治安维持会指导部部长、伪武汉参议府副议长、伪武汉青年协会会长，其急于进入“共和党”领导层，主要目的也是猎取部分实权，捞得实惠。但也因此触犯到柴山兼四郎和何佩瑢建立伪共和党的私密，故在伪共和党成立当天就被柴山兼四郎下令解除一切职务，不得不离开武汉。而此后柴山兼四郎因私占伪共和党“机密费”，突然暴富，增加了在日本东京政坛的活动力，从此平步青云，从武汉离任后，先在南京过渡，后一路升任日本陆军省次官，并被提为中将。

在达到分贪“国税”节余的目的后，何佩瑢在柴山兼四郎支持下成立的“共和党”也就没有什么实质意义了。伪共和党存在的八个月左右的时间里，想与汪伪国民党并争而立所起的政治作用及影响也微乎其微，虽在《大楚报》上发布了召集“共和党”员的信息，却收效甚微，期间连一个支部也没成立，更不用说发展党员了。此时，汪精卫为强化伪国民党一党专政，正在加紧清除外党，采取各种措施分化、排斥“共和党”。在这种情形下，伪共和党的迅速消亡也就是顺理成章的事了。

二、汪伪国民党组织在汉的活动

1940 年 3 月，汪精卫在南京建立起以“国民党”为执政党的伪国民政府，为扩大在沦陷区的统治和伪中央政权权威，在日军的扶植和监控下，汪精卫积极在沦陷区各地建立汪伪国民党组织，推行党化运动。汪伪国民党汉口特别市党部应运而生，为贯彻南京汪伪党中央一系列统治政策而在武汉进行活动。

（一）汪伪国民党汉口特别市党部的组建

汪伪南京国民政府成立后，汪精卫组建的“国民党”被日军视为“正统”。汪伪政权成立伊始，就以所谓的“和平、反共、建国”相标榜。所谓“建国”，就是要传承国民党的“党统”和国民政府的“法统”，“奉三民主义、五权宪法”，强调“党统”的重要性，实现“以党治国”的主旨，建立起以汪伪国民党为执政党的伪国民政府中央政权。

1940 年，汪伪国民党中央党部在南京成立后，开始积极筹划在沦陷区各地建立汪伪国民党组织，推行党化运动，进行亲日投降和反共活动。同年，汪伪国民党在湖北建立了伪湖北省党部。为了减少武汉日伪地方当权者的阻力，汪伪国民党中央党部指派当时已经在湖北为日军效命的谢伯进、李藩昌等 3 人担任湖北省党部常务委员，另指派委员若干人组成伪国民党湖北省党部常务委员会，下设书记长一人，组织及宣传科长各一人，下再设总干事、干事、助理干事各若干人。太平洋战争爆发后，日本进一步加强了与汪伪政权的合作力度。1941 年，汪伪国民党中央党部在汉口建立汉口特别市党部，地点设于汉口扬子街口。

汪伪国民党汉口特别市党部一直采用主任委员制，不设常务委员，主任委员一职由时任伪市政府社会局局长王锦霞担任。除主任委员和委员外，汪伪国民党特别市党部还设有书记长和组织、宣传及社会服务三科。其中宣传科办有刊物《三民月刊》《三民半月刊》，由宣传科科长郑燕生任主编，负责传达南京汪伪国民党中央党部的指示，同时宣传“大东亚主义”和汪伪国民党的“和平、反共、建国”等反动卖国投降的思想理论。不过，该刊仅办了一年左右就停刊了。

汪伪国民党中央党部为树立以汪伪国民党为唯一执政党的权威，十分注意铲除其他政党，如为打压伪湖北省政府主席何佩瑢成立的“共和党”，汪伪国民党中央党部任命何佩瑢为湘鄂赣三省汪伪国民党党务特派员，发展与管理三省汪伪国民党员，在武汉的“共和党”则遭清理解散。汪伪国民党汉口特别市党部亦遵照汪伪国民党中央党部命令，只要发现市内存在其他政党的活动，则采取密报的方式呈递南京汪伪国民党中央党部，像 1943 年 3 月，因发现台湾人谢党城等在汉口特三区举行“大中华国家社会主义青春党”成立典礼，汪伪国民党汉口特别市党部主任王锦霞迅速密报汪精卫，将相关人员情况一一汇禀。① 同时密切注意该党的一举一动，并将活动情况随时密报汪伪国民党中央党部。正是汪伪国民党汉口特别市党部的及时密报，汪伪国民党中央迅速采取措施，下令伪汉口特别市政府“查禁防制”并最终取缔了大中华国家社会主义青春党。

在严防及取缔其他政党的同时，汪伪国民党汉口特别市党部为了壮大力量，亦发动征求党员运动，并拉拢其他政党、社团成员加入汪伪国民党，像遭清理解散的“共和党”员骨干谭希吕、李芳等都加入了汪伪国民党；而华中东亚青年联盟总会“除动员各区会积极协力征求外，本部干部均自动加入，效忠

---

① 《密报汉口成立大中华国家社会主义青春党代电》，武汉市档案馆档案，档案号：59—1—33。

党国”，先后加入 41 人，表示“拥护中枢之立场”“拥护（汪精卫）主席，为三民主义而奋斗”。①

汪伪国民党汉口特别市党部除了发动征求党员运动外，也注意发展健全组织。汪伪国民党汉口特别市党部下设有区党部，区党部按党员分布划分，与行政上的划区有所区别。区党部设有书记和组织、宣传委员。在区党部下还设有区分部，区分部设有书记和组织、宣传委员。一般区分部书记、委员均由活动能力强、能够拉拢其他人员加入伪国民党的人担任。

此外，汪伪国民党武汉特别市党部下面还有四个社会服务处，每个服务处设有干事开展所谓的社会服务工作。但实际上伪国民党的基层组织建设进行得并不好，社会服务处也仅备有报纸供人阅览，极少开展其他活动。当时汪伪国民党武汉特别市党部为了多发展党员，入党程序并不严格，入党者除填表及缴纳本人相片外，并无其他手续，既不宣誓，也不开会，可见伪国民党员及其组织实际上是一群乌合之众。

（二）汪伪国民党在汉的亲日宣传及活动

汪伪国民党在武汉地区的活动受到了日军严密的监视与控制，日方以派驻顾问等形式对在武汉地区的伪国民党组织施加影响。当时武汉著名的日本特务、曾任汉口日军特务部第二课情报班班长的宫城宇平被日军汉口军特务部以“推荐”的形式出任汪伪国民党湖北省党部顾问。在日军顾问的“指导”下，汪伪国民党通过举行集会、发布告民众书等形式在武汉开展一系列亲日投降活动。

针对汪伪制定的所谓纪念日，汪伪国民党发动各区党部积极倡应，宣传造势。如 1941 年 8 月 27 日孔子诞辰纪念日，汪伪国民党海员特别党部汉口区党部打着“继承先师遗志，发扬固有国粹，实现东方道德，以达建设东亚新秩序之目的”的旗帜，“除遵照中央规定悬旗志庆，并休假一日外”，还在该部大礼堂举行 100 多名党员的集会，举办隆重的“祭孔典礼”，以期发扬“奋发猛省

① 《华中东亚青年联盟总会汉口特别市指导部概况》，武汉市档案馆档案，档案号：8—9—145。

振作精神”。①

太平洋战争爆发后，汪伪国民党武汉特别市党部号召党员积极支持日军进行“大东亚战争”，并带头进行大东亚战争宣传以及捐赠金属品等支援日军的战事活动。1941年12月21日，汪伪国民党武汉特别市党部为声援日军发动的太平洋战争，“发动全体党员为后盾，表示血诚拥护”，并在汉口世界大戏院举行“汉口特别市全体国民党员支援东亚解放战争大会”。会议以“实现国父大亚洲主义，声援友邦为东亚民族解放之伟大圣战”为宗旨，发布宣言，宣称这次战争不是单纯的日本和英、美之间的战争，“日本这次是代表全东亚的国家作战，这是一个伟大的东亚解放战争！……中国为达到国民革命的目的，当然应对友邦作战的一切，尽全力加以支援”。② 会后，汪伪国民党武汉特别市党部又分别致电汪精卫和东条英机，表示积极支持“大东亚战争”，并响应号召，全力支援日军的战斗。

1942年2月19日，汪伪中央政治委员会通过拟定每月8日为保卫东亚纪念日的决议，以宣扬日军“保卫东亚之大义”。汪伪国民党汉口特别市党部卖力地响应汪伪党中央决策，积极为日军侵略战争摇唇鼓舌，先后多次发布为保卫东亚纪念日的告民众书。在1942年8月8日汪伪《中国国民党汉口特别市党部为第六次保卫东亚纪念日告民众书》中，汪伪国民党汉口特别市党部更是长篇累牍地为日本侵略战争进行全面粉饰，积极为亲日、反英美作理论和口号的宣传，以期蛊惑和煽动武汉市民的情绪。

在这篇《告民众书》中的开首，汪伪汉口特别市党部对日本帝国主义发动“大东亚战争”歌功颂德，“自从大东亚战争在太平洋上爆发以来，友邦日本即以英勇的军力和闪电的战术，一鼓作气将英美帝国主义在东亚的侵略势力廓清，这种伟大的战果，固然证明大东亚战争胜利的趋势，同时并指示了公理的

---

① 《省市政府昨分别举行孔子圣诞祭祀大典》，《武汉报》1941年8月28日。

② 《汉口特别市全体国民党员支援东亚解放战争大会宣言》，《江汉日报》1941年12月22日。

依归，使东亚得还归于东亚人的东亚”①。伪政权完全无视日军的侵略行径及妄图霸占东亚的野心，反而宣称日本是为扫清英、美在东亚的侵略势力，为保卫整个东亚而战，显示了“公理”。

接着，汪伪汉口特别市党部认为中国要走入“复兴与自强之境”，必须要与日本携手合作，“同甘共苦”，“增加生产，安定后方”，并且要“以中国地广人众”来为日本侵略战争作保障，如此方能发挥日军的“兵坚甲利”，才能肃清英、美在东亚的侵略势力，解放东亚各民族，而只有“大东亚战争胜利之后，中国才能获得真正的自由解放”②。这样一来，伪政权除了要将中国拖入到日军侵略战争的泥淖中之外，还要武汉人民做日本发动侵略战争的炮灰。

1943 年 1 月 9 日汪伪国民政府对英、美宣战后，沦陷区人民被裹挟纳入到日军的战争体系。汪伪政权除对外宣布“参战”外，还和日本在沦陷区导演了“收回”租界和“撤废”治外法权的丑剧，并在沦陷区内实施“战时统制”，为日本“大东亚战争”服务。此时期，汪伪国民党中央党部为了进一步“唤起本党同志及各阶层民众对大东亚战争深切了解”③，在沦陷区多次召开“全国宣传会议”，由汪伪国民党中央党部宣传科作报告，交流沦陷区内的汪伪党部的宣传工作。同时，汪伪国民党中央党部宣传科主办的刊物《三民月刊》《三民半月刊》，“除遍送全国各地党政机关、民众团体外，并分发各级党部各个党员，以期达到宣扬和运、灌输党义、唤起民众、服膺新运，以遂光复兴中华、保卫大东亚之重大使命”④。

根据汪伪国民党中央宣传的部署，汪伪汉口特别市党部也从多方面扩大了对“大东亚战争”的宣传。遵照汪伪中央规定，每月 8 日“保卫东亚纪念日”，汪伪汉口特别市党部除召集党员举行纪念仪式及集训外，各社会服务处亦召集一般民众举行通俗演讲会、表演画片剧，以加强对各阶层民众的奴化思想灌

---

①② 《中国国民党汉口特别市党部为第六次保卫东亚纪念日告民众书》，《大楚报》1942 年 8 月 8 日。

③④ 《第二届全国宣传会议宣传科工作报告》，1943 年 10 月 26 日，武汉市档案馆档案，档案号：59—1—43。

输。每月9日"参战纪念日"，汪伪汉口特别市党部召集全体党员举行纪念仪式的同时，为使"各阶层民众深刻认识国府参战之重大意义"，制定各种木制、纸制、布织宣传标语分别悬挂各通衢要道及各公共场所，并于各电影院播映幻灯标语片，以及组织宣传队到街头及公共娱乐场所进行巡回演讲，宣扬日本的"大东亚主义"。针对汪伪标榜自诩的"收回"租界主权，汪伪汉口特别市党部亦组织各种庆祝宣传，并召开党员座谈会，举行演讲、散发传单、出版相关"收回"租界专辑等等，强化武汉民众去认识所谓的"光荣伟大意义"。

抗战后期，由于日军败势将定，武汉屡遭来自重庆美军飞机的空袭，汪伪汉口特别市党部无视日军殖民统治带给武汉人民的深重苦难，反而扩大进行反英、美的宣传，指责"美机暴行"，以"唤起民众同仇敌忾打倒英、美"，并出动全体宣传队员，分赴街头各公共场所及市郊连续宣传演讲一周，以"昂扬其击灭英美之炽烈情绪"。①

值得提到的是，由于日伪非常重视对沦陷区武汉人民的同化教育，1940年10月汪伪教育部颁行《中学训育方针及实施办法大纲》，具体规定以"训练学生反共睦邻思想，指导学生和平建国途径"为训育原则。因此，汪伪国民党中央对学校教员的选任资质亦要求苛刻，其主要目的一方面是防止任何反日思想的流播，一方面是拥护和忠实执行汪伪国民党中央的"和平、反共、建国"的反动政策。遵照汪伪国民党中央党部命令，汪伪国民党武汉特别市党部为宣扬反动政策，规定在汉的中学及中等学校，非"国民党员"不能充任中学训育主任、公民教员，同样的"中等学校任用训育主任、公民教员资格，非党员不得担任"。②

三、汪伪在武汉的社运机构与运动

南京汪伪国民政府成立后，为配合日军及加强自身对沦陷区的统治，在南京设立伪社会运动指导会，并于1941年8月成立汉口特别市分会，在武汉推

① 《第二届全国宣传会议宣传科工作报告》，武汉市档案馆档案，档案号：59—1—43。

② 《非党员不得充任中学训育主任、公民教员》，武汉市档案馆档案，分类号：bW2/444。

行一系列“社会运动”，以全面控制武汉社会。

（一）伪汉口特别市社会运动指导委员会的成立

1940年3月30日，汪伪在日本的培植下成立伪国民政府，为在沦陷区实施殖民奴化统治，汪伪政府在南京设立伪社会运动指导会，并要求日占区省、市设置伪社会运动指导委员会分会，“负责推进全国之社会运动，并兼理人民团体指导监督及全国民众之组织训练事宜”。①

同年12月5日，鉴于武汉“地处和平建国之前卫区域，推进社会运动，极为需要”，汪伪政府在汉口两仪街（今汉口洞庭街）成立伪社会运动指导委员会湖北省分会，伪湖北省政府委员方焕如任伪社会运动指导委员会湖北省分会主任委员，伪汉口市政府官员孙迪堂、王锦霞为伪社会运动指导委员会湖北省分会副主任委员，在湖北沦陷区推行所谓“社会运动”。后因办公房屋不敷使用，1941年3月24日又迁入汉口四民街（今汉口合作路至黄陂路口段）45号办公。

伪社会运动指导委员会湖北省分会成立初期，一直兼办汉口市“社会运动”事宜。汪伪政权在日本的扶植下趋于稳定后，出于武汉地位重要以便驾驭的考虑，将伪汉口市政府改组成伪汉口特别市政府，与伪湖北省政府平级。由于武汉政务“日臻繁重”，社会运动工作“非另行派员专司其事，不足以专责成”，经汪伪行政院第七十一次会议通过，于1941年8月11日成立伪社会运动指导委员会汉口特别市分会，孙迪堂任主任，不久分会又改组为“汉口特别市社会运动指导委员会”，隶属伪汉口特别市政府。

伪汉口特别市社会运动指导委员会成立后，根据南京汪伪中央政府社会运动指导会颁发的《人民团体指导方案》，开始对武汉社会民众、组织、思想、

① 《汉口特别市社会运动指导委员会成立经过》，《汉口特别市社会运动指导委员会周年纪念特刊》，武汉市档案馆档案，分类号：bF2/1。

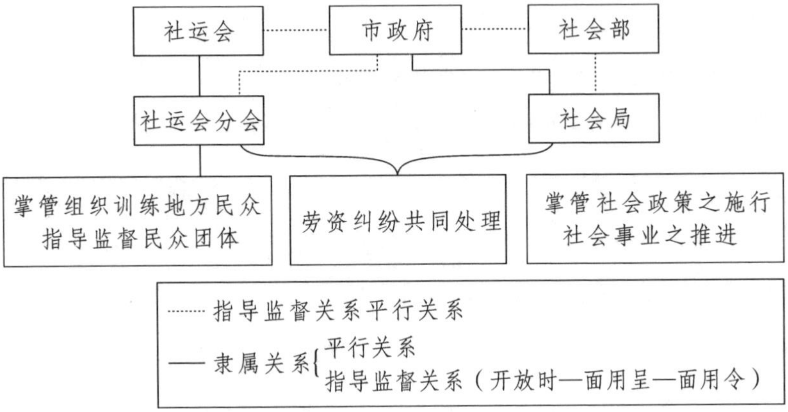

图 5-4　伪社会运动指导委员会与伪市政府关系图①

单位等多方面的渗透,② 企图从社会各个层面逐步加强日伪政权对沦陷后的武汉城市的殖民统治和对市民思想、行为的有效控制。

在伪汉口特别市社会运动指导委员会的控制下，武汉的“社会运动”也逐步展开。具体实施上，前期注重思想工作，企图以社运力量，奠定“和平反共建国之基础”，这也是所谓的一般基本的指导，重在灌输亲日、反共反英美、“中日亲善”“共荣共存”的思想，为日本发动“大东亚战争”积极鼓吹与造势。在基本指导这一阶段上，伪汉口特别市社会运动指导委员主任孙迪堂甚至要求武汉市民彻底忘记日本对中国发起战争所带来的痛苦，认为这种痛苦回忆只会蒙蔽人们的理智，会生成许多“偏僻的成见”，不利于与日亲善，而只会对抗战论者造成机会，因此武汉市民需要“振兴精神，同为复兴中国、建设东亚的运动而努力”。③ 后期“社会运动”工作则重视健全各种团体组织，便于进行集中控制，实施奴化宣传教育。

1943 年 3 月，为加强沦陷区经济统制、进一步配合日军的军事行动，根据汪伪国民政府令，伪汉口特别市政府又将社会局、社会运动指导委员会两机

① 《社会运动指导委员会组织系统表》，《汉口特别市社会运动指导委员会周年纪念特刊》，武汉市档案馆档案，分类号：bF2/1。

② 《人民团体指导方案》，《汉口特别市市政公报》，武汉市档案馆档案，分类号：bB11222/75。

③ 孙迪堂：《大东亚建设与国民联合》，武汉市档案馆档案，档案号：8—4—29。

关，分别改组为经济、社会福利两局。汪伪改组这两局的目的，是要伪汉口特别市经济局以汪伪《国府战时经济政策纲领》为本，搞所谓的“增加生产，节约消费、安定民生、繁荣市场”，使武汉在“大东亚经济共荣圈内成为坚强一环”。① 同时，在思想上，市社会福利局则美其名曰以全部力量用于“群众运动”的指导、政治思想的训练以及社会福利的提倡，以期提高民众文化水准，培育政治能力，增强战时生产，确立所谓“复兴中华，保卫东亚”“巩固大东亚战争最后胜利”的基础。

（二）汪伪政权在武汉的“社会活动”

为了稳固对武汉人民的殖民统治，汪伪利用汉口特别市社会运动指导委员会，通过各种活动来同化武汉人民，腐蚀民族意识，消灭民族爱国思想，摧残民族气节，以达到对武汉社会的全面控制。

1. 滥定纪念日，擅改路名

汪伪政权成立后，利用各种“纪念日”活动来加强对武汉人民的同化。一方面，汪伪政权继续利用民国前期政府已经颁布的国定纪念日，如“中华民国成立纪念日”（1 月 1 日）、“总理逝世纪念日”（3 月 12 日）、“国庆纪念日”（10 月 10 日）、“总理诞辰日”（11 月 12 日）等，要求沦陷区各伪政权届时举行纪念活动，加强民众认同感，以此来证明伪政权继承的“正统”及“合法性”。另一方面，为发扬“大东亚”精神，先后出台了“国府还都纪念日”（3 月 30 日）、“先师孔子诞辰纪念”（8 月 27 日：后改为 9 月 28 日）、“和平反共建国运动诸先烈殉国纪念”（9 月 1 日）等多种“国定纪念日”。每到纪念日，在伪社会运动指导委员会的参与组织和指导下，伪武汉政权要员毕集，隆重集会，大肆宣扬。为了贯彻亲日政策，“表示中日合作诚意起见”，伪汉口特别市指导委员会遵照伪市政府政令，联同伪市警察局、社会局、财政局、教育局等机关部门选定八大节日，“元旦节”、“孔子诞辰”、“国庆节”、“总理诞辰”、“四方拜”（1 月 1 日）、“纪元节”（2 月 11 日）、“天长节”（4 月 29 日）、“明

① 《市经济、福利两局昨正式成立》，《武汉报》1943 年 3 月 2 日。

治节”(11 月 3 日)，强令全市商民“一体悬旗庆祝”。[①] 太平洋战争爆发后，汪伪政权为迎合日军侵略，又制定“保卫东亚日”“参战纪念日”等，强行让沦陷区人民执行。

此外，伪武汉政权为了加强市民亲日意识，擅改路名，将原有路名多换成带有殖民色彩的名称。伪武汉特别市政府成立不久，即将民权路改为新民路、三民路改为维新路、怡和街改为联合街、中正路改为兴业路等。[②] 同时，还打着“整饬市容，强化宣传起见”的口号，将“本市遗留不合时代性之标语”加以刷除，并利用原处改制亲日投降反动的“新标语”。

2. 社会“救济”和“安抚”

日伪控制下的武汉，城市百业俱废、民不聊生，社会生产的破坏和人民生活的痛苦达到极点。基于缓和矛盾、稳定殖民统治秩序的需要，伪政权成立了“难民救济委员会”，拨款办理“赈济”武汉三镇难民事务，1939 年 9 月至 11 月间“救济汉口、武昌、汉阳三处难民共 48 769 名，共发出赈款 70 106 元”。1940 年 12 月，“为扩大善举起见”，伪汉口市政府设立的“市民粥厂筹备处”，又在市内各大戏院“演唱义务戏助赈，以济炎黎”。[③] 此外，还设立“难民教养所”收容难民。

伪武汉政权在“安抚”难民的同时，针对贫困市民则发放小额贷款，使其获得生计。1939 年 7 月伪武汉特别市政府社会局设立小本借贷处，提供无息贷款，至该年年底共向 2 252 户市民提供贷款，贷出金额 411 330 元。[④] 1940 年以后，小本贷款转由伪市社会局“民众服务所”负责，1941 年 4 至 7 月，“民众服务所”共发出贷款 923 户，28 270 元；1943 年 8 月，发出贷款 47 550

---

① 《汉口特别市政府关于选定中日四大节日，全市悬旗庆祝的训令》，武汉市档案馆档案，档案号：8—9—159。

② 《武汉各马路新定名称》，《武汉特别市政公报》，武汉市档案馆档案，分类号：bB1122/15。

③ 《市民粥厂函请本市各戏院演唱义务戏，以宏善举，而济炎黎》，《大楚报》1940 年 12 月 27 日。

④ 《社会局小本借贷处二十八年七月至十一月贷款收付统计表》，《汉口特别市政府公报》，武汉市档案馆档案，分类号：bB1122/12。

元。此外，伪武汉政权还通过卫生防疫、注射疫苗、掩埋无主死尸等活动，以及修堤、修路等市政建设，来实施“善举”与“仁政”，以缓和民众反抗情绪。

3. 社会风俗“改良”

伪汉口特别市政府为“改善国民经济”，同化思想，“转移风俗”，在武汉大力推行节约运动。伪政权成立了伪武汉节约运动协进会，“对于各种节约事项急谋推进”，规定个人节约，要“勿制华美应履”“购买日常生活用品应以价廉适用者为主”“勿浪费时间，早眠早起”等；规定家庭节约，要“提倡食糙米蔬食及杂粮”“住屋力求简单勿过求舒适”“节省电灯、煤油、自来水之消耗”等；规定机关团体节约，要“取消无意义之津贴”“停办一切不必要之事业”等；其他如集团婚礼、火葬、劳动服役、囚犯作业、残废作业、邮政储金等都在节约提倡之内。①

武汉沦陷期间，伪汉口特别市政府在武汉曾多次举办集团婚礼，伪市社会局于 1941 年初还专门制定了详细的集团结婚办法及集团结婚程序，为显示“亲和力”，由伪市长或社会局长亲自担任集团婚礼的证婚人。② 1944 年 5 月已是武汉沦陷后期，日本势力已江河日下，伪武汉政权也没有停止相关活动，汉口“市社会局以市民狃于积习，对婚丧务必大事铺张，作无为消耗……拟定集团结婚计划，即将于下月间举行，并已饬所属公务会员首先示范，俾符节约消费原旨”③。

（三）汪伪武汉“新国民运动”的开展和影响

汪伪政权成立后，为了维护其自身的统治秩序和配合日军镇压抗日军民，在沦陷区开展“新国民运动”，以塑造所谓的“新国民”。1941 年 11 月汪精卫在伪国民党六届四中全会上，首次提出开展“新国民运动”。12 月底，汪伪中

---

① 《武汉节约运动协进会节约实施纲要》，《汉口特别市政府公报》，武汉市档案馆档案，分类号：bB1122/23。

② 《汉口特别市政府社会局举办集团结婚办法》，《汉口特别市政府公报》，武汉市档案馆档案，分类号：bB1122/22。

③ 《汉市提倡婚丧节约》，《申报》1944 年 5 月 2 日。

央政治委员会又通过了《新国民运动纲要》，内容包括实行“大亚洲主义”“把爱中国、爱东亚的心打成一片，东亚诸国互相亲爱”，团体要组织化、行动要纪律化等，企图对沦陷区民众全面推行法西斯统治的思想运动。

根据汪伪中央的部署，伪武汉政权亦积极推进“新国民运动”。1942年4月，伪汉口特别市政府制定推行“新国民运动”办法，内容包括举行全市集训、每周广播、印制标语、万人签名等。① 具体实施上，将汪伪《新国民运动纲要》5 000册分发各机关团体，进行动员宣传，鼓吹“新国民运动”。同时将《新国民运动纲要》列为公民特别课程之一，并效仿汪伪中央搞万众签誓，强迫武汉市民在汪伪中央宣传部制作的签誓册上签名，其“誓词”内容为：“余誓以至诚接受最高领袖之指导，服膺三民主义，厉行新国民运动，完成中国革命，实现东亚解放，尽忠竭力，贡献一切于国家……如有违备誓言，愿受一切制裁。”

与此同时，伪武汉政权的汉奸亦积极撰文为汪伪《新国民运动纲要》进行阐释与宣扬，将伪政权新国民运动的实施与日本明治维新相提并论，认为新国民运动可以“刷新化育，促进国人之认识”，尤其对社会管理能起到“正人心、挽颓风”的作用。当然所有这一切都是为了“再进而奠定东亚新秩序”,② 为日军进行的“大东亚战争”服务。

1942年6月，汪伪政权又成立了专门机构“新国民运动促进委员会”，以促进“新国民运动”的开展。同年8月，伪汉口特别市政府下发《为推行新国民运动及东亚联盟运动根据纲要实施训练案》，以谋武汉“新国民运动”之积极展开。不久又在市内实行“新国民运动服务日”，将汪伪制定的每月8日“保卫东亚纪念日”作为“新国民运动服务日”，要求市民身体力行，“作实际

---

① 《汉口特别市政府警察局工作报告》，1942年4月，徐旭阳著：《湖北国统区和沦陷区社会研究》，社会科学文献出版社，2007年，第405页。

② 刘立藩：《新国民运动八大纲要释义序言》，《武昌市政处成立周年纪念特刊》，1942年，湖北省档案馆档案，档案号：LSA2.21-23。

服务之行动”。①

1943年元旦，汪精卫发表题为《今年新国民运动之要点》的广播讲话，强调“务使新国民运动的精神更加深刻化、普遍化”，1月9日汪伪政府对英、美宣战后，“新国民运动”加快实施步伐。武汉伪政权积极响应汪伪政策，1943年初，伪新国民运动促进委员会汉口分会成立，伪汉口特别市市长张仁蠡担任主任委员，委员有伪汉口特别市教育局局长高伯勋、社会运动指导委员会主任孙迪堂等。伪新国民运动促进委员会汉口分会担负武汉地区“新国民运动之一般设计、宣传、组织、训练事宜”，“一般学生团体、青年团体之组织、训练、督导事宜”。②

汪伪推行“新国民运动”之时，正是1941年太平洋战争爆发前后，其实质是配合日军的战时需要。“新国民运动”作为“清乡运动的基干”，是始终伴随着日伪“清乡”大扫荡而进行的。为此，伪汉口市政府先后制定了《汉口市政府清乡实施委员会组织简章》《汉口市清乡实施委员会工作实施计划》，汉口日军联络部也编印《清乡工作、爱路工作解说》手册作为“清乡”运动的指导，强调“清乡”工作重点要“以武力为骨干，以民众为筋肉”，“清乡对于敌方尤其对于共产党、新四军须有果断之斗争……使用武力的同时，并应展开民众运动、政治运动”，对于共产党的地下抗日组织必须“应予摧破之”。③ 武汉伪政权配合日军对武汉郊县进行了多次“清乡”大扫荡，在“清乡”扫荡的过程中，日伪还派出了大规模的“清乡宣传队”“政治工作团”，广泛进行“清乡意义宣传”“反共宣传”“自新宣传”及“党化教育”等各种内容的宣传，大张旗鼓地开展奴化教育，向广大民众特别是青少年灌输“清乡”意识。

“新国民运动”在“和平、反共、建国”“大亚洲主义”“东亚联盟”及伪三民主义等幌子下，采取强制办法，要求沦陷区广大民众，“节约消耗，增加

---

① 《训令：为实行新国民运动服务案》，《汉口特别市市政公报》，1942年9月，武汉市档案馆档案，分类号：bB1122/89。

② 《新国民运动促进委员会分会组织通则》，《申报年鉴》1944年，第1097页。

③ 《清乡工作、爱路工作解说》，武汉市档案馆档案，档案号：9—31—482。

生产”“贡献要多，享乐要少”，逆来顺受，遵从日伪的殖民统治，支持日本的太平洋战争。尽管日伪政府竭尽全力在沦陷区推进奴化政策，然而由于蒋介石国民政府组织学校西迁得力，设立教育督导区和督导员破坏敌伪政策，“以抗拒敌人之奴化及奸伪之恶化教育”，① 以及沦陷区人民各种抵抗之下，也并无收效，连日本军方也不得不承认“军方本来着重致力于精神方面的培养，但其结局，虽强行灌输占领军所赶制出来的新民主义，却非当地民众所能接受”。② 而即使那些受到运动欺骗和毒害的民众，也绝不是什么“新国民”，而只能是日伪殖民下的奴役工具。“新国民运动”的最终失败实属必然。

第五节　日军对伪组织、伪政权的控制

日军占领武汉地区后，为全面控制占领区并掠夺中国财富，第 11 军司令部汉口日军特务机关在汉口金城银行原址设立陆军特务部，对沦陷区进行经济掠夺和社会治安管理。进入武汉地区的日本海军亦迅速成立了汉口临时海军特务部，部址设在汉口原中央银行（今黎黄陂路沿江大道口），由左近允尚任代理部长。整个武汉沦陷时期，汉口日军特务部实际上是日军对武汉地区实行殖民统治的最主要的军事机构。随着日军控制地区的扩大，汉口日本特务部的控制范围也随之扩大。湖北所有沦陷的市县都设有陆军特务部的派出机构。日军特务部在体制上直属于汉口日军司令部，不随军队移动，有权处理占领区内除作战指挥和航运、铁路（航运、铁路由海军或陆军军部直接控制）以外的一切政治、经济事宜，将全面抗战时期湖北沦陷区的一切政治经济大权均操之于

① 《湖北省战地各县政治战指导纲要》（1942 年 10 月），徐旭阳著：《湖北国统区和沦陷区社会研究》，社会科学文献出版社，2007 年，第 517 页。

② 王建朗、曾景忠著：《中国近代通史》第九卷《抗日战争（1937—1945）》，江苏人民出版社，2007 年，第 319 页。

手，是伪湖北省、汉口市政府的实际控制者和幕后指挥机关。①

一、日军特务部与伪组织、伪政权之间的关系

日军控制武汉地区伪组织、伪政权的机构是汉口日军特务部，这是一个专门控制沦陷区伪政权、掠夺沦陷区战略物资的侵略组织。日军特务部以派驻顾问和嘱托等形式，对伪政权各个机构进行渗透，严加监视，使之完全成为日军的傀儡。伪武汉特别市政府根本没有自己独立的施政方针，一切秉承日军特务部的旨意行事。日军特务部对伪政权的人事安排具有绝对的权威性。伪市长张仁蠡对日军的各项要求言听计从，伪市政府各部门负责人的名单基本上由日军特务部拟定，张仁蠡照本宣科宣布任命而已。

伪政权尽管表面上拥有政权机构和行政系统，有自己的官员和军队、警察，在一定的地域内统治着辖区内的人民，但它由日本军事占领当局一手扶植，是建立在军事占领的基础之上的，其主要功能是为日本当局“以华制华”的政策和利益服务，必须事事听命于日军占领者。正如1938年3月28日的《大公报》社评《汉贼不两立》中所言：“凡是一个政府，必须具有独立的意志，完整的权力。这些伪组织则是毫无意志、毫无权力而完全听从敌人操纵指挥的傀儡。”②

汉口日军特务部控制武汉地区伪组织、伪政权的方法，同其他沦陷区日军控制伪组织、伪政权的方法如出一辙，主要通过两种方式来进行：其一是控制伪政权的官员任命权；其二是向伪政权内部各个机构派驻顾问和大量嘱托，进行监督和把持。担任伪省、市政府顾问的都是地位比较高的日本人，有的是在伪满洲国担任过理事官（相当于科长）职务的人，先后任顾问的有高漱金原、田中高木等。另设有若干顾问辅助官。这些顾问有的常驻所派机关，有的住在日军特务部，负责日伪间的联络工作。在控制伪政权官员任免权方面，伪武汉

① 袁范宇：《武汉沦陷时期日军特务部的一些情况》。政协武汉市委员会文史学习委员会编：《武汉文史资料文库》第二卷（政治军事），武汉出版社，1999年，第40页。

② 《汉贼不两立》，《大公报》（汉口版）社论，1938年3月28日。

特别市政府从其成立之日开始，一直到抗战结束伪市政府覆灭，所有中高级职位的任命都是由日军特务部说了算。

武汉伪政权对日军特务部派来的顾问、嘱托言听计从，对特务部部长更是趋奉巴结。汉口日军特务部第一任部长森冈皋 1939 年 7 月离任时，伪武汉特别市政府特制订《各机关欢送特务部长森冈离任办法》，除了大张旗鼓设宴饯行外，伪市政府各机关还自行预备纪念品，仅汉阳办事处就送上银鼎一座。所有纪念品均集中于伪市政府，然后“用音乐送达森冈部长官邸”。当森冈皋离汉赴北平时，伪市政府组织各部长官、各学校代表及各区联保主任等集合于中山公园门前，给森冈皋送上“万民伞及旗、匾等项”。① 1941 年 7 月 5 日，新任驻汉日军特务部部长落合鼎五到伪湖北省政府拜会何佩瑢，何佩瑢率领伪省政府委员、各厅处长及全体职员恭候于门首。伪武汉绥靖主任公署主任叶蓬为表示敬意，还亲自前往特务部，对落合鼎五进行答拜。② 1942 年 1 月，汉口日军海军特务部大田离汉返日时，在中央饭店举办招待宴会，武汉地区伪政权主官纷纷出席。1939 年 8 月至 1940 年 9 月任汉口日军特务部长的柴山兼四郎于 1943 年 4 月调南京任汪伪政府最高军事顾问，伪湖北省政府、汉口市政府及各厅局要员无不设宴送行，并各以重礼相赠。

1941 年 9 月，南京、上海两个伪特别市政府“自今改组已无顾问之设置，虽尚有日籍连（联）络官，其性质与顾问有别”。伪汉口特别市政府呈汪伪政府行政院，“（伪武汉特别市政府）应即仿照南京、上海两特别市政府办法，将顾问改为连（联）络官……所有本府顾问于九月一日起，一律遵命改为连（联）络官，并不另设首席连（联）络官”。③ 附呈连（联）络官名单一份：

---

① 《各机关欢送特务部长森冈离任办法》，武汉市档案馆档案，档案号：8—5—17。

② 《落合军特务部长拜会何省主席》，《武汉报》1941 年 7 月 6 日。

③ 《汉口市政府将日籍顾问改为日籍连（联）络官》（汉口特别市政府呈　府三字第 11505 号），武汉市档案馆档案，档案号：8—1—60。

表 5-1 伪汉口特别市连（联）络官姓名表①

姓　名	职　务	备　考
高木季熊	财政局兼警察、卫生两局连（联）络官	
山崎精华	社会局兼公用局连（联）络官	
贯惠了	工务局连（联）络官	
若菜佐	教育局连（联）络官	

伪武汉特别市政府的日籍联络官，同时兼任伪湖北省政府联络官，高本季熊、山崎精华、贯惠了、若菜佐分别兼任伪湖北省政府民政厅、财政厅、建设厅、教育厅副主任之职。

二、日军对伪组织、伪政权的严密控制

为了加强对伪组织、伪政权的控制，汉口日军特务部通过“日华联席政务会议”，以及在伪政权、伪组织中派驻顾问、嘱托等形式，对伪组织、伪政权进行实际掌控。

（一）“日华联席政务会议”

伪武汉治安维持会成立后，汉口日军特务部为直接插手武汉地区事务，组织成立了一个“日华联席政务会议”，定期开会讨论议决伪武汉治安维持会各部门报告的各项事务。这实际上是一个凌驾于伪武汉治安维持会之上的最高权力机关。

1938 年 11 月 26 日，即伪武汉治安维持会成立当日下午 1 时，“日华联席政务会议”第一次会议在伪武汉治安维持会召开。出席者为日方人员和维持会大小汉奸：浅见敏彦、金原敏雄、井上哲、阿部善三郎、刘翰如、计国桢、叶春霖、孙润民等，共 31 人，日方占据了 15 席。会议主席为汉口日军特务部浅见敏彦。伪武汉特别市政府成立后，浅见敏彦又担任了伪市政府的首席顾问。会议记录人孙润民为维持会秘书处秘书。浅见敏彦首先发言，讲了该会与特务

① 《本府连（联）络官姓名表》，武汉市档案馆档案，档案号：8—1—60。

部的关系，介绍日伪人员相互认识，指派伪武汉治安维持会顾问高濑兼管财政事务。接着对该会的政费预算、警察人数及服装费、封存商贷启封、财政各部局署人员任免、设立税捐总署和税捐处及武昌、汉阳两区治安维持会经费等问题进行了讨论。“日华联席政务会议”先后召开了14次，前3次记录人为孙润民，后11次为伪维持会秘书长张若柏。会议主席均为浅见敏彦，可见这是一个完全由日本人主导的会议。

自伪武汉治安维持会成立后，众汉奸为谋取各自利益明争暗斗，互相攻击。为调和众汉奸之间的矛盾，使维持会正常运转，成为日军对武汉地区殖民统治的工具，在1939年1月31日的第八次“日华联席政务会议”上，会议主席浅见敏彦特别发言予以警示：

> ……唯近以内部不甚协调，用人不甚妥当，发生纠纷，兄弟早有所闻。最奇者军部收到函件言诸位将全体辞职，似含要挟之意。……中国人士多集武汉，如果全体辞职，立可派人承乏，在军部方面并无若何困难。希望诸位以国家为重，屏除私见，一秉大公，同心协力，精神（诚）团结。否则，力量日减，根基渐弱，于会中前途大有不利，亦非诸君之福，期共勉之。①

（二）嘱托制度

嘱托是汉奸傀儡政权及伪组织里面地位仅次于日本顾问的日军特务部派遣人员。由于嘱托的需求量较大，这些嘱托除了日军特务部部员外，有很多是从各地引进的。如特务部金融班班长就是由原汉口日本正金银行经理担任，金融班的其他职员都是原日本银行职员，原日信洋行亦有数名职员被调到特务部工作。伪市政府财政局嘱托佐佐木角士，以前是青年学校教员；社会局嘱托金海宗一，任职前是伪满洲国技术员。日军特务部还根据工作需要任用了部分女嘱托，如伪市政府教育局嘱托本多房子，任职前为伪哈尔滨市立职业学校教员。还有派往教育局任日语教员的二宫实子、中田聪子等女嘱托，以前分别担任南

① 涂文学主编：《沦陷时期武汉的政治与军事》，武汉出版社，2007年，第17页。

京商文教谕和女子青年学校教谕。

1940 年 11 月 25 日，驻武汉的日军第 11 军团圆部部队特务部长致函伪汉口市市长张仁蠡：“贵府社会局顾问、嘱托丸山郁之助应即予以解职，相应函达，即希查照。”① 可见嘱托身份特殊，对其任命与撤换，伪政权根本无权过问。在伪政权内，嘱托还享受着优厚的待遇，1940 年 10 月，伪汉口市政府一次就给 15 名嘱托加薪，加薪比例从 30 元到 70 元不等。嘱托的退职金亦十分丰厚，在职三个月不满六个月者，给予原津贴两个月之退休金；在职满一年的，给予原津贴四个月的退职金。嘱托在职期间如果因公致疾或死亡者，由市长斟酌情形给予恤金；对于退职归国的嘱托，还要奉上一笔旅费。1940 年 11 月，当卫生局嘱托丸山郁之助退职时，伪汉口市政府责令财政局一次性发给其退职慰劳金 5 000 元。

伪政权及其下属各机关的大小官员，都必须俯首帖耳地听从嘱托的命令行事。日军特务部对向伪政权、伪组织派驻嘱托方面十分重视，早在 1938 年 11 月伪武汉治安维持会成立之时，汉口日军特务部就向伪武汉治安维持会及其下属各局派驻了顾问，以浅见敏彦为总嘱托。伪武汉特别市政府成立后，日军特务部将大量嘱托派驻伪市政府各局及其所属机构、单位。这些嘱托在伪政府内上班、支薪，骄横霸道，高高在上，堂而皇之地参加市政会议，控制着会议的议程和决议。

武汉沦陷时期，从伪武汉特别市政府直到何佩瑢的伪湖北省政府每个厅处，几乎都有一至数个嘱托。如 1940 年 9 月，伪武汉市长张仁蠡特别签署训令，在警察、社会、财政、教育、工务、卫生六局中就委任了 29 名嘱托，其中仅警察局中就安置了高野勇、松本汤、生田邦雄等 5 名嘱托，社会局中安置了井田实、隼田积、吉田全藏等 7 名嘱托。这些日本嘱托虽然没有厅局长的官衔，但掌握着各机关的实际权力。伪省、市政府每次的“省政”“市政”会议，

---

① 《社会局顾问嘱托丸山郁之助解职通牒》（圆特人第四二号），武汉市档案馆档案，档案号：8—1—323。

日本嘱托都是不可或缺的出席者，他们不仅拥有动议权和表决权，而且所有重要决定须经他们批准才能通过，所有重要公文亦须经他们同意并签署才能生效。1940 年 1 月 11 日伪湖北省第一次省政会议出席人员中，日本嘱托有 5 人，接近总人数 17 人的 1/3。① 2 月 24 日的伪湖北省第五次省政会议，在 21 名出席人员中，嘱托占 7 人，占总参会人数的 1/3。1941 年 11 月，日军派驻伪汉口特别市各局的嘱托有近 30 人，在伪市府第二次市政会议上，出席会议者 23 人，其中日本嘱托就有 6 人之多，占出席会议总人数的 1/4。在这些嘱托的严密控制下，伪市府、伪省府只能完全按照日军特务部的意志行事，充当日本奴役中国人民的殖民工具。

杨揆一任伪湖北省长、省主席期间，无论做什么事，都受到这些顾问和嘱托的掣肘，实在难于应付。经过与日军特务部的多次交涉，日本人答应取消顾问一级，只保留若干嘱托，算是伪省政府的聘用人员。到了这时，日军特务部派驻伪政权的嘱托才算是取消了部分特权。尽管如此，在人事任免上，伪湖北省政府依然需要与日军特务部协商。此后伪市政府也取消了顾问，而由日军特务部的第一课长担任伪省、市政府的总顾问，但嘱托却始终未能取消。

1943 年 3 月，汉口日军特务部改为联络部，因“现时（伪）国民政府已成为完全独立国家，国力充实，在治安、政治、经济等一切方面均遂行划期飞跃之时”，故从 4 月 1 日起正式更名为“联络部”。伪汉口特别市改为汉口市后，机构无变异，日本嘱托改称“联络官”。尽管“日军对以前之特务部从新整理特务机关之业务机构，脱去过去之政治的或军事的指导方面，专门担当关于作战警备连（联）络事项及调查”，② 但仍然掌控着伪政权的实际权力。

① “湖北省政府秘书处”：《湖北省政府第一次省政会议记录》，《湖北省政府公报》（第一期），1940 年 3 月 20 日，武汉市档案馆档案，案卷号：bB1121/14。

② 《特务部改为连（联）络部　落合部长发表谈话》，《武汉报》1943 年 4 月 2 日。

第六章

城市经济的衰败与殖民化

1938 年 10 月底，日本占领武汉后，即以军事实力为后盾，以殖民统治为手段，在武汉沦陷区构建起战时殖民经济体系，最大限度地掠取经济资源，榨取原材料和产品，霸占生产工具和设备，强行控制生产，垄断商品市场，实施“以战养战”的经济统制及掠夺政策。从 1938 年 10 月至 1945 年 8 月沦陷期间，日军对武汉经济的统制与掠夺，打断了武汉城市经济现代化的进程，造成社会生产力的极大破坏，工商业遭受前所未有的摧残，战前处于发展高峰状态的武汉经济趋于衰败，沦落于殖民化的境地。

第一节 “以战养战”的经济统制

武汉会战后，随着侵华战争的不断扩大及日趋持久化，日军开始改变对华侵略方式，在实行“政治诱降为主、军事打击为辅”策略的同时，开始有计划地进行大规模的经济掠夺。1938 年 10 月 28 日，日本陆、海、外三大臣召开会议，制定《汉口方面政务处理纲要》，提出“关于经济政策，目前以获得帝国军队生存必要物质为主，逐渐以恢复中国民主和促进我贸易的振兴为重点”。① 在这一政策指导下，日军对觊觎已久的武汉经济资源展开赤裸裸的掠夺，不惜以各种手段将战后劫余的财力、物力和人力据为己有，妄图把占领区经济变成日本战时经济的附庸，将华中地区变为“以战养战”的战略资源补给基地。

扶持为侵华战争服务的日商洋行及经济机构，使之成为日军实施经济统制的有力工具，是日军控制武汉经济命脉的主要方式。为了控制占领区并迅速掠夺物资，日军在汉口设立陆军特务部，归汉口日军司令部直接指挥，处理除作战指挥以外的一切政治、经济事宜。在日军支持下，日商洋行渗入到武汉各个重要经济领域，甚至以“中日合办”“委托经营”等形式强占华商企业的经营权，成为执行日军经济政策的得力帮手。据统计，武汉沦陷 7 年，日军通过日商洋行掠夺武汉的棉花约 469 万担、羊皮 700 万张、芝麻 56 万担、生漆 8.4 万担、桐油 231 万担、茶叶 21 万担、猪鬃 3.5 万担。② 1940 年 7 月 8 日，在日伪政权主持下，“武汉特别市总商会”（9 月改为“汉口市商会”）正式成

---

① 日本防卫厅防卫研究所战史室著，田琪之译：《中国事变陆军作战史》第 2 卷第 1 分册，中华书局，1979 年，第 215 页。

② 湖北省地方志编纂委员会编：《湖北省志·经济综述》，湖北人民出版社，1992 年，第 86 页。

立，并设武汉商业统制处。1941 年春，“汉口市商会”动员各同业公会组织武汉合作社，贯彻日军经济统制政策。

太平洋战争爆发后，日本实行所谓的“对华新政策”，即强化“以华制华”方针，在经济上着力于获得更多地区的战略物资，以支援所谓的“大东亚战争”。在推行对华新政策后，日本开始借用汪伪政府的力量，来进一步强化对物资的统制。1943 年 3 月 15 日，汪伪政权在上海成立“全国商业统制总会”(简称“商统会”)，对沦陷区全面推行战时经济体制，实施统一的物资统制。8 月 1 日，“武汉市经济统制事务处”改组为“全国商业统制总会武汉分会”，实行商品配给制度。1943 年 9 月，伪汉口特别市政府开始全面实施按户配给计划，以加大对物资资源的掠取。

日伪政府实施的经济统制政策，导致武汉沦陷区出现经济更加衰退的严重后果。经济结构趋于畸形化与军事化，对外贸易锐减，农业生产停滞，商业一蹶不振。由于生产萎缩，法币贬值，日伪将统制物资集中供应军用，使武汉生活物资匮乏，通货膨胀严重，物价飞涨，投机之风盛行，经济秩序陷入混乱无序状态。

一、搜括原料物资

武汉会战后，适应侵华政策的战略转变，日军开始在占领区实施经济统制。对资源的控制与掠夺，是日军对占领区实行经济统制，支撑其庞大的战争机器转动的重要手段。因而，日军每侵占一个地区，首先是掠夺一切能够掠夺的物资，榨取资源，搜括民脂民膏。其次是规定占领区劫余物资禁止流动，强制进行物资登记，强制“收集”“征购”“采买”军需物质。

武汉是九省通衢、货物集散之地。日军一占领武汉，便极尽搜刮之能事。当时武汉各个仓库堆满了来不及转移的货物，均为各地集中于武汉准备转运出口的库存物资，如桐油、皮油、生漆、杂粮、棉花、棉籽、药材、苎麻、皮革、牛骨、猪鬃等，都是日本国内急需之物。无论是中国官方的、中国商人的，或是外国洋商的，日军一经发现一律查封。善后事宜则由日军陆军特务部来处理，属于中国人的物资一律没收；属于外商的物资则由货主提供有力证据，经特务部认可后按最低限价发给一些军用票，以作补偿。

初步统计，沦陷之初，仅日军抢走的大宗物资即有：棉花 120 多万担、桐油 700 吨、牛皮 2 000 余捆（每捆 300 余斤）、猪鬃 2 000 多箱（每箱 133 磅，每磅价值 5 美元以上）、生漆 500 多吨（每吨值 500 美元以上）、木耳 2 000 多担及大量江西瓷器，湘西杉木，豫南粉丝，鄂东烟叶，鄂南黄麻、毛竹、中药材等。① 至 1939 年初，日军在武汉搜刮的物资钱财数目惊人，“其中商民货物约值二千五百万元，民众财物约五百万元，及现金约五百万元，合计约达三千五百万元”。② 为了存放在汉掠夺的钱款，日军特设“汉口野战邮便局”，“自去岁（即 1938 年）十月二十五日到汉后，截止十一月二十五日为止，一月之间，所有存款折合日币达六十万元。而汇归日本之款，亦有六十万元之多。但军官存汇之数，尚不在内，可见寇兵抢掠之一斑”。③

敵在漢大肆刼掠
一月達一百二十萬

（中央社香港十三日電）倭寇盤據漢口後，即設所謂「漢口野戰郵便局」，調東京市遞信局事務官充任局長，該局主要任務，爲存匯寇兵在漢掠奪之款。據東京朝日新聞載稱，該局長向該社漢口特派員云，寇兵自去歲十月二十五日到漢後，截至十一月二十五日爲止，一月之間，所有存款，折合日幣達六十萬日元。而匯歸日本之款，亦有六十萬日元之多。但軍官存匯之數，尚不在內，可見寇兵搶掠之一斑。

图 6-1　1939 年 1 月 14 日，《新华日报》转载的报道

日本国内金属矿藏十分贫乏，所有金属近乎全部依赖进口。出于保障战时需要，日军将可用于制造军需品的矿产资源与金属物资列为首要掠夺目标。

① 皮明庥主编：《近代武汉城市史》，中国社会科学出版社，1993 年，第 509 页。
② 《汉敌抢劫》，《新华日报》1939 年 3 月 9 日。
③ 《敌在汉大肆劫掠，一月达一百二十万》，《新华日报》1939 年 1 月 14 日。

1938年10月，日军占领大冶，即接管垂涎已久的大冶铁矿。11月日本军部决定，将大冶铁矿委托日本制铁株式会社经营，成立日铁大冶矿业所（简称“日铁”），强占汉冶萍公司所经营的大冶铁矿、大冶铁厂及湖北建设厅所属象鼻山铁矿。大冶铁矿在沦陷前，积存有优质铁矿砂6万多吨，1939年被“日铁”抢运回国。“为应付日本国内战时铁矿石之需要激增”①，1939年“日铁”投资恢复开采大冶铁矿。仅1940年，“日铁株式会社大冶矿业所委托征求工人四千名，及领工司账各四十名，从事采矿铁路码头杂工等工作”②，最多时工人超过14900人，在矿区日夜掠夺性开采。从1940年至1945年，“日铁”共开采铁矿石501.6万吨，其中运往日本427.76万吨。

图6-2　沦陷时期的大冶钢铁厂③

为了全面控制战略物资，日军在武汉地区掠夺、强征金属制品，低价收购白金、金饰、银元、银器、铜器、铜币、钱币、水银及铜、铁、铅、钨、铝、锡等；抬高盐、糖、火柴、烟土等售价，以之交换金属，进行所谓“物资交

① 《汉冶萍公司大冶铁矿》，《武汉报》1944年5月9日。

② “汉口特别市政府秘书处”编：《汉口特别市政府二周年市政概况·社会》，1941年，第7页。

③ 邓正兵、朱莉主编：《武汉会战日方图片汇编》，武汉出版社，2013年，第59页。

换”；甚至挨户搜查，搜刮居民家中金属器具。日军还指定专门机构在占领区划定区域内，公开以低价强迫收购金属物资。1939 年 5 月，日军将汉阳兵工厂铁厂废钢铁 5 万余吨装运回日本。1940 年“敌驻汉宪兵队长美座在汉设日本制铁会社，专事收集废铁达五十万吨，已陆续运返敌国”。① 为了掠夺重要金属，至 1940 年 3 月，日方已在武汉成立资本 200 万元的日本炼锑株式会社、资本 70 万元的日本制锡株式会社。1940 年和 1941 年，伪汉阳县合作社为日军收购铜、铁、铜币等物资超过 8 000 担，还收进大批银元。② 1941 年 7 月，华人奸商勾结汉口三井物产废铁搜集所，在湖北沙市开办汉口贸易公司，专为日军收购废铁、铅、锡等金属，定期运往汉口。

由于日军严密控制金属原材料，管制市场流通，金属制品业遭到严重打击，不少从业者背井离乡。全面抗战前武汉有铜器业 400 多户，白铁业 500 户。至 1940 年，铜器业只有 100 户，白铁业 260 户。太平洋战争爆发后，日本对战略物资需求量大增，特别是制造军火的金属材料，于是又把魔爪伸向占领区。1941 年 12 月中旬，驻汉日军突然宣布武汉夜间戒严，禁止行人和车辆通行，调派大批满载日军的军用卡车驶入市区。仅仅一夜之间，日军就将汉口、武昌市区下水道上的铁盖板拆卸一空，运回日本，其行径犹如强盗一般。日军另在湖北各驻地附近搜集碎铜破铁，向武汉转运。

为了获得足够的金属支持侵华战争，华中日军改变手段，在湖北武汉及湘、赣等省市通过伪政府发动宣传攻势，以表面上开展捐献废旧金属来替代实际上的强征掠夺。在日军压力下，收集铜铁等金属成为武汉地方当局市政工作的重点。1942 年 4 月 3 日，伪汉口特别市政府组织各机关及各民众团体举行“献纳金属”活动，“共征集献纳钢铁锡铅等金属物品 2 000 余斤又 130 余件，及铜币 7 000 余枚”。同月，又逼令汉口各学校举行所谓第二次献纳金属物品活动，由各中小学、简易学校等 71 单位献纳铜锡铅等金属 3 000 余件又 200 余

---

① 秦孝仪主编：《中华民国重要史料初编——对日抗战时期》第六编：《傀儡组织（四）》，中国国民党中央委员会党史委员会，1981 年，第 1194 页。

② 张孟青：《日军在沦陷区掠夺金属物资纪实》，《湖北文史资料》1986 年第 16 辑，第 171 页。

斤，及铜币、镍币等 6 300 多枚。①

1942 年 12 月 21 日，日本政府通过了《为完成大东亚战争而决定的处理中国问题的根本方针》。这份“对华新政策”的总纲领规定“当前的对华经济措施，以增加获取战争必需的物资为主要目标；设法重点开发和取得占领地区内的重要物资，并积极取得重要的敌方物资”。② 从 1943 年起，日军将武汉除日伪机关占用的少数房屋外的其他大中型建筑物上的金属构件，如铁门、铁梯、铜铁栏杆等拆得所剩无几，有时甚至将楼房炸毁以获取钢铁材料。1944 年 4 月，伪汉口市政府为求“贡献总力，协力战争”，组织成立市增产委员会，发动献纳金属五百吨运动，规定“每户供出数量为一斤半以上”，“搜集之物资概以食盐实施交换”。③ 会社、工场、公共团体等更要交纳数额巨大的铜、铁、铝、铅等及其合金、金属制品。5 月伪武昌市政处“为加强征收起见，决定全市区人民每人每月献纳五钱，俾襄盛举，预定数量为廿四吨，现正加紧催征……以求军事决胜之完遂”。④ 以“贡献战争”“协力战争”为招牌，日伪在武汉地区巧取豪夺，可谓疯狂之极。

二、垄断金融市场

控制和垄断金融市场，是日军对武汉实施经济统制的主要方式。近代武汉的银行是商埠经济的产物，其兴衰是城市经济繁荣与否的晴雨表。武汉沦陷前，武汉银行业中除中国农民银行内迁外，其他各行均迁入法租界，改分支行为办事处。日军侵入武汉后，从金融和财政收入方面入手，进一步对武汉占领区进行持久性经济掠夺。在日军的金融控制之下，位于法租界的各家银行业务惨淡。华商银行因撤离而留下的房屋、物资，则被日军占用。

日伪为了控制以武汉为中心的华中地区金融市场，专门成立官方金融机

① 徐旭阳：《湖北国统区和沦陷区社会研究》，社会科学文献出版社，2007 年，第 466 页。

② 复旦大学历史系编译：《日本帝国主义对外侵略史料选编（1931—1945）》，上海人民出版社，1983 年，第 421 页。

③ 《市增产委员会推进增产　筹献纳金属五百吨》，《武汉报》1944 年 4 月 22 日。

④ 《市府将组织铁类收集委员会》，《大楚报》1944 年 5 月 28 日。

构，组织起自己的金融垄断系统。早在全面抗战爆发前，日本即在汉设有横滨正金银行、台湾银行和汉口银行。日本洋行之所以能占据武汉市场重要一席，正是“日商之金融机关亦有正金、台湾等数银行为辅助经济侵略之利器”①。武汉沦陷后，在日军的荫庇下，这三家日资银行（全面抗战爆发后停业）在汉复业，“除奉命为日本银行之代理店，代理日方官方公家资金之出纳主要事务外，并兼营‘和平’区域物资输出之金融业务”②，垄断武汉金融业务，肩负武汉经济统制的“使命”。横滨正金银行甚至掌握着日本军用票与法币兑换比率的大权。

1940 年 5 月，由汉口日军陆军特务部扶植的中江实业银行在汉口成立，资本金为军票 2 000 万元，分 20 万股，每股 100 元，伪湖北省、市政府各出资 5 万股，占一半股份。该行以“统制金融，调整通货之流通暨促进产业发展为宗旨”，在武昌、九江、沙市、南昌、岳阳等地设立分行或办事处，主要职能是维持军票价值，开展存款、放款与汇兑业务，代管伪省市县政府金库业务，代表日伪政权来统治鄂、湘、赣金融业，突显出日伪对华中金融殖民化的企图，充当了日伪在华中经济侵略的先锋。至 1943 年 3 月，中江实业银行资本增至 3 000 多万，用于支持日本洋行在华大量收购农副产品及军需物质，为日本的侵略战争服务。

操纵货币市场，则是日方控制武汉金融经济的又一手段。1938 年 7 月，日本在五相会议上议定“设法造成法币的崩溃，取得中国的在国外资金，由此在财政上使中国现中央政府自行消灭”③，打响金融战。日军侵占武汉之初，即由横滨正金银行代理发行军用票，规定一切经济活动结算均以军用票为基准，拒绝用法币作为商品支付手段。武汉市民如要购买生活用品，需先以法币向日本横滨正金等银行兑换军用票，方准购物。为了破坏法币信用及套购国统

① 黄既明：《汉口之洋行》，《银行杂志》第 3 卷第 20 号，1926 年。

② 《武汉金融志》办公室等编印：《武汉银行史料》，1987 年，第 264 页。

③ 复旦大学历史系编译：《日本帝国主义对外侵略史料选编（1931—1945）》，上海人民出版社，1983 年，第 272 页。

区物资，日方施以种种伎俩，限制法币流通，蓄意伪造法币，人为抬高军用票对法币的比值，扰乱金融市场。1939 年 5 月，“华中各地敌军，对武汉及沪杭京津各地之中外旅客，严加搜查，如搜出法币，不论多少，悉被取去，给回军用票。此种军用票，汉口方面，使用折合法币百分之七五”。① 1941 年 6 月，伪湖北省政府以“法币之流通，扰乱我方经济建设之工作”为名，发布通告禁止法币流通。如有违犯者，除没收法币外，并按军法处罚。在日伪种种手段操纵下，法币无形贬值，失去市场，军用票则充斥市面，不断升值，成为日伪掠夺与榨取沦陷区资源的得力工具。

1941 年 1 月，日本扶持汪伪政府设立伪中央储备银行，发行中央储备银行券（简称“中储券”），但军票仍继续流通。1942 年 8 月，伪中央储备银行汉口支行成立，规定旧法币与中储券按 1∶2 比例兑换，限期收兑。至 1943 年 2 月，伪财政部全面禁止法币流通，伪汉口中央储备银行在武汉地区收兑法币两千多万元。日本确立“对华新政策”之后，开始用中储券取代军票，中储券成为沦陷区唯一的法定货币。为了掠夺沦陷区的物资和资源，日伪实行恶性通货膨胀政策，毫无节制发行中储券。据统计，仅 1941 年 1 月至 1945 年 8 月，在武汉发行的中储券就达 1 481 亿元，票面额由最初的 10 元增至 10 万元。中储券的发行无度造成沦陷区陷于严重的通货膨胀之中，武汉地区物价飞速上涨，百姓深受其苦。而日伪经济机构却乘机积累大批资金，增强了经济垄断及“以战养战”的实力。

日伪对货币体制严密控制的同时，更加快对武汉金融市场殖民化步伐。至 1941 年 7 月，在法租界继续经营的 20 家中国银行业务范围受限，只办理旧存户的收付，不办新户存放。华商银行处境艰难的同时，汉口欧美银行也陷入困境。由于沦陷后日军控制了武汉进出口贸易，欧美洋行无法开展业务，被迫停业或撤离武汉，欧美资本银行外汇业务大量萎缩。据 1939 年汉口浙江实业银

① 秦孝仪主编：《中华民国重要史料初编——对日抗战时期》第六编《傀儡组织（四）》，中国国民党中央委员会党史委员会编印，1981 年，第 1010 页。

行营业报告书记载："外商银行因进出口汇票告绝，客商往来停顿，亦无营业可言。"① 太平洋战争爆发后，英美等国成为日本的敌对国，英美等国银行被日本定为"敌性银行"而予以冻结、查封。汉口横滨正金银行奉命接收汇丰、比利时华比等西方银行。1941 年 12 月 15 日，汉口麦加利银行即由日军金融班接管，"库存法币 24 万余元，并有客存的大小铁、木箱数十件……日寇除将股票、债券及不能兑现的东西仍放原处外，所有库存现金及客存金银宝物等，均被劫取一空"②。至此，汉口的西方银行消亡殆尽。

太平洋战争打响后，汉口的华商银行也是在劫难逃。1941 年 12 月 11 日，日军宪兵查封中国官方银行中央、中国、交通三行办事处，强行劫走账册印鉴及 28 万多元库存现金。1943 年 1 月，在日伪政权扶持下，伪中国、交通两行汉口分行复业，"协助中央储备银行，巩固和平区域之金融"。之后，日伪推举中储、中江、中国、交通、商业、兴业等银行为常务筹备委员，出面组织"汉口银行公会"。汉口本土银行业因基本无力保持独立性，若要继续在汉经营，则必须与日伪金融体系合作。在这样背景下，盐业、汉口商业、上海、中南、大陆、广东、农工、通商等汉口 19 家银行加入公会，成为会员。日伪政权终于构建起的殖民化金融体系，成为日伪经济统制体系中不可或缺的一环。

三、榨取劳动力资源

出于维持军事和经济活动需要，日军采取种种手段对武汉的劳动力进行无偿掠夺。从 1938 年 11 月至 1945 年 7 月，日军在汉多次征工征夫，连老弱者也不放过。1939 年 10 月长沙会战时，日军在武昌征用民工 400 多人，强迫少壮者日夜不停为日军搬运军需物资，驱使老弱者成群结队到前线踩探地雷。1942 年，日军在汉阳县安乐乡慈惠墩开建机场，每日在当地强拉劳力 2 000 余人。1943 年日军大兴土木，修筑武昌徐家棚飞机场，又在武昌征夫 2 万余人，

---

① 涂文学主编：《沦陷时期武汉的经济与市政》，武汉出版社，2007 年，第 3 页。

② 《武汉金融志》办公室等编印：《武汉银行史料》，1987 年，第 262 页。

充当苦力。[1] 至于在武汉修补道路、拆除民房及为日军运送军用物资，日伪各兵站无不强拉壮丁，年老体弱者亦难幸免。劳工们在日军的压迫下做苦工，不得分文。1944 年 4 月，日军在汉口街头强抓人力车工人数千人，全市一片恐慌，关门闭市，车工家属痛不欲生，四处寻觅亲人。日军用火车将被抓车工赶运湖南，强迫做开山筑路等苦役，并对车夫分班编队，集体连坐，一人逃跑全班受罚。

为了统制劳工，榨取人力资源供日军驱使，1939 年 6 月，伪武汉特别市政府公布《武汉特别市统制劳工暂行办法》，12 月颁行《武汉特别市劳工统制法》。这些劳工统制法规定：不管在武汉哪个行业做工，都要找铺保，写申请书，伪警察局核验合格发登记证后，方可就业。广大工人由此被置于日伪军警的严密控制之下。日伪政府除制定诸多统制劳工的法规外，还策划建立工会，专门对工人进行统治。1939 年 8 月，伪武汉特别市劳工协会成立。1940 年 6 月，劳工协会成立苦力供给处，长期预备一些苦力，供日军随时征用。伪武汉特别市政府专门发出指示："工人复杂，应于雇用之前，详为考查，以昭慎重。"[2] 劳工协会为配合日伪"统制劳工"政策，通告规定限期进行劳工登记，劳工交登记费，取得劳工证后，方准就业，方准雇主雇用；未登记而在本市做工者，劳工和雇主都要受处罚。中日合办的中华兴业公司便利用武汉廉价劳动力，雇佣女工制造草包草绳以供军用。日伪对武汉劳力的掠夺与统制，无所不用其极，最终目的是为了最大限度榨取丰富而廉价的劳动力资源，满足其侵华战争的需要，执行"以战养战"的经济政策。

但在日军的刺刀之下，武汉工人没有屈服，而是利用力所能及的一切方法，与日伪展开斗争。虽然伪劳工协会三令五申，威胁利诱，但仍未迫使全市工人进行劳工登记。1941 年 11 月，日军进驻武昌第一纱厂，四处悬榜招募工人，原一纱失业工人应招者却寥寥无几。即使因生活所迫进厂的工人，也采取

---

① 《武昌市抗战史料汇编》，1948 年 11 月，武汉市档案馆档案，档案号：18—10—617。

② 《友军雇用苦力由码头工会供给》，《武汉报》1940 年 7 月 27 日。

怠工等方式不为日军生产，使第一纱厂的纱布产量极低。

四、征用市民房产

日军攻入武汉后，即对原国民党的政府机关、政府公产等一概视为敌性资产进行收管。其数量和规模，可从战后公产统计中略见一斑。据1946年，湖北省公产经理处对市内省属公产登记结果，汉口有公产房屋264栋、武昌有52栋、汉阳有8栋，基地2120处，面积14520丈（合159720平方米），田亩231处，面积322亩。[①] 沦陷期间，这些公产悉数被日军接管。

华商银行名下产业也尽遭日军占据。首先，行址皆被征用，如四明银行位于江汉路的行屋由日本兵站司令部住用，汉口商业银行在湖南街（今胜利街之江汉路至合作路段）的银行大楼先后被伪武汉治安维持会、伪武汉特别市政府“借用”。日本驻汉口总领事馆占用交通银行大楼，汉口宪兵队本部占用汉口中国银行大楼，日本宪兵汉口队占用了大孚银行大楼，日本陆军特务部占用了金城银行。其次，华商银行在沦陷前通过自建、贷款抵押等方式获取的大量房产，例如广东银行位于中山大道的楚善里房屋17栋，中国银行在华中里等处房屋128栋，中南银行在积庆里、方正里、辅德里等处的房屋173栋，金城银行在金城里、居仁里等处房屋114栋等，也被日伪占据作为军人宿舍或租与日商办公、居住及经营。如四明银行所有的四明里房屋被日军特务部收管后，沿江汉路街面119号房屋被国际运输租用，121号房屋被岩井洋行占用，里弄内123号房屋成为国际运输的职员宿舍。公共设施如善堂、会馆、救火社也难以幸免。据战后武昌市政筹备处调查，武昌元善堂、明德社、积善堂等22处房屋被日伪拆毁，家具等物被劫掠一空。

除政府公产、银行产业外，日伪还大肆侵夺市民产业。武汉沦陷前夕，大量武汉市民为躲避战火或举家迁往后方，或远避乡里、躲进租界。三镇人口大幅缩减，从沦陷前的125万人减少到1940年的31万人，其中汉口仅有15万

---

① 高尚智主编：《武汉房地产简史》，未刊，1987年，第86页。

人。“繁华市镇竟呈荒凉之景象，热闹商场，徒余鼠窃之惊。”① 日军入城后，趁机掠夺暂时空置的市民房产，不仅将财物抢夺一空，而且任意拆毁房屋，改做军用仓库、马棚、哨棚等。据 1952 年《武汉市人民检察署调查日寇武汉罪行的专报》记载，从 1938 年沦陷到 1944 年，日军及日驻汉领事馆拆毁汉阳棉花街、显正街一带房屋 800 栋，拆毁武昌武珞路一带民房 2 000 余栋、水陆街民房数百栋，拆毁汉口四马路、五马路、江汉三路、江汉四路、三新横街等地房屋 1 万余栋，拆毁三元里房屋 200 余栋，永清街及谌家矶民房 800 余栋。② 繁华地段的商用门面和其他房屋则被随日军同时而来的大批日本商人占据。如三菱制纸株式会社就以每栋每月 200 元价格，征用了汉阳武圣庙复兴里 1—4 号民房。对于日商的用房租金，尽管伪市政府以“保障人民产权”的名义，函商汉口军特务部“转饬各承租友商按月给租”③，但租金则交付到日本在汉的正金银行或者台湾银行，并不给予房屋业主。依附于日本侵略者的汉奸也巧取豪夺了大量市民房产，如伪国民党湖北省委委员李某，就攫取了武昌董家院、粮道街、武胜门正街、马道门、戈甲营、正卫街各类房屋、铺面总计 16 栋之多。

同时，以军事征用为名强行征用地产。1940 年，驻汉日军园部队为增派军队、强化军事占领，向伪汉口政府提出征用赵家条及罗家庄一带民房及土地修建军营工事的要求。同年 7 月 31 日，伪警察局致函伪汉口市政府社会局局长徐养之，请求免拆。到 9 月，日军不顾中国民众生活无着的困苦，开始强行驱赶居民，野蛮拆除民房，搜索财物，还闯入店铺，将商品洗劫一空，殴打、刀刺不立即搬迁的市民，并放火烧房，火势一直延伸到邻近的三眼桥、九万方、万家墩等地，各类民房、店铺，甚至寺庙也未能幸免，悉数被日军纵火烧毁。10 月 22 日，伪汉口市政府社会局制成《军事征用赵家条及罗家庄一带房屋土地青苗人口清册》，对财产损失情况汇总统计，日军共烧毁瓦屋 40 栋、草

---

① “武汉特别市政府秘书处”编：《武汉特别市政府周年纪念特刊·社会》，1940 年，第 3 页。

② 武汉地方志编纂委员会办公室编：《武汉抗战史料》，武汉出版社，2007 年，第 661 页。

③ “武汉特别市政府秘书处”编：《武汉特别市政府周年纪念特刊·市政府》，1940 年，第 71 页。

屋113栋，强占宅基地1 242平方尺、青苗用地886亩，以及工商企业房产及道路、寺庙用地1 066.7亩。事后伪社会局致函张仁蠡，请求根据伪汉口市政府财政局补偿标准，“准予发给拆迁费及大小人口青苗房基地亩等费，以恤民艰”，但因财力不足，补偿大打折扣，除官产房基地亩不予补偿外，其余均按照标准的4成进行补偿，根据伪社会局计算应补偿赵家条、罗家庄两地人口、房屋、地亩、青苗军费281 772元，但实际仅补偿97 874.8元。1941年，日军又在汉口征地7块，除万家墩至范家墩一带没确定外，征地面积总计183 516平方米，征地补偿费用也全由伪汉口市政府负责。

1940年，为了恢复城市经济和利于日本开展侵略战争，在日军特务部主导下，伪武汉特别市政府开始进行市民复归复业活动。对市民复归后因之而出现的房地产纠纷，当年9月伪汉口特别市政府成立房地清理委员会，对全市除“法日两租界及属于军事区域者暂缓办理外，其他如中华、日华、商业各区以及特别一、二、三区”，均进行调查登记。同时，对于房产“所有者不在本市居住而无正式管理人或代理人来会申请清理，或所提证件不合规定，以及产权发生纠纷，诉讼尚未确定之产业”①，由伪房地清理委员会代管。伪房地清理委员会成立后，日军陆续发还了一些房产，如1940年发还军部代管房屋16栋。对日商房屋租金，到1941年底，日本正金银行、台湾银行通过委员会共返还业主204 645元。

但归根到底，伪房地产清理委员会只是武汉沦陷后伪市政府下的装点性机构，不可能从根本上解决日军肆意侵夺市民房地产的问题。大多数被侵占的房产依然被以军事用途为名强行占据，到1941年返还给业主的租金也只占收取总额1 180 592元的五分之一。

综上所述，日军对武汉经济统制与掠夺的目的是“以战养战”，在具体实施中呈现出经济掠夺手段的多样化。统制物资，掠夺资源，垄断商品，扰乱金

---

① “汉口特别市政府秘书处”编：《汉口特别市政府二周年市政概况·房地产清理报告》，1941年，第1—5页。

融，榨取劳力，征用房产……手段无所不用其极，反映出日军为掠夺武汉占领区经济可谓费尽心机。凡此种种，不仅为日本坚持战争增添了经济支持，也使武汉经济遭受毁灭性的打击，给武汉市民带来深重的灾难。

第二节　民族工业的殖民化厄运

武汉是中国近代工业发祥地之一，至全面抗战前已发展成为规模庞大、门类齐全的近代工业体系，是当时中国内陆最大的工业基地和经济中心，钢铁、纺织、机器制造等行业在全国均占据重要一席。尤其是民族工业极为繁荣，在武汉纺织、水电、烟草、面粉加工等行业中居于主导地位。全面抗战初期，在国民政府的号召和支持下，大多数官办工业与民办工业远徙内地，保留下武汉地区工业的骨干和精华，但仍有一些民办工厂及设备未及搬迁。据统计，日军占领武汉时，武汉工业迁移的占 57%，被敌机轰炸损失 12%，还有部分工厂来不及搬迁而被国民党主动破坏，剩下的不足 30%。①

日本对华经济政策一向以掠夺中国民族企业、垄断中国广大市场为目标。武汉沦陷后，日军对战后劫余的民办企业以“军管理”“委托经营”“中日合办”等形式侵占，改头换面成自己独资或合资企业，大行掠夺之实。在日方严密经济统制及疯狂劫掠资源的状况之下，发轫于 19 世纪末的武汉民族工业遭到毁灭性打击，完全丧失了自我发展的能力，就此步入殖民化的无底深渊。

一、民族工厂沦入敌手

七七事变以后，日军侵占了中国华北、华中大片领土，这些地区集中了中国工业的精华，并拥有丰富的原料和燃料资源。对于这些战利品，日本政界、军方和企业财团各怀用心，目的不一。1938 年底，为了调和在掠夺占领区资

① 皮明庥、欧阳植梁主编：《武汉史稿》，中国文史出版社，1992 年，第 597 页。

源方面的分歧，日本内阁、军部和财阀之间就对华经济侵略的范围达成协议，把华中占领区的经济事业划分为“统制事业”与“自由事业”两种。“统制事业”包括日本本土所缺乏的国防资源、与军事活动直接相关的采矿业、钢铁工业、交通通讯事业、公用事业及与日本经济有“发生摩擦之虞”的蚕丝、水产等业，由日本国家资本与财阀相结合的华中振兴会社独占经营。如华中振兴会社下属子公司华中水电株式会社垄断了武汉电力。华中占领区内未划入“统制事业”的其他工业和商业，如纺织、面粉、火柴、烟草、啤酒、造纸等业及一般贸易商业，则不属于政府开发的对象，允许日本工商业主经营，称为“自由事业”。此类事业虽在表面上也允许华商经营，实际多被日军以“军管理”“委托经营”等方式霸占。

针对华中各地经济水平、资源状况不一，日方采用不同的经济形式，制定和实施有侧重点的掠夺。武汉是华中地区经济中心，近代工业体系完备。武汉沦陷后，日方不仅要垄断武汉广大的市场，还要经营各种工业产业，以就地取材，榨取原材料和劳动力价值。而经营各种工业的首要举措，就是对尚未拆迁、设备齐全的华商工厂，通过各种经济手段予以掠取和操纵：

“军管理”　根据日本“兴亚院”的解释，所谓“军管理”是依“国际公约”或“战时法规”没收“敌人官产”的行为，但因防止“不逞之徒”加以破坏，私人产业亦多暂为保管。① “军管理”可分两种，一为日军自行经营的军管理事业，一为委托经营事业。由于军队多不善经营，工厂大都委托日本会社代为经营，故以后者居多。委托经营事业虽有工厂的经营权，但工厂的控制权仍属于军队，日军可随时另委他人经营。日军在武汉实行“军管理”“委托经营”的工厂不乏其例，如 1939 年 2 月，华商穗丰打包厂被日军征用后，改为“军管理日本人棉花同业公会打包工场”。

“委任经营”　在对武汉自由事业的掠夺过程中，日方所采用的最普遍的

---

① 陈真、姚洛、逄先知编：《中国近代工业史资料》第 2 辑，生活·读书·新知三联书店，1958 年，第 438 页。

掠夺方式就是所谓的“委任经营”。委任经营厂系日本私营工商业者自行在华强占的工厂，与军管理委托经营不同，委任经营厂无论控制权还是经营权均控制于日本会社手中，与日本军队无关。武汉地区被日商劫夺又以“委任经营”方式经营的民办工厂为数不少，如日商东亚烟草公司经营南洋公司汉口烟厂等。

“中日合办”　是以各种方式迫使华商企业与日方“合办”，名义上是“合办”，实际上完全由日方操纵，是另一种掠夺方式。譬如1939年华商五丰面粉厂与日商三井洋行合资经营，改称汉口制粉株式会社。1940年中日商人合办武汉制茶会社，从事茶叶的制造及统制茶叶的运销。

“租赁”　并非出自华商的自愿，而是带有强制性的“租赁”，是变相的掠夺。1940年起日本三井洋行租用汉阳福和厂榨油机件，租期4年，每年租金日钞9 000元，扣除三井洋行垫付的修理费，实际每年仅支付租金日钞6 000元。

“收买”　日方用非常低廉的价格强行收买所看中的、对日方有较大利益或作用的华商工厂。如日商彰义低价购买康成酒厂，改设林大酒精厂。

在半殖民地的武汉，有的华商为了获得租界及外国特权的庇护，在租界开办工厂，改挂“洋旗”。武汉沦陷前，有的华商为了躲避战火，或将工厂迁入租界，或将货物寄存于英美商人的堆栈。日军侵入武汉后，租界当局“慑于威胁，无力抗拒，但为维持全租界之安全，只有牺牲中国人之权益，以换取军事冲突之避免”，使这些华商工厂及资产难逃日军的魔掌。1939年2月，位于特二区（原德租界）华商穗丰打包厂被纳入日军“军管理”。华商金龙面粉厂设于法租界，向法国领事馆注册登记，“挂旗”经营。初有赖法租界当局保护，尚能拒绝日方染指，坚持经营。但日商“垂涎本厂，勾通寇军特务部，由日领事向法领事严重交涉，始而强迫商厂出卖，继而强迫官厂合作，两者均遭严正之拒绝，终乃老羞成怒，欲以武力占领商厂”。[①] 法国领事顾及法租界安全，不使日军借口侵入，不再维护华商利益。1939年6月，日商拟定不平等合同，

① 汉口金龙云记面粉厂编：《汉口金龙云记面粉厂请求发还全案纪实》，1946年，第12—13页。

以“租金每月日金一千五百元正”租借金龙面粉厂，并改名为日东制粉株式会社经营。

1941年7月29日，伪汉口特别市政府实施关于外侨交易暂行取缔办法，将美国、英国等国列为实行取缔办法的指定国，规定“本市国人寄存于英美商栈之货物，如匹头、洋纱、海味、煤炭各项物，以针对英美冻结资金之故，非彻底清查，不能搬运”。① 冻结令的实施，使华商难以取回寄存于英美商栈中的货物。后经各同业公会再三争取，伪汉口特别市政府于8月初公布《搬取及纳入指定国人及指定国法人仓库物资办法》。华商要想从英美商栈中搬取属于自己的物资，依然面临手续繁多、严格审查等难题。1942年4月，日方曾准许将英美堆栈中的中国商人存货发还，随即又借口军用扣留一大部分，所发还的一小部分复受种种苛索，等于以价购买。

尤其是太平洋战争爆发后，日军进占汉口租界，不仅没收和接管英美等国工厂，还乘机大肆侵夺租界内的华商工厂。挂“洋旗”以外商名义注册的华商企业，被日军以“敌产”为借口全部接管，实行“军管理”。未挂“洋旗”的华商企业，大多也被日军侵占，纳入“军管理”体系。如武汉沦陷之初，中英合资利华打包厂因打着英商的牌号，得以维持运营。太平洋战争爆发后，利华打包厂被日军以“敌产”名目加以接管。

战前武汉对外贸易虽以外国商行为主，但也有部分华资商行从事外贸经营。日军占领武汉后，“工商事业均受军部（即日军军部）统制，而进出口贸易统制尤为严格。凡装运货物，无论出口、进口必先得军部许可。国人之经营斯业者，必假日商名义，并托日商报关装船，再由日商银行承做军票押汇，手续至为繁重”。② 华商传统外贸项目一落千丈，如桐油、牛皮、棉花出口等。据1941年《武汉报》报道，过去每年由汉口输出的生皮约10万担，多时超过20万担，“现在的出口，因为没有精确的统计，也就难以得知，不过出口的量

---

① 《国人寄存英美栈货，商会昨日开始登记》，《大楚报》1941年8月2日。

② 涂文学主编：《沦陷时期武汉的经济与市政》，武汉出版社，2007年，第2页。

一定是大减了”①。

在日方大规模掠夺和垄断之下，武汉地区民族工商业一派肃杀萧条景象，华商工厂纷纷陷入绝境，即使能开工生产，产品也难以外销，只能丧失经营自主权，转而生产军用产品，仰人鼻息，被迫成为日本的军需加工厂。除以各种名目侵占华资企业，日方在武汉也新建了不少日资工厂。这些工厂的资本来源大多为日方在华经济掠夺后的再投资，或是日本政府为贯彻侵华“国策”而特批的财政拨款，其中以日军掠取资源设立新厂为多。日军强行接收部分内迁工厂留下的厂房、设备，并将机器设备集中拼凑，设立新的工厂，委托日商经营，如华中电气股份有限公司、日华纺织株式会社、华中烟草株式会社、日华制油厂等均以这种形式建立。总之，无论是日方侵占华商工厂，还是设立日资企业，都具有明显的军事和政治目的，即依仗着军事占领下的超经济特权，利用武汉地区的人力、物力与财力，来掠取战略物资和巨额利润，为日军战时统制经济体制服务，提供“以战养战”的经济支持。

图 6-3　1938 年 10 月 27 日，日本兵在龟山上警戒，山下是一片残垣的汉阳铁厂②

① 涂文学主编：《沦陷时期武汉的经济与市政》，武汉出版社，2007 年，第 8 页。

② 邓正兵、朱莉主编：《武汉会战日方图片汇编》，武汉出版社，2013 年，第 191 页。

（一）机械工业

机械制造工业与军工有直接关系，日军把它作为重点攫取对象。武汉沦陷后，未及内迁的民办机器工厂计有 40 多家，1 500 余台机器，均被日军占据和抢掠。日军强占厂房，拆卸贵重生产设备运往日本，将残余设备拼凑起来，驱使中国工人开工生产军需品，满足日军侵华战争需要。大多数民办工厂由此陷于困境，朝不保夕，甚至在日军的蹂躏下破产倒闭。武汉民族机械工业损失惨重，元气大伤，一蹶不振。如吕方记机器厂原为武汉规模较大的轧花机制造厂，年产轧花机 900 台，沦陷后未拆迁完的机器被日军拆毁殆尽。洪顺机器制造厂为汉阳县人周文轩所创建，其厂房、设备全被日军焚毁。江岸机厂未迁走的部分设备，由日军第四野铁道兵北岗部队接管，强迫工人为日军修理军用铁甲车和机车，平均每年修理 20 至 30 辆。至 1941 年 4 月，经过整理复兴，武汉共有民办机器厂 72 家，职工 1 000 余人，但产品产量远不及战前水平，总资本更大为减少，仅为 174 万元，平均每家资本 2 万多元。

1942 年 9 月至 11 月，汉口日本商工会议所调查部统计：

> 武汉地区机械工业的投产工厂总数是 101 家，其中，日本人经营的工厂只有 13 家，其余的 88 家都是华人企业……从资本额来看，华人企业的 88 家工厂的总资本额是九万一千五百元（旧法币）……没有拥有一万元以上资本金的工厂，仅有一家工厂拥有一万元，有两家工厂拥有五千元以上一万元以下，其余大部分都是五千元以下的小规模工厂。①

至 1944 年 7 月，武汉机器工厂增至 125 家，但总资本不升反降，只有 116 万元，平均每家资本不足 1 万元。

（二）电力工业

武汉沦陷前夕，武汉民族资本经营的电力公司有汉口既济水电公司、武昌电灯公司及汉阳电气公司。1938 年 10 月，既济水电公司将 6 000 千瓦发电机组全套设备西迁四川宜宾电厂，将在汉业务交由英商汉口电灯公司代为管理。

---

① 涂文学主编：《沦陷时期武汉的经济与市政》，武汉出版社，2007 年，第 327—328 页。

武昌电灯公司电厂来不及拆迁，为免落入日军之手，全部自行炸毁。

武汉沦陷后，英商电灯公司虽与日方交涉代管既济公司事宜，但无济于事，以致“既济公司以及水电两厂、水塔等处，悉被日军占用，留汉员工亦多被迫退出。公司迫不得已，乃发给各该员工遣散费一月，暂行解散……而公司业务，至此遂完全停顿”①。1938年11月2日，华中水电株式会社强行占用既济公司留下的全部资产，于11月20日恢复发电，送往汉口水厂及日军驻地。汉阳电气公司厂房则被日军船舶修理厂占据，作为存货仓库。

整个沦陷期间，武汉工商凋敝，电气设备损坏严重，武汉民族电力工业由日本华中水电株式会社掌控，惨遭摧残。1936年武汉共有电灯户26 873户，沦陷期间减至12 061户，且多为日军日商占用。属于汉口“难民区”的汉正街、大夹街、长堤街、戏子街和福建街内，居民用电灯者仅373户，其余多用电石灯和植物油灯照明。在战时体制下，日军为了限制公共电力，甚至拆除汉口路灯专线，使路灯数量急剧减少。1940年汉口“难民区”仅存路灯292盏。

与生活用电、公共用电锐减相对应的是，日军军事用电剧增。1940年10月，为供应日军军事之需，华中水电株式会社拆去大批民用供电设施，架设临时线路，由汉口大王庙电厂分别向汉阳、武昌敷设两条长江、汉水水底电缆，向汉阳、武昌供电，首次联通武汉三镇电网，并以6.6千伏通电运行。1942年度，据华中水电株式会社统计，武汉全市总用电量2 471.42万千瓦时，其中动力占68.69%，主要供日军军事工业用电。② 太平洋战争爆发后，英商汉口电灯公司被日本华中水电株式会社强行接管。

（三）纺织工业

武汉是中国现代纺织工业基地之一。武汉沦陷前，大批民办纺织工厂内迁。沦陷期间，武汉民族纺织工业受到空前的浩劫和损失。震寰纱厂未及运走的250台布机及全部设备存放于汉口打包公司与德租界高宝堆栈，结果厂房被

① 《既济水电股份有限公司概况》，1949年，第10—11页。

② 武汉地方志编纂委员会主编：《武汉市志·工业志》下卷，武汉大学出版社，1999年，第1595页。

日军占为兵站，物资被掠夺。申新纱厂 2 万枚新纱锭及 395 台布机寄存在汉口英商万安、怡和洋行及美商中国汽车公司内，均被日军抢走。武昌裕华纱厂迁移时留下的动力设备及三道粗纱机等价值 57 万元的物资，被日军一并掠走，并强占其厂房为军用仓库。京东厂房则被日军用来开设酒厂。

由于欠英商安利英洋行债款，武昌第一纱厂未能迁走，全厂机器及价值 30 多万元的物资交由债权人安利英洋行代管。武汉沦陷后，安利英洋行以抵押权的关系，在武昌第一纱厂屋顶绘上英国标志，并派英人驻厂看守。日本泰安纱厂负责人获悉第一纱厂代理董事长程沸澜在汉，威逼利诱要求合作，遭其拒绝。1941 年太平洋战争爆发后，日军强占在汉英美产业，第一纱厂被日军军管理，交由日商泰安纱厂委托经营，并改名为泰安纺织株式会社，以 60 万元作经营资本。除一纱厂原有设备外，日军又从九江将英纱厂机器劫来，并运来官布局的部分机器，全部用来生产军用品。

图 6-4　武昌第一纱厂全景①

由于日军大量需要军袜、军衣、手套等，针织品需求量一时剧增，以军用品生产为主的纺织业得以畸形发展。印染企业从 1939 年的 160 户增至 1940 年的 327 户，针织企业由原来的 70 户发展到 1943 年的 315 户，其中不少企业由

① 唐惠虎、李静霞主编：《武汉近代工业史》上卷，湖北人民出版社，2016 年，第 378 页。

日商投资经营，如白木、后藤、中川、宏华等洋行和针织厂除有 12 部电动袜机外，还有数百部手摇袜机，生产军袜与军用手套。瑞康、三桥、和平、阿布市等日本洋行则控制整个毛巾业。

图 6-5　汉口江汉路上的三井洋行①

（四）面粉加工业

20 世纪 30 年代，武汉是中国内陆面粉生产量最大的城市。武汉沦陷前，福新、胜新、五丰等各大面粉厂纷纷西迁。福新面粉厂日产面粉 1 万包的机器设备及几十万条面粉袋、机物料等未及内迁，寄放于英租界英国沙逊栈房与美国汽车公司内。武汉沦陷后，这些资产全被日军掠夺，福新厂房亦被侵占，两座仓库拆毁无存，损失极为惨重。1939 年，金龙面粉厂被日商三菱、日东两家洋行以少量租金租借，改名为日东制粉株式会社，加工军粮，日生产 1 600 包。1939 年，五丰面粉厂负责人姚维章从香港回到武汉，与日商三井洋行合资经营。三井洋行将从上海祥兴面粉厂掠夺的制粉设备运至五丰面粉厂安装生产，并更名为汉口制粉株式会社，初期自产自销，1940 年后改为为日军生产面粉。

① 唐惠虎、李静霞主编：《武汉近代工业史》下卷，湖北人民出版社，2016 年，第 567 页。

由于日军的殖民掠夺政策，湖北农业生产受到严重破坏，武汉市场上面粉奇缺。武汉资本家看准商机，兴办了不少小型面粉厂及畜力磨坊。1939 年，陈尧轩建立尧记面粉厂，雇工 10 余人，日产面粉 300 包。至 1940 年前后，武汉已有小型面粉厂 12 户，日产面粉约 4 000 包，另有畜力磨坊 200 多户。为了使沦陷区经济服从于军事战略的需要，日伪政府强制施行一系列限制和控制面粉市场的法令，限定米粮价格，严禁多购米麦粮食，彻底切断武汉面粉市场与原料产地之间的联系。这些法令的实施对米面工业厂商打击极大，小型面粉厂只有秘密生产，以防日军查封。1940 年，汉口尧记与宝新新记两家面粉厂被日军发现秘密生产，即被没收一千多包小麦，工厂负责人也被拘留处罚。华资面粉厂由于受到严厉控制，加之原料短缺，纷纷倒闭。至抗战胜利时，武汉小型面粉厂仅剩 11 家，畜力磨坊 70 家。

（五）粮油食品业

武汉素为华中地区粮油商品的集散地及加工中心。武汉沦陷后，日军垄断武汉粮食市场，严格控制碾米业，将曹祥泰等米厂设备劫走，先后开设汉口、正伸、同益、长岛、正大及日华等米厂，为日军加工军粮。为了在困境中求生存，华商在汉口难民区开设小型碾米厂约 50 多家，1942 年增至 100 余家，1944 年已达 138 家。各碾米厂工人多则 10 余人，少则 1 人。华商自营米厂因粮源被日军控制，处境艰难，只能到汉口张公堤外秘密成交少量原粮，运进市内加工生产。有些碾米厂因无法维持生计，被迫转向经营，或利用石磨磨制杂粮供应市场，勉强度日。

武汉沦陷后，华商新泰油厂被日本三菱洋行霸占，改名三菱榨油厂。1941 年日商三井物产株式会社收并华商立丰油厂，改为日资控制下的日华制油厂。日军还占用华商信元油厂、福源油厂、中植汉口厂，榨制黄豆、棉籽、菜籽等食油，月生产能力 10 多万公斤，垄断了整个汉口榨油市场。而 12 家小型华商榨油厂月生产能力仅约 1 万公斤。1944 年，日军吕武集团急需柴油及润滑油，日军将占据的立丰、谦顺等华商油厂土地、厂房、设备委托日本第一工业制药株式会社经办，负责柴油、润滑油生产，为日军提供军需供给。

沦陷时期，武汉食品酿造业骤然萧条。留汉的食品厂多数因亏本宣告倒闭。据1944年汉口市食品制造同业公会会员册记载，只剩冠生园等59家，比战前减少三分之一。酿酒业也深受打击，南酒坊由原来的70多家减少至30多家。不少酿酒醋坊为生存被迫转向，专为日军生产军用酒精。太平洋战争爆发后，为了解决军队石油不足的问题，1943年驻汉阳县日军强占富源、华兴两砖瓦厂，改作酒精厂，勒令附近农民将所种禾稼活苗320余亩一律铲除，改种红薯，作为制造酒精之原料。1944年日商又在汉开办大二、出光等酒精厂及汉阳味精厂，生产酒精、酱油、南酒、味精等产品，控制了武汉酿造业。

（六）棉花打包业

武汉沦陷前，武汉有5家大型棉花打包厂，即英商平和打包厂、隆茂打包厂，日商日信打包厂，华商穗丰打包厂、汉口打包厂。武汉沦陷后，以华商刘季五、程栋臣等投资为主，英商安利英洋行参股的利华打包厂（原名汉口打包厂），凭借英商的招牌得以继续经营。太平洋战争爆发后，日军进占利华打包厂，该厂业务完全停顿。1939年2月，华商穗丰打包厂被日军征用后，在厂内设立“军管理日本人棉花同业公会打包工场”，录用原班机匠及打包职工，于4月开工打包。日方将营业室及库房占作驻厂部队办公室与军用仓库，并在厂内安置制机机器，作制冰厂，每日制冰50吨。太平洋战争爆发后，日军进占英商平和打包厂。武汉的棉花市场为日本人完全垄断，不仅之前停工的日信打包厂复工打包，英商隆茂、平和等打包厂也为日方打包。

（七）日用化学工业

武汉沦陷前，楚胜火柴厂因无条件内迁，被迫解散。日军进入武汉后，将该厂存放的机件设备及原料掠夺一空，搬至汉口球场街外的英商怡和牛皮厂，交由日商三井洋行经办，改为三井火柴厂，生产聚宝盆牌火柴，主要供日军使用，少量进入市场销售。由于工人多是从四乡强行拉来，备受欺凌与剥削，生产效率不高，虽然开动10部排梗机，日产火柴仅40至50篓，而且产品质量低劣。

武汉沦陷后，日军利用所强占的华商肥皂厂厂房及设备，先后在汉开设数家肥皂厂，占据武汉肥皂市场的垄断地位。其中日军强占曹祥泰肥皂厂，改名日华肥皂油脂厂，继续生产；掠夺太平洋肥皂厂的厂房、设备，开办第一工业株式汉口工场；又开办金龙肥皂厂、三民肥皂厂。这几家肥皂厂月产肥皂两万箱，行销三镇，独占市场。而中国商人开办的肥皂厂，1942 年汉口仅有 13 家，比战前减少一半，日产肥皂不足 200 箱。日商三松公司在汉口成立蜡烛制造厂，1942 年生产蜡烛约 1 万箱，供给民用和军用。

武汉沦陷时，绝大多数华商小搪瓷厂、小玻璃厂因原料来源及资金问题，处于停业状态，日商乘势取而代之。1940 年日商开设华中瓷器株式会社，把江西制瓷原料运至汉口，生产瓷器。湖北玻璃厂被日军占据后，停产平板玻璃，改产供日军军需的玻璃药瓶。1941 年，日商在汉口开设吉田玻璃厂，生产玻璃杯、磅瓶、装注射针药的真空管及酒瓶等。1942 年 6 月，在日军命令下，日商吉田洋行筹办武汉硝子（玻璃）器具制造工厂，于 11 月建成投产标本瓶、试验管、尿器、装置瓶等医疗器具，供应军需。

（八）烟草工业

武汉是近代华中最大的卷烟产地。武汉沦陷前夕，南洋烟草公司汉口烟厂已将主要机件器材和原材料等运往重庆，设厂生产，并将未搬走的机件物料以美商卫利韩公司的名义，寄存于怡和、太古、中央及天祥等洋行堆栈，汉口方面的业务即告中断。日军进入武汉后，大肆掠夺，将南洋公司的大楼、宿舍、厂房占为己有。以日军作后盾，日烟草经济也迅速扩张到武汉。1939 年 9 月，日商东亚烟草公司把从南洋公司上海厂掠来的卷烟机及原料等运入南洋公司汉口烟厂，开工生产。1940 年，日资共盛烟草公司在汉成立，资本百万元，生产礼拜堂、黄锡包等品牌香烟。1941 年，军管理日本丸三烟草公司强占颐中烟公司两个烟厂，武汉卷烟工业从此完全操纵于日方之手。1942 年 10 月，日商成立“中华烟草株式公社”。该社是日军烟草托拉斯组织，直接控制武汉卷烟制造与销售，并由旗下的日商东亚烟草公司、丸三烟草公司等经销。中华烟草株式公社将南洋烟厂改称“中华烟厂”，继续生产。此时厂内有男工 140 名，女工 740 名，大多为原南洋汉口烟厂解散工人，月产卷烟 3 000 余箱，生产白玫瑰、红玫瑰、美芳、指南针、梅雀、百合等牌香烟，于1945年9月14日停工。

（九）制药工业

武汉沦陷前，华商制药厂及药房有的内迁，有的解散，有的迁避法租界。日军进入武汉后，日本药房势力独大，占据武汉医药市场。丸三药房和武田药厂等相继复工。思明堂药房为了攫取暴利，变本加厉制造中将汤（调经药）、利比尔（治淋病药）及壮阳药。日军还开办军直营制药工厂，并强迫躲入法租界观望时局的华商药厂复业，供其驱使。此外，拜耳汉口分厂也开工生产六零六、阿斯匹林等药品。后因日本药商的倾轧及日军的刁难，产量大幅下降。武汉华商药业趋于衰微，由1936年的116户降至1940年的83户，为了生存，被迫以行贿等手段委曲求全。1943年1月，日商大新制药有限会社在汉口投产，资本金5万元，生产醋酸、杏仁水、硫酸铜等。

（十）建材工业

日军侵占武汉后，未内迁的民办建材厂有的机器被强抢，有的被无偿征用，有的被迫转产，遭受严重摧残。阜成砖瓦厂的动力设备被日军拆走，只能生产手工砖。汉阳恒泰砖瓦厂则被日本海军特务部强占，无偿掠走砖瓦各数十万块。1939年又将该厂移交日本品川白炼瓦株式会社，“所制造之红砖及洋瓦等大半均为军需纳入用品”。① 日军占用同惠、华兴、富源等砖瓦厂，改为生产酒精。为了乘武汉沦陷之机大捞一笔，日商森下秀雄与华商合营和记公司石灰厂，在武昌赤矾山开窑炼灰，月产300—450吨。日本洋行另在阜成石灰厂建立立窑两座，通过改造设备生产水泥，并更名为士敏土厂。日商隆华、大岩两家公司则垄断砂石业的生产经营。由于修建因战火而受损的城市建筑物的需要，并供给军需之用，日商还设立品川白炼瓦株式会社、三菱炼瓦工场、扬子工场公司，专门生产各类砖瓦。

---

① 《品川白炼瓦株式会社租用汉阳赫山农场挖土做砖供军用案》，湖北省档案馆档案，档案号：18-10-5541。

（十一）手工业

武汉沦陷前夕，武汉手工业工厂部分内迁，手工业者大多逃离武汉。在日军占领初期，皮革、皮件、沙发、木器、算盘等手工业因日军需求，一度有所发展。但之后由于日军严格控制原皮、木材等原材料，导致生产骤减，店坊倒闭，其中皮革、皮鞋、皮件铺店停业者近三分之二。因为材料短缺，铜器、白铁等金属制品业更是惨遭打击，工匠纷纷歇业回乡。红炉业则被迫为日军锻造军用工具，勉强维持生计。由于日军实行卷烟专卖制度，严密控制卷烟市场，机制卷烟供应匮乏，手工卷烟随之在武汉兴起。许多失业工人以手工卷烟谋生，主要集中于汉阳十里铺一带，约有百户。至1940年，汉口手工业能够维持生产的只有1854户，主要行业有木器业61户，竹藤业147户，皮鞋皮件业91户，白铁业260户，铜器业100户，板箱业100户，鞋帽扇业175户等。① 汉阳西乡是毛巾织造业聚集地，“该业在事变前，约达一百三十余户，其时基于原料便宜，生产化丰，获利亦颇不恶；事变后，复归复业，乃至现在，约计七十余户之多，较事变前户数减少十分之四五，生产亦较事变前约减削三分之一二”②。

武汉沦陷期间，不仅仅以上主要工业领域惨遭掠夺，其他各行各业均饱受摧残。就印刷业而言，日商开设“崇文阁”“饭田三宝堂”“木村”“新生堂”“武汉印书馆”等印刷厂，以较完备的生产设备，垄断了市场上的大宗印件，迫使不少华商印刷厂停止经营。

在造纸业方面，白沙洲造纸厂和谌家矶造纸厂内迁后，其厂房均被日军占作军用仓库。1940年，日方在汉阳开办武汉制纸株式会社，其设备除杨格式纸机系从山东运来外，其他生产设备均从武汉三镇各工厂内强行拆占，日产卫生纸1吨左右，专供日军需用。

在制冰业方面，1940年3月，日本水产汉口冷冻工场建成，日制冰量17

① 武汉地方志编纂委员会主编：《武汉市志·工业志》下卷，武汉大学出版社，1999年，第996页。

② 《毛巾业复业——织造发源地在汉阳西乡》，《武汉报》1940年8月1日。

吨，冷藏库收容量300吨，制冰与冷冻鱼肉。1941年7月，日商中华制冰厂复业。太平洋战争爆发后，位于法租界的和利制冰厂被日本海军接收，交由中华制冰厂委托经营，日制冰量18吨。

因缺乏原料及资金来源，外福星、胡有记、老太和、夏汉记、刘森记等许多华商小玻璃厂被迫倒闭。武汉地区的制茶业则完全置于日军控制之下。日方通过对武汉民办企业的控制，对武汉经济疯狂的掠夺与统制，掌控了武汉地区的经济命脉，为日军侵华打造出“以战养战”的后勤补给基地。

二、民族工业的殖民化

日军占领武汉的7年间，武汉经济实权全由日军所掌控，残余的民族工业惨遭掠夺，完全丧失自主发展能力。日方亦明言：“本市（即武汉）绾毂南北，地处冲要，过去为全国大商埠之一，商业辐辏，工厂林立，但事变后情形迥非昔比，各公司工厂均经停办，尤以工厂机件有搬往他方者，有全部拆卸者，恢复非易。”①

1941年，伪汉口特别市政府秘书处编写了《汉口特别市政府二周年市政概况》一书，其中列有一张《汉口特别市民营工厂调查表》。该表分化学、饮食品、烟草、纺织、服饰品、文化等行业，大致描述了全面抗战前与武汉沦陷后汉口民办工厂的经营状况，数据对比一目了然，从中可以看到沦陷后汉口民办工厂或毁于战火，或停工歇业，或被日商接办，或为日军侵占，趋于全面崩溃状态。

① “汉口特别市政府秘书处”编：《汉口特别市政府四周年市政概况·社会》，1943年，第29页。

表 6-1　“汉口特别市”民营工厂调查表①

事变前状况						现在状况		
业别	厂名	负责人	资本/元	年产值/元	工人数	厂名	负责人	备考
化学	华日药品	陈言之	6 000	40 000	49			歇业
	楚胜火柴公司	万泽生	60 000	617 700	500			町野部队 情况不明
	亚细亚火油公司	海益			60	亚细亚火油公司	麦克利	
	美孚火油公司	哈司			40	美孚火油公司	哈司	
	大冶煤油厂	郑昌	27 500	150 000	40			洞庭街 无此油厂
	德士古煤油厂	史德福			120	德士古煤油厂	杜亚廷	
饮食品	福新面粉厂	李国伟	1 500 000	6 000 000	323			警备队 情况不明
	裕隆面粉厂	马雨堂	50 000	3 500 000	136			均已炸毁
	金龙德记面粉厂	黄云卿	50 000	1 500 000	95	日东制粉金龙面粉厂	伊藤静夫	
	宝善机器米厂	陈秀珊	72 000	606 395	60			高木部队 情况不明
	曹祥泰机器米厂	曹慕尧	40 000	400 000	30			烧毁
	大生机器米厂	张伯先	30 000	360 000	30			烧毁
	福源油厂	方拍庭	50 000	1 800 000	78			航空堆栈
	信元油厂	潘裕	50 000	85 000	84			航空堆栈

① “汉口特别市政府秘书处”编：《汉口特别市政府二周年市政概况·社会》，1941 年，第 24—32 页。

续表

事变前状况						现在状况		
业别	厂名	负责人	资本/元	年产值/元	工人数	厂名	负责人	备考
饮食品	安利英芝麻厂	马克			340			停工
	振兴饼干厂	李炳炎	10 000	50 000	70			中和洋行堆栈
	嘉利蛋厂	克良	600 000		310			停工
	礼和蛋厂		500 000		140			停工
	培林蛋厂		400 000		58			停工
	美最时蛋厂	德商			190			停工
	安利英蛋厂	英商			175			停工
	瑞乐蛋厂	比商			37			停工
	太平洋茶砖厂	英商	1 000 000	750 000	376			歇业
	兴商茶砖厂	黄云浩	500 000	550 000	700			歇业
	新泰茶砖厂	英利			376			歇业
烟草	颐中烟公司硚口制烟厂	叶文司	700 000	14 976 000	1 042			停工
	南洋兄弟烟草公司汉厂	胡英初	11 250 000	87 510 000	670	东亚烟公司	竹本德身	
	大英烟公司	毕博司			1 760	大英烟公司	毕博施	
纺织	申新第四纺织厂	李国伟	920 000	7 300 000	1 565			警备队情况不明
	泰安纱厂		3 000 000	4 200 000	1 015			警备队情况不明
	亚东织造厂	杨云德	6 000	160 000	78			歇业
	远东布厂	刘仲文	8 000	50 000	41			歇业
	和兴织布厂	邓廷珍	10 000	30 000	55	和兴织布厂	邓廷珍	歇业

续表

事变前状况						现在状况		
业别	厂名	负责人	资本/元	年产值/元	工人数	厂名	负责人	备考
纺织	光华染织布厂	余荣廷	10 000	100 000	102			歇业
	瑞华纱线厂	倪子蕃	6 000	50 000	43			歇业
	第一毛绒厂	徐庭芳	50 000	100 000	33			海军仓库
	穗丰打包厂	郑苹民	1 000 000	350 000	32			现行交易
	汉口打包厂	刘守诚	1 000 000	180 000	650	汉口打包厂	英商	事变以前歇业
服饰品	茂利纽扣厂	顾公使	10 000	23 000	60			军区情况不明
	华太纽扣厂	李庆余	10 000	8 500	46			军区情况不明
	公大纽扣厂	日商	20 000	50 000	105			军区情况不明
文化	在东印刷所	马莘芝	5 000	20 000	31			匿不陈明
	新闻报印刷所	张云渊	10 000	55 800	39	武汉报		三井洋行住宅
	正义报印刷所	萧恩承	10 000	28 470	33			海军区情况不明
	扫荡报印刷所	袁企园	50 000	260 000	75			万太洋行三仓库
	中亚印刷所	郝季贞	30 000	40 000	40			
	颐中烟公司印刷所	胡竹平	1 000 000		303	颐中烟公司印刷所	马好里	丸山洋行食料
	大同报印刷所	陶尧階	4 000	8 700	37			歇业
	东方印务局	杜澄波	10 000	60 000	38			
	汉口圣教书局	文励益			44	汉口圣教书局	魏义柏	军区情况不明
	大光报印刷所	赵惜梦	50 000	22 714	53			歇业
	国华印刷公司	蔡荣生	2 000	12 000	31			军区情况不明
	武汉日报印刷所	王亚明	100 000	160 000	68			武汉日报不公开

续表

事变前状况						现在状况		
业别	厂名	负责人	资本/元	年产值/元	工人数	厂名	负责人	备考
文化	汉记印刷所	陈子良	20000	14016	42			军区情况不明
	中华印刷厂	陶菊泉	10000	35000	40			收歇
	大新印刷厂	赵义齐	20000	40000	37			歇业
其他	裕通粉袋厂	凌海洲	5000	100000	300			

在“军管理”“委任经营”“中日合办”等旗号下，日方对华商工厂巧取豪夺，使武汉民族工业被深深地打上殖民化的烙印。武汉民族工业成为日本垄断财团的附属品，日方直接经营或控股经营的武汉工业企业占绝对优势。为了抑制中国民族工业的发展，日方通过商品统制，垄断工业原料，甚至还生产冒牌中国名牌产品，以诋毁中国民族工业的声誉。沦陷之初，日商将日本扇面牌肥皂大量低价倾销，每块售价仅一角，以占领武汉肥皂市场。太平洋肥皂厂出产的青龙牌肥皂驰名武汉三镇，日军强占太平洋肥皂厂、汉口天伦制皂厂后，开办第一工业株式汉口工场，故意制造次品青龙牌肥皂，并提高售价，而将扇面牌肥皂列为军用品。1943 年夏，青龙牌肥皂每块售储币二元二角，到年终是五元；1944 年夏每块二十元，到年终是二百元；1945 年日军投降前是每块一千元。① 日商这样处心积虑，是要在武汉市民中造成中国商品物次价贵、日本商品物美价廉的印象，借此打击武汉民族工业品牌，便于其长期进行经济掠夺。

在日军统治之下，武汉大机器工业全部操纵在日本人手中，被边缘化的中国商人只能经营作坊式工场。而且这些工场多被日军集中安置于汉口难民区，即民族路、三民路及中山大道以南的汉水沿岸一带的老城区。这里一向为手工

① 何瑞保：《日寇侵占武汉后之商品统制》，中共湖北省委党史研究室编印：《抗日战争时期武汉人口伤亡和财产损失》（下），2010 年，第 712 页。

业繁荣的地区。1942年“难民区的工业在武汉全市的工业中所占的比重工厂数为23%，而资金数额占14%，产值仅占2%，职工数则为7%”。① 难民区工业规模小及产值低下，是由多方面的因素造成的。其一，市场销路缩小。难民区工业产品一般销往武汉周边，但沦陷区人民生活困苦，法币贬值，购买力弱，加之日军在武汉地区限制物资流通，工业品销路更加不畅。其二，原料供应匮乏。日军对武汉的经济统制与物资统制，使生产资料短缺。尤其是对外贸易的衰败使依赖进口的工业原料供应不足，严重影响中小工厂的生产活动。太平洋战争爆发后，工业原料多用于军事之需，使华商工厂生产更是因缺乏原材料而举步维艰。其三，生活费用高涨。因为经济不景气，失业者人数庞大，华商为降低工资成本，用管饭的方式雇佣工人，粮价上涨导致生活费用高涨，经营支出增加。其四，流动资金短缺。多数华商小工业者经济实力有限，缺乏流动资金，造成经营的困难。其五，燃料电力不足。燃煤及电力为工业生产的原动力，由于煤炭奇缺，价格昂贵，日方限制民用工业用电，“以电力为动力的工厂只有碾米业和日商二三家，事变前有些经营者利用电力的，现在由于节省动力也不使用电力了”。②1938年张华楷在汉口牛皮巷开办光华线厂，最初产品销路较好，每月有近千元盈利。至1939年以后，棉纱、染料均由日伪控制供应，加上当时实行灯火管制，电力供应不足，影响工厂生产。线厂为支撑局面，采取偷工减料办法，导致信誉大减，于1939年底宣告倒闭。

在战时殖民经济体制下，难民区华人小工业者陷入经营困境，堪称沦陷期武汉地区华资企业所面临的普遍性难题，导致华资工商业发展程度很低。一些华商工厂为求生存，只好与日商合作经营，如阮恒昌机器厂易名为“岩尾洋行”，为日军修理军车，生产自来水管及工具。除极少数华商米厂自营外，多数米厂被迫为日军加工军粮，按分配数量和交糙标准保证按时交米，一切要按日军规定办事。

武汉沦陷初期，由于作为战略物资的金属材料被日军所控制，华资金属制

---

①② 涂文学主编：《沦陷时期武汉的社会与文化》，武汉出版社，2005年，第243页。

品业大都停产转业，之后有所恢复。据《武汉地区工业调查报告书第十号（华人铁系金属工业）》统计：“1943 年当年恢复开业的工场合计 381 家，其中包括机器工场 84 家，翻砂工场 14 家，红炉铁器业 262 家，余下的还包括洋伞骨工场、袜子工场等 21 家……其资本总额为 134 508 元，工人人数为 1 395 人。平均一家业主有资本金 327 元，有工人 3.7 人。”① 这些小工场兼营产品的销售，主要进行订购式生产。当时占支配地位的订货方是日商或日本铁系工业者。日方订购的产品主要有军需品、日铁用品、水电用品等。华商业主根据日方订购商的要求，将部分工序分给其他业主分工协作作业，或以转包、租赁形式分配生产。由此，华资工场依附于日资企业，成为其承包工厂，被纳入日方一手打造的武汉殖民经济体系之中。日方利用这些工厂所生产的日用品与军需品，一方面直接为军事目的服务，满足日本驻军的需要，另一方面也作为交换农副产品的砝码，为其统制经济服务。

沦陷时期，中国官办工厂与民办工厂的命运同样悲惨，不是被破坏与掠夺，就是惨遭灭顶之灾。早在 1937 年 12 月 24 日，日本内阁会议决定的《处理中国事变纲要》提出，对于“旧中国官方机关和土地、建筑等，全部由我方接收，加以适当利用”②。全面抗战初期，尽管国民政府对武汉地区的官办工业开展有计划内迁，但仍有个别官办企业及设备未能迁完，遗留在武汉及周边地区。日军一进入武汉，凡是未及撤迁的政府所有或政府参股甚至沾染政府色彩的资产，一律视之为“敌产”，予以查封、冻结或当作战利品没收，如汉阳兵工厂、汉阳铁厂等厂房均被日军占作军用仓库。与此同时，对被没收的一些尚有生产能力的官办工厂，如汉口平汉铁路电灯厂、平汉铁路机务厂等实行“军管理”。

据战后 1947 年中国全国工业协会湖北分会调查战时武汉工业损失显示：

---

① 汉口日本商工会议所调查部编印：《武汉地区工业调查报告书第十号（华人铁系金属工业）》，1943 年，第 2 页。

② 复旦大学历史系编译：《日本帝国主义对外侵略史料选编（1931—1945）》，上海人民出版社，1983 年，第 256 页。

即以棉纺业而论，战前武汉纺锭仅及上海九分之一，于二十七万锭中竟迁川、迁陕达十五万锭之多。八年来在敌人炸弹威胁下，生产不间，供应军需民用不虞匮乏，事例至显。致于迁运未及中途惨遭破坏者及存留本市而遭敌人劫夺，以及沦陷期内遭盟机轰炸者，其损失数字更倍于内迁，如机械工业战前近四百单位，二七年（1938 年）迁至后方百分之二十五，拆卸而未能迁出者百分之四十，该项机件均密存武汉，后被敌人发觉搬移渺无踪迹。目前，尚能继续营业者均系以前小型工厂，其工作母机多已失去准确效用。据本会调查武汉机械工业之损失概况如下：

机械工业损失统计表

工作母机部数	3 800 部
吨位	2 980 吨
材料损失吨位	3 000 吨
全部损失百分比	72%

至于武汉整个工业在战时所遭受之损失，经本会半年来调查之结果，其统计数字如次：

武汉区工业战时损失统计表

机器损失吨位	14 220 吨
百分比	65%
材料损失吨位	11 200 吨
厂屋及附带设备损失百分比	61%

由上列各表以观，当能看出武汉工业服务于国家，贡献于抗战者最力，而所受之损失亦最惨。①

抗战胜利后，日伪所侵占的湖北民营厂矿由第六战区接管日方物资委员会

① 中共湖北省委党史研究室编印：《抗日战争时期武汉人口伤亡和财产损失》（下），2010 年，第 574—575 页。

接收。截至 1945 年 11 月，由该委员会接管，并转交湖北省政府组设的敌伪侵占民产清理委员会负责处理的湖北日伪资产共有 139 个单位，按照当时物价折合法币 110 亿元。另据国民党全国接收事业委员会的报告，截至 1946 年 5 月，“武汉区所接收的敌伪工厂共 73 单位（冶炼工厂 4 单位，机器工厂 7 单位，五金工厂 1 单位，纺织工厂 10 单位，化学工厂 12 单位，电器工厂 1 单位，服饰工厂 3 单位，饮食工厂 24 单位，印刷工厂 1 单位，其他工厂 10 单位）”。① 国民政府经济部则接收了华中水电公司、汉口水电公司等重要企业。被日伪所侵占的武汉地区民产数量之多，由此可见一斑。

至 1947 年，尽管武汉光复已一年多，但工业重建进展缓慢，特别是民营工业远不及战前水平，其主要原因之一就是战时及沦陷后武汉工业损失过巨，元气大伤，缺乏工业基础，导致经济难以复原。日军对武汉的工业掠夺，使从清末历尽艰辛成长起来的武汉工业精华损失殆尽，武汉作为全国内陆经济中心的地位骤然丧失，武汉工业现代化进程被迫中止。

第三节　商业的凋敝与畸形化

武汉自明清以来，就凭借其得天独厚的天然地理优势，成为华中地区的农产品集散中心，到近代后，武汉更是工业品转运内陆的重要一环。自汉口开埠有准确统计数据以来，汉口港即位列全国汉申津穗四大港口之一，尽管进入 1930 年以后，对外贸易额在全国的比重有所下降，但依然保持了国内各口岸前四的地位。三镇商业市场极为活跃，棉花、大米、桐油、猪鬃、蛋品等农产品年出口交货值居华中之首，并形成一套以商品中转为主要特点的商事习惯和

① 《武汉概况》，涂文学主编：《武汉通史·中华民国卷》（上），武汉出版社，2006 年，第 363 页。

商业经营规则。

武汉沦陷后，受商业腹地缩小和日伪经济统制政策的影响，武汉商业急剧衰败。战前，借助长江、汉水、湘江、京汉铁路等交通线路，“云贵、四川、湖南、广西、陕西、河南之货，皆于此焉转输”，构成了强有力的商业支撑；沦陷后，受战事影响和日军分区域占领策略，武汉商业辐射地区缩小为西达宜昌、襄阳等由长江和汉水夹成的狭长三角地域，以及东至九江，南到岳阳，北抵信阳，即日本第11军（吕集团）实际占领区。相较于商圈的缩小，日军的疯狂掠夺，才是导致武汉商业凋敝的最主要原因。出于长期战争的需要，日军进一步强化“以战养战”方针，谋求在华日军实现所谓“现地自活”，建立了一整套以掠夺农产品等战略物资为主要目的，与军票推行、轻工日用品配给、商品流通管制相互配合的畸形商业形态。

图6-6　沦陷之初汉口汉正街门可罗雀①

一、商品流通过程的全面管制

日军占领武汉后，即强制推行贸易许可制度，限制商品自由出入境。1938年10月，日军大本营制定了《华中方面占领地域一般商品出入境取缔规定》，

① 上海市历史博物馆编：《武汉旧影》，上海古籍出版社，2007年，第35页。

严禁沦陷区物资流向国统区和抗日根据地的同时，也限制沦陷区内部物资的流动。《规定》将各类商品分为三类：一是收买统制物资，包括棉花、麻、桐油、木材、皮革及毛皮、猪鬃、生漆、叶子烟等，除由指定的日商代日军收购外，任何人不准私自买卖；二是禁止移动物资，包括兵器弹药、火药及原料、鸦片及麻药等；三是许可移动物资，包括米麦、茶叶等农副产品和蜡烛、香烟、火柴等轻工日用品皆被列为搬出限制物资，其转运流通必须申请物件搬出许可证。

就武汉地区而言，物件搬出许可证由日军在武汉最主要军事统治机构之一的军特务部签发（陆路出境由陆军特务部签发，水路出境由海军特务部签发），而要申请搬出许可必须出示物件搬入地需求证明书，才有可能获得。“商人凡是由汉口运出之货，须申请军特务部发给‘物件搬出许可愿’（即许可证），方准出境。并规定凡申请发给‘物件许可愿’者，须先提出该地驻扎警备部队之实需证明书，经审核无讹后，才能发给”。① 日军特务部同时还规定了数量限度内物资出境不需领取许可证的种类及条件，计 12 种，其中粮食类如白米最高 5 斤，日用品糖 1 斤，棉布半匹等。

与之相配合，日军全面管控武汉对外水陆商品运输。就当时主要对外运输线长江航运而言，日军占领武汉后即宣布长江停航，“除日本海军管理之船只外，其他轮船概不准进出本埠”②，欧美等国的怡和公司、太古公司、亨宝轮船公司、美最时洋行、立兴洋行等驻汉经营远洋货物运输的轮船公司被迫停业。日军则于 1939 年 8 月将日本邮船公司、大阪商船会社、日清汽船株式会社以及三井、三菱、山下等日商航业公司组建为东亚海运株式会社，垄断了长江干线航运。到 1943 年 1 月，日军又在武汉地区成立了“武汉航运统制组合，其成员为东亚海运、中华轮船、上海内河汽船、武汉交通、双龙洋行。武汉周

---

① 唐兰樵、胡笑如：《武汉沦陷时期日军对棉纱棉布的统制与掠夺》，《湖北文史资料》1986 年第 3 辑。

② 曾兆祥主编：《湖北近代经济贸易史料选辑》第 2 辑，湖北省志贸易志编辑室，1984 年，第 336 页。

边的港湾运输被指定为华中运输、山九运输、国际运输三社经营”。① 华商和洋行要运输经日军特务部准许进出口的物资，在 1940 年 8 月以前，也只能“假日商名义，并托日商报关装船，再由日商银行承做军票押汇，手续至为繁重”②，并加收高昂的手续费，比如出口方面，“友邦商行（注：日本商行）承办由汉运申货物，近因承办及洽运者均多，故办法亦不一律，大致可分为两种：(一）照汉市货价估本收百分之二十之手续费，其余一切缴费由货主认付；(二）照上海货价估本收百分之三十之手续费，其余一切缴费概包括在内”。③ 但此后，假借日本商社转运物资渠道也被彻底封堵，“自八月间不论任何物品一律不得转运贩卖”。

图 6-7　在日军戒严之下，武汉中国国货公司关门停业④

① 《武汉的民船制造业的调查报告》，汉口日本商工会议所，湖北省档案馆档案，档案号：LS-J9.4-96。

② 《汉口浙江实业银行 1939 年下期决算营业报告书》，武汉档案馆档案，档案号：历 178-1-2。

③ 《聚兴诚银行汉口分行周报》第伍号，1939 年 3 月 22 日起至 3 月 28 日，武汉档案馆档案，档案号：历 104-1-107，第 43—44 页。

④ 唐惠虎、李静霞主编：《武汉近代工业史》下卷，湖北人民出版社，2016 年，第 579 页。

通过贸易许可制度和运输限制，日军牢牢控制了武汉的商品市场。汉口港进出口物资的种类和数量都有规定，“凡转运货物，无论出口、进口必先得军部许可”，但“军部准许出口者，仅限于若干种产量不多或利益微薄之货品，他如米麦粮食及桐油、棉花等大宗物产概在禁止之列”。① 武汉沦陷后，除日籍商行外，华商和欧美商行的进出口业务基本停顿。据 1940 年伪武汉特别市政府调查，在汉 66 家英美商行（含部分工厂和保险公司）中有 18 家停业，1 家暂时停业，28 家商务减少，3 家商情缩减，其余商行也只是苦苦支撑，维持门户。华商对外贸易则均告歇业。汉口所有报关行全部关闭。武汉正常的对外贸易基本停滞。从江汉关报告看，1937 年，汉口进出口总值 42 423 523 元，而到 1940 年，“运往外洋及通商各埠之土货，俱付阙如，其直接进口之洋货，共值国币 58 604 元，进口土货，共值 132 800 元，此项数字，乃仍包括二十七年（1938）进口而本年纳税之货物”。② 然而，这些纸面数据，仅能反映非日籍航运公司进出口情况，实际上日本依靠垄断对外贸易，从武汉运出了大量的农副产品等战备物资，并运进轻工日用品攫取暴利，但因日籍货轮“悉视为日军运输舰，其进出口吨数，海关统计中并无记载”。

同时，日军着手重建商会等商业组织，实现全面操控商业的目的。1939 年 11 月 3 日，在日方授意下，“武汉特别市商会筹备委员会”成立，开展商店登记，策动和组织各社会行业组织同业公会，到 1940 年 5 月，共登记商店 5 218 户，成立公会 110 业，是年 7 月 8 日，“武汉特别市商会”正式成立。在“本东亚提携之精神”，为中日“经济合作之实践”宗旨下，商会自诞生起就缺少独立性，而成为日伪在汉推行经济统制的工具。比如，1940 年 4 月，日军将申请物品搬出许可证交给商会办理，再由商会统一报送日军特务部核发。

日军还通过干预市场，直接调配商品，最大限度榨取各类物资。1940 年

① 《汉口浙江实业银行 1939 年下期决算营业报告书》，武汉档案馆档案，档案号：历 178-1-2。

② 曾兆祥主编：《湖北近代经济贸易史料选辑》第 2 辑，湖北省志贸易志编辑室，1984 年，第 336 页。

前，随着武汉周边局势逐渐稳定，受市民复归以及物资短缺的影响，商品需求量大增，物价普遍上涨，为赚取差利，商户原先储存在租界洋行内的避祸物资纷纷应市，并从日本洋行、上海购进紧缺商品，武汉商业市场一时呈现出畸形繁荣。但到 1941 年，英美对日经济制裁加剧，日本国内也出现严重物资短缺的情况，为维持庞大的战争开销，日军加紧了对华商业掠夺。首先，登记查封全市商民存储物资。当年 4 月，日伪颁布《处理指定人资产办法》，把美国、英国等列为实行取缔办法指定国，禁止指定国外侨在华开展商贸活动。伪湖北省政府也配合推出了《在指定国人经营之堆栈及店铺存储物件申请登记搬运办法》，要求省内商民在指定国外侨栈房之货物，必须进行登记，登记物品移动，必须向登记机关申请搬运许可证，并送请“该地方驻屯部队长署名盖印”才能有效。① 此项办法施行后，武汉商户原本存放在洋行堆栈的货物被悉数冻结，以布业为例，“即有益记、昌和、新昌、福利等三十八户，包括绸缎、呢绒、细布、斜纹直贡漂布等七万五千余匹”。② 太平洋战争爆发后，日军立即查封、没收英美等国商人在汉产业，变相掳夺华商在英美洋行堆栈内的封存物资。1942 年 2 月 28 日，驻汉日军特务部对封存物资提出在 1941 年 9 月以前登记者按照军方规定价格征发、以后登记全部没收两项处理办法。并且在汉口市商会设立经济调查处，启动三镇物资登记，范围包括“商店及居民存货（金银首饬[饰] 亦须登记）”，全面限制物资移动。

其次，实施商品配给制度。具体操作上，城市和农村有所差别。在城市实行商品统购分销，1942 年 12 月 24 日，“武汉经济统制事务处”成立，作为全市物资调查、配给、统制的执行机关，在商会及各业同业公会中指定商品特许经营店，向日本洋行购进商品，再按照公定价格分销给市民。1942 年 8 月 1 日，汉口食用油配给组合先期成立。1943 年 1 月 8 日，汉口纱布绸缎呢绒(又称纱布组合)、砂糖、卷烟、火柴烛皂四大组合成立。随之又先后成立了海

① 《武汉报》1941 年 8 月 12 日。

② 唐兰樵、胡笑如：《武汉沦陷时期日军对棉纱棉布的统制与掠夺》，《湖北文史资料》1986 年第 3 辑。

味、面粉、洋广杂货等配给组合，涵盖市民生活日用各个方面。

各组合配给形式不尽相同。砂糖、卷烟、火柴、皂、烛都以公定价格按户发售，“砂糖按户配给老秤（十六两）一斤，及首次卷烟按户计口配给予一百枝，均经全市各区指定配给代理店”，并视物资丰盈程度，每月配给数量不定。例如 1943 年 10 月，即规定当月“各区指定代理商店，开始实施凭证发售，火柴凭证按户发售一包，洋烛一支，肥皂售予三块”。①

纱布组合分为甲乙两组，其中甲组为经营纱布批发业务华商，“直接承受组合配给权益；凡是经营拆包、拆箱零售者，列为乙等。乙等又分为十级：每月承受分配给金额十五万元者为一级，十二万元者为二级，十万元者为三级，八万元者为四级，六万元者为五级，四万元者为六级，三万元者为七级，二万元者为八级，一万元者为九级，五千元者为十级，指定向甲等组合商店分受配给权益。综计当时全组合组员一百二十四户”。②

煤炭配给则由“湖北省经济局”负责，“凡搬入武汉地区之石炭无论数量多寡，除应由本局制定之收买［机］关悉数收买外，严行禁止卖与其他任何机关、团体、商店、行号”③，配给分为四级，“计特等店每家三吨半，甲等店二吨半，乙等店一吨半，丙等店一吨”。④

粮食配给稍有不同，其物资来源不是通过日本洋行，而是于 1942 年 12 月，在伪汉口粮食业公会下设粮食收买配售处，“实施统一收买配售，以维民食”，设置甲乙两组登记，其中甲组会员缴纳军票 2000 元，乙组会员缴纳军票 500 元，资金用以收买粮食，而在粮食分配上，“甲组会员配给四分之三，乙组会员配给四分之一”。⑤ 分配数量也视收购量的多寡而定。

---

① 《武汉报》1943 年 10 月 20 日。

② 唐兰樵、胡笑如：《武汉沦陷时期日军对棉纱棉布的统制与掠夺》，《湖北文史资料》1986 年第 3 辑。

③ 《武汉报》1944 年 1 月 11 日。

④ 《武汉报》1944 年 4 月 7 日。

⑤ 《汉口特别市市政公报》1942 年 12 月，武汉档案馆档案，档案号：bB1122/94，第 5—6 页。

在农村则通过合作社实行统购统销。合作社是日军物资控制触角向基层统治区域延伸的重要工具。1941年春，在日军特务部指挥下，“湘鄂赣三省合作联社”成立，辖区内各县通过维持会、商会、联保主任办公处等伪政权机构设立“合作社”，并在形式上隶属于“湘鄂赣三省合作总社”，但实际上所有业务，均由当地日军警备队就地管理。合作社既是日军在农村地区掠夺农副产品的重要机构，也兼具轻工日用商品统制职能。除棉花、桐油等特许日商洋行经营的统制物资外，农村地区“无论是工业生产的生活物资，或各县出产的土特产原料，凡是列在合作社经营范围以内的，非经合作社的许可，是不能自由运销的”。① “三省合作联社”成立一年多，即随着日军侵略范围的扩大，而予以撤销，转而成立各“省联社”。在“湖北省合作联社”筹备期间，“武汉合作社”实际上兼具了“省联社”的职能。

“武汉合作社”于1942年春正式开始工作，成员包括“汉口特别市商会”所属同业公会及商会直属商店会员、“武汉军需物产买付搬出组合联合会”所属各组合、“汉口宣抚用物资配给联合”所属各组合、军票交换用物资配给组合汉口支部所属各部等4个单位。各县合作社到汉货物，不能在市场上自由贩卖，只能由武汉合作社收购，并按照市价转售武汉合作社单位会员；需要采购的轻工日用品在向当地日军警备部队申请填发物资申请书后，由武汉合作社居间代为配购，并确定价格，转知各商品配给组合配发，双方不直接发生联系进行交易，商品货款也由武汉合作社从中分别结算。1943年4月，“湖北省合作联社”成立后，“武汉合作社”裁撤并将全部业务转移到“省联社”，但农村地区商品统购统销的模式没有因之发生根本性变化。

随着商品配给制度的全面推行，武汉传统的商业运作模式已荡然无存，转而在物资匮乏、供需不平衡、商人逐利本性等多种因素的综合作用下，形成依附日军—获取物资—向外走私获取巨利的变态畸形商业业态。配给组合施行后，尽管配给商品必须按照公定价格出售，但通过黑市渠道流入国统区即可以

---

① 宋少石：《日伪“武汉合作社”》，《武汉文史资料》1985年第3辑。

获得丰厚的利润，价格往往高出市价数倍乃至数十倍。市内商家皆争先恐后地加入配给组合，比如纱布组合，市内商户“千方百计陆续申请参加作为配给组合员的，还是日益增多”，到“一九四四年元月为止竟达到十二个行业五百九十六户之多”。① 以至于 1943 年 5 月，“武汉市经济局”对于食油、香烟、砂糖、纱布、洋广杂货等 12 类新申请的营业许可证一律停发。

二、日军商业掠夺机制的确立与变化

在限制物资自由流动的同时，日军依靠控制农产品土货的流出和工商业品物资的流入，建立一整套商业掠夺机制，榨取物资，为战争服务。

武汉沦陷后，日军即以军需物资储备机关军经理部货物厂为中心，网罗在汉日本洋行，设立军需物资搬出组合，形成以满足军需为主要目的的农产品物资收购体系。米、麦等各类农产品在日本洋行购运到汉后，由货物厂按其定价先行买付，剩余部分再投向武汉市场或者运往日本国内及华北、东北地区。军需物资搬出组合细分为桐油、生丝、兽禽毛、蛋及蛋制品、兽肠、皮革、棉花、麻、谷肥、漆、油脂、山货、石膏、矿石 14 个组合（也有 16 个的说法，另加茶业和烟草业组合），② 进而组成“军需物资搬出组合联合会”。每个组合之下，又由若干个日本商社组成，如米谷组合是在 1939 年 8 月，由货物厂组织在汉 14 家日本商社三井、三菱、大仓、岩井、日棉、瀛华、吉田、万泰、嘉秦、万谷、荣泰、黑濑、石琢、源泰组成；棉花组合则由东棉、日信、三菱、瀛华、江商、伊藤忠、吉田、阿信布 8 大日本商行组成。

配合农产品收购，日军还制定了输入物资统制政策。先后建立“汉口宣抚用物资配售组合”“军票交换用物资配给组合汉口支部”，专营各类输入的工商业品。1938 年后，内运到武汉地区的工业品物资都被称为宣抚物资，包括棉

---

① 唐兰樵、胡笑如：《武汉沦陷时期日军对棉纱棉布的统制与掠夺》，《湖北文史资料》1986 年第 3 辑。

② 冯天瑜、刘柏林、李少军选编：《东亚同文书院中国调查资料选译》，社会科学文献出版社，2012 年，第 742 页。

纱棉布、海产品、建筑材料、工业药品等，均由指定的日本洋行经营，到1940年汉口宣抚用物资配售组合内约有各类日本洋行500家，月输入物资总额在1 500万元左右。由于武汉地区物价高企，而日本国内实行低物价政策，货物运汉能够获得丰厚的利润，大量日货蜂拥到汉。据统计，在1939年9月以前，到汉的宣抚物资中，日本物资占据总额的80%。为避免日本国内通货膨胀，维持低物价水平，1939年9月，日本当局发出对流通日元的区域输出统制令，限制日本物资外流。武汉输入物资来源构成出现明显翻转，到1940年5月输入的1700万元物资中，来自日本的只有200万元，剩余1 500万元来自上海。然而这又带来了一个全新的问题，从上海输入物资暗中支持了法币，导致强行与法币挂钩的军票面临价值下跌的危险。

1939年8月，为在物资流通中保持军票价值，同时扩大军票流通面，保证军票实际购买力，华中派遣军经理部召集陆海军、大藏省、兴亚院及日资银行等方面的驻华机构人员，组成军票对策委员会，在上海成立华中军票交换用物资配售组合（即军配组合），采取与军票挂钩的方式，统制华中地区大宗物资供应，保障军票价值。随即在汉口设立支部。军配组合下设棉纱布、人造丝、毛绒毛织物、工业药品、染料、纸张、砂糖、谷肥等8个专业商品部。各商品部也由日本大商社构成，如棉业部主要业务是通过日商阿布市、日棉等商社从外向华中输入棉布、棉纱等棉纺织品，然后由下属各个支部或派出所实施配给。

随着军配组合的正式出笼，日军商业掠夺机制全面确立。军配组合的根本意图在于“用最少量的物资回收最大量的军票，从而维持军票的价值并扩大军票的流通量”①，在掌控输入物资种类、数量的前提下，通过提高价格，以高定价策略套购农产品。如以白糖和二道机米对比值来看，在沦陷前1930年至

① 黄美真、李占才：《日伪对华中沦陷区经济的掠夺与统制》，社会科学文献出版社，2005年，第107页。

1936 年，以平均批发价格计算，每 100 斤白糖可换购大米 231.02 斤，① 而到 1942 年 8 月，汉口白糖对次等机米的比值达到约 1∶3.72，即 100 斤白糖可换购大米 372 斤。② 通过控制金融，日军在沦陷区首先套购农副产品，再通过军配组合物资的配售，回收流向市场的军票。既维护了军票的稳定，又实现了以少量输入物资套取农副产品的目的。

同时，采取低价收购政策。在农产品收购过程中，直接压价盘剥。货物厂指定的收购价格，往往远低于市场价格，如以 1941 年汉阳县为例（见表 6-2），除小豆和二等大豆外，其他农产品收买价格都低于市场价格的 50%以上，小麦价格甚至只有市价的 30.1%。

表 6-2　湖北省汉阳县日军货物厂农产品收买价格与汉口市场价格对比（1941 年度）③

品目	日军收买价格（元/百公斤）	汉口市价（元/百公斤）	比值
白米（1）	24.65	79.36	31.1
白米（2）	23.20	68.38	33.9
小麦	11.90	39.57	30.1
大麦	10.80	23.88	45.2
玉蜀黍	9.35	22.93	40.8
蚕豆（1）	9.00	29.19	30.8
蚕豆（2）	8.55	18.13	47.2
豌豆	12.50	26.42	47.3
小豆	28.00	40.40	69.3

① 曾兆祥主编：《湖北近代经济贸易史料选辑》第 3 辑，湖北省志贸易志编辑室编印，1984 年，第 23 页。

② 数据来源："汉口特别市政府秘书处"编制，《汉口物价》，《汉口特别市趸售物价表》中数据换算得来。

③ 转引自浅田乔二等著，袁愈佺译：《1937—1945 日本在中国沦陷区的经济掠夺》，复旦大学出版社，1997 年，第 66 页。

续表

品目	日军收买价格（元/百公斤）	汉口市价（元/百公斤）	比值
大豆（1）	10.30	22.79	45.2
大豆（2）	9.50	16.43	57.8

而且军纳价格往往低于日本商社的实际收购价格，如汉川县指定的军纳价格与实际收购价格为：

表 6-3 汉川县指定的军纳价格与实际收购价格对比表

品种	大麦	小麦	大豆	高粱	玉米	蚕豆
军纳价	28	22	16	17	18	18
实际价	27	33	18	25	23	20

日本商社要承担的差额亏损部分，则以经营工业品物资（也被称为代偿物资）所获利润弥补。军需物资搬出组合内各日本商社，往往同时兼具经营军票交换物资配给的权力，如吉田洋行不仅是棉花组合指定八大收购商之一，也是军票组合棉纱布商品部组员，其经营棉纱棉布获取的利润足以填补收购过程中发生的亏损。

在掠夺机制确立后，日军农产品收购方式和输入物资配给模式，并不是一成不变，而是随着战争形势不断做出调整，大致可以分为三个阶段。在 1940 年以前，是以日本商社通过诱引部分华商利用原有商业渠道从武汉周边采购，如米粮运销就遵循“农民—商贩—地方粮行—汉口粮行—日侨商社—货物厂”的流通轨迹。但到 1941 年，随着美国对日经济封锁日趋严密，日本不得不加大了对华物资掠夺的强度，就武汉地区而言，吕集团不仅要实现自食其力，而且要向日本、东北和华北供应米粮。为此，吕集团采取了军自体生产地区直接买卖交易的方针，即货物厂本厂在当地主要物资集散地设置货物厂分厂、营业所、调办所，由各驻地兵团自行进行收购。目的在于跳过华商，把收购机构直接建立在农村产粮区，最大限度地榨取农业物资。收购模式也呈现多元化。有的依托各地合作社及保甲制度直接收购，有的则由日本商社分包收购。如吕集团军货物本厂就军直辖的长江与汉水之间的平原地区，一方面由常驻汉口的武汉合作社收购，另一方面由武汉军需米谷组合 14 家商社分摊出资 20 万元，与定国军（汉阳军）出资部分组成收购组合，按照货物厂划定区域进行农产品收购，形成二元收购机制。

但收购的多元化也带来诸多问题，各日商囤积商品，哄抬物价，再加上农业连年减产，如以新堤镇为例，太平洋战争爆发后，农业产出锐减，民需物资供应紧张，武汉地区各类商品价格飞涨。

表 6-4　湖北省沔阳县新堤镇在太平洋战争爆发后的农产品上市情况①

品目	战前（单位：吨）	战争期间（单位：吨）	比例
白米	2 000	1 590	79.5%
稻谷	5 000	2 062	41.2%
大麦	500	461	92.2%
小麦	2 500	574	23.0%
高粱	1 250	1 265	101.2%
大豆	10 000	3 864	38.6%
蚕豆	3 000	141	4.7%
棉花	2 000	1 832	91.6%
麻	1 750	156	8.9%
合计	28 000	11 945	42.7%

1942 年吕集团再次对农产品收购方式进行改革，当年 6 月，吕集团颁布《对敌封锁和现地自活纲领》，主要内容为，对吕集团军的军需物资和民需物资实行统制配给，实现物资许可的一元化领导，对原来分散各地的农副产品收购组合进行改组，每一个地方指定一家商社负责军纳物资和代偿物资的经营，使

① 转引自浅田乔二等著，袁俞佺译：《1937—1945 日本在中国沦陷区的经济掠夺》，复旦大学出版社，1997 年，第 44—45 页。

原有的多数小商社经营农副产品的分散收购体制转换为少数大商社集中收购的体制。①

各地指定商社的具体情况为：

> 货物本厂管辖地区：1. 湖北省平原地带为三井洋行；2. 长江下游地区及汉阳县为三菱商事；3. 京汉线信阳以北及嘉鱼县为瀛华洋行；4. 武昌县为武汉合作社。各地货物厂分厂制定商社的具体情况为：1. 货物厂九江支厂为九江米谷组合；2. 货物厂沙洋支厂为日本棉花；3. 货物厂沙市营业所为吉田洋行。各兵团管辖地的指定商社为：1. 应城县为应城合作社；2. 岳阳县为九鬼洋行；3. 荆门县为春物。②

以沙市为例，改革后军需谷类物资收购指定商社为吉田洋行，吉田洋行再把收购任务分包给东洋棉花、江陵杂谷组合、荆沙共荣会以及本地的李修珍粮行、沙市谷类总收集所等日人商社或者华人粮行。而特定物资也指定了专门的日本商社，棉花为吉田洋行、东洋棉花，非铁金属为昭和通商，生漆为齐藤洋行、水田漆行，皮革为日华原皮。③

工商日用品的分配也进行全新的规定。在吕集团同时颁布的《货物厂调办地区代偿物资利用要领》中规定：一级商社下属商号之间的代偿物资利润分配由各一级商协商，但必须保证代偿物资运转得顺畅；军票交换用物资的零售价以同一商社在武汉购入地的原价加适当利润确定；贩卖代偿物资的差价由当地货物厂调办所长确定并同时报货物厂厂长。④

吕集团意图通过一元化的物资统制，把商品定价权控制在手中。但随着太

---

① 真铜政治：《江陵县经济概况调查书》，汉口日本商工会议所，湖北省档案馆档案，档案号：LS-j9.4-85，第85—89页。

② 真铜政治：《江陵县经济概况调查书》，汉口日本商工会议所，湖北省档案馆档案，档案号：LS-j9.4-85。

③ 真铜政治：《江陵县经济概况调查书》，汉口日本商工会议所，湖北省档案馆档案，档案号：LS-j9.4-85，第63—64页。

④ 真铜政治：《江陵县经济概况调查书》，汉口日本商工会议所，湖北省档案馆档案，档案号：LS-j9.4-85，第85—89页。

平洋战争的扩大，日本急需从中国国内抽调兵力补充太平洋战场，不得不以放松物资统制为条件，拉拢汪伪政府，因此到1943年，吕集团商品流通控制权向武汉伪政府“转移”。

三、汪伪政权宣战后日本商品控制权的“移交”

1943年1月9日，汪伪政府发布对英美宣战后，立即就物资统制权的移交问题与日本驻华军政机关进行协商。经过两个多月的持续谈判，双方最终达成妥协方案，汪日双方联合设立物资统制审议委员会（物审会），作为华中沦陷区物资统制的督导机关；由汪伪政府指派沦陷区工商界有力人士组织“全国商业统制总会”（“商统会”），作为华中沦陷区物资统制的执行机关，日方工商界不参加这个组织的上层机构；“全国商业统制总会”之下设立各种专业统制委员会，由汪日双方成立专业商行联合组织，负责执行各项统制物资的收购、配给及供应业务。①

根据所谓《全国商业统制总会暂行条例》，“商统会”负责统制物资之收买、配给，沦陷区各地域物资交换之营运，输出物资之供给，输入物资之配给，政府委托军需物资之采办等等。按照方案，“全国商业统制总会”下设米粮统制委员会、棉花统制委员会、粉麦统制委员会、油粮统制委员会和日用品统制委员会，基层组织为汪日两方组织的各同业联合会及各同业公会。

1943年3月15日，“全国商业统制总会”在上海成立。同年8月1日，汪伪政府制定的《长江上游地域物资收买及移动通知暂行规程》正式开始实施，对汉口及湘鄂赣三省沦陷区各类物资的收买及移动，做了详细规定。以此为标志，武汉地区原吕集团的物资统制权利向“全国商业统制总会武汉分会”（“商统会武汉分会”）移交。“商统会武汉分会”成员：理事长，中江实业银行理事长石星川；理事，湖北省合作社长杨伟昌，“汉口市商会”理事长李鼎安，“武昌商会”理事长胡树南，交通银行支行经理龚敖鱼，小岗三井支队长，岩

---

① 黄美真、李占才：《日伪对华中沦陷区经济的掠夺与统制》，社会科学文献出版社，2005年，第514页。

崎三菱支队长，日本人棉花组合长本田，日本人油料副组合长山本；监事，中央储备银行经理洪学周，中江实业营业处长周焕章，中国银行经理谢舞官，日本商工会议所理事真铜，正金银行支行长三好。

但“商统会”只是在名义上拿到了物资统制权，在各类“中日同业公会”农产品收购中，日方依然占据主导，相比华商，日商处于压倒性优势。以武汉棉花收购为例，“商统会武汉分会”成立后，棉花由日商八大棉花商行垄断的情况出现松动，汉口棉商龚藻堂联合同业成立汉口棉业公司，下设寿昌鸿、慎德、公太、公新四个花号，与日商八大棉花商行，组成“中日棉花同业公会”。“中日棉花同业公会设有理事会或委员会的组织，协议公推正副会长三人：正会长一席，由日信与东棉两家洋行大班每年互换担任；副会长二人，中日双方各占一席，日方由日信、东棉以外六行推定一人担任”。双方采取划片收购的方式，设立第一和第二收买部，“第一收买部划归日本八行担任，第二收买部划归汉口棉业公司担任”。日商基本把持了主要产棉区，而棉业公司仅划定天门、京山、黄冈等十余县为收购地区。这些地区绝大多数都是次产棉区。

同业公会同时具有配售工业品物资的权利。再以棉花为例，武汉地区禁止棉花跨境流动，棉农只能将手中棉花售予“中日棉花同业公会”在各县设定的收购点，但因价格过于低廉，棉农售棉态度消极，公会即以获配的市面缺乏生活物资，以物资交换的形式，换购农民手中的棉花，提高农民卖棉积极性。配给的物资包括食盐、布匹、食糖、肥皂、香烟、火柴等。第一年（1943—1944）配给物资约占棉价总金额的35%，第二年（1944—1945）因工业产品进一步枯竭，比例降低，约占总金额的20%。

但就农产品收购成效来看，实际数与预定目标相差甚大。以棉花为例，武汉地区棉花收购1943—1944年跨年度合同签订双方共为100万担，其中汉口棉业公司占7万担，但仅完成4万担；1944—1945年合同为130万担，棉业公司占14万担，也仅完成5万担。①

① 朱伯龄：《日伪时期汉口棉业公司内幕》，《湖北文史资料》1986年第3辑。

同时，日本还继续把持着对外贸易，并控制对华工商日用品的输入。1943年4月1日，日军正式停止军票发行，并启动回收工作。因此，与军票发行相适应的军票配给组合就失去了存在的必要。1943年7月1日，日方决定“对军配组合及其他经营物资、输配联系等业务的贸易统制机关进行整理统合。在此基础上，设立“中华日本贸易联合会”，率先强化交易部门，以确立（与汪伪政府）协力的态势”。①“中华日本贸易联合会”（“中贸联”）实际上承担了军配组合工业品输入的职责。

“中华日本贸易联合会汉口支部”（“中贸联汉口支部”）于1944年3月成立，其目标是“为谋一般物资对日输出输入（包含新上海搬出搬入）交易统制运营之一元化，及确保输出物资计，并对于商统分会之收集业务作侧面协力”。物资输出由其辖下之会员组织，采取委任制度，“对日输出物资，原则上由支部向武汉地区之物资收集者与（予）以大量之购买，复由支部负责输出日本或上海（向上海搬出物资，后由中贸联本会办理向日本输出手续，再大量向日本输出）”。而紧缺的工商日用品，“物资输入方面之业务，当以支部自身处理为原则，但不得已时得委任业者从事之”。② 如煤炭运输，“特指定三菱、大华、大冶武昌制炼所、品川、武汉煤焦贩运商等六商行专权采购”。③

从上述分析上看，汪伪政府只是在中央政策层面上掌控了物资统制权，并在具体农产品收购中打破了日方垄断，分享了部分利益，但在工商日用品来源、农副产品收购都被日方主导的情况下，商统分会物资配给权只能徒有虚名，而汪伪政府则承担了为日军提供军需物资的责任，进一步被绑架到日本的战争列车上。

---

① 陆伟：《“军配组合”与战时日本在华中的物资统制》，《党史教学与研究》1999年第4期。

② 《武汉报》1944年4月7日。

③ 《武汉报》1944年5月5日，武汉市档案馆档案，档案号：bW2/450。

第四节　欧美资本的衰败与湮灭

汉口开埠以后，外国资本涌入武汉，建洋行，设工厂，使武汉成为外国资本工业的集中地，其中以英、美、德、法等欧美国家为主。它们资本雄厚、技术先进，且享有多种政治、经济特权。当时“汉口虽为我国内地重要之商埠，其经济动脉之责权，则恒操作于欧美商行之手”。① 日军占领武汉地区后，以军事力量为后盾，侵占大量华商工厂，利用所掌控的丰富的原料资源及较强的经济基础，扩充日资工业力量，排挤欧美资本势力，垄断对外贸易及各行业，在与欧美资本的竞争中处于有利地位。直至太平洋战争爆发后，最终排除欧美经济势力，独占武汉市场，控制了武汉的经济命脉。

一、欧美洋行式微

全面抗战以前，武汉对外贸易主要操纵于洋行之手。这些洋行组织如密织的蛛网，渗入武汉社会经济的各个领域，诸如英商太古、怡和洋行控制长江航运，美商美孚、德士古及英商亚细亚 3 家石油公司垄断石油贸易，瑞商德昌洋行主办肠衣出口，英商和记洋行占蛋品出口之大宗。其他如茶叶、猪鬃、桐油等农产品的输出，也几乎为洋行所独占。武汉沦陷后，日本势力侵入西方资本集中的武汉地区，伴随着日本加强对占领区的经济掠夺，围绕着在华经济利益问题，日本与欧美资本之间的对立日趋剧烈。对于在汉的欧美洋行，日方刻意实施种种限制政策，排斥美英经济势力。

首先，日军统制武汉的航运业，实施贸易许可制度，限制欧美洋行航运贸易。

战前，长江流域的交通主要依靠水运。日军进占武汉后，即以运送战略物资为借口封锁长江，对长江航运贸易严厉统制，除日本海陆军管理的船只外，

① 伍宗培：《汉口工业之展望》，《武汉报》1944 年 10 月 22 日。

禁止各国商船航行长江。由于日军强行控制长江航运，英美等国航运业急转直下。据1939年报载，“日舰自封锁中国沿海各口岸，拒绝开放长江珠江，阻挠各国商轮行驶，任意检查扣留，故意为难，企图独霸各地航业，同时竭力扩充在华航线。于是，英美法德各国对华航业均受影响，异常衰落，而日本突见起色，商轮出入，跃登首位”。① 为了独占长江沿线的贸易利益，日军于1939年1月宣布禁止武汉向上海运送钢材、碳、煤、麻、棉、羊毛、皮革等物资，之后又规定“武汉与上海之间超过一千元以上的货物往来必须有日军发放的许可证方能运输”。② 1939年5月，日方甚至强行扣留各国在汉航运轮船，不许其下驶上海等地。“扬子江以往航运繁盛，今则呈荒凉景象。由汉至沪，水道中颇为凄凉，两岸城镇亦荒无人烟。”③

由于长江航路被阻滞，欧美洋行货物难以从水路输出武汉，洋货亦无法输入，武汉对外贸易一落千丈。1939年12月，在英美等国交涉下，经研究，日军华中联络会议制定了《开放长江的限制要点》，确定“在‘不得从事援蒋利敌活动’或‘有碍我占领区治安或违背我方作战需要’的限制下，实施最低限度的长江开放”。但由于只有日商才能从日军特务部申领物件搬运许可证，华商和洋商要想从汉口转运货物至上海，只能与日本商行合作。日商则按货物市价20%—30%收取运费，大牟其利。至1940年，在日军封锁长江航运及许可证制度双重压力下，除法商立兴洋行还代办外国船票业务外，汉口英商太古洋行、怡和洋行、德商亨宝轮船公司等长江航业完全停顿。而日商船则依仗航运特权在长江上航行无阻，从事货运、客运经营，赚取可观利润。“外商长江航运之连续停业，及欧战之爆发，使当地（即武汉）物价极度高涨，又打破新纪录。有若干外地出产之必需品，无法获得”④，势必影响到武汉的物资供给与经济稳定。

---

① 《日舰非法封锁后之航业　英国最受影响》，《申报》1939年4月29日。

② 徐昭：《华中敌寇之货币侵略》，《中农月刊》1941年第2卷11期。

③ 《外轮多艘泊汉日方不准下驶》，《申报》1939年5月6日。

④ 《铁蹄下的汉口外人商业已全部停顿》，《新华日报》1939年9月26日。

图 6-8　武汉沦陷后，德商咪吔洋行停业。图为该行办公楼①

其次，统制重要战略物资，控制欧美洋行对外贸易。

为了控制重要战略物资，1938 年 10 月，日军制定了《华中方面军占领地域内一般商品出入境取缔规定》，规定桐油、棉花、猪鬃、茶叶等统制物资必须由日本军方指定的日本商社经营，其他公司或个人不得经营，为日商进一步垄断对外贸易提供了条件。日方还在武汉各出入口设经济警察岗位，检查货物，所有货物不仅禁止出城，即使在市区内转运，也必须持有许可证方准通行。由此导致“进口则以日货占绝对多数，自毋待言，国货及西洋货亦尚未绝迹，欧美商人之业进出口者，均仍株守，但亦不胜苦闷耳”。② 武汉沦陷前，美英洋行控制了石油贸易。日军侵入武汉后，不仅查封各商店洋油洋烛，还指派瀛华、凡善、吉田等数家日本洋行为代销店，凡洋行投放武汉市场的煤油、蜡烛，非经过它们之手不可。出于维持经营需要，汉口美商美孚、美商德士古、英商亚细亚三家石油公司只好同意日方条件，将全部存油交给这几家日本洋行经销。由上海运至汉口的听装煤油和洋烛，也由它们代销。至于棉纱进口方面，沦陷后也只有日商东棉公司一家，销售日产棉纱。由于具有绝对的垄断地位，东棉公司通过 1941 年至 1942 年间成立的棉纱交易市场，操纵价格，大发横财。

---

① 唐惠虎、李静霞主编：《武汉近代工业史》下卷，湖北人民出版社，2016 年，第 589 页。

② 涂文学主编：《沦陷时期武汉的经济与市政》，武汉出版社，2007 年，第 3 页。

1939年由于日方对“汉口施行实际上之‘封锁’办法后，此间不绝如缕之外人商业，已速趋全部停顿。仅存之外商车行，美商其来洋行，现亦被敌方压迫而停业，传系由于敌当局拒不发给输入汽车修理材料及零件之执照所致”。① 面对日军的贪婪野心，即使外国商行寻求驻汉领事馆的荫庇，亦于事无补。如位于汉口洞庭街的美商恒信洋行，在日军进占汉口时，曾由驻汉美国领事馆在门前贴有布告，说明该处为美商财产，闲人不得入内。但至1939年初，在美领馆所贴布告之上，“特贴有日军司令部之布告，声称非得日军当局之许可，所有恒信洋行内之物件，一概不许移动。由外运入之物品，亦一律不准”②，导致该洋行营业完全停顿。

在欧美洋行经营处于日军制约的逆境下，沦陷初期欧美洋行为了维持正常运营，只好承认日军对武汉的统治权，与之交好。由于日军控制武汉全部水陆交通工具，实行货物运输许可证制，汉口美孚石油公司一方面通过日商丸善公司代为运输货物，另一方面雇用日本人充当分行经手人，专门与日本军方联络有关业务，除发给工薪外，还按每月销售油量的总金额提付2%的佣金，意欲在日本人的庇护下，扩大推销。上海德士古石油公司总行则早在全面抗战爆发不久，即派遣美籍业务助理到日本招聘数名日籍推销员，准备分派在华各分公司。占领汉口后，首先来汉的有官崎喜庆（不久调去南京），之后上海总公司又派来其他日籍推销员，负责市场销售。华商永泰和烟草公司原是颐中烟公司贩卖公司之一，“中日事变后囿于物资搬运限制，致有相当变迁，如华中汉口地区之配给，由丸山商二接办”③。其他欧美洋行亦大体如此，不得不依附日方以维持生计。

由于受战争因素影响，水陆运输中断，加上农村生产凋敝、对外出口商品减少，以及日商的垄断行为等，至1939年欧美各国洋行势力已衰落，在汉业

---

① 《铁蹄下的汉口外人商业已全部停顿》，《新华日报》1939年9月26日。

② 《汉口美商被压停业》，《新华日报》1939年1月15日。

③ 陈真等编：《中国近代工业史资料》第2辑，生活·读书·新知三联书店，1958年，第119页。

务萎缩，只有苦苦支撑，惨淡经营。即使日本的盟国德、意洋行，依然境况不佳。而日本洋行由沦陷前的4家增至60余家。1938年9月，日军进逼武汉，武汉电话局的4000门自动电话交换机无法撤运，移交德商西门子洋行保管。武汉沦陷期间，全部电话设备被日伪华中电气通信股份有限公司占用。西门子洋行虽为协约国德国的商行，但也不敢违背日本占领军的意愿。1940年该行停业。1940年初，伪武汉特别市政府对在汉外国商行进行统计，调查结果如下：

表6-5 驻汉各国商行调查表①

国别	行名	营业事项	地址	现状	备考
美国	慎昌洋行	工程、建筑、进口、电气、材料、器械	法租界	商务减少	
	米记洋行	出口、进口			
	合义洋行	桐油出口、谷类进口	法租界吕钦路	商务减少	
	其来洋行	汽车	法租界	停业	
	大来洋行	木材、汽轮公司	特一区	停业	
	米敦洋行	测量工程师、货物船舶测量	特三区保顺大楼	商务减少	
	景明洋行	工程师、技师	特三区景明大楼	商务减少	
	美孚洋行	火油	特三区花旗银行内	商务减少	
	生利洋行	出口、进口、保险、邮船	特三区	商务减少	
	德士古洋行	出口、进口、保险、邮船	特三区	商务减少	
英国	安利洋行	工程、机械、建造、牛皮、汽车	特一区安利大厦	商情缩减	
	瑞记洋行	油类、牛皮	特一区安利大厦	商情缩减	
	通和洋行	运送	特三区保顺大楼	商情缩减	
	天祥洋行	卸商、邮船	特三区洞庭街	停业	

① “武汉特别市政府秘书处”编：《武汉特别市市政府周年纪念特刊·市政府》，1940年，第56—60页。

续表

国别	行名	营业事项	地址	现状	备考
英国	太平洋行	茶、普通货物保险	特三区	商务减少	
	卜内门洋行	曹达、石碱、肥料	特三区湖南街	商务减少	
	平和洋行	荷造（即日文打包棉花）、杂货、移出	特三区	商务减少	
	祥利洋行	贸易	特二区	商务减少	
	信孚洋行	保险事业	特三区	商务减少	
	胜新洋行	印度棉花	特三区	商务减少	
	其乐洋行	汽油	特二区	商务减少	
	汤笙洋行	会计事务	特三区	商务减少	
	颐中烟公司	烟草	特一、二区、硚口	商务减少	
	保平洋行	贸易、海上保险	特三区汇丰银行		
	汉口荷造洋行	荷造	特三区		沙市分号
	雀巢牛乳公司	牛乳	特三区		
	礼福公司	丝	特三区		
	平准洋行	秤	特三区		
	亚细亚火油公司	煤油、汽油	特三区		
	和记洋行	蛋	特一区		
	汉口电灯公司	电气	特二区		
	隆茂洋行	荷造	特三区		
	景明洋行	产业事业	特三区		
	和利冰厂	冰汽水	法租界		
	亚细亚煤油厂	石油	丹水池		

续表

国别	行名	营业事项	地址	现状	备考
德国	德华洋行	出口、进口	特一区	停业	
	礼和洋行	出进口、颜料、机器、工程	大智路	停业	
	西门子洋行	电气、材料、工程	特二区	停业	
	德孚洋行	机械	特三区	停业	
	爱礼司洋行	颜料	特三区	停业	
	福来德洋行	机械	特一区汉中街	停业	
	老吉利洋行	机械	特一区一元路	停业	
	孔士洋行	进口、机械、保险	特三区	停业	
	咪吔洋行	进口、工程	特一区	停业	
	美最时洋行	出口、邮船、保险	特一区	停业	
	裕兴洋行	出口、进口	特二区	停业	
	嘉利洋行	出进口、保险、蛋厂	特二区	停业	
	禅臣洋行	出进口、工程、保险	特一区	停业	
义国(意大利)	中意轮船公司	运输	特一区汉江街	暂停营业	
丹麦	宝隆洋行	轮船、运输、木材	特一区江汉路	停业	
美国	美亚保险总会	水上、火灾、人寿、汽车等保险	特三区	商务减少	
	美国外国保险会	水险	特三区	商务减少	
	美国保险公司	各种保险	特二区汉中街	商务减少	
	大美保险公司	各种保险	特二区汉中街		
	美商联邦商业有限公司	各种保险	特三区	商务减少	保险事业美人中最有势力

续表

国别	行名	营业事项	地址	现状	备考
英国	保宁保险公司	水上、火灾保险	特三区	营业减少	
	汉口保险公会	管理保险会务	法租界		
	保裕保险公司	水上、火灾保险	特一区安利大厦	营业减少	
	永年保险公司	水上、火灾保险	特三区湖南街	营业减少	
	坎拿大永明生命保险	生命保险	特三区湖南街	营业减少	
	太平保险公司	生命保险	特三区保华街	停业	
	南英商保险公司	生命保险	特三区湖南街	营业减少	
	保和保险公司	水上、水灾、生命等保险	特三区江边	营业减少	
	宏利人命保险公司	生命保险	特三区江边	营业减少	
	万安保险公司	生命保险	特三区江边	营业减少	
	保安保险公司	水上、水灾、生命等保险	特三区江边		

据该表显示，至 1940 年初，汉口 66 家欧美商行（含部分工厂与保险公司）中有 18 家停业，1 家暂时停业，28 家商务减少，3 家商情缩减。只有 16 家尚能维持营业，其中包括和利冰厂、亚细亚煤油厂等生产型企业，汉口电灯公司等公用型企业，以进出口贸易为主的仅剩 1 家美商米记洋行。除此之外，直接经营进出口贸易的美商合义洋行、生利洋行、德士古洋行，德商德华洋行、裕兴洋行等纷纷歇业，与进出口贸易相关的欧美商行业务大减，造成武汉对外贸易额急转直下，使本已萧条的武汉经济更趋衰败。由于外贸停滞，为增加税收，1943 年日伪当局设立江汉关转口税局，收取转口税，但总额也不大，杯水车薪。由此可知，在日军对长江航运及各类物资的统制之下，日趋式微的外国商行对武汉外贸经济影响之大。

1941 年 7 月，应国民政府的请求，英美两国宣布冻结日本在英美的资产。日本针锋相对，冻结美英两国在日本的资产。伪湖北省和汉口特别市政府积极响应，采取相应措施。7 月 29 日，伪汉口特别市政府制定《外侨交易暂行取缔办法》，并公布施行。8 月伪湖北省政府规定“对于凡属该府辖境区内关系英美侨商一切交易，非经该府许可者，绝对不准自由”。① 随之伪汉口特别市政府也对在汉英美等国资产下达冻结令，汉口市场由此一片混乱，人心惶惶。华商存入英美货栈的货物，被夜以继日地搬出。英美颐中烟公司所产各牌香烟均告无市，栈房停止出货，筹码减少。英美等国在汉经济深受冲击，英美洋行经营可谓雪上加霜。

1941 年 12 月 8 日，太平洋战争一经打响，日军即开始接管英、美等国在华的租界与权益。“在汉口地区，由一濑信一少将任司令官的海军汉口方面特别根据地队，于 8 日捕获了 6 艘 2 500 吨以上的英、美船只，其它船 30 多只；接收了太古、怡和洋行的资产和栈桥，没收了‘亚细亚’和‘标准’火油公司的各种油料及大型储油设备。英、美所属在市内的其他单位，则由第 11 军指定的部队接收。”② 汉口特三区（原英租界）亦被日军接管。

日军挑起太平洋战争，扩大侵略战争范围，更急需推行“以战养战”的方针，英美洋行在汉资产首当其冲成为日军的掠夺目标。日本宪兵队出示布告，将武汉英美各大企业予以封锁。法租界内慎昌洋行及培林蛋厂大门前则高悬日本国旗。日军美其名曰“以道义精神，将英美在汉之一切权益加以保护”③，实则以赤裸裸的手段强占，用以扩大殖民化掠夺和储备战略物资。日军不仅将美英等国洋行及其堆栈中的货物宣布为敌产，收归已有，而且勒令英美洋行交出所有账册报表，并将英美在汉人员禁锢起来，集中押送上海。日海军占据德士古公司谌家矶油栈，拆卸栈内油池钢板及其他钢铁器械，运往日本制造军火；查封德士古洞庭街办事处，没收全部账册报表与资财。与此同时，日军剥夺了在汉英美侨民的各种特权，对其权益与财产，凡与军事直接相关的，或与治安有影响的，均全部接收。

---

① 《市府取缔外侨交易办法，经市长指定者适用》，《大楚报》1941 年 8 月 1 日。
② 王辅：《日军侵华战争（1931—1945）》，辽宁人民出版社，1990 年，第 1674 页。
③ 《武汉报》1942 年 2 月 11 日。

在日军肆无忌惮的弹压下，英美洋行成为嗷嗷待宰的羔羊，其中不少洋行被迫改换门庭，沦为日本洋行的私产。1941 年底，英商安利英洋行汉行被日本海军武官府接收，1942 年 2 月又由日本三井洋行接管，银行存款和账册均被冻结，工作人员遭解雇。英商和记洋行由日本三菱洋行委托经营，改名三菱和记公司。汉口亚细亚、德士古、美孚石油公司的设施被日军接收后，交给日商丸善油槽株式会社和出光洋行经营。为壮大日商轮船公司的力量，日海军接管英商太古、怡和洋行的全部船只、码头、货栈等后，将其转交日本东亚海运株式会社经营。这些英国轮船被改头换面，以日船的面目重现武汉江面。

图 6-9　1942 年英商和记洋行由日商三菱洋行委托经营。图正中建筑为汉口三菱洋行①

日方接收英美洋行的主要目的是彻底消灭英美势力，这一行动确实收到实效。由于日方的毁灭性打击，英美洋行赖以生存的物质基础不复存在，最终走向湮灭。而独家坐大的日本洋行则仰仗日军政治与军事实力，完全取代英美洋行垄断武汉外贸。但太平洋战争爆发后，武汉对外贸易停顿，“往日从事收购我土产如丝、茶、桐油、猪牛羊杂皮运销美洲、南洋以换取外汇及军需物资之

① 唐惠虎、李静霞主编：《武汉近代工业史》下卷，湖北人民出版社，2016 年，第 594 页。

敌商（即日商），至是因失掉市场停止营业”①，只能将贪婪的魔掌伸向武汉占领区，大肆掠取武汉及周边地区的物资资源，协助日军进行“经济进攻”战，以支援所谓的“大东亚战争”。

二、在汉欧美工厂经营惨淡

欧美洋行经营的出口贸易，以采购原料、半成品为大宗。它们凭借资本、运输和技术优势，利用武汉地区丰富的廉价劳力，开设各种加工厂，对农副产品及原料进行加工整理，包装出口，同时就地生产轻工产品，直接面向本地市场倾销，并垄断某些行业。如汉口英商和记洋行开办的蛋厂是华中最大制蛋企业，英商隆茂洋行设有打包厂，德商美最时洋行兴办蛋厂、芝麻厂、牛羊皮厂、油厂、电厂等加工厂，英商安利英洋行下设桐油厂、蛋制品厂，德商礼和洋行附设蛋厂、牛皮厂、芝麻厂、漆油厂等。除洋行开设的工厂外，还有为数众多的外商直接在汉兴办的工厂。这些欧美工业资本雄厚，又有政治、经济特权，与民族工业相比居绝对优势，也超过在汉日资工业。

外国资本创办的工业企业，至抗日战争全面爆发前尚存 97 家，其中净皮厂 29 家，肠衣厂 10 家，澄油厂 27 家，建筑、机械业 3 家，其他 28 家。② 日军侵占武汉后，虽未对欧美资本工业的产权予以侵犯，但是欧美企业所需工业原料、动力来源及产品销售市场却遭到日方挟制，经营环境的恶化使在汉欧美工厂经营惨淡。1940 年 1 月，汉口英商隆茂洋行德记账房在致汉口管辖行函中即直言：

> 自本地沦陷后，华商打包棉花者已全行停顿，因之敝处打包事务亦逐渐减少，及至今日止，几无生意之可言……敝处于无可奈何中，竭力设法招揽［揽］堆货生意以增收益，迄今半年以来尚称顺手，月收佣金平均亦

① 涂文学主编：《沦陷时期武汉的经济与市政》，武汉出版社，2007 年，第 7—8 页。

② 武汉地方志编纂委员会主编：《武汉市志·工业志》上卷，武汉大学出版社，1999 年，第 22—23 页。

能超过千元，致结算获有盈余。①

1940 年 4 月，由于日本与美英长江贸易谈判的中断，加之日军发现有部分工业品流入国统区，日军开始对工业品流通实施“实需证明”制度。武汉地区于 1940 年 9 月开始执行。所有工业品的调拨均需使用地的日军开出实需证明，武汉日军特务部才许可调动物资。它与日军军经理部签发的许可证一起，成为日军对武汉地区流动物资实施管制的两个重要支柱。因为“实需证明”制度的执行，加之运输业被日方垄断，工业品难以外销，在汉欧美工厂更陷于绝境。同时，日本在以武力掠取大量民办工厂外，又追加投资设立不少新厂，按行业组成垄断性的“株式会社”。武汉日资工业力量由此迅速增长，超过英美资本工业。工业力量对比的显著变化，标志着美英与日本之间经济竞争趋于白热化。

由于利益之争，在汉的英美工厂被日方视为眼中之钉。1939 年 7 月，日本军医检查英商赞育汽水厂与和利汽水厂，“据检查结果，该饮料水中竟确认有使用文明国所禁止之糖精，又防腐剂则用沙室硫酸，而起波药则使用醋宁……因此市政府当局与日本领事馆已严禁售卖该汽水厂之饮料水”。②“有毒饮料”的报道不免夸大其词，因为含糖精、防腐剂等配料的汽水十分普遍，可称之为低劣，却难以等同有毒，这无疑抹黑了汉英商的形象，给英商工厂经营带来负面作用。

武汉沦陷后，社会局势不稳，生活物资匮乏，物价指数飞涨，不仅市民生活压力陡增，工厂企业也难以维持生存。英美等外资企业深受其苦，甚至频繁遭受罢工潮。1941 年 8 月，英商电灯公司工人不满工资过低及厂方压迫，差点酿成罢工风潮。之后经调解，一场风波始告平息。英美颐中烟公司是一个老牌烟厂，有男女工人 1 000 余人。1941 年 10 月，由于物价高昂，而所发工资

① 涂文学主编：《沦陷时期武汉的经济与市政》，武汉出版社，2007 年，第 308 页。

② 《法租界阻害新秩序　制造有毒饮料　赞育和利两厂严禁兑售》，《武汉报》1939 年 7 月 11 日。

均是法币，法币价值暴跌，与现行物价差距较大，该厂工人要求加薪，并取消克扣米贴，进而引发罢工风潮。厂方立即与工人代表谈判，接受工人所提条件。外资工厂接二连三的劳资纠纷、怠工罢工与当时恶劣的社会环境有关。正是日军攻占武汉后，局势不稳导致物价上涨，工人要求增薪不为厂方所接受而发生罢工潮。身陷不断恶化的经营环境与社会环境之中，英美企业不仅要面对日方对生产原料、电力供应及产品销售等方面的控制与垄断，还要面对层出不穷的劳资纠纷、罢工风潮对生产经营所带来的不利影响，生存处境堪称难上加难。

如果说全面侵华战争初期，日方因顾及英美势力，不愿与之撕破脸皮，而为在华英美工厂尚留一线生机的话，那么太平洋战争爆发后，与英美彻底决裂的日本则以消灭英美势力为目标，开始着手接管英美在华的各项权益，英美工厂已毫无生存机会可言。日军进占汉口租界，“将英美等敌国人敌国系法人在我国（即中国）之财产，加以封锁，从事处理”①，不仅接管所有英美“敌性工厂”，又对主要工业品及工业原料进行公开掠夺。随着对外战争的扩大化，以及英美方面断绝对日供应物资，日军认为当务之急是加强生产力，应将英美等敌对国家遗留在武汉的工厂加以有效运用，以达到支持“大东亚战争”的目的。因而对置于军管理之下的欧美工厂，日本依其军事上或物资上的需求，往往采取委托经营的方式，继续开工生产，实际上已一手掌控武汉经济的主导权。综合而言，武汉沦陷后，在日伪政权的经济统制政策及国际政局演变影响下，原在武汉某些行业居于垄断地位的欧美企业失去龙头地位，呈现一片颓势，最终被日军接管或没收，以退出武汉市场而收场。而日资企业则一家独大，在武汉殖民经济体系中占有绝对的垄断地位，并获取了丰厚的利润。

在电力工业方面，汉口租界的电力工业始于1906年，由英商集资创办汉口电灯公司（又称英商电厂），供给汉口英、俄、法租界用电。1907年，德商美最时洋行在德租界开设美最时电灯公司，供应德租界街灯及私人用电。武汉

① 《汉厦粤地产461件友邦昨交还国府管理》，《大楚报》1943年6月30日。

沦陷后，美最时电厂由日本华中水电株式会社管理。当时“本市电气供给，除特区（原租界）仍由英商汉口电灯公司供给外，其余均取给于华中水电公司，但以燃料及路线上之关系，未能普遍供给。且因发电成本高昂，汉口电灯公司每度售价已增至日金四角一分，华中水电公司每度售价二角七分五厘”。① 太平洋战争爆发后，日本趁机攫取英美在华利益。1942 年 1 月，华中水电株式会社强占汉口电灯公司，将其改称华中水电株式会社汉口办事处特区营业所。汉口电灯公司在租界内经营 35 年，是租界内存在时间最长、规模最大的电力公司，自此退出武汉历史舞台。

武汉沦陷前，武汉蛋品加工业由英商和记、培林、安利英，德商礼和、美最时、嘉利，比商瑞兴等七家洋行蛋厂控制，日商无法染指。1939 年 9 月，日本三井物产、三菱商事、大仓商事、山石井商店、安宅商事、吉田洋行、瀛华洋行和日本水产等八家公司组成武汉输出业联合会蛋及蛋制品公会，规定公会以外的人不能从事蛋品输出贸易，控制武汉蛋品加工和贸易。太平洋战争爆发后，德商嘉利洋行蛋厂由三菱洋行租赁经营。汉口和记蛋厂和安利英洋行蛋厂被日本海军接管后，委托三菱洋行代为经营。1947 年 6 月 30 日《建国晚报》报道：

> 沦陷的数年中，汉口七家蛋厂除德商礼和行与英商安利英行存尚残余部分外，余均化为乌有。各厂所遗下的工人共约万人，刻均在失业中。目今蛋商业之工友不过五六百人……但以各蛋厂之利润菲薄，每工友薪津，月入仅十余元左右，生活的艰辛，不言而喻。②

武汉烟草工业历来为英美烟公司及南洋烟草公司所垄断，其中英美烟公司是一个国际烟草托拉斯，日商制烟公司难以与之抗衡。1934 年 9 月，英美烟公司汉口分公司改名颐中烟公司汉口分公司。1938 年 10 月，日军侵占武汉后，颐中烟公司汉口六合路烟厂和硚口烟厂同时停工。11 月中旬六合路烟厂

① “汉口特别市政府秘书处”编：《汉口特别市政府二周年市政概况・公用》，1941 年，第 7 页。
② 《汉口租界志》编纂委员会编：《汉口租界志》，武汉出版社，2003 年，第 152 页。

部分复工，由于受战争影响，生产水平已大幅下降。为了独霸武汉卷烟市场，1940年2月，“驻汉敌商（即日商）华生烟草公司，现将敌货‘将军牌’香烟，改装为英美烟草公司之‘使馆牌’式样，烟带金色，盖凸印颜色较淡，现已由沪运汉五百余箱，将由吉田洋行负责秘密运赴沙宜等地销售”①，以此诋毁颐中烟公司声誉。太平洋战争爆发后，六合路烟厂脱离英、美势力控制，被日军强行占据，交日商丸三烟草公司军管理委托经营。因硚口区一带被日军划为军事区域，硚口烟厂一直未再复工，其所有机器设备于1942年被日军迁入六合路烟厂。日商烟厂攫占南洋汉口烟厂及颐中烟公司之后，成为武汉卷烟工业的独霸者。

1943年1月，汪伪南京政府对英美宣战，正式加入反英美的阵营。日本为了拉拢伪政府，打着“尊重中国主权与领土”的幌子，声明交还租界，废除治外法权。并于1943年2月，将接管与没收的华中、华北各地的英美资产1000余件先行移交汪伪政府管理。6月，又再次移交汉口、厦门、广东地区的英美资产461件，其中“移交汉口之英美敌产总数共121件，其中有仓库、机械工场、发电所、文化设施、教会学校、医院等，主要者如次：安利大厦、亚细亚煤油公司、景明大楼、信义公所、和记工厂、汉口电灯公司、赞誉汽

图6-10　武汉沦陷时期，营业中的英美颐中烟公司烟厂②

---

① 秦孝仪主编：《中华民国重要史料初编——对日抗战时期》第六编《傀儡组织》（四），中国国民党中央委员会党史委员会，1981年，第1148页。

② 唐惠虎、李静霞主编：《武汉近代工业史》下卷，湖北人民出版社，2016年，第588页。

水工厂……平和洋行、隆茂洋行、华中大学、普爱医院等”。① 作为笼络汪伪政府的筹码，英美资产被日方慷慨地转手赠予，不外乎是希望这个傀儡政府积极支持“大东亚战争”。

在战时殖民经济管理体制下，日方具有绝对的主导地位，汪伪政府则扮演着一个从属的角色，仰人鼻息。因此，对于日方奉送的大礼，汪伪政府当即表示要对这些英美的重要企业及文化设施“妥为处理，善加营运，以冀有助于我国工业之振兴，教育文化之发达，进而积极协力，完遂大东亚战争也”。② 伪汉口特别市政府更是积极表态，声称“汉口市亦因友邦之协力援助，已成为无租界之明良地区，作为大东亚战争完遂之最前卫及后方兵站基地，开始活泼之建设运动。由于此次英美敌产已移交，经济文化方面已毫无作为英美侵略榨取道具之痕迹，使新中国建设更生，此对于新武汉之建设影响极大”。③由此可见，英美洋行工厂无论是落入日军之手，还是归于汪伪政府，都不过是被他们所利用与驱使，为“大东亚战争”服务的工具罢了，这也正是武汉殖民经济的本质所在。

第五节　殖民经济体系的建立

武汉沦陷后，残存的工商业被日方掠夺，武汉地区经济突显出强烈的殖民化色彩。日军迫切需要武汉殖民经济为不断扩大的侵略战争服务，使之成为支撑战争机器的物质基础。因而，日军进占武汉后，即“积极图谋工商业之恢复，以遂其‘以战养战’之企图。在工业方面，敌利用武汉各工厂未拆迁之机器加以整理复业者，有华中电气股份有限公司管理下之水电厂、电话局、电报

①③　《本市交还各件计电灯公司和隆茂等》，《大楚报》1943年6月30日。
②　《汉厦粤地产461件友邦昨交还国府管理》，《大楚报》1943年6月30日。

局、日华纺织株式会社、日华制油厂、红砖厂、金龙面粉公司、华中烟草株式会社及各种小型制造修理工厂……至于商业方面，举凡出进货物概归敌商垄断，中国商人即所谓指定商者，不过代敌推销货物及收购有产而已，其他更无可论”①，使武汉地区经济呈现昙花一现的虚假繁荣，初步构建起战时殖民经济体系。

一、经济“复兴”粉墨登场

日方自占领武汉后，即“确立了武汉地区建设新秩序的发展方向，与此同时，工业部门也废除旧企业，创立新企业，走上了复兴建设的道路”。② 机械工业方面，1938 年 12 月以创办东亚海运汉口铁工所为开端，日方陆续兴建了岩崎铁工所、东亚铁工所、永记铁工所等机械工厂，从事机械零部件、发动机、船舶机械、农具等修理。为了更大限度掠夺占领区资源，日军加紧对武汉地区的资源开发。譬如日军取得汉冶萍公司经营权后，即对大冶铁矿设备进行改造，扩大开采能力。1939 年初，“汉口方面之‘复兴工作’，现正锐意进行，以大冶铁矿始；凡长江沿岸一带与日本资本有关之各种矿山，亦皆在‘复兴’之中”③。

为了利用华商资本为其服务，日方还以发还“军管理”工厂为诱饵，加以笼络，诱使他们致力于沦陷区经济的恢复与发展。1940 年 11 月，汪伪政府与日本签订《日本国与中华民国间关于基本关系的条约》，其附属议定书规定：“现在由日本国军管的公营私营工厂、矿山及商店，除敌资产业及军事上需要等不得已的特殊情况者外，应依合理的方法，迅速谋求必要的措施，移交中华民国方面管理之。”④ 因为涉及利益关系，日本将工矿企业移交中方管理实属

① 涂文学主编：《沦陷时期武汉的经济与市政》，武汉出版社，2007 年，第 6—7 页。

② 涂文学主编：《沦陷时期武汉的经济与市政》，武汉出版社，2007 年，第 323 页。

③ 陈真等编：《中国近代工业史资料》第 2 辑，生活·读书·新知三联书店，1958 年，第 412 页。

④ 复旦大学历史系编译：《日本帝国主义对外侵略史料选编（1931—1945）》，上海人民出版社，1983 年，第 320 页。

一出骗人闹剧，尤其是“发还”华商工厂停滞不前。由于日方接管了具有一定资本和技术实力的武汉民族工厂，缺乏技术与资金来源的华商只能转向经营手工业及小型工厂。1940 年武汉“工业方面，本期复有火柴厂、香烟厂及酱油厂等相继开办，但均无国人染指。国人所经营者，惟土布、土面粉等小规模之手工业耳”①。

全面抗战造成武汉大工厂的破坏及向内地的转移，武汉沦陷后，日方虽然致力于恢复大资本工业，使其达到全面抗战前的水平，但武汉工业基础已被彻底破坏，使这一目标在短期内难以实现。大资本工业不能急速确立，太平洋战争爆发后，由于日军交通运输线受到盟军的威胁，从日本及上海输入武汉工业制品变得日益困难，又不能依靠武汉当地办理和解决。在这一背景下，为了尽快开发占领区资源，解决物资极度匮乏的困难，确保需求量剧增的军需品的供给，日本军部开始允许符合要求的民办小工厂恢复经营，但规定必须为日军军需服务。此后，难民区小资本工业及各业工会在日方“鼓励”下有所恢复和发展，但远未达到战前水平。据伪汉口特别市政府统计，“自本府成立以来，努力复兴，大部恢复。工人团体，三十二年一月，正式成立总工会，有各业工会四十个，会员一万六千七百九十七人”。②

为了建立新的殖民经济体系，恢复武汉地区工商业经济，日伪多管齐下，煞费苦心。在商业方面，沦陷之初武汉地区商人大都逃走。之后日伪采取了诸如恢复商会与钱庄等活动，使武汉商业开始恢复，“新开之百货商店如雨后春笋，迭有增加”。商业的繁荣本应是日伪求之不得之事，但他们认为“值此参战时期，商民应从事于生产之增加，而不应有趋向奢侈徒使消耗品充斥社会之举”。③ 为了让商家转向生产，日伪于 1944 年 4 月开始停发武汉百货商店营业

① 《1940 年的武汉社会经济状况》，汉口浙江实业银行：《汉行二十九年下期决算营业报告书》，武汉市档案馆档案，档案号：LS178-1-2。

② “汉口特别市政府秘书处”编：《汉口特别市政府四周年市政概况 · 社会》，1943 年，第 29 页。

③ 《百货商店营业证即日起停发》，《武汉报》1944 年 4 月 20 日。

许可证。桐油一向是武汉对外贸易的大宗商品，外销对象主要为美国。伪汉口特别市政府为振兴经济，曾于 1942 年发布训令，“提倡桐油以利生产”。伪汉口市政府增产委员会、市商会等也积极配合，组织“铁类收集委员会”，举办献纳金属活动，以应军需。日军航空用油缺乏，急需大量蓖麻。1944 年春，伪市增产委员会为“协力”战时经济体制，积极推进增产运动，在武汉周边农村开展播种蓖麻工作，并对播种蓖麻成绩突出者奖励盐券。伪市政府所开展的经济活动，其目的显然不是为了发展民族经济，而是为了满足日军对战略资源的需求。

在这场经济“复兴”运动中，汉口日本商工会议所调查部为了确立武汉殖民经济发展的方向，通过“日华经济提携”来打造“工业汉口”，使之成为“大东亚共荣圈”不可缺少的一环，对武汉地区工业地带、工场建设、工业生产、工业资本、企业形态等进行了广泛而深入的调查，并在此基础上，于 1943 年编辑出版十卷本《武汉地区工业调查报告书》。《武汉地区工业调查报告书》分机械工业、制茶工业、华人纺织工业、矿业等行业，对武汉地区工业进行详细描述。据《武汉地区工业调查报告书第二号（机械工业）》对华资与日资机械工厂的建设及“复兴”状况统计：1939 年华商在汉口创办了 18 家机器工厂，1940 年 18 家，1941 年 34 家，1942 年 17 家，合计 87 家。日方经营的机械工厂有 8 家。“在资本额方面，中方企业总计是八万五千四百元，日方总计为一百五十万二千日元。这一复兴状况和刚发生事变时的 138 家工厂比起来达到了 69%的复兴率。”① 新兴的华商机械厂虽然数目较多，但苦于缺乏经营资本，缺少先进设备，普遍规模不大，基本限于各类机械修理与零部件制造，生产能力及技术低下，尚未摆脱小规模家庭工业、手工业性质，还不能称得上是近代意义上的工厂，更与之前的华商代表性工厂如扬子机器厂、周恒顺机器厂等相去甚远。而由日方控制和经营的工业企业，无论是在规模、资本还是技术上，均远胜华商工厂。

虽说沦陷时期武汉殖民经济体系主要以日资企业为中心，但事实上这些日

① 涂文学主编：《沦陷时期武汉的经济与市政》，武汉出版社，2007 年，第 323—327 页。

资企业只是日军庞大战争机器上的一个零件，受日军驱使而动，自身并无独立的经营权，其生产运营与日军侵华战争息息相关，在日军悉心培植下呈现畸形发展的态势，具有明显的掠夺资源“以战养战”的特征。如日信洋行虽然控制日商泰安纱厂与华商第一纱厂，但经营活动完全由日军决定，产品全部供给日军，不能自行支配。日东制粉株式会社吞并华商金龙面粉厂，加工军粮。为满足日益增长的军事需要，日军又将抢来的华商福新面粉厂机器设备运入该厂，扩大面粉生产能力。日军强占华商南洋烟厂、谦顺油厂、祥泰肥皂厂、楚胜火柴厂等厂房及机器，组建日华纺织株式会社、日本水产汉口冷冻工场、日本第一工业制药株式会社等，在以武汉为经济中心的湖北占领区大建企业，插手并控制各行各业，积累起数额巨大的资财，为侵华战争提供物资补给及经济支持。

二、殖民体系下的经济掠夺

日方所谓的经济“复兴”，与掠夺中国资源、实现“以战养战”的指导思想密不可分，其主旨就是要构建为日本侵略战争服务的殖民经济体系。日方明言，“当此决战阶段，努力增加生产之际，工业的振兴为目前之要务……吾人今既须努力增加生产，巩固经济基础，发挥战争力量，而工业为经济与战争有关重要部门，振兴工业为今后推行政策要途。此无论其在战时或平时，工业的盛衰，非但关系我国强弱，而与东亚兴亡皆有切肤关系，试观今日世界强盛国家，无一非为工业发达国家，其对于我国及东亚前途至深且巨”。① 因而，日方对“复兴”工业可谓不遗余力，促成武汉经济在战时经济体制下呈现出一定的畸形繁荣。

但如果深入透视这场武汉经济“复兴”，可发现其“繁荣”只是假象，至少是以控制华人工商企业及迫使其为侵华战争服务为手段的虚假“复兴”。日本既要充分利用武汉沦陷区的经济资源，又要严密掌控武汉的经济命脉，因而表面上虽允许部分华商工厂复工，但并不想放任其发展与壮大，而是对各种机械、矿油类、木材、金属、粮食等利“敌”物资严禁搬运，通过严密统制原料

① 伍宗培：《汉口工业之展望》，《武汉报》1944 年 10 月 22 日。

来源、销售市场及电力供应等，进而掌控复工的华商企业。由于日军对粮食实施统购，禁止小麦面粉等物资出入武汉，施行一系列限制和控制面粉市场的法令，规定面粉销售市场仅限于武汉地区，并且要受日军严格检查。凡此种种，对武汉华商面粉厂、米厂打击极大，使其难以得到较大发展。沦陷期间，华德、新华、振新、宝华等华商线厂相继开办，但因日伪政府实行棉纱配给制，最终难逃破产停业的命运。

日军进占武汉后，在经济上巧取豪夺，武汉工商业者蒙受惨重损失，工商业组织随之破坏。为了恢复对社会经济的控制，强化经济统制，日伪对原有工商业组织及各业公会整顿与改组，并安插进日本人充当顾问，予以监督与控制。据史料记载，至 1943 年底，武汉地区已成立的同业公会有 89 个，正在筹组的有 19 个，提出申请尚未核准的有 7 个，登记会员达 7 431 户。由于日方采取控制生产和棉纱配给、统制产品销售等政策，1943 年汉口染织纱布业同业公会“属会工厂三百余户，布机三千余乘，每月实需棉纱一千四五百件。前蒙三期配给数量合计不到六百件，平均每月近二百件，分配相差之数太巨，以致营业停顿，工人失业”①。日方甚至将汉口中山大道至三元里所有经营针织品的华人商店一律缴销营业执照，改由日本商人经营，从生产到销售实行垄断，独占武汉的纺织市场，以致华商纺织业难分得一杯羹。

当时“汉口特别市商会”召开的各次会员大会上，会员所提出的各项改善经济的提案中，以要求改善物资统制、增加物资配给等居多。譬如面粉同业公会会员代表陈尧轩提出“各种工厂所须机件用品以及制造原料购运困难，影响生产，请求当局从速设法扶助，俾利工业发展案”。② 肥皂制造业同业公会代表田春霆则指出：“肥皂为日用必需之品，其主要原料为烧碱、皮油、牛油或液体、植物油。自当局统制以还，来源绝迹，纵有少数存货，购入、移动均不可能。似此情形实有碍增加生产之国策，民生、民用两被其害”。③ 这类提案

---

① “汉口特别市商会”编：《汉口特别市商会第四次会员大会提案》第四十案，1943 年。

② “汉口特别市商会”编：《汉口特别市商会第四次会员大会提案》第九案，1943 年。

③ “汉口特别市商会”编：《汉口特别市商会第四次会员大会提案》第四十六案，1943 年。

的背后，折射出日军统治之下的华商企业处于生存困难、难以为继的境地。

在日伪经济统制之下，“复工”的华商工厂还要饱受野蛮掠夺与敲诈勒索之苦。1943 年伪汉口染织纱布业同业公会就以“布厂制造货物，先将棉纱化整为零，旋复变零为整，其间过渡手续万难一致。突然查核实在穷于应付，间有将原料取去处罚款项，未免屈抑难堪”为由，提起“工厂消费生产手续较他业特别繁难，请求经警局免予调查，以示体恤案”。②1943 年“全国商业统制总会湘鄂赣分会策动献金委员会”规定武汉各业商人须将一部分利润提充“国防”献金。经济警察处等经济警察在汉口难民区每日巡视，动辄加以“哄抬物价”“以货资敌”“囤积居奇”等罪名，轻则处以罚款，重则逮捕入狱。如此“师出有名”的摊派及强取恶要之事时有发生，工商业者的资产无故被收的事例更是不胜枚举，不仅为工商业者套上沉重的枷锁，更窒息了武汉民族工业的发展。

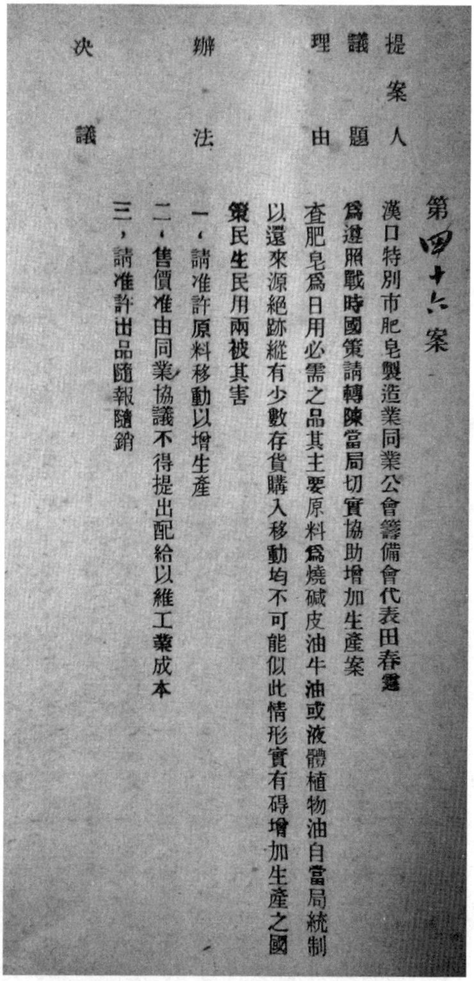
第四十六案

提案人　漢口特別市肥皂製造業同業公會籌備會代表田春霆

議題　爲遵照戰時國策請轉陳當局切實協助增加生產案

理由　查肥皂爲日用必需之品其主要原料爲燒碱皮油牛油或液體植物油自當局統制以還來源絕跡縱有少數存貨購入移動均不可能似此情形實有碍增加生產之國策民生民用兩被其害

辦法　一、請准許原料移動以增生產
二、售價准由同業協議不得提出配給以維工業成本
三、請准許出品隨報隨銷

決議

图 6-11　1943 年汉口肥皂制造业同业公会提交的提案①

在日伪开展的历次捐献金属、献金等运动中，华商工厂均是被征收的主要对象，惨遭盘剥。1943 年 9 月，日伪发动献纳金属制品活动，借机强迫武汉各同业公会购紫铜 75 斤、锡 30 斤、5 分镍币 800 枚及储备券（硬币）1.8 万

① 唐惠虎、李静霞主编：《武汉近代工业史》下卷，湖北人民出版社，2016 年，第 613 页。

② “汉口特别市商会”编：《汉口特别市商会第四次会员大会提案》第二十八案，1943 年。

元。这些受到日伪严密控制的物资，只有花高价才能购足所规定的献纳指标。万般无奈之下，各同业公会的分派任务只能由下属会员乃至商号、公司分摊，工商业主因之惨被剥削。1944 年 4 月，伪汉口市政府增产委员会发动献纳金属五百吨运动，各同业公会因任务难以完成，要求减少捐献数量，被当局严厉驳斥，要求按定额迅速上交，违者严惩。日伪通过伪商会及各同业公会，再施以经济统制和物资统制管理，驱使武汉华资企业为日方提供侵华经济支持。被捆绑上日军战车的武汉华商工厂，被迫沦为武汉殖民地经济的附庸，在日伪统制物资、垄断市场、限减电力、巧取豪夺等伎俩下，生产经营每况愈下，在困境中挣扎求存。

日伪主导的殖民经济掠夺政策不仅未能改善武汉人民的生活，反而将武汉人民推向苦难的深渊。沦陷期间，武汉地区物资奇缺，日用品价格飞涨，一般商店难以维持，1941 年“年关以后，歇业者十之二三；今年（引者注：1942 年）端午以后，倒闭停业者殆过半数。其余未停业者，则因货物既不能行销市外，又不能在汉市趸脱售，只有零售，以供坐吃货尽、钱完人散而已”。① 由于原材料、燃料、动力严重缺乏，工业原材料价格居高不下，造成工厂生产成本增加，大多数工厂被迫停工，工业生产全面萎缩，工业产量大幅下降，失业工人很多，特别是数量极多的纱厂工人近乎全部失业，严重削弱了武汉地区的工业基础。尤其是太平洋战争爆发后，对外贸易断绝、工业原料匮乏，华商工厂举步维艰，导致工业品在市场上既不能仰求外货，而国产品又因原料奇缺，亦难供求平衡的局面。以市民常用的车胎为例，1942 年 8 月至 9 月，一月之间，自行车外胎从日金 50 元涨至 65 元，内胎由 15 元涨至 18 元。即便如此，这类工业品也属紧俏物质，在市面上难以买到。

总而言之，日伪构建的战时殖民经济体系浸染了华商的斑斑血泪，竭泽而渔地榨取武汉沦陷区的经济资源，为日本侵华行为推波助澜，不仅未能挽救日本军国主义覆亡的命运，反而随着 1945 年日军的投降而很快破产，在武汉近现代经济史上写下耻辱的一笔。

---

① “湖北省银行总行经济研究室”编印：《湖北省各地金融市况》（1942 年度），1943 年，湖北省档案馆档案，分类号：LSE28-14。

第七章 以思想奴化为中心的文化控制

20世纪上半叶，思想文化方面的交流和灌输在日本对华政策中一直占据着重要地位，其间亦有日本政治人物真诚期待通过文化交流促成中日友好合作局面；但更多时候，尤其是全面抗日战争时期，日本对华政策的制定者们企图通过思想文化手段来达到化解中国人民对日本侵略者敌意的目的。在此背景下，日军及其傀儡政权在其占领区制定的任何文化政策都必须服务于战争和占领行动，贯串其中的主要内容即通过实行文化控制向中国人民灌输奴化思想。因此战时日本对华文化政策也就带有很强的功利性和短期性色彩，完全相悖于文化自身的稳定性和超越性，这也就决定了日本战时文化政策注定失败的命运。

第一节　文化政策与组织机构：灌输奴化“基本精神之温床”

日军攻占武汉后，由于战线过长，面对战争势必长期化的现实，日军企图长期占据中国经济核心区域，尽量消耗中国政府的战略储备，消解中国军民抗战意志，最后达到迫使中国方面彻底屈服的目的。日陆军部和参谋本部在1938年底指示，以后的战争任务应该“主动指导新中国的建设，特别防止急躁。因此，目前最重要的是在其内部进行基本工作——恢复治安，并相应地推行其他各种政策”。① 在此战略背景下，日军制定了长期占据武汉的计划，扶植了伪市政府，并在社会经济文化方面采取一系列安抚、镇压手段和在思想文化方面的长期殖民奴化政策，企图将武汉建成日军在华中地区侵略占领活动的核心据点。

一、以奴化为中心的文化政策

作为在日本占领下建立的傀儡政权，武汉伪政权文化政策的出发点和归宿都建立在石原莞尔所提出的“东亚联盟”② 思想上。为瓦解人民的反抗和斗争意志，武汉日伪当局在近七年的沦陷时期里，在文化政策和活动方面投入了相当多的注意力和社会资源，将灌输奴化思想作为核心措施，企图从精神上麻痹、控制武汉市民。通过各种文化宣传活动，日伪当局鼓吹日本文化的优越性和中日文化的同源性，妄图摧毁武汉人民对现代中国民族文化的信心，使其最

---

① 复旦大学历史系编译：《日本帝国主义对外侵略史料选编》，上海人民出版社，1983年，第286页。

② 参见黄东：《塑造顺民：华北日伪的“国家认同”建构》，社会科学文献出版社，2013年，第137页。

终能服从和配合日本称霸东亚乃至世界的最终目标。

（一）日本对华宣传政策的演变

沦陷时期日伪在武汉的宣传政策，大体可分为两个阶段，即1941年底太平洋战争爆发前与后，前一阶段日本占领军基本依照攻占武汉前五相会议决定的政略方针，以为失去战略支撑点的国民政府很快会丧失抗战意志，向日方投降；即便国民政府不肯投降，战争暂时无法结束，日方也可以通过扶植各伪政权并寄希望于国民政府内部出现分裂，最终在中国成立全面追随日本的所谓中央政府。为此五相会议还制定了《中国政权内部指导大纲》，明确此政府的军事、政治、经济和文化政策，其中特别着眼于长期追随日本的文化政策，其中心应服务于“日华合作”这一根本目标，为此要“加强促进民众团体的组织，以使其成为这一基本精神之温床”①。

日军占领武汉初期，日伪在宣传方面的基本任务是遵照日军指示，安抚民众，消除市民与占领军之间的对立情绪，配合其治安整肃，以减少市民的反抗和破坏活动，并特别注意收买有一定文化程度者的人心。如伪政府每年年底举行一次寒士考试，参加考试者按等次可获多少不等的奖金，以表示伪政府关心寒士，当然实际是为收买人心。② 此外太平洋战争爆发前，城市内部尚有租界和部分旅汉西方人，日军在文化宣传方面多少有些顾忌，反西方言论不突出，重点放在宣扬前述“积极反共”“中日亲善”以及“和平建国”“建设东亚新秩序实现大亚洲主义”。③

日军在规划组建各地傀儡政权时，就预备将来在条件具备之际，这些主导思想接近的地方政权可以组成或加入拟成立的伪中央政府。汪精卫投敌后，湖北和武汉的地方政权形式上统归于汪伪南京政府旗下，在思想文化宣传方面基本遵循伪中央政府的方针，如宣扬“和平建国”及“新国民运动”。

---

① 堀场一雄：《日本对华战争指导史》，王培岚等译，军事科学出版社，1988年，第159页。

② 刘昌浩：《汉口沦陷时期闻见录》，《武汉文史资料》1996年第3辑。

③ 唐惠虎、朱英主编：《武汉近代新闻史》（下），武汉出版社，2012年，第466页。

1941 年底太平洋战争爆发后，日本与英美开战，将矛头更多地对准英美等主要资本主义国家，日伪宣传口号中除了原有的“日华亲善”“反共剿共”“强化治安”之外，还鼓吹所谓东亚自由和“大亚洲主义”，并将主要注意力放在宣扬“大东亚圣战”的意义，把战争责任推卸给英美，声言它们才是中国近代最大的外来恶势力，日本是中国乃至东亚的救星。甚至颠倒黑白地辩称七七事变不是针对中国人民的侵略行为，而是反对英美奴役东亚黄种人的反侵略行为，因此中日两国应同仇敌忾，共同反对白种人的殖民政策。① 伪湖北省政府宣传处处长吕东荃在太平洋战争爆发后的第一个“兴亚”纪念日（七七），著文替侵略者推卸责任，“何以有这次事变呢？那时大多数人，都说是中日的利害冲突，是中日两国的事体，尤其是英美的挑拨宣传，更加喊得响亮”。“要知中日事变之酝酿，原来一向是被英美蒙蔽，确实发生许多误会，但是一到二十九年十一月三十日，中日调整国交条约订立之后，……事变的真相顿时开朗，原因是为英美，不是中国”，并无耻地将日本侵略行为美化为是要阻止英美“吞噬中国野心”，“英美要想动手因之先从离间中日二国感情着手，蒋政权被亲英美派包围，甘心背日本而亲英美，以敌为友，以友为敌，正落在英美离间圈套里面，也就是日本要保卫东亚，蒋政权从中替英美破坏……日本对蒋政权，是为保卫东亚之障碍，不是对中国，总之是为对英美而起……”② 这表明此时日伪的宣传政策，主要是美化日本的侵略行为，将日本发动战争的原因归结为英美对华存在侵略野心，以及以蒋介石为首的国民党和国民政府政治集团的亲英美倾向。

从武汉沦陷时期来看，日军宣传政策的核心首要在于宣扬“中日友好合作”，以安抚人心，麻痹沦陷区人民的精神，消解其反抗意识，以达到节省占领军力和成本的目的；其次则是试图通过鼓吹“大亚洲主义”，阻遏近代以来中国正逐渐生长、并为日本侵华刺激而蓬勃兴起的民族主义情绪，妄图通过强

① 涂文学主编：《武汉通史·民国卷》（上），武汉出版社，2006 年，第 333 页。

② 吕东荃：《大东亚建设纪念的真诠》，《新湖北月刊》第 1 卷第 4 期，1942 年。不过吕在同一期杂志上发表的《大东亚建设纪念广播词》在此问题上有相当差异。

化宣传手段，使占领区人民服从于以日本为中心的所谓“东亚新秩序”，为日军称霸亚洲乃至世界的战争行为服务。

（二）宣传机构之扩充与运行

武汉日伪政权的宣传政策即以贯彻上述日本对华文化政策为根本。武汉伪政权建立之际，也是日本军政当局“开始真正认识到思想战尤其是‘对外’思想战的困难性和重要性，开始制定主题明确、内容全面的思想战指导文件”之际，企画院制定了《长期建设指导国策要纲案（第三案）》，显示日本中央决策层在认识上的重大转变：“进入长期建设战的时期之后，有必要特别重视，获得思想战的胜利。”并认为：“观我国现今之思想战指导，厚于消极取缔之方面，而于思想战中积极获得胜利之努力，颇有所缺。”为此，确立了三条思想战指导方针。[①] 可见武汉伪政权的文化宣传工作不同于华北和华东，从一开始就是在日本思想战方针指导之下进行的，带有很强的目的性和组织性。

日本占领武汉之初的宣传工作均由日军机构负责，汉口日军特务部下设第二课宣传班，负责宣传管理；另设有日军报道班；在沦陷区各县还派有宣抚班，专门负责招抚占领区民众，其工作的一个重要方面是“使作战地域内的支那民众……消除排日抗日及依存欧美之思想，在政治经济思想等方面营造亲日气氛，使庶民信赖皇军之恩惠”[②]。尽管日军对宣传工作相当重视，但由侵略者直接进行的所谓“宣抚”工作显然不会有很明显的效果，因此之后对沦陷区的宣传工作还是主要依靠汉奸和傀儡机构来执行。

与其他沦陷地区一样，日军占领武汉后亦拼凑起了临时傀儡机构——伪治安维持会，伪维持会当政期间在宣传方面着力不多，到次年 3 月才发行机关刊物公报和《大楚报》，同时日军报道班也发行了《武汉报》。[③]

---

① 唐利国：《日本侵华思想战研究刍议（1931—1945）》，臧运祜等主编：《日本侵华与中国抗战：有关史料及其研究》，社会科学文献出版社，2013 年，第 360—361 页。

② 敖文蔚主编：《湖北抗日战争史》，武汉大学出版社，2006 年，第 411 页。

③ 《武汉治安维持会关于发行官报的命令》《武汉治安维持会训令》《武汉治安维持会公报简章》，湖北省档案馆：L64－2－693；唐惠虎、朱英主编：《武汉近代新闻史》（下），武汉出版社，2012 年，第 466 页。

基于日本占领军的指导原则，1939 年 4 月在日军扶植下成立的伪武汉市政府对于文化宣传工作相当重视，伪市长张仁蠡上任之初发表施政方针谈话，将“积极防共”和“亲仁善邻”作为其工作的两大重点。从其解释来看，这两点为其主要思想文化政策，目的在于配合日军的长期占领计划，降低占领成本。前一点的具体实施措施，落实在设立了以徐养之为局长的宣传局，其下设“总务、宣传、宣抚、情报四科，及一秘书室，专司政令文教之宣达及与文化思想有关事件之审查、管理、指导、取缔以及宣抚民众、搜集情报等项工作”；主要宣传工作包括以论文、刊物、报纸、固定油漆标语和散发张贴传单及标语为主要内容的文字宣传，在家庭、学校、乡村、街头及公共场所进行的演讲和口头宣讲，还组织剧团演剧、放送广播、免费放映宣传影片以及派遣宣传队使用留声机播放各种唱片及演讲片等进行的所谓特种宣传；① 其任务主要围绕“一面阐明共产理论之错误，手段之残毒，一面绥抚离乱民众之来归，更培植吾国固有道德，发皇东亚固有精神，务肃清毒焰而后已”展开，这既是一个文化宣传机构，也是一个文化管理和控制机关（稍后成立的伪湖北省宣传处除管辖范围稍大外，在性质上与伪武汉市宣传局完全一样）。于后一点则规划“将以各种文化事业为交互灌输之机构，以谋中日密切亲善之实现”，② 故在伪市政府成立后，在其主导和鼓励下，武汉出现了多个积极配合日伪当局宣传政策的伪文化组织。

1940 年 3 月，汪精卫在日本扶持下于南京建立伪国民政府，伪武汉市政府作为其形式上的下级政权，按照汪伪政府的规定，于当年 5 月“裁撤宣传局，而于社会局之下增设一宣传科”，其后又将宣传科改隶市政府秘书处，其组织和隶属关系虽有所变化，但“职掌仍旧”。宣传局（科）日常工作繁多，主要从事发行市政府机关刊物，如“《宣传汇刊》《标语汇编》，市政府周年《纪念特刊》等数种单行本，……《新武汉》，市政二周年纪念《市政概况》”

---

① 《汉口特别市政府秘书处宣传科 1939 年度工作报告》，武汉市档案馆：8—4—51。

② “武汉特别市政府”：《武汉特别市政府周年纪念特刊》，编者，1941 年，总纲第 5 页。

(1940 年基本固定为伪《市政公报》及《汉声》两种)。①

此后伪市政府直接出面扶植、建立了各种各样的文化组织，如广雅学会、“中日文化协会总会武汉分会”“华中东亚青年联盟总会”“武汉文艺协会”等等。这些组织平时是在伪市宣传科的指导下开展业务。此外，伪华北临时政府和伪南京政府合办的中华联合通讯社，在武汉沦陷后也在汉设立了总分社。②1944 年 10 月，为进一步强化宣传工作，伪省、市政府联合成立伪武汉宣传联络委员会，由伪省政府主席杨揆一亲自担任委员长。③

日伪宣传的另一个重要媒介是广播，日军于攻占武汉的第二日，即在汉口黎黄陂路 41 号设立放送班 (1941 年 2 月改为放送局)，由日本人担任局、科长，每日早、中、晚播音 3 次，至 22 时结束。华语广播有新闻和音乐节目，新闻节目主要鼓吹“中日亲善”“大东亚共荣圈”，宣扬“东亚圣战”的“赫赫战果”，音乐节目则以播出风格舒缓的流行歌曲为主，以化解中国人民的抗战意志。1941 年 3 月，日军方宣布将广播事业交还汪伪政府，4 月 16 日《武汉报》刊载消息称汪伪宣传部正式接收汉口广播电台，接收后将调整机构，加入中国职员，并计划扩充播音机和改良节目。④

伪政权将宣传工作重点放在建立机构方面，亦有其特殊原因。首先，伪省、市政府的主要组成人员皆系日军从各方面拼凑而来，在文化宣传和管理方面无声望无经验，只能先将主要工作重点落实在建立文化控制和宣传机构上。其次，当时出任伪职者的动机基本都是卖身求荣，对所谓“中日友好”“共存共荣”并无实际信念支撑，更不可能有多少真诚的热情投身于宣传事业，故其日常工作很大程度上是一种因循或敷衍，各种机构组织的建立即可表示其做了实际工作，而非尸居其位。同时各种机构的设立也可以提供更多的职位，这些

① 《汉口特别市政府 1941 年宣传概况》，涂文学主编：《沦陷时期武汉社会与文化》，武汉出版社，2005 年，第 286 页。

② 敖文蔚主编：《湖北抗日战争史》，武汉大学出版社，2006 年，第 411 页。

③ 田子渝、黄华文：《湖北通史·民国卷》，华中师范大学出版社，1999 年，第 587 页。

④ 唐惠虎、朱英主编：《武汉近代新闻史》(下)，武汉出版社，2012 年，第 472—473 页。

职位的分配可以为伪政权带来一定社会支持，或也可为其主要领导人带来额外的收益。

日军方面对愿意出任伪职者其实并无信任可言，但利用汉奸的配合建立伪政权，消除中国民众反抗意志，维持沦陷区社会治安，是其在沦陷区使用中国人的主要策略；日军还企图利用汉奸战前的社会知名度，制造示范效应，营造沦陷区与占领军合作的气氛。因此日伪双方合作的主要出发点是以利益为核心，而日军也不会将军政大权轻易授予伪政权，因此伪政权日常施政的主要内容除基本市政和治安的维护外，也只能将重点放在按日军方针进行的文宣活动方面。

其实这些宣传机构举办的各种活动多是敷衍性的，并未产生多少实际作用，影响力更是相当有限。由于找不到更适合的宣传方式和取代者，即便效果相当不如意，日军仍然不得不依靠这些组织及其成员从事各种宣传和文化管理工作。从这些机构的设立和运作，可以更清楚地了解到日伪文化政策的本质。

（三）文化事业的控制与管理

日军占领武汉后，即实行严格的文化审查制度，由日军报道班负责检查书刊报纸，取缔所有含有反日思想的出版物，由于战乱和粗暴的检查制度，“文化事业，多受摧残，关于出版物，仅有新闻纸一种”。在未建立新闻检查机关之前，日伪政府杜绝所有新闻出版发行，仅刊发市局各机关政务新闻，并组建政务新闻统制班，“所有市局各机关政务新闻，均交由统制政班审查后统制发表……”① 这种局面不利于日军制造所谓“中日和平”“共存共荣”的“亲善”气氛。完全由日军来负责文化新闻方面的控制，显然无法持续，日军方面对武汉地方情形不熟悉，也不清楚占领武汉时间的长短，因此必须在其扶植的伪政权中建立相应的文化控制与管理机构，专门负责这项工作。

随后伪市政府的宣传局和伪省政府的宣传处先后设立，多少分担了原由日军掌管的文化控制职能，如伪市政府宣传局除主办的宣传事项之外，还要负责文化产品审查和文化事业管理工作。为适应文化产品审查需要，伪市政府于

① 《汉口特别市政府秘书处宣传科1939年度工作报告》，武汉市档案馆：8—4—51。

1940年制定《武汉特别市政府管理出版物条例》，并于5月4日公布施行；随后宣传科奉汪伪政府令，"适用民国十九年十二月十六日国民政府公布之出版法，遂将本府所公布之前项条例，于同年七月二十日废止"，1941年2月，又依照汪伪政院训令改用1941年1月修正公布的出版法。① 除管理出版物的法规外，伪汉口市政府还先后颁布了《转发取缔摄影绘画暂行办法案》《为取缔不良民众读物案》等文化控制法规。②

伪宣传科的日常审查工作，主要包括对本地刊物内容进行审查，以及对本市各剧场上演的各类戏剧剧本、电影、唱片等进行审阅。伪市政府对娱乐类文化媒体相当重视，认为"戏剧能深入民间，移风易俗，与思想文化有关"，"电影为现代最高尚之娱乐，其普遍与重要性，较戏剧而尤过之，惟影片选择，其情节正当与否，潜移默化，影响思想与文化颇巨"，"留声机为家庭娱乐最普遍之器具，所有唱片大多为戏剧歌词，与戏剧电影有异趣同功之作用"，对这些媒体严格控制，"随时加以检查"。③虽然伪政府是完全听命于日本占领军当局，且在宣传机构中，日军也安插有大量日军的顾问或"嘱托"，掌握着宣传和统制政策的决策权，但伪汉口市宣传科所呈报的工作成绩，还是显示出其工作"积极主动"的一面。

表7-1　伪武汉市政府审查之出版物一览表④

出版物名称	种类	定期或不定期	内容	发行机关	备考
新生	半月刊	定期	各种文艺	汉口大楚报社	
文艺	月刊	定期	文艺作品	武汉文艺协会	
武汉青年月刊	月刊	定期	各种论著	武汉青年协会	
青协周报	周刊	定期	各种时代文艺	武汉青年协会	
武汉小学生周刊	周刊	定期	儿童文艺	大楚报代编	

①③　《汉口特别市政府秘书处宣传科1939年度工作报告》，武汉市档案馆：8—4—51。
②　涂文学主编：《沦陷时期武汉社会与文化》，武汉出版社，2005年，第292—293页。
④　《汉口特别市政府1941年宣传概况》，涂文学主编：《沦陷时期武汉社会与文化》，第287页。

表 7-2　伪武汉市政府发生联系之中外报馆通讯社一览表①

报社名称	性质	地点	电话	其他
中央电讯社	每日发本埠外埠新闻两次	汉口鄱阳街	21452 号	
武汉报社	每日出报纸一张半	汉口江汉路	21109 号	
大楚报社	每日出报纸一张半	汉口江汉路	21260 号	
大陆新闻社	每日出报纸二线	汉口南皮路	21108 号	
大阪朝日新闻社	每日发外埠电讯不在本埠发稿	汉口两仪街	21103 号	
大阪每日新闻社	每日发外埠电讯不在本埠发稿	汉口四民街	21115 号	
新爱知新闻社	每日发外埠电讯不在本埠发稿	汉口江汉路	21106 号	
读卖新闻社	每日发外埠电讯不在本埠发稿	汉口落加碑路	21105 号	
同盟通讯社	每日发中外新闻稿三次	汉口鄱阳街	21101 号	
新武汉杂志社	旬刊	汉口江汉路	22427 号	

表 7-3　宣传科第二周年（1940.4—1941.3）内审定准演剧本数量表②

			京剧	汉剧	楚剧	评剧	甬剧	歌舞话剧	每月合计	备考
审查剧本数目表	1940 年	4 月	58	35	80	—	—	—	173	
		5 月	52	36	99	6	—	3	196	
		6 月	28	25	51	2	—	2	108	
		7 月	7	7	34	1	—	8	57	
		8 月	41	52	80	—	—	5	178	
		9 月	25	36	36	—	—	—	97	
		10 月	39	34	33	—	—	10	116	
		11 月	84	46	50	—	7	11	198	
		12 月	75	9	42	—	5	8	139	
	1941 年	1 月	86	5	29	—	2	8	130	
		2 月	61	5	27	—	3	10	106	
		3 月	19	24	13	—	—	12	68	
	每类合计		575	314	574	9	17	77		
	总计								1566	

① 《汉口特别市政府 1941 年宣传概况》，涂文学主编：《沦陷时期武汉社会与文化》，武汉出版社，2005 年，第 287 页。

② 《汉口特别市政府 1941 年宣传概况》，涂文学主编：《沦陷时期武汉社会与文化》，武汉出版社，2005 年，第 288 页。

表 7-4　宣传科（1940.1—1941.4）检查电影数目表①

年代	月份	国片	外片	每月合计	备注
1940 年	1	4	8	12	
	2	17	19	36	
	3	17	14	31	
	4	14	5	19	
	5	17	4	21	
	6	16	5	21	
	7	13	11	24	
	8	16	3	19	
	9	12	11	23	
	10	18	8	26	
	11	19	14	33	
	12	19	12	31	
1941 年	1	7	14	21	
	2	11	10	21	
	3	25	9	34	
	4	27	4	31	
共计		252	151	403	

表 7-5　宣传科检查留声机唱片数目表（1939.11—1941.4）②

申请检查年月	申请检查户数	呈检数量	合格发还数量	没收数量	备考
1939 年 11 月	15 户	6 128 张	6 123 张	5 张	
1939 年 12 月	50 户	1 023 张	1 020 张	3 张	
1940 年元月	17 户	647 张	644 张	3 张	
1940 年 9 月	1 户	694 张	694 张		

①②　《汉口特别市政府秘书处宣传科 1939 年度工作报告》，武汉市档案馆：8—4—51。

续表

申请检查年月	申请检查户数	呈检数量	合格发还数量	没收数量	备考
1940 年 11 月	1 户	121 张	119 张	2 张	
1941 年 4 月	1 户	23 张	23 张		
	85 户	8 626 张	8 613 张	13 张	
附注：各月份无申请者未列					

同时伪宣传科还负责管理各种民营娱乐场所，如剧场、影院、舞台等等。武汉沦陷后，汉口剩余的城市人口或逃亡法租界，或被赶进汉正街一带的难民区，原较繁华的市区“自满春路至江汉路的中山大道一段（包括三民路、民生路、民权路）、民族路被划为‘日华区’。这里所有的店铺房屋几乎都被日本洋行、商店、茶座所占据，市面十分荒凉”。原有剧场多数停业。直到伪武汉市政府成立，新市场才基本恢复了正常营业，但与沦陷前景象，已“不可同日而语”。① 娱乐场所恢复营业之困难，由此可见一斑。

表 7-6　伪市政府核准之娱乐场所一览表②

名称	类别	经理人	地址
新市场	各种	王文明	中山路
大舞台	京剧	刘耀卿	法租界
天声	京剧	陈子舜	法租界
长乐	汉剧	陈春山	汉正街湖南会馆
水乐	楚剧	刘宗禄	汉正街绍兴会馆
美成	楚剧	陈汉清	清芬二路

① 万生鼎：《武汉沦陷时期的文艺舞台一瞥》，《文艺》3 卷 2 期；《民众乐园历史情况的初步整理》，《武汉文化史料》，1983 年第 3 辑。

② 《汉口特别市政府 1941 年宣传概况》，转引自涂文学主编：《沦陷时期武汉社会与文化》，武汉出版社，2005 年，第 290 页。

续表

名称	类别	经理人	地址
满春	楚剧	许维善	满春路
大智	楚剧	方秀卿	大智门外球场街合丰里
天仙	楚剧	江成珊	法租界
宁汉	楚剧	严转运	华景街华清里
中央	电影	博记	法租界
维多利	电影	博记	法租界
明星	电影	博记	法租界
上海	电影	李绍珊	特二区两仪街
世界	歌舞话剧	陈钰卿	特二区五族街
甬江	话剧	郁瑞祥	特一区汉景街
丹桂	楚剧	陈实秋	汉正街
黄金	电影	黄少舟	烃正街

此外，由于“广告……均带有宣传性质，与民众思想以及市容有关”，伪武汉市政府为此颁布《武汉特别市市政府宣传局审查管理广告规则》①，广告审查和管理亦由伪宣传科负责，“凡街头广告及幻灯广告，均须先送宣传科审阅内容文字图画”。并负责整理更换公共场所的宣传标语，以“使一般民众对于和平、建国、反共之真谛有正确之认识，并且对于个人立身处世之方针有适当之了解”。②

① 《武汉特别市政府市政公报》，1939年第18期。

② 《汉口特别市政府秘书处宣传科1939年度工作报告》，武汉市档案馆档案，档案号：8—4—51。《汉口特别市政府1941年宣传概况》，涂文学主编：《沦陷时期武汉社会与文化》，武汉出版社，2005年，第291页。

表 7-7 伪宣传科第二周年（1940.4—1941.3）审查准许之广告数目表①

商号户数	申请年月	张贴广告数目	散布广告数目	板架广告数目	油漆广告数目	幻灯广告数目	备考
66	1940 年 4 月	3 403	33 990	50	20		
56	5 月	3 415	20 540	67			
36	6 月	1 791	13 400	61	19		
26	7 月	1 262	7 600	18			
57	8 月	4 071	17 500	97	76		
82	9 月	6 310	32 250	24			
57	10 月	3 820	17 300	25			
51	11 月	3 138	13 600	24			
61	12 月	3 385	9 150	24		13	
58	1941 年 1 月	3 499	3 200	24		11	
44	2 月	3 960		18		5	
61	3 月	4 864	3 200	19		25	
	合计	32 948	170 830	452	115	54	

不过涉及外交方面，伪省市政府不敢随意自作主张，对欧美在汉文化机构的限制乃至取缔，都由日本占领当局策划和实施。太平洋战争爆发之前，由于武汉尚有法租界和欧美新闻机构，对日军占领当局来说，这些欧美势力均时时威胁到其对城市的统治，因此日伪政府必欲去之而后快。对于相对较为弱势的法租界，日军采取较强硬的政策，如借口法领事不引渡界内反日华人，对法租界进行长时间封锁，迫使法租界与其合作。② 1940 年后，日伪政府每月举行

① 《汉口特别市政府 1941 年宣传概况》，涂文学主编：《沦陷时期武汉社会与文化》，武汉出版社，2005 年，第 291 页。

② 《汉法租界遭日方严密搜查》，《申报》1939 年 12 月 20 日；《日军仍封锁汉法租界》，《申报》1940 年 1 月 13 日。

的新闻发布会被直接命名为中日新闻记者会，不再邀请西方记者参加。太平洋战争爆发后，日方以“调解英文《楚报》及路透社工潮”为名，关闭英美报馆，“路透社及《楚报》被迫停业”，在汉外国新闻机构除日本七家新闻机构之外，仅剩下德、意两家新闻社。①

对广播宣传，日伪一贯控制严格，广播新闻在播出前需要严格送审，广播稿须于播出前五日送秘书处第四科审查，第四科审查后呈送市长核阅，再转送电台。② 太平洋战争爆发后，日伪进一步加强新闻管制措施，尤其是对以往相对难以控制的无线电收音机。1942 年，汪伪宣传部颁布《装设无线电收音机登记暂行办法》；③ 随后又进一步颁发《无线电收音机取缔暂行规则》④，严格管理、控制收音机使用。伪汉口市政府依照规定，制定《修正无线电收音机取缔暂行条例》《无线电收音机取缔暂行条例施行细则》《违禁收音机使用持有特许标准》，规定收音机“七灯以上者、收音范围超出周波数（波长）550 千周波（545 公尺）至 1500 千周波（200 公尺）以外者、内部装置可任意更改为发报或发话用者”，“不得制造使用、持有或转让”。⑤ 随后伪汉口市政府又出台《为奉令酌量购置标准型收音机以利广播宣传案》，从日本定制了符合日方标准的收音机 5000 台，伪市长张仁蠡以上级主管的身份要求“各机关各党部酌量购置，以利广播宣传”。⑥从政治上看，固然是为了配合日军和汪伪政府限制中国人民收听敌对方面广播、封锁消息、钳制人们思想的措施；但张仁蠡等人此次利用职权，向所属部门大肆摊派销售收音机任务，或有借机牟利之意。

武汉沦陷后，日伪政府的文化政策主要以宣传和控制为中心，试图通过种种宣传工具灌输所谓“中日和平”“大东亚共荣圈”等思想，麻痹人民，并将

① 唐惠虎、朱英主编：《武汉近代新闻史》（下），第 449 页。

② 唐惠虎、朱英主编：《武汉近代新闻史》（下），第 473 页。

③ 《外交公报》（汪伪），第 67 期，1942 年 7 月 1 日。

④ 《外交公报》（汪伪），第 76 期，1942 年 11 月 16 日。

⑤⑥ 《修正无线电收音机取缔暂行条例》《无线电收音机取缔暂行条例施行细则》《违禁收音机使用持有特许标准》《为奉令酌量购量标准型收音机以利广播宣传案》，武汉市档案馆：9—31—325。

矛头指向英美和共产主义，以化解中国人民的反抗意志，但手段拙劣单一，自然不会有多少效果。文化发展有其自身规律，日伪政权文化统制政策下的“舆论一律”局面长久持续，很难不让民众产生单调感和怀疑心理。由于战乱和日伪统制，导致了城市文化的萧条；即便日伪当局采用了一系列鼓励、扶持文化恢复与繁荣的措施，然在其统制政策之下，难以取得立竿见影的效果。

二、傀儡文化组织

除了宣传和统制功能之外，日伪宣传机构尚有其他职责，如对各类文化团体的操控就是其中一项重要任务，“本府成立之后，各种市政，力求推进，因之各种事业，亦随之发达，尤以文化事业为最，本市先后成立之文化团体，有亲仁会、武汉青年协会、广雅学会、武汉文化协会、武汉留日同学会、教育协会、中日文化协会武汉分会、武汉新闻记者协会，此项文化团体，均与宣传上有密切之关系，由宣传科随时联络，协助推进，颇见成效”①。伪市政府将所谓文化团体数量的增加作为其宣传工作方面的重要政绩。日军对于发展此类文化团体也相当支持，因为各类文化组织的积极活动，有助于显示日军在武汉统治的稳定和社会繁荣程度的提高，可以被用来证明其“中日亲善”“东亚新秩序”等宣传的真实可靠。

此类文化组织当然不可能真的是社会稳定繁荣的产物，它们不过是在日占领军扶植下出现的文化傀儡，是日本占领当局怀柔政策的重要组成部分。当然，这些组织并非都是由日伪政权组织策划而成，其中相当一部分团体及其骨干分子的行为是出于主动。不过多数文化团体还是基本遵循以下做法：日伪政权倡议策划一部分“社会名流”（或与在汉日人一同）具名发起—日伪政权批准—组织成立。团体所有活动始终处在日本人的严密监督之下。

总体而言，所有的傀儡文化组织均服务于日本侵略军的沦陷区殖民统治。以下根据这些文化团体的活动范围和隶属关系，选择其中一些较为典型的文化组织进行简要陈述和分析。

---

① 《汉口特别市政府秘书处宣传科1939年度工作报告》，武汉市档案馆：8—4—51。

（一）以武汉为中心的地域性伪文化组织

此类组织多为武汉沦陷后由当地汉奸文人发起，经日占领军当局同意成立，带有一定自发性：能够被批准成立，显然是由于其迎合了日军迅速在武汉营造出歌舞升平、王道乐土假象的企图，且其发起者多数与伪武汉市政府的成员有着密切关系（或者本人就是伪市政府的官僚），其目的或在于执行日伪政府的文化殖民政策，或企图加以利用，以牟取一己利益，均带有较强的投机性。此类组织包括广雅学会、“武汉（华中）青年协会”、“武汉文艺协会”、冬社国剧研究会、“武汉留日同学会”和“武汉特别市教育协会”，其中部分组织稍后被纳入“中日文化协会武汉分会”或“东亚联盟武汉分会”之下。

1. 广雅学会

广雅学会成立于1939年3月，由伪武汉治安维持会成员发起，“并由各会员公推资望学问道德最优深最著之名宿程君明超为正会长，雷君寿荣、范君鸿泰副之”。1939年9月，广雅学会在汉口四民街教员训练所内召开第一次会员大会，“追认石星川、高伯勋、徐养之、杨恩蔚、杨霱堂、汪筱舫、胡方传、黄锡龄、汪书城、李芳、刘道仁、叶春霆、蔡寄鸥、计国桢、张云渊、黄实光、张丙三十七人为该会理事，又追认：吴海天、刘翰如、凌启鸿、陈养真、王叔槐五人为该会监事”，还“公推文襄公哲嗣现任武汉特别市市长张仁蠡先生，为该会名誉会长”。其宗旨为“依中国前清相国张文襄公中西兼治之学说，动员全国知识分子以完成亚洲自存任务”，会中“分置教育、学术、文化、编纂、评议各委员会，由正副会长选有专门学术者为各该委员会之委员”，计划举办“广雅义塾”，“定有温故、知新、进修、养正四院”。在其建议之下，“孔庙祀典由省市政府举行，抱冰堂则由政府补助学会举行，所以唤起东洋文明之认识”。该会将其源头上溯至清末民初张之洞门生、故旧组织的“楚学会”，会名也取自张之洞“昔日著述之堂名”，故此会同时也是“张文襄公纪念会”。[①]据日本兴亚院汉口派遣事务所对其会长程明超的访问，该会主要活动包括

① “汉口市政府”编印：《新武汉》，编者，1940年，第87—88页。

“1. 典礼举办，寺宇修缮以及资产管理。2. 遗著的研究发行，学案的编纂。3. 建立并管理广雅图书馆、广雅书局。4. 建立和经营广雅私塾。5. 定期发行学报和其他刊物。6. 对学术研究进行奖励”①。从其主要活动来看，该会显然是一个打着纪念张之洞、发扬其思想的旗号，以“发展中日共同文化”为名，为日伪政权欺骗民众、服从于日本对外侵略目标的机构。

2. 亲仁会

亲仁会成立于1939年春。其成立可能更多是日本占领军方面的指示。其会址在汉口特二区四民街口，“规模宏大，设备齐全，布置雅洁，国际宴会多举行于此，为目前中日人士最高尚之集团组织也”。从其地位和设施来看，显然得到日本占领军的鼎力支持，主要成员“皆现时武汉中日两国之学士名流，秉亲仁善邻之古训，期于会员日常行动中切磋互相作两国思想文化之沟通”②。该会是日军当局宣传“中日亲善”思想的工具，日军显然希望通过固定联系渠道，收买社会名流，寻觅潜在的有价值的合作者。同时，此会也是华中日军占领方面向国际社会宣传日军“文明形象”和中日“良好关系”的一个主要展台。伪中日文化协会武汉分会成立后，亲仁会并入其中。

3. “武汉青年协会”

“武汉青年协会”原为群众性组织，在日军汉口军特务部筹建武汉伪政权的同时，汉奸田重光向日军建议组织“华中青年协会”。在军特务部第二课的支持下，协会于1939年6月11日在汉口扬子街广东银行旧址成立。田重光任会长，由日本人任顾问，对其业务进行监督。其后田因工作不力，被日本人所引进的谢希平、张瑜芳排挤离开，谢、张随即改组协会，下设部长会议，分为组织、宣传、总务、事业、妇女五部，并推雷寿荣为会长。不久雷又为谭道南所代。③ 协会“暂以鄂赣湘及武汉南昌两市为活动区域”，其每月活动经费

① 伊腾猷典：《现势兴亚教育》，《东亚事情·昭和十四年度海外视察报告》，湖北省档案馆：LSj9. 4-40。

② “汉口市政府”编印：《新武汉》，编者，1940年，第87页。

③ 《沦陷时期湖北的敌伪青年组织》，《湖北文史资料》1992年第3辑。

3 000元（军票），由特务部及伪市社会局各分摊一半。由于活动不断增加，年底经费增至5 000元，改由伪参议府和伪市政府提供津贴。至1940年6月，经费增至10 000元，由伪省市政权分摊。协会主要工作包括为日伪训练青年干部，出版《武汉青年月刊》《青年周报》《妇女周刊》和部分书籍，开展各种宣传活动。① 虽然协会成员数量众多，活动频繁，但“始终没有寻出该会对于群众或青年人发生任何波动，在武汉的群众中，亦探听不出对该会发生任何印象。这是什么缘故？……确是一件很费解的问题”②。

太平洋战争爆发后，日军侵占缅甸，伪武汉青年协会的新日军顾问军特务部第二课宣传班班长日野秀人希望按照缅甸东亚青年联盟的模式，将伪武汉青年协会改组为伪华中东亚青年联盟，并加以扩充。伪华中东亚青年联盟总会，总会设一处七部：秘书处、总务部、组织部、宣传部、训练部、妇女部、汉口特别市指导部和湖北省指导部。1942年伪会长谭道南去职，由何佩瑢派其亲信蔡森任理事长。③ 伪武汉青协前期主要是以宣传工作为中心，兼及为日伪训练青年干部、从事社会教育等工作，后期工作重心逐渐变为替日伪训练青年干部，其文化方面的职能逐渐淡化。

除上述区域性伪文化组织之外，武汉地区在沦陷时期尚有“武汉文艺协会”、冬社国剧研究会、“武汉留日同学会”和“武汉特别市教育协会”等小规模专门性文化团体。这些地方团体对武汉社会并未产生多少影响，开展文化活动的主要目的和作用，是替日伪粉饰太平，制造歌舞升平的和平幻象。尽管这些地域性团体不乏来自地方的推动，某些参与其中的汉奸和日本人或许也确有发展城市文化的动机，但这些文化团体成立和运行的根本动力来自日本占领军，不经日军允许，一切文化团体和文化活动都不可能存在。因此即便看似由民间发起的团体，也必须完全执行日本占领当局的文化政策，从这一点来看，沦陷时期所有文化团体的存在都是日本侵略政策的直接产物。武汉存在如此众

---

①② 郭调梅：《参加武汉青年协会周年大会报告》，《时事月刊》1940年第1卷第1期。
③ 《沦陷时期湖北的敌伪青年组织》，《湖北文史资料》，1992年第3辑。

多的日伪控制下的地方文化团体，显示其在日军占领区中所占的重要地位；武汉周边是日军战线的前沿地带，除了军事攻势之外，日军也借助这些伪文化团体向国民政府治下的地区发动文化攻势。

（二）全国性伪文化组织在武汉的分支机构

中日战争是一场总体战，双方在政治、文化、经济等各个方面都展开全面争夺，以配合军事上的直接对抗。日伪在战争时期为争夺思想文化优势，除展开一系列宣传攻势外，也在全国范围内组织了几个重要的文化团体，如“东亚联盟中国总会”“中日文化协会”等，开展文化活动，笼络人心，制造声势，这些文化团体在武汉都设有分会。

1. 伪中日文化协会总会武汉分会

伪中日文化协会 1940 年 7 月 28 日成立于南京，理事长为褚民谊，汪精卫、阿部信行、陈公博、王揖唐、梁鸿志、温宗尧等人为名誉理事，陈群、赵正平、傅式说、林柏生、船津辰一郎为常务理事，江亢虎、溥侗等人为理事。① 该会以“沟通中日两国之文化，融洽双方朝野人士之感情，并发扬东方文明，以期达到善邻友好之目的”② 为宗旨。

伪中日文化协会总会成立后，要求沦陷区主要城市成立分会。在汉口日军特务部和驻汉总领事馆的策动下，武汉日伪“文化界人士公推筹备委员 30 人”，其中伪政权方面推举张仁蠡等 19 人，日本方面推举内田佐和吉等 11 人，筹备武汉分会。1941 年 2 月 18 日，在日本驻汉总领事馆会议室举行第一次筹备会议，推举张仁蠡为筹备委员会委员长；议决成立大会日期、出席人员等，会址设在汉口两仪路（今洞庭街）5 号。2 月 26 日在伪汉口特别市政府会议室召开第二次筹备会，议决成立大会预算和大会程序。3 月 4 日在同一地点举行第三次筹备会议，议决在委员长因公离汉时，推方焕如为大会候补主席。③

① “新中国报社”：《新中国手册》，编者，1943 年，第 196—197 页。

② 第二历史档案馆《中国抗日战争大辞典》编写组：《中国抗日战争大辞典》，湖北教育出版社，1995 年，第 99 页。

③ 田子渝：《中日文化协会武汉分会述评》，《武汉文史资料》1999 年第 7 期。

武汉分会的正式成立大会在 1941 年 3 月 5 日“下午二时许，假本市两仪街东亚花园内举行”，到会者包括伪湖北省政府主席何佩瑢及“各厅厅长暨委员、汉口市政府各局长、社运分会各委员、绥靖公署、日本驻汉总领事馆田中总领事金子课长及各报社通讯记者及中日两国会员五百余人，合计不下七百余人”。经过会议程序，“通过会章，推选理监事，通过大会宣言，并由大会电呈汪主席，褚大使，本多大使表示敬意，及报告总会关于分会的成立情形”①，推张仁蠡为理事长，何佩瑢及田中彦藏（日本驻汉口总领事）为名誉理事长；叶蓬（伪武汉绥靖公署主任）、落合甚九郎（汉口日本陆军特务部长）、福田贞三郎（汉口日本海军特务部长）、石星川（伪湘鄂赣三省财政整理委员会主任委员）、谭道南（“武汉青年协会会长”）、宫川新一郎（日本兴亚院汉口派遣员事务所所长）为名誉顾问；张仁蠡、方焕如、黄实先、贺遐昌、高伯勋、杨思蔚、庄泗川、张榆芳、王知生、谢希平、青木英一郎、吉冈正秀、内田佐和吉、多湖久、岸富造等为理事，罗毅之、王锦霞、季光源、江华缙、永松辰男、懒户尚松、原久义为候补理事；程明超、徐慎五、徐养之、内藤达田、番田庄作为监事，异（汪？——笔者注）书城、李芳、斋藤重保为候补理事。②

从首届理监事会成员来看，伪中日文化协会武汉分会的主要成员均是日伪湖北省市政府、文化教育机构的领导人，经费由日本驻汉机构和伪省市政府提供，启动基金 40 万元（日本军票），由日本驻汉陆海军、领事馆“捐助 20 万，其余由省市两府各拨 10 万元”，除启动基金外，“每月经常费军票六千二百余元，事业费三千三百余元。”人员和经费既均出自日伪机构，则该会当然如武汉史研究专家田子渝先生所指出，“这个团体是日伪的一个御用政治、文化机构”③。

---

① 《文化协会武汉分会成立》，《复兴旬刊》第 1 卷第 2 期。

② 《中日文化协会武汉分会成立记》，《中日文化》1941 年第 1 卷第 3 期。

③ 张仁蠡：《中日文化协会武汉分会周年纪念的感想》（1942 年 4 月 26 日晚 8 时 15 分广播词），武汉市档案馆：9—31—631；田子渝：《中日文化协会武汉分会述评》，《武汉文史资料》1999 年第 7 期。

武汉分会由庄泗川任总干事，下设观光组（1942年2月改称宣导组）、艺术组、出版组、学术组、总务组，“以沟通中日两国之文化融洽双方朝野人士之感情，并发扬东方文明以期达到善邻友好之目的为宗旨”①。其开展的主要活动包括举行各种学术演讲、时事演讲及中日语演讲比赛，筹备图书馆，创设中日语学校，组织各种学术研究会，发行刊物，组织各种艺术团体及活动，保存武汉胜迹等。分会成立后，原由日伪发起成立的武汉地区各文化团体几乎都成为其附属组织，如之前述及的亲仁会、武汉文艺协会、国剧研究会等，其下新成立了一批文化团体，如学术组下的国学、法学、医学、教育、经济、佛学、电影、新国民运动等学术研究会，艺术组下的武汉青年剧团、国剧社、文艺协会、美术研究会、音乐协会、文学会、儿童文化研究会、书法研究会和江阳会等九个外围团体，分会“对各外围团体每月共补助军票三万六千九百元”②。分会之下的组织及其活动内容看上去确实较为丰富，主要目的当然是拉拢和利用中国汉奸文化人营造以日本为中心的殖民文化，为日本的侵略政策服务，但思想文化渗透相比军事侵略和征服道路显然要迂远很多。由此也可以看到，日本试图将其在中国的占领行动长期化、固定化；而伪政权则试图在日军的羽翼下，通过与日本的全面合作，营造其“重建和平”的形象，从而逐步确立自己的执政合法性。

在武汉分会等建议下，伪中日文化协会于1942年4月21日在汉口中山公园康乐堂召开第一次“全国代表大会”，出席者包括总会及各地代表、日伪各机关官员、武汉分会会员和记者千余人，规模宏大。伪理事长褚民谊致开幕词并报告协会活动发展情况，“凡章程内，所列举之一切应办事业，如学术讲座之设立，文艺复兴之研究，刊物著作之发行，图书之交换，文物图书之展览，学者艺术家之介绍与招待，赴日研究员之派遣，如日本方面剑道、柔道、技

① “中日文化协会武汉分会”：《中日文化协会武汉分会周年纪念特刊》，编者，1942年，第7页。

② 张仁蠡：《中日文化协会武汉分会周年纪念的感想》（1942年）4月26日晚8时15分广播词），武汉市档案馆：9—31—631。

道、书道、音乐、歌舞之介绍，中国方面国术，茶道，音乐戏剧，美术之表演，均属本会已办之事，又为推进会务起见，于各省市增设分会，先后成立者，有汉口、广州、上海、杭州、苏州等分会……”① 会议经过三天议程，“审议决定提案凡四十有二件”。此次会议的召开，一方面为伪中日文化协会制造声势，进一步引起各方面重视；另一方面也有助于协会拓展组织广度和深度，扩大规模，改善和增加会务活动。从伪中日文化协会的活动来看，尽管日军对伪政权限制相当多，但伪政权也试图利用日本帮助，通过开展各种文化活动，丰富社会生活内容，吸引社会关注，以改善其自身形象。

2. 伪东亚联盟武汉分会

1939 年，日首相近卫文麿提出“近卫三原则”，在很大程度上就是石原莞尔“东亚联盟论”的政策化，故“东亚联盟论”者于当年在东京成立“东亚联盟”。在侵华日军支持下，沦陷区纷纷成立“东亚联盟”的分会。1940 年 5 月，缪斌在北平成立“中国东亚联盟协会”。9 月，林汝珩在广州成立“中华东亚联盟协会”。伪湖北省政府主席何佩瑢也在 5 月发起成立“中国共和党”，亦以“发展东亚联盟”为旗号。同年，近卫文麿致函汪精卫，希望汪伪方面也成立相应团体，以共同致力于东亚和平事业。1941 年 2 月初，汪精卫召开伪东亚联盟中国总会成立大会。②

伪东亚联盟武汉分会成立于 1942 年 1 月 28 日，“假汉口市总商会大礼堂，举行正式成立典礼，奉总会令派何佩瑢、李芳、宋怀远、王锦霞、陶敦礼为常务理事，王沄等十二同志为理事，石星川、贺遐昌、杨恩蔚、魏武襄、陈维政为常务监事，林尚志九同志为监事，并指派何佩瑢（1942 年 6 月初何佩瑢突然死去，8 月初由新任伪湖北省政府主席杨揆一兼任书记长，随后杨改组了分会机构及成员——笔者注）兼任书记长”。其后召开第一次常务理事会议，决议李芳为指导委员会主任委员，王锦霞为文化委员会主任委员，宋怀远为社会

① 《文协首届全代大会隆重揭幕》，《武汉报》1942 年 4 月 22 日。

② 黄东：《塑造顺民：华北日伪的“国家认同”建构》，社会科学文献出版社，2013 年，第 137—139 页；闻少华：《汪伪政权史话》，社会科学文献出版社，2000 年，第 143 页。

福利委员会主任委员，伪省政府宣传处处长吕东荃兼宣传委员会主任委员。其下先后成立宣传团、《东亚联盟》半月刊社，并发行《东亚联盟》半月刊（后改为周刊和月刊两种），以及推进队、国剧社、军人同志会、中日语文补习学校等组织。其自 1941 年 5 月筹备起的所有开办费用，“承中日当局赞助，向财政部湘鄂赣临时财政整理委员会拨助，得以顺利进行”；每月经费除总会补助一部分外，由三省财委会按预算拨给 16 000 元（1942 年 7 月起改为 15 000 元）。①

伪东亚联盟与伪中日文化协会武汉分会的日常活动多少有些类似，均以文化宣传活动为主。只是从形式上来看，伪中日文化协会更像一个联谊组织，日本成员占相当比例，日常活动更多围绕文化交流展开（虽然其中包含着相当多的宣传成分）；伪东亚联盟则是一个以政府为中心的宣传和社会调查建设组织，成员以伪政权官僚为主，日常活动以宣传为主，如武汉分会下设机构的主要活动均围绕宣传展开，如第二科主要负责“会员征求，筹设各地支会，暨军人同志会，以及测验民众思想，训练干部人员，与夫协助救灾，恤贫，育婴，保健，并倡导一切社会福利事业等项”；第三科则担任各类宣传工作，包括一般宣传工作，各纪念日宣传工作，分会推进队指导工作。②

“东亚联盟运动”虽然得到近卫文麿等人支持，但却遭到了日本军方的反对。1940 年 12 月，陆军省以妨碍日本大东亚战略，“不承认所谓东亚联盟的国家联盟形态”；在军方坚持下，次月 14 日，内阁做出决议，“宣扬国家联合理论以及企图促进在此基础上建立国际形态运动，有违背建国精神，模糊皇国国家主权之虞，故应扑灭”。不久军方认为伪东亚联盟“作为解决事变设想的

① 《本分会会务日记》，《东亚联盟》1942 年特刊。湖北分会成立前有汉口分会，张仁蠡兼任书记长，成立时间不详，1941 年 5 月奉伪东亚联盟中国总会“电饬”并入湖北分会（《东亚联盟运动》，《申报年鉴》，申报社，1944 年，第 1123 页；林树东：《本分会总务方面一年来工作概况》，《东亚联盟》1942 年特刊）。

② 陈觉非：《第二科设置后之工作概况》、徐中流：《第三科设置后之工作概况》，《东亚联盟》1942 年特刊。分会秘书室、第一科均不负责社会事务（《东亚联盟中国总会湖北分会组织规程》，《东亚联盟》1942 年特刊）。

一种基本方针，在发展以前即因前述日本政府的方针，受到挫折”①。因此在湖北分会成立前，此会就已经受到了严格限制，其活动也基本局限于替日军从事文化宣传，如果说总会方面看似尚有一些独立精神和自我目标，到分会层面基本就完全沦为一个傀儡组织了。

无论是伪中日文化协会还是伪东亚联盟，其能够存在的根本原因还是日本占领军的鼓励或允许。即便是作为傀儡，武汉伪地方政权也有自己的利益诉求，试图在这些文化团体的活动中体现自己的意志和作用，然而其自身存在都仰仗于日本占领军的意志，在其控制或半控制下的文化团体，更无法真正依照文化的自身规律来自由发展和运作，只能执行日本占领军的指示，作为其傀儡和喉舌而存在，因此对于沦陷区的文化建设和繁荣不会有任何实质意义。

日军攻占武汉之后虽采取了一些临时性宣传措施，但直至伪武汉市政府成立之前，在恢复繁荣武汉文化领域方面几乎未有任何重要举措，显示日军对攻占武汉后的对华战略并无充分思想准备，之前更没有预备在武汉地区长期占领的计划。武汉沦陷后，日伪政权的文化政策虽产生于日本对华关系原则之下，却是日占领军为贯彻其政策，临时寻找扶持了一批汉奸代理人，这些汉奸分子的加入，自然也带有很强的投机性和被动性。伪武汉市政府看似制定了相当多的文化法规，建立众多文化管理机构和文化组织，但在制定实施其文化政策方面，日伪当局表现出明显的滞后性、临时性和被动性，这是武汉日伪文化政策难收实效的根本原因。因此，即便从日伪在武汉地区的文化政策方面也可看出：占领武汉后，日本侵略军在战略上已经走向被动。

① 日本防卫厅战史室编纂，天津市政协编译委员会译校：《日本军国主义侵华资料长编：〈大本营陆军部〉摘译》，四川人民出版社，1987年，第591—592页。

第二节 作为侵略宣传工具的文化传媒业

武汉沦陷时期，日伪推行“文教虏其国”的侵略策略，不仅设置日伪新闻管理机构、制定严格的新闻审查法令，以此构建一套愚弄武汉市民的新闻管理模式，还扶持多个亲日“人民团体”，公开出版各种报纸、期刊、书籍及控制广播电台等，抢占武汉的舆论阵地。沦陷时期武汉的新闻传播业，充当了日本军国主义奴化宣传的工具。

一、文化传媒与舆论营造

沦陷前的武汉作为一个商业都市，报刊业呈现一片欣欣向荣的景象。1927年至1937年间，新创刊的政府机关报刊、民营小报、宗教报、花报及外国报纸达数百种，在一定程度上满足了武汉市民了解外界事物、求知及娱乐休闲的需求。武汉成为抗战中枢之际，各种宣传抗日的报刊、书籍、宣传品等出版物的数量更是激增。1938年10月日军侵占武汉后，日伪控制的新闻出版业代之而起，成为日军实现军事占领、经济掠夺和奴化宣传的重要工具。

在日伪政府的操控下，沦陷时期武汉文化与传媒方面呈现两大特点。

一是在占领初期武汉地区还没有足够的文化界汉奸傀儡，故日军动用了大批的日本“笔部队”①。为协力侵华，部分日本作家在政府的号召下来到武汉为战争摇旗呐喊，蘸血为墨、以笔助战，极力美化侵华战争，歪曲日占区的状况，并在武汉新闻界大肆鼓噪，将战争罪责推给中国共产党和国民党。早在

---

① “笔部队”或“笔队”，指日本向侵华战场派出的主要由文学家组成的特殊部队。有关“笔部队”的前期相关成果主要有王向远：《“笔部队”和侵华战争：对日本侵华文学的研究与批判》，昆仑出版社，2005年。李广民：《侵华日军中“笔部队”的“文学报国”》，《外国问题研究》2010年第1期；余戈：《侵华日军中的“笔部队”》，《文史精华》2015年第2期等。

1938年8月，日本军部就动员菊池宽、小岛政二郎、杉山平助、北村小松、林芙美子、吉川英治、佐藤春夫等作家，随日军开赴武汉会战的战场。其中石川达三是著名的作家，曾获日本最有影响力的文学奖“芥川龙之介文学奖”。他将在武汉的采访报道，写成《武汉作战——作为一部战争史》。“芥川龙之介文学奖”的另一位获奖者火野苇平，配合侵华日军，炮制了一系列侵华文学作品，如《士兵三部曲》，其作品大肆美化日本军国主义，丑化中国军民。杉山平助也将在武汉的从军经历写入《扬子江舰队从军记》。“笔部队”中还有一位“恶魔之花”——林芙美子。1938年11月，林芙美子随日军进入汉口。回国后，林芙美子发表了《战线》和《北岸部队》，极力美化和诗化侵华战争，并赤裸裸地鼓吹日本利益至上，“真想把武汉长满棉花的大平原据为日本所有”①！显而易见，日本“笔部队”不是向世人揭示战争实态、受人尊敬的“战地记者”，而是十足的天皇奴才、狂热的法西斯主义侵略者。

与此同时，为美化侵华战争，一批日本新闻媒体人在日本政府支持下，在日本人或伪政府主办的报刊中纷纷发表美化侵略战争的言论，如石滨知行《大东亚战争与重庆》、中岛重信《大东亚民族解放战と东亚文艺复兴》、吉冈正秀《大东亚战争中文化建设之重要性》等。其中中川正治在《真正中国的建设与东亚目标》一文极力鼓吹由日本主导的大亚细亚主义，“先由中日满三国结成结合体……因为大亚细亚主义是兴隆大亚细亚的原动力，是根据皇道表现人类最高理想，以皇道为根干而发展者”②。

二是日伪政府全面掌控武汉新闻出版业。为排除英美文化对武汉的影响，日本侵略者逐步关闭英美报馆。如前所述，至1942年，武汉的外国新闻机构仅有7家日本报馆（朝日新闻社、每日新闻社、中部日本新闻社、西日本新闻社、读卖报知新闻社、同盟通讯社、大陵新闻社）、1家德国报馆（海通电讯

① 王向远：《“笔部队”和侵华战争：对日本侵华文学的研究与批判》，昆仑出版社，2005年，第102—104页。

② 中川正治著，廉熙译：《真正中国的建设与东亚目标》，《两仪》1943年第3卷第4期。

社)、1家意大利报馆(史蒂芬尼电讯社)。① 同时,日伪政府在武汉创办了大量的报刊,作为宣传其侵略政策的工具,有据可查的有75种。

沦陷时期的主要报纸有《武汉报》《晶报》《大楚报》《江汉晚报》《江汉日报》《东方日报》《汉阳民报》《日文大陆新闻》《新罗宾汉报》《新闻月报》《朝宗日报》等多种。其中《大楚报》《武汉报》《江汉晚报》的影响最大。

《武汉报》创刊于1938年11月10日,社址在国民党中宣部的《武汉日报》旧址。《武汉报》在发刊词中,直接表明"中日亲善"的政治主张,"本报为适应民众需要,乃于焦上之土,播下文化种子,以和平建国为当前任务;以建设东亚新秩序实现大亚洲主义为终极目标"②。该报由日本驻军新闻媒体机构专门负责,设有编辑、总务、营业、工务4部,第一任社长为日本人,总编辑为庄泗川。《武汉报》完全为一日本人包办的报纸,资金也显得充裕,在全国共设有12个分馆或通讯社,为日军统治湖北的主流媒体,号称为"汪伪政府宣传部旗下五大报纸之一"。该报每天刊载"日华满亲善""东亚和平"等欺骗性的标语。其社论将侵华日军美化为中国人民的大救星,并经常散布国统区或根据地人民生活潦倒的不实新闻。为加大对国民政府的舆论对抗,麻痹武汉市民,第三版下半部的副刊《游艺》,刊登介绍电影、戏剧等方面的文章;第四版副刊《涛声》,则有散文、诗、小品文。还有每天见报的小说栏目《新天方夜谭》,以刊载中、短篇小说为主。

《大楚报》创刊于1939年3月6日,社址在江汉路鄱阳街对面(后迁至江汉路胜利街口),为伪武汉特别市党部机关报(1940年改为湖北省政府与汉口市政府联合机关报)。与《武汉报》一样,其社论经常鼓吹"中日亲善"。该报从创办之初的四开小报逐渐扩大为对开一张、一张半乃至两张(连同晚报共三

---

① "汉口特别市政府秘书处":《汉口特别市政府四周年市政概况》,编者,1943年。

② 程文华:《沦陷时期湖北的日伪报刊杂志》,《湖北文史资料》1986年第3期。

张）的大型报纸，嗣后因纸张缺乏，至 1940 年初又停办晚报，版面减少至一张半。[①] 该报每日有两个副刊：一个是《楚风》，专门刊载文艺作品；另一个是《趣味与娱乐》。同时每周出一期《文艺周刊》，以刊载小说为主。《大楚报》创刊之初，在人员、资金等方面没有获得《武汉报》的同等待遇，“第以经费支绌，难期发展……发刊以来，虽时在设计推进，但以印刷机器陈旧，尚未能达到预期之目的”。[②] 同时《大楚报》内部争斗不断，第一任编辑张榆芳为独揽大权，逐渐踢开“武汉青年协会”的成员，指认朱庆麒任总编辑，方九涛为编辑主任。汪伪政府于 1944 年底选派宣传部次长胡兰成接管《大楚报》，经调整后胡兰成任社长，关永吉为总编辑，潘永年为经理部长。

《江汉晚报》创刊于 1942 年 4 月，社址在江汉路鄱阳街对面，由“武汉青年协会”主办。由于成员与《大楚报》有密切联系，其新闻源和社论的立场基本上与《大楚报》一样。该报有一副刊《华灯》，由马长风负责编辑。后因伪武汉青年协会改组为“华中青年联盟”，《江汉晚报》停刊。日伪为继续加强对武汉的舆论宣传，又在《江汉晚报》旧址创办《江汉日报》，其刊载内容往往离奇古怪，严重误导舆论，如 1944 年冬刊载“蒋介石已病死”的虚假消息。

在期刊方面，由日伪政府主办或资助民间团体主办的综合性或专业性期刊有《武汉市政府公报》《汉声》《司法公报》《武汉特别市教育局公报》《汉口物价》《新武汉》《新国民》《湖北省公报》《和平旬刊》《东南风》《战时劳工》《鄂报画刊》《复兴旬刊》《两仪》《武汉新闻记者协会会报》《新少年》《会讯》《三民》《华中大学商学会旬刊》《东方日报》《长江画刊》《东亚联盟》《教育季刊》《新妇女》《农村的良友》《日语杂志》《火炬》《光明月刊》《新中国体育》《大楚半月刊》《新血轮》《汉口邮工》《新评论》《新闻月报》等等。其中《两仪》和《新生》是影响较大的综合性期刊。

---

① 《宣传部第一届全国宣传会议报告汇编》，秦孝仪主编：《中华民国重要史料初编——对日抗战时期》第六编《傀儡组织》（三），中国国民党中央委员会党史委员会，1981 年，第 896 页。

② 《汉口特别市政府秘书处宣传科 1939 年度工作报告》，武汉市档案馆：8—4—51。

《两仪》由伪中日文化协会武汉分会创办，是日伪在武汉最具代表性、发行时间较长的月刊，存续时间为1941年7月至1944年冬，中日文合刊。发行人为庄泗川，编辑芮道一。张仁蠡在其发刊词中，作以下表述：

> 中日文化协会武汉分会，为欲介绍中日二国之思想学术，研讨中日两国提携合作之各项实际问题，以及报告会内主要工作显示全会动态起见，决定编印月刊一种，命名“两仪”。这个命名，有两种意义，一是以本会会址的汉口两仪街为会刊名称，一是象征中日文化为东方文化之一元的两体，我们要把他交流错综，产生新文明。
>
> …………
>
> 本刊为要达到上述的任务，对于日本学者专门著作之翻译和介绍，当然是很需要的，但我们尤其希望能以中国学者的立场，对最近日本思想界和著作界的主潮，作有系统之分析和研究，以介绍于国民，同时我们也希望能够把中国文化上主要学派的思想体系，作有系统之分析和研究，以介绍于日本。这种种都希望能成为今后本刊的主要内容。①

该刊主要内容有伪中日文化协会武汉分会信息、文艺、图片、日人文章等。为向公众征集文字，该刊给予每千字6元的稿费，在当时是比较优厚的。但少有正直的文人向其投稿。该刊《编辑后记》曾曰：

> 本刊虽然刊布了征稿启事，然而赐稿的人却少而又少，令人感觉得武汉文坛的冷落，而且来的稿件，也感觉到多半不是我们理想的文章，深盼热心于中日文化问题的人们，此后踊跃赐稿，以扶植此初出问世幼稚的本刊，成为一个较有价值的杂志。②

该协会虽然标榜“以沟通中日两国文化，发扬东方文明为宗旨”，刻意显示出其文化界身份，实际上该会主要成员皆为日伪省市政府各机关官员，没有一个独立的文化界人士。为推广日本文化，该刊经常刊载日文著作，如1942

---

① 张仁蠡：《发刊词》，《两仪》1941年创刊号。

② 《编辑后记》，《两仪》1941年创刊号。

年至1943年，该刊连续刊载内田佐和吉的《武汉新闻史》。可见，《两仪》月刊存在的真实目的，是不断地欺骗和蒙蔽武汉市民，消磨他们的斗志，充分显示了其作为奴化宣传工具的卑劣性。

《新生》为半月刊，发行时期为1939年4月至1944年5月，主编朱庆麒，由大楚报社编行。该刊的许多作品有粗制滥造之嫌，并附有大量新闻性的内容，内容显得单薄，以致该刊发行量一直不理想。①

文艺和青年期刊有《武汉青年》《青联月刊》《新生》《武汉作家》《青协周报》《市声》《读书胜录》《剧场艺术》《新生译丛》《文艺》《青年》《小学生新闻》《武汉文学会杂志》《新青年》《新儿童》《新小国民》《青联周刊》《武汉中日文化周刊》《新中学生杂志》《新声》《武汉国学季刊》《学术综合季刊》《楚声》《绿洲》《经纬》《奔流》《文摘》《武汉文学》《白石》《拓荒》《萌芽》《文华青年》等。

文艺期刊发行时间长、影响大的有《文艺》《武汉作家》。《文艺》由伪中日文化协会武汉分会下属的“武汉文艺协会”主办，月刊，1941年8月25日至1943年出版，主编朱庆麒。《武汉作家》由日文报纸《武汉大陆新报》附出。日伪主办文艺期刊的主要目的是为了与国共统一文化战线的“抗战文学”相抗衡，经常在文章中吹嘘“和平文学”，向沦陷区民众灌输奴化思想。但显然他们的目的并未达到，“都还不是我们最低限度的理想中的东西，所以不免有空洞之感，而范围狭小”②。同时日伪主办的文艺期刊中经常出现“软性”作品，毒化、腐蚀青年人的思想。

二、日伪专营的出版业

沦陷前的武汉是全国出版发行业重镇。李翰章督湖广时就在武昌候补街设立湖北官书局，在1902年创设的武昌舆地学会基础上更名开办的武昌亚新地学社是中国最早编印和发行地图的企业。1903年，商务印书馆在汉口设立了第一个外埠分馆，中华书局的汉口分局在1912年与上海总局同时建立。此外

①② 商生：《武汉文化界的新面貌》，《新生》第1卷第3期，1941年。

战前武汉地区尚有国民党主办的正中书局，以及上海广益书局汉口分局、上海世界书局汉口分局等重要出版分支机构。全面抗战爆发后，生活书店总店也于1937年底迁至武汉。但上述机构在城市沦陷前或停业，或内迁（除商务印书馆汉口分馆迁往法租界外），至日军占领时，武汉地区的出版发行业已陷于停滞状态。①

沦陷后，汉口市面虽有所恢复，但原在黄陂街、四官殿一带的商业批发中心被迫移到难民区和统一街一带。统一街成为书刊业中心，除恢复营业的广益书局汉口分局、同文堂书局外，尚新开设了东亚书局、兴华书局汉口分局、大新书店、崇文堂书局、宏文堂等等书刊批发零售机构。②

由于存在市场需求，图书销售业重建较为容易，但出版机构既已内迁或停业，短时期内未能恢复。然而无论是出于宣传需要还是满足沦陷区文化人物的出版需求，武汉地区都需要重建图书出版机构。为此，日伪行政当局主要依靠其属下的新闻报刊机构或其扶植的傀儡文化组织来组织图书印刷出版业务。当然，出版物必须以宣传灌输日本奴化思想为中心。

以庄泗川为干事长的伪中日文化协会武汉分会是沦陷期间的一个主要出版机构，协会下设有出版组，芮道一任主任，内田佐和吉为副主任，主要实体机构为《两仪》月刊社和编译委员会，其下又设有三个专门机构：月刊股、周刊股和丛书股。丛书股显然以出版图书为主要工作，其主任为张榆芳，副主任为尾形博。③ 伪中日文化协会出版的图书旨在宣传日本主导下的"大东亚共荣圈"，如太平洋战争爆发后，为配合1942年2月15日日军占领新加坡的"胜利"宣传，伪中日文化协会武汉分会辑印《光复新加坡特刊》，宣传日军占领新加坡"使英国失去侵略东亚的最后根据地，使大东亚的解放得到了有效的保

① 武汉市文化局史志办公室编：《武汉的书店》，1984年，第14—25页。

② 舒兴文：《统一街的图书市场》，政协武汉市委员会文史资料委员会：《武汉文史资料》1992年第2辑，第43—44页。

③ 《中日文化协会武汉分会》，武汉市档案馆等编：《武汉抗战史料选编》，武汉市档案馆，1985年，第421—422页。

障，这实在是世界史上一件值得大书特书的事迹”①。

表 7-8　伪中日文化协会武汉分会主要出版物②

丛书名	书籍名	作者	出版时间	备注
中文丛书	长江三角地带	多田裕计，译者曹彦君	1942 年 1 月 5 日	
	论语讲蔬首章	徐行可	1942 年 2 月 5 日	（“蔬”应为“疏”——笔者注）
	三个方向	童笠荪	1942 年 3 月 5 日	剧本，宣传日本“和运”
	南进英魂	陈京华、张盛芳、熊汉翔	1943 年 3 月 30 日	汇集陈京华《南进英魂》和张盛芳《和运之光》两个剧本、熊汉翔的《重归》
	武汉新闻史	秋虫（蔡寄鸥）	1943 年 5 月 30 日	记录个人 40 余年在武汉从事新闻的所见所闻
日文丛书	武汉传说集	内田佐和吉	1943 年 9 月	
	武汉风物志	内田佐和吉	1943 年 11 月	

另一个主要出版机构是大楚报社，其创办伊始，就出版所谓“新生丛书”，1941 年，汪伪宣传会议汇编材料中对此丛书曾有说明，“本丛书系不定期刊物网罗各科专书，以单行本发行，第一册于民国二十八年七月发行已出至第十四册”③。从书发行至第十六册时，张榆芳的个人作品至少就有三本，④ 此情形一方面说明张榆芳或有营私之嫌，另一方面大概此时期武汉地区可出版的新著作很少。

胡兰成接办《大楚报》后，在抗战最后几个月时间里，报社同时出版和规

① 张仁蠡：《光复新加坡特刊前言》，《光复新加坡特刊》，伪中日文化协会武汉分会，1942 年。

② 田子渝：《中日文化协会武汉分会述评》，《武汉文史资料》1999 年第 7 期。

③ 《宣传部第一届全国宣传会议报告汇编》，秦孝仪主编：《中华民国重要史料初编——对日抗战时期》第六编《傀儡组织》（三），中国国民党中央委员会党史委员会，1981 年，第 897 页。

④ 包括其中的第七种《读律杂笔》，第十种《读律杂笔续》，第十六种《读律杂笔再续》（见 1944 年 5 月出版的大楚丛书第一种《读律杂笔三续》之广告页）。另见张有《何谓新秩序?》作为时局小丛书第一种由兴亚文化研究会于 1943 年 1 月出版，张可能是武汉沦陷前期出版个人作品最多的一个汉奸文人。

划出版多种丛书，如《新评论丛刊》，含胡兰成的《中国人的声音》《中日问题与世界问题》《文明的传统》，傅天行的《我所见到的中国》等；《南北丛书》，包括胡兰成的《今生今世》，开元的《思念集》，吴公汉的《怀狐集》，关永吉的《镇长及其他》《牛》，废名的《招隐集》，高深的《奴隶之爱》，袁犀的《某小说家的手记》等；《快读文库》，含关永吉的《秘书陈岫和他的朋友》《苗是怎样长成的》，张爱玲的《流言》《倾城之恋》，王陵的《怒吼吧中国》，论文集《组织就是力量》《与武汉市民同在》等；《知识丛书》，翻译出版北一辉的《中国革命外史》，石川达三的《苍氓》等。

一时间武汉地区图书出版种类激增，似乎整个沦陷区文化中心大有转至武汉的迹象，但仔细浏览一下出版书目，不过是以胡兰成个人为中心，加上少数沦陷区文人的作品集合，武汉地区乃至整个沦陷区的文化出版并没有真正出现繁荣景象。事实上，经历近七年的日伪文化统制后，沦陷区的文脉已是奄奄一息，即便是才情出众如胡兰成者，也只能通过一时的集中出版发行，制造一个回光返照的局面，而其种种作品所试图体现的个人主张，也未引起社会的关注，因而其发动文化出版攻势的主要目的并未达到。很显然，此时日伪的文化宣传几乎已无人愿意相信。

沦陷时期武汉地区其他文化组织也出版了一定数量的图书，但相对而言，图书出版种类、发行量和影响显然无法与上述二者相比。整个沦陷时期日伪地方政权尽力扶植的武汉出版业，也仅仅是其为思想宣传和制造文化繁荣的假象虚应场面而已。

三、广播电台的“亲善”宣传

相比于书刊，广播电台作为能闻其声的新型传播媒体，更具有权威性和亲和力。如前所述，武汉沦陷后日伪政府就开始利用广播电台对沦陷区民众进行欺骗性宣传。起初汉口发射台暂设于今硚口区肖家地，后转移至中山公园左侧，原电台的功率为500瓦，1939年2月又增至10千瓦。1941年，日军为加强对沦陷区民众的奴化宣传，将放送班改为放送局。日军十分注重对广播电台的控制，放送局（班）的领导层一直由日本人担任，如局长、科长均是日本人。1940 年 3 月，汪伪国民政府成立后，为彰显“中日亲善”，日伪在公众面前上演了交还电台管理权、新闻检查权、租界等多个把戏。1941 年 3 月，日军交还汉口广播电台，武汉各伪新闻媒体进行了大肆报道。由于武汉重要的地理位置，伪汉口广播电台的宣传地位日益凸显，日伪对其内容进行严格审核，并对接收用户进行严格登记。

这一时期汉口广播电台的宣传有三大特点。一是严格控制宣传内容。电台以播送新闻为主，在不同时段用汉、英、日三种语言播音，也有娱乐和教育节目。娱乐节目一般播放京剧、日语歌曲和音乐，并通过一些奴化歌曲，凸显“东亚种族亲爱团结之精神”，腐蚀武汉市民的反抗意志。② 教育节目以教授日语为主，并象征性地带有少儿节目。同时，广播中设有“友军将士时间”和“布告时间”。二是宣传主题，奴化中国人的意图明确。伪汉口广播电台为配合日本军事和政治目的，紧紧围绕所谓“大东亚共荣”“中日亲善”“大东亚民族解放”“和平、反共、建国”等主题与事件，采取各种形式，鼓吹侵略、卖国有理等歪门邪说。电台经常配合重大时局事件，组织社会各界领袖演讲，如伪汉口特别市教育局局长高伯勋的《从七七事变谈到中日文化合作》，周学昌的《总理遗教与东亚联盟》，伪武汉青年协会组织部长张榆芳的《渝共冲突的透视》等。三是在演讲技巧上，极具蛊惑性。汉口广播电台的宣传目的，意在攻心。许多内容均打着“总理遗训”和“中日亲善”的旗号，企图混淆视听。

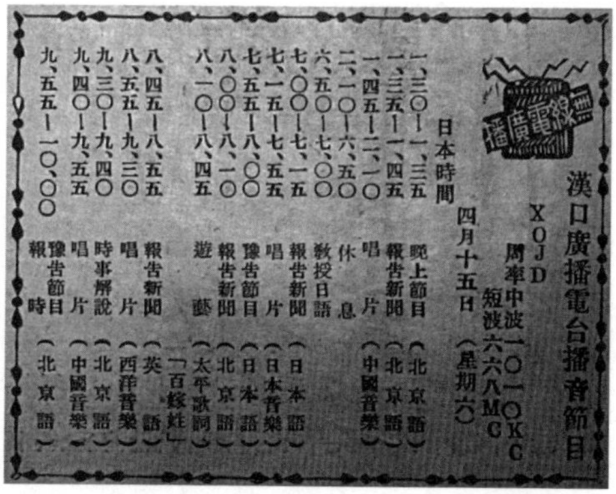
漢口廣播電台播音節目
XOJD 周率中波一〇一〇KC 短波六六八MC
四月十五日（星期六）

日本時間		
一、三〇—一、三五	晚上節目	（北京語）
一、三五—一、四五	報告新聞	（北京語）
一、四五—二、一〇	唱片	（中國音樂）
二、一〇—六、五〇	休息	
六、五〇—七、〇〇	教授日語	
七、〇〇—七、一五	報告新聞	（日本語）
七、一五—七、五五	唱片	（日本音樂）
七、五五—八、〇〇	豫告節目	（日本語）
八、〇〇—八、一〇	報告新聞	（北京語）
八、一〇—八、四五	遊藝	（太平歌詞）「百家姓」
八、四五—八、五五	報告新聞	（英語）
八、五五—九、三〇	唱片	（西洋音樂）
九、三〇—九、四〇	時事解說	（北京語）
九、四〇—九、五五	唱片	（中國音樂）
九、五五—一〇、〇〇	豫告節目	（北京語）
	報時	

图 7-1　1939 年 4 月 15 日汉口广播电台播音节目①

① 《武汉报》1939 年 4 月 15 日。

② 唐惠虎、朱英主编：《武汉近代新闻史》（下），武汉出版社，2012 年，第 472 页。

1943年3月21日，日伪政府演出交还租界一幕戏，伪汉口市长在汉口广播电台上向公众宣传这是汪伪政府的胜利，国人的光荣，日本对中国的善意等。①

伪汉口广播电台设立后，日伪加强了对市民使用无线电收音机的管制。1941年，伪汉口特别市政府颁布《汉口特别市管理无线电收音机规则》，规定凡是在汉口市经营、使用的无线电收音机，各商家和用户必须在规定时间内到市公用局无线电收音机指导处进行申请和登记，领证后方能继续经营或使用。为继续加大对沦陷区无线电收音机的控制，1942年，伪汉口特别市政府更是连续颁布了一系列法规限制民间收音机的使用。

歌曲也是日伪政府麻痹武汉市民精神的一个重要工具。在武汉沦陷时期，抗战歌曲被禁止，日伪官员和所谓的文化界人士，炮制出一批吹捧日军和汪伪政权的汉奸歌曲，其中《黄鹤楼》《岳阳楼》《紫金山》《扬子江》《雪花飞》等五首最为肉麻、露骨。如歌曲《紫金山》歌词：

> 紫金山色郁葱葱，金陵王气在。烟水蒙蒙，独立众峰高处。看朝霞眩彩，捧出海云东，这是我最高领袖，领导着复兴中国。明朗应运灿烂日方中，转眼又三秋。还都庆壮猷，实现中日满团结，实施新国民运动，发扬文化，和平争自由，同甘又同苦，保卫大亚洲，从此中枢建基，抚育我，四百兆民众，万载奠金瓯。②

以上歌曲，毫无遮掩地向沦陷区民众表达了吹捧汪伪政权，鼓吹“中日满团结”“保卫大亚洲”的卖国主张。另一方面，沦陷中的武汉到处弥漫着靡靡之音，什么“人生难得几回醉，不欢更何待”“今宵离别后，何日君再来”，“我听得人家说，你有了爱人，有了爱人你还不说实情”之类，真是“商女不知亡国恨，隔江犹唱后庭花”。

四、活跃其中的汉奸文人

武汉沦陷后，有相当一部分的文化人没有坚守民族大义，为了一些蝇头小

---

① 唐惠虎、朱英主编：《武汉近代新闻史》(下)，武汉出版社，2012年，第472—476页。

② 徐明庭：《汉口沦陷时期的五首汪伪歌曲》，《武汉文史资料》1994年第2辑，第215页。

利而出卖人格。日伪政权为扩大影响力，也大量劝诱或重用这些所谓的文化界知名人士，作为其侵略中国的帮凶。其中臭名昭著的汉奸文人有庄泗川和胡兰成。

（一）庄泗川

庄泗川在武汉沦陷前，就受命前往汉口筹办《武汉报》，先后担任该报总编辑、社长。由于庄的卖力，其受到日本侵略者的赏识，在《武汉报》的薪金就高达 4 800 元，远高于同期日本顾问。庄泗川除掌控《武汉报》之外，还是《两仪》月刊发行人，俨然为武汉新闻界的“掌门人”。其并出任伪中日文化协会武汉分会常务理事兼总干事、伪武汉记者协会负责人、伪武汉文艺委员会主任、伪新国民运动促进委员会委员、伪东亚联盟湖北分会秘书主任等多项职务，名字频频出现在沦陷区各大新闻媒体上，成为武汉沦陷时期政治文化界的一个显赫人物。

庄泗川为配合日伪政府的宣传策略，除调动其所控制的新闻媒体，还亲自撰文积极鼓吹，如在《楚声》杂志上发表《中日盟约与大亚洲主义》，在《两仪》杂志上发表《为什么要提倡东亚文艺复兴运动》《从纪念七七说到文化沟通的必要》等数篇。同时，庄泗川发表《东亚执笔战士一致联合起来：协力于大东亚圣战》一文，恬不知耻地向文艺界号召，用笔协力日军奴化中国：

> 中国的文化人——执笔的战士们！今后应当把我们笔杆当做枪杆，要把纸张当做了杀敌炮弹，须知“他人悬宝剑，我有笔如刀”。须知“一纸文字，胜于十万毛瑟”。共同努力尽一个战斗员的天职，唤起了未死的国魂协力于大东亚的战争，不但是要扫除英美政治军事经济的侵略，还要扫尽了一切文化的侵略，我们要认清复兴中华，保卫东亚的伟大事业，必须先要从东亚文艺复兴运动做起。①

日本投降后，国民政府将庄泗川列为文化汉奸。

（二）胡兰成

胡兰成战前曾任香港《南华日报》主笔，后追随汪精卫投敌。汪伪政权成

---

① 庄泗川：《东亚执笔战士一致联合起来：协力于大东亚圣战》，《两仪》1942 年第 2 卷第 12 期。

立后，胡先后担任汪伪政权伪印铸局长、伪中央宣传部次长。1944 年 11 月，汪精卫死于日本，胡兰成在南京政治圈已无立足之地。此时已值战争末期，在预见到日本战败的前提下，部分日本军方人物为保持日本侵华造成的中国分裂局面，希望留下部分汪伪势力与重庆方面抗衡，尽量减少日本战败后来自中国方面的压力，故煽动胡兰成来到武汉，接掌大楚报社，企图在湖北地区培植出一股特殊势力，达到在日本战败后能够制衡其他中国政治力量，维护日本利益的最终目标。

由于前任社长张榆芳无心经营，此时的《大楚报》几乎陷入停顿。胡兰成接办后，利用其之前的办报经验和部分日军方人物的支持等优势，对报纸进行了全面改造。如其改变与增删版面，刊登一些日伪报纸不敢刊登的新闻，并对日军侵占政策采取小骂大捧的策略，明确打出民族主义招牌，鼓吹反对英美殖民主义和共产主义的思想，提出外国势力退出中国、召开国民会议等主张，企图利用重庆和延安之间的矛盾为伪政权争取生存空间（当然胡也试图在政治军事方面扩展个人势力），为此不惜攻击日本当局的对外政策。因此吸引了读者的阅读兴趣，报纸销量由之前的 1.1 万份增至 2 万份。胡还亲自撰写《告日本人与中国人》《中共的存在及其性格》《“中国之命运”的批判》等文章，并多次发表时政演说，包括《南京政府向何处走去》《重庆政府向何处走去》《延安政府向何处走去》《中国的出路》等。这些文章和讲座极具欺骗性和误导性，因而大受日本侵略者赞赏。胡兰成的宣传给中国抗战带来一定负面影响，国民党地下组织和新四军对其发出多次警告，然而胡兰成立即在《大楚报》社论中发表《致三民主义青年团公开信》《致新四军公开信》，显示出其嚣张气焰。胡兰成主持《大楚报》的这一时期，或可看成武汉伪政权宣传政策的一个特殊阶段，其不仅配合了日本的反苏英美政策，还试图表现出伪政权独立于日本侵略军，且积极“维护中国利益”这一面相，以骗取沦陷区人民的同情，试图在政治上争取一定合法性。

日本宣告投降后，汪伪湖北省党部主委黄大中与胡兰成暗中商议，准备投靠蒋介石，并由胡兰成执笔著文刊登在《大楚报》。《大楚报》在胡兰成主持下，一直发行到 1945 年 8 月 27 日才停刊，成为汪伪日报中最后一个停刊的。胡兰成深感自己汉奸行径必将遭到蒋介石政府追究，遂逃离武汉，后流亡日本。

第三节　大众娱乐文化的虚假繁荣

日军侵占武汉后，曾经繁荣喧嚣的武汉娱乐业一片萧条，除法租界外，全市几成空城。随着附近战火的平息，市民逐渐返回城区，但武汉娱乐市场在日伪文化统制政策下一片惨淡，各种大众娱乐文化事业难有战前的辉煌。日伪政权为营造所谓“和平”气氛，或引诱或强制各娱乐团体在混乱的市况中复业，以造成社会秩序恢复的假象。同时日伪政府深知赛马、戏剧、电影等大众娱乐文化对广大市民的影响，遂逐步加大对其审查与监控的力度。

一、赛马会的恢复

（一）汉口赛马早期状况

民国时期，跑马场和赛马是汉口的一个城市文化名片。当时汉口有三个跑马场，被誉为“赛马之都”。这三个跑马场分别为西商跑马场、华商跑马场、万国跑马场。

西商跑马场由英国人于 1905 年在汉口新建，地点在今解放公园及周边一带，是西方侨民的一个重要娱乐、社交场所。西商跑马场分内场与外场，外场又分马道和高尔夫球场，内场专门设有舞厅和酒吧间。

华商跑马场由汉口华籍商人买办新建，面积 3.3 万多平方米，有一个周围 1.5 公里的圆形跑马圈和三座看台，并设有冷饮中西餐馆和茶座。华商跑马场从设立伊始，就与西商跑马场相抗衡，为吸引游客，入场不收门票，入场人员一律平等，经营成绩甚好。举办赛马过程中，华商跑马场还举行“助学”“赈灾”等义赛。但华商跑马场的马匹和马师水平不及西商跑马场，经济效益亦无法超越西商跑马场。

万国跑马场建于1926年，地点在今唐家墩、姑嫂村一带，也是离汉口市区最远的一个跑马场。该跑马场是汉口赛马运动进入全盛时期后，在英人杜百里组织下，由中西方共同出资新建的第三个跑马场。

1925年至1935年，是汉口赛马运动最鼎盛时期，三个赛马场几乎同时举行赛事，吸引众多参与者，气氛相当热烈：“每当春和景明或逢金风送爽的日子，在汉口东北郊的西商跑马场和北郊的华商、万国跑马场里，万头攒动，人声鼎沸。”① 这不仅是城市娱乐活动的主要内容之一，也是汉口经济的重要来源。

（二）日伪接管与经营汉口赛马

日军侵占武汉后，汉口赛马运动逐渐冷落，华商跑马场陷入停顿，西商跑马场也失去往日的辉煌。珍珠港事件后，日军更接管西商跑马场，没收所有财产。为继续经营西商跑马场，日本人解散了原董事会，任命日清株式会社大班为董事长，会员均是日本人，起初举办了一些赛事活动，但半年后，日本人又对其实施军管。②

日本侵略者为达到从多种渠道笼络人心的目的，同时从赛马运动获取经济利益，伪政府主张恢复赛马运动。1940年9月，伪汉口市政府社会局局长徐养之向市长张仁蠡致呈：

> 呈请恢复汉口赛马体育会，并已租赁特一区之西商马场，遵照社会团体组织通则之规定，着手准备，恳请准予备案前来。经派科员孙惠国前往调查，兹据该员报称：该会筹备，大致业已就绪，据该会筹备人方云夔声称：关于会员登记事项，计有老会员百余人，新会员亦在六十人以上。现有马数一百二十四，并由友邦石光宪一，携款往沪，令购三十余匹，正在

---

① 《疯狂的世界》，萧志华、吴自强：《武汉大赌场——赛马会》，萧志华主编《湖北社会大观》，上海书店，2000年，第155页。

② 童仲屏：《大赌场——汉口西商赛马会》，《武汉文史资料》1983年第1辑。

搬运中。马场已租妥西商赛马场，距离军区尚远，与军事方面无甚妨碍等语。①

同时，掌管赛马场的日军当局对恢复赛马会也有自己的打算：

对于曾经在计划研究中之恢复赛马，又为各方面之所期望。有鉴如此，故迅速设立赛马会。由于施行赛马，以谋马匹之改良，及马事思想之普及，并期充实军马资源，同时对于开发产业，亦可得一臂之力。又可以促进和平地区民心之明朗化，贡献于治安。②

从中可以看出，日伪恢复赛马会有三大目的：一是利用汉口的赛马会传统，笼络民众与日伪合作营造“和平”景象，减少民众对日军占领当局的敌意，制造大众关注对象，转移其对动荡局势的注意，并通过此类娱乐活动消弭占领区人民的抵抗意志。二是借助赛马运动，为日军选择和训练优良战马，以此为日军侵华效力；三是通过赛马的赌博性活动，赚取沦陷区人民的钱财，将其变成日军的敛财工具。为此，日军亦积极支持恢复汉口赛马运动。

1940 年秋，伪汉口特别市政府核准《汉口赛马体育会简章》，提出该会宗旨“以发扬体育、提倡尚武精神、联络中外人士之情感”，并接受伪汉口市政府社会局之指导监督。③ 同时，伪汉口特别市政府对汉口赛马体育会入会规章进行细化，颁布了《汉口赛马体育会会员入会简章》。在日军打压下，华商跑马场和西商跑马场已无赛事。因此，日伪政府将万国赛马场变为中日合办，并任命伪汉口特别市教育局局长高伯勋为万国赛马会会长，副会长为高的侄子高法涛。万国赛马会统一管理赛马活动的一切事务，规定每周六、日下午为赛马时间，每一下午约有 14 场跑马。万国赛马会经济利润颇高，它将每场赛马收入的百分之几十先提出来作为收入，剩余的才作为竞猜或赌博所用。

---

① 《汉口市社会局局长徐养之致汉口特别市长张仁蠡签呈》，武汉市档案馆编：《汉口跑马场史料选辑》，内部印行，1992 年，第 1 页。

② 《武汉赛马会民国三十三年下半期营业报告》，武汉市档案馆编：《汉口跑马场史料选辑》，内部印行，1992 年，第 7 页。

③ 《汉口特别市政府公报》，1940 年第 19 期。

赛马会机构下还设有“骑士会”和“马主协会”。“骑士会”即马师会，武汉沦陷后，所有的马师全部加入“骑士会”，会长为一日本人，副会长为高法涛。“马主协会”是万国赛马会的核心力量，马匹由他们提供。

为进一步控制万国赛马会，日伪政府设有基金员大会，对外发行基金。从相关材料可知，万国赛马会基金员于全体大会有增减基金的权力，并在基金发行和收益分配上享受完全的决定权，在年末结算总账后，有盈余，即给持有基金证券者“派利”。虽然在《汉口赛马体育会会员入会简章》提出“凡属居住汉口之中外人民，不分国籍，身家清白，品行端正，愿意入会者均得加入本会为会员，但年龄未满 17 岁者，不准入会”。但在实际操作中，日本官商占有绝对的控股权，因此，万国赛马场已演变成日本敛财的重要工具：

窃查属会本年三月二十二日开第四次股东大会。出席股东：中国民间十一人，计一百三十三股；日本民间十四人，计一千一百二十股；汉口市政府一人，计一千八百股；共计二十六人，三千零五十三股，超过总股份（五千股）半数。①

日军与伪政府在恢复汉口赛马运动方面均不遗余力，日军更多地将其视为选优战马和敛财的工具，伪政府官员则主要将其作为敛财和结交权贵的场所。日伪政府在对外宣传中，均打“开发产业”“贡献于治安”等口号。但对于一个有良知的中国人而言，可以看出日伪政府恢复赛马运动的真实目的。同时，许多中国人出于对日伪政府的憎恨，轻易不会将自己金钱送入所谓“中日合办”的万国跑马场。因此，万国跑马场的经营状况已难与往日相比。1940 年 9 月 28 日，《大楚报》则刊登如下信息，表明由日伪政府控制的赛马公会的窘况：

汉口赛马公会，自经邓海珊、朱苞等筹设后，进行颇为积极，惟以事变以后，赛马会员大多星散，马匹亦不易集中，恢复比较困难，现经邓等

---

① 武汉市档案馆编：《汉口跑马场史料选辑》，内部印行，1992 年，第 5 页。

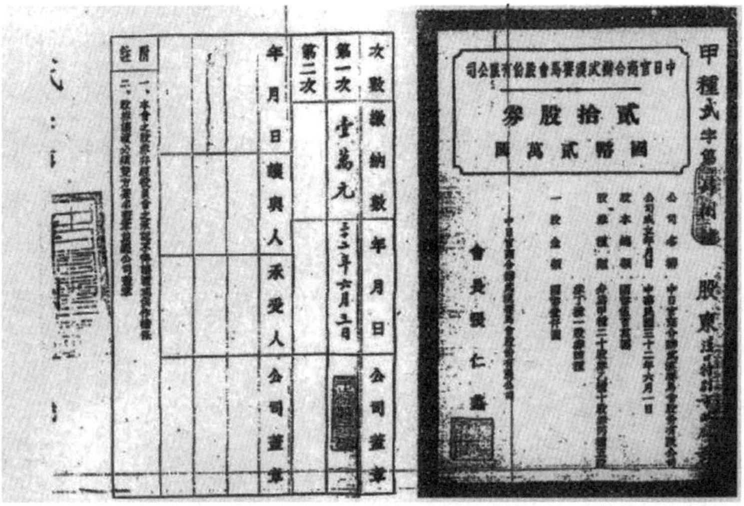

图 7-2　武汉赛马会股份有限公司贰拾股券①

一再研讨结果，决定先举行赛马一次，即以此次所得为赴华北各地采购马匹之用，闻第一次举行赛马时期，约在下月双十节后云。②

沦陷时期，汉口赛马运动无法正常有效运转，自然也有一些争议，最大的问题就是开赛日期难以确定，以致引起许多观众不满。1945 年 3 月 25 日，《大楚报》就刊载《赛马会起纠纷　开赛日期延展》一文：

武汉赛马会，原为改良马种、锻炼市民身心、提倡正常娱乐为主，故创立时期曾得当局许可。自办理以来，亦称完善，惟因去腊美军盲炸后，市场冷落，市民大多避居乡间，致无形停顿多时。该会自常务理事高伯勋辞职后，由当局改派姜道机氏递补。原定本月 17 日开赛，中途因天雨关系改为 24 日举行，不料本月 22 日于市府会议室召开第四次股东会时，一部分日方理事对昨年业务及少数账目，均抱不信任及排斥状态，致内部几呈混乱之势。开赛之期，恐一时尚不易实现。

---

① 武汉市档案馆编：《汉口跑马场史料选辑》，内部印行，编者，1992 年。

② 《市赛马公会初次赛马》，《大楚报》1940 年 9 月 28 日。

二、电影与奴化宣传

电影是现代工业化运动产物，是最受大众欢迎的娱乐形式之一。20 世纪初，电影被美国商人传入武汉，武汉人就开始对电影着迷，称这种新式玩意为电光影戏、西洋活动影戏。电影迅速占据了武汉的大众娱乐文化市场，并逐渐培育出一批忠实的电影观众。1938 年武汉沦陷后，日军强制各个影院放映日本及其盟友制作的影片，将电影作为政治宣传工具，电影已失去了娱乐大众生活的特性。

（一）武汉电影业早期盛况

1918 年至 1930 年，为武汉电影事业发展的最繁荣时期，全市的专业影院、季节性影院等都有所增加，至 1930 年，全市已有 20 家，其中有 11 家专业影院。1931 年汉口遭受严重洪水，城市基础设施破坏严重，至 1936 年仅剩 7 家，其中武昌 1 家，汉口 6 家。起初，法国影片占据武汉电影市场主导地位，好莱坞拍摄的影片后来居上，如 1929 年 7 月至 1930 年 3 月，在汉口经政府允许播放的外国片有 300 部，国产影片有 32 部。但实际上，武汉市民更喜欢与中国都市生活相近的国产影片，如反映都市女性的《三个摩登女性》《脂粉市场》《秀色可餐》《歌场艳史》《舞场女探》《香闺幽怨》《姊妹花》等国产影片，大受武汉市民喜爱。①

全面抗日战争初期，武汉作为实际的战时首都，成为仅次于上海的中国电影制作基地。为调动国民抗日热情，中国电影制片厂在众多爱国文艺界人士的协助下，在武汉制作了一批有相当价值的电影作品，如《保卫我们的土地》《热血忠魂》《八百壮士》《抗战特辑》，及新闻片、纪录片等，共计 32 部 77 本。一些国际友人也来汉拍摄中国抗日战争的影片。1938 年 2 月，荷兰艺术家约里斯·伊文思拍摄了八路军在武汉的办事处，并将这些珍贵资料编入《四万万人民》。同年 9 月，苏联电影人罗曼·拉扎列维奇·卡尔曼来汉拍摄了武汉大会战，并向世界作了银幕报导。同时，国民政府军事委员会政治部第三厅

① 彭厚荣：《解放前的武汉电影资料》，《武汉文化史料》1985 年第 5 辑，第 35 页。

组织电影放映队，在武汉三镇的17个广场、街头放映抗战影片，宣传国民政府抗战主张及日军的邪恶目的。①

（二）日伪政府审查与扶植电影业

日军侵占武汉后，非常重视电影的宣传价值，认为电影为“宣传之重要工具”，其所宣传的思想和文化，对观众具有潜移默化的作用。因此，日军将电影作为殖民中国的一项重要宣传工具予以扶植，并逐步加大对武汉电影的组织管理、审查力度和扶植力度等。

为防止国人放映有关宣传抗日题材的影片，日伪政府加大对市区各影院所放映影片的审查力度。伪汉口特别市政府宣传科负责对各影院所放映影片的审阅，只有经过宣传科审阅的影片才能在影院放映。②为进一步通过电影左右武汉市民的价值观，日伪政府在伪中日文化协会下设电影研究会，会址在两仪街伪中日文化协会武汉分会内，该研究会网罗一批为日伪政府所用的电影爱好者，该会名义上的负责人为田钦廉，顾问为汤铁质、方宜，幕后负责人为日本人黑木。为扩大该研究会的影响力，该会曾在《大楚报》上刊登征求会员启事，声称以研究电影写作、表演、导演、摄影等艺术为目的。实际上，该会主要目的是通过电影诱导市民信服“中日亲善”“大东亚共荣”等。同时，一些会员怀抱成为大明星的幻想，想以此为平台，跻身于影坛成为电影明星，如汤铁质在讨论会中，曾曰“此乃武汉影人之发源地”。③

武汉沦陷前，各大影院放映美国影片和国产影片，日本影片没有市场。武汉沦陷后，日军将电影作为奴化中国人的工具，禁止放映美国影片和抗战题材的影片，强制各个影院放映日本影片，如《新加坡总动员》《爱国之花》《劫妻》、德国影片《欢乐今宵》等等。另一方面，为让武汉市民对日本文化和日

① 武汉地方志编纂委员会主编：《武汉市志·文化志》，武汉大学出版社，1998年，第207—208、213页。

② “汉口市政府”编：《新武汉》，1940年，第93页。

③ 胡松：《中日文化协会电影研究会》，《武汉文化史料》1983年第3辑。

图 7-3　汉口明星大戏院①

本侵略政策产生兴趣，日伪政府对沦陷区民众放映电影采取优惠措施。如前所述，沦陷之初日伪政府先后在新市场、光明大戏院、上海大戏院、明星大戏院四家电影院中免费放映一批影片，吸引了一部分观众。② 同时，日军在汉口设立一些电影院，专门放映日本电影，如在汉口兰陵路设立光明电影院，在汉口五族街设立东和电影院，采取低价措施，并对中国学生特优减价，以吸引他们观看。③

① 武汉市档案馆编：《大武汉旧影》，湖北人民出版社，1999 年，第 331 页。

②③ 涂文学：《沦陷时期武汉社会与文化》，武汉出版社，2005 年，第 285 页。

表7-9　伪武汉特别市政府宣传局放映宣传影片民众参观数目表（所有片名全为宣传日本影片）①

日期	地点	影片名称	参观民众数目	备考
6月15日	新市场	我们的海军	1 080人	
6月16日	新市场	我们的海军	1 500人	
6月17日	新市场	我们的海军	1 760人	
6月18日	新市场	我们的海军	1 200人	
6月19日	新市场	我们的海军	1 500人	
7月10日	光明大戏院	现代日本产业	900人	
7月11日	光明大戏院	日本现代儿童教育实况	1 050人	
7月12日	光明大戏院	夏之日本	1 100人	
7月13日	光明大戏院	观光日本	1 000人	
7月14日	光明大戏院	镜狮子	1 000人	
7月15日	光明大戏院	复兴之满洲国	1 100人	
7月16日	上海大戏院	日本生花道	700人	
7月17日	上海大戏院	现代日本产业	690人	
7月18日	上海大戏院	日本现代儿童教育实况	800人	
7月19日	上海大戏院	夏之日本	700人	
7月20日	上海大戏院	观光日本	800人	
7月21日	明星大戏院	复兴之满洲国	900人	
7月22日	明星大戏院	日本生花道	800人	
7月23日	明星大戏院	现代日本产业	750人	
7月24日	明星大戏院	夏之日本	900人	

① “武汉特别市政府”编：《武汉特别市政府周年纪念特刊》，编者，1941年，第九章第7—8页。

续表

日期	地点	影片名称	参观民众数目	备考
7月25日	明星大戏院	镜狮子	800人	
7月26日	新市场	现代日本产业	900人	
7月27日	新市场	夏之日本	1 000人	
7月28日	新市场	观光日本	900人	
7月29日	新市场	镜狮子	800人	
7月30日	新市场	日本生花道	900人	
12月12日	上海大戏院	汪先生精卫新闻电影片	4 000人	
统计			29 530人	

（三）电影业生存状况

武汉沦陷之初，各电影院经营均陷入停顿。后来日伪政府转变对电影的态度，采取扶植策略，武汉市区各电影院才得以逐渐恢复。至1944年，武汉市区电影院增至10家，包括中华大戏院、中央戏院、维多利戏院、中华戏院、明星戏院、兴亚戏院、汉口戏院、东和剧场、黄金戏院、东亚戏院。

中华大戏院的前身是由日本人开办的光明大戏院，位于汉口兰陵路。武汉沦陷初期，该电影院只放映日本电影，因中国民众不喜爱日本影片，市场效益较差。后该电影院力求转型，不仅换了影院名，还改放中国片，所放映的影片都是从上海最新引进的，由此，营业状况才好转。

中央戏院地处汉口法租界。武汉沦陷前，该院只放映好莱坞影片。由于地段和各项硬件设施相对较好，经济效益较优。汉口的电影院有一个共同特点，就是地处市区繁华地段，也就是汉口的经济、金融、购物中心，各中上层人士汇集于此。在武汉沦陷后，日军严禁放映英美电影。为求得生存，中央戏院也开始放映日本及其同盟国的影片，以换取日伪政府的支持。

坐落在汉口法租界的维多利戏院，在武汉沦陷前，与中央戏院一样，只放映好莱坞影片，但因规模小，且没有招揽观众的措施，故经营状况不佳。

上海戏院坐落在汉口两仪街。武汉沦陷前，与明星戏院同时放映国产首轮影片。日军占据武汉期间，将影片放映首轮权交予中华大戏院，上海戏院的经营每况愈下。后上海戏院为伪中华电影联合公司直接经营，放映日本影片及上海新制作的影片，经营状况才有好转。

平民化的影院有两家——兴亚戏院和汉口电影院。兴亚戏院位于汉口五族街，以放映其他电影院已经放映过的电影为主。由于票价低，许多观众愿意到兴亚戏院观看电影。汉口电影院是由长江大戏院改建而成的，因电影业已呈现平民化趋势，经过内部装修后，亦采取低价票策略，吸引观众观看。①

日伪主要将电影作为宣传工具，不看重电影的艺术价值和大众娱乐功能，并从思想控制角度出发，对影院片源进行严格管控。因此，武汉影院的影片种类相对单一，内容贫乏，再也无法做到战前多样化的服务层次。沦陷时期电影市场所谓的平民化趋势，其实就是走向低端化，影院数量很多，却无法满足多个阶层观众的不同需求，只能以有限资源满足民众文化娱乐方面的低端需求。

三、夹缝中生存的戏剧

自汉口开埠以来，各种戏剧流行于汉口，传统戏剧有楚剧、汉剧、京剧、昆曲等，杂技、湖北大鼓、湖北评书、皮影、话剧、歌舞剧等多种文艺项目也颇受市民喜爱。各种大众文化娱乐项目汇集于此，展开竞争。这种竞争，显示出汉口市民已有较强的娱乐消费能力，推动和繁荣了汉口的大众娱乐文化事业。武汉沦陷后，百业萧条。为粉饰太平，日伪政府在加强对戏剧行业管制的基础上，也予以其必要的生存空间，以麻痹武汉市民。

（一）曾经繁荣的汉口戏剧业

作为各种戏剧、大众文化娱乐项目表演的重要场所，戏院成为各方角力的重点。近代以来，武汉戏院有两大来源：一是提供戏曲演出和表演的大型茶馆；二是经过一番改造的会馆戏台。随着大众追求多元化的娱乐消遣方式，一些大型的茶馆将经营的重点转到组织戏剧表演上，售茶则退居次要地位。这些

① 《汉口的电影院》，《大楚报》1944 年 4 月 23 日。

茶馆，也就成为汉口戏院的最早形式。另一方面，在新型企业组织下，许多会馆被改造成具有大众娱乐性质的戏院和电影院。1919 年创立的新市场，成为近代武汉娱乐业的象征。20 世纪二三十年代，是汉口大众娱乐文化最繁荣时期，仅 1922 年至 1937 年，新建或改造的戏院、剧场就有 22 家。

由于汉口市民喜欢戏剧艺术，其戏院的规模也就相对大。以座位数量为例，一个大型的戏院就有 1 500 至 1 700 个。民国政府曾做过调查，汉口超过 1 500个座位的戏院就有 3 家，其中坐席最多的戏院为天仙大戏院，有 1 740 个座位。最小的黄金大戏院也有 830 个座位，远高于同时期汉口电影院的座位，可见，在当时戏院娱乐依然是汉口市民最主要的消费项目。出现这种情形，一方面是戏院所表演的艺术是中国百姓喜爱的传统艺术项目，气氛活跃的舞台效果可以吸引更多观众。另一方面，戏院采取“薄利多销”的经营模式，票价相对较低。

（二）对武汉戏剧的管制与经营

武汉沦陷初期，三镇空虚，百姓纷纷外逃或躲避于法租界，戏院也因在战乱中损坏严重，难以继续营业。与对待电影相似，日伪政府认为戏剧在民间有移风易俗的效果，可以帮助其招揽人心，并能显示日军对武汉社会秩序的掌控。控制市政的日军特务部森冈“认为新市场复业可以显示出汉口市面秩序恢复良好，对入侵的宣传上有利”，因此许多民营戏院被迫在破败的场所和混乱的时局中复业，一批戏剧表演人士亦迫于生计为日军效劳。王文明原为新市场杂记魔术领班主任，因受到日军司令池田龙的赏识，被提拔为经理人。为向日伪效力，王文明的戏院第一个复业，他还亲自上台表演自己拿手的魔术，然其汉奸行为遭国人唾骂，在表演期间，有爱国人士向其投掷手榴弹。① 伪武汉市政府还组织了“新生”和“宣抚”剧团各一班，“编定各种剧本，新生剧团轮流在本市各娱乐场所公演，宣抚剧团分赴各乡村排演，所收效果，确能转移民

① 万生鼎：《武汉沦陷时期的文艺舞台一瞥》，《文艺》3 卷 2 期。

众思想……”[1] 从其名称来看，就大体可以知道其主要活动内容和目的，不过是试图通过这种免费的娱乐活动，为日伪当局粉饰太平，收买人心。

戏剧剧本和戏院成为日伪政府重点监控对象。中国戏剧种类众多，每类剧本形式不一，大多为师徒口头相传。为防止剧本出现反日的台词，伪汉口特别市政府宣传科负责审查各个剧本。民营戏院也是日伪政府重点监控对象，只有配合日伪政府宣传策略，才准予正常经营。据 1941 年伪政府统计，仅核准戏院 13 家，[2] 其中比较活跃的戏院有 10 家，共有座位数 9 686 个。

戏剧也成为日伪政府进行欺骗宣传的一个工具。1939 年 7 月，日伪政府举行所谓的“纪念七七兴亚”活动，新市场极力配合其行动，在纪念日活动期间，向市民免费开放两日，自 7 月 9 日起，门票采取买一送一的策略，招揽观众消费。[3] 同年 10 月，日伪政府举行“武汉更生周年纪念会”，伪武汉特别市宣传队举行各种活动，表演的节目有《谋东亚和平》《和平曙光》《中日人民携手》《永乐欢灯》《中日亲善》等。12 月 17 日，日伪政府又在新市场举行所谓的“救济难民游艺大会”。表演节目有：伪教育局表演《和平种子》《中日亲善》等节目，新舞台放映有关汪精卫和平建国运动新闻片，伪宣传局剧团表演反映民众拥护和平的《新独占花魁》。从以上表演节目的名字和内容可知，日伪政府并不关心底层百姓疾苦，真正的目的是通过戏剧表演对沦陷区民众洗脑。[4]

与此同时，日伪政府计划对中国传统戏剧剧本、服装、布景等进行改造，以符合“建设东亚新秩序”的目标。日伪政府认为汉口戏剧的剧本取材于中国传统文化，以世俗性的剧本为多，大多有伤社会风化道德，故对于不符合日伪

---

① 《宣传部第一届全国宣传会议报告汇编》，秦孝仪主编：《中华民国重要史料初编——对日抗战时期》第六编《傀儡组织》（三），中国国民党中央委员会党史委员会，1981 年，第 858 页。

② “汉口特别市政府秘书处”：《汉口特别市政府二周年市政概况》，编者，1941 年。

③ 《新市场门票买一张送一张》，《大楚报》1939 年 7 月 9 日，第 3 版。

④ 《武汉青年协会宣传部工作概况》，涂文学：《沦陷时期武汉社会与文化》，武汉出版社，2005 年，第 319、321 页。

政治主张的剧本一律取缔。为推行日伪宣传策略，须重点编排忠烈剧本，将其宣传内容或思想倒向有利侵华日军一方。日伪政府不理解中国戏剧服装的精髓，认为其过于怪诞，“有指导其改正及取缔之必要”①。

（三）主要戏剧舞台

汉口戏院种类众多，有京剧院两家（汉口大舞台、天声舞台），楚剧院七家（水乐、美成、满春、大智、天仙、宁汉、丹桂），汉剧院一家（长乐），歌舞话剧院一家（世界），话剧院一家（甬江），还有集京剧、汉剧、电影及其他各种杂耍为一体的游艺场（新市场）一家，其中汉口大舞台、天声舞台、维多利舞台②最受观众喜爱。

汉口大舞台，地处法租界，与天声舞台同为汉口京剧的基本阵地。汉口沦陷初期，为躲避战乱，汉口大舞台曾短暂歇业两个月。该戏院的主要演员有南铁生、安舒元，配戏演员有荣蝶仙。从1939年起，汉口大舞台为吸引更多观众，花重金从上海新聘请京剧演员。徐鸿培和汪梦兰为第一批，在汉口大舞台上演改编的《鬼断家私》。在徐、汪合约期满后，汉口大舞台又从上海聘请麒派文武老生王椿柏，武生白云亭，旦角马金鸿、董明艳、汪梦兰、海碧霞、云艳霞等，所演出的主要剧目有《追韩信》《打严嵩》《甘露寺》《活捉吕蒙》《徐策跑城》《四进士》《斩经堂》《走麦城》等。

1943年春，汉口大舞台聘请武生王少楼、花旦新桂秋（王少楼的妻子）剧团演出。1944年，汉口大舞台改聘北派名角，先后有头牌李砚秀、二牌纪玉良，头牌旦角陆蕊芳、二牌女老生解宗葵、武生梁慧超、花脸马练昆、二路老生关德咸等来大舞台演出。这些演员多表演常见的传统剧目，如《霸王别姬》《失空斩》《四郎探母》等。1944年至1945年初，汉口遭到美国军机轰炸，市内新有娱乐场所一律停业。在轰炸结束后，汉口大舞台陆续邀请一批外

---

① 《改进戏剧当前的问题》，《大楚报》1940年1月22日。

② 维多利位于法租界，经伪武汉市政府核准为经营电影业的娱乐场所，但从其他资料来看，其经营内容亦包括戏剧。（“汉口特别市政府秘书处”：《汉口特别市政府二周年市政概况》，编者，1941年。）

地演员来汉演出，有武生白云亭、花脸汪志奎、小生刘湘文、刀马旦新秀霞等，表演的剧目有《金钱豹》《伐子都》《驱车战将》等。

天声舞台地处汉口法租界的天声街，武汉沦陷前出演京剧和其他剧艺。武汉沦陷后，也曾歇业一段时间，之后恢复上演京剧。天声舞台采取汉口大舞台经营模式，一直向外邀请演员赴汉演出。最先邀请的一批名角为刘五立、小奎官等。刘五立表演的剧目有《林冲夜奔》《宁武关》，小奎官主演连台戏《济公传》，然而天声舞台的上座率仍很低，营业出现困难。

图 7-4　刘五立在汉口天声舞台演出时的剧照①

在与刘五立解约后，天声舞台又邀请了武生盖天鹏、老生张钰春、武生张大鹏表演，他们的演出依旧未获得武汉观众的认可。为此，天声舞台邀请寄居在汉口的影星叶秋心等表演歌舞话剧。20 世纪 30 年代，叶秋心曾被上海《良友》杂志誉为“八大明星”之一。全面抗战爆发后，与其夫张铭声回到汉口。叶秋心在接到天声舞台邀请后，立即与其夫在上海组班，成员有花旦新谷莺、文武花旦戴绮霞、武生兼红生郑国斌、武生王韵武、花面张海峰等，上演的剧目有《楚汉争》《西游记》《大劈棺》《盘丝洞》《铁公鸡》《佘赛花》《连环套》等。以后天声舞台邀请朱秋痕、谭志远、王亚声等电影明星出演话剧和歌舞，演出剧目有《山东大侠马永贞》。但营业未有大的起色。在张铭声剧团演完后，天声舞台又恢复京剧演出，聘请老生马俊骅和花旦云秋兰出演《九更天》，给汉口观众留下深刻印象。此后，天声舞台又邀请了女老生朱钧培，名老生陈筱穆、赵旭生等演员出演的包公戏《打銮驾》，颇受好评。

① 《名伶刘五立之林冲夜奔》，《汉声》1941 年第 1 期。

除了天声舞台曾经营过话剧、歌舞，其他戏院也将话剧、歌舞作为重要表演项目。1939年，地处法租界的维多利戏院从上海邀请鄂文卿、鄂苹卿姊妹及沈一鹤领衔的歌舞、话剧团，在武汉取得了一定效益。紧接着，世界大戏院也采取维多利戏院的经营模式，从上海邀请陈翠宝领衔的“艺风歌舞话剧团”，相比武汉同期的歌舞话剧团，艺风的演员表演水平高超，所上演的《僵尸复仇记》《红衣女侠》等成为该戏院最卖座的作品。全面抗战期间，上海许多电影明星也陷入失业境地，为谋求更好的生计，许多电影明星改演歌舞剧。为此，世界大戏院邀请当红影星白云、罗玲、徐倩、李绮年、尤光照、孙景璐、吴景平等前来演出，他们出演的《日出》《少奶奶的扇子》《则天皇后》《秋海棠》等，为世界大戏院带来不菲的经济收入。天仙戏院也曾邀请过宋痴僧、夏佩珍、秦哈哈、高月樵等人出演《日出》《啤酒与女人》等话剧。

图 7-5　陈翠宝在汉口表演的剧照①

汉剧属于皮黄腔系，自清末民初进入汉口后，被汉口市民称为汉剧。20世纪20年代，汉剧呈现一派繁荣景象，汉口的汉剧戏班扩增到20余个，约有1 000名演员。在剧目上，汉剧与京剧相似，如《活捉》《芦花荡》《杀子报》《通州奇案》《戏中戏》等剧目颇受汉口市民喜爱。然而武汉沦陷后，随着汉剧名伶余洪元、朱洪寿、陈春芳等因多种因素离开表演舞台，汉剧逐渐式微。1940年，汉口仅有新市场和联合戏院有汉剧戏班进驻表演。新市场有汉剧班点将录：一末黄仲英，二净邱志奎，三生陈春芳，四旦云仙子，五丑赵小长，六外汪天中，七小刘天元，八贴玲牡丹，九夫石辉南，十杂高洪奎；② 联合戏院汉剧班亦有点将录：一末黄鸣振，二净姜寿丰，三生萧春慧，四旦刘振仙，

① 《歌舞明星陈翠宝之舞姿》，《汉声》1941年第1期。

② 古月门市轩主：《新市场汉剧班点将录》，《大楚报》1940年3月14日。

五丑郑凤元，六外萧俊声，七小王少卿，八贴牡丹花，九夫熊长春，十杂刘胜奎。[2] 1941 年，汉口汉剧社又重新洗牌，导致汉剧社解散，仅有长乐戏院一家。至于汉剧没落的原因，除了时局动荡之外，还有其自身三方面原因：坤角崛起，阴盛阳衰；伶人缺乏戏剧常识；伶人缺乏团体组织。[3]

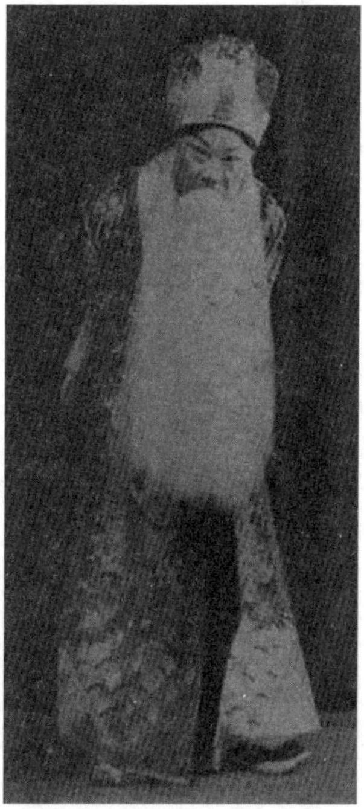

图 7-6　汉剧名伶余洪元剧照[1]

（四）“汉口梅兰芳”——南铁生

南铁生，湖北浠水人，1920 年随父母移居汉口。南铁生在铁路系统工作期间正是汉口流行京剧的时期。为此，南铁生拜汉口戊辰社程君谋为师学习京剧。1925 年，京剧大师欧阳予倩与南铁生合演《鸳鸯剑》《虹霓关》，南所出演的尤二姐、丫鬟等角色，大受观众喜爱，被世人誉为“汉口梅兰芳”。1926 年，南铁生响应国民革命军的号召，参加了宋庆龄主持的“慰劳北伐军”大型义演活动。随后，他成为汉口京剧界一大票友，1937 年，还曾与梅兰芳合演《虹霓关》《大登殿》。1938 年武汉沦陷后，南铁生一家惨遭日寇洗劫，被迫携家眷避居汉口法租界。日伪政府看重南铁生的家世和声望，曾派人劝诱他加入伪维持会，为日伪政府效力。对于具有强烈爱国心的南铁生而言，深知加入伪维持会就是汉奸，断然拒绝，由此也失去了铁路系统的公职身份。为谋生，南铁生放下上层人士的身份，到汉口大舞台戏院演戏，由票友成为一名专业的京剧演员。

在汉口大舞台安排下，南铁生出演的剧目有《玉春堂》《棋盘山》《四郎探母》《穆桂英》《荀灌娘》《万里线》《十三妹》等。其出演的《三堂会审》深受观众好评，在戏中，南铁生饰演苏三，荣蝶仙饰演王金龙，陈福寿饰演潘必

① 《汉剧伶王余洪元之扶汉图》，《十日戏剧》1938 年第 1 卷，第 18 期。

② 古月门市轩主：《联合戏院点将录》，《大楚报》1940 年 3 月 21 日。

③ 四知：《一位汉剧先进的谈话：汉剧没落的原因》，《大楚报》1941 年 3 月 7 日。

正，安舒元饰演刘秉义，费海楼饰演崇公道，因角色齐整，阵容强大，影响非常大。在出演旗装戏《四郎探母》中，南铁生扮演铁镜公主，受观众热捧，电台也对其进行实况转播。但南铁生出身于一个旧式的大家族，登台演戏成为受人鄙视的戏子，被族人所不齿。为躲避亲友指责，他选择离开武汉，在得到京剧名角王瑶老的帮助后，他携家到北方寻求发展。

1940 年 7 月，南铁生在汉口巡演时，《大楚报》曾发文《谈谈武汉名票南铁生》，表达了武汉市民对南铁生的喜爱与期待，“盖其艺事日进，享名日盛，几足与旧都名伶抗衡矣，异日返汉，必当有惊人之进步也”①。

南铁生登台演戏，当然有其偶然性，但发生在武汉沦陷时期却有其必然性：一方面，武汉如未沦陷，他就不会因为生计问题登台。另一方面，他在武汉及各地广受欢迎，与沦陷时期整个中国戏剧舞台人才寂寥有很大关系。受战争影响，相当一部分战前的京剧名伶或撤往后方，或暂时退出演艺生活（如盖叫天、梅兰芳等），其他剧种的人才当然也不会例外。当然，更重要的是战前欣欣向荣的中国电影业等文化产业遭到战争的毁灭性打击，无形中造成文化娱乐市场难以填补的需求缺口。故日军占领武汉后，也试图恢复演艺市场，但只有很少的演艺名家出现于舞台上，不能不说沦陷时期的武汉（甚至可以说整个沦陷区）演艺市场出现了一个空前绝后的委顿时期。从南铁生等人的个案来看，沦陷时期少数艺术家迅速蹿红，且京剧舞台不过是整个沦陷时期武汉文化界的一个缩影。

---

① 《谈谈武汉名票南铁生》，《大楚报》1940 年 7 月 12 日。

第八章

教育主权沦丧与城市奴化教育

武汉作为晚清洋务运动的中心之一，在中国传统教育的近代化转型进程中，具有不可替代的地位。19世纪90年代，张之洞督鄂期间大力鼎新文教，改良传统书院，引进新学，革新招生和教学方式，开设外语、实业、军事等新式学堂。“文化武汉”异军突起，为当地文教事业的发展留下了宝贵的遗产。① 民国初年，军阀混战，政治风暴席卷武汉，在经历过短暂的挫折与阵痛之后，教育事业在南京国民政府时期（1927年至1937年）再次高速发展。然而，好景不长。全面侵华战争爆发后，日军铁蹄所至，哀鸿遍野、满目疮痍，武汉教育遭受了前所未有的摧残，各项事业被迫陷入停滞和倒退。

① 涂文学、宋晓丹：《张之洞“湖北新政”遗产的历史命运》，《江汉论坛》2003年第8期。

第一节　奴化教育方针的确立与调整

1938年10月25日至27日，武汉沦陷后，日本侵略者在对武汉地区原有的教育事业进行严重摧残的基础上通过扶植伪政权，大行“以华制华”之道，确立了一系列奴化教育方针，建立了一整套殖民教育体系。

一、侵华日军的奴化教育方针

在侵略者利用一系列强盗逻辑编织出的“大东亚共荣圈”体系中，教育具有不可替代的重要作用。日本文部省教学局曾专门对此进行研究，认为在“大东亚共荣圈”内，各国有树立共同的东亚新秩序之基本观念的必要。1941年1月，日本文部省邀请学界、教育界、陆海军、兴亚学院等权威机构，召开了东亚教育恳谈会。会上主要讨论了三个议题：一是大东亚共荣根本观念的树立；二是东亚新秩序建设与教育的任务；三是东亚教学的本质。会议认为“在东亚新秩序的理念下”，日本为“八纮一宇”① 的国家，而中国这样信奉三民主义的国家，应和其他国家一道“相互深切理解”，“发现共同基本观念”，并最终沐浴在“共荣圈”的光环之下。② 基于这种理念，如何在武汉实施殖民奴化教育，成为侵略者及伪政府推行殖民统治尤其关注的问题。③

二、沦陷初期奴化教育方针的确立

武汉沦陷初期，伪政府迫不及待地多次组织召开各类“武汉新文化座谈

---

① “八纮一宇”是日本侵略者的国家格言，日本政府当时的宣传部对其的解释是天下一家、世界大同的意思。侵华战争期间，“八纮一宇”被写入日本基本国策纲要，成为其侵略战争的精神指导根本方针。“八纮”一词典出《列子·汤问》和《淮南子》，泛指“天下”。

② 《日文部省召开东亚教育恳谈会》，《武汉报》1941年1月12日。

③ 沦陷时期武汉奴化教育方针的研究，参见兰军：《试析日伪在沦陷时期实施的“大东亚教育建设”——以武汉为中心的历史考察》，《黑龙江史志》2009年第18期。

会”，邀请文化界所谓“名流”，发表“宏见伟论”，鼓吹在武汉建立新的文化和教育体系，并借助《大楚报》《武汉报》等媒体进行连篇累牍地报道。① 所谓“新武汉文化”“新武汉教育”等概念的提出，一方面能够借助媒体营造出一种“百废待兴”的假象，以粉饰太平；另一方面则能笼络部分仍逗留武汉的文化知识界人士，为殖民教育体系的建立创造有利条件。

鼓吹“新武汉”的同时，大量秉持军国主义观点的日本学者和御用文人亦大量炮制所谓大东亚教育建设理论文章，为殖民奴化教育提供理论依据。例如，一篇题为《东亚新秩序与新中国教育之关系》的文章就强调“新中国教育”在建立东亚新秩序中的重要地位，并讨论了如何建设“新中国教育之思想”。作者在大肆鼓吹大东亚新秩序、中日“相互提携，相亲相善”后，煞有介事地写道：

> （四）建设东亚新秩序，应从发展中国教育着手
>
> 建设东亚新秩序，虽应由日华两国相互提携，团结一致，在一贯精神上，树立政治堡垒，以抵制白人，而其关键，尤在发展中国之教育。自今以后，中国教育当局应积极设法配置，建设东亚新秩序之人材，以备将来之用。过去人们盲目崇拜欧美之心理，须加以纠正，重新授以新思想，使其致力于建设新秩序之运动。人民既愿为建设新秩序而效劳，又能得多量之精干人材，则东亚新秩序之建设，当可成功也。
>
> （五）新中国教育之思想
>
> 新中国教育思想，虽其要点甚多，而重要者约有二端：（甲）以日华亲善，敦睦邦交，为中国教育之目标；（乙）恢复东方道德。今分述之于后：
>
> （甲）以日华亲善，敦睦邦交，为中国教育之目标。
>
> 日华两国，应互相提携亲善之理由有四：（一）日华为亚洲之独立国，

① 如《文化界人士畅谈：“武汉文化之特殊性”》，《大楚报》1939年8月28日；《座谈会联合中坚阵线，推进新武汉教育建设》，《大楚报》1939年4月30日等等。

日华如团结一心，亚洲方不致为人侵犯，则亚洲方能完整存在，日华如不团结，亚洲必被人所分裂；（二）日华为同文同种之国家；（三）日华两国，国家毗连，有辅车为用，唇亡齿寒之势；（四）两国邦交，昔日甚为和好，自隋唐至今，已相通使，且能相互交换文化，凡此种种，均为日华两国人民所熟知，如以日华亲善，敦睦邦交，为今后新教育之目标，则新秩序之建设，可指日而计也。

（乙）恢复东方道德。

道德为东亚民族之美德，亦即日华人民之魂魄，两国之立国，皆以道德为基本，吾国孔孟为道德之宗祖，历代之崇尚道德，为世人所共知，惜乎蒋氏专政，藐视道德，诈欺奸宄，寡廉鲜耻之事，层出不穷，甚至与日本挑衅发生此次不愉快之事件，日本古代对于道德，已极重视，在圣德太子时代，即以和信义敬为贵，明治天皇，亦会昭示曰，愿尔臣民孝于父母，友于兄弟，夫妇相和，朋友相信，恭俭持己，博爱及众，由是观之，道德实为吾东亚民族之精华，东亚各国之所以兴所以强，甚至延续宗庙祭祀而至数千年，皆由于东方道德之功也。今后吾人应方改前非，恢复旧道德，以孝、悌、忠、信、礼、义、廉、耻为立国之根本，使能相亲爱，出入相友，守望相助，疾病相扶持，新教育之前途，当可蒸蒸日上矣。

（六）结论

中国新教育之思想，既以建设新秩序为目的，吾人应本此为目的，排除万难，努力前进，更需实事求是，不敷衍，不自私，则东亚新秩序之建设，庶乎有望，日华幸甚！亚洲幸甚！①

不难看出，日军及其代言人在武汉推行的所谓“新教育”，其根本目的是消磨民众的民族意识，在所谓“建设东亚新秩序”的原则下，实行“怀柔”政策，一方面排除武汉人民抗日思想，达到“和平建国”的目的；另一方面贯彻“以华制华”的策略，培植殖民势力的代言人。文章中抛出的“恢复东方道

① 阮明玉：《东亚新秩序与新中国教育之关系》，《大楚报》1939年8月31日，9月9日。

德”，“以孝、悌、忠、信、礼、义、廉、耻为立国之根本，使能相亲爱，出入相友，守望相助，疾病相扶持”等观点，极具欺骗性。其本质实为以尊孔复古为幌子，利用中国传统伦理道德，宣扬反共、卖国和投降主义，向民众灌输奴化思想。

图 8-1　日军在武汉实施奴化教育，妄图将儿童训化成他们的工具①

在“大东亚新秩序”理念的浸淫下，无论是日本侵略者还是伪政权，在武汉施行的教育方针无不透露出殖民奴化的特征。1941 年 2 月，汉口日本陆军特务部长落合鼎五在给武汉教员训练所第六届短期训练班的一次训话中提出，要把武汉地区的教育纳入“大东亚教育体制”的轨道，强调“中日民族要抛弃狭义的民族主义，讲求亲仁善邻，以完成共存共荣的历史使命”。此外，他还提醒在场所有参与训练的教员“洞察世界大势，认清中日宿命关系，把东亚共存共荣的理念和相互提携的精神灌输到儿童脑海里去，以确保东亚永久的和

① 涂文学主编：《沦陷时期武汉的社会与文化》，武汉出版社，2005 年，第 476—477 页。

图 8-2　日伪开办的汉口日语专修学校①

平，完成诸君历史的使命”。②

武汉伪政权及其御用文人亦视教育为“国本”。在一份提交给南京政府行政院的《呈报本市办理教育情形案》中，伪市长张仁蠡写道：“二十八年四月成立武汉特别市政府时，市长以复归市民日众，失学儿童增多，自应迅谋回复基本教育，以培国本”，其目的全在“促进东亚新秩序”的建立。③ 而一篇题为《吾人对教育建国应有的观察和信念》的文章则公然宣称，教育的任务“在今日最要紧的，是认清环境”，确立“和平建国的教育信念”，当“和平建国运动完成后”，即致力于“创造东亚新秩序的协同体”。④

---

① 唐惠虎、林阳春、韩兆海主编：《武汉抗战图志》，湖北人民出版社，2005 年，第 228 页。

② 落合鼎五：《汉口市教员训练所第六届短期训练班训期满典礼训词》，《大楚报》1941 年 2 月 4 日。

③ 《为呈报本市办理教育情形案》，《汉口特别市市政公报》，1941 年，武汉市档案馆档案，档案号：bB1122/72。

④ 《吾人对教育建国应有的观察和信念》，《大楚报》1940 年 1 月 17 日。

为了保证殖民奴化教育方针的贯彻执行，日伪政府十分重视在学校教育中推行以精神奴化为实质的训育教育，“轻教学，重训育”成为沦陷时期武汉教育的重要特征。这一时期，武汉所有的中、小学校都将训育放在十分重要的位置，并配有专门的训教指导员。如伪汉口市立二十二小学即把“以阐扬东方道德，培养儿童身心，造就新中国健全有为的国民为目的”作为学校训育方针，并于“朝会、午会、夕会”时分对学生进行训导。① 伪汉口市立第二十三小学则“根据教育局所颁发的周训纲目，另拟细目，逐日训导”，务必“使儿童得着新中国之教育，以达到创造东方文化之目的，而建设东亚新秩序”。② 1940年5月，伪市政府教育局更颁布了一系列“办法”，不断将奴化学生的“思想训练”推向强制化和制度化：

一、本办法依据武汉特别市暂行小学规程第二条之规定订定之。

二、小学教育为养正儿童思想之基础，极具武汉特别市暂行小学规程第二十六条、二十九条之规定以实施左列各项之训练。

三、教学方面应注意之点：

（一）孔子哲学之东方固有道德为中心思想之训练；

（二）中日贤哲之嘉言懿行；

（三）中日民族间风俗习惯相类似之伦理观念；

（四）白种人对于东方道德之缺点；

（五）中日古今名人亲交之诗文与故事；

（六）作文命题须富于亲仁善邻及建设东亚新秩序之含义；

（七）中日古昔国交之友谊故事；

（八）中国万世一教与日本万世一系之立国精神；

（九）中日文化之交流关系；

（十）明治维新之善政与中国复兴之方针；

---

① 杨清：《市立第二十二小校务概况》，《大楚报》1940年4月3日。

② 李家树：《二十三小校务概况》，《大楚报》1940年4月10日。

（十一）中日地势如唇齿相依之宿命关系；

（十二）在地理上对于中国之互助关系日本与欧美之比较；

（十三）中国亲善之绘画图名人肖像或手工作品；

（十四）足以陶冶优美情操并与时代和谐之歌曲；

（十五）日本武士道精神与中国国术精神之融合锻炼；

（十六）含有善邻与和平意义之舞蹈或游戏。

四、训育方面应注意之点：

（一）鼓励儿童爱国善邻之正当情绪；

（二）纠正儿童中日仇雠之错误观念；

…………

（五）中日提携为中国复兴建设东亚新秩序之要道；

（六）朝会或课前谈话及其他机会时讲演“中日亲善”“建设东亚新秩序”“恢复东方固有道德”“和平奋斗救中国”等类之题旨，令儿童记录与生活纪要内；

（七）中心训练或周训中多含睦邻之启示，并多制此类标语更番张贴与讲解；

（八）举行讲演比赛、作文比赛题目之论据；

（九）关于中日亲善有关之消息或论著之新闻纸类由监护值日教师用红笔圈点张贴促起儿童之阅览和注意。

八、本办法自呈奉核准之日施行。①

以上“思想训练办法”项目可谓五花八门，究其内容无非是：亲日、反共、“和平建国”与“建设东亚新秩序”。足以见得，这一时期教育方针政策的主旨在于大力宣传“和平建国”，消磨民众反抗斗志，以巩固敌伪政权。

三、太平洋战争爆发后奴化教育方针的调整

1941 年 12 月，太平洋战争爆发，日军为了把中国变为支持太平洋战争的

---

① 《教师应注意学生思想训练》，《大楚报》1940 年 5 月 1 日。

后方基地，开始极力推行“以华制华”“以战养战”的方针。为迎合日本战争需要，协力进行“大东亚战争”，汪精卫抛出了所谓“把爱中国爱东亚的心打成一片，东亚诸国，互相亲爱，团结起来，保卫东亚”等八条内容的《新国民运动纲要》，怂恿民众“节约消耗，增加生产”，“以铢积寸累的精神，来发达国家资本”，以满足日本战争需要。

1943 年 11 月，汪伪教育部又抛出了《战时社会教育实施纲要》，鼓吹“加强民众参战意识”，要求民众增加生产以充实物资，为太平洋战争提供补给；强化占领区民众参战意识，发挥“总力战”；以保甲制度，强化对民众的统制；把青少年训练成日军的后备军，而妇女学习战时救护知识，以适应战时后方救护需要。

汪伪政府提出的宣传和教育方针，成为太平洋战争爆发后武汉殖民教育方针调整和制定的风向标。1943 年，伪教育局为“表示敌忾同仇之决心……决定实施战时教育，以期育成有用英才，为国备用”，在全市开展“战时教育”，其具体目标是“不但要教学生做人，更应教学生作完全之‘国民’……有健全之国民思想……为复兴中华，保卫东亚之用”①。为配合汪伪政府提出的“新国民运动”，为日军太平洋战争培养奴才、炮灰，又要求“各校馆对新国民运动应切实推行，尤应于各学科内加入新国民运动之教材”，“兴亚室内应随时改进，力求充实”。②

为更好地为侵略战争提供补给，这一时期的日伪政府还更加突出战时劳动教育，将教育事业当作是发动大东亚战争的机器，把武汉中小学生全部纳入到战争轨道之中。③ 1942 年 3 月至 1944 年 8 月，伪教育局为厉行战时生产教育，发动武汉中小学生开展“蓖麻运动”，要求小学 4 年级以上学生一律参加栽种。1942 年 3 月 20 日，超过 3 000 名学生参与了蓖麻种植活动，伪教育局长高伯

① 《健全青年思想，市实施战时教育》，《大楚报》1943 年 2 月 1 日。

② 《各校馆应注意事项》，《汉口特别市政府公报》，武汉市档案馆档案，档案号：bB1122/82。

③ 参见兰军：《试析日伪武汉地区教育行政机构管理活动的特点》，《学理论》2009 年第 16 期。

勋及各科科长均到现场，以资动员。① 同年 4 月 16 日，各中小学校长又被要求领取十七八万两种子，率学生在原地补种。② 1944 年以后，伪教育局不断扩大“蓖麻运动”，成立了“蓖麻栽植委员会”，将全市划分 8 个大区，动员中小学生从事蓖麻种植和生产，要求中学生每人种植 5 棵，小学生每人种植 1 棵，目的旨在“以协力完遂圣战”。③

除了学校教育，以动员民众为目的的社会教育也被放到突出的位置。为使汪伪政府“新国民运动纲要”入脑入心，伪市政府于 1942 年拟定了“新国民运动定期广播”计划，于每月 8 日指派“高级主官”对全市进行演讲；编定了“新运”宣传丛书，标语、传单等一应俱全，于电影院放映幻灯片，在街头及娱乐场所放置“立看板”，举行“万众签誓会”等活动，此外还组织学校童子军开展“街头纠察”，对于不合乎“新国民”标准的市民进行监督。④

1943 年 1 月，汪伪政府以“与友邦同生共死之大精神”，宣布正式对英美宣战，伪汉口特别市政府立即响应，组织“击灭英美民众联合会”开展民主动员，编定了《拥护国府参战击灭英美一周宣传计划》，先后举行了“保卫东亚纪念各级集训”和“国民精神总动员”活动，要求教育界举行“击灭英美宣誓大会”，并组织全市中小学举行所谓“雄辩大会”，积极营造“大东亚战争”的社会氛围。⑤

概而言之，太平洋战争爆发后，武汉日伪政府所制定的教育方针，无论学校教育还是社会教育，无不紧紧围绕着培养顺服日本的奴才和为日本侵略战争服务而展开。在不放松思想、精神奴化教育的同时，强调煽动民众的战争意识，并通过所谓“生产教育”将整个城市都纳入到整个战争体系中来，使教育成为“大东亚战争”服务的工具。

---

① 《教厅策动实施增产运动》，《武汉报》1942 年 4 月 7 日。

② 《市校定期补种蓖麻》，《武汉报》1942 年 4 月 16 日。

③ 《教育局动员全市中学学生分八区种蓖麻》，《大楚报》1944 年 3 月 23 日；《介绍蓖麻栽培方法，协力完逐圣战须竭全力增产》，《武汉报》1944 年 4 月 11 日。

④⑤ 《汉口特别市政府四周年市政概况》，武汉市档案馆档案，档案号：bB13/7。

第二节　伪教育行政机构的设置与变迁

教育行政机构的设置及其职责和权限的划分，关系到各项教育事业从组织到实施的方方面面，是国民教育体系中最为核心的环节。对此，日本侵略者深以为然。武汉沦陷后，他们先是成立了所谓的治安维持会，迅速掌控教育行政管辖权，继而退居幕后，积极扶植傀儡政权，组建日伪教育机构，大肆开展奴化教育。

一、日伪教育行政机构的设置与变迁

沦陷的七年中，日伪武汉（汉口）市教育行政机构从产生到消亡，经历多次变迁，主要分为以下几个阶段：①

（一）孳生期：伪武汉治安维持会社会局教育科

1938 年 11 月 26 日，日军扶植的武汉治安维持会在汉口成立，下设警察总监部及财政、建设、社会三局。社会局又下设教育科，由毕业于日本早稻田大学的东北人芮道一担任科长，主管教育行政。这是日伪政权在武汉设立的最早的教育机构。② 由于沦陷初期武汉教育事业因战火已被迫停顿，教育科的任

① 日伪教育行政机构发展的分期问题，学界主要有两种意见。其一是兰军的“五阶段”：伪武汉治安维持会社会教育局阶段（1938 年 11 月—1939 年 4 月），伪武汉特别市政府教育局阶段（1939 年 4 月—1941 年 9 月），伪汉口市政府教育局阶段（1940 年 9 月—1940 年 3 月），伪汉口特别市政府教育局阶段（1941 年 3 月—1943 年 10 月），伪汉口市教育局阶段（1943 年 10 月—1945 年 9 月）；其二是杨天敬的“三阶段”：伪武汉治安维持会社会局教育科阶段，伪武汉特别市政府教育局阶段，伪汉口市政府教育局阶段。参见兰军：《试析沦陷时期日伪武汉（汉口）教育行政机构的演变》，《外语艺术教育研究》2006 年第 3 期；杨天敬：《沦陷时期日伪对武汉民众的奴化教育》，华中师范大学硕士论文，2009 年。本文的分期，基于对日伪教育局隶属关系、机构职能及其发展至消亡历程的综合考察。

② 李珠、皮明庥主编：《武汉教育史》，武汉出版社，1999 年，第 583 页。

务和职能主要在“从事调查工作，嗣为恢复教育”，先后对三镇教员进行登记和训练，并开设了五所小学。这些工作被日伪政权看作是“事变后教育复兴之萌芽”①，而实则是武汉教育主权丧失的开端。

（二）扩张期：从伪武汉特别市政府教育局到伪汉口特别市教育局

1939 年 4 月 20 日，伪武汉特别市政府成立。相比伪治安维持会，伪武汉特别市政府组织更为庞大，机构也更趋完备。日伪教育机构也进入扩张阶段，为了更好地开展奴化教育工作，伪政府对原维持会教育科进行了扩充，并将其从社会局中划拨出来，提升为独立的教育局，委任高伯勋为局长。这一时期，教育局所承担的职能也有了较为明晰的界定：

第十九条　教育局之职掌于下：

一、关于礼俗宗教文化事项；

二、关于学校之设置事项；

三、关于教科书之审定编纂事项；

四、关于学制之研究事项；

五、关于社会教育及图书馆事项；

六、关于古迹名胜天然物事项；

七、关于其他教育事项。②

从内部机构设置来看，教育局下设秘书室、总务科、学务科、行政科和编纂科，各科司职专门，权限分明：

秘书室掌管机要、交际及典礼，局长之通译及其他整理事项、审核稿件；

总务科掌管典守印信、文书收发及档案保管、缮写及校对、人事、本局会计及经理、于物品采购及保管、教育之调查研究及统计及不属其他各科主管之一切庶务；

---

① 《教育局一年来施政摘要》，《大楚报》1940 年 4 月 20 日。

② 《武汉特别市组织条例》，《武汉特别市政府公报》，武汉市档案馆档案，档案号：bB1122/21。

学务科掌管中小学校教育、女学校教育、高等专门学校教育、特种学校教育、私立学校教育、学校教育指导监督和其他一切学校教育事项；

教育行政科掌管学校恢复及改善、学校经营、学制调查研究及计划事项、教育统计、教育考试、学校体育保健、私立学校及私塾监督指导、社会教育及图书馆、礼俗宗教及文化、古迹及名胜天然物和其他教育行政一切事项；

编纂科掌管教育资料之编纂、教育科目之编成、教育资料之调查收集、社会教育图书印刷物之印刷、翻译、教科书及其他编纂。①

1940 年 6 月，又增加了督学室，掌管“教育法令的推行、学校视察、局长特命视察或指导和其他与教育有关事项”。至此，教育局由原先的一室四科改为二室四科。②

汪伪南京政府在 1940 年 3 月 30 日成立后，伪湖北省政府和伪武汉特别市政府都在日本政府的强制要求下并入其中。1940 年 9 月，汪伪国民政府将“武汉特别市政府”改为“汉口市政府”，直辖于伪南京政府行政院。“汉口市教育局”受“汉口市政府”和汪伪南京政府教育部双重领导，但机构未作调整。与此同时，武昌和汉阳两地的学校移交“湖北省政府”管理。自此起，直至伪政权的崩溃，汉口市行政级别虽几经变更，但教育局一直归由伪汉口（特别）市政府直接管理。

1941 年 3 月，“汉口市”改“特别市”，教育机构随“汉口特别市政府”的改动调整之。由原来的二室四科改为四科一室：总务科、中学科、小学科、社交科和督导室。至 1943 年 3 月，又改为第一科、第二科、第三科、第四科及督导室。这一时期，教育局所属人员数不断增加，管理规模日趋扩大，教育经费随财政收入增加而有所提高。在职能方面，这一时期伪教育局的职能较

① 《武汉特别市市政分科规程》，《武汉特别市政府公报》，武汉市档案馆档案，档案号：bB1122/14。

② 《武汉特别市政府各处局分科规则》，《武汉特别市政府公报》，武汉市档案馆档案，档案号：bB1122/21。

“武汉特别市政府”时期也更为广泛和具体：

第三十五条教育局职掌如左：

一、关于公私立小学、中学、师范及其他专科学校之管理及改进事项；

二、关于义务教育之推广与私塾之取缔改良事项；

三、关于民众补习教育与一般社会教育之提创及推广事项；

四、关于学校卫生及公共体育之监督提创与推广事项；

五、关于中小学教员之检定登记与社教人员之养成事项；

六、关于名胜古迹之保存及文化机关之监督事项；

七、关于生产教育之研究与推行事项；

八、关于通俗演讲及娱乐之提创、指导、审查、取缔事项；

九、关于民众读物之编辑审查及取缔事项；

十、关于其他教育行政事项。①

可以看到，这一时期的伪教育局试图不断加强对学校教育的统制，如上述规则第一条即规定教育局对学校各事项具有管理职权，而第五项则强调了对中小学教员的培训与监督。社会教育事项也日益受到日伪教育局的关注与重视，如第三、八、九条广泛提及了民众教育的组织、推广和管理，以及公共娱乐、大众读物的指导、审查等事项。第七条中，有关“生产教育”的规定，则与这一时期汪伪政府鼓吹的“节约消耗、增加生产”，与日本协力进行“大东亚战争”的“新国民运动”相互响应。

处于扩张时期的伪教育局还积极利用各类日伪文化团体，创办各类“教育协会”，从各个侧面强化对武汉教育的统制。如 1940 年 6 月创办的“武汉特别市教育协会”由日伪教育局控制的几名中小学校长联名发起。该协会打着民间文化团体的旗号，表面旨在“从事教育研究之设计及增进人民生活知识上之指

---

① 《汉口特别市政府组织规则》，《汉口特别市政府公报》，武汉市档案馆档案，档案号：bB1122/71。

导、教育之调查统计，举办各项文化教育研究会、学术演讲会等”，组织各类“教育刊物之编辑发行”并提供政策咨询，但实际上受到伪教育局的严密控制，唯其马首是瞻。① 此类文化团体的影响持续至日伪政权的消亡之日。

（三）消亡期：伪汉口市政府教育局

1943年秋，日军在太平洋战场上接连失利，为迎合其“以战养战”的方针，汪伪政府提出了“亲日和平教育”的口号。同年10月，在伪湖北省政府主席杨揆一的倡议下，“汉口特别市”又改回为“普通市”，教育局内部机构未发生变动，但人员略有调整。在此期间，教育局规模开始缩小。特别是1944年下半年至1945年初，武汉多次遭到盟军飞机轰炸，日伪政权风雨飘摇，教育局管理规模亦随之不断萎缩。1945年1月，教育局缩编为第一、第二两科及督导室。同年9月，武汉光复，日伪政权倒台，伪汉口市教育局终于走向消亡。

二、教育行政机构的殖民化与亲日化

日军攻占武汉后，在短短的时间内就建立起一个由华人为主要构成的教育行政机构，并明确了其职能和管理权限，但侵略者从未真正减弱或放弃对武汉教育事业的主导权和控制权，而是通过种种手段，对教育行政的权力与人事进行控制，从而实现对整个武汉教育事业的殖民统治。分析沦陷时期武汉教育行政内部不同的权力派系，有助于我们把握其殖民主义的性质。②

（一）日籍顾问与嘱托大权在握：教育行政权力的殖民化

侵华战争期间，日军在中国各沦陷区最高的权力集中于军部，由军部建立机构控制伪政府。在武汉，受命于日军司令部的汉口日本陆军特务部是实际最高政权机构。特务部下设有一、二、三课，其中第三课职掌文化、教育、宣传、情报，设有情报、文教、宣传三班。文教班有班长1人，工作人员5—6

① 《日伪时期的文化团体》，湖北省档案馆档案，档案号：LSA2.2-14。

② 日伪教育行政机构管理活动的特点，参见兰军：《试析日伪武汉地区教育行政机构管理活动的特点》，《学理论》2009年第16期。

人，实际掌握着一切教育措施的决策权。文教班掌握了伪教育局大、小官员的任命权，并通过在教育局安插顾问、嘱托的方式，将日本军部的意图传达至伪教育局。这些顾问和嘱托实际上是拥有武汉日伪教育行政系统的最高权力。

1940 年 9 月，“武汉特别市政府”改组“汉口市政府”之际，伪市长张仁蠡即颁布训令，对原武汉特别市政府警察、社会、财政、教育、工务、卫生等六局中的日籍嘱托职位予以保留，并知照六局局长：“各员薪俸均照旧支给。”其中，包括伪教育局嘱托 9 人，分别是：三蒲义一、梅村好造、樱井潮、岩崎俊晴、佐佐木角士、长滨义纯、吉冈正秀、本多房子和曾彦。另有市教员训练所嘱托张义魁。① 除嘱托外，伪教育局中还有一名日籍顾问若菜佐。1941 年 9 月，伪汉口市政府将顾问改称“连〔联〕络官”，若菜佐继任教育局联络官，并由市木清逸任其副职。② 沦陷的七年中，日籍顾问和嘱托虽有一些人事变动，但一直是伪教育局权力系统中人数最多的群体。如 1945 年日伪政权崩溃的前夕，供职于伪教育局的日籍嘱托仍达到了 7 人，超过其他任何一个职能部门。③

无论是顾问还是嘱托，原本应是为伪教育局局长提供咨询垂问、出谋划策的人员。然而，在伪教育局这样一个畸形的傀儡组织中，却由其掌握最高决策权力，局长沦为签字画押的傀儡。在个人收入方面，顾问和嘱托的薪俸和福利皆由伪教育局支出，并在金额上普遍高于教育行政系统中的其他人员。据《汉口市教育局所属各机关三十三年下半年支出概算》提供的数据，当时教育局四名嘱托的月薪分别是 1458 元、1395 元、1332 元和 1268 元，数额仅次于教育

① 《委任警察、社会、财政、教育、工务、卫生等六局嘱托》，武汉市档案馆档案，档案号：8—1—323。

② 参见《汉口特别市政府日籍顾问名单》，武汉市档案馆档案，档案号：8—1—62；《汉口市政府将日籍顾问改为日籍连〔联〕络官》，武汉市档案馆档案，档案号：8—1—62；《湖北省政府、汉口特别市连〔联〕络官职务区分表》，武汉市档案馆档案，档案号：8—1—555。

③ 《湖北省政府日籍嘱托汉口市政府勤务者一览表》，武汉市档案馆档案，档案号：8—1—50。

局长。① 在职责和权力方面，这些顾问和嘱托只接受日本军特务部的指令，同时还负责向日军特务部报告有关情况，嘱托室实际成为日军特务部的在伪教育局中设置的派生机构，成为各项权力的掌控者。值得注意的是，日伪教育行政中的顾问和嘱托不只存在于教育局机构内部，还将手伸向了整个教育系统。1940 年，伪教育局在设督学一职外，又派嘱托进驻各学校行使监督职权，中学嘱托与校长同室办公，操纵学校事务。

在一般的行政组织中，政策从制定到监督，再到执行，都是自上而下的组织结构。反观日伪时期的武汉教育行政，最高的权力却掌握在行政级别低于伪教育局长的日籍顾问和嘱托的手中，行政命令从制订到贯彻执行皆由下自上，再向下。可以说日籍顾问和嘱托的设置，把伪武汉（汉口）市教育局的殖民性质暴露无遗。②

（二）“江汉派”大行其道：教育系统的亲日化

伪武汉市教育局是在日本陆军特务部的一手操纵下建立起来的组织，其权力结构具有殖民主义的鲜明特征，其内部人员的构成也具有鲜明的亲日化倾向，这表现为当时教育行政机构中“江汉派”大行其道。

1921 年，日本政府利用庚子赔款在汉口建立了汉口东亚同文书院，由毕业于东京帝国大学的斋藤重保任校长（后任维新政府教育部和汪伪国民政府教育部顾问）。1926 年，为获得中国政府立案，斋藤改同文书院为私立汉口江汉中学，组织校董会，名义上由中国人陈英才任校长。此时，斋藤虽退居总务长职位，但教师的聘请和解聘，其他工作人员的任免，教职员工的工资等，均由其决定，校长无权过问。改组后的江汉中学，无论学校机构设置，还是教学方式和课程设置，都保留了典型的日本色彩：不论高中、初中，均必修日语课；学校所用设备从实验仪器、体育器械，到黑板、板擦全由日本进口；每年组织

① 《汉口市教育局所属各机关三十三年下半年支出概算》，武汉市档案馆档案，档案号：69—10—1。

② 参见兰军：《试析日伪武汉地区教育行政机构管理活动的特点》，《学理论》2009 年第 16 期。

留学考试，培养留日学生。1937 年 7 月，七七事变爆发后，在汉日侨撤离，江汉中学停办。1940 年，在东亚同文会的支持下，该校在原址复课，由原事务主任松尾丰德任总务长，原舍监陈涤尘任校长。日本人对江汉中学二十余年的经营可谓煞费苦心，这也为沦陷时期武汉教坛“江汉派”的出现提供了土壤。

日军占领武汉后，在武汉构建了以汉口日本陆军特务部为核心的高度集权的用人体制，并极力僭取和把持武汉教育行政机构及教育工作者的人事权力。在当时，武汉教育行政部门及所属学校的人员构成及权力分配，主要由汉口日本陆军特务机关长，通过特务部下设文教班和日籍顾问、嘱托掌握。他们不断指派、安插原江汉中学师生到教育局和各大、中、小学校担任要职，逐渐形成了所谓的“江汉派”，具有代表性的人物包括：

王知生，1935 年至 1937 年任江汉中学校长，武汉沦陷后任教员训练所教务长、“市立第一女子中学”校长。1945 年 7 月被推为伪湖北省教育厅厅长，未上任。

高伯勋，毕业于日本东京高等商业学校，历任江汉中学日语教员、训育主任，武汉教员训练所主事，1939 年起任伪教育局局长，后又兼任伪市党部委员、赛马会会长。

萧治平，毕业于日本京都大学经济学部，原江汉中学日语教员，先任伪教育局秘书主任，1943 年后任局长。

王叔槐，原江汉中学教员，武汉沦陷后即创办日语专修学校，后任教员训练所所长。

程文华，原江汉中学学生，毕业于日本京都帝国大学，武汉沦陷后任“市立第二中学”校长。

孙克瑶，原江汉中学学生，后留日，武汉沦陷后任“市立高级职业学校”校长。

卢昌明，原江汉中学学生，后留日，毕业于东京商科大学，武汉沦陷后任伪教育局学务科科长。①

除以上“江汉派”成员，日伪教育行政系统中还有大量成员具有日本留学的背景，如督学谢学峰，毕业于东京早稻田大学；教育行政科科长耿佛廑，毕业于东京明治大学。此外，伪教育局中芮道一、黄仲唐、吴芝圃、张本、陈德炯、周鸿绪、刘箴生、陈明宜等，皆为留日学生。②

侵略者在推行奴化教育时选择有日本教育背景人员，其目的是明显的：这些人在青少年时代都接受过日本文化的熏陶，不但对日本推行的教育模式和教育观念有着相当的了解，而且对日军鼓吹的“大东亚共荣圈”抱有较深的认同感。同时他们又多为湖北本地人，深谙本土文化和中国教育方式，这使他们能够极好地把日军推行的殖民主义教育方针和武汉地方教育的现实情况结合起来，能短时间内建立一个成熟、高效的殖民教育体系，并为奴化教育在武汉的推行创造条件。“江汉派”大行其道，不仅使教育行政机构为日伪所掌控，还使许多一般学校的行政义务都打上了亲日化的烙印，其结果是整个武汉教育系统的媚日化。

第三节　殖民教育体系的建立与运作

在全面抗战初期，武汉一度成为中国抗日文化的中心，文化界和教育界的

① 以上“江汉派”成员的基本信息，主要参考了以下文献：《汉口市政府组成人员履历表》，1940 年，武汉市档案馆档案，档案号：8—1—2；《武汉特别市市政府所属机关荐任以上职员姓名一览表》，《武汉特别市市政府周年特刊》，武汉市档案馆档案，档案号：bB4/14；李珠、皮明庥主编《武汉教育史》，武汉出版社，1999 年，第 583—587 页；刘昌浩《汉口沦陷时期闻见录》，《武汉文史资料》1996 年第 3 辑；万少一《吴定奇与汉口育德女中》，《武汉文史资料》1996 年第 3 辑等资料整理。

② 《汉口特别市政府所属机关组织系统暨干部职员姓名表》，武汉市档案馆档案，档案号：bB12/5。

有识之士云集武汉，纷纷呼吁重视民众战时教育和抗战宣传，以有效地动员普通民众，增强抗战的力量。日本侵略者对这些抗日排日的活动怀恨在心，为了消除武汉市民的抗日思想，使民众归附、沉溺于“大东亚共荣”的迷梦之中，日军及其傀儡政权在武汉推行了一整套以奴化、毒害青少年儿童的思想，并培养“愚民”为核心的殖民教育。

一、奴化教育师资队伍的培植与控制

要建立一个完备的殖民教育体系，日伪政权首先要解决师资不足的问题。为此，日伪政权先是进行多次中小学教员登记，网罗教育人才，继而以教员训练所为平台，开展定期或不定期的教员训练和讲习会，积极培植并严密控制为殖民统治服务的奴化教师队伍。①

（一）教员登记与奴化训练

沦陷初期的伪维持会阶段，日伪政府分别于1939年1月25日和3月13日进行了两次教员登记，并“严格甄别”出“合格”教员共计234人。伪武汉特别市政府成立后，这项活动被保留了下来。截至1939年12月，伪市政府教育局已进行了5次登记活动，共登记合格教员682人。② 需要注意的是，日伪政权进行的教员登记活动以拥护日伪殖民统治为基本准则，规定“凡过去曾任教职及有相当文化程度之青年男女愿为中日亲善文化教育事业服务者”，方能通过登记。③ 时至1942年7月，伪教育局已进行14次教员登记，共登记中学男女教员435人，小学男女教员1895人。④

对教员进行登记的同时，伪政府还长期举办教员训练所，按照殖民主义的教育精神培养和训练被登记的中小学教师。在一般情况下，通过登记并认定为合格的教员都会被送往教员训练所，接受一段时间的亲日教育，再分派到不同

---

① 奴化教育师资队伍的培植研究，参见程利、李卫东：《论沦陷时期日伪在武汉进行的殖民奴化教育》，《曲靖师范学院学报》2005年第1期。

② 《历届登记合格中小学教员统计表》，《大楚报》1940年4月20日。

③ 《汉口特别市政府第二周年纪念特刊》，武汉市档案馆档案，档案号：bB13/5。

④ 《汉口特别市政府四周年市政概况》，武汉市档案馆档案，档案号：bB13/7。

的学校任教或开办新的学校。武汉沦陷中期，由于各中小学逐渐开办，师资紧缺，教员训练所不敷应用，一些尚未受训的“代用教员”被直接派往学校任教，但他们必须经过轮流受训，方可成为正式教员。

教员训练所最初创办于 1939 年 2 月，由伪维持会教育科设立，地址在今黄陂街小学附近，高伯勋任主事，隶属伪社会局。1939 年 12 月，接伪市政府命令，该所移交给伪武汉参议府。1940 年 3 月 1 日，又由伪参议府移交给伪汉口特别市政府，划归伪教育局管辖。在“汉口特别市政府”时期，教员训练所所长为王叔槐，王知生任教务长，全所有培训教员约 30 人，多为兼任。由于沦陷期间教师供不应求，训练所多采用短期训练的方式，快速培养师资，根据殖民教育发展的需求进行调整，训期从 1 个月、3 个月、6 个月到 1 年不等。截至 1939 年 12 月，教员训练所已完成教员训练 4 届，共培训教员 417 人（男 283 人，女 134 人）。① 又根据 1941 年《汉口市政概况》的统计，教员训练所共收男女学员 883 人，其中有 797 人已毕业，尚在训练者 86 人。1941 年 9 月，教员训练所停办时，已培训学员约 900 人。②

教员训练所的任务和目的，是培养一大批亲日反共的教职员，以便殖民奴化教育方针的实施。因此，其课程设置和训练规划主要是围绕着“中日亲善”“大东亚共荣”等内容来进行的。授课过程中，各科教员大肆吹捧日本是礼仪之邦，明治维新之后，国势蒸蒸日上；中国与日本同文同种、唇齿相依，而以蒋介石为首的南京国民政府，滥施三民主义教育，煽动抗日思想，才导致了此次战争，这种教育方针应该扭转；现在的中国，要想强国强种，必须和日本“共存共荣”，共建“东亚新秩序”。

围绕这些说教，教员训练所主要开设了“东方道德”“教育学”“日语”等课程。其中，“东方道德”由王知生主讲，内容主要为诸子百家的一些言论，对墨家学说中的“兼爱”尤为侧重。“教育学”仍使用了南京国民时期的教育

---

① 《武汉教员训练所历届受训学员人数统计表》，《大楚报》1940 年 4 月 20 日。

② 李珠、皮明庥主编：《武汉教育史》，武汉出版社，1999 年，第 593 页。

学教程，但小心翼翼地剔除了不利于“中日亲善”的内容，也由王知生讲授。“日语”由日本人小野讲授。由于日伪教育局十分重视日语学习，规定日语不及格者就不能顺利毕业并获得教学工作，同时出于掌握日语有助于接近日本人而得到更多升迁的机会，各学员对日语学习非常用心，早晚都有学生在操场上、寝室里读日语的声音。①

除上述课程外，教员训练所还开设有“思想”“军事训练”等，要使奴化教育思想灌输进每一个教员的头脑中。“思想”主要内容是“中日亲善”和“东亚共荣”教育；而“军事训练”教的都是一些军事基本动作，如稍息、立正、向左转、向右转等，还教一些日本的广播体操和日本人鞠躬的姿势，这些都由日本人教授。

从课程的时间安排上来看，伪维持会阶段的教员训练所每周为学员安排“日语10小时，教育精神2小时，东方道德2小时，教育行政2小时，思想2小时，技能2小时，各科教学法2小时，自由研究2小时，军事训练5小时，课外讲演2小时”。② 这种课程的时间设置，把日语教育放在了突出的位置，且注重对所训教员思想上的训导，而与教学有关的专业课程被弱化，侧面反映出当时教员培训的真实目的。

日伪政府及其御用文人视童子军教育是“从习惯中培养良好的品格，从服务中以训练良好公民”的良方，更是中国“近代的革新教育，是复兴民族的起死回生的丹药”，故对其十分重视。③ 为了培养童子军教员，伪汉口市政府于1941年3月开办了“童子军教员训练班”，选聘富有经验人员充任教员，招收男女学员56人，训期四个月，训练完毕后即派往各级学校担任童子军教练职务。④ 1943年，汪伪政府主导成立的南京中青年干部学校开办了第一期学员

① 李珠、皮明庥主编：《武汉教育史》，武汉出版社，1999年，第592—593页。

② 伊藤猷典：《现势兴亚教育》，《东亚事情，昭和十四年度海外视察报告》，湖北省档案馆档案，档案号：LSJ9・4-40。

③ 张澄：《童子军教育之重要》，《大楚报》1940年1月10日、17日。

④ 《汉口特别市政府第二周年纪念特刊》，武汉市档案馆档案，档案号：bB13/5。

训练班，旨在强化童子军教员培训与管理，伪汉口市教育局选定万少南、游渠、周大钧、鞠餤华等 4 人参加。①

（二）五花八门的教员讲习会、研究会

除了教员训练所和童子军教练员训练班，伪市政府教育局还举办了五花八门的各类讲习会、短期教师职业培训班和研究会，培训在职教师，不断灌输殖民奴化思想。主要包括：

寒假讲习会　为使中小学女教职员“增进业余知识、互相联络研究”，要求“凡本市各中小学教职员，均一律参加”，并聘请所谓“文化名流”担任讲师。②

暑期讲习会　伪汉口市教育局鉴于“本市中小学教员，平时担任教学时数及课外服务工作，与过去及外省相较，殊为繁重，莫不苦于无进修之机会”，乃利用 1939 年暑假，创办公私立中小学教员暑期讲习会，“俾全市教员，对于学业上，品行上，庶能进修，而利教育”。讲习会共分算术、美劳（美术、劳作）、音乐、体育、常识、保育、特科（主要讲授思想、东方道德、教育精神、教练、各科教学法）等 8 组。期限自 7 月 15 日起至 8 月 18 日止。③ 暑期讲习所自 1939 年起，每年暑期举办一届，至 1942 年，已举办四届，分特科、卫生、体育、珠算四组，训练男女教员 259 名。④

注音符号讲习会　“小学教员教学，重在使用标准语音”，自 1941 年起，伪汉口市教育局开始举办小学教员注音符号讲习会。唯全市“教员人数过多”，故分三届讲习。第一届一班，第二届三班，分别于同年暑期、秋季结业。1942 年春，该讲习会续办第三届，分为三班，每班各讲习 30 小时，主要内容为注音符号。⑤

画片剧讲习会　“画片剧”因其表演简单易行且通俗易懂，适合进行流动宣传，对普通民众特别是儿童极具吸引力。日伪教育者以其“对于普遍社会教

①②④⑤　《汉口特别市政府四周年市政概况》，武汉市档案馆档案，档案号：bB13/7。
③　《汉口特别市政府第二周年纪念特刊》，武汉市档案馆档案，档案号：bB13/5。

育，含义重大”，大力推广。1942 年 10 月 19 日至 21 日，在伪市立第一女子中学举办画片剧讲习会，讲习科目包括“画剧与教育”“画剧之说明”“画片道剧管理法”“画剧之表演技术实习”等，参加讲习的学员来自市立各中小学，共计 67 人。①

小学日语教员讲习会　日语教员讲习会的目的旨在“养成优良教师，并指导现任日语教员进修”，继而强化全市初等教育领域的日语教学水平。日语讲习会分“再训班”与“进修班”两类。再训班以现任小学日语教员为主要对象；进修班则以所谓小学“优秀教师”为主。该讲习会从 1942 年 12 月起办，讲习期 6 个月。②

保健操讲习会　因全市中小学所教授的保健操缺乏统一标准，伪汉口特别市政府教育局于 1942 年 11 月 14 日至 28 日期间，每日下午 3 点至 5 点，在伪市立师范学校，召集各学校体育教员和童子军教练员，展开保健操讲习，参加人数达 110 人。③

初等教育研究会　1942 年秋，根据汪伪教育部颁布的《初等教育辅导研究办法大纲》，成立了“市立各小学初等教育研究会”，制定了详细的组织规程，将全市划分为三个学区，每个学区设立一个分会，每个分会下又设立支会，保证每个初等学校教员都参与其中。④

中等教学研究会　1942 年下学期，伪教育局鉴于“过去各中等学校教学进度，颇有参差”，为使“全市教学统一”，组织成立了“中等学校研究会”，责令各校教师入会，并按所教科目进行分组，成立了国文、外国语、数学、理化、音乐、美劳、职业教育七个小组，定期对所教学科集中讨论。至 1942 年末，中等教学研究会已组织讨论 12 次。⑤

参加上述讲习会期满考查成绩及格教员将被授予证书，没有经过教员训练所培训的“代用教员”也可以通过此途径转为正式教员。成绩特优者予以奖励、提升。凡经伪教育局指定应参加讲习而缺席，或参加而中途退席者，市立

---

①②③④⑤　《汉口特别市政府四周年市政概况》，武汉市档案馆档案，档案号：bB13/7。

小学教员免职，私立学校教员将被取消教员登记资格。

（三）严密的监督与控制

日伪政府不但登记、培训和奴化教师队伍，而且还通过各种手段对各级教员进行密不透风的监视。1941 年 8 月，伪汉口特别市制定《汉口特别市政府教育机关人员连环保证暂行办法》规定，“本市教育人员，均须填具连环保证书，否则不得任用”，此外，“市立暨私立各级学校及私塾人员，除须填具连环保证书外，教育局督、视学视察时，对于各该人员思想、文学方面仍应严密考察”。①

一项调查从侧面显示，伪政府通过制定严格的奖惩制度，考察并记录和公开奖惩状况，把持各校校长、主任、教员甚至保姆的待遇和晋升渠道，对其进行监督管控：

表 8-1 伪汉口市立中小学教职员奖惩人数统计表②

（1940 年）

项目	奖		惩	
	上季度	下季度	上季度	下季度
校长	9	10	9	6
主任	1	3		
训教指导	4	6	11	8
保姆		3		
教员	58	107	47	26
代用教员		29	10	16
合计	72	158	77	56
总计	230		133	

由此可见，在伪政权对武汉教育人事权的把控下，任何一位教师无论是训练、聘请、任教，还是教学评价的好坏、工资薪酬的高低，都受到严密的管

① 《汉口特别市政府教育机关人员连环保证暂行办法》，《汉口特别市市政公报》，1941 年。

② 《汉口市立中小学教职员奖惩人数统计表》，参见《汉口特别市政府第二周年纪念特刊》，武汉市档案馆档案，档案号：bB13/5。

控。在各级学校都派驻了大量日籍顾问和嘱托，随时监控每一名教员的言行和思想，并要求各校校长“对于教职员工要切实严密考察”①。此外，还制定了各项规章，规定教职员必须“受主管机关之指导谋地方教育之改进”，必须“出席校内举行一切仪式或集会”等等。② 甚至教员日常着装、打扮，行为举止方面，亦有明文规定。

有关精神和思想教育的训育决定了殖民奴化教育的成败。因此，伪政府对各校训育主任、教员的资格有较高的要求。1942 年 2 月，伪政府鉴于“和平运动尚未完成”，宣扬反动政策，刻不容缓。“学校内青年之训练……关系尤巨”，而以往训育教员“阳奉阴违，多未闻问”，严饬“中等学校任用训育主任，公民教员资格，非党员不得担任”，同时所有的训育教员还必须“遵照中等学校训育主任、公民教员工作大纲及中等学校训育主任公民教员成绩考核办法”，进行考核后才能就任。③ 同年 9 月，伪教育局索性强令所有教师一律加入伪国民党，以便加强管控。④

以上足见，日伪政府进行教员培训，其目的并非是要兴办地方教育，而是为了贯彻殖民主义教育方针，把“中日亲善”“共存共存”“大东亚共荣”的理念，更加严密不透风地灌输、渗透到每一个教员的大脑中，这是一种赤裸裸的殖民奴化教育的手段。

二、畸形的学校教育

学校教育包括学前教育、初等教育、中等教育、高等教育、职业教育等，以其目的明确、系统完备、计划性强，在国民教育体系中处于基础性地位，它直接主导学生的身心发展和社会行为。侵略者及其代言人深谙此道。因此，在积极训练奴化师资的同时，日伪政权还不遗余力地“整顿”和“恢复”因战火

---

① 《各校馆应行注意事项》，《汉口特别市市政公报》，武汉市档案馆档案，档案号：bB1122/82。

② 《汉口特别市公私中等学校教职员服务细则》，《汉口特别市市政公报》，武汉市档案馆档案，档案号：bB1122/73。

③ 《非党员不得充任中学训育主任、公民教员》，《武汉报》1942 年 2 月 2 日。

④ 《普及三民主义教育，教育局令教职员一律入党》，《武汉报》1942 年 5 月 16 日，第 2 版。

而破败不堪的地方学校，采取各种手段将各大中小学校改造为实施奴化教育的温床，从而实现对学生系统的精神奴化熏陶。

（一）初等教育、学前教育虚假繁荣

伪武汉治安维持会时期，全市仅剩5所小学仍在上课。1939年4月，伪武汉特别市政府成立，至同年底共增设小学35所。1940年，又增设了10所。此时，武、阳、汉三镇小学数量达50所。同年9月，伪汉口市政府成立，将武昌、汉阳所辖15所小学，划归伪湖北省政府直接管辖。汉口市同期又增设小学10所，所辖小学达到45所。1941年春，小学的数量达到了50所，另还有幼稚园4所，共有教职员596人，学生20400余名①。

表8-2　伪汉口市立完全小学一览表②

（1941年3月）

校名	主管人	教职员数		学生数		开办年月	地址
		男	女	男	女		
伪市立第一小学	冯化民	8	13	396	394	1939年3月	三教街
伪市立第二小学	宋耀临	11	6	294	196	1939年3月	合成里
伪市立第三小学	李继志	14	6	483	329	1939年3月	长堤街牛路口
伪市立第四小学	史惠民	7	7	142	113	1940年3月	福建庵
伪市立第五小学	王树声	3	4	135	77	1939年12月	桥口敬节堂
伪市立第六小学	廖伯贤	7	12	523	363	1939年5月	明星路
伪市立第七小学	李家丰	7	6	310	233	1939年5月	海关花园
伪市立第八小学	王洵	10	11	372	287	1939年月5	洪益巷
伪市立第九小学	宋彬	9	1	207	137	1939年月5	大夹街仁寿宫

① 《为呈报本市办理教育情形案》，《汉口特别市市政公报》，武汉市档案馆档案，档案号：bB1122/72。

② 根据《汉口市立各校馆概况统计》编制，参见《汉口特别市政府第二周年纪念特刊》，武汉市档案馆档案，档案号：bB13/5。

续表

校名	主管人	教职员数		学生数		开办年月	地址
		男	女	男	女		
伪市立第十小学	朱启明	11	6	343	145	1939 年月 5	中山路孔庙
伪市立第十一小学	易传义	14	7	461	344	1939 年 5 月	长堤街敬节堂
伪市立第十二小学	雷光银	5	2	166	121	1940 年 3 月	汉正街公益里
伪市立第十三小学	周宝佶	4	6	170	146	1939 年 5 月	汉中街玉楮公所
伪市立第十四小学	张维	7		207	51	1940 年 3 月	韩家墩通镇寺
伪市立第十五小学	李少卿	7		143	54	1940 年 9 月	一部竺台寺 二部赵家庙
伪市立第十六小学	郭际云	12	5	335	182	1939 年 9 月	汉正街义烈巷
伪市立第十七小学	程自修	9	7	298	165	1939 年 9 月	大董家巷
伪市立第十八小学	张良骥	8	12	462	552	1939 年 9 月	群寿里
伪市立第十九小学	杜振坤	10	11	347	330	1939 年 9 月	坤厚里
伪市立第二十小学	涂鸿熙	5		133	27	1940 年 9 月	罗家墩
伪市立第二十一小学	郭一新	6	4	217	85	1939 年 9 月	三元里铁路外
伪市立第二十二小学	冯玉甫	6	4	192	153	1939 年 9 月	三皇殿
伪市立第二十三小学	熊衡伯	11	7	349	223	1939 年 9 月	广货公所
伪市立第二十四小学	徐方明	10	7	252	176	1940 年 9 月	何家墩
伪市立第二十五小学	章延龄	3	4	174	103	1939 年 9	文书巷
伪市立第二十六小学	朱道纯	3	2	128	54	1939 年 9 月	汉正街凌霄书院
伪市立第二十七小学	郭冰如	4	3	154	116	1939 年 2 月	汉正街
伪市立第二十八小学	张鸿磐	5	4	162	68	1939 年 11 月	太平会馆
伪市立第二十九小学	石涤尘	3	4	141	68	1940 年 9 月	友仁义社
伪市立第三十小学	彭显观	7	3	182	137	1939 年 9 月	双龙街
伪市立第三十一小学	陈德焜	3	4	119	121	1939 年 11	大智路韩家巷

续表

校名	主管人	教职员数		学生数		开办年月	地址
		男	女	男	女		
伪市立第三十二小学	雷用焯	3	2	122	48	1940年9月	利济巷
伪市立第三十三小学	罗世纯	6	4	196	133	1939年11月	汉景街五福里
伪市立第三十四小学	饶平海	5	5	227	128	1940年9月	大智路同福里
伪市立第三十五小学	俞翀	8	10	325	279	1939年12月	特三区湖南街
伪市立第三十六小学	胡业彬	5	5	217	105	1940年9月	棉业工会
伪市立第三十七小学	李鸿生	6	1	133	68	1939年12月	姑嫂树
伪市立第三十八小学	陶俊釜	7	10	346	230	1939年12月	民生路缉熙里
伪市立第三十九小学	王家淦	6	7	234	141	1939年12月	道德分会
伪市立第四十小学	祁述英	7		215	61	1940年9月	舵落口
伪市立第四十一小学	梅全兴	11	6	308	163	1940年9月	民生路汇业里
伪市立第四十二小学	程佐瀛	5	5	218	113	1940年3月	山陕里
伪市立第四十三小学	高伯群	7	10	291	190	1940年3月	万寿宫
伪市立第四十四小学	王文在	7	3	302	79	1940年9月	一部刘家庙 二部分金炉
伪市立第四十五小学	欧阳诚	3	2	101	47	1940年3月	球场街模范村
伪市立第四十六小学	何远波	10	11	421	314	1939年5月	友益街
伪市立第四十七小学	谭光淦	3	4	156	85	1941年2月	敦实善堂
伪市立第四十八小学	尹耀楣	5	2	147	79	1941年2月	中华区三署街
伪市立第四十九小学	宋登甲	5		135	55	1941年2月	丹水池
教员训练所附属小学	傅纪方	7	3	225	127	1941年2月	特一区和平街
各完全小学共合计①		345	258	12316	7995		

另据1942年伪汉口特别市教育局的一次调查，全市共计小学58所，内设

① 各项合计数据与史料原文统计（女教员251人，学生数男12326人、女7865人）有出入，此处以各校统计人数相加之和为准。

高初级班完全者 21 所，只设有初级者 37 所，教职员 804 人，学生 23 500 余人。① 可见，学校数量和学生人数皆有所上升。1942 年春，又增设了 4 所小学，汉口“市立”小学达到了 62 所，这是沦陷时期日伪政府创办小学数量的高峰。同年秋，三十一小合并于三十四小，五十九小合并于六十小，学校数量虽略有减少，但班次有所增加：计高、初级班次完全者 26 所，初级小学 31 所，初、高级兼设而班次不完整者 3 所，全市共计小学 60 所，教职员 890 人，学生 26 093 人。②

这种规模约持续有两年，1944 年起，受盟军飞机轰炸的影响，日伪政府创立小学规模开始急剧缩减。至 1945 年 9 月，汉口地区仅存小学 26 所，220 班，计 13 350 人。

除了一般性小学，伪政府还创办了一定数量的简易小学，使奴化教育能够在那些因家庭贫困而无法上学的儿童中展开。

1940 年下学期，伪政权“为推进义务教育，救济贫苦失学儿童起见，遵照实施义务教育大纲暨实施细则之规定”，开始在市内平民区及近郊设立简易小学和短期小学，最初设立各 5 所。其中，简易小学招收 6 周岁至 13 周岁之间的贫苦失学儿童，设两个年级，采用半日二部制，有校长兼教员 1 人，负责教、管工作，主要学科有公民训练、常识、算术、体育等；短期小学招收 10 周岁至 16 周岁之间的失学儿童，必要时也招收少量成人，学制为 1 年，每校办两班，每班 40—50 名学生，采用二部编制，每日分上下午轮流教学或全日间教学。简易小学和短期小学都不收取学费，所有学生课本及课业用品由学校免费提供。③

---

① 《汉口特别市政府三周年市政概况》，武汉市档案馆档案，档案号：bB13/6。

② 《汉口特别市政府四周年市政概况》，武汉市档案馆档案，档案号：bB13/7。

③ 《汉口特别市短期小学暂行办法》，《汉口特别市市政公报》，武汉市档案馆档案，档案号：bB1122/71。

表 8-3　伪汉口市立简易学校一览表①

(1941 年 3 月)

校名	主管人	教职员数		学生数		开办年月	地址
		男	女	男	女		
伪市立第一简易小学	查雨卿	1		74	26	1941 年 2 月	铁路孔外
伪市立第二简易小学	李崇卿	1		52	18	1941 年 2 月	刘家庙
伪市立第三简易小学	黄铁铮	1		59	41	1941 年 2 月	丹水池新墩
伪市立第四简易小学	黄云中	1		56	20	1941 年 2 月	姑嫂树
伪市立第五简易小学	程世洁	1		56	17	1941 年 2 月	罗家墩
各简易小学共合计		5		297	122		

表 8-4　伪汉口市立短期小学一览表②

(1941 年 3 月)

校名	主管人	教职员数		学生数		开办年月	地址
		男	女	男	女		
伪市立第一短期小学	张振群	1		68	32	1941 年 2 月	笃安里
伪市立第一短期小学	徐敬之	1		58	42	1941 年 2 月	复善善堂
伪市立第一短期小学	黄炎	1		45	26	1941 年 2 月	刘祥花园
伪市立第一短期小学	邹祖孟	1		67	33	1941 年 2 月	老官巷
伪市立第一短期小学	张秉钧	1		59	43	1941 年 2 月	普济善堂
各短期小学共合计		5		291	176		

1941 年秋，简易小学和短期小学又各增设了 5 所，共有学生 2 584 人。1942 年，学生已达 3 755 人。这一年下学期，因各校学生过多，教员一人力难兼顾，于是又增派了副教 1 人。后又将第四简易小学校址移至金家墩，第九简易小学迁至姑嫂树，“以救济一般农村失学儿童”。此外，伪市政府还在第一、

① 根据《汉口市立各校馆概况统计》编制，参见《汉口特别市政府第二周年纪念特刊》，武汉市档案馆档案，档案号：bB13/5。

② 根据《汉口市立各校馆概况统计》编制，参见《汉口特别市政府第二周年纪念特刊》，教育，1941 年，第 18—19 页，武汉市档案馆档案，档案号：bB13/5。

二、三小学各附设了短期小学班，“收容一般年长失学儿童”①。

在幼稚园方面，1940 年秋初创设 3 所，每所有保姆和保姆主任各 1 人，幼稚生分大班、小班，共 156 名。1941 年春，“以第三特区人口繁密，环境优良”增设一所。以上 4 所幼稚园分设于第一、六、八、十一小学，共有幼稚生 221 人。1942 年因“无优良校舍”故未能扩充，总共保姆 8 人，幼稚生 208 人。② 最盛时期，汉口市有 20 所幼稚园。

以上主要介绍了沦陷时期武汉初等教育的基本情况，需要指出的是，日本侵略者和伪政权虽然对初等教育煞费苦心，创设了大量初等学校，然而从各方面来看，沦陷时期武汉的初等教育都陷入了停滞和倒退。

从规模上看，由于大量人口外流，致使学龄儿童人数减少，这一时期的学校数量较沦陷前有大幅的萎缩，即便是数量最多的 1942 年春（62 所），也和武汉市 1935 年的初等学校数量（129 所）相去甚远。③ 还有学校自身规模的缩小，一些小学的学生数量甚至不到 160 人。设施方面，大量学校的设施简陋，有的租用民房，有的则借用公共场所，具备完整校舍、建筑的寥寥无几，根本无法完成日常教学任务。如第九小学即开设于仁寿宫会馆；第七小学成立时，因无校舍，不得不借用第一小学校舍，甚至在中山公园露天上课。④ 从师资上看，武汉沦陷前，大量师资已随校西迁，致使有经验、高质量的教师严重匮乏。如 1941 年就职于各小学的 475 名男女教师中，受过高等教育的，仅 42 人，比例不足 10%。⑤ 日伪政权虽大力兴办“教员培训”，但无论规模、质量，

---

① 《汉口特别市政府四周年市政概况》，教育，1943 年，第 46—47 页，武汉市档案馆档案，档案号：bB13/7。

② 《汉口特别市政府四周年市政概况》，教育，1943 年，第 47 页，武汉市档案馆档案，档案号：bB13/7。

③ 参见《本市市立初等学校演变概况表》，《汉口特别市政府第二周年纪念特刊》，教育，1941 年，第 32 页，武汉市档案馆档案，档案号：bB13/5。

④ 刘文藻：《日伪时期武汉小学见闻》，《湖北文史资料》1986 年第 3 期。

⑤ 参见《汉口市立各小学男女教职员受训代用及出身统计表》，《汉口特别市政府第二周年纪念特刊》，1941 年，武汉市档案馆档案，档案号：bB13/5。

都无法满足需要。

（二）中等教育萎靡不振

维持会时期，武汉的公立中等教育完全是个空白。直到伪市政府、省政府成立后，才相继开办几所中等学校。沦陷时期，武汉主要的中等学校有：

伪市立师范学校　为对教员队伍进行持续性奴化教育，1941 年 9 月，伪市政府开始对原教员训练所进行改组。次年 2 月，改组成立的“市立师范学校”正式开学。最初设本科 3 班，短期师资训练班 1 班，训期半年。下半年又增设本科一班，仍续办短期师资训练班，期限改为 1 年。这时，该校共有教职员 24 人，学生、学员 140 人。1942 年，毕业学生 39 人，均分发各小学服务。① 1944 年，改为“省立”。

伪市立高级职业学校　高级职业学校创设于 1940 年 2 月，最初设工、商两科，工科有土木组、建筑组各 1 班，商科有商业组两班。1941 年春，增设商科 1 班；同年秋又改为工科土木组 1 班，商科 3 班，普通初中两班。1942 年春，将土木组改组为速成班。该班同年暑期毕业后，全体分派到伪汉口特别市政府各机关、部门实习。1942 年秋季，又开设了测绘训练班 1 班，学期 6 个月，并先后增设商科 1 班，普通初中 2 班。到了 1942 年底，该校共有商科 3 班，普通初中 2 班，测绘班 1 班，共计教职员 39 人，学生 311 人。②1944 年，划归省立。

伪市立第一中学　第一中学与高级职业学校同时成立于 1940 年 2 月，最初设初中 8 班。同年秋季，增设初中 3 班。1941 年春季，又设高中、初中各 1 班，是年秋，又增设高中 1 班。1942 年，先后增加了高中 2 班、初中 1 班，使该校共有高中 4 班，初中 13 班，教职员 46 人，学生 732 人。1942 年全年，在该校毕业初中生达到了 105 人（上季 34 人，下季 71 人）。③

伪市立第二中学　1942 年 1 月，伪汉口特别市政府接收了私立广雅中学，并将其更名为“市立第二中学”。广雅中学原有高、初中共 17 班，“经接收后

---

①②③　《汉口特别市政府四周年市政概况》，武汉市档案馆档案，档案号：bB13/7。

甄别试验”，改变为高中1班，初中11班。同年下学期，增加了初中2班，从而使总班数达到了14个。其时，共有教职员41人，学生580人。① 1944年，该校因盟军轰炸而停办。

伪市立第一女子中学 第一女子中学成立于1940年2月，初设初中8个班，同年秋增设初中2个班。次年春，增设了高、初中各1班；秋季又增高中1班。到了1942年，该校共有高中4班，初中13班，并专设初中“义务班”1班，共有教职员50人，学生815人。同年，从该校毕业的学生达到了128人。②该校各级课程，“除遵照部令依次实施外，其对于家务实习，尤特别注意，俾期养成良好品性”。此外，在该校还下设民众学校1所，专收容成年失学妇女。③

伪市立第二女子中学 “为谋普及女子教育”，1942年秋，伪汉口特别市政府又创立了第二女子中学，初设6个班，教职员18人，学生600人。1943年，又增设初中2个班。④1944年，该校因炮火停办。

除以上“市立”中学之外，武昌还有3所“省立”普通中学和1所师范学校。“湖北省立第一中学”，1941年创办，1942年从该校分离出一部分成立了武昌高级中学，此外，还有“省立女子中学”。武昌第一师范学校创办于1941年，有2年制本科4个班，招收初中毕业男生；另设半年制师范科男女各1班。

（三）私立学校、教会学校及私塾的统制与萎缩

武汉地区的私立小学，据1941年的统计，汉口有广雅小学、安多小学、皮业小学、法汉小学、训女补习班等校。这些学校有的在伪市政府立案，有的未立案。其中，安多小学和广雅小学规模较大，高、初级均有，学生人数各超过了900人。皮业小学仅有初级1班56人。⑤

在私立中学方面，汉口有广雅中学（1942年1月被伪市政府接收并改为

①②④ 《汉口特别市政府四周年市政概况》，武汉市档案馆档案，档案号：bB13/7。
③ 《汉口特别市政府三周年市政概况》，武汉市档案馆档案，档案号：bB13/6。
⑤ 《汉口特别市政府第二周年纪念特刊》，武汉市档案馆档案，档案号：bB13/5。

市立第二中学)、江汉中学、圣约瑟女中，汉口红十字会高级助产职业学校、法汉中学、上智中学、德肋撒女中（1942 年秋停办）等。武昌有真理中学。这些学校由多教会兴办，以汉口原租界为依托。除红十字会高级助产学校只有高中班且师生较少外，其余各校均为高、初中兼具，每校教师 20 至 30 人，学生人数 300 到 400 不等。

还有一种私立补习学校在沦陷时期的武汉较为普遍。1942 年的一次调查显示，在伪汉口特别市政府登记立案的补习学校有求成、竟成、三育、光华、志成、公余、育才、纱布商人补习学校等 9 所，同时正在登记的还有汉华、鼎文等 4 所。这些补习班学校每届 1 班，招收 90 人左右的学员，规模较小。

武汉沦陷时，有许多外国教会势力兴办的私立中、小学校并未随国民政府内迁，而是在原址继续办学。由于日军所推行的“大东亚共荣”政策与英美在亚洲的利益和势力存在冲突，故而他们不断地在沦陷区大肆宣传“击英灭美”的思想。在这种思想的指导下，伪武汉市政府开始对英美在汉学校采取种种限制措施。下表反映了 1941 年 3 月武汉各外国学校的状况：

表 8-5　伪汉口市外国学校调查表〔1941 年 3 月调查〕①

国别	名称	状况	地址	备考
日本	民治小学	六年制	日本租界	
日本	民治女校	六年制	日本租界	
美国	圣保罗中学	初中	特三区鄱阳街	停办
美国	圣罗以中学	初中	特三区鄱阳街	停办
美国	育贤女中	初中	特一区五福路	停办
英国	协和学校	初小、高小、初中	法租界德托美领事街	各教会联合主办
意国	圣约瑟女中	初中、高中	特三区湖南街	
意国	圣玛利亚学校	高小、初中	特三区湖南街	专收西童及贵族华童
意国	圣安多尼学校	高小	特三区鄱阳街	

① 《汉口特别市政府 1941 年外事状况》，《汉口特别市政府二周年市政概况》，武汉市档案馆档案，档案号：bB13/5。

续表

国别	名称	状况	地址	备考
法国	法汉中学	高中、初中	法租界外滩	法租界工部局主办
法国	法汉附小	高小制	法租界西贡街	法租界工部局主办
德国	德侨小学	高小制	特一区汉中街	专收德侨幼童

太平洋战争爆发后，日本与英美之间的关系日益恶化。为了达到“反英兴亚”的目的，伪武汉市政府先是以“本市学校逐渐增加，校舍不敷应用”为由，强制“接管”了英美在汉设立的原汉光中学、圣罗以女子中学、育贤女子中学、循道会小学、宣文小学五所学校，于1942年8月先后分配给市第一女中、第二女中、第五小学、第十九小学附小等学校作为校舍。① 这些改造后的英美学校，成为施行奴化教育的场所。由上表也不难看出，日本对外国学校的强制接管措施专门针对英、美等国，而德国、意大利等轴心国创办的学校则没有受到任何影响。

私塾是一种中国传统教育机构，多开设于家庭、宗族或乡村。为了强化对私塾的统制，将其改造以为亲日奴化教育服务，武汉沦陷初期伪政权即“积极整顿全市私塾”，先后开展了私塾调查、召集塾师谈话、进行私塾登记等三项活动，并颁布了《汉口市私塾登记办法暨汉口市私塾注意事项》。1940年上学期，调查工作完成。分别于1940年11月9日和1941年1月11日两次召集全市私塾塾师214人听取训话，以“指导改良”。日伪教育机构通过免费发放并使用统一教材的形式，增强对各私塾教育的控制。如1940年下学期，伪市政府免费发给全市私塾学生各科教科书，约25 000余册。② 1942年10月，“私塾塾师鉴定委员会”成立，职责是“严密审查各私塾缴呈证件”，“参考暑期讲

---

① 《汉口特别市政府四周年市政概况》，武汉市档案馆档案，档案号：bB13/7。

② 《汉口市政府1941年实施“义务教育”概况》，《汉口特别市政府二周年市政概况》，1941年，武汉市档案馆档案，档案号：bB13/5。

习成绩”以决定是否给设私塾许可证。① 日伪政府每学期都派员对私塾进行严密监视，美其名曰“以资指导”。在其“体恤”之下，武汉私塾教育大幅萎缩，1941 年汉口市有私塾 170 所，学生 6 657 人，至 1943 年仅剩 90 所。②

表 8-6　1941 年伪汉口特别市私塾概况表③

区名	私塾数	学生人数				
		高级		初级		合计
		男	女	男	女	
第一区	23	12		778	283	1 073
第二区	33	77	27	851	299	1 254
第三区	21	52	8	487	160	707
第四区	20	53	4	369	172	598
第七区	32	104	13	1 012	361	1 490
第八区	10	10		343	88	441
第九区	11	48	4	279	51	382
第十区	12	21		320	98	439
第十一区	6	16		140	32	188
第十二区	2	6		61	18	85
合计	170④	399	56	4 640	1 562	6 657

（四）突出日语教学的课程设置

沦陷时期，日伪政权所主导的殖民教育，在课程设置上有意减少和淡化汉语和中国历史、地理教学的同时，刻意强化日本的历史和地理的教学。国文课

① 《汉口特别市政府三周年市政概况》，教育，1942 年，武汉市档案馆档案，档案号：bB13/6。

② 《汉口特别市政府四周年市政概况》，教育，1943 年，第 47 页，武汉市档案馆档案，档案号：bB13/7。

③ 根据《汉口市各区私塾概况表（三十年三月）》编制，第五、第六两区无私塾故未列入本表。参见《汉口特别市政府第二周年纪念特刊》，武汉市档案馆档案，档案号：bB13/5。

④ 各项合计数据与史料原文统计的 167 所有出入，此处以各区私塾数量相加之和为准。

课时数一减再减，日语课的课时数量则持续增加。

在日伪政权编织的一整套奴化教学体系中，强制推行的日语教育是最为核心的内容。语言是民族文化最为核心的载体，是族群传承、文化基因赓续的根基。日本政府深谙此道，大量持有军国主义观点的日本学者亦鼓吹要把日语作为“亚洲通用的语言”或“亚洲第一语言”，故日伪政府十分重视在沦陷区推行日语教育。

1940 年 7 月 6 日，日本政府致函汪精卫，要求汪伪教育部将日语列为中小学必修课，并指出这是汪伪政权对日本亲善度与真诚的重要标志。汪随即批准在初中以上学校开设日语课，并列为必修。但在实际推行的过程中，一些沦陷区的小学也开设了日语课，且占据了大量课时数。同年 8 月，汪伪教育部颁布了“中小学及师范学校各学期每周各科教学及自习时数表”，明确规定日语为高、初级各中学必修科目。

在武汉，伪市政府以“为发展两国固有文化联络上之便利起见，自应先谋两国语文之沟通”① 为由，全面推行日语教育。1938 年冬，“江汉派”教师王叔槐创办了日语专修学校，专门教授日语。1939 年 4 月，日语专修学校由伪武汉特别市政府接管。1941 年 2 月，当伪教育局科长卢昌明（同为“江汉派”成员）接任校长时，该校有普通班 2 个，速成班 1 个。1942 年年底，该校学生已达 123 人，教职员 7 人，另有五届学生已经毕业。日语专修学校不收学费，所有费用由伪市政府承担，所谓“便利一般市民学校日语”。② 汉口红十字会于 1939 年开设的日语专修学校，分青年、成人两班，每日分为两次上课，学费按月缴纳。③ 此外，“中日文化协会武汉分会”也附设有日语学校，1942 年 9 月，该会又在市立第二十二小学内附设了日语学校分校。④

① 《汉口特别市政府呈》（府政字第 8076 号），《汉口特别市市政府公报》1947 年 7 月。

② 《汉口特别市政府二周年市政概况》，1941 年，第 2—3 页，武汉市档案馆档案，档案号：bB13/5；《汉口特别市政府三周年市政概况》，1942 年，武汉市档案馆档案，档案号：bB13/6。

③ 《汉口红十字会日语专修学校》，《大楚报》1935 年 5 月 27 日。

④ 《中日语文学校设中华区分校》，《武汉报》1942 年 9 月 3 日。

“鉴于欲谋文化沟通须从普及语言入手，欲达亲善提携必须互相认识国情”，在伪市政府的鼓吹和强制要求下，武汉各中小学都开设了日语课，初、高级学校还将其规定为必修科目。与此同时，伪市政府还要求在日语教学中更多地穿插有关日本国情和文化的内容，以“促进中日文化交流”为由，向学生灌输亲日思想。① 日伪教育局还“极端重视”日语教学的质量，1942 年 8 月，按照汪伪教育部“中学日语教师至少须有一人，以总日语教授之大成”的通令，伪教育局令各校“延聘”日语教师，其“结果甚为圆满”②。

对日语的灌输，不仅仅在课堂上，还贯穿于学生学习和生活的方方面面。学习方面，当时很多学校组织学生做体操都必须使用日语喊口令，音乐课要学日本国歌。即便不是日语课，教员也会以日语教学。此外，日语成绩也关乎学生能否顺利毕业和升学。为此学生们不得不抓紧时间学习日语。在如此高强度的训练之下，一些常用日语腔调，如“大巴果”“米西”“过港”“日支视善”“东亚和平”几乎成为儿童每日挂在嘴边的口头禅。在生活方面，大部分学校都要求学生在集会、向老师问好时，必须使用日语。迎接日伪官员，也要悬挂日本国旗，喊日语口号。伪政府还多次举办日语演讲比赛和作文比赛，并给予获奖者物质奖励。另据曾在武昌湖泗乡上学的夏光林回忆，当时他们所在的学校“每天教我们认日本字，唱日本歌，体日本操，跳日本舞……一切都要日本化了”。③ 可见奴化语言教育的渗透力。

在教材的使用方面，沦陷初，各中小学采用的仍是全面抗战前的教材，但把体现中华民族尊严、反对侵略和英勇抗战的内容统统删去，取而代之的是“东亚圣战”“建立大东亚共荣圈”“同文同种”“共存共荣”等内容。汪伪政权成立后，各校使用汪伪教育部统一编订的所谓《国定中小学教科书》。汪伪政

---

① 《据呈报奉教育部令，中等以上学校以友邦语言为必修科目案》，《汉口特别市政府公报》，1942 年，第 58—59 页，武汉市档案馆档案，档案号：bB1122/88。

② 《市各中学将聘日籍教员》，《武汉报》1942 年 8 月 27 日。

③ 《1946 年，国民政府复员后，原伪政府人员声讨沦陷时期的日伪罪行》，湖北省档案馆档案，档案号：LS3-5-5477。

府编订的课本充满了赤裸裸的奴化教育色彩，如 1943 年 1 月发行的第 4 版《初中公民》课本第二册，宣扬日本近卫声明“日本之真正希望不在中国之灭亡，而在中国之兴隆；不在征服中国，而在与中国协力”①。

为了保证每所学校都使用统一的奴化教材，日伪政权还垄断了教材发行：先是成立了“教科书管理处”，负责“集中代办中小学各科教科书”；1942 年 6 月，又在其基础上改设了“教科书发售所”，专门代办所谓“国定”中小学教材。据统计，仅 1942 年下半年，各类中小学教材的发售量就达到了330 444册。②

垄断教材发售的同时，伪汉口特别市政府还以汪伪教育部颁布的“取缔不良图书办法”为由，定期或不定期查禁所谓“不良图书”，并予以销毁。1941 年 10 月针对全市书店的第一次检查，焚毁“不良图书”27 000 余册。在次年 4 月的第二轮检查中，又焚毁 4 190 册。到了 1942 年 11 月的第三次检查时，市面上“已无不良图书发现”。③

日伪政府对私塾所用教材的监控尤为严密。1942 年 2 月，伪教育局对全市私塾教育所使用教材进行了调查，发现大多数私塾仍在使用“不合规定”的从前教本，遂严饬各私塾将原有旧书一律“缴局销毁”，并将“本季私塾所用的教科书”，免费发放供应。④ 免费发放教科书，表面是对私塾教育的支持，实则是对传统私塾的教学内容及教学方式横加干涉，旨在使奴化教育渗透进地方教育的每一个细微领域。

（五）以洗脑为目的课外教育

日伪当局为了奴化学生思想，巩固他们对“中日亲善”和对日伪政府的认同，除了在日常课堂教学中进行奴化教育，还通过开展各式各样的课外教育活动，向学校教职员和青少年儿童灌输亲日思想和“和平建国”理念。

---

① 南京市档案馆编：《审讯汪伪汉奸笔录》（上），江苏古籍出版社，1992 年，第 664 页。参见杨天敬：《沦陷时期日伪对武汉民众的奴化教育》，华中师范大学硕士论文，2009 年。

②③ 《汉口特别市政府四周年市政概况》，武汉市档案馆档案，档案号：bB13/7。

④ 《市教育局免费发给私塾教科书，并将旧书限期缴销》，《武汉报》，1941 年 2 月 21 日。

“精神讲话”和宣传演讲　为了使学校奴化教育达到无孔不入的境地，日伪政府为各中小学添置了“教育波音”设备，规定学校利用广播定期举行“精神讲话”。为了落实这项工作，伪教育局更是将全市划分为“特一、特二、特三、商业、中华”等五个“教育波音指导区”，指派教员轮流担任五区指导员。①

定期举行精神讲话的同时，日伪宣传部门还不定期在各中小学开展演讲活动。“为灌输小学儿童正确认识起见，自二十八年（1939 年）8 月 28 日起，由宣传局局长，逐日轮流分赴各学校演讲，同时测验儿童对新中国建设之认识，并加以训导，每次演讲记录，印成小册，普遍分发各小学生诵读”。截至同年 9 月 23 日，演讲已达 25 次，听讲学生超过了 10 000 人。在学校演讲的同时，日伪宣传机构还“召集各学校各职员举行座谈会，研讨建设新中国各种理论”，并将每次座谈会记录“印发各教职员参考”。②

各种语言类竞赛　为了强化日语教学，日伪政府多次组织全市中小学举办日语竞赛。如 1942 年 11 月 3 日，由伪市立第二中学主办的“日语竞赛会”在圣罗以大礼堂举行，参加学校除各市立中学外，还包括江汉中学等私立学校，竞赛项目分“演说、朗读、唱歌、会话”等。③

“为增进学生演讲技能起见”，伪教育局分别于 1940 年、1941 年举办学生“演讲比赛”两次。1942 年 12 月 11 日举办的“第三次公私立中小学生演讲比赛大会”，共有全市 8 所中学和 31 所小学参加。演讲的题目皆以“大东亚战争为范围，各校自由选题”，并根据选手的“礼节、态度、语调、思想”等进行评分。④此类演讲比赛的选题，多与日伪政府所鼓吹的“和平建国”“东亚道德”等说教有关。如 1940 年 5 月举办的演讲比赛，题目有《青年应有的认识》

---

① 《为拟办教育波音情形咨请查照由》，《汉口特别市市政公报》，武汉市档案馆档案，档案号：Bb1122/11。

② 《汉口特别市政府秘书处宣传科 1939 年度工作报告》，武汉市档案馆档案，档案号：8—4—51。

③④ 《汉口特别市政府四周年市政概况》，武汉市档案馆档案，档案号：bB13/7。

《青年生活》《劳苦与幸福》《近代女学生应有的觉悟和修养》等等。①

此外，还有各类“征文比赛”“成绩展览会”等等。1939 年 8 月，汉口日军特务部进行了一次小学生文艺作品征集活动，征文的题目有《论对抗日之愚策及停战的必要》《友军何以给我们亲爱》等；1943 年伪武汉儿童文化研究会举行的儿童作文比赛，选题为《大东亚战争必胜的理由》；伪中日文化协会武汉分会举办的征文题目则是《决战后中国青年应有之觉悟》等。无论是日语竞赛、演讲比赛还是征文竞赛，其内容都充满了赤裸裸的奴化教育动机。

音乐、电影类活动 每逢伪汉口特别市政府成立周年“纪念日”，伪教育局都要组织市立中小学举行所谓“联合音乐会”，通过分区分组的方式轮流演出。1942 年 4 月 19 日，举行的“第三届联合音乐会”，有 33 所中小学校参加，其节目共 58 项。② 除此之外，各类日伪文化团体也定期或不定期组织在校学生表演或观看各种歌舞、话剧等节目。各类歌舞、音乐、表演活动，形式多样、热闹非凡，而实际目的旨在造成歌舞升平、“东亚共荣”的假象，麻痹师生的抗日思想。

日伪宣传机构和教育工作者认为“电影为现代最高尚之娱乐，其普遍与重要性，教戏剧而尤过之”，且“影响思想与文化颇巨”③，故惯用电影这种新兴娱乐方式来达到殖民奴化教育的目的。1940 年至 1942 年，伪市政府曾三次举办“电影教育会”（或称“中小学映画会”），“期能引起学童兴趣”。1941 年 2 月的一次，观影中小学教员和学生人数达到了 6 000 人，而在 1942 年，观影人数则超过了 12 000 人。“电影教育会”所放映的影片内容，主要是宣扬日本国威、淡化中华民族观念，以及美化汪伪政权的“教育”“科学常识”和“时事

① 《本市公私立各学校昨举行演讲比赛》，《大楚报》1940 年 5 月 25 日。
② 《汉口特别市政府四周年市政概况》，武汉市档案馆档案，档案号：bB13/7。
③ 《汉口特别市政府秘书处宣传科 1939 年度工作报告》，武汉市档案馆档案，档案号：8—4—51。

新闻”等内容。①

体育运动赛会　1940 年 4 月 21 日，伪市政府为庆祝“周年”，组织了“市中小学联合春季运动大会”。此后，这种运动会每年都会举办。1942 年的一次“省市联合秋季运动大会”，参加单位除了武汉各中小学外，麻城、孝感等沦陷区中小学均派有选手参加。其项目包括 11 项田径、团体大会操及 25 项体育表演节目，参加人数超过了 10 000 人。此外，还组织各种球类赛事，如 1942 年 7 月举办的“市长杯球类竞赛会”在第一简易体育场及第七小运动场举行，比赛项目为中学篮球赛和小学足球赛，全市共有 20 所中小学参加。②这些运动赛会，常常冠以“唤起民众注意体育，及锻炼学童体格”③乃至“慈善助赈”④的口号，实际成为日伪政府宣传日本“武士道”精神，培养学生“尚武”思想的教育手段。

童子军教育　中国童子军教育起源于 1912 年，全面抗战前夕已发展到一定规模。汪伪政权建立后，也十分重视童子军教育，规定高中以上学生为“中国青年团团员”，初中以下学生为“童子军”。伪汉口市政府教育局曾于 1941 年 3 月开办了童子军教员训练班，并规定各校把童子军训练列入主要课程。

1942 年夏，伪湖北省政府遵照汪精卫的指示，组织成立了童子军校队部和青年团校部。此时，全市各中学成立了四个校团部，计有青年团员 588 人，均为高中学生，其中男 449 人，女 139 人；童子军 6 280 人，其中男 3 741 人，女 2 539 人。⑤1943 年春，汪伪政府又将中国青年团和童子军合并，改编为“中国青少年团”。伪特别汉口市政府也积极响应，同年 6 月“全市青年团数目达到 9 大队、24 中队、69 小队，合计团员 686 人；少年队 76 大队、216 中

---

① 《汉口特别市政府三周年市政概况》，武汉市档案馆档案，档案号：bB13/6；《汉口特别市政府四周年市政概况》，教育，1943 年，第 49 页。

②④⑤ 《汉口特别市政府四周年市政概况》，武汉市档案馆档案，档案号：bB13/7。

③ 《汉口特别市政府三周年市政概况》，武汉市档案馆档案，档案号：bB13/6。

队、646 小队，队员 6 402 人。青少年队合计 7 088 人”。①

1942 年 10 月 23 日，伪市政府在中山公园组织了一次“童子军大检阅”，大会上各校童子军队伍表演了各式节目。同年 11 月 16 日，童子军又联合各校青年团举行了所谓“集训典礼”，汪精卫出席了这次集会，总计参加的童子军及青年团人数达 9 342 人。②

（六）别有用心的教育考察和留学教育

为了“贯彻东亚建设新教育，播种和平种子于东亚”③，在驻汉口日军特务部的授意下，伪汉口市政府于 1940 年 3 月组织了“赴日教育视察团”赴日考察。凡能秉持日军旨意，忠实奴化教育方针，通过伪教育局考核，并经日军特务部同意的通过者，名列视察团范围。最终，一个由 30 多人组成的视察团，在本多房子等多名日籍嘱托的率领下，于 1940 年 3 月 9 日由武汉启程，同年 5 月 9 日返汉，历时 50 余天，途经东京、大阪、奈良、名古屋、长崎、京都等 20 多个城市。考察的内容包括：“一、视察教育法令实施状况；二、视察学校行政管理事项；三、视察学校训练事项；四、视察学校体育事项；五、视察学校卫生事项”等。此外，考察团还考察了日本教育学制、课程设置以及训育等方面的状况。④

此类“教育视察团”，打着发展地方教育的幌子，实则是日军借机向中国人显示日本科学之进步、教育之发达、经济之雄厚，同时也让观光团成员开开眼界，使他们甘供驱使，按照日本的模式和理念发展武汉地方教育，根本目的是迫使武汉的地方教育机制早日纳入殖民化轨道。

除了赴日考察，伪市政府还组织了多次针对当时各大沦陷区的教育考察活动。如 1942 年春组成的“教育巡回考察团”，由伪教育局和各校“优秀”教师

---

① 《汉口特别市政府各月工作月报》，1943 年 8 月，转引自徐旭阳：《湖北国统区和沦陷区社会研究》，社会科学文献出版社，2007 年，第 510 页。

② 《汉口特别市政府四周年市政概况》，武汉市档案馆档案，档案号：bB13/7。

③ 《教员同学会拟派员考察友邦教育》，《大楚报》1940 年 1 月 20 日。

④ 《武汉赴日教育视察团，教育局规定遵守要项》，《大楚报》1940 年 3 月 8 日。

共7人组成，依次去往济南、德县、石门、太原、大同、张家口、北平、天津等地进行了考察，学习当地奴化教育的经验，前后历时一个多月。①

在组织各类教育考察活动的同时，伪市政府还以“为沟通中日文化及培植人才以应时势需求”为由，定期选拔所谓优秀高才生，赴日留学深造。1940年夏，伪教育局首次举办留学考试，选取了傅乃文、袁晞、陈毓龙、毕康四名学生赴日，并承诺每月向学生发放补助50元，不足部分由庚子赔款改学堂捐项下支给。② 同年秋，又举行了第二次留日考试，选陈良等2人赴日。1941年8月，伪市政府颁布了《汉口特别市国外留学章程》，把赴日留学学生的选拔制度化。③ 1942年举行第三次考试，录取了万澍生等5人赴日。④ 这些以日本为指向的留学教育，完全是为了培植日军在华的高知识型代言人，为侵华战争服务。

三、无孔不入的民众奴化教育

> 教育事业，是国家任务最重要的部门，其对象应为“整个的人民”，它的目的，是要“整个人民”因教育而影响，对于国家的时代政策，能推行，对于社会能积极作用或贡献，当然它的领域是人民的全部，而非人民的部分。
>
> 学校固为主要的教育场所，但不可认为系唯一的教育所在，而忽视了广大的民众教育，尤在积极培养高尚理想与信仰，成为东方民族共同理想，以奠基东亚永久和平基础的新教育思想推行的现在，更不应该漠视学校以外的“人民全部”。⑤

以上文字反映出日伪政府及其御用文人对民众教育所持有的重视态度。学

① 《汉口特别市政府四周年市政概况》，武汉市档案馆档案，档案号：bB13/7。
② 《汉口特别市政府二周年市政概况》，武汉市档案馆档案，档案号：bB13/5。
③ 《汉口特别市国外留学章程》，《汉口特别市市政公报》，武汉市档案馆档案，档案号：bB1122/75。
④ 李珠、皮明庥主编：《武汉教育史》，第589页。
⑤ 施猷：《武汉教育应有的新动向》，《大楚报》1940年1月10日。

校教育固然对日伪奴化教育的施行至关重要，但对于一般民众的“思想改造”，则有赖于一张更为密不透风、无孔不入的社会教育大网，日伪政权深谙其理。

为了消弭普通民众“排日”“抗日”的思想，增强普通民众对日本军国主义和“大东亚共荣”理念的认同感，在积极控制新闻舆论媒体，培植亲日文化团体、改造传统大众娱乐的同时，日伪政权还建立了各式民众教育机构，对民众进行“洗脑”教育。

（一）民众教育馆

日伪政府视民众教育馆为实施“民众教育事业之中心机构”，于 1940 年 11 月征用清芬马路东首 30 号民房，开设了民众教育馆。民众教育馆设馆长 1 人，主任 2 人，馆员 4 人，同年 12 月 1 日正式开放。民众教育馆内有阅书室、阅报室、讲演厅、民众学校、娱乐室，设教导组、阅览组、康乐组、人事组、事务组等五组，① 各组职责分明：

教导组的任务是按日讲演建设东亚新秩序之理论、公民道德、公民常识、国内外时事大势等问题。民众教育馆内设的“讲演厅”，主要用于举办各类政治、经济、常识、时事讲演会，目的旨在所谓“宣传中央和平政策，阐扬我国固有道德，以树立东亚新秩序之心理”②。此外，还不定期举行露天演讲并派人分赴各区展开巡回演讲，演讲中利用放映影片、表演等娱乐形式来吸引广大民众参与。阅览组主要向广大民众提供具有“中日亲善”“大东亚共荣”内容的报章杂志和大众读物。同时，阅览组还向民众展示标本模型、图解表册，并指导民众阅览。康乐组向沦陷区民众提供各种运动器具、游戏玩具等，其任务是随时指导所谓的“正当娱乐”。人事组下设“民众问字处”“敬老会”等组织，并开展一些与民众生计、消防、节约等有关的教育活动。事务组则从事一般文书事项及经济出纳、预算计算、设备布置、保管等事务。③

下表反映了民众教育馆创设之初，市民参与各组活动的人数情况：

---

①② 《汉口特别市政府二周年市政概况》，教育，1941 年，武汉市档案馆档案，档案号：bB13/5。

③ 《武汉特别市民众教育馆组织章程》，武汉市档案馆档案，档案号：9—31—335。

表 8-7　伪汉口市立民众教育馆参加各组活动民众统计表（1941 年 1 月至 2 月）①

项目		教导组	阅览组	康乐组	人事组	合计
1941 年 1 月	上旬		599	591	28	1218
	中旬		1150	2090	43	3283
	下旬		475	938	13	1426
1941 年 2 月	上旬		1116	1701	26	2843
	中旬	115	1209	1686	24	3034
	下旬	212	1112	1777	25	3126
合计		327	5661	8783	159	14930

民众教育馆还开设有各种短训班。1941 年秋，开设了“民众识字班”和“妇女职业训练班”，招收 16 岁以上、50 岁以下的男女失学民众。1942 年 6 月，妇女职业训练班停办后，改设了“店员训练班”，训练期为三个月。同年 10 月，又加设了“民众简易日语补习班”和“音乐戏剧研究班”，前者补习期为六个月，学生超过 60 人。同时，民众教育馆还于 1942 年 4 月在中山公园内设立了一所“民众阅览室”。②

民众教育馆还经常“在本市地点宽敞，人烟稠密之区，树立民众教育碑，张贴重要新闻，或各种宣传品、教育品，以广宣传”。一系列的举措的确吸引了不少民众参与其中，据统计，1941 年前往该馆听讲、阅览书报、参加娱乐的民众，每月约 15000 人次。③

（二）民众学校

1940 年 3 月，日伪政府“为求普及民众教育”，在第三、四、六、八、十六等小学附设了“民众夜校”共 5 所，委派该小学校长兼任夜校校长。同年 5

---

① 《汉口市立民众教育馆参加各组活动民众统计表》，参见《汉口特别市政府二周年市政概况》，教育，1941 年，第 21 页，武汉市档案馆档案，档案号：bB13/5。

② 《汉口特别市政府四周年市政概况》，武汉市档案馆档案，档案号：bB13/7。

③ 《汉口特别市政府三周年市政概况》，武汉市档案馆档案，档案号：bB13/6。

月，又扩充5所。① 1941年，为“适应各校环境，提高教学效能”起见，各夜校改称“民众学校”。同年春秋两季，又分别增设5所和4所，并指定10所私塾承担夜校职能，各设1班。1941年底，全市夜校规模达到了20所50班，学生超过了2000人。② 1942年，伪市政府先是将第十六民众学校移设至市立第三十五小学内，专门为伪市政府及所属各局中不识字的公役授课，又制定了《市立中等学校附设民众学校办法》，饬令师范、高职、第一、第二等六所市属中学积极筹备开设附属民众学校。这一年，民众学校的数量虽未增加，但学生数量却达到了4210人。③

表8-8 伪汉口市民众学校、民众教育馆一览表（1941年3月）④

校（馆）名	主管人	教职员数		学生数		开办年月	地址
		男	女	男	女		
伪市立第一民众学校	李继志	1		21	18	1940年3月	长堤街
伪市立第二民众学校	郭际云	1		25	29	1940年3月	义烈巷
伪市立第三民众学校	王洵	1		15	28	1940年3月	洪益巷
伪市立第四民众学校	廖伯贤	1		23	24	1940年3月	明星路
伪市立第五民众学校	徐方明	1		24	21	1940年3月	何家墩
伪市立第六民众学校	高伯群	1		29	6	1940年3月	万寿宫
伪市立第七民众学校	易传义	1		29	11	1940年3月	长堤街
伪市立第八民众学校	郭如冰	1		12	30	1940年3月	汉正街
伪市立第九民众学校	熊衡伯	1		27	13	1940年3月	广合巷
伪市立第十民众学校	罗世纯	1		10	43	1940年3月	五福里

① 《汉口特别市政府二周年市政概况》，武汉市档案馆档案，档案号：bB13/5。
② 《汉口特别市政府三周年市政概况》，武汉市档案馆档案，档案号：bB13/6；《汉口特别市政府四周年市政概况》，武汉市档案馆档案，档案号：bB13/7。
③ 《汉口特别市政府四周年市政概况》，武汉市档案馆档案，档案号：bB13/7。
④ 根据《汉口市立各校馆概况统计》编制，参见《汉口特别市政府第二周年纪念特刊》，武汉市档案馆档案，档案号：bB13/5。

续表

校（馆）名	主管人	教职员数		学生数		开办年月	地址
		男	女	男	女		
伪市立第十一民众学校	石涤尘	1		13	37	1940 年 3 月	友仁义社
伪市立第十二民众学校	张鸿馨	1		29	6	1941 年 2 月	太平会馆
伪市中附属民众学校	汪厚和	2		50		1941 年 2 月	山陕里
伪四四小附设民众学校	王文在	2		82	31	1941 年 2 月	高家庙
伪四九小附设民众学校	宋登甲	2		85		1941 年 2 月	丹水池
民众教育馆附设民众学校	黄庆云	2		23	19	1941 年 2 月	清芬二马路
各民众学校合计		20		497	316		
民众教育馆	黄庆云	9				1940 年 12 月	清芬二马路

（三）各类补习学校

沦陷时期，武汉各私立补习学校曾一度林立。为了把这些学校都纳入殖民教育体系，伪市政府以其“办理良窳，影响青年学业甚巨”为由，于 1941 年派员分赴各校考察，并制定了“整顿办法，颁发各校遵守”，规定 1942 年 1 月为各补习学校补行登记期限。① 到了 1943 年，全市各私立补习学校手续办理完善，已准予备案的学校，有求成、竟成、三育、光华、志成、公余、育材、纱布商人等九所补习学校。此外，尚在办理登记注册的，有汉华、鼎文等四校，而其余未经整顿改造者，已被“切实加以取缔”。②

1940 年 4 月，伪教育局鉴于“本市为商业重镇，从事商业之店员学徒，几占全市人口十分之一二”，在市立高级职业学校附设“商业补习班”专门从事民众教育。该班主要招收一般店员、学徒，“授以商业上必要之知识技能”，教学科目包括商业常识、商业簿记、日语等，修业期限为 3 个月，授课时间为每日晚 7 时至 9 时，免收费用，并由学校发供讲义。第一期于该年 8 月毕业，

① 《汉口特别市政府三周年市政概况》，武汉市档案馆档案，档案号：bB13/6。
② 《汉口特别市政府四周年市政概况》，武汉市档案馆档案，档案号：bB13/7。

计男女学生50名。后来，该校又对教学科目略作调整，改办簿记、打字两班，前者招收男生，教授商业簿记、商业常识、日语；后者专收女生，学习英文打字、商业常识和日语。① 另据统计，该校第三、四期学生分别于1941年4月和9月毕业，人数分别达到46人和55人，第五期学生人数也有50人之多。②

总体而言，沦陷时期武汉的各种民众教育，都不同程度地受日伪政权的统制，体现出浓厚的殖民奴化教育色彩。它虽然标榜“实施民众教育”的旗号，并向公众传授了基本的社会、科学知识及谋生技能，但在提供这些所谓公共服务的同时，又潜移默化地把“东亚新秩序”“中日亲善”等奴化思想灌输到了一般武汉民众的思维中，具有极强的欺骗性。

① 《汉口特别市政府第二周年纪念特刊》，武汉市档案馆档案，档案号：bB13/5。
② 《汉口特别市政府三周年市政概况》，武汉市档案馆档案，档案号：bB13/6。

第九章

城市管理体制异化与市政颓败

20世纪二三十年代，武汉尤其是汉口城市现代化有长足发展，市政建设取得明显成效。然而，战争的炮火摧毁了武汉的市政设施，打乱了市政建设的步伐。1938年10月武汉沦陷后，“武汉市政建设的种种美好蓝图终于成为画饼充饥”[1]。虽然客观上，沦陷时期武汉在堤防、卫生等方面略有推进，但相关市政职能异化。另外，由于时局关系，这一时期武汉的市政建设缺乏整体规划，街道沟渠、公共建筑等市政基础设施建设以及消防、市面等秩序管理延宕不前甚至后退，从而导致市政设施残破不堪，城市发展严重受挫。

① 涂文学：《城市早期现代化的黄金时代》，中国社会科学出版社，2009年，第2页。

第一节　市政管理体系的官办色彩和殖民化特征

沦陷时期武汉的市政体制大致可分为两个阶段，以 1940 年 9 月伪汉口特别市成立为界限，之前是伪武汉治安维持会及伪武汉市政府主导三镇城市管理；之后，汉口以伪行政院直辖身份独立出湖北，武昌则作为省会由伪湖北省政府领导。

就汉口与武昌市政管理自身而言，分期又有所不同，大致以 1939 年 4 月和 1943 年 10 月为界，分为三个阶段。第一个阶段为武汉会战后的过渡管理阶段；第二个阶段局势相对平稳，市政管理处于结构调整完善和建设阶段；第三个阶段则因战事又起，市政管理遭受破坏，再陷停顿。

一、机构沿革

1938 年 10 月 27 日，日军占领武汉三镇后，即于 11 月 25 日组织“治安维持会”，会址设在汉口，武昌和汉阳设立伪治安维持会分会，临时管理武汉三镇。

1939 年 4 月 20 日，伪治安维持会解散，伪武汉特别市政府正式成立，管理武汉城市一应事务，然“时值本市事变后未久，环境特殊，故内部之组织机构，与管辖区域，暨处理政务之范围，在在与当时之本府名称不符”。① 1939 年 11 月，伪湖北省政府成立。1940 年 9 月，伪武汉特别市政府改称“汉口市政府”，由汪伪行政院直辖。同时，为落实汪伪政府规定，1941、1942 年伪市政府对下属机构做了数次调整，设置七局两处一室，其中和市政管理最为相关的是警察、社会、工务、卫生及公用（后改为粮食局）五局。1942 年伪汉口特别市机构设置见图 9-1。

① 《汉口特别市政府 1941 年的组织与人事》，武汉市档案馆档案，分类号：bB13/6。

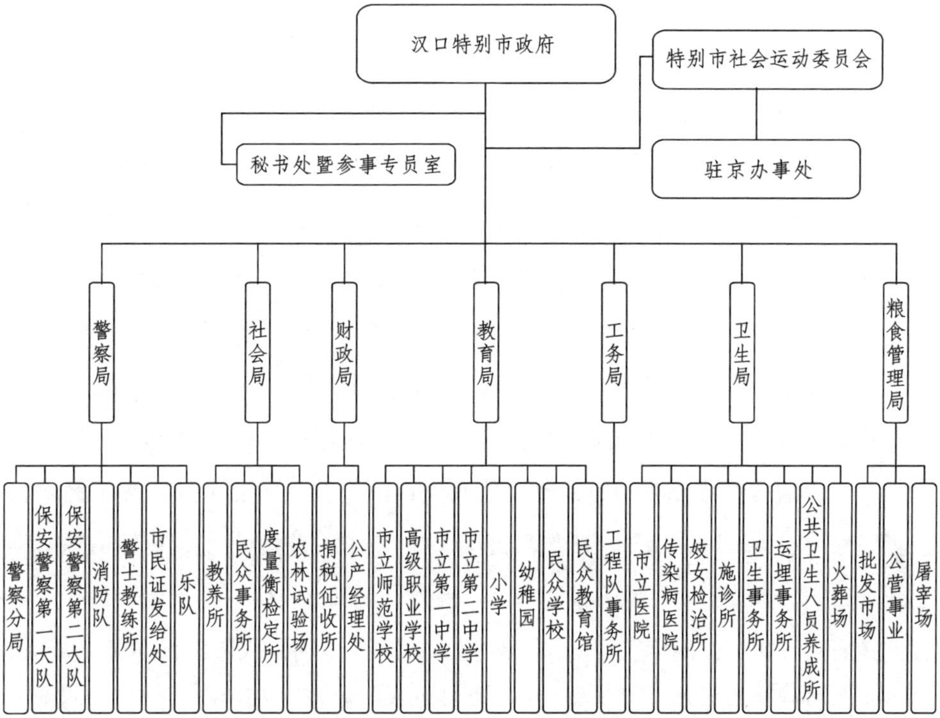

图 9-1　1942 年伪汉口特别市政府机构结构图①

1943 年开始，汪伪政府以日本附属政府的身份正式宣布参战。为适合战时体制，3 月 1 日，伪汉口特别市政府奉令将伪社会局及社会运动指导委员会分别改组为经济及社会福利两局。1943 年 10 月，汉口由“特别市”降格为“省辖市”。随后卫生、宣传等局级设置降为伪市政府秘书处科级单位，其附属机构陆续裁撤，相关人员一再精简。

到 1944 年，日本已无暇于汉口市政事务，整个汉口管理以服务于日军战事为目标，相关机构及人员继续缩减。1945 年，战事更加紧张，汉口市政建设陷入停顿，市政设施再次受到炮火的破坏。总体上，沦陷时期汉口和市政相关的建制在 1940—1943 年伪特别市时期相对完善，其前后则相对简略。

在伪维持会时期，与汉口一江之隔的武昌和汉阳分别设立了伪治安维持

① 《汉口特别市政府 1942 年的组织与人事》，武汉市档案馆档案，分类号：bB13/7。

会。1939年伪武汉特别市政府成立后，武昌和汉阳的行政管理机构分别为“武昌办公处”和“汉阳办事处”，在当时文告及新闻中，也有称之为“武昌市”“汉阳市”。当时，因武昌部分地区为日军驻扎区，“实交通不便，不肖之徒又复乘机百般肆扰，关于卫生、教育及其他人民一切需要均付缺（阙）如”①，伪武汉市政府函商陆海军特务部，在交通上无论武昌还是汉阳人民都准其通行。在卫生方面，“在住民复归之前，实施清扫道路、扫除下水沟、垃圾、粪尿、尸体等之处理。关于其他一般卫生防疫事宜，根据武昌地区防疫卫生委员会规约事业之实施要领而施行之”②。另外，鉴于武昌水电在战争中破坏严重，1939年6月，伪市政府饬建设、财政两局提前着手恢复以利民用。③

伪汉阳治安维持会撤销后，改设伪武汉市政府驻汉阳办事处。鉴于区内任意拆毁房屋有碍市容，伪驻汉阳办事处于1939年10月知照业主，拆卸房屋必须由该处查明，报经市府批准方能进行。④ 另外，汉阳上自西门桥下至双街等处坏损的条石路，伪建设局派工程队次第修复。1939年8月，汉阳清洁事务所成立，负责扫除街巷，疏通沟渠，后改组为卫生事务所。此外，伪市政府驻汉阳办事处建筑尘芥烧弃场3所，菜市场3处，公共厕所4处，以推进市政建设。⑤

1940年11月5日，伪湖北省政府成立。武昌为省会，汉阳则附属于省会，时称武阳。伪省政府附属机构设置中和武昌、汉阳市政相关的伪建设厅、伪警务厅，后伪省政府机构虽迭经改组，但警察机构基本维持1940年底的建制，未有大的变动。1944年12月起，武汉又成为战争前线，为避空袭，伪湖北省政府一度迁往黄陂，伪汉口市政府暂迁黄冈仓埠（今属新洲）。无论是武昌还是汉口，市政建设因为战争都再次陷入困局。

二、管理方式

尽管这一时期武汉地方管理机构归属、设置及执掌一再变化，但人员变化

---

①③ 《为建议繁荣武昌各项意见请鉴核施行由》，武汉市档案馆档案，档案号：历8-8-20。
② 《武昌市民复归工作计划》，武汉市档案馆档案，档案号：历8-8-20。
④ 《汉阳办事处的市政管理窘态》，武汉市档案馆档案，档案号：历9-31-817。
⑤ 《沦陷初期汉阳市区的市政管理》，武汉市档案馆档案，分类号：bB4/14。

不大，沦陷时期，伪武汉市政机构的公务员入职需参加甄选考试，并经一段时间试用，胜任方可录用。“各处局组织遇有变更，及人员遇有辞职，均就原有考取人员，分别调整传补，故人事之增减变动，为数尚少。”①

1940 年 3 月，伪武汉特别市政府成立计划委员会专项负责市政规划事宜。该会委员长由伪市长兼任，伪市政府直属各部、局、处长官、顾问及伪武汉特别市总商会会长及日本军方推荐者充任委员，下设总务处和财政、建设和庶政三组，由委员长指定委员分掌相关事宜，通过委员长交办讨论和各组自发提交议案两种形式，为武汉市政提供方案和建议，由伪市政府采择实行。② 同时，汉口市政问题的发现与处理，也得益于市政会议。伪汉口特别市自成立以后，为增进政务效率，曾规定每月召开一次市政会议，如有重要事项，可随时召集临时会议。1942 年，共召开市政会议 12 次，提出议案 54 件，其中通过者 53 件，保留者 1 件，又临时动议 5 件，以上通过各件，均已分别令饬施行。③

伪汉口市政府当局还注意开展市政宣传工作，定期公开出版的市政相关刊物有《市政公报》《汉声》《汉口物价》等，其中《市政公报》每半月出版一期，分别系统编载伪市政府各项命令、公牍、法规、会议记录、图表等，后由于经济原因停刊。《汉声》原名《市声》，创刊于 1940 年 6 月，每月出刊一期，为政治、经济、社会综合性刊物。《汉口物价》1942 年 7 月开始出版，每月一期，综合报告本市物价动态、生活指数。④

沦陷前有关市政的制度性文件，多在修订后重新颁布。此外，伪市政府还颁布了一些新制度。这一时期汉口有关市政的主要文件如下表 9-1：

①④　《汉口特别市政府 1941 年的组织与人事》，武汉市档案馆档案，分类号：bB13/6。

②　《武汉特别市政府市政计画（划）委员会组织章程》，武汉市档案馆档案，分类号：bB1122/20。

③　《汉口特别市政府 1942 年的组织与人事》，武汉市档案馆档案，分类号：bB13/7。

表 9-1 1939—1945 与汉口市政相关的主要制度文件

法规	公布时间	公布部门	公布刊物	备注
《修正汉口特别市政府警察局取缔广告规则》	1939 年 6 月 8 日	伪汉口特别市政府	《汉口特别市政公报》	1943 年 6 月 18 日修正
《武汉特别市市政府宣传局审查管理广告规则》	1939 年 10 月 21 日	伪武汉特别市政府		1940 年 2 月 5 日修正
《武汉特别市取缔危险建筑物暂行办法》	1940 年 3 月 9 日	伪武汉特别市政府	《武汉特别市政府市政公报》	
《汉口市土木技师（副）执行业务登记暂行规则》	1940 年 10 月 5 日	伪汉口市政府	《汉口市政公报》	
《汉口市政府社会局审查管理广告规则》	1940 年 10 月 29 日	伪汉口市政府		修正公布
《道路法规汉口特别市政府工务局分区养路办法》	1941 年 8 月 3 日	伪汉口特别市政府	《汉口特别市政公报》	
汉口特别市政府工务局掘路暂行规则	1942 年 11 月	伪汉口特别市政府	《汉口特别市政公报》	修正公布
《汉口特别市土木技师技副执行业务登记暂行规则》	1942 年 12 月 7 日	伪汉口特别市政府	《汉口特别市政公报》	修正公布
《汉口特别市政府工务局管理市民占用道路暂行规则》	1942 年 12 月 16 日	伪汉口特别市政府	《汉口特别市政公报》	
《修正汉口特别市政营造厂登记给照暂行规别［则］》	1942 年 12 月 31 日	伪汉口特别市政府	《汉口特别市政公报》	修正公布
《汉口市政府警察局管理汽车驾驶人规则》	1944 年 1 月 22 日	伪汉口市政府	《汉口市政府公报》	
《汉口市政府警察局考验汽车驾驶人办法》	1944 年 1 月 22 日	伪汉口市政府	《汉口市政府公报》	

三、市政管理行政

沦陷时期，日军对武汉的掠夺，导致市面物资匮乏，城市管理和发展都处在特殊状态，相关市政建设让位于养战，人们生命、生活缺乏保障，难民、失业、环境恶化及疾病等社会问题凸显。

（一）日伪政府与民间的市政协作

战时体制下的武汉，物价飞涨，相应的市政基础设施建设费用较沦陷前增加数倍。1945 年武汉光复前又罹战火，市政建设更现支绌。据抗战胜利后汉口市政府调查统计，在战时汉口“人口伤亡 12 120 人，房屋损毁 7 515 栋。各项损失总金额达 42 344 亿元，其中，房屋损失总价为 30 760 亿元，公用建设及事业损失 1 345 亿元，金融业损失 678 亿元，工商业损失 8 203 亿元，学校损失 1 248 亿元，卫生设备损失 110 亿元。工业企业减少 75%”①。战争严重迟延了武汉的市政建设现代化步伐。

沦陷时期市政建设虽然延续了抗战全面爆发前官方主导的市政模式，但由于财政异常支绌，政府的市政建设不得不仰赖民间资本。比如，沦陷之初汉阳曾计划向汉口、武昌两市看齐，重筑道路房屋，发展工商业，“惟经费之筹集一时尚感困难，拟暂由本府拨款应用，再由竹木、粮食、砖瓦等业及其他各厂附抽捐款，一俟集有成数即行偿还”②。经费不足严重制约了汉阳城在 1939 年的修复和建设。

同时，民间社会对市政的参与也因为战争、人口迁移与殖民统治而大大减少。沦陷前民间积极参与市政的热况不再，民间慈善团体仅在防疫注射、消防事务和清洁事务上作为相对较多。如 1939、1940 年，武昌红十字会协助卫生当局进行义务种痘，并由各界联合会出具种痘证明书，凭证给领安居证。1940 至 1942 年，鉴于政府消防设备、人力不足，汉口先后成立义勇消防会十七处，以辅政府消防力量之不逮，救火患而维市政。

沦陷时期，和市政建设相关的汉口民间团体其主职均由伪政府内工作人员担任，民间组织成员多担任需要具体出力的劳务组干事等职，相关市政建设经费多由伪市政府拨给。可见，在汉口市政管理问题上伪政权仍占主导地位。

---

① 《汉市在抗战时各种损失简表》，《汉口市政报告》（1946 年 1 月），武汉市档案馆档案，档案号：bB4/16。

② 《沦陷初期汉阳市区的市政管理》，武汉市档案馆档案，分类号：bB4/14。

（二）殖民统治与市政延续

对比全面抗战前的黄金十年以及抗战胜利后的复员时期，沦陷时期在日伪统治下，武汉的市政管理无论是管理机构、制度还是管理实践都具有浓厚的殖民色彩。日本军方以特务部委派嘱托等人员直接参与方式，牵制武汉市政事业的发展。日军特务部总部设在汉口，武昌和汉阳设有分室，日军特务部和伪武汉市政府及其武昌办公处、汉阳办事处共同管理三镇市政。以武昌为例，1939年底的《武昌市民复归工作计划方案》即是由日军特务部武昌分室班长中村拟就。

另外，成立于1940年3月的伪武汉特别市政府计划委员会，接受日方陆、海军特务部及总领事馆推荐的委员。① 通过这样的行政渗透，日本军方得以参与到武汉三镇市政建设工作中，并在其中居主导地位。日伪的殖民统治，打断了武汉市政建设发展的内在脉络，使得沦陷时期武汉市政发展更为复杂和曲折。

日伪当局市政建设的根本目的是维护日军在武汉的殖民统治，为日军在华战场提供相对稳固的后方及尽可能多的支援，尽管客观上武汉市政建设在这一时期有所延续，但其市政管理的目的、方式严重异化，武汉城市现代化道路在这一时期遭遇了重大挫折。

第二节　乏善可陈的公共事业管理

公共事业与市民生活、城市发展息息相关，在沦陷的七年间，武汉的水

① 《武汉特别市政府市政计画（划）委员会组织章程》，武汉市档案馆档案，分类号：bB1122/20。

电、消防管理和建设等公用事业艰难运行，市民生活和城市的需要得以勉强维持。

一、水电事业

水电是现代城市生活的重要组成部分，全面抗战爆发前，面向武汉三镇供电的电力公司有既济水电公司、汉口电灯公司、美最时电厂、汉口日租界电厂、武昌竟成电灯公司及汉阳电气公司等企业。1937 年以上六家公司年发电总量计 87 585 324 千瓦时，其中既济水电公司大王庙发电厂年发电量达 75 112 340千瓦时。① 武汉三镇自来水则由武昌水厂和既济水电公司分区经营，武昌水厂供给武昌市区用水，既济公司供给汉口市区用水，汉阳没有通自来水。

（一）日军接管武汉的水电厂

1938 年 10 月，武汉情势紧迫，国民政府西迁，为充实后方原动力，既济水电的透平机、一座锅炉及部分锅炉配件被拆卸随迁。② 汉口沦陷后，日军特务队占领既济水电公司，职工被迫退出。其间既济水电公司留汉董监依据代理合同，多次向日军交涉无果，维修人员也被赶出水厂。

随后日军又接管了所有中国人经营的水电企业，并交于日军军部控制下的华中水电株式会社合并经营，从此武汉水电事业纳入了日军军部管理之下。得以保留的英商汉口电灯公司，在 1941 年冬太平洋战争爆发后，也被华中水电株式会社接管。③

日军军部每月向华中水电株式会社提供约 4 000 吨的免费燃料，作为回报，日军所属各机关各部队可免费使用该公司生产的水电。英商汉口电灯公司所需之煤，也由日军供应，但每吨取价日金 52 元，合法币 70 元。华中水电株式会

---

① 《武汉电气事业统计一览表（1937 年）》，武汉市档案馆档案，分类号：bN1/17。

② 《商办汉镇既济水电公司二十八年（1939 年）份事务、财务报告》，武汉市档案馆档案，档案号：历 117-1-59。

③ 《为查复管理营业情形及一切设备是否完整请鉴由》，武汉市档案馆档案，档案号：历 117-1-320。

社复业后所雇用人员，多数为两水电厂原有工人，计雇用华籍员工 756 人，每月支薪约日金 21100 元，临时苦力每月工资约日金 3250 元，日籍职员 110 人，每月支薪约日金 21500 元，合计日金 45850 元，约合法币 62000 元。

（二）华中水电株式会社控制下的武汉水电事业

武汉沦陷后，“只有特三区英国电灯公司之电灯照常供给，中间仅因缺乏燃料限制钟点数日”，自来水也一度停止供给，到 1939 年 2 月，特三区才恢复正常的供电供水。① 汉口中华区在战争时受破坏最巨，沦陷后其水电无法及时恢复。1939 年，武昌尚未完全恢复供电，市民燃洋烛或煤油灯照明。而各处水管龙头多已损坏，不能供给市民使用。②

华中水电株式会社控制武汉水电事业后，着手恢复武汉的水电供应。1939 年 5 月，武昌复兴会议议决尽快恢复武昌水电，6 月伪市政府饬令伪建设局开放中华区自来水管，供给市民用水，并修复各街巷路灯，供给用电。③ 电灯费每度 3 角 2 分，较原价增加四成。为恢复武昌、汉阳两地供电，华中水电株式会社于 1940 年冬季由大王庙电厂分别架设汉阳、武昌两条送电线路。是年新增用户 1000 余户，但是由于燃料缺乏以及电网建设问题，很多街区没有供电。

供水方面，武汉大学自备水厂被日军占领，仅为军用医院供水。只有既济水电公司的宗关水厂和武昌水厂继续向市民供水。当时，水价每千加仑合法币 1 元 7 角，较原价增加四成，包月水价则加价一倍。

中华区原有水栓 8 处，随着复归人员渐多，不敷使用。1939 年 8 月，华中水电株式会社在武圣庙汉正街口、中山路居仁门、玉皇阁三皇三巷、中山路 830 号等处添设 10 处水栓，并计划在三皇街安徽会馆牌下、汉水街五彩巷角 7 号、下横堤街口（春茂对面）、长堤街崇仁巷、长堤街育婴巷、唐家巷等处再

---

① 《汉市陷落后法租界水、电供应情况》，武汉市档案馆档案，档案号：历 104-1-107。

② 《为建议繁荣武昌各项意见请鉴核施行由》，武汉市档案馆档案，档案号：历 8-8-20。

③ 《武汉特别市政府在市政管理中的对外交涉》，武汉市档案馆档案，分类号：bB4/14。

图 9-2　华中水电株式会社日籍职员检查汉口难民区汉中路自来水管漏水情形①

添设 6 处水栓。② 至 1940 年时，华中水电株式会社出产的自来水除照旧供给特三区及法租界外，另有 6 700 余户重新登记使用。

1941 年春，由于中华区水量消耗过大，华中水电株式会社决定改行水表制，凡需要用水各户，须先装水表并更换水管才能给予供给。但装表需一百数十元，中华区多系贫民，无力承担装表换管费用，于是向伪市政府申请缓装水表，希望能维持全面抗战爆发前的包月办法。后经伪公用局与华中水电株式会社协商，参照沦陷前做法在该区适当地点广设公共售水栓，通过公共水栓放水运送各住户备用。水表、水栓、水管等装设费用由放、运水业负责人交纳。用户水费仍照原来习惯，按担计价，每担法币七分。③ 这一折中办法实施后，数月之间即售出水栓 131 处。

① 涂文学主编：《沦陷时期武汉的经济与市政》，武汉出版社，2007 年，前页插图。

② 《据报派员会同赴华中水电公司联络田舍中华区水栓情形已悉由》，武汉市档案馆档案，分类号：bB1122/14。

③ 《市总工会召集调解成立协定均已公允》，《武汉报》1941 年 11 月 30 日。

为避免管理水栓人员任意抬高水价，伪公用局又制定取缔办法，随时派员查访。[①] 1942 年，汉口市府当局鉴于居住在湖沼附近的市民仍汲取湖水饮用，为卫生起见，遂又择定适当地点逐渐添置水栓。[②] 由于战争的破坏和日军对金属管件的掠夺，武汉自来水事业难以复原。到战争胜利后的 1946 年，售水量 708 万吨，仅为全面抗战爆发前的一半多。[③]

二、城市消防

武汉市房屋鳞次栉比，火灾频发，是全国闻名的“硫黄地”。沦陷前后，战火之下，武汉火情“时或日夜发生，甚至同时数处”，大批房屋遭战火或失慎焚毁。其中汉口 1939 年发生火灾 31 次，1940 年发生火灾 53 次，1941 年发生火灾 43 次。每年 6 月和 10 至 12 月，由于天干物燥，火灾尤多。1939 至 1941 年三年冬季汉口无月没有火灾。[④]

火起之后，房屋延烧极广，损失巨大。据报道，1939 年 11 月 27 日晚间，汉正街万安巷附近之森记布店突遭火灾，损失约 10 万元。[⑤] 1941 年，汉口因火受灾 276 户，328 栋房屋毁于火灾，被烧毁房屋及屋内物品价格合计高达百万元，因灾死伤 8 人。汉口火险当时虽已出现，但保户多属中小商户或城市平民，而大商户和市民底层则鲜有投保者，所以一旦发生火灾，损失颇巨。

日伪政权建立后，为维持城市正常运转，消防作为警察职责之一，相关组织和管理开始恢复。

（一）消防机构与组织

武汉三镇的消防组织，主要有官办的警察局消防队，以及历史悠久的民办

---

① 《1941 年汉口中华区安设公共水栓》，武汉市档案馆档案，分类号：bB13/6。

② 《汉口中华区先后装置公共水栓 131 处》，武汉市档案馆档案，分类号：bB13/7。

③ 涂文学：《武汉通史·民国卷》（上），武汉出版社，2006 年，第 317 页。

④ 《汉口特别市政府警察局辖内二十八年至三十年火灾次数统计表》，武汉市档案馆档案，分类号：bC16/35。

⑤ 《汉正街万安巷附近之森记布店突遭大火，损失约达拾万元》，武汉市档案馆档案，档案号：历 104-107。

公益组织火龙会。沦陷时期，民间消防组织职能弱化乃至异化，而伪政权消防部门在收权的同时却未能很好地担负起城市的消防职能。

1940 年 1 月，伪武汉特别市政府消防队成立，隶属于伪警察局。消防队计辖三个分队，分区驻扎在汉口上中下三段，第一分队驻维新路 79 号，第二分队驻东山里 1 号，第三分队驻岭南会馆。① 但是三个分队一共只有帮浦龙、轻便龙、大拖龙各 1 部，相对于汉口城市需要，消防力量极为有限。

1941 年，依据汪伪国民政府行政院《直辖市警察局组织法》第十八条及《消防机关组织大纲》的规定，伪汉口特别市政府制定了《汉口特别市政府警察局消防队组织规程》，对伪警察局消防队组成人员的职别、员额、职责等进行了规定，计荐任队长 1 人，管理全队事务并指挥监督所属职员，由队副 1 人协助之。三个分队各设分队长 1 人，掌理各分队消防事务。另外，配备 9 人办理日常文书、会计、庶务及缮写事项。消防队配备警员 118 人，其他杂役 15 人，合计总员额 147 人。② 为增强汉口市消防力量，伪市政府于 1942 年 5 月接收了特三区（旧英租界）消防队，改编为第四分队，计接收帮浦汽车龙、云梯汽车各 1 部。总体上，武汉三镇官方消防力量仅 200 人左右，消防器具更是有限。1942 年 9 月时，伪汉口特别市警察局消防队三个分队（第四队未统计在内）的消防重要器具如表 9-2，这些消防设备对于地域广阔、有数十万人口、消防事务繁巨的汉口来讲，是远不敷用的。

---

① 《汉口特别市警察局消防队的设立及消防措施》，武汉市档案馆档案，分类号：bC16/35。

② 《汉口特别市政府警察局消防队组织规程》，武汉市档案馆档案，档案号：历 8-3-30。

表 9-2 1942 年伪汉口特别市警察局消防队消防重要器具一览表①

品名	总数	属用分配数量			备考
		汽车龙	拖龙	轻便龙	
救火帮浦汽车龙	1 部				
救火帮浦拖龙	1 部				
救火轻便帮浦拖龙	1 部				
二联引出式木梯子	1 架	1 架			
水袋卷车	1 部	1 部			
水袋车	2 部		1 部	1 部	
帆布出水袋连考比领	20 根	10 根	6 根	4 根	
吸水橡皮管	9 根	3 根	4 根	2 根	
进水橡皮管	1 根	1 根			
管枪	6 个	2 个	2 个	2 个	
水桩	3 个	1 个	1 个	1 个	
消火栓钥匙	6 把	2 把	2 把	2 把	
帆布水缸	3 个	1 个	1 个	1 个	
大号太平钢斧	3 把	1 把	1 把	1 把	
二号太平钢斧	7 把	3 把	2 把	2 把	
胶柄钢钳	5 把	2 把	2 把	1 把	
铁挺	3 根	1 根	1 根	1 根	
铁镣钩	6 把	2 把	2 把	2 把	
铁抓钩	9 把	3 把	3 把	3 把	
四角铁钩	3 个	1 个	1 个	1 个	
粗麻绳	3 根	1 根	1 根	1 根	
鹤嘴	3 把	1 把	1 把	1 把	
防火铜兜	64 顶	24 顶	20 顶	20 顶	
搪水服	64 件	24 件	20 件	20 件	
救护绳子网	3 个	1 个	1 个	1 个	
开关分水机	2 个	1 个	1 个		

① 《汉口特别市警察局消防队消防重要器具一览表》，武汉市档案馆档案，分类号：bC16/35。

另外，武汉为长江沿线重要城镇，轮船云集，为加强水上消防，1944 年，伪湖北省水警总局曾一度呈请设置水上消防汽船，但此时日本法西斯败局已定，该项提议也不了了之。

为补政府消防力量之不逮，1940 年 12 月 18 日，伪汉口市政府颁布《汉口市联保消防会组织通则》，要求市区各地段以保甲为单位，组织联保消防会，其名称以现有保甲番号相区别。各联保消防会自行推选正副主任各 1 人，以负责处理会务，各会人数依各地段情形而定，最多不得超过 40 人。每会设置督水、督龙两组，由组长负责该会地段内水门、水池、机龙及一切消防器材的保存与应用，联保消防会一应费用，由各该会召集本地段内各住户商店会商筹集。①

为加强对联保消防会的管理与控制，前述《汉口市联保消防会组织通则》规定联保消防会受伪警察局消防队指挥，受伪警察局、伪社会局监督，其所属消防器具要报伪社会局备案。为增强联保消防会会员的消防知识，伪汉口市警察局对各会会员进行集中或分班训练。

1942 年，伪汉口特别市政府又颁布《联保消防组织通则》，至此汉口市先后成立义勇消防会 17 处。伪政权借助民间力量，得以救火患而维市政。② 沦陷时期，由于汉阳没有通自来水，武昌虽已通自来水，但缺少现代消防器材，因此两地消防主要仰赖民间水龙。

（二）火灾防范措施

鉴于火灾危害极大，伪市政府对火灾救患极为重视，除起火扑救外，另从三个方面预先防范火情。

第一是修理水栓。经空袭战火，“市区消火栓多有损坏，计有 192 个”，由于消火栓对于消防极其重要，伪市政府当局派工按址前往修理。1941 年 8 月时，已修理完竣者 91 个。③

---

① 《汉口市联保消防会组织通则》，武汉市档案馆档案，分类号：bB1122/12。

② 《汉口特别市的消防组织》，武汉市档案馆档案，分类号：bB13/7。

③ 《便利消防设备，修理市内水栓》，《武汉报》1941 年 8 月 19 日。

第二是取缔芦柴业。由于市面煤炭缺乏，武汉经营芦柴者颇多，但芦柴易燃，为消防起见，1941 年伪汉口市警察局对街头巷尾陈设芦柴自行营业者拟订取缔办法，规定相关营业者必须取得执照方可开业。① 1944 年，伪汉口市警察局为慎重起见，更是严禁在市内设立芦柴院。但有的芦柴商人唯利是图，仍违禁设置。②

第三是普及消防常识。为减少火灾，防患于未然，伪汉口市警察局制定了《消防警巡查各街里巷应行注意取缔事项》，饬令消防队切实督率，随时认真办理。又编印《简明警醒消防常识》，举行消防宣传周，通过讲演、游艺、演习等形式向市民普及消防常识，并督饬全市保甲人员，挨户晓谕市民防火方法。1941 年秋冬汉口火灾较之上年明显减少，被认为是消防宣传周效果良好的证明。③

需要指出的是，沦陷时期日军消防队也偶有参与汉口火灾救援，不过多是为日侨服务。如 1940 年 11 月 12 日下午 4 时许，前花楼街居巷 29 号日本商店发生火灾，伪汉口市警局消防队和日军消防队闻警，立即赶往现场施救。④

三、街市路灯

沦陷之前，空袭战火毁坏了武汉街巷部分电线杆和路灯。沦陷之后，因战事需要，日军也曾将各街巷电线杆锯走，路灯拆除。⑤ 这些都导致武汉路灯大为减少，一、二、三、四、七等署的偏街僻巷因缺少路灯，市民夜行不便，暗夜之下常滋生抢劫等事。

1940 年起，武汉市开始逐步修复路灯。是年 2 月，伪武汉特别市政府谕令各偏街僻巷住户自行筹设路灯，限期办竣。警察局、各区署以及武汉各界联合会组成了修复路灯临时委员会，以统筹此事，并将路灯修复后的情形绘图呈

---

① 《取缔芦柴业，警局规定办法》，《武汉报》1941 年 4 月 11 日。
② 《市内禁止开设芦柴营业》，《武汉报》1944 年 1 月 21 日。
③ 《汉口特别市警察局消防队的设立及消防措施》，武汉市档案馆档案，分类号：bC16/35。
④ 《前花楼居巷昨又一火警被焚房屋两栋》，《武汉报》1940 年 11 月 13 日。
⑤ 《日军将难民区内路灯电杆锯走，路灯拆除》，武汉市档案馆档案，档案号：历 8-9-119。

报警厅。① 根据1940年伪汉口市政府制订的路灯计划，是年预计市区设置路灯1 591盏，实设为895盏，所完成不足预定计划的2/3。但在路灯光度方面则均较前加大，灯泡光度多为40瓦特。另外，1940年4、5月间，日伪汉口市府当局在交通要道交会处设置了交通指挥灯，供岗警指挥车辆之用。

1941年春，伪汉口市公用局接管了路灯事务。7月，绘制了《全市路灯图》，标明各电线杆地址和号码，又颁布《修理路灯办法》，规定伪警察局各分局值班岗警对绘图内的路灯负有监视、保护之责，其中包括更换灯泡。路灯设备费由伪财政局专门划拨，一般修理灯头、灯罩或添配零件等简单事务，所需工料由伪工务局垫付，岗警直接代为处理，处理后登录于《路灯修理纪录簿》，按月汇总呈报。而遇有火灾或改修马路，修理路灯需费在百元以上时，应遵照"府计字第七六八九号"令所颁发《修理工程办法》，先呈奉伪市政府核准再行动工。②是年9月，为活跃中华区夜市，并利于冬防，伪汉口特别市公用局计划在汉正街、大夹街、硚口等处装设路灯200余盏。③

截至1941年底，汉口中华区及特一区等处装有路灯792盏，特二区134盏，特三区400盏，总计1 326盏。公用局还与华中水电公司商洽，将原有路灯之光度增为100瓦特。

1942年9月，伪公用局改组，路灯管理事宜移交伪汉口市警察局办理。伪警察局颁布《管理路灯办法》，作为修理损坏路灯的依规，并计划在市区遍设路灯。除一、二两特区外，先后共计装设路灯790盏，又于中华区内新装78盏，兴亚路新装25盏。未装设区域之利济路由大东商店承包装设，其余区的装设计划也在次第推进。同时，鉴于路灯装设已久，污垢不堪，与观瞻照明俱有妨碍，日伪警察当局还注意路灯清洁洗刷事项，以整市容。④

1942年底，为适应战时体制，节省电流，日伪卸除了模范区、济生区等

①② 《汉口特别市政府公用局修理路灯办法》，武汉市档案馆档案，分类号：bB1122/73。

③ 《振兴夜市，巩固冬防，中华区内普设路灯》，《武汉报》1941年9月25日。

④ 《汉口特别市警察局消防队的设立及消防措施》，武汉市档案馆档案，分类号：bC16/35。

处部分路灯，同时将原装四个灯头、三个灯头或双头的灯，每盏仅留一个灯泡，并禁止使用各项耗电较烈之电热器。至此，全市实存路灯数目，计中华区、特一区等处612盏，特二区36盏，特三区92盏，总计740盏。①

此后，随着战事又起，汉口市政大受阻滞，几无新建路灯，现有路灯毁损后未能“随坏随修”，而是“积有成数”再行“统筹办理”，如1944年底，五族街旧法租界的四岔路口路灯毁坏两月无人修理，市民生活深受影响。

第三节　城市道路的修补与交通的军事化管理

遭战火重创后，伪武汉市政府曾试图践行全面抗战前武汉政府的交通计划，以恢复昔日三镇车水马龙的繁华景象，但由于受制于日本军方，加之不久武昌、汉阳划归伪省政府管辖，难以对三镇交通作整体性规划。伪汉口市政府提出的辟建汉口市区新路网、整理汉口市下水道网、改进渡船航运计划等设想，但或因不符合日军利益而被否决，或因市政经费困难半途而废。总体上，这一时期的武汉城市道路交通建设，不但未超出沦陷前汉口市政府的施政理念，而且还因战乱大步退后。

一、以修补为主的城市道路建设

沦陷期间，伪市政府在道路建设方面基本停留在修修补补的状态，即便有新建亦是服务于日本的军政利益。如新建竣工或新建之中的几条道路——航空路至飞机场支线、利济路、武胜路、循礼门至怡和后街路、汉宜路至放送局路、太仓路至火葬场路，除了最后一条外，前几条主要是为了打通日军的运输通道以及服务于日军的信息传递。②

---

① 《1941年至1942年的汉口路灯》，武汉市档案馆档案，分类号：Bb13/7。

② 方秋梅：《近代汉口市政发展与城市形象变化》，《武汉科技大学学报》2011年第3期。

（一）道路修补

沦陷前，武汉市的道路有柏油路、水泥路、条石路、碎石路、土渣路等五种。其中，柏油路和水泥路里程相对较短，市区大部分道路是碎石路和土渣路。由于战争破坏，沦陷后大部分道路受损严重，难以通行。为改善武汉市区交通，伪市政府试图修复市区道路，但限于财力，最终只是有选择性地对一些重要道路进行修修补补。据伪汉口特别市政府的统计，1939 年 4 月至 1942 年 7 月间，伪工务局新建及修理道路面积共计 911 323.59 平方米，其中现代化的柏油路面和水泥路面共计 68 987.74 平方米（约占总面积的 7.6%），其他均为较原始的条石、碎石、土渣路面。①

在战时情况下，水泥是重要的战略物资，日伪市政当局不会轻易用来修路。1940 年，伪市政府在对中山路上段残破水泥路面进行补修时，“因水泥缺乏，用柏油补修”，9 月中旬又“因各项材料运输迟滞，中途停工”，到 1941 年 3 月材料送达后，才完成整个修补工程。② 整个道路从计划到竣工，几乎用了一年时间，严重影响了市民的日常通行。沦陷时期修筑的为数不多的几条水泥路，主要是作为基础设施，为日军侵略服务，如日伪新建了航空路至飞机场支线 7 120 米水泥路面。③

不但柏油、水泥等建筑材料缺乏，就连条石也难以满足道路建设需要。1939 年 12 月，伪建设局修补汉阳西门外西大街至桥南街等处条石路面时，竟因所需条石较多，一时难以购办，不得不取用永丰堤下马路两旁残余条石进行修补。④ 据伪市政府统计，1939 年至 1942 年三年间，伪市政府完整修补过的条石路面，只有汉正街、武昌街、长堤街等 3 条，其他均为零星修补。

由于水泥等建筑材料匮乏，日伪市政当局的道路修建标准一降再降。如 1939 年 9 月，日伪市政当局在修理中山路人行道时采用的是复层式铺设方法，

① 《汉口特别市政府四周年市政概况·各项统计》，武汉市档案馆档案，分类号：bB13/7。
② 《1940—1941 年 3 月的武汉三镇道路沟渠补修》，武汉市档案馆档案，分类号：bB13/5。
③ 《汉口特别市 1941 年度以修补为主的道路工程》，武汉市档案馆档案，分类号：bB13/6。
④ 《为修补汉阳西大街等处街道案》，武汉市档案馆档案，分类号：bB1122/19。

即先铺7厘米厚的1∶3∶6洋灰混凝土作为基础层，然后加铺3厘米厚1∶2洋灰砂浆，共厚10厘米，再用手推滚钉轮滚碾，满布圆钉眼。① 到1940年修建武昌兴亚路北段和武昌中山路西段道路时，原计划是改筑水泥路，因水泥缺乏，只得仍将原碎石路面翻修，以维持交通。② 1941年后新建的光华路至万国路、循礼门至怡和后街、硚口路南段、满春路、太仓路、汉宜路至放送局、太仓路至火葬场等路，仅仅采用碎石铺设。1939年4月至1942年底，伪市政府共计修建碎石、土渣路面764778.85平方米，约占修理道路总面积的84%。由于碎石、土渣等材料相较水泥、柏油易得，日伪统治后期路面损毁后，即用碎石、土渣修补。

（二）沟渠、桥梁、码头修缮

日军在进攻武汉时曾发动多次空袭，部分沟渠或被炸毁，或因建筑物倒塌掩埋淤塞。如旌德巷地势低洼，“事变以来，沟道淤塞，水源不能流动，是以一经天公降雨，街道以及住屋，即成泽国”③。由于市政经费严重不足，破损沟渠日久失修往往臭气难闻，日伪市政当局只得有选择性地优先修理军占区沟渠，对难民区基本置之不理。

日伪当局对沟渠的修缮，大体分为三类：一是修建下水道，二是开挖明沟，三是疏通暗沟。如1940年开挖永清街明沟600米，④疏修汉中路暗沟1517米、武昌粮道街暗沟1350米。⑤修建下水道方面，1941年新建清满路下水道430米、⑥ 1942年新建硚口路下水道510米和新建利济路下水道1034.1米。⑦ 1942年伪市政还计划新建武胜路和中山路下水道，两项工程预计总长

① 《准翻修中山路行人道由》，武汉市档案馆档案，分类号：bB1122/17。

②④⑤ 《1940—1941年3月的武汉三镇道路沟渠补修》，武汉市档案馆档案，分类号：bB13/5。

③ 《读者呼声：旌德巷沟道淤塞，有碍卫生，应行清导》，《武汉报》1940年7月15日，第7版。

⑥ 《汉口特别市1941年度以修补为主的道路工程》，武汉市档案馆档案，分类号：bB13/6。

⑦ 《汉口特别市1942年度道路建设》，武汉市档案馆档案，分类号：bB13/7。

1 426米，到 1942 年末只完成 40%。① 截至 1942 年，汉口全市下水道总计 95 271米。

汉口市各区经济发展不一，以致下水沟渠设备差异很大。新市区及沿江几个特别区一带，下水沟道较成系统，但旧市区沿汉水与中山路之间，下水沟不仅设备不全，而且狭小零乱，每遇积雨，街道泥泞不堪，交通十分不便。针对以上情形，伪市政当局于 1942 年提出了整理全市下水道网的计划。9 月组织两个临时勘测队对市内下水道进行测量调查。将全市划为三大区域，“铁路线以内至江边及河边，分新市区及旧市区，铁路线以外，尚少建筑，划为一个区域”。由于市政经费短缺，1942 年底“完成旧市区勘测调查工作”后，该项计划即被伪市政府放弃。②

另据伪市政府的统计数据，1939 年 4 月至 1942 年 12 月，日伪当局新建和修理的桥梁涵洞总数不过 8 座，其中 1941 年新建姚牯段木桥 3 座，1942 年新建汉宜路与张公堤相交处钢筋混凝土涵洞 1 座。③

武汉三镇商贸往来依靠轮渡，码头在三镇交通和商贸中占据重要地位，沦陷后汉口市内码头多被日军占领。1940 年新民码头两旁多处滑坡塌陷，伪市政府即派遣伪工务局所辖工程队进行修理。④ 1942 年为便利船只停泊及货物运输，伪工务局在汉口批发市场南岸建修码头 4 座。⑤

日伪统治后期，中国军队对武汉日军展开反击，汉口不少沟渠、涵洞及下水道遭空袭炸毁。1945 年 5 月 4 日，伪汉口市政府成立汉口市民清洁服务督导委员会，议决“阴沟及下水道毁损由设计组尽速修复”，同时颁布《汉口市市民清洁服务督导委员会组织通则》，规定如“街巷阴沟淤塞及倒塌毁损，则由当地保甲长报请本会设计组翻修之”⑥。但下水道淤塞难题在抗战胜利后的

---

①③⑤　《汉口特别市 1942 年度道路建设》，武汉市档案馆档案，分类号：bB13/7。

②　《汉口特别市政府工务局整理市区下水道临时勘测队组织规程》，武汉市档案馆档案，分类号：bB1122/90。

④　《1940—1941 年 3 月的武汉三镇道路沟渠补修》，武汉市档案馆档案，分类号：bB13/5。

⑥　《汉口市民清洁服务督导委员会成立会》，武汉市档案馆档案，档案号：历 9-31-6779。

复员建设时期仍未能根本解决。

（三）沟盖添置

沦陷初期，汉口、武昌两地马路铁沟盖、溜泥井盖、人孔盖因战乱大部分遗失。1939 年 9 月，伪武汉特别市建设局为便利交通，呈请添置各种沟盖，该项工程预计总费用 34 928 元。① 后经招标，由商民蔡恒茂承办，12 月全部交付，计“明沟盖 3 000 块，人孔铁盖 29 块，溜泥井铁盖 44 块，共计 3 073 块”②。

1940 年，鉴于特一区各路明沟铁盖损失颇多，伪武汉特别市政府于某洋行定制沟盖 2 566 块，连同宪兵队捞送的旧盖，共 2 584 块，铺设于汉景街、汉中街、一元路、二曜路、四维路等处。③ 至 1941 年 2 月，日伪当局在汉口、武昌两区，分四次添置了 11 038 块铁盖。④ 1943 年以后，中日战事更加紧张，汉口市很多铁质下水道沟盖被日军掠作战备物资使用。到抗战胜利，汉口各街道水沟铁盖，“除被敌人劫走外，颇多散存民间”⑤。

（四）道路养护规则的制定

沦陷期间日伪市政当局以“爱护交通，关系要政”⑥ 为由，曾多次颁布法规加强对道路的维护与管理，以服务于其侵略。

1941 年 8 月 3 日，伪汉口特别市工务局制定《分区养路办法》，将全市道路划分为五个区，派驻工程队和工程人员，专门负责道路养护。该养路办法尤其重视对柏油路和水泥路的养护。

1942 年 11 月，伪汉口特别市政府修正了《掘路暂行规则》，规定凡是市

---

① 《呈请制办各种沟盖一案指令遵照由》，武汉市档案馆档案，分类号：bB1122/17。
② 《派员验收第四批铁沟盖由》，武汉市档案馆档案，分类号：bB1122/19。
③ 《汉景街、二曜路添铺大批沟盖》，《武汉报》1940 年 8 月 1 日。
④ 《1940—1941 年 3 月的武汉三镇道路沟渠补修》，武汉市档案馆档案，分类号：bB13/5。
⑤ 《汉口市政府布告：催促收缴散存民间的街道水沟铁盖》，武汉市档案馆档案，档案号：历 9-31-5562-9。
⑥ 《汉阳爱路委员会成立各区爱路村限期成立，县政府分别监督指导》，武汉市档案馆档案，分类号：bW2/437。

区内因装设或修理电柱、电缆、煤气管及自来水管等欲掘动路面，必须向伪工务局提交申请。① 同时为禁止市民任意占用街道，保障道路畅通，1942 年 12 月伪汉口特别市政府颁布《管理市民占用道路暂行规则》，规定市民临时在街道上堆存物料、支扎木架等，必须填具《道路占用许可申请书》，并绘图呈送伪工务局查验审核，同时交纳占用道路费。②

由于武汉三镇地域广阔，道路众多，对于远离市区的道路，日伪市政当局不得不借助地方保甲力量。1940 年 7 月，根据伪湖北省政府《爱护交通规则》，伪汉阳县成立护路委员会，划分全县为六个护路区，区下设若干护路村，各护路村班长由保甲长兼任，负责管辖区域内的交通线路。③ 该办法旨在将道路维护纳入到地方保甲体系之中。

虽然日伪当局采取了以上措施，但是绝大部分规定流于形式，难以真正贯彻执行。不仅如此，日军为满足侵略需要，不择手段在武汉市区内外构筑军营、基地，对城市道路交通造成了极大的破坏。如联络武昌山南、山北的重要交通通道武昌洞就被日军封锁，改成军火库。再加上战争破坏，到 1944 年市内各马路已“破损不成样子”，中山路、民族路、民权路、民生路、江汉路等处路面龟裂破碎。④ 据 1946 年汉口市政有关统计资料，自沦陷以来，全市所有柏油路、碎石路几乎全部毁坏，约 1 100 万平方米的道路无法继续使用。⑤

二、军事化管理下的城市交通

沦陷时期，日伪交通当局对武汉三镇交通及对外交通实行军事化管理，严格车辆登记和驾驶员执照考试，但在缓解交通事故上收效甚微。

---

① 《汉口特别市政府工务局掘路暂行规则》，武汉市档案馆档案，分类号：bB1122/25。

② 《汉口特别市政府工务局管理市民占用道路暂行规则》，武汉市档案馆档案，分类号：bB1122/25。

③ 《汉阳爱路委员会成立各区爱路村限期成立，县政府分别监督指导》，《武汉报》1940 年 7 月 26 日。

④ 《大楚报》1944 年 3 月 24 日。

⑤ 涂文学：《武汉通史·民国卷》（上），武汉出版社，2006 年，第 317 页。

（一）交通管制与道路开放

武汉陷落之初，市内道路、铁路交通、长江航线以及武汉及其周边重要交通线均被日军封锁，沿河沿江一线由驻军控制，各主要交通路口和日伪重要机关所在街道均有日本宪兵把守，并架设铁丝网，实行严格出入检查制度，甚至连公共汽车、过江轮渡上也派宪兵维持秩序，“交通梗阻，繁庶之区顿形逊色”①。

日军对武汉完成占领并扶植成立伪政府后，才逐渐开放武汉的城市交通。与法租界毗邻的汉口市特区各路街，原只有沿江马路可以通行，日伪当局经同法国领事署、工部局交涉后，将各街道开放，并规定车辆行驶最高时速不得超过 25 公里。②

为便利市民通行，伪市政府曾要求日军将市外各交通要道全部开放。1939 年 2 月，江汉路、歆生街及铁路外一带次第开放，通行时间为每日 6 时至 21 时。1941 年 6 月 10 日，松田兵站司令将江汉四路开放通行，③ 6 月 20 日开放大智路及云樵路一部分。④ 汉口兵站司令部直到 1943 年 4 月 21 日，才对外开放府东四路。⑤

市外交通方面，日军对长江沿线的封锁也在逐渐放开。1939 年 2 月时，长江上仅日本的信阳、当阳、大吉等轮船行驶申汉一带，搭运邮件及少数货物，怡和、太古公司之轮船仍未复航。⑥ 1941 年时，日伪当局已开放汉口至石灰窑、阳逻等定期航线。1942 年又新辟汉口至武穴、九江航线。

---

① 《武汉特别市渡船管理局航业条陈暨简略计划》，武汉市档案馆档案，档案号：历 9-31-678。

② 《武汉特别市政府在市政管理中的对外交涉》，武汉市档案馆档案，分类号：bB4/14。

③ 《准松田兵站司令部函知开放汉江四路暨大智边等路案》，武汉市档案馆档案，档案号：历 8-9-122。

④ 《为将军队区之大智边及云樵路之一部开放通行请查照由》，武汉市档案馆档案，档案号：历 8-9-122。

⑤ 《开放广雅路（旧名府东四路）》，武汉市档案馆档案，档案号：历 8-9-122。

⑥ 《武汉及长江交通管制》，武汉市档案馆档案，档案号：历 104-1-107。

（二）车船及驾驶人管控

武汉沦陷期间，为加强车船管控，日伪交通管理当局对长江和汉江沿岸渡船以及市区内各种车辆实行严格的登记制度。同时，对已经登记的渡船进行频繁检验换证，以便收取高额换证费。在维持交通秩序方面，为增进车船驾驶人技术，日伪政府当局出台了车船驾驶人登记考核办法，颁布了《管理汽车驾驶人规则》。

1. 车辆登记

国民政府西迁时，武汉各种车辆多被带走。① 日伪控制武汉后，1939 年为摸清市区内车辆情况，日伪当局成立车业公会，办理车辆登记。据统计，1939 年各种车辆登记共计 9 505 辆，1940 年增加到 10 024 辆。1941 年 1 月 8 日，伪湖北省警察局举办当年度春季车辆登记，马车、人力车、板车、脚踏车、独轮车等均需申请登记，“逾限未经申请登记检验车辆，将一律禁止驶行”②。是年 9 月，伪汉口特别市政府曾协助日军阿南部队特务部，调查以汽油为原料的汽车数量，以保障日军汽油供给。③ 此时，因物价高涨，且原料缺乏，车辆损坏后多不能修理，故 1941 年度共计登记 9 978 辆，数量有所减少。

1942 年，为适应战时体制，节约汽油，街头汽车更为减少。同时，因材料来源较少，人力车数量亦未见增加，马车及自备人力送货车作为替代，数量相应骤增。综计当年度车辆登记总计 33 258 辆。④

2. 渡船登记

汉水沿岸各码头运送旅客的渡船，因超员搭载乘客，时常发生倾翻事故。为防止超载，便于管理，1940 年 7 月，伪市车船管理所会同伪水上警察局，对汉水上的渡船进行检验登记。具体办法是于船上钉一枚“渡船载客人数木

---

① 《1939—1941 年的汉口城市交通管理》，武汉市档案馆档案，分类号：bC16/35。

② 《省会警局举办春季车辆登记》，《武汉报》1941 年 1 月 11 日。

③ 《调查汉口以挥发油为燃料之汽车辆数以作配给资料案》，武汉市档案馆档案，档案号：历 9-31-829。

④ 《1942 年的车辆登记与驾驶人管理》，武汉市档案馆档案，分类号：bB13/7。

牌”，以便水上警局随时检验。① 然而，实施效果并不明显，汉水沿岸渡船仍“多有不按规则，载客过多，以致发生危害情事”②。

1941 年 1 月，伪市车船管理所并入伪公用局后，登记工作也由伪公用局接管。同年 8 月，伪公用局制定《汉口特别市襄河渡船检验登记办法》，规定船上显眼处所钉木牌必须注明检验登记证号数，并船主姓名、年龄、籍贯、住址、船夫人数、载客数目、造船年月、检验登记年月日以及有效期限，内容较此前更为详细完备。同时，船主须缴纳登记证费 1 元（日金），此后每三个月须检验一次，每次需交换证登记费 5 角（日金）。

1940 年 7 月，伪湖北省船舶管理局开始对省境内船舶进行丈检登记。1940 年底，第一期船舶丈检登记结束，伪湖北省船舶管理局计登记船只 16 458 只，收费 42 368 元，其中汽船 7 只，3 吨以上民船 2 017 只，3 吨以内民船 14 434只。③ 日伪当局见检验登记船只有利可图，于 1941 年新年伊始即开始第二期丈检登记，并将两种船舶登记收费办法加以修改：“自三吨以内至八十吨以上，收费共计自 4 元起至 35 元止”，同时附加“航政人员登记手续每人 5 角，登记证书每张 1 元”。④ 1941 年 1、2 两月，共登记船只 2 910 只，收登记费 7 798 元，逾限罚款 5 901 元，共计 13 699 元。

1941 年 3 月，伪省船舶管理局为扩大船舶丈量登记区域，“特于蔡甸、沌口、金口、阳逻等埠分别设立办事处”。办事处一经设立，收益大增，仅 3 月份就收取登记费 8 704 元，较之 1、2 两月几乎增加了一倍。⑤ 同时鉴于省境下游船舶为数甚多，该局又于九江增设办事处，以期完成对省内所有船只的登记管理，进一步增加收入。

---

① 《省船舶管理局负责办理华中轮船丈检注册给照事项》，《武汉报》1940 年 7 月 25 日。
② 《整理襄河渡船检验登记办法市政府核准令公用局施行》，《武汉报》1941 年 8 月 19 日。
③ 《省船舶丈检登记去年结束统计》，《武汉报》1941 年 1 月 12 日。
④ 《省船舶丈检登记去年结束统计，登记船只一万六千余只，收费四万二千三百余元》，《武汉报》1941 年 1 月 12 日。
⑤ 《省船舶管理局本年工作发展，拟增设九江办事处》，《武汉报》1941 年 4 月 15 日。

3. 车船驾驶人考核与管理

武汉沦陷时期，日伪交通管理当局为预防交通事故，加强了对车船驾驶人的考核与管理。

汉口市汽车驾驶人考核，最初归伪汉口市车船管理所办理。1941 年 1 月，伪市车船管理所裁撤后，改由伪警察局与伪公用局会同办理。1941 年 10 月 15 日，伪汉口特别市警察局与公用局联合拟订了《汉口特别市政府公用局警察局管理汽车驾驶人规则》和《考验汽车驾驶人办法》。

其中，《考验汽车驾驶人办法》规定：驾驶轻便汽车、机器脚踏车、载重汽车、公共长途汽车、特种汽车等五种汽车须考取驾驶执照。考试分为体格检查、驾驶技能、行驶规则、机械构造及其功用等四项。汽车驾驶执照分为三种：普通汽车驾驶执照、特种汽车驾驶执照和学习汽车驾驶执照。其中普通汽车驾驶执照仅限于驾驶轻便汽车或机器脚踏车，如果要驾驶载重汽车或公共长途汽车、特种汽车，须接受并通过特种汽车驾驶执照考核。① 该办法自 1941 年 11 月起实行，截至 1942 年底，获得特种汽车驾驶执照者总计 391 人，普通汽车驾驶执照者总计 234 人，学习驾驶执照者 14 人。②

《汉口市政府公用局警察局管理汽车驾驶人规则》对违反交通规则的行为作了严厉的处罚规定，如无证驾驶处国币 150 元以下之罚金，并责令考领驾驶执照；驾驶人行驶速度超过 25 公里，或不听岗警指挥，及于转角或遇行人车辆不鸣喇叭，处 100 元以下之罚金。如果造成事故，除依法究办外，并注销其驾驶执照；因驾驶技术不精而发生交通事故，依据情节轻重，扣留驾驶执照 1 个月至 6 个月不等。

（三）武汉交通公司垄断下的公共交通

武汉沦陷后，日军将武汉水陆交通事业交由武汉交通公司（亦称武汉交通株式会社）办理，名为中日官商合办，实则日军独占。凭借对武汉交通事业的

① 《汉口市政府警察局考验汽车驾驶人办法》，武汉市档案馆档案，档案号：历 9-31-702。
② 《1942 年的车辆登记与驾驶人管理》，武汉市档案馆档案，分类号：Bb13/7。

垄断经营，武汉交通公司成立后，营业范围逐渐扩展，行驶路线逐年增加，营业额亦逐年增加。但是自 1941 年后，武汉交通运输条件却不见改善，市民深受交通不便之苦。

图 9-3　武汉交通公司（左上）受日军控制，垄断了武汉地区的公共交通

1. 陆路交通

1939 年 11 月 2 日，武汉交通公司在武昌试行 4 辆新式公共汽车，每一小时发车一班，与武汉轮渡联运。其路线有两条："(一) 由武胜门外经中正路至中正桥往返对开；(二) 由汉阳门经胡林翼路至时钟台往返对开。"① 此后汉口、武昌公共汽车市外交通线也逐渐开通，到 1941 年，基本形成市内和市外十余条固定的公共汽车线路。

关于市内公共汽车线，汉口方面有公共汽车每日自硚口至日本租界汉口神社往复运行，营业时间为上午 7 时半至晚上 10 时半，每隔 5 至 10 分钟发车一

① 《试行武昌公共汽车案》，武汉市档案馆档案，分类号：bB1122/19。

班，分为三区计价，每区取资 6 分；武昌方面有公共汽车由大堤口码头至中正桥，每隔 1 小时与轮渡时间衔接开驶，全线分为三区，票价与汉口同。

市外公共汽车线，武昌方面有金口镇、大冶、阳新线；汉口方面东至中馆驿、河口镇，北至应山、德安，西至沙市、宜昌。具体线路见表 9-3：

表 9-3 1942 年伪汉口特别市汽车路线一览表①

一、汉口及武昌市内线
二、黄陂线（汉口—戴家山—滠口—横店—高庙—黄陂）
三、金口镇线（武昌—灵安堂—阿波山—王家湾—严码头—金口）
四、河口镇线（黄陂—横山—研子岗—长轩岭—姚家集—河口镇）
五、中馆驿线（黄陂—普安岩—刘福二—左家岗—岐亭—宋埠—中馆驿）
六、应城线（孝感驿—孝感—隔蒲潭—胡大湾—应城）
七、应山线（广水驿—十里河—应山）
八、德安线（花园驿—德安）
九、新洲线（黄陂—柳子港—新洲）
十、新沟线（汉口—滋惠敦—余门镇—蔡甸—新沟）
十一、大冶线（武昌—青山—葛店—樊口—鄂城—石灰窑—大冶）
十二、姑嫂树线（汉口—姑嫂树）
十三、长江埠线（新沟—长江埠）
十四、天门线（应城—皂市—天门）
十五、宜昌线（汉口—长江埠—应城—皂市—杨家峰—罗汉寺—十里铺—当阳—宜昌）

在交通运输方面，1941 年日伪武汉交通公司新购置汽车 19 辆，连同原有汽车，共计 117 辆。其中载客汽车 32 辆，改造棚车 33 辆，货车 52 辆。汽车营业里程计 1 067 公里。②

2. 水上交通

武汉沦陷后，三镇轮渡交通阻塞。1939 年 6 月，为规范水上交通，增加

---

① 《1942 年度的武汉公共交通》，武汉市档案馆档案，分类号：bB13/7。

② 《1941 年度武汉的公共交通》，武汉市档案馆档案，分类号：bB1122/19。

财政收入，伪武汉特别市渡船管理局制定了《特别市渡船管理局航政航业简略计划》，该计划建议由伪特别市政府出资购买船只，兴办武汉轮渡事业。① 由于不符合日方利益，该计划被日伪市政当局摒弃。

武汉交通公司成立后，三镇间的轮渡逐渐恢复，到1941年，长江两岸每日轮渡隔1小时来回行驶一趟。除武汉三镇间的航运外，还有汉口至石灰窑及汉口至阳逻等定期航线，具体线路见下表：

表9-4 1941年武汉轮船航线一览表②

一、三镇线（汉口—汉阳—武昌）
二、石灰窑线（汉口—阳逻—葛店—团风—黄冈—鄂城—巴河—黄石港—石灰窑）
三、岳州线（汉口—簰洲—嘉鱼—龙口—新堤—岳州）
四、阳逻线（汉口—青山—阳逻）

船只方面，1941年新制船只18艘，连原有船只共计25艘，50吨位以上的船只过半，总吨位达1 220吨。船舶营业里程，计1 008公里。③25艘船舶具体吨位如下表：

表9-5 1941年武汉交通公司船舶部一览表④

序列	船名	吨位	序列	船名	吨位
1	小樱丸	99	8	龙运丸	67
2	梅丸	56	9	大运丸	15
3	武汉丸	50	10	江阳丸	68
4	湘南丸	50	11	长生丸	65
5	兴亚丸	35	12	第八泷丸	50
6	长荣丸	69	13	瑞宝丸	59
7	兴汉丸	100	14	鸿运丸	37

① 武汉特别市渡船管理局航业条陈暨简略计划，武汉市档案馆档案，档案号：历9-31-678。

②③ 《1941年度武汉的公共交通》，武汉市档案馆档案，分类号：bB13/6。

④ 《1941年度武汉的公共交通》，武汉市档案馆档案，分类号：bB1122/19。

续表

序列	船名	吨位	序列	船名	吨位
15	鸿大丸	45	21	鸿昌丸	21
16	第一武交丸	75	22	鸿华丸	16
17	第二武交丸	10	23	龙王丸	96
18	第三武交丸	12	24	龙照丸	69
19	第四武交丸	12	25	鸿荣丸	21
20	第五武交丸	23	总计		1 220

1942 年“武汉交通公司”又新添“蔡甸丸”“鸿平丸”及第六、七、八、九、十、十一“武交丸”8 艘，连前共有 32 艘，合计 156 700 吨。①

由于城内码头不对一般民众开放，武昌轮渡设在距离市区较远的大堤口，商民在武昌、汉口之间来往渡江颇为不便。1941 年 5 月 29 日的《武汉报》上，便有读者向日伪当局呼吁在城内开放一个码头。② 8 月，武汉交通公司在社会舆论压力下做出回应，“新建造约容 600 人之‘兴汉’铁轮，与原有之‘湘南’‘武汉’两轮及预备船‘兴亚’轮，均供过江渡轮之用，以图增强输送力”；同时“短缩开班间隔为 30 分至 1 小时之间，每日往复增至 15 次”，并视具体情形临时增加班次。但是对于武汉市民最关心的改设码头一项，则以“尚在设计改善中”敷衍了事。③

直到 1944 年，随着武昌、汉口两地商旅往来增多，“武汉交通公司之轮船每班乘客极为拥挤”，日伪当局才“特由省水警局协力组织武汉船划，而开辟民船渡江之航线”，并指定“武昌为中正桥、造纸厂、余家码头、大堤口，汉口为集家嘴、分金炉，汉阳为东门等七处”为渡江码头。④ 9 月 20 日，民船渡江正式开航，这在一定程度上打破了武汉交通公司对轮渡业的垄断。

① 《1942 年度的武汉公共交通》，武汉市档案馆档案，分类号：bB13/7。原资料如此，数据疑有误。

② 《读者呼声：武昌过江不便，请求改善》，《武汉报》1941 年 5 月 29 日。

③ 《为改善过江轮渡案》，武汉市档案馆档案，档案号：历 9-31-833。

④ 《武汉民船渡江明日正式开航》，《武汉报》1944 年 9 月 19 日。

（四）交通安全举措

沦陷时期，日伪市政当局为维持武汉市内交通，规定汽车在市内行驶速度不得超过每小时25公里，并拟具《行人须知》及竖立各种标识牌，举行交通安全周活动，训练人民左侧行走。① 然而，以上举措收效甚微，交通事故依旧频发。

1. 添置交通指挥台岗及标识牌

武汉沦陷后，街市原有的交通指挥台、岗台、岗伞等设施，在战火中破坏殆尽。② 1939年，伪武汉特别市政府成立后，便着手在三镇“设立交通标帜，添置岗警指挥台以便指挥”。③ 1940年5月，武昌、汉阳、汉口三镇岗台、岗伞、指挥台及整理台等项工程全部竣工，其中武昌、汉阳“两处合计共修70座，包括木质与三合土2种”④。到1942年，各交通路口所设岗台“因建筑时日已久，及因驾车不慎，多有损毁”，伪汉口特别市工务局决定重建毁损交通指挥台岗，“计划岗台全体用1∶2∶4水泥三合土建筑，岗伞改用铁柱”，所用材料也有所改良。⑤ 为整饬市容，预防公共危险，日伪当局又于各路段增设交通标识牌，1940年“计汉口区设置交通标识牌84个”，“武昌区设置交通标识牌24个”，“汉阳区设置交通标识牌12个”。⑥

2. 装设交通指挥灯及指挥标

汉口市各道路车马行人往来频繁，日伪市政当局虽于各要道加派警察，维持交通秩序，但汽车撞伤行人事故仍时常发生。为增强交通指挥能力，1940年7月，伪武汉特别市警察局特于金城银行门前、江汉关前、江汉路湖南路口等处指挥台，加设指挥标识。⑦ 该指挥标识为方形红绿牌各两面，红牌书白色

---

① 《取缔交通情形》，武汉市档案馆档案，分类号：bC16/35。

②④ 《1940—1941年3月武汉三镇的公共建筑工程》，武汉市档案馆档案，分类号：bB13/5。

③ 《1939年市政建设工程完工情况及1940年工程计划》，武汉市档案馆档案，档案号：历8-9-89。

⑤ 《汉口特别市1941年度公共建筑》，武汉市档案馆档案，分类号：bB13/6。

⑥ 《增设交通标识牌及广告兰》，武汉市档案馆档案，分类号：bB4/14。

⑦ 《市内交通要道装设红绿指挥标》，《武汉报》1940年7月25日。

“停”字、绿牌书白色“走”字，分装于指挥台上圆柱四周，下面有木柄，由交通岗警手动指挥。

为便利指挥，1940年日伪当局于保华街、江汉路怡园、民生路口及三民路口等四处交通要地，各装设交通指挥灯一座。后又拟在利济路、硚口路两处交叉地点各增设一座。① 为提高警察业务素质，伪警察局还事先调选巡官、巡长以及交通警进行训练，并讲授指挥交通要义。② 同年12月15日起施行《红绿旗指挥交通办法》，并发给交通警铜质“交”字臂章。③ 为适应战时体制，节约能源，1941年6月，日伪市政当局“以入夜后道路车辆行人较少”，开始对汉口市交通红绿灯使用时间进行限制，“规定每日上午八时起至下午十二时止”。④

3. 开展交通道德训练

日伪统治期间，武汉三镇交通事故频发。伪警察局的统计数据显示，1940年汉口市共发生113起交通事故，其中日军汽车肇事87起。⑤ 对此，日伪市政当局却断定“实为人民缺乏交通常识、行路不守秩序所致”⑥。

为纠正行人及车辆行驶习惯，伪汉口特别市警察局举行“交通道德思想唤起周”活动，以伪警务处颁布的《陆上交通管理规则》及《交通警察指挥车马实施办法》为依据，对市民进行街道训练、交通道德普及与一般宣传，⑦后又数度举行“交通宣传周”活动。日伪市政当局认为“举办以来，成绩良好”。但实际情况并非如此，1941年汉口市总计发生交通事故168起，比1940年增加55起，其中日军车辆肇事更是高达100起。⑧可见沦陷期间武汉交通事故频发，远非行人不遵守交通规则那么简单，更主要的原因是日军汽车不遵守交

---

① 《1939—1941年的汉口城市交通管理》，武汉市档案馆档案，分类号：bC16/35。
② 《市警局调长警练习红绿交通灯管理法》，《武汉报》1941年5月15日。
③ 《交通屡次改良，不幸事件减少》，《武汉报》1941年1月12日。
④ 《本市新装交通灯限制使用时间，每晨八时起入晚十二时止》，《武汉报》1941年6月23日。
⑤⑧ 《汉口特别市历年汽车肇事统计》，武汉市档案馆档案，分类号：bC16/35。
⑥⑦ 《省会警察局拟实施交通道德训练，举行“交通道德唤起周”》，《武汉报》1941年2月5日。

通规则。而伪市政府对此却只字不提，更遑谈对日军汽车违章行为进行约束处罚。

第四节　基于军事目的的堤防增培与防汛管理

“武昌地势低下，每届夏初时生水患”①，汉口“前江后湖，完全依赖堤防以资保障”②，因此堤防建设至关重要。武汉三镇堤防计分为沿江两岸、沿河两岸及张公堤等段。沦陷时期，由于武汉无险可守，日军曾将武汉周围的堤防作为战略防御工事，纳入其战略防御体系之中，因此日伪市政当局对武汉的堤防建设和保护极为重视，除修理增培各处堤防外，还对汛期堤防的巡视与防护作了特别规定。同时在城市防水方面，日伪市政当局也制定了一套严密且颇有效率的防水体制。

一、出于军事目的的堤防建设

为加强堤防的防水能力，以及突出其作为武汉市防御工事的作用，1939年5月，伪武汉特别市政府成立不久，即设立伪堤防管理局办理武汉堤防工程事宜。但当时武汉堤防修建主要由日军承担，同时伪政府给予日军极高的待遇。9月伪堤防管理局公布《武汉特别市堤防管理局包工合同》，合同书规定今后武汉市的堤防建设工程都将公开招标，承包给建筑公司办理，伪政府派员对施工进行监督以及负责最后的工程验收。另外，伪武汉特别市政府自成立以来，便宣称“对于堤防不分畛域积极筹备”③，但出于军事目的，沦陷期间日

---

① 《1939年武昌防水情况》，武汉市档案馆档案，分类号：bB4/4。
② 《武汉特别市市政府汉口区防水委员会成立会议录》，武汉市档案馆档案，分类号：bB1122/14。
③ 《武汉特别市政府成立以来之堤防建设》，武汉市档案馆档案，档案号：历8-9-89-12。

伪市政当局一直以汉口作为堤防建设的重心。

（一）张公堤

张公堤是汉口市防水重要屏障，伪市政府十分重视对该堤的培修加固。1939 年，市政当局在堤角至禁口处险要地段加筑土牛 41 座及压浸台 4 座，禁口填塘一处，并补修剥落灰缝 2 026 平方米。同时将红铜咀附近坍陷的新筑土牛改为压浸台，并打固脚桩 95 根。① 1941 年，为进一步加固张公堤，对该堤沿江驳岸的蛮石坦坡进行了翻砌，同时对灰缝进行了多次补修。②

（二）长丰堤

长丰堤分为长丰北垸和长丰南垸。长丰北垸位于汉口西北隅，自张公堤杜家湾起，至汉宜路舵落口止，全长十余公里，但垸堤单薄，江水涨至 40 英尺以上时即被淹没。1940 年春季，伪市政府计划在长丰北垸培修老堤，但因物价高涨，雇工困难，工程施工几次推迟，直到 1941 年 4 月底才全部竣工。③长丰北垸新堤因与张公堤衔接，名为“新张公堤”。新张公堤完成后，为调节垸内外水量，建筑混凝土涵闸一座。④

但新堤筑成不久，即出现工程质量问题，日伪市政当局决定再次进行培修，并“将堤身培高至江汉关水位 17.3 公尺”，“堤面加宽为 7 公尺，内坡为 1∶3，外坡为 1∶2.5”。该项工程完工后，又于外坡下半坡砌片石坦坡，以抵御夏汛时风浪的冲击。⑤ 自蔡家庙起至舵落口汉宜路桥段老堤，也因工程质量问题历经 1940 年、1941 年、1942 年三次培修加固，才最终将该段“堤身培高及内外坡度与新堤段相等，堤面加宽为六米”⑥。

长丰南垸段由汉宜路沿河至水厂，全长约 8 726 米，由于该段濒临汉江，沿岸江湾众多，每逢汉江汛涨，河流冲刷，往往危及堤身，尤其是易家墩一带

①③ 《1940 年 4 月—1941 年 3 月武汉三镇的堤防工程》，武汉市档案馆档案，分类号：bB13/5。

②④ 《汉口特别市 1941 年度的堤防建设》，武汉市档案馆档案，分类号：bB13/6。

⑤⑥ 《汉口特别市 1942 年度的堤防建设》，武汉市档案馆档案，分类号：bB13/7。

图 9-4 汉口长丰北垸新堤施工场景①

迎流顶冲，最易崩溃。沦陷时期，日伪市政当局对长丰南垸的培修主要就集中在易家墩一带。1940 年，伪市政府曾于易家墩一带河岸崩塌最甚地段施行护岸工程三处，并于崩及垸堤处加筑挽月。② 但在施工时，由于汉江“水位已高，物料缺乏，施工困难，未能收预计效果”，1941 年于该处试抛及续抛蛮石分水坝。③

长丰北垸新堤筑成后，长丰南垸与之相较，不但堤身曲折，而且堤面狭窄，高度也明显不足。伪市政府于 1942 年将南堤堤身增高至江汉关水位 17 米，堤面培宽为 4 米，其内外坡度与长丰北垸新堤段相同。同时，为固堤脚，填平内外堤脚深水塘 3 座，并在沿岸各险要处施抛片石，将分水坝增长加厚，扩大其效能。④

（三）环市堤防

由于汉口四面环水，1931 年水灾后，市政府将修筑环汉口市堤防列入市

① 涂文学主编：《沦陷时期武汉的经济与市政》，武汉出版社，2007 年，前页插图。
② 《1940 年 4 月—1941 年 3 月武汉三镇的堤防工程》，武汉市档案馆档案，分类号：bB13/5。
③ 《汉口特别市 1941 年度的堤防建设》，武汉市档案馆档案，分类号：bB13/6。
④ 《汉口特别市 1942 年度的堤防建设》，武汉市档案馆档案，分类号：bB13/7。

政工程计划，但未及开展实施。1941 年 4 月，伪汉口特别市政府决定重启全市堤岸工程计划，“经费概算约需三四十万元”①，准备“首先培修张公堤，自姑嫂树至戴家山长约八公里之堤岸工程，分为五段兴修”②。

1941 年 5 月，“为期施工迅速、工程坚固、土方核实起见”，伪市政府设置环市堤防工程临时督工所，负责进行分段监督，并审核通过了《汉口特别市环市堤防工程临时督工所暂行组织办法》和《办事细则》。③ 但该项计划仅完成第一期张公堤培修工程后，伪市政府便因经费问题未再采取大动作，转而对张公堤、沿河堤等部分堤防进行修补加固。④ 1942 年以后，伪市政府在堤防方面的建设基本停止。

二、日军掌控下的城市防水

武汉三镇位于长江、汉水两岸，每年除了夏汛外，有些年份还有春汛、秋汛，因此汛期较长，城市防水压力大。沦陷时期，武汉城市防水规划主要由日军警备司令部制定，伪市政府负责协助执行。三镇防汛具体由三区防水委员会合作进行。

（一）三区日常防水

1. 三区“防水委员会”成立

1939 年长江汛期将至，日军武汉警备司令部制定《武汉区防水规定》，指令武昌、汉阳、汉口三区各设立“防水委员会”，分别办理危险时期该区内防水事务。7 月 22 日，伪武汉特别市政府成立伪汉口区防水委员会。7 月 27 日，伪武昌区防水委员会成立。8 月 14 日，日军武汉警备司令部公布《市区本年临时防汛办法》，划分三区防水区域，并将武汉的防水工作依据江汉关水位的增涨分为普通、危险、特危险三个级别，规定：“水位未至危险时期，由堤防

---

① 《春季桃汛即届，防水又将开始，市工务局计划培修环堤巨工》，《武汉报》1941 年 4 月 10 日。

② 《防范伏汛侵袭，培修张公堤：姑嫂树至戴家山段开工》，《武汉报》1941 年 5 月 7 日。

③ 《为加强环市堤防工程案》，武汉市档案馆档案，分类号：bB1122/22。

④ 《汉口特别市 1941 年度的堤防建设》，武汉市档案馆档案，分类号：bB13/6。

管理局局长督同所属工程人员担任防汛区域内一切事务。水位至危险时期，由武汉特别市政府暨所属有关各机关共同组织防水委员会，准备防水一切事务。”① 通过制定以上两个防水法规，日军武汉警备司令部将武汉城市防水控制权牢牢地攥在手里，同时将具体的防水事宜交给了伪市政府下属的各区防水委员会。

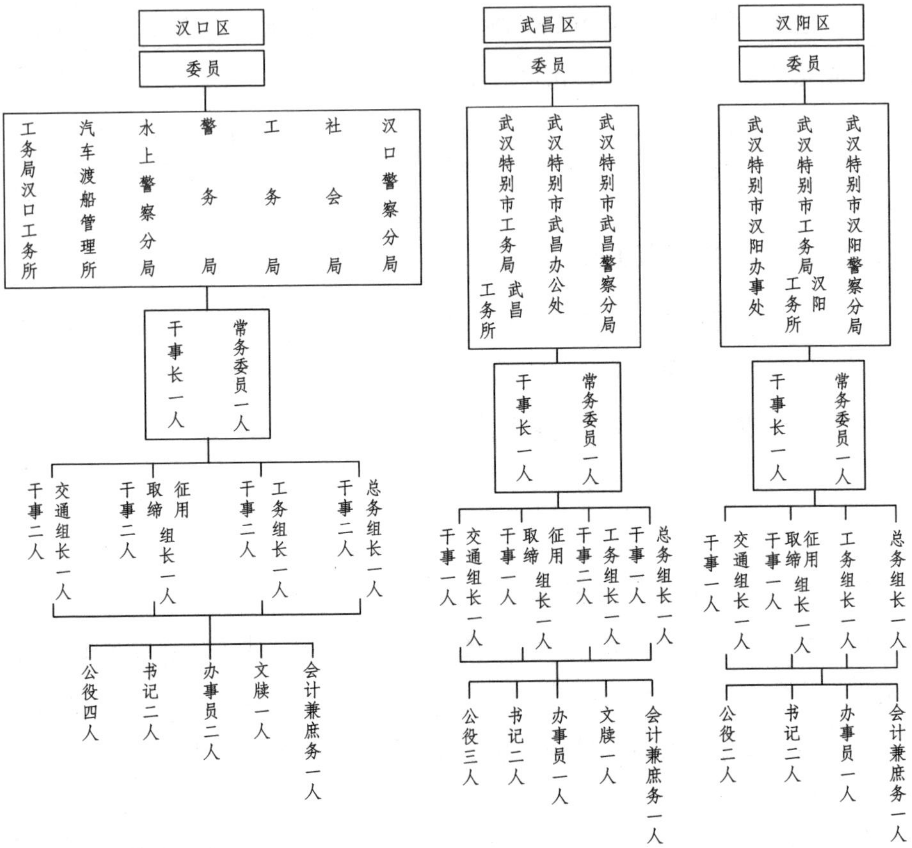

图 9-5　伪武汉特别市市政府武昌、汉口、汉阳三区防汛委员会人员组织系统图

各区防水委员会由各区相关市政机构会同组织。各设有常务委员一人，负责办理事务，同时在委员会下设总务、工务、征用取缔、交通 4 组，每组设组

① 《武汉特别市市区本年临时防汛办法》，武汉市档案馆档案，档案号：历 9-31-391。

长 1 名。① 各组的职能是："总务组职掌印信之典守、文件之处理、收发文书、保管材料、购办工具、经费收支及报销民夫食宿及供给，以及卫生管理庶务等事项；工务组职掌工程之设计，积水之排泄，材料、工具之收支及保管，工程队之组织及管理，以及查报水位等事项；征用取缔组职掌征集民夫、车辆、船只及民夫之管束取缔、材料之运押、维持工段之治安等事项；交通组职掌材料运输、车船管理、电话通讯、卫生联络等事项。"② 为将各组事务具体化，依据规定各组下设股分别办理相关事宜。

2. 三区防水工作

武汉三镇防水工作主要体现在防水人力、物力和经费三方面。关于三区防水所需人数，日军武汉警备司令部和伪堤防管理局依据水位，制定了防水随时应供给人夫及员役概数表。依据该规定，仅汉口区在危险时期，就须随时供给 2 000 人，如进入特险时期，则应随时供给 7 500 人。但是对于数目如此众多的防水人员，如何在第一时间征召到位，日军武汉警备司令部却没有给出具体的方案。只是在其制定的 1939 年度武汉临时防汛办法中规定："招募人夫由防水委员会征用取缔组办理，务须事先调查准备待命，随时出动，以应急需，并对不良工人严厉取缔之。"③ 日军将征集夫役这一棘手问题，留给了各区防水委员会。

1939 年，伪汉口区防水委员会在征用取缔组下设征夫一股专门负责征召人夫，其中"征夫股由汉口警察局、社会局、劳工协会、各界联合会担任，并由汉口警局选派股长"④。伪汉口区防水委员会设置征夫股的用意十分明确，是希望借助伪市政府下的各种社会团体组织来发动民众。但是这些组织的群众

① 《武汉特别市市政府武昌、汉口、汉阳三区防汛委员会人员组织系统表》，武汉市档案馆档案，档案号：9-31-5597-29。

② 《武汉特别市市政府武汉口汉阳三区防汛委员会组织简章》，武汉市档案馆档案，档案号：历 9-31-5597。

③ 《武汉特别市市区本年临时防汛办法》，武汉市档案馆档案，档案号：历 9-31-391。

④ 《武汉特别市市政府汉口区防水委员会成立会议录》，武汉市档案馆档案，分类号：bB1122/14。

基础并不广，最终汉口区征集夫役的任务落到了伪汉口区警察分局头上。伪警察当局以保甲为单位，强派防水区域附近的市民共同承担此项任务。①

按日军武汉警备司令部的规定，武昌、汉口防汛时期所使用的大宗防水材料，由该部准备，汉阳防水材料及人夫，由防水委员会承担，至于其他锄、锹、扁担等工具则需抢险工人自带。而实际情况并非如此，日军武汉警备司令部不过是代为购买而已，最终购买材料的经费由伪市政府支付。而防水材料中，最大的一笔花销就是购买麻袋，1940 年日军购置麻袋 20 万条，仅此一项就耗资 29 万元。② 武汉三镇几乎每年都面临洪水威胁，因此沦陷时期伪市政当局可供支配的有限财政收入，大部分都花销在防水事宜上。如 1940 年实际支出防汛经费约为 41 万元③。到日伪统治中后期，经费支绌更为严重，防水工具及材料难以置办齐全，需要从民间征集。虽事关生命财产安全，但市民对于“捐献”的热情并不高，需要伪警察各分局劝谕甚至强制各辖区人民执行④。

1940 年 9 月武昌、汉阳划归伪湖北省管辖后，便不再设三区“防水委员会”，而改由伪湖北省政府和伪汉口市政府双方分别组织“防水委员会”，办理辖区内防水事宜，具体办法大体与前相同。

（二）临时防汛段

每逢夏汛，伪武汉市政当局便组织临时防汛。1939 年汛期开始后，伪武汉特别市堤防管理局即依照日军武汉警备司令部的规定，成立武昌、汉口临时工务所，其中武昌临时工务所下设 4 个防汛段，汉口临时工务所下设 4 个防汛段，连同汉阳一段共 5 段。8 月 14 日，伪堤防管理局出台《堤防管理局工务所各段防水巡堤规则》，要求各防汛段在江水涨至堤脚时便即开展巡堤工作，尤其是在雨天及夜间，须特加防范。巡查分为日夜两班，由主任督同各段段长组织，依据水位高低，及时调整巡堤人员数和巡堤次数。水位在普通时期，每

---

① 《市昨组保甲巡堤》，《武汉报》1943 年 7 月 22 日。

②④ 《1940 年度武汉三镇的防水措施》，武汉市档案馆档案，分类号：bB13/5。

③ 《详查器材，检举不良分子，市警局指示各分局》，《武汉报》1942 年 7 月 9 日。

班设巡查员一名、巡丁一名，由巡查员率领巡视，一巡堤内脚，一巡堤外坡，各段每日巡视四次；在紧急及特险时期，增加巡堤丁一人，一巡堤面及外坡，一巡堤内坡，一巡堤内堤脚，每日夜至少八次。如巡查员丁在中途发现险情，即于该处树立一面红色旗帜作为标记，并派巡堤丁火速回段报告。为防止巡查人懈怠偷懒，日伪市政当局还颁发巡堤证作为查验依据。①

因关系战略防御，日伪甚至将堤防巡视及防护纳入武汉警备体系之中。日军在1939年制定的《武汉特别市市区本年临时防汛办法》规定："堤防巡视及防护，完全与警备队密切联络、协力办理。其防水人员、夫役之通行，由警备队特予以巡堤之便利。"② 是年防汛正值防疫期间，为免巡堤工作因交通封锁而受阻滞，日军特发给巡堤人员"防水臂章"以利通行。③ 可见，日军对作为战略防御设施的武汉堤防是比较重视的。

1940年，伪湖北省政府成立。6月20日，日军特务部再次召开防水会议，决议武昌、汉阳两处省辖堤防防汛事宜，交由伪湖北省政府建设厅堤防管理局办理。④ 6月21日，伪武汉特别市工务局出台《武昌、汉口、汉阳工务所临时防汛段暂行组织章程》，特规定在防水期间，于武昌、汉口、汉阳各工务所下设置临时防汛段，办理各该段防水工程事宜。防汛段设置时间自6月15日至9月15暂定为3个月，具体依据水情缩短或延迟。共分5个防汛段，计"武昌工务所设临时防汛段二段，汉口工务所设四段，汉阳设一段"，"每段设工程员兼段长一人、监工二人、书记兼事务一人、工程队若干人，直接办理防水工程事务"。⑤ 7月，伪湖北省政府组织省防汛委员会，办理直辖江汉两岸干堤防汛事宜，该委员会设正副委员长各一人，下设总务、工务两组。同时于省辖

① 《堤防管理局工务所各段防水巡堤规则》，武汉市档案馆档案，档案号：历9-31-391。

② 《武汉特别市市区本年临时防汛办法》，武汉市档案馆档案，档案号：历9-31-391。

③ 《1939年武昌防水情况》，武汉市档案馆档案，分类号：bB4/4。

④ 《日军特务部武昌分室召开防水会议，商议武昌防水事宜》，武汉市档案馆档案，档案号：历8-9-120-3。

⑤ 《武汉特别市工务局武昌、汉口、汉阳工务所临时防汛段暂行组织章程》，武汉档案馆档案，档案号：历9-31-5597-31。

江汉两岸适宜地点设防汛段九处，办理各该段内防汛事宜。①

1942年7月，江水连日上涨，伪湖北省防汛委员会紧急召开会议，决定对武昌、汉阳市区各防汛段“分派军警驻堤守护，第一、二两段由保安司令部负责，第三段由省会警察局负责，第四段由武昌县保安队负责，第五段由汉阳县动员民众组织目卫团”。③

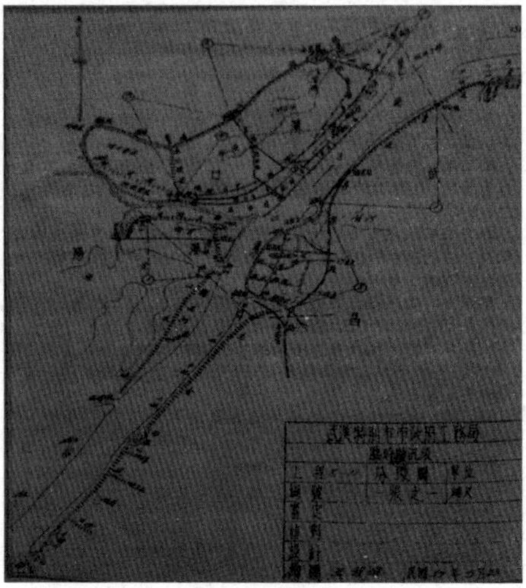

图9-6　伪武汉特别市工务局各工务所临时防汛分段示意图②

1943年7月21日上午，武昌沿江平湖门水闸铁板被江水冲破，经防汛人员、沿近居民等竭力抢救，方化险为夷。伪湖北省防汛委员会为加强对堤防的巡视，紧急成立工程队，平时从事割草及加培堤身，临险时担任抢护工作，同时“编组防水工程队，征用防水抢险工人，定期召集检阅，并加以训练”。④

（三）城市排水工作

武汉城市汛期防水，一面要积极防止江水浸入，一面要向外排除市内积水。大汛期间，各闸关闭后，市内积水需依靠抽水机向外排出。为加快城市积水的排泄，1940年，“计汉口沿江安置排水机21座，戴家山排水机安置4座，武昌沿江安置3座”⑤。其中，武昌装设抽水机职工及油料费用由伪市政府供

① 《湖北省防汛委员会简章》，《武汉报》1940年7月25日。

② 《武汉特别市工务局各工务所临时防汛分段示意图》，武汉市档案馆档案，档案号：历9-31-5597。

③ 《武阳确定各防汛段负责机关》，《武汉报》1942年7月9日。

④ 《武昌平湖门水闸昨勇敢抢险成功》，《武汉报》1943年7月22日。

⑤ 《1940年度武汉三镇的防水措施》，武汉市档案馆档案，分类号：bB13/5。

给，装设及运转由小松兵站部监督办理。① 戴家山为汉口市防水重要地段，该区设有大型排水机，在水闸关闭后，市内积水大部由该处排泄入江。但是该处原用闸板为木制，年久腐朽，且人工启闭，难以发挥调节水利的作用。1941年，伪市政当局将该处木质闸门改为机动铁闸门，共用去安装费和检查修理费3 000余元。②

1942年6月底，江水水位升至11.65米，达到初步汛期，沿江“上自龙王庙，下迄日租界，装置抽水机24部，预备排除沿江一带下水，并转动戴家山抽水机，排除全市下水及雨水”，8月31日江水回落至江汉关水位9.4米，汛期险象已过，但“各沿江抽水机，因江水尚未退出，各下水道出水口，延长至9月15日结束；戴家山抽水机，因闸门尚未至开放时期，亦延至九月底方予结束”③。

（四）防水演习

为提高市民防水意识，教导临险时抢险方法，日伪市政当局曾多次组织防水演习。1941年，自4月下旬以来连日大雨，汛情已现，6月3日伪市政府举行全市防水大演习。演习地点设在新张公堤，“参加演习各保甲长共千余人，事前沿堤做成各种抢险工事形状，演习时饬由工务局技术人员预先分别讲解，及印发说明书。” ④

1942年6月6日，汉口举行第二届防水演习，演习地点在张公堤姑嫂树附近，“参加演习者，共有16队，每队50人，由本市保甲长所编成者计14队，余为本市警士教练所及本市中学生各成一队”，“并编发防水须知，以广宣传”。⑤ 经数次演习，武汉防水力量有所增强。

---

① 《日军特务部武昌分室召开防水会议，商议武昌防水事宜》，武汉市档案馆档案，档案号：历8-9-120-3。

②④ 《汉口特别市1941年度防水措施》，武汉市档案馆档案，分类号：bB13/6。

③ 《详查器材，检举不良分子，市警局指示各分局》，《武汉报》1942年7月9日。

⑤ 《万五千人防水大演习，市工务局定期十五日举行》，《武汉报》1942年7月4日。

第五节　以限制市民活动空间为目的的城市建筑与公共空间管控

沦陷时期，日伪市政当局的触角已深入到公共空间领域。日伪当局试图将武汉的城市空间秩序化、规范化，从而将市民限制在有序的城市空间中，避免因无序而造成混乱，以利于日军对武汉的长久殖民统治。

一、严格管控下的城市建筑

沦陷期间，日伪当局对武汉市建筑的管理，主要涉及两个方面：一是危险建筑的拆除和新建筑的兴建，二是土木建筑营造厂和土木建筑技师的登记注册。无论是建筑的拆除还是兴建，伪市政府都作了严格的规定，其中危险建筑的拆卸需要政府当局开具拆卸证明，房屋修建则需要申请领取建修执照，否则不允许动工。同时为规范武汉市建筑业，规定凡在市内经营土木建筑业的营造厂，必须向政府申请登记，领取建筑执照之后方准营业。对原有土木建筑技师，也要求重新注册登记。违反以上建筑管理规定，会受到日伪当局的严厉惩罚。

（一）取缔危险建筑物

武汉因遭受日军攻击，市区建筑物多遭破坏，并随时有坍塌危险。为自身安全考虑，市民纷纷自发对危险建筑进行拆卸。由于很多房屋已找不到业主，加之房屋地契遗失，房屋归属一时难以证明，日伪市政当局认为有不法者“私自拆卸从中渔利”①。

1940 年 3 月，伪武汉特别市政府制定了《取缔危险建筑物暂行办法》，要求伪工务局和伪警察局共同对市内公私危险建筑物进行取缔，对于经修理可继

① 《取缔折（拆）卸建筑物工务局规定办法》，《武汉报》1941 年 11 月 27 日。

续使用的房屋，若无业主或关系人远离，则由伪建设局派工代修，暂收归公用，等业主或关系人返回后再行发还。① 对私拆行为，日伪当局作了严厉的处罚规定：擅自拆除危险建筑，“即按照建地面积，每平方公尺得处以一元以上五元以下之罚金，二层楼者加倍，余此类推”，建筑商私行拆卸，亦照例处罚。②

由于日伪市政当局严格控制，1941 年计由伪市政府核准拆卸的危险房屋共 63 栋，责令修理的房屋 27 栋。③ 日伪市政当局修理的房屋，名为代管，实同强占。一些房屋财产被日寇征用侵夺，随日军入城的日本商人也大肆抢占繁华地段商铺和屋舍。伪市政府曾成立房地清理委员会，试图收回被日方强占的房屋，但成效甚微。

（二）申领房屋建修执照

武汉沦陷之初，日伪市政当局为适应统治需要，最初允许市民自行搭盖临时房屋，直到 1939 年 2 月，伪武汉治安维持会才开始颁发建筑执照。伪武汉特别市政府成立后，该项事务由伪建设局接办。由于绝大多数市民甫经战乱，一贫如洗，无力新建房屋，因此 1939 年 1 至 7 月间，伪市政当局颁发的 457 张建筑执照 362 份是商店新建执照，新建住宅执照仅 42 份，另新建教堂 2 份，其余均为修理执照。

1940 年 5 月，伪汉口特别市工务局成立后，即援用 1933 年汉口市政府公布的《建筑规则》，要求市民修建房屋须遵章申请许可执照。由于日本人在汉享有特权，该法令公布后，不少中国人“假借日侨商人名义或悬挂所书日方商号名称术牌，希图避免领照”。日军察觉后，立即对该类建筑进行调查，一经发现即强令拆除，拆除费用由华人承担。④ 可见，日伪市政当局虽宣扬所谓

---

① 《武汉特别市取缔危险建筑物暂行办法》，武汉市档案馆档案，分类号：bB1122/20。

② 《取缔折（拆）卸建筑物工务局规定办法》，《武汉报》1941 年 11 月 27 日。

③ 《汉口特别市政府 1940 年 5 月至 1941 年 3 月的建筑管理》，武汉市档案馆档案，分类号：bB13/5。

④ 《工务局布告，取缔违法建造房屋，规定两项调查原则》，《武汉报》1940 年 7 月 5 日。

"中日一体化"，但实际上日军将中国人和日本人严格区分开来，并对中国人实行民族压迫政策。

由于实行严格的房屋修建审批制度，日伪市政当局每年颁发的房屋建筑执照数量十分有限。1941 年伪市政府共计核准修理房屋执照 474 栋，建筑房屋执照 110 栋。① 1942 年总计颁发修理房屋执照 524 栋，建筑房屋执照 179 栋。② 随着市民复归及难民涌入，无家可归者多聚集特三区，并在江坡搭棚居住。1941 年日伪市政当局认为棚户区有损日军占领下的大武汉形象，以特三区难民所搭建房屋未经伪市政府许可为由，对其予以取缔。同年 7 月日伪市政当局公布《拆迁特三区江坡棚户办法》，给予大口五元、小口三元的拆迁费，和每户三平方的地基，令其修建新屋居住。③ 然而，如此少的拆迁费以及屋基面积，并不足以修建房屋。

（三）土木建筑营造厂登记

武汉沦陷后，汉口市的土木建筑业一度混乱。为规范汉口土木建筑业，1940 年 11 月 1 日伪汉口市工务局开始执行《营造厂登记给照暂行规则》，营造厂只有登记并领取营业执照后，方准在汉口市区内经营土木建筑业务。

日伪市政当局按注册资金数目和登记技师人数，将营业执照分为甲、乙、丙、丁四个等级，且对每种等级的营业执照所能承包工程项目的大小，作了具体数额上的规定。截至 1941 年 3 月，经日伪市政当局核准登记的营造厂共 104 户。④ 到该年年底增加到 216 户，其中"内领甲等执照者 12 户，乙等者 71 户，丙等者 110 户，丁等者 23 户"。⑤

1942 年 12 月，伪汉口特别市对《营造厂登记给照暂行规则》进行修订，在原有四个等级基础上加入特等营业执照，其资本金限定在 1 万至 75 万不等。

---

①⑤ 《汉口特别市 1941 年度建筑管理与取缔》，武汉市档案馆档案，分类号：bB13/6。
② 《汉口特别市 1942 年度建筑管理》，武汉市档案馆档案，分类号：bB13/7。
③ 《拆迁特三区江坡棚户办法》，武汉市档案馆档案，分类号：bB1122/74。
④ 《汉口特别市政府 1940 年 5 月至 1941 年 3 月的建筑管理》，武汉市档案馆档案，分类号：bB13/5。

登记注册资金之高，超出武汉商人的承受能力，这无疑是给资金雄厚的日本商人提供了便利。于是在无形之中，日军在武汉土木建筑业领域完成了对中国商人的打压与排挤，而伪市政府实则成了日军经济上掠夺中国的工具。

（四）土木建筑技师登记

为收罗土木建筑方面的技术人员，日伪市政当局在汉口市实行土木技师登记政策。1940 年 10 月，伪汉口市政府公布《土木技师（副）执行业务登记规则》，规定“凡土木建筑技师、技副，须遵照《登记规则》申请登记给照，方准在本市区内执行业务”，登记期限自 1940 年 10 月 1 日起，至 1941 年 3 月底止。由于武汉沦陷后技术人才多已远徙，申请登记者寥寥无几①。

二、零碎的公共建筑建设

沦陷期间，伪市政府公共建筑建设方面乏善可陈。虽然日伪市政当局在其统治前期有过零星建设，但只是一些零敲碎打的面子工程。同时因市政经费不足且受制于日军，伪市政当局往往捉襟见肘不能自主，所做出的一些决策也非从城市利益角度出发，而是服务于日军对武汉进行殖民统治的需要。

（一）平民住宅计划

有资料显示，1939 年仅汉口即有 6 568 户合计 24 442 人流离失所。鉴于大量房屋在战火中损坏，复归市民无所栖蔽，武汉市政府勘定玉带门附近空地用以建筑平民住宅。②

1939 年 11 月，伪武汉市政府拟定了囊括三镇的《武汉新村建筑计划方案》，该新村计划可满足 4 万人的居住需要。新村建筑分甲乙丙三种，附带有围墙、合作社、小公园、学校、菜场、公共食堂、公共浴池、公共厕所以及水

---

① 《汉口特别市政府 1940 年 5 月至 1941 年 3 月的建筑管理》，武汉市档案馆档案，分类号：bB13/5。

② 《武汉特别市警察总监部汉口警察局汉口区无屋居住赤贫市民户口调查统计表》，武汉市档案馆档案，分类号：bB1122/15。

电设置等，总计需费250余万元。① 作为伪市政府主导的市政工程，旨在通过建设所谓的“模范新村”来掩盖日军侵略的罪行。

1940年2月，《武汉新村建筑委员会组织章程》通过，伪武汉市市长兼任委员长，伪建设局、伪社会局、伪财政局的局长兼任常务委员，并聘请外籍建筑专家作为顾问。② 武汉新村计划后因基址问题搁浅，至1941年9月，因市民复归日多，伪市政当局重启新村计划，报载当局重新勘定了居仁门空地为新基址，并绘制图式，详拟预算，打算在年内开工，③ 但实际修建与否不详。

另外，1943年，为进一步繁荣市面，振兴工商业，伪汉口特别市曾计划建筑市中心区，但未见有资料表明其是否付诸了实施。④

（二）批发总市场

汉口市批发事业，一直都是由商人设行经营，但日伪市政当局为“统制运销、划一生活品价格”⑤，于1941年在硚口附近建批发总市场一所，全场范围计30000余平方米，建筑面积8000平方米，建筑费用538530元。⑥该场共有营业位置192间，可出租经营青菜、果实、干植物、鱼肉、禽蛋、海味各类，附属营业包括饮食业、日用品零售业、货物运送业和货币兑换业。考虑到该批发市场“范围辽阔，位居要冲，须派宪警驻守以防不测”，日伪市政当局又在附近“建两层楼及兼有瞭望塔之房屋一座，以供宪警驻扎之用”。⑦

（三）火葬场

汉口原有小规模火葬场，1932年毁于大水，之后再未建立。为焚化战乱尸骨、浮棺露尸及疫死尸体，伪汉口卫生当局重建了火葬场。新火葬场地址在

---

① 《准函送〈武汉特别市新村建筑委员会组织章程（草案）〉》，武汉市档案馆档案，档案号：历9-31-384。

② 《武汉新村计划方案》，武汉市档案馆档案，档案号：历9-31-384。

③ 《供应民居平宅，市工务局赶制图案》，《武汉报》1941年9月25日。

④ 《进一步谋市面繁荣，积极发展工商业，市筹建中心区》，《武汉报》1943年6月26日。

⑤⑥ 《汉口特别市1941年度公共建筑》，武汉市档案馆档案，分类号：bB13/6。

⑦ 《1940—1941年3月武汉三镇的公共建筑工程》，武汉市档案馆档案，分类号：bB13/5。

郊外泰康路石桥堡高地，由日本技术人员设计，于1941年着手计划，同年4月开始兴建，1942年4月大部完成。该火葬场计长60米，宽50米，场内房屋分作业、燃料、停柩、管理等部分。作业室内建有三座焚化炉，可同时焚尸三具，每座装有燃烧机，用电发热，薪炭、柴油均可作为燃料。① 嗣后又加建柴油储藏室一栋，停柩棚一排。② 经数次试焚后，火葬场于1942年7月24日正式启用，伪市长张仁蠡出席开幕仪式并致词。③ 伪市政府订立火葬规则，接收市民火葬申请，对于患传染病死亡者，一律免费火葬，对无主裸露尸棺也要求运往焚化，到12月底共计焚化尸体5 009具。④

（四）公厕

汉口商业区，人烟稠密，所有公私厕所都是旧式，设备简陋，极不卫生，且部分路段没有公厕及便池等设施，居民极感不便。1940年伪市政府于特一区汉江街、汉景街、公安路等3处新建公厕3座，建筑面积分别为40.8、45、32.55平方米，一律装有自动抽水设备，粪管与下水道连接。⑤ 后经不断添建，是年汉口共有公厕11座，便池150处。

因复归人口激增，公厕仍不敷使用。因此1941年增建公厕3座，便池14处。⑥ 为求简单便利，不再装设粪管，而用粪沟代替。1942年又在利济巷、大通巷、延寿桥、朱家巷、存仁巷各添建1座，在大智门车站附近建置临时公用厕所3座，以方便行旅。

武昌各街巷厕所，大都系私人建筑，设施简陋，污秽不堪。1940年伪市政府于武昌各街道要冲，建公厕20座，便池50座。厕所分特种及甲、乙、丙、丁四种，面积分别为45、50、19、8平方米。汉阳方面，1940年于高公桥、西门外、南大街、西大街4处，分设公共厕所4处，每座建筑面积为30

---

① 《汉口特别市1941年度公共建筑》，武汉市档案馆档案，分类号：bB13/6。
② 《汉口特别市1942年度公共建筑》，武汉市档案馆档案，分类号：bB13/7。
③ 《预防传染，提倡节约，市火葬场昨正式开幕》，《武汉报》1942年7月25日。
④ 《汉口市1942年火葬与浮尸露棺处理》，武汉市档案馆档案，分类号：bB13/7。
⑤ 《1940—1941年3月武汉三镇的公共建筑工程》，武汉市档案馆档案，分类号：bB13/5。
⑥ 《1941年度汉口清洁工作》，武汉市档案馆档案，分类号：bB13/6。

平方米。由于汉阳没有通自来水，4座公厕虽按新式厕所设计，但冲洗仍依靠人工。①

对于厕所粪便清除事宜，公厕由各该厕所觅用义务看管人负责办理，私有公厕则由各窖户自行雇工办理。所清理之粪便或由四乡农民购充肥料，或由汉江两途运销出境。② 到日伪统治后期，由于战乱破坏，日伪市政当局修建的公厕便池绝大部分在抗战胜利后已无法使用。

（五）公园

武汉三镇人口众多，但供市民休闲娱乐的公园却很少，且被日军破坏殆尽。汉口市政府的府前花园，武汉沦陷后被日军作为兵营和马房使用，甚至停放汽车、坦克，任加破坏。中山公园作为汉口“市民唯一之休憩场所，园内各项设置，事变以后，多半损毁”③。为恢复公园旧观，以供市民游憩，1940年10月，伪汉口市政府设立中山公园管理事务所，着手整顿园内房屋、亭台、桥路、游场、划船，并添购花草树木。经过前后三期整修，中山公园旧貌基本得以恢复。

1942年1月，为加强对中山公园的管理，伪市政府修建了中山公园管理所办公室。④ 4月，修建了“来甘馆”“重华堂”，作为日伪市政当局举办重大活动的场所。⑤ 6月，为“保护园内（不）耐寒性之花木，及秋播之草花”，修建温室一座。⑥为增强休闲娱乐功能，中山公园还一度对外开放游泳池、网球场及滑冰场，并修建民众阅览室一所，不过该阅览室主要是用来进行所谓“民众教育”，以“强化和运基础”⑦。1942年7月，驻扎在汉口中山公园的日军城护部队以“防范敌机空袭障碍高射炮视线”为借口，不顾公园方面的劝

① 《1940—1941年3月武汉三镇的公共建筑工程》，武汉市档案馆档案，分类号：bB13/5。
② 《汉口1942年的环境卫生管理》，武汉市档案馆档案，分类号：bB13/7。
③ 《汉口特别市1941年度公共建筑》，武汉市档案馆档案，分类号：bB13/6。
④⑥ 《汉口特别市1942年度公共建筑》，武汉市档案馆档案，分类号：bB13/7。
⑤ 《1942年汉口的植树造林和公园建设》，武汉市档案馆档案，分类号：bB13/7。
⑦ 《为增加中山公园附设阅览室一案》，《汉口特别市教育公报》第2卷，1941年第6期。

阻，砍伐中山公园树木 150 余株。经伪市政府修缮的中山公园，再次遭到了日军的破坏。① 因经费支绌，伪市政府只能修建小型公园，稍大一点的公园则无力兴建。1940 年伪市政府在保华街银行（日本汉口陆军特务部驻地）背后一块三角形空地建小公园一座，取名“蠡园”。1941 年又将金城银行后面一块面积约 1725 平方米的三角形空地，辟为小公园。② 1943 年勘定六水街附近空地五百余亩，拟建大型公园，但仅进行了勘察和设计工作，实际未曾动工。③

第六节　重表轻里的市容管理

沦陷时期的武汉市容管理是在局势相对稳定后进行的，主要表现在清洁街道、治理浮摊流担、规范广告招贴等方面，市容虽较沦陷初有了一定改善，但未能从根本上解决市容不佳的问题。

一、街道市容管理

沦陷时期的武汉，街道清洁在日常主要作为市容加以管理。当时市民卫生习惯不良，多有随地抛撒瓜果皮等垃圾之事。1940 年 7 月，伪市卫生局下令严禁此类行为，以免污秽狼藉，但效果不佳。④ 1941 年春，伪市卫生局制定《保持清洁规则》，以督促市民遵守。⑤

1942 年，伪汉口特别市五个卫生事务所有清扫夫役 598 人，对负责区域每日清扫两次。另有泥石工匠 37 人，用以整理疏导损坏的道路沟渠。每月底，

① 《1942 年汉口的植树造林和公园建设》，武汉市档案馆档案，分类号：bB13/7。
② 《1940—1941 年 3 月武汉三镇的公共建筑工程》，武汉市档案馆档案，分类号：bB13/5。
③ 《汉口特别市 1942 年度公共建筑》，武汉市档案馆档案，分类号：bB13/7。
④ 《严禁小贩居民随地抛弃瓜皮及易惹蝇蚋之污物以维清洁而防毒菌》，《武汉报》1940 年 7 月 25 日。
⑤ 《1941 年度汉口清洁工作》，武汉市档案馆档案，分类号：bB13/6。

各伪卫生事务所在辖区内举行月终大扫除一次，每季举行清壁一次，以整市容。[①] 是年，伪卫生局于每个卫生区内各建焚化炉一座，每隔三日将辖区内汇集的垃圾进行一次焚烧。

1943 年 7 月，伪市卫生局函请市警局转令各区保甲长，挨户劝导市民注意环境卫生，在指定地点、规定时间倾倒生活垃圾。[②]

除由清洁事务所负责街道清扫和日常垃圾清理外，沦陷时期日伪市府当局还承袭全面抗战爆发前的做法，继续指导市民进行清洁大扫除运动。如 1941 年 4 月和 10 月的两次大扫除历时近 20 天，不仅扫净运除街巷渣滓，还对住户室内清洁进行检查，结果清洁者 28 398 户，不清洁者 552 户。两次检查仍不清洁的，将由卫生人员劝导整理改善。[③] 1942 年的清洁大扫除在时间上延长了 10 天，对住户室内清洁检查更加严格，计清洁者 27 205 户，不清洁者 510 户，复查改正者 471 户，终不清洁者 39 户。[④]1943 至 1945 年间，清洁大扫除虽仍照例进行，但因战事日益紧张，卫生机构缩减，临时的清洁运动变成了虚应故事，几无效果，武汉重现垃圾满城之景况。

另外，鉴于武汉市街道干燥，车辆经过，飞尘随起。1941 年初，伪卫生局招商承制 8 辆洒水马车，每辆造价 1 000 日元，[⑤] 但之后洒水车再无增加。

和城市清洁相关的沟渠淤塞问题在沦陷初和 1945 年最为严重，一旦降雨，街道即成泽国，水源不能流动，而致污水在街面四溢，有碍观瞻和卫生。[⑥] 空袭之下沟渠及下水道被炸毁，泥秽壅塞[⑦]。另外，日久失修也是沟渠淤塞的原

---

①④ 《汉口 1942 年的环境卫生管理》，武汉市档案馆档案，分类号：bB13/7。

② 《臭气薰（熏）人易酿时疫，市民勿随地倒垃圾》，《武汉报》1943 年 7 月 19 日。

③ 《1941 年度汉口清洁工作》，武汉市档案馆档案，分类号：bB13/6。

⑤ 《市卫生局定制洒水马车》，《武汉报》1941 年 1 月 12 日。

⑥ 《读者呼声：旌德巷沟道淤塞，有碍卫生，应行清导》，《武汉报》1940 年 7 月 15 日，第 7 版。

⑦ 《汉口市民清洁服务督导委员会成立会》《汉口市市民清洁服务督导委员会组织通则》，武汉市档案馆档案，档案号：历 9-31-6779。

因之一，如 1940 年 11 月，汉正街大通巷沟道即因日久失修而积水四溢，臭气难闻。①

二、街道广告管理

广告为市政管理内容之一。沦陷时期武汉管理广告的机关频繁变动。1939 年 10 月，警察、宣传两部门分别负责广告张贴取缔和广告内容审核。1940 年 2 月，武汉三镇的广告事务属于伪宣传局职责范围，② 而 1940 年 10 月底的记载显示，当时伪社会局承担了对广告的管理职能。③ 1941 年 6 月，发布相关管理公告的则是伪市政府秘书处，④ 1943 年 6 月，伪市警察局颁布了相关管理规则，⑤ 管理权限再次发生转移。

在沦陷初期，市政建设千头万绪，伪市政府对广告的管理一度松懈。随着人员复归及商业恢复，出现三镇商民在街巷任意张贴广告的情况。1939 年 10 月，伪武汉特别市政府整饬市容会议议决："警察总监部负张贴取缔之责，宣传局负广告标语文字审核之责"，广告只有加盖了伪警察、宣传两局戳记始准张贴于伪政府所设木栏，过期广告由伪警署会同伪清洁事务所清除。违犯规定者，将交由警局或司法机关依法处理。⑥ 这次会议明确了三镇各机构的广告管理职责和权限，上述规定以《街头广告审查管理规则》形式在当月颁布。

对于广告牌的设置，武汉三镇伪警局做了大量工作。伪警局和财政、建设两局对广告牌数目、地点、式样及所需经费等做了详细计划，由承办商店依照图样制作于各通衢墙壁，并由伪警厅会同伪建设局验收。至 1940 年 4 月时，武汉广告牌设置情况如下：汉口区设置广告栏 75 个、公告栏 34 个、标语栏

---

① 《汉正街大通巷沟道淤塞，请工务局修理》，《武汉报》1940 年 11 月 13 日。

② 《武汉特别市市政府宣传局审查管理广告规则》，武汉市档案馆档案，档案号：历 9-31-480。

③ 《汉口市政府社会局审查管理广告规则》，武汉市档案馆档案，档案号：历 9-31-480。

④ 《汉口特别市政府秘书处管理广告注意事项》，武汉市档案馆档案，分类号：bB1122/72。

⑤ 《修正汉口特别市政府警察局取缔广告规则》，武汉市档案馆档案，分类号：bB1122/28。

⑥ 《武汉特别市市政府整饬市容第一次会议纪（记）录》，武汉市档案馆档案，分类号：bB1122/18。

59个。武昌区设置广告栏34个、公告栏44个、标语栏28个，汉阳区设置广告栏20个、公告栏18个、标语栏15个。① 广告张贴场所的限定，一定程度上达到了整饬市容以肃观瞻的目的。

尽管广告管理在武汉沦陷后的不同阶段分属不同部门主管，但从各相关部门颁布的管理规则看，主体内容并无太大差异，只是管理的细节在不断丰富。

需要指出的是，对广告内容的审查，虽然表面看似是对“少数商号作虚伪之宣传，甚或利用时事，撰拟触目惊心之文字，不独刺激民众心理，抑且影响宣政”② 进行纠弊，实际背后还有深意。《街头广告审查管理规则》明确要求所有本市中外各商号营业广告“必须在原广告上加以‘中日亲善’及‘和平反共’之简单标语，或含有建设东亚新秩序意义之文字，并须将广告送由本局审核盖章后，方准张贴。”③由此可见，伪武汉政府将广告视为重要的奴化思想传播手段。

另外，上述广告审查管理规则还规定：日本侨商在张贴广告前要先向日本领事馆申请，而其他侨商则不经各自领事馆，和华商一样直接向伪市政府秘书处提交申请。经伪警局巡查，不符合规定的广告，相关日侨则由日本领事馆处理，其他侨民及华商则由伪市政府当局全权处理。④ 可见在沦陷时期的武汉，日侨在日伪当局管理体系下，因占领国国民身份而享有独特的地位。

三、禁而不绝的浮摊游担

武汉经沦陷之变，旧有市场多毁于炮火，市民日用品或摊售街衢，或沿途叫卖。然而，在街巷任意摆设摊位，流动贩卖，对市容、交通、卫生、物价都有妨碍。沦陷之初，伪武汉市警监部和建设局曾拟就浮摊游担管理办法，并经伪市政府核准施行。但由于进驻固定市场需要缴纳一定费用，战乱之后复业者多不愿遵照规章。

---

① 《增设广告栏》，武汉市档案馆档案，分类号：bB4/14。

②③ 《为中外商民张贴广告须送审核一案由》，武汉市档案馆档案，分类号：bB4/14。

④ 《汉口特别市政府秘书处管理广告注意事项》，武汉市档案馆档案，分类号：bB1122/72。

1939 年 10 月 2 日，伪武汉特别市政府举行了整饬市容第一次会议，其主要议题就是取缔浮摊。鉴于浮摊流贩多系小本生意，一概取缔有碍民生，此次会议议决，由伪建设局先对浮摊游担进行调查登记，同时由伪秘书处向伪市长陈明情况，拟定合适办法后再请伪市长核示。① 不过，这一时期伪武汉市政当局尚不具备彻底治理浮摊游担的能力。一方面，现有市场多设备简陋，如特三区大华市场由芦席搭盖，存在安全隐患。② 另一方面，多数市场内部狭小，容纳摊户有限。而聚集在市场周围的浮摊游担，由于无租金成本，所出售商品价格低廉，适应了一般市民的需要。在取缔不顺利的情况下，1940 年 10 月，伪汉口市社会局制定了游担浮摊征收费用办法，派经征人员对场外摊贩征收捐税，“以期与场内摊贩待遇平等”。③ 对集中在市场周边的摊担征收捐税仍未能从根本上解决市容、交通和卫生方面的问题，1941 年的报道显示，华清等市场周边摊担秩序混乱。另外，汉口中山路摊贩向伪政府呈请准许自由营业，以维生计。迫于舆论压力，伪汉口市政当局酌情变通，对市场周边摊担继续月征租费的同时，也准许浮摊游担在僻街小巷自由营业。④

1941 年 9 月，为调节有无，平衡物价，供求相应，伪汉口市社会局在硚口建立一所批发市场，要求所有本市各菜蔬相关零售摊户商人、行店各经纪人等，于是月 20 日以前，前往批发市场登记。⑤ 伪社会局欲通过批发市场，将全市蔬菜食品流通及价格纳入伪政府管理，但实际至 1945 年抗战结束前，小本营业的浮摊游担在武汉街巷仍随处可见。整个沦陷时期，武汉的浮摊游担问题一直未能得到有效解决。

---

① 《武汉特别市市政府整饬市容第一次会议纪［记］录》，武汉市档案馆档案，分类号：bB1122/18。

② 《读者呼声：大华市场摊户待援阜昌街面正门封闭，影响营业生计垂危》，《武汉报》1940 年 6 月 20 日。

③ 《本市各菜场附近浮摊游担决征费经征员戴有臂章》，《武汉报》1940 年 11 月 21 日。

④ 《取缔中山路摊贩，决定补救办法》，《武汉报》1941 年 7 日。

⑤ 《市批发市场营业商人限期申请登记》，《武汉报》1941 年 8 月 13 日。

第七节　卫生行政的强化与异化

沦陷时期，伪卫生当局基于维护战时帝国后方的目的，严格防疫制度，加强了对日常卫生的管控。其卫生管理在技术层面虽较前有所推进，但殖民性明显，市政属性异化。

一、卫生机构和人员组成

近代武汉三镇区划和体制并未完全稳定，三镇时分时合，但建制变化中汉口始终是主轴。① 沦陷时期由于城市定位不同、发展程度差异以及江汉水域阻隔，武汉三镇在卫生管理上也是各具特色，但以汉口的相关组织和建制最具代表性。

（一）三镇卫生组织演变及职员特点

日军占领汉口后，即组织伪治安维持会暂时管理汉口。鉴于武汉会战后卫生防疫形势严峻，1939 年 2 月特由伪社会、财政、建设三局及伪警察总监部共同组设了卫生设施委员会，以总其成。②

1939 年 4 月 20 日，伪武汉特别市成立。伪武汉特别市社会局下设卫生科。12 月，伪武汉市设立卫生局，主管三镇环境清洁、防疫、医药等事项。伪卫生局设址汉口，武昌、汉阳分设办事处。

1940 年 9 月，武昌、汉阳划归伪省政府直辖，其卫生事务也交由伪省府警察、民政部门管理。1941 年 1 月，伪汉口市卫生局成立，下设有伪市立医院，传染病医院，妓女检治所，第一、二施诊所，第一至五各卫生事务所，运

---

① 皮明庥：《武汉建市的历史》，《武汉春秋》1984 年第 1 期。

② 《治安维持会筹设卫生设施委员会》，《武汉报》1939 年 2 月 25 日。

理事务所，公共卫生人员养成所，卫生试验所及屠宰场。①

图 9-7　伪武汉特别市市立医院②

至 1942 年，与刚沦陷时相比，武昌的卫生机制已逐步恢复。当时武昌有包括伪省立医院、伪省立传染病院在内的公私立医院诊所 11 家。③ 是年 5 月，伪省会警察局在武昌举行了声势浩大的夏令卫生运动周。④ 伪省民政厅组织了防疫指挥班。⑤ 同时期的汉阳地区，除伪省会相关部门负有指导之责外，伪汉阳警察局、日军警备队诊疗班和汉阳县医院共同参与该地区卫生防疫事务。

1944 年底，中国抗战进入尾声，日伪武汉当局的管理因局势变化而松懈以致失范，伪汉口市卫生局先是降格为卫生科，旋即裁撤，由伪市立医院负责卫生工作，“然而市立医院，已于日前备文呈请市府，以该院为一医疗诊治之机关，对于防疫工作，办理似嫌困难，请求设法另委他处”。⑥

① 《日伪汉口市政府卫生局人事任免及组织系统图》，武汉市档案馆档案，档案号：8-1-185。
② 涂文学主编：《沦陷时期武汉的社会与文化》，武汉出版社，2005 年，第 268—269 页。
③ 《省立医院参观记》，《武汉报》1942 年 10 月 3 日。
④ 《夏令卫生运动周，今在省会扩大举行》，《江汉晚报》1942 年 5 月 22 日。
⑤ 《省防疫指挥班今日训练结束》《江汉晚报》1942 年 5 月 12 日。
⑥ 《登革热症蔓延中》，《大楚报》1945 年 8 月 10 日。

进驻武汉后，为控制武汉卫生行政，日军特务部浅见敏彦负责武汉市市政指导事务，稻叶负责同仁会诊疗防疫班事务。① 高木季熊、白川泰志、木加通田友志、冈田治三郎、横山重行、白砂梧朗、金海宗一、曾根胜一、高桥太郎②等 9 人先后作为联络官，被派驻在武汉卫生部门，其中高桥太郎上任时间为 1945 年 1 月 17 日，可见整个沦陷时期日本军方都在管控着伪汉口市卫生工作。

伪汉口市卫生局下属机构充斥着大量日籍职员，他们的职务一般高于华籍职员，见诸档案的有伪市立医院医务长入江谦六郎，医官青木静八、宫田宽、田泽清明、丘村称、山本铁城、河北忠熏、岗田芳男、矢田重信、安孙子连四郎、条原规休、鹤来泰等 53 人。汉阳施诊所有主任医师北原一雪、医师须藤京子、药局主任伊藤直嗣。武昌伪省立医院有日籍医师 4 人，日籍看护两人。③ 联络官的设置使伪卫生部门的工作一定程度上依赖于日本军方，医疗机构中日本职员的大量存在也会对原有医疗方式产生影响。

（二）武汉基层伪卫生组织及职员培养

沦陷时期，在汉口，履行环境卫生职责的是 5 个清洁事务所。1940 年 2 月，该 5 所及车马运渣所改为卫生事务所，专办市内一切卫生工作，此事务所遂成为武汉基层卫生行政管理单位。④

随着市内被日军征用之区先后向民众开放，伪卫生所要清扫区域扩大，自 1941 年 2 月份起，伪汉口市卫生局增加清洁夫 100 名，分配各所应用。⑤ 而在

---

① 《汉口军特务部诸工作概况报告》（1939 年 9 月），转引自涂文学主编《沦陷时期武汉的政治与军事》，第 485 页。

② 《汉口特别市政府日籍顾问名单》，武汉市档案馆档案，档案号：8-1-62；《训令府事新字第 466 号、第 467 号》，武汉市档案馆档案，档案号：8-1-323；《湖北省政府、汉口特别市政府联络官职务区分表》，武汉市档案馆档案，档案号：8-1-555；《各机关辞职嘱托名单》，武汉市档案馆档案，档案号：8-1-61；《湖北省政府日籍嘱托汉口市政府勤务者一览表》，武汉市档案馆档案，档案号：8-1-50。

③ 默然：《武昌，在建设中——娱乐卫生及其他》，《江汉晚报》1942 年 5 月 16 日。

④ 《市卫生局今日起接收清洁事务所并将招考卫生人员》，《武汉报》1940 年 2 月 1 日。

⑤ 《1941 年度汉口清洁工作》，武汉市档案馆档案，分类号：bB13/6。

汉阳，街道原由伪警察局雇佣清道夫清扫。1940 年 7 月，为统一事权，伪警察局 16 名清道夫全部划拨清道所。①

武汉沦陷前，大批医药人员随国民政府西迁。为解决市内医疗服务人员匮乏问题，伪卫生局创办了公共卫生人员养成所，先后开办了卫生员 1 期、药剂士 2 期、护士 3 期、督导员 1 期训练班②。另外，对卫生系统在职人员，养成所也利用周末时间集训，训练课目有本市卫生行政概要、卫生统计概要、卫生法规及卫生演说等，这一做法提高了卫生行政人员的专业素养。

二、日伪严格的殖民防疫

沦陷时期，武汉三镇的临时防疫和以防疫为目的的日常卫生管理都趋于严格，其中临时防疫以疫苗注射和水陆检疫为主要手段，伪卫生行政的殖民性在防疫过程中表现得尤为明显。

（一）严密的防疫管理

沦陷时期，伪卫生当局的防疫工作以预防注射为中心，包括种痘、霍乱和伤寒注射，以及对小学生施以抗肺结核注射等。③ 武汉市民必须持有防疫注射证明才能获得安居证，市民凭注射证明领取生活所需食盐等限制物品。④ 疫情暴发后，日本宪兵和中国警士组成的检查班还会查验注射证，对持伪造注射证者加盖“苦力”印章，采取罚款拘留等惩治措施，⑤ 强化了注射实施力度。

在一系列高压政策下，1939—1942 年间，武汉霍乱和天花疫苗注射人口保持在三分之二以上，为近代汉口最高比率。其中 1939 年霍乱流行时，因为

---

① 《汉阳警察局划一清洁事权》，《武汉报》1940 年 7 月 2 日。

② 王大德：《一年来本市卫生行政之回顾》，《大楚报》1940 年 4 月 20 日，第 9 版；《药剂士班今毕业，张市长亲临致训》，《江汉晚报》1942 年 6 月 9 日；《汉口特别市政府咨》，《汉口特别市政府公报》1944 年第 2 期；《卫生局训练卫生人员》，《武汉报》1940 年 4 月 4 日。

③ 《汉口特别市政府三周年市政概况》（1942 年 4 月），武汉市档案馆，档案号：bB13-6。

④ 《中华区注射证兑取食盐》，《武汉报》1939 年 5 月 20 日。

⑤ 《注射注意事项》，《武汉报》1939 年 6 月 6 日；《汉口特别市卫生局防疫注射惩罚暂行办法》，《汉口特别市政府公报》三十（1941）年第 24 期，第 9 页。

100余万市民被强制施种疫苗，武汉的死亡率仅为45%，比当年广东54%和香港64%的死亡率相对较低。① 1940年再次强制性普遍注射霍乱疫苗，“以二十九年（1940）气候恶劣，长江下游此症流行极盛，而本市（汉口）预防得当，竟无一人发生，足征预防注射确有实效。”② 之后，至国民政府1945年收复汉口，未见有大规模霍乱疫情记载。

另外，沦陷时期日伪当局在武汉也基本实现了普遍种痘。普遍种痘对预防天花流行具有明显效果，1940年汉口337名天花患者死亡65人，仅一人是已种痘者。③ 是年伪汉口市传染病院天花患者治愈率为16%，“与各国天花治愈率恒在16%以上者相较，尚未退落人后”④。媒体也称：“当局对于民众卫生的讲求，显得比以前更加努力，年来市民中因传染病致死的，以现在的数字和以前的比较，可说是微乎其微。”⑤

武汉为长江要津，防疫注射之外，伪卫生当局还在武汉实行了严格的海陆检疫。如1941年夏，长江下游出现霍乱疫情，伪汉口市卫生局对下游各埠进港轮船一律消毒，以防霍乱波及本市。⑥ 同时，特别组织了检病班，派出医师每日逐户进行查验，富士由纪称这一举措“实现了一种陆地检疫”⑦。

对疫区人、物进出，日伪当局也做了严格管制。疫区居民出区须持日军特务部宪兵队及防疫队之特许证书或伪市政府证明书，且“经喷雾消毒及踏盘消毒”⑧。禁止由疫区带出粮食，青菜出区需经检诊班消毒。⑨ 另外，疫区粪便

---

① 《武汉特市政府防疫委员会第八次会议记录》，《武汉特别市政府公报》第4册（1939年9月），武汉市档案馆档案，分类号：bB1122-16。

② 《省市二期防疫注射今日同时开始施行》，《武汉报》1941年6月27日。

③ 《市卫生局制定标语劝导市民自动种痘》，《大楚报》1940年10月7日。

④ 江华缙：《预防霍乱宣传周广播演讲词》，《大楚报》1940年7月19日，卫生半月刊。

⑤ 《对卫生当局的两点建议》，《大楚报》1943年1月21日。

⑥ 《外埠来汉进港商轮一律施行消毒》，《武汉报》1941年6月22日。

⑦ 富士由纪：《战时上海的霍乱预防运动》，余新忠主编：《明清以来的疾病、医疗和卫生——以社会文化史为视角的探索》，生活·读书·新知三联书店，2009年，第152页。

⑧ 《市民应注意事项》，《武汉报》1942年9月20日。

⑨ 《防疫队布告》，《武汉报》1939年7月13日。

消毒后就地掩埋，禁止外运。① 这些措施给人民生活带来极大不便，但同时疫病流行范围也得以控制。

此外，针对不同疫病，日伪当局采取了差异化应对措施。比如霍乱期间，对饮食接客从业人员、隔离区居民进行强制检便。② 又如，为预防鼠疫，卫生局以每头活鼠给价日金一角，死鼠给价日金五分进行购买。为预防霍乱，以每百头一角的价格收买冬蝇，以每百头五分的价格收买夏蝇。

其他诸如断绝三镇轮渡交通，③ 病者家门撒石灰消毒，④焚烧疫尸、检便三次无菌方可出院等措施，⑤ 也都非常严格和彻底。

日本军方几乎参与了武汉沦陷时期所有防疫事务，“一切进行事宜，端赖友邦陆军及各医务机关协助办理”⑥，这使得武汉防疫事务带有浓重的殖民色彩。对此，饭岛涉指出：“传染病的抑制被利用到殖民地的正当化方面，所以，具有直接介入人们的身体和健康状态程度较高的特征。”⑦ 富士由纪则揭示：“对日军来说，为了维持军队的功能和占领地区的秩序，不能不重视传染病的流行。而且，日本方面还有牵制和对抗国际机关和其他国家染指传染病拯救事业的意图。”⑧

（二）民众的复杂反应

沦陷之初，日伪当局强制办理防疫注射遭到了武汉市民的消极抵制。1939年7月，汉口中华区谣言泛滥，或谓无论男女均当街注射肛门、乳部、臀部，

①④　《实施紧急处置》，《武汉报》1942年9月20日。

②　《市防疫检便严密》，《武汉报》1942年10月1日。

③　《三镇航行暂停》，《大楚报》1939年8月8日。

⑤　《隔离病院病人先后痊愈出院》，《武汉报》1939年8月28日。

⑥　《本年秋季种痘实施完毕，尚未发生天花患者》，《大楚报》1940年12月4日。

⑦　余新忠主编：《明清以来的疾病、医疗和卫生——以社会文化史为视角的探索》，生活·读书·新知三联书店，2009年，第139页。

⑧　富士由纪《战时上海的霍乱预防运动》，余新忠主编：《明清以来的疾病、医疗和卫生——以社会文化史为视角的探索》，生活·读书·新知三联书店，2009年，第141页。

或谓注射后会绝嗣、变成哑巴。① 民众的不安和猜疑导致对注射的观望和规避，1939 年 5 月至 1942 年 7 月，冒名代注和买卖注射证事件频频发生。② 被查出后除补注外，伪造者被按伪造公章罪或扰乱防疫行政秩序定罪。③ 另外，日伪当局对饮食接客业严格检便，则导致以泥土混充，④ 以他人粪便充混等事件频频发生。⑤

但情况似乎在逐渐发生变化。1940 年 4 月 15 日，天花病人雷细文自行来到传染病医院，之后陆续自发来就诊者达 42 人，从强制收容到自觉就诊，伪卫生当局认为这是市民对防疫有了一定认识的好现象。⑥ 1942 年 10 月防疫注射期间，又有记者报道："市民本年均能自动前往就近各班请求注射与种痘，几每历一处，即挤满要求注射种痘市民，较之去年市民规避防疫注射，直不可同日而语"。⑦ 1944 年春，脑膜炎流行，"市民纷纷自动地做起预防工作来……在路上，差不多都可以碰到一些戴口罩的人"。在日伪殖民高压政策下，武汉市民开始接受各种近代防疫措施。

抗战胜利后，当瘟疫于流行季节到来时或外地有疫情信息报道后，汉口的学校、机关、团体及工厂等函请卫生当局前来为学生、职工进行牛痘注射和霍乱疫苗注射。⑧ 这在以往任何时期的资料中都未曾出现过，反映了某些群体的防疫观念确实有了一定提高。但到 1947 年春，汉口的种痘率"恐不及十分之

---

① 《社会局卫生科实行强迫注射》，《武汉报》1939 年 4 月 29 日。

② 《转售防疫证无赖尝铁窗》，《武汉报》1939 年 5 月 29 日；《中华区乞丐出卖注射证》，《武汉报》1939 年 7 月 13 日；《伪造防疫证诈财被密查化妆破获》，《武汉报》1939 年 10 月 14 日；《穷极无聊想入非非伪造注射证被获》，《武汉报》1940 年 5 月 16 日；《法租界发现伪造防疫注射证》，《江汉晚报》1942 年 7 月 23 日。

③ 《伪造防疫注射证，汉法院依法惩办》，《大楚报》1940 年 5 月 16 日。

④ 《检便之弊》，《大楚报》1941 年 7 月 27 日。

⑤ 《饮食接客业职工检便时发生伤寒菌》，《武汉报》1941 年 5 月 2 日。

⑥ 江华缙：《预防霍乱宣传周广播演讲词》，《大楚报》1940 年 7 月 19 日。

⑦ 《虎疫势焰未除，市民踊跃注射》，《武汉报》1942 年 10 月 8 日。

⑧ 《1946 年度防治天花》，武汉市档案馆档案，档案号：72-1-162。

一二”①。这至少说明，在认识层面上民众并未真正接受这些防疫措施。

（三）伪卫生当局的变通和改良

日伪在沦陷城市采取的极端防疫措施在技术和效能上虽为学者所认可，但也有一些措施实际并未考虑执行的有效性和适用性。比如1939年霍乱时，日伪军政当局要求市民及摊贩对蔬菜进行消毒，这是一般大众既无知识储备又无经济能力做到的。而禁止粪便外运，不仅影响了民间粪业，疫区也无足够场地消纳大量排泄物。1944年，脑膜炎流行时卫生当局劝导市民盐水漱口，这在实行食盐管制的沦陷区很难执行。②

武汉伪卫生当局的防疫措施根据三镇实际情况，在实践中也有所调整。如对逾期不注射者，原拟以妨碍公共卫生罪拘局罚办，因不具可操作性，执行时只能采取送卫生队补注。③ 鉴于1939年霍乱起因于饮用不洁水源，伪卫生局曾下令禁止居民饮用江河之水和井水，但武汉市江岸附近并无自来水装置，伪卫生局只得变通为允许将江河水加白矾过滤，煮沸后饮用。④ 霍乱期间，日伪当局曾关停疫区饮食业，但考虑到一部分人因此失掉生业可能会演变为社会问题，遂改为由西村部队对饮食从业人员进行检验，疫情缓解时无菌者即可及时恢复营业。⑤ 因为严防霍乱的关系，日伪当局还曾严格取缔街头摊担冷饮，但考虑到失业人数激增，而改为有选择性的取缔。⑥

三、日常卫生管理的推进

日常卫生管理包括环境清洁、妇婴保健、学校卫生、医药管理、卫生教育、生命统计等内容。基于维持战时日伪统治的需要，沦陷时期武汉的日常卫生管理略有推进。

---

① 《种痘与防疫》，《大同日报》1947年3月24日。

② 《脑膜炎蔓延期中，口罩满天飞》，《大楚报》1944年3月15日。

③ 《市民注射限期届满，检无注射证者，一律拘局予以罚办》，《大楚报》1940年6月16日。

④ 《汲饮江河水，卫局拟定变通办法》，《大楚报》1940年5月31日。

⑤ 《员工检便统计》，《武汉报》1941年6月22日。

⑥ 《贩卖清凉饮食业者可从容另谋生计》，《武汉报》1939年8月1日。

（一）环境卫生的点滴建设

沦陷时期武汉卫生部门主要负责街道环境清洁，里巷则由住户商店雇人打扫，卫生部门派人统一收运。1940 年 2 月，伪卫生局从伪社会局接收五个清洁事务所及车马运渣所，改为卫生事务所。国民政府时期所设的垃圾箱，因用时过久，及战争毁损，已大多破坏不堪。伪卫生局要求各商户自备木质小型渣箱一口，集聚尘芥，再由卫生事务所派清洁工于每日上午 10 时至下午 4 时收运里巷住户商店集聚的垃圾。街道垃圾箱则由卫生局负责添置。①

垃圾原由车马运渣处统一运往城外堆积，此方式难以消纳数量众多的生活垃圾。1940 年伪卫生局招募罗福记建成五处垃圾焚毁厂，计第一卫生事务所在操场角空地，第二卫生事务所在延寿桥左侧空地，第三卫生事务所在府西四路水凼空地，第四卫生事务所在铁路外熊家台，第五卫生事务所在铁路外惠民桥水凼。②

另外，鉴于市内马路上灰尘满积，1941 年伪卫生局聘用某公司制造马车八辆，每辆造价日金千元以上，利用日军某部赞助的 20 匹军马，组成洒水车为街道压尘。③ 而在公私厕所及便池的管理方面，1940 年内先后添建公厕 12 所，又制定私窖登记规则和管理改良办法，由卫生事务所负责取缔。对私窖较多、最为污秽的中华区，伪卫生局饬各私窖主成立粪窖清理事务所，自行整理改进。④

1941 年伪卫生局办理春季大扫除运动时，伪局长王大德曾宣称："本市自事变以后，各街巷堆积渣滓很多，至 1940 年秋，经专项清运和春、秋两季大扫除运动，事变导致的城市垃圾业已搬除净尽。"⑤ 汉口市环境卫生自此进入日常管理程序。

不过，时人认为，伪卫生当局的清洁工作存在偏重外表的弊病，"大马路上还像回事，中华区和偏街小巷就别有天地"⑥。公厕肮脏也为时人诟病，有人指出，

---

①④　王大德：《一年来本市卫生行政之回顾》，《大楚报》1940 年 4 月 20 日。

②　《全市将建五所垃圾烧毁厂》，《武汉报》1940 年 12 月 28 日。

③　《市卫生局定制洒水马车》，《武汉报》1941 年 1 月 2 日。

⑤　王大德：《春季大扫除市民注意事项》，《大楚报》1941 年 4 月 1 日。

⑥　《且说卫生》，《大楚报》1941 年 4 月 26 日。

“汉口有数的几个公共厕所里，简直难找到几个是干干净净的”①。其原因是缺乏打扫，市民建议效仿全面抗战爆发前的做法，雇佣香烟摊贩负责厕所清洁。②

抗战胜利后，人们对武汉沦陷时期卫生管理批评最多之处仍是环境不清洁。“日本人实在太脏了，七年来的垃圾，他们大概从来没有扫除过，所以现在到处都可以看到一堆堆的垃圾和一群群的苍蝇。”③ 实际如前所述，伪卫生局在街道清洁问题上并非全无建树，抗战胜利后武汉三镇垃圾充斥，有伪卫生当局后期管理松懈以及收复时又遭空袭轰炸的原因，而抗战胜利后主持恢复重建者也不能推卸消极之责，“汉口垃圾粪污等类，在敌伪盘踞时期，就已充斥街头，生蝇造蚋，作恶多端。胜利之后，此类秽物，又得天独厚，安然健在，且有改头换面特别繁荣模样”④。

（二）饮食业管理的专业化

饮食可谓是市民生活须臾不可离之事。饮食的售卖，涉及城市公共卫生。因此，日伪统治武汉时，也非常重视对饮食业的管理。

汉口的夏季，空气闷热而滞重，冷饮业格外发达，然而冷饮质量堪忧。1940 年夏，伪卫生局对市面出售的冷饮进行抽查，结果冠生园、复兴、华达、云记四家所制 10 种果露，仅冠生园 1 种尚属合格，“其余各种均含细菌太多，品质不良，贮露之瓶，尤不清洁，均不适于饮用”，上述食品商因此遭到查封。⑤ 冰饮品质相对被认可的是冰淇淋，1941、1942 两年，美的和元记两厂出产的冰淇淋通过了日军利根部队的细菌检验，获准营业。水晶宫、浣花、松鹤、普利等厂的制造设备也达到合格要求。⑥

---

① 《公共厕所的卫生问题》，《大楚报》1943 年 1 月 19 日。

② 《公共厕所》，《大楚报》1941 年 3 月 7 日。

③ 谢冰莹：《新生的汉口》，《和平日报》1945 年 11 月 30 日。

④ 东方怪：《当心虎疫》，《汉口报》1946 年 7 月 19 日。

⑤ 《严禁妨碍卫生果露》，《武汉报》1940 年 11 月 11 日。

⑥ 《汉口特别市卫生局民国三十年四月份重要工作月报表》，《汉口特别市政府社会、财政、教育、公用、工务、卫生等局重要工作月报表》，武汉市档案馆档案，档案号：8-566-1；《汉口特别市政府成立四周年市政概况》，武汉市档案馆档案，分类号：Bb13-7。

冷饮中最廉价最畅销的刨冰，制作只需一刨一架，几盏玻璃杯，几块冰砖，成本低，营业盛。1942 年夏季，汉口仅后花楼华清街及新市场附近，即有 93 起之多。但刨冰冰料多为天然冰，另添加糖精等有毒素原料，被卫生部门认为最不卫生多次颁令取缔，但收效甚微。[①] 酸梅汤也是一种颇受普通市民欢迎的夏令平价饮品，无固定制作场所，售卖流动性强，监管难度大，1941 年时，相关营业者"皆抗旨不呈请登记检验，自由发卖"[②]。

肉类食品是这一时期伪卫生当局食品监管的另一重要对象。1940 年 7 月汉口市屠宰场的一份病畜检验单显示，肺充血、胃肠炎、肺脏炎为待屠宰猪、牛所患最主要疾病，此外有些猪、牛还患有囊虫病等对人体有极大危害的寄生虫病。[③] 上述检验结果显示了加强肉类饮食检病的必要性。然而，沦陷之初，汉口市屠宰场隶属伪财政局，为便于卫生检验，1940 年 10 月，屠宰场转由伪卫生局管理，反映了伪政府关注点从财政税收到食品卫生的根本性变化。[④]

（三）妓女检治的规范

时局巨变下社会畸形发展，受经济环境压迫从事娼业者明显增多，"根据非正式统计，本市花柳病者之指数，已远较全面抗战爆发前为高。治标除厉行禁止私娼活动外，即为按期施行验毒"[⑤]。防止花柳病传染，是沦陷时期伪卫生当局重视妓女检治的主因。1940 年 5 月 12 日，伪汉口市妓女检治所成立，妓女按等级确定月检次数，检查内容包括一般检查和局部生殖器检查、血清检查、细菌检查等项，轻者门诊，重者住所治疗。这一时期武汉的妓女检治工作，服务于日伪军政人员的性需要。同时，日伪检治妓女还有虚构社会繁荣假象以及保证伪市政府妓捐税收两重目的。

对伪卫生局的妓女检治工作，如何在民族情感、社会道德及公共健康三者

---

① 《告嗜冷饮者》，《中国晚报》1948 年 8 月 15 日。

② 《汉口特别市政府卫生局民国三十年五月份重要工作月报表》，《汉口特别市政府工作月报表》，武汉市档案馆档案，档案号：8-566-1。

③ 《七月份检验病畜统计》，《武汉报》1940 年 8 月 11 日。

④ 王大德：《一年来本市卫生行政之回顾》，《大楚报》1940 年 4 月 20 日。

⑤ 《本市私娼问题，希望当局设法改善》，《武汉报》1940 年 2 月 1 日。

之间获得一个相对中肯的认识，还需要我们将之放在民国甚至整个近现代进行长时段考量。客观来讲，20 世纪 30 年代时各城市的废娼运动已陷入困境，汉口伪卫生局承认并检治公娼，一定程度上是对全面抗战爆发前国民政府消极抑娼政策的继承和推进。另外，据冯武的考察，抗战胜利后武汉的娼妓管理政策，“从内容上我们明显地看出有日伪时期娼妓政策的模仿痕迹，在很多规定上甚至存在着惊人的相似”①。

（四）其他卫生管理捉襟见肘

武汉沦陷时期，日伪当局对火葬场建设、医药资格审查、市民卫生教育等方面也有所关注，但因和日军及侨民利益关联较远，故着力有限，收效甚微，较之沦陷前几无进展。

1. 掩埋浮棺露尸及火葬

战乱后的武汉，市民往往在市区附近随地土葬，甚有暴露尸棺者。1940 年伪汉口市政府曾设尸棺掩埋委员会，专司掩埋无主尸棺及打捞浮尸各事。为节省经费，1941 年 1 月，尸棺掩埋委员会并入车马运渣委员会，② 运渣车马管理处改称运埋事务所，设打捞处，打捞江、汉两水浮尸。1941 年度，共计掩埋尸棺 6 117 具，打捞江汉浮尸 117 具。③

倒毙及溺毙之尸体被收集后，初由伪卫生局指派医师检查，各伪卫生事务所消毒后，运往汉阳仙女山公墓掩埋。④ 1942 年 7 月火葬场建成后，该项尸棺即改用火葬。同时火场对因传染病死亡者免费火化，无主尸棺可随时送往火化。至是年底，共计焚化尸体 5 009 具，其中市民申请者 20 具，患传染病死者 105 具，其余都是无主尸棺。⑤ 可见尽管在沦陷时期，着眼于防疫的火葬已进

---

① 冯武：《1950 年代武汉娼妓改造研究》，第 35 页。
② 《市尸棺掩埋会裁撤》，《武汉报》1941 年 1 月 6 日。
③ 《1941 年汉口市掩埋尸棺及打捞浮尸》，武汉市档案馆档案，分类号：bB13/6。
④ 《路倒死尸，数字惊人》，武汉市档案馆档案，分类号：bW2/443。
⑤ 《汉口市 1942 年火葬与浮尸露棺处理》，武汉市档案馆档案，分类号：bB13/7。

入武汉地方当局视野，伪市政当局对此还以卫生、节约相提倡和宣传，① 但实际市民对于火葬的必要性仍普遍缺乏认识。

2. 医药行政

武汉沦陷前，国民政府所办医院全部西迁，私立医院或停办，或转入租界应诊。教会医院中普爱医院继续营业，协和医院、天主堂医院则为日军接办。至 1939 年底，武汉计有医院诊所 40 余家。② 沦陷前武汉有 88 家药房，因西迁和战乱歇业，沦陷初武汉仅存药房 19 家，1940 年虽恢复到 83 家，但多数资本较少。中西药品中美药停售，德药无货源，唯日药大肆倾销，1939—1943 年间，每年汉口输入的日药达 40 万元之巨，医药资源溃乏之下，一些奸商趁机滥制成药，甚至制配假药。③ 为保障市民医疗安全，伪卫生当局恢复了全面抗战爆发前的医药从业资格审核制度，加强了对药品的监管。④ 1939 年 6 月，伪卫生当局组织成立中医审查委员会，对中医执业进行考核、取缔不合格的从业人员。⑤ 中医康明达等 10 名，医师严少怀等 4 名，助产士武健杰等 3 名，镶牙生等 6 名，及中药商 60 家，梅神父医院 1 所，均因未遵章注册领照被通报。⑥ 但总体上，上述医药行政管理仅限于华人，对在武汉行医的日本人以及日本药商药店，如重松药房等，伪武汉卫生当局并无管理之权。

3. 其他卫生行政

清洁运动创始于北伐时的武汉，为适应节令和气候，一般在夏秋各举有一次。这一做法为日伪所承袭，1939 年，伪武汉卫生局举行了为期 10 天的全市清洁扫除运动。1940 年夏又开展了霍乱宣传周活动。对此，伪汉口市卫生局局长王大德认为：“以上两种运动，不过是为一种最必要最紧要的事情来向市

① 《市卫生局提倡火葬》，《武汉报》1944 年 1 月 18 日。
② 《本市中西医业勃兴，医院诊所四十余家》，《武汉报》1939 年 12 月 3 日。
③ 刘明森主编：《武汉医药行业志》，中国医药科技出版社，1991 年，第 92 页。
④ 《成药需经化验，卫生局将取缔假冒药品》，《武汉报》1944 年 7 月 17 日。
⑤ 《武汉市志・卫生志》，武汉大学出版社，1993 年，第 537 页。
⑥ 《医药业从业人员，卫生局分别取缔》，《大楚报》1941 年 3 月 26 日。

民宣传一下，提倡提倡而已。”①

图 9-8　1940 年伪武汉特别市政府卫生局与伪武汉青年协会妇女部举办的婴儿健康比赛②

身在乱世，“一般民众，终年终日，逃难流亡，其所得之少许能见诸行动的卫生知识，早已付诸东流”③，战前逐渐在武汉市民心中萌生的近代日常卫生观念因为战乱而淡漠。沦陷初的几年，虽在形式上恢复了卫生教育运动，但战时状态下，也仅是虚应故事，难以深入推进。

另外，这一时期，伪卫生局继续办理沦陷之前既已存在的各项统计，“特制定市民生死统计规则，及出生死亡证、死产证、死亡诊断书，于二十九年五月公布施行，并由警察局转饬各分局随时分别详查。”④ 相关行政不断细化和制度化。

三、日伪卫生管理的殖民性和市政属性

七年沦陷给武汉卫生事业带来的曲折和打击是巨大的。抗战胜利后的调查显示，武汉卫生事业在战争中元气大伤，全面抗战爆发前十年汉口积累的卫生建设成果多为战火摧毁，大量的医务人员逃离，汉口市立医院、天主堂医院、

① 《市卫生运动大会化妆游行预演颇佳》，《武汉报》1941 年 5 月 4 日。

② 武汉市档案馆编：《大武汉旧影》，湖北人民出版社，1999 年，第 311 页。

③ 《民族健康运动中谈卫生教育》，《华中日报》1946 年 9 月 30 日。

④ 王大德：《一年来本市卫生行政之回顾》，《大楚报》1940 年 4 月 20 日。

梅神父医院、普爱医院、协和医院等医院的房屋、设备多为战火摧毁，人们原来积累的一点近代卫生观念也因乱世而消然。

1939—1945年间的武汉卫生管理，是武汉近代卫生行政发展史上的一个特殊阶段。这一时期武汉卫生行政由日本控制，伪政府负责执行，其作为维持日本在华统治的殖民性和“以华治华”保持城市发展的市政属性并存，因此，武汉沦陷时期的卫生管理从整个卫生行政发展脉络上讲，因其特殊性而更为复杂。

与京津及上海等城市在全面抗战初期陷落后即由日军直接管控，以致卫生措置多是应急性的暂时行为，在费资巨大的卫生试验所、医院及学校卫生等方面几无建树不同，日寇铁骑踏进武汉后，中国人民全面抗战已进入相持阶段，日本调整战争策略，对作为战时后方的武汉，主要通过扶植伪政权加以代管，因而伪武汉卫生当局，尤其是伪汉口特别市卫生局在卫生基础建设工作方面显得相对积极。正如伪汉口市卫生局局长王大德所言，该局在社会环境及人力、财力种种困境下，“然仍于无法之中，打破困难，首于市立医院、传染病院、妓女检治所等，力求设备之完善与健全”。① 经过一系列基础建设，汉口卫生事业“种种均略具规模，是故事变后八年来之卫生基础均以此确立矣”。② 因此，从武汉卫生发展脉络看，这一时期的药剂士培养、常设传染病院、卫生部门管理屠宰场、妓女检治以及普遍的防疫注射等方面的成效还是应该承认的。

当然，日伪当局在卫生行政上的举措以维护殖民统治为出发点，客观上的发展难以掩盖其根本的殖民性质，王大德在抗战胜利后对自己在大是大非上的错误追悔不已：“岂知敌人欲灭我整个民族，何爱我一市人民，特借此（防疫）慈善事业之名，以行其麻醉政策之实。”③ 此也正如罗芙芸所指出的，日伪在沦陷区的防疫政策主要出于理性的考虑，“与保证城里每个人喝上没有病菌的饮用水相比，为成千上万人接种霍乱疫苗对日本军队而言是一项更为简单的计划”④。

① 王大德：《武汉特别市防疫卫生设备之过去与现在的比较观》，《大楚报》1940年7月17日。

② 《湖北省高等法院汉奸更审》，湖北省档案馆档案，档案号：7-3-2769。

③ 《汉奸王大德》，湖北省档案馆档案，档案号：7-5-344。

④ 罗芙芸著，向磊译：《卫生的现代性》，江苏人民出版社，2007年，第300页。

第十章

日伪毒化政策与城市社会的变态

武汉沦陷期间，日军及其所扶持的伪政府为了攫取不义之财以支持侵略战争并消磨和摧毁中国人民的抵抗意志，在以军事、政治手段残害武汉人民的同时，还在武汉大肆推销鸦片，同时放任赌博和娼妓业的发展，使得烟、赌、娼在武汉泛滥成灾。此外，在日军的烧杀抢掠下，大量公私房屋和住宅被日军侵占，大批市民流离失所，被日军集中迁入难民区中，城市社会发展形成新的变态。

第一节　毒化政策的实施与毒、娼、赌的泛滥

推销鸦片、海洛因等毒品是日本侵华期间推行的一项险恶的殖民政策，目的是消弭人民斗志，实现“以华制华”“以战养战”。从侵占台湾开始，日本就开始推行毒化活动。随着日军不断扩张，日本的殖民毒化政策也不断地在新的占领区推行。经历淞沪会战、徐州会战和武汉会战后，日军军力不足、国力不足的问题逐步显露出来。扶持和利用汉奸傀儡政权来统治中国人，同时推行毒、娼、赌，成为日本侵略者消磨中国人民的抵抗意志，并大肆抢掠沦陷区财力、物力和人力以维持其战争机器运转的需要，这是日本新的对华侵略政策。日军占领武汉后，很快在武汉及其周边地区大力推行毒化政策，鼓励和纵容赌博和娼妓业的发展。毒、娼、赌的泛滥导致武汉地区市民日益贫困，社会道德水准下降，各种犯罪问题层出不穷。

一、“寓禁于征”的“禁毒”措施

武汉沦陷时期，在武汉进行毒化活动，是日本侵华的既定国策在武汉的具体实施，是一个有计划、有目的地侵略和奴化中国人民的行动，其目的有二：一是利用毒品摧残武汉市民身心健康，使被侵略者衰亡；二是掠夺武汉市民的财富，增加财政收入。

1. 日军毒化政策

利用毒品侵害中国人民是日本殖民者一贯的罪恶政策。甲午战争后，日本占领中国台湾，开始在台湾建立针对中国人民的鸦片专卖制度，最终在台湾建立了完备的鸦片贩卖网。① 自 20 世纪初期起，从日本浪人分散、小规模地对

---

① 苏智良：《中国毒品史》，上海人民出版社，1997 年，第 221—223 页。

华走私鸦片开始，日本日益有组织地向中国贩毒，形成一个以大连、青岛、上海和厦门为基地的毒品贩卖网。很多侨居在武汉日租界的日本商人从事的就是此类违禁事业。为了与其他列强竞争，日本还专门针对中国人的口味，用吗啡加上糖，发明了“红丸”这种特别的毒品。

在向中国推行毒化政策的整个过程中，日本军部一直都是积极的参与者。早在九一八事变之前，在东北的日军关东军就设立了专门的“戒烟部”，实行鸦片专卖，丰厚的毒品贸易利润成为关东军重要的军费来源。在日本军方眼里，中国就是一个“鸦片中毒很深而不能自拔的民族”。日本军方甚至断言：“中国只要有40%的吸毒者，那它必将永远是日本的附属国。”① 关东军司令部发给士兵的小册子中的第十五条说：“毒品的使用是不配于像日本这样的优秀民族的。只有像中国人、欧洲人和东印度人这样颓废的民族，才会沉溺于毒品之中。这就是他们注定要成为我们的奴隶以及终将消灭的原因。”该册子另一条则说：“日本的兵士如使用毒品，就不配穿皇军的制服，也不配尊敬我们神圣的天皇。”通过这些规定，日本侵略者在中国推行毒化政策的用心昭然若揭。②

在日本军方的支持下，毒品贸易伴随日军侵略的铁蹄，不断在中国扩散。在1936年国联第21届禁烟会议上，美国代表富勒指出：“无论何时，只要日本势力所侵之地，随踵而至者，辄为毒品之现象。”③ 1943年9月美国国务院禁烟备忘录也指出：“自1936年以来，全球只有一个国家，其领导人鼓励种植鸦片及制造烟毒以供吸食和其他用途，这个国家就是日本。日军入侵之处，即伴随着鸦片交易……这些地方公开销售鸦片和提炼物，其机构受到了日本军方的庇护。”对此，日本知名学者江口圭一也说：“日本的鸦片政策是由以首相为总裁，外务大臣、大藏大臣、陆军大臣、海军大臣为副总裁的兴亚院及兴亚院

① 《日毒流向全中国》，《国际先驱导报》2005年7月11日。

② 梅桑榆：《日本侵华时期的毒化政策》，《百年潮》2001年第4期。

③ 《1936年国联第21届禁烟会议富勒报告》，转引自杨天亮：《华中宏济善堂：日本华中毒化政策的执行者》，《档案与史学》2000年第2期。

以后的大东亚省制定和掌握的，是作为国策，由国家有组织、有系统、有计划地推行的。”① 占领武汉后，武汉也成为日本当局推行毒品政策的重要地区。

日军在武汉推行毒化政策是与其侵略活动同步进行的。1938年11月，由日军扶持成立的武汉地区第一个临时市政管理机构——伪武汉治安维持会，就“在税捐总署下设置特别税署，执掌征收特税（即烟税）事宜”。1939年初更是将这一机构专门设置为“戒烟局”，“在财政局直接指挥监督下办理禁烟行政及特税征收事务”。② 1939年11月，伪湖北省政府成立后也立即开展残害同胞的毒化政策，具体工作由政务厅负责执行。1940年伪湖北省政府先后颁布《各县禁烟、禁毒暂行条例》《各县分期禁烟暂行办法》《各县烟民申请登记换取执照暂行办法》等。“此种种办法由伪组织颁行后，凡种运售吸制藏各行为，均得有法令依据伪政府之保护矣。”③ 1940年6月5日，汪伪政府湘赣鄂三省财政整理委员会在武汉成立。该机构成立后，经汪伪政府与日军协商，由该机构接管武汉的盐、烟、统税，同时负责支付华中地区日军和伪省市政府的各种经费开支。

附：武汉特别市戒烟法④

中华民国二十八年（1939）五月四日公布，七月一日修正公布。

第一条　本法依武汉特别市建立纲要第五条之规定订定之。

第二条　本法所称鸦片者，指生鸦片及鸦片熟膏、药用鸦片等项而言。

第三条　鸦片除依本法及依本法颁布之法令外，不得私自买卖、制造、吸食及其他一切经营使用。

---

① 江口圭一：《日中鸦片战争》，岩波书店，1988年，第205页。

② “武汉特别市政府秘书处”编：《武汉特别市政府周年纪念特刊·财政》，1940年4月，第2页。

③ 《1946年，国民政府复员后，原伪政府人员声讨沦陷时期的日伪罪行》，湖北省档案馆档案，档案号：LS3-5-5477。

④ 资料来源：《武汉市别市政府公报》，武汉市档案馆档案，全宗号：bB1122/14，时间：1939年8月。

第四条　鸦片之买卖及制造由戒烟局掌理之。

第五条　对于治疗上有吸食鸦片之必要者，其吸食办法并鸦片买卖及制造规则另定之。

第六条　依本法及依本法颁布之法令所定鸦片之专管，由戒烟局掌理之。

第七条　鸦片之生产规定另定之。

第八条　鸦片吸食使用之器具，除依本法及依据本法颁布之法令所定外，不得输入、贩卖或制造。

第九条　鸦片之买卖价格另订之。

第十条　武汉特别市市长为矫正鸦片吸食之习癖，对有鸦片瘾者得为必要处分。

关于前项处分之费用负担，由市长定之。

第十一条　凡邻境各地区团体愿由本市供给鸦片者，均应依本法及依本法颁布之法令范围内办理之。

第十二条　鸦片交易所用之通货，以日本军用手票行之。

第十三条　有左列情事之一者，处以六个月以上、五年以下之徒刑。

一、以贩卖为目的购买鸦片者。

二、以买卖为目的制造鸦片者。

三、私自买卖鸦片者。

四、以贩卖或输出他地区为目的之秘密购买鸦片及输入运出者。

第十四条　有左列情事之一者，处以一个月以上、一年以下之徒刑。

一、违反本法及依本法颁布之法令，吸食鸦片并其他使用者。

二、以前条第一款至第四款所定为目的而为准备行为者。

三、故意私买鸦片者。

四、违反第八条之规定者。

五、偷吸鸦片者。

第十五条　前列第十三、第十四条徒刑之处分，应送交法院办理。

第十六条　违反第十三条、第十四条各项之规定者，应没收其鸦片，并处以50元以上、5千元以下之罚金，并追缴其所得之不正当利益之积算额。

第十七条　依本法及依本法颁布之法令，特许认可营业者，并不免其应纳之捐税。

第十八条　依据武汉戒烟暂行法所定，武汉治安维持会之鸦片专管，在本法实施之同时，仍得继承之。

第十九条　本法施行细则另定之。

第二十条　本法自公布日施行。

2.“戒烟局”与鸦片泛滥

武汉沦陷时期，具体执行日军毒化政策的机构是“戒烟局”。1939年初成立的伪武汉市戒烟局，隶属于伪武汉市治安维持会，局长为沈竹痕。伪戒烟局成立之初，内设一室三科，并在汉口宗关、陈家湖和武昌、汉阳设立派出机构，“办理缉私事务”。1939年4月后，该机构归新成立伪市政府领导，是伪政权重要的财政来源之一。1940年，汪伪中央政府成立后，“戒烟局”又扩大为“武汉市戒烟总局”，直属汪伪财政部湘鄂赣三省财政委员会特派员管辖，毒化范围进一步扩大。期间，因伪统治集团内部争夺权力，伪戒烟局在1939年12月一度移交给伪武汉参议院。

作为推行毒化政策的专门机构，伪戒烟局的主要任务就是秉持日本人的意志，将武汉作为毒品的倾销地和集散地，打着“寓禁于征”的旗帜，公开实施毒化政策，落实日本侵略者用毒品麻醉和毒害中国人的既定策略。为此，伪武汉特别市政府在1939年5月颁布了所谓的《戒烟法》。该法规定：全市鸦片、烟膏的买卖及制造一概由伪市政府戒烟局负责，凡私自买卖及吸食者，处一个月至五年有期徒刑。该法还规定：“依本法及依本法颁布之法令特许认可经营者并不免其应纳之捐税。"[①] 从这个规定看，所谓的"戒烟局"实际上是打着禁烟的旗号，通过垄断和实行专卖制度的方式使日伪控制的鸦片销售和吸食合法化。

在行政序列上，伪戒烟局隶属于伪政权，但控制者依然是日军当局。为保证对伪武汉市戒烟局的控制，汉口日军特务部派有嘱托一人，代表日军特务部驻在戒烟局，监督毒化政策的执行。此外日军还规定，戒烟局长每日必须向日军特务部汇报当天的情况。

沦陷以后，武汉地区的鸦片贸易完全被日军控制。鸦片的主要来源为日本在上海设立的毒品贩卖商业组织宏济堂，还有一部分来自华北、绥远地区等。宏济堂又名"华中宏济善堂"，是日军于 1938 年 3 月在沪西长宁支路康福里 12 号设立的一个专门从事毒品贸易的机构。这个机构负责整个华中地区的日军毒品贸易活动。宏济堂在日军的庇护下从事毒品贩卖活动，并为日军的情报搜集和军事活动提供支持。在华中地区，凡是日军铁蹄所到之处，便有宏济堂的影子。伴随宏济堂毒品出现的还有地方"戒烟局"的成立，以及像毒菌一样冒出来的大大小小的烟馆。在宏济堂背后则是大大小小的日本鸦片贸易商，其中有代表性的是三井物产株式会社和三菱商务株式会社两大财阀。他们相互勾结、相互竞争，拼命从伊朗、土耳其等地向中国走私鸦片。为平衡双方之间巨大的利益，三井和三菱甚至合组了一家公司，专门从伊朗向华中、华南地区输入鸦片，向武汉、广州和厦门分发。[②]

日军占领武汉初期，为了推行毒化政策，首先将各特业商户原有的土膏查封，限期补税。同时召集他们开会，勒令登记领照，恢复旧业。由于对日寇毒化政策了解不深，从事鸦片生意的烟土商大都观望不前。另外，武汉沦陷以前，旧烟民长期吸食的土膏主要来自云南、四川、贵州和湖南，其中品质以滇土为最，数量以川土为多，而此时日本商人带来的鸦片主要产地为西亚和印度

① "武汉特别市政府秘书处"：《武汉特别市政府公报》第 2 期，1939 年 8 月，武汉市档案馆档案，档案号：Bb1122/14。

② 李恩涵：《战时日本贩毒与"三光作战"研究》，江苏人民出版社，1999 年，第 112 页。

等地，在市场上认可度不高。烟民对日寇运来的进口烟土，也普遍感觉不习惯，认为波斯土（主要来自伊朗等地区）、印度土（市场上通称红土）品质差、火性大，不好抽。因此，造成库存烟土大量积压，引起了日军特务部的不满。为打开市场，扩大烟土销售，日军决定将曾经当过鸦片贩子的原盐政局长沈竹痕调来，任伪戒烟局长。

沈竹痕上任后，利用过去经营毒品的经验，千方百计地推行日寇的毒化政策。首先，为使烟民习惯波斯土的口味，他把部分波斯土加工熬制成膏后制成烟棒，并在包装纸上注明烟土质量、性能等，用以打消吸者的顾虑；同时采用平价推销办法，每支烟棒售价起点为 2 角，最高亦不超过 1 元；另外，伪戒烟局开放吸户烟照，凡是领了吸户照的，既可凭照按月由公卖处官价配给烟土 3 两，又可向土膏店购买官价烟膏，在家开灯自吸。这既减少了售吸所的中间盘剥，同时又使吸烟户得到了法律保障，使得吸烟者大增。根据当时报纸报道，在 1940 年试办发售烟棒的前 3 个月中所得税收，“闻五月份，约计十万余元，六月份则计二十余万元，七月份的成绩亦颇不恶”。

为满足烟民不断增长的需求，沈竹痕又进一步扩大和增加配售烟土的机构。原来伪戒烟局的烟土通过土膏公卖处转卖给土膏店和售吸所。公卖处由 32 家土膏店每户 2 000 元作股金组成。沈竹痕上任后，要求原公卖处的股东每股增加股金 3 000 元，另行组织汉口特业公栈，指定同福土膏店经理潘新臣为公栈经理。此后戒烟局的烟土，就直接配给公栈，再由公栈以每两 2 角的利润转售给公卖处。形成由戒烟局与各级土膏公司、土膏店、吸烟者所组成的“一条龙”鸦片销售渠道。原来配售鸦片，只限于本市以内。后来沈竹痕又规定扩大鸦片销售范围，特业公栈根据戒烟局加签的日军特务部证明，负责将汉产鸦片烟大量供销外地。各级销售机构的利润，统一以每两加价 2 角计算。直属武汉戒烟局的江西九江和湖南岳州戒烟分局，更是由武汉戒烟局直接向该局所属范围内配售烟土。

为鼓励武汉市民吸食鸦片，日伪当局对鸦片种植、贩卖和吸食者格外“照顾”，“凡种运售吸制藏各行为，均得有法令依据伪政府之保护矣”。① 同时采取各种政策措施，促进毒品业发展。以伪武昌县政府为例：

伪武昌县政府即大批□得敌人烟土烟具直接配发，其力量可及之乡保，并以保为固定配售单位，各保每月配给发土二两五钱，每两时值军票555元，烟民则持登记执照以食粮柴草苦力与之交换。同时私土烟馆亦大量设立，若纸坊一镇，即有涂义生、全云山、任云□开设烟馆三所，李家桥则有王大觉开设烟馆一所，郑家店则有郑庆生开设烟馆一所，其私土时价虽较官土每两高十元，并加有教育费二元，但烟民则可不拘日夜均有随时出入自由，以之而倾家荡产、葬送健康者，不知多少。此辈烟民而日人则以“好人”呼之。②

日伪宪警巡查，对烟馆烟民不加干扰，只要没有日兵日商在场，就立即含笑退出，甚至翘起拇指夸他们是“大大的良民”，不找他们的麻烦；在岗哨林立的市区，市民只要出示烟照亦可通行无阻，烟照成了变相的护身符。许多市民为了安全，领张烟照放在身上，买套烟具摆在家里，在所谓的“安全感”的鼓励下，无形中又增加了烟民的数量。另外，由于凭烟照可以购买官价烟土，卖到黑市便可以获利，因此取得吸烟户执照也是一件有利可图的事情。这就大大增加了吸户照的登记数量。仅以戒烟局本身为例，全局内外200多员工，其中40%领了吸烟户执照。不论是出于何种动机领取吸烟户执照，不知不觉中大批市民沦为烟鬼，甚至在日伪政府中，也有许多公务人员也染上了毒瘾，影响工作。在不得已的情况下，伪政府只好在政府内设戒烟室帮助他们戒烟。③

在日伪政权的毒化政策下，武汉地区的毒品业发展迅速。土膏店和售吸所由原来100余户剧增到400余户。为了更有效地推动毒品业的发展，伪政权还

---

①② 湖北省政府：《1946年，国民政府复员后，原伪政府人员声讨沦陷时期的日伪罪行》，湖北省档案馆档案，档案号：LS3-5-5477。

③ 武汉特别市政府：《办理本府职员戒烟，设置戒烟室》，武汉市档案馆档案，档案号：bB13/5。

分别组成伪武汉市土膏店店帮公会和伪武汉市售吸所同业公会。土膏店专卖生土和熟膏，售吸所只能开灯出售。烟的货源，一律凭执照向公卖处购进，土膏店每户每月 50 两至 300 两不等，售吸所每 3 日供应 1 次，甲级每次 8—12 两，乙级 6—8 两，丙级 4—6 两，丁级 3—4 两。当时甲级售吸所有 40 户，乙级 160 户，丙级 120 户，丁级 80 户。土膏店和售吸所的分布地区，汉口占 81%，武昌 14%，汉阳较少。由于烟照易得，烟民剧增，烟供不应求，官土黑市价格猛增。土膏店、售吸所购进私土，混合熬成熟膏出售，实际出售的烟土烟膏，常常超出配售的一倍以上。

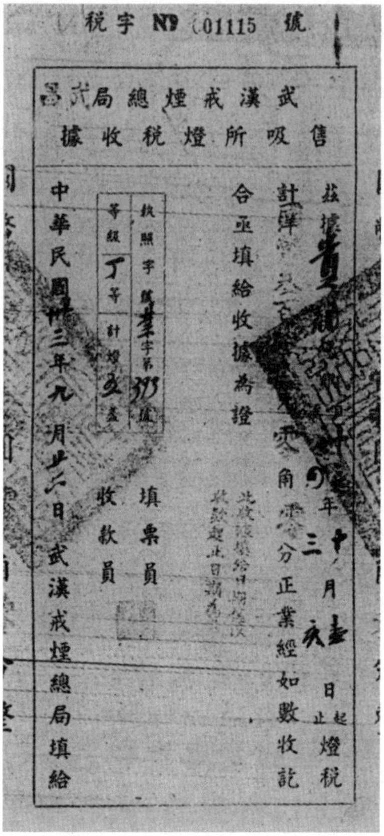
稅字 No 01115 號
武漢戒煙總局武昌
售吸所燈稅收據
茲據
計庫
合亟填給收據為證
角 分正業經如數收訖
年 月 日 起止 燈稅
執照字第 號
等級 丁等
計燈 盞
填票員
收款員
中華民國卅三年九月廿六日 武漢戒煙總局填給

图 10-1　1944 年伪武汉戒烟总局收取售吸所灯税的收据①

1940 年以后，被毒化人口和区域日益扩大，日寇虽然加速烟土的输入，但仍供不应求，私土源源内流。日寇为了垄断烟土市场，加紧缉私，而暴利所致，私商更加冒险贩运，还是堵塞不了私土的来源。为控制私土数量，日伪当局增加了官土的供应量。到了 1942 年以后，伪戒烟局特业公栈配售的官土数量较前期增加了近三倍，仍满足不了市场需求，官土黑市价高涨 60%。由于烟土价格坚挺，一般银钱业和社会游资把它视为乌金，竞相争购，囤积居奇，以致外来私土源源不断，仍然供不应求。

在伪戒烟局的大力经营下，武汉地区鸦片贸易畸形繁荣，一货难求，为此日伪当局决定广辟货源，保证市场供应，并压低市场烟土价格，以便吸引更多

① 涂文学主编：《沦陷时期武汉的社会与文化》，武汉出版社，2005 年，第 236—237 页。

的市民吸食。而此时，在日本的殖民统治和毒化政策下，几乎所有的日占区都在疯狂地推销鸦片，烟土供不应求，造成全国性的鸦片货源紧张。为扩大烟土销量，伪武汉特别市政府用新手段，设法扩大鸦片货源。1940年1月，当时隶属于伪武汉参议府的戒烟局致函日军汉口军部，报告因武汉及湖北地区鸦片货源紧张，请求日军特务部特批该局紧急向北京订购鸦片10万两。该报告被批准后，戒烟局立即派人到北京购买烟土，未曾想北京的鸦片货源也十分紧缺，几经努力，花了"联银券64万元"，只买回4万两。①

面对市场扩大和货源紧张的局面，戒烟局加大了鸦片采购力度，成绩也十分"显著"。1939年6月日伪政府组织了一大批鸦片投放武汉市场，由于数量过大，竟一时推销不出去。为此，日伪决定大幅度降低鸦片的售价，一方面打击市场上的私货，强化伪政府鸦片专卖的垄断地位，另一方面用低价吸引更多市民吸食鸦片。为此，时任伪武汉特别市政府财政局局长索樾平向伪市长张仁蠡提交了一份报告。在报告中索樾平指出：

> 自大批红土到汉后，以成本高于在汉市行销之川、滇、黔货价一倍之多，奸商渔利，吸户贪廉，以致私货充斥，官土滞销。兹查现存政府之土，计有六万九千四百余两，又行、店两商原购之货，因本高滞销尚存未售者，经派员查明计有一万九千八百两。若不亟谋推销办法，影响收入甚大。拟将公定价格每两（从日币十六元）减为十二元，所有各该商等现存红土，准其每两减价四元，将来在续购官土应缴价款内扣抵，以示体恤。②

这个建议被采纳后，武汉市面鸦片价格很快降下来，积压的鸦片也很快被抢购一空。

---

① 伪武汉特别市政府：《武汉特别市市政府指令：将官土每两减为12元，土商红土准其每两减价4元》，武汉市档案馆档案，档案号：9—31—754。

② 武汉特别市政府：《参议府委请代购阿片》，武汉市档案馆档案，档案号：8—9—138。

伪武汉特别市鸦片之买卖员数及公定价格表①

中华民国二十八年五月二日公布

中华民国二十八年六月二十四、八月十七日两次修正公布。

(1) 鸦片之批发及贩卖业员数：

批发人（即土膏行）25 名以内。

贩卖人（即土膏店）50 名以内。

上列批发人及贩卖人必要时，经武汉特别市长之核准，得组设土膏联合公司。

(2) 鸦片之公定价格：

一、对联合公司批发价格：每两拾贰元。

二、联合公司对外批发之分卖价格：一次购买一千两以上者，每两拾贰元二角；一次购买五百两以上者，每两拾贰元三角；一次购买二百五十两以上者，每两拾贰元四角；一次购买二百五十两以下者，每两拾贰元五角。

三、联合公司售卖膏棒价格：每两为拾陆元六角五分。

上项膏棒价格，政府得随时察酌联合公司营业状况，以命令改定之。

在大力从西亚、印度等地组织鸦片输入中国的同时，为进一步扩大鸦片销售利润，1939 年 10 月，日本兴亚院在东京召开“调整中国鸦片供应关系洽商会”，会议决定对华鸦片供应应摆脱对西亚等地鸦片的依存，在中国境内扩大鸦片生产。根据日本统治集团的统一部署，华中地区也要执行“在所辖地区内制定区域种植罂粟，增加生产”的政策。根据这一政策，日伪在黄陂、武昌县等地强迫农民铲除地上农作物，开始试种烟苗。在黄陂县，1940 年成立专门的机构传授鸦片种植技术，“以日军小笠原任指导官，成立农林指导所，招收学生，专授种烟知识，就农场内实习，分发各乡，勒令人民种植”，然后以贱

① 武汉市档案馆档案，全宗号：9-31-296，时间：1939 年 8 月。

价收购，满足市场需求，并攫取超额利润。① 在武昌县，起初日伪政府以“武昌城郊之东湖沿岸普爱乡之肥美地区与纸坊镇之三斗坵一带，为首期推广种植之实验区域”。1940 年 1 月，在武昌县普爱乡，日伪政权于青林寺召集本地乡绅和保长开会，公布并说明日伪政府鼓励鸦片种植的政策。日伪当局假惺惺地提出，此次试种烟苗是由杨缵绪力争所得。若能取得成功，“将来不独利益无穷，且种烟工作异常忙碌，无片刻余暇，实能养成人民勤劳习惯。如此美举，何乐而不为”。1941 年 7 月，伪湖北省政府制定了《湖北省各县禁烟禁毒奖惩暂行办法》，该办法提出：对于“禁烟禁毒成绩突出”的人员，分别给予升用、晋级、加俸、记功、嘉奖等五种奖励，对“禁烟禁毒不力人员”则分别予以免职、降级、罚俸、记过、申戒等五种惩戒。表面上看，这个政策名为禁毒，实际上是强化毒品专卖和集中经营。为强迫农民改种鸦片，日伪当局威胁利诱，提出凡种植鸦片者“视收得烟土多寡为考，查种植勤惰之标准，普通每亩地产土一斤为及额，多奖少惩。其种子、肥料，概由日本发给。倘有违抗阻止及隐不登记者，立即报告皇军惩办，并没收其土地，铲除青苗，强行种烟，绝不客气。”按这一政策，“城郊附近冰池一带（保安门外距城约三华里），实行地亩登记工作。一般民众怒目切齿，甚感不安。”② 武昌纸坊之三斗坵与沿东湖之肥美地区以及其他被勘择之田亩都种上了鸦片，“果片罂花，毒气荡漾”，一直到武汉光复后，这种情形依然可以看到。③

为保证日寇毒化政策有计划地实施，日伪当局还在武汉附近重要通道设立了 12 个检查关卡，派人检查缉私，规定凡属买卖或储存私土、吗啡及其他毒品，一经查获，全部没收，人即扣押，索取罚金，甚至判刑。不过，由于日伪当局与奸商内外勾结，所打击的主要是一些小鸦片贩子。一些大鸦片商运销鸦

---

① 黄陂县政府：《黄陂县抗战史料》，湖北省档案馆档案，档案号：LS3-5-5492。

② 湖北省第一行政督查专员公署：《据武昌县呈报杨世华、张子诚等为敌利用强迫乡民种植烟苗等情转电核示由》（1940 年 2 月 1 日）湖北省档案馆档案，档案号：LS3-5-5477。

③ 湖北省政府：《1946 年，国民政府复员后，原伪政府人员声讨沦陷时期的日伪罪行》，湖北省档案馆档案，档案号：LS3-5-5477。

片无数，却很少受到处罚。如李和卿 1943 年底，一次私运烟土 1 300 余两，被水警局查获后移送戒烟局，“仅罚金五万元，饬献国防金五万元”。①

根据统计，从 1939 年到 1942 年，武汉戒烟总局每月销售鸦片的数量均在五位数以上，总销售量 200 多万两，共获利 6 000 多万元军票，成为仅次于盐政收入的第二大财政来源。②

表 10-1　伪汉口市警察局对全面抗战期间人民被迫吸食烟毒及种植烟苗所受损失调查表③

县市别	吸食烟毒							种植烟苗						备考
	原有居民人数			被迫吸食烟毒人数			所受经济上之损失	原有农田亩数		被迫种植烟毒亩数		所受一切经济上之损失		
	合计	男	女	合计	男	女								
第一分局	48 774	23 581	2 513	98	74	24	500 000							查五、六、七三分局经济损失无从估计，故付阙余。九分局原系日侨所居之区，我国所居该区住民为数甚少。
第二分局	61 984	30 957	31 027	97	34	63	18 000 000							
第三分局	39 570	21 091	18 479											
第四分局	39 755	57	17 245	29	24	5	2 528 206							
第五分局	73 275	42 169	31 106	51	41	10								
第六分局	29 046	21 251	7 795	26	14	12								
第七分局	35 290	19 142	16 148	18	11	7								
第八分局	13 584	1 281	6 303											
第九分局	1 652	993	659											
第十分局	26 910	15 977	10 939											
第十一分局	35 856	20 507	15 349	104	81	23	37 440 000							
第十二分局	83 152	46 147	37 005	10	8	2	28 800 000							
第十三分局	39 707	20 525	19 182	10	9	1	2 000 000							
第十四分局	52 380	30 481	21 899	13	11	2	4 012 000							
	580 935	322 606	258 329	456	307	149	77 080 206							

① 《大毒品犯仅罚款了事》，《大楚报》1944 年 3 月 6 日。

② 夏国尧、黄少吟：《日伪武汉戒烟的黑幕》，政协武汉市委员会文史学习委员会编：《武汉文史资料文库》(第 6 卷)，武汉出版社，1986 年，第 275—276 页。

③ 武汉市档案馆档案，全宗号：历 9-31-8577，时间：1946 年 7 月。

二、娼妓问题

沦陷时期，日伪当局极力推行毒化政策的同时，为了增加财政收入，对其他一些有害于中国人的“特殊商业”如娼妓业等也大力支持。娼妓本是一个深层的社会问题，早已存在。在沦陷前，武汉市政管理机关就该问题已经开始着手规划，规范管理，逐渐改良，并在强制妓女登记、性病检查等方面取得一定成效。沦陷后，这些工作被迫中断。因为贫困以及日伪军政人员的放纵，沦陷后武汉娼妓业快速发展。1940 年 4 月日伪当局开始对娼妓进行登记和检查，先后颁布了《武汉特别市妓女检治所检治办法》《妓女登记办法》《划定汉口娼区办法》《取缔私娼办法》等管理法规，“对于妓女身份之识别及取缔各事，于发给登记证外均有详尽之规定”，形成娼妓管理制度。①

1. 娼妓管理

沦陷时期武汉地区的娼妓分为几种，既有在伪政府登记、定期缴纳“花捐”的明娼，也有各种暗娼。自 1940 年 4 月开始实行妓女登记制度后，伪汉口特别市政府在警察局设立了妓女登记处，规定凡是在汉口地区执业的妓女均需登记并到检治所进行性病检查。然而实际情况是，由于日伪当局对娼妓的管理并不严格，同时妓女由于生意时好时坏，常有暂停营业或离开武汉的情况，难以管理。为此，日伪警察局在人口比较密集的第二、第三、第四、第五和第七分局派专员长期驻守，同时会同户籍保甲人员一道加强妓女稽查和办理登记事宜，遇到有遗漏未登记的妓女随时登记。在日伪的严密控制下，办理登记的妓女日益增多，但仍然有大量的暗娼，躲避伪政府登记，暗中营业。

根据伪政府妓女登记办法，沦陷时期法租界以外的妓女最初由伪警察局管理，并设立专门的妓女登记处，规定每半年登记一次。由于工作成效不高，1943 年张仁蠡下令，“关于本市妓女检治办理已久，成效未著。兹为改善起见，着将妓女登记处裁撤，所有经管事务归并妓女检治所及各卫生事务所统筹

① 《伪武汉特别市市政府财政局为核定妓女交纳花捐证名称并与相关厅局联系事由呈报伪市政府文》，武汉市档案馆档案，档案号：历 9-31-8762。

办理，以专责成，除各分局、卫生、警察仍旧保留外，其余登记处所属人员应即开列名单报府以凭分拨安插"①，决定撤销妓女登记处，所有事务由社会局、卫生局和警察局负责。根据伪市政府的统计，1940 年登记的妓女共 1 398 人，其中甲等 582 人，乙等 510 人，丙等 306 人。② 由于众多暗娼的存在，大量妓女并未登记，因此实际人数远远比这个统计数字要多。对于不登记缴纳花捐的妓女，警察局查知后一般要其缴纳罚款。《武汉报》就记载了两位未登记妓女被警察抓获受罚的情况：

本市余庆里十二号之黄陂女子喻美玉，与住于小陶家巷十号之女子朱桂珍者均为破瓜年华，娇艳动人，乃以家境寒微，东风无主，在生活腾贵之下，无法谋生，均只得堕落风尘，以作神女，谋取衣食……该俩于日昨出堂差时，却于应付不暇之中，而忘带花票，被警查觉，带回警二分局讯办……着依妓女罚法，各罚洋二元示惩后交保，并令以后不得再犯云。③

从 1940 年 12 月妓女登记的情况看，大部分妓女为湖北本地人，占总数的 60%左右，这些女子多为生活所迫，为生存而卖身。其次是江苏的妓女，大约占到 30%左右，其他省的妓女比较少。④与沦陷以前的武汉娼妓业从业人员构成情况相比，这一时期外省妓女的数量明显减少，说明职业化的外籍妓女流失较多，从事娼妓业的多为生活所迫的本地女子。另外，沦陷以前从业妓女的年龄必须在 16 岁以上并且发育良好。武汉沦陷后，从日伪市政府卫生局的统计资料看，妓女从业年龄已经降到 11 岁，且 11 岁到 20 岁之间从事妓女职业的女性超过妓女总人数的 60%。⑤ 显然许多尚未发育成熟的年青女性无以为生，被迫走上此道路，其苦难可想而知。

随着娼妓业的发达，为了防止花柳病蔓延，日伪当局加强了对妓女的性病

① 《为裁撤妓女登记处案》，武汉市档案馆档案，档案号：bB1122/28。

②④ 《汉口特别市政府二周年市政概况·医政》，1941 年，武汉市档案馆档案，全宗号：bB13-5。

③ 《忘带花票，妓女受罚》，《武汉报》1941 年 11 月 5 日。

⑤ 《武汉特别市政府公报》1940 年 12 月，武汉市档案馆档案，全宗号：bB1122/12。

检治工作，该工作具体由卫生局负责。1940 年 4 月卫生局设立妓女检治所，规定每年妓女登记领证时进行一次总检查。在日常，凡是在警察局登记报捐的妓女也由警察局开具名单检治所强行检验。一般检验的情形是这样的，由警察局将登记证盖印送医院后，即由医院按照顺序通知妓女们前往检验。检验的时期也分甲乙丙丁四种，甲种每月检验一次，乙种两次，丙种三次，丁种四次。① 从表面情况看，妓女为了保证营业，都得遵从命令到期自动前往医院接受检验，但检验之后，不管什么结果，这些妓女为了生活，不管是否有病，仍得继续出卖肉体。“卖了肉体，又得继续的生病，辗转检验，辗转检治，到头来依然是逃不出一个死的圈子呵！”② 虽然对发现患有性病的妓女会立即勒令停业，留所进行治疗，待治愈后，再发还营业证章，但这些女子回到娼寮后很快会再次染病，所以尽管日伪政府采取了许多措施宣传性病防治措施，并以免费等方式收治因贫困无力缴纳膳费的妓女，但效果并不好。此外，除了妓女之外，市面上还有一些舞女及食堂侍女以歌唱侑酒为营业而仍有秘密卖淫行为。对于伪政府的妓女检治政策，这些未登记的妓女采取回避态度。“少数无知妓女，不无怀疑规避者”。③

尽管前往妓女检治所进行性病检查的妓女数量有限，与实际从业的妓女数量差异较大，但从已经检治的妓女情况看，妓女的健康状况非常差，梅毒、淋病等传染性性病患病率非常高。从上表中可以看出，绝大部分受检妓女都不同程度患有性病，说明当时妓女的工作条件和健康状况十分糟糕。

日伪政府规定，凡娼妓从事人员必须到警察局登记，并向财政局缴纳“花捐”，花捐成为日伪政府重要的财政收入来源。根据营业状况，伪政府将妓女分为五等，根据不同的等级每月定期征收花捐，其中头等妓女每月征收 80 元，二等 50 元，三等 30 元，四等 20 元，五等 10 元。除了花捐外，伪市政府通过

---

① 《武汉特别市政府公报》，1940 年 6 月，武汉市档案馆档案，全宗号：bB1122/21。

② 《保护市民健康灭除性病传染，妓女登记检治的概观》，《武汉报》1944 年 5 月 5 日。

③ 《汉口特别市政府二周年市政概况・医政》，1941 年，武汉市档案馆档案，档案号：bB13—5。

娼妓业收取的还有局票捐，伪市政府税捐征收规则规定："凡在本市区之乐户、旅栈、酒楼、游艺场所及住宅堂宴征招妓女者，均应缴纳局票捐。"局票由伪汉口特别市政府发行，每张局票面值六角，限征妓女一名。凡是客家在旅社、酒楼等地方叫妓女陪伴，只需在局票上填写妓女的花名即可，称之为"叫条子"。通过诸如以上各种形式，日伪政府通过娼妓业获得了大量财政收入。

2. 娼妓业泛滥

武汉沦陷以前，娼妓业发达地区主要集中在江汉路和中山路一带。沦陷后，这些地区均被日军占领，由于法租界在沦陷时期仍然由租界巡捕房维持秩序，没有日本宪兵的骚扰，因而市面畸形繁荣，一到夜晚，灯火通明，为娼妓业的发展提供了良好的条件，娼妓业率先在这里发展起来。在法租界的妓女多为高等妓女，一般说扬州或苏州话，在新成里、长清里和永贵里租有房子接待客人，一般妓女则以法租界里的旅馆为据点营业。这些妓女定期向法租界巡捕房缴纳捐税以获得保护。根据统计，沦陷初期法租界各级妓女总数在500人以上。"每值华灯初上，笙歌盈耳，殊能表现汉口市面繁荣。"①

沦陷时期，除了法租界外，武汉其他地区的妓女人数也很多，遍布武汉三镇，其中较集中的地方包括汉正街沈家庙、淮盐公所一带、中山路新市场一带、清芬路一带、生成里一带。与法租界高级妓女比较集中的情况相比，汉口难民区是下层妓女较多的地方。每到夜晚这些妓女便站在街头等待顾客，"她们宛似一群待宰的羔羊，拖着没精打采的的躯壳，亭亭玉立在街头巷尾，眼光是那么枯涩，送盼传笑，希冀获得那些陌路人的垂青"。这些妓女的主顾大多是一些下层苦力，收入并不多，"一夜的温存，至多不过五六元的法币。甚至有许多不到十四五岁的小姑娘，也会被龟奴鸨母赶到这种皮肉的市场里去，忍痛负创干卖笑的生活"。②

从事娼妓业的妇女多为生活所迫，还有很多是被流氓地痞拐骗或卖到妓院

① 《日伪统治时期武汉社会食宿及娱乐状况》，湖北省档案馆档案，档案号：LSA2.2-14。
② 石子：《汉口难民区巡礼》，《大楚报》1941年7月10日。

中的。这些妇女生活困苦，不仅要忍受客人的兽性蹂躏和老鸨的无情剥削，还经常受到警察、特务和地痞流氓的欺压。

尽管伪汉口特别市政府也设置了妓女检治所等机构，要求妓女定期检查性病，严重者予以治疗。但实际上，接受检治的基本上是拥有执照的妓女，更多的暗娼根本没有检治，即使是接收检治的妓女健康状况也极差。以1940年伪汉口特别市卫生局妓女检治所对当年检查妓女性病的结果看，从事娼妓业的妇女，绝大部分患有性病，其中以患淋病者最多，占75.56%，梅毒占10.93%，下疳占6.73%，混合传染占2.14%，第四性病占11.5%，无病者仅占总数的4.44%。即使进行了检验，这些妓女的命运并没有丝毫改变，一旦人老色衰，性病进入晚期，这些妓女便被老鸨龟头赶出妓寮，流落病死在街头。

三、帮派组织与赌博业的兴盛

除了毒品和娼妓外，沦陷时期武汉另一个严重的社会问题就是赌博。沦陷时期，武汉的赌博业除了法租界外，多为青洪帮控制。由于青洪帮利用自己的船只帮助日伪运送军火和其他物资。作为回报，日伪当局暗中支持他们从事赌博业。沦陷后，汉口的第一家公开赌场“合利公司”就是由青帮人物陈任卿、杜超等开设。该赌场设在汉口交通路生成北里，内设有单双、二十一门、大牌九、小牌九等赌博项目。该赌场还设有“押当部”，输钱的赌客若已将所带的现金输光时，可将手上戴的金戒指、值钱的表和大衣等物拿到“押当部”抵押，换取现金，继续再赌。

继“合利公司”后，公开的赌场还有后来在特二区的原惠罗百货商店楼上开设的“武汉俱乐部”，主办人是洪帮的杜超和邓锐。这个赌场除了一些传统的赌博方法外，还有西方国家的“三十六门轮盘赌”。三十六门轮盘赌，在上海租界早就有了，但武汉直到沦陷后才出现。该赌博方式赌资数额极大，加上形式新颖，吸引了很多人参加，许多市民为此倾家荡产。

在正式的赌场外，还有一种花会台子的赌博形式。所谓“花会”，又叫三十六门，是一种迷信色彩十分浓厚的赌博方式。它有三十六个名称，如坤山、良玉、九官、火官等。根据规则每次下花会庄家可收三十五门的钱，只赔所出的一门钱，而且只赔 28 倍，内有一倍作为手续费，因此“花会”的赔款方法是赌场老板只赚不赔的。当时较大的花会赌博公司是设在生成北里的信利花会公司，老板是青帮头子陈任卿。

花会这种赌博方式，形式灵活，不论赌资多少都可参与，而且在汉口的大街小巷遍设分点，吸引了很多市民参加，当时汉口的男女老少几乎都被这种花会赌博骗过钱，很多无知家庭妇女甚至连生活费也被骗走。太平洋战争爆发后，由于南京汪伪政府下了禁赌、禁舞和禁烟的“命令”，又加之盟军飞机不断地来汉口轰炸，汉口公开赌场和花会赌博渐渐消失了，但地下赌场和打麻将、推牌九、设宝局等赌博一直没断。

第二节　市民复归与难民遣散

1938 年 10 月，日军进入武汉后大肆烧杀抢掠。自 25 日起，武汉三镇燃起大火，至 28 日仍未熄灭。武昌国民党党部、行营，汉阳的兵工厂和汉口北部如大智门一带的民房全被烧毁，变成废墟，电话、自来水等也均告断绝，大批市民流离失所。另外日军侵略者入城后还大肆强占公私住房，用以设置机关和驻扎军队，大批居民被日军从住宅中赶出。这些居民和流离失所的难民，一律被日军迁入难民区。在对武汉市民进行分区管理的同时，日军为了维持其庞大战争机器的运转，还采取了“以战养战”的经济统制政策，对武汉人民进行了赤裸裸的掠夺，大量的粮食、农副产品、油料、棉花和皮毛落入敌手，造成了武汉市面物资匮乏，人民生活极端困苦，社会一片萧条。

一、城市居民的逃散与复归

沦陷前后，武汉城市结构和人口构成状况均发生了显著变化。

1. 城市人口逃散与户籍管理

图 10-2　武汉沦陷前夕，市民拖家带口离开武汉⑦

武汉沦陷后，原有的城市发展进程被打断，整个城市呈现出病态的社会景观。表现在城市人口上，首先是市民人数的迅速减少。全面抗战爆发前，武汉的人口在120万左右，南京沦陷后随着难民和其他军政人员聚集武汉，人口达到 150 万人。① 其中汉口的人口是 72 万。② 国民政府决定弃守武汉后，积极组织武汉市民疏散，根据汉口、武昌和汉阳警察局清查数字，9 月 15 日三镇人口包括特三区及法租界在内，已降至 75 万左右。③ 至中国军队撤出武汉之际，留在武汉城内未及撤出的人口大约有 40 万人。④日军入侵后，“市民逃避一空，繁华市镇竟呈荒凉之景象，热闹商场，徒余鼠窃之惊，所历浩劫亘古未有。”大量的市民逃散使得城市人口锐减，其中汉口仅 15 万人，仅为正常人口的五分之一。⑤ 根据伪当局统计资料，1940 年武汉人口为 31 万人。直到日军投降的 1945 年，三镇人口为 79 万，1946 年武汉人口增至 88 万人，⑥ 仍未恢复到战前水平。

---

①④　《战事迫近武汉四周》，《申报》（香港版）1938 年 10 月 25 日。

②　《各大城市按月户口变动统计（民国廿三年至民国廿七年八月）》，《统计月报》，1938 年第 36 期，第 140—141 页。

③　《武汉三镇户口总清查》，《申报》（香港版）1938 年 9 月 17 日。

⑤　《西报通讯员调查汉口之形形色色》，《申报》1939 年 1 月 1 日。

⑥　《武汉人口统计》，《申报》1946 年 4 月 28 日。

⑦　美国《LIFE》杂志 1938 年 12 月 12 日。

表 10-2　1939 年 8 月武汉户口统计表①

伪“武汉特别市市政府警察总监部户籍股”制

		户数	人口数							
			男	女	男孩	女孩	计	上月计	差增	差减
汉口局	第一署	9893	20057	18050	13905	13082	69044	97489		33395
	第二署	15101	36103	39063	9158	8043	82367	71974	10393	
	第三署	5968	12106	8235	2411	2153	24905		24905	
	第四署	9555	18165	14594	4018	2679	39097	56960		17872
	第五署	2868	7189	6384	2677	2658	18908	18690	218	
	第六署	1204	3735	3036	760	655	8186	8291		105
	第七署	16110	25915	22154	12137	8745	18951	90815		21864
	江岸分驻所	1663	2192	1787	1960	3747	5836		5836	
	计	62332	125465	103303	45126	38450	312344	344228	41352	73236
武昌局	第一署	6605	9533	8992	2459	1628	22657	27133		4478
	第二署	2927	3055	2353	757	629	6796	5817	979	
	第三署	906	1426	1167	341	375	3209	1069	2140	
	第四署	1778	2353	1848	614	518	5333	4264	1069	
	第五署	3572	5672	4646	1654	1182	13184	13128	56	
	计	15758	22044	19008	5855	4272	51179	51413	4244	4478
汉阳局	第一署	7521	10710	10172	5439	4467	30482	50540		58
	第二署	2002	3373	3041	1282	1223	8919	9125		206
	鹦鹉洲分驻所	3247	5598	2887	621	5482	9594	10656		1062
	计	12770	19681	16100	7342	5524	48995	50321		1326
总计		90890	167190	138411	58323	44594	412518	445962	45596	79040
上月计		98780	166769	145935	69198	44050	445962			
本月与上月之比较	增		427							
	减	7890		7524	10875	544	33444			

记事：一、本表男女小孩以十岁为标准，十岁以上者列入男女口内。

二、本月份减少原因

(1) 因军区开放，向军区内移动居住者多。

(2) 因复归者众，各房主皆陆续归来，以前居住之难民多半他迁。

其次在人口结构方面也有较大的变化。作为中国内地最早对外开放的城市，武汉外侨的数量一向很多。日军侵入武汉后，武汉对外贸易基本停顿，外侨为躲避战乱，纷纷回国，特别是英美籍外侨人数迅速下降。武汉沦陷初期，

① 《武汉特别市市政府公报》1939 年 9 月，武汉市档案馆档案，全宗：bB1122/16。

除日本人外，各国在汉侨民尚有947人，其中，英国侨民最多，共有237人；其次为白俄，共有168人；再次为美国侨民，共有132人；其他为德、意、法、印等国侨民。至1941年10月，英侨123人，美侨34人，法侨63人，其他国家67人。太平洋战争爆发后，英美及其盟国在汉侨民更被悉数驱赶。另一方面，随着日本对武汉的全面占领和殖民经济与文教事业的发展，日本在汉人数迅速增加，1941年10月日本在汉侨民达985人，1945年日军投降时，登记入册的日侨更多达12988人。在汉日侨在各方面均享有特权，成为中国人民的“太上皇”。

沦陷时期，有关户口调查和人事登记等方面的工作，按照《社会局组织规则》相关规定，这个工作的实施者应该是伪社会局。不过实际上沦陷时期有关户口管理、户口调查和人事登记等相关工作均由伪警察局负责。“全市户口清查由警局派员并互调各分局局员，协同各该管分局户籍员警挨户复查，经此次清查后，地方治安益臻巩固”。① “警察局”内部设市民证发给处，对市民户籍进行管理。沦陷时期，为加强社会控制，伪警察局专门制定了《武汉特别市警案协助各机关检查住户暂行办法》，规定：“各机关因办理案件检查私人住宅须由警察协助时，悉依本办法行之。”一般情况下，日伪各机关要清查户籍人口时，需先行通知所在地区“警察局署”，“警察局署”接到通知后，即时派官长一人、警士二人协助办理。当情势紧急时，也可以不通知“警察局”，由日伪特务机关直接“提出检查凭证，通知附近岗警协助办理，岗警不得无故拒绝其请求”。②

2. 市民复归计划及其实施

日军侵占武汉后，大量市民逃散，城市人口锐减，市面萧条，一些基本的城市功能也不完备，这一局面极不利于日伪在武汉的统治。为了装点门面，增

① 《汉口特别市政府二周年市政概况·警政》（民国30年），武汉市档案馆档案，档案号：bB13—5。

② 《武汉特别市警案协助各机关检查住户暂行办法》，《武汉特别市市政府公报》1939年9月，武汉市档案馆档案，档案号：bB1122/16。

加税收，恢复城市基本功能，并构建新的城市统治秩序，伪武汉特别市政府成立后，首先进行了规劝离乡离业的武汉市民复归复业的活动。

市民复归计划从1939年初开始由伪政府着手实施。为推进此项计划，伪武汉特别市市长张仁蠡于1939年6月发表施政方针谈话，提出："汉口各区已渐恢复，武昌、汉阳亦经条具方案办理复归复业，限以时日必期竣事。其无家可归与老弱残废不任职业者，则组织救济委员会，并由市政府拨款十万元以示提倡，再由绅商暨各慈善团体广为劝募，期获大规模之救济。"① 市民复归计划由伪政府主持进行，主要目的是恢复城市秩序和功能，同时也具有部分市民救济的性质。

日伪在实施市民复归计划的同时，采取了严格的审查甄别制度，防止抗日军民通过此计划进入武汉城区。根据日伪规定，复归市民首先要登记，领取安居证。以伪武昌维持会为例，武昌难民复归共设五处登记处：第一登记处设在武昌八铺街至善堂内，第二登记处设在武昌武胜门元善堂内，第三登记处设在汉口大夹街五贵巷口，第四和第五登记处设在汉口法租界巡捕房。日伪对复归市民有着严格的甄别制度和地域管理制度。居住在不同城区的市民的通行证和往来方式均有区别，"凡未领安居证之武昌地区住民及近郊住民为交易而有通行武昌之必要者，及对雇佣于军队、居留民之中国人，照历来办法交付通行证"。② 一般市民出行须满足以下规定：1. 持有汉口陆海军特务部及武昌分室发给之安居证者，许以通行武汉三镇。但仅持有汉口陆海军特务部发给之安居证者，暂停出入于武昌；2. 武昌及郊外之通行，须有军特务部武昌分室发给之安居证或持有通行证者方得许可；3. 除军特务部武昌分室发行之安居证及通行证外，其他一切证明书者，暂停通行之效。

对于复归的路线和所携带的用品，日伪也有严格的规定：从武昌北部复归

① 《市长施政方针谈话》（1939年6月15日），《武汉特别市政府周年纪念特刊·总纲》，1940年，武汉市档案馆档案，档案号：bB4/14。

② 军特务部武昌分室拟订：《武昌市民复归工作计划》（1939年5月），武汉市档案馆档案，档案号：历8-8-20。

的市民必须走江岸道路、武胜门街；从武昌东部复归的市民必须走熊廷弼路通武汉大学道路；从武昌南部复归的市民必须走武泰闸、中正桥；从汉口方面复归的市民必须走江汉关第十五码头或汉水码头；市民复归必须在早上 9 时到下午 5 时之间，其他时间不允许移动；在市民复归的路上，日伪设立专门的检查站，每个检查站由日军特务部派 1 人，市政府派 2 人，检查安居证和市民随身携带的行李物件，如果搜出军火和火药类物品则予以严惩。①

在日伪鼓励和推动下，随着社会秩序的基本恢复，在沦陷之初逃散的城市居民也陆续回到武汉。自 1941 年后，武汉人口又有回升。以汉口的家庭统计为例，1940 年汉口有户数 76 264 户，1941 年增加到 122 368 户。

二、难民问题

沦陷时期，武汉难民问题十分严重，成为一个突出的社会问题。根据不同材料推算，沦陷初期武汉地区大约聚集了 15 万至 40 万难民。日军在汉口、武昌和汉阳均设立了专门的难民区，加上法租界以及武汉城市周边地区，都聚集了大量难民。

（一）难民与难民救济

1. 难民问题的形成

早在沦陷前，武汉地区便聚集了大量难民，这些难民主要来自长江下游地区，很多是南京沦陷后来自江苏、安徽等被日军占领地区的民众。武汉会战开始后又有大量来自河南等被日军攻陷地区的难民涌入武汉。这些难民在武汉被日军攻陷之前，有的随着西迁的武汉军民继续向西往长江上游地区和湖南等地迁移，还有一部分疏散到武汉周边的农村地区，另外还有大量难民依然流落武汉街头。武汉沦陷后，日军在武汉疯狂抢掠，许多市民的房屋被焚毁、拆除，稍好一点的建筑也被日军或随日军而来的日本商人占据。“汉口方面，特一、

---

① 军特务部武昌分室拟订：《武昌市民复归工作计划》（1939 年 5 月），武汉市档案馆档案，档案号：历 8-8-20。

二、三区，敌人划为商业区，模范区划为军事区，这三区只准住日本人。”① 在日军的抢掠下，一方面城市被日军摧毁严重，大量房屋、土地被战火焚毁，人民流离失所；另一方面日军和伴随日军入城的日本商人肆意侵占民房和民企，原有市民被驱逐。这些民众先在租界等地聚留，后又被日军赶入难民区，形成一个巨大的城市群体。

2. 难民救济

大量的难民每天要消耗大量的物资，要解决衣食住行等问题。然而武汉沦陷后，由于战火的破坏和日军的抢掠，武汉的城市经济已经遭到彻底破坏。此外，武汉会战后日军的军事攻势日显颓势，中日在军事上开始进入相持阶段，武汉这座城市本身就处于战争的前沿，周边地区一直处在战火中，使得武汉不能像早期沦陷城市一样，周边有相对稳定的腹地提供农副产品和其他物资。过去武汉是区域乃至全国的商业中心，各类物资从各地源源不断地输送到武汉集散，如今商路断绝，包括粮食、煤炭等基本生活物资都难以保证，更不用说其他物资了。

武汉沦陷正值深秋，天气逐渐变冷，衣物和食物短缺问题十分严重。根据《申报》援引从武汉逃难出来的外侨的叙述，沦陷初期汉口地区有难民 7 万余人，武昌东北区域有难民 7 千人，武昌近郊有难民 1 万人。日军把难民都赶到收容所里，并派宪兵把守巡视。由于临近冬季，日军加大长江运输运量，“刻在冬季以前，赶运应用物品贮存汉口，日军并向各难民收容所征抽男子，起卸其运抵汉口之物件，辄不予分文”。繁重的苦力劳动和食物的缺乏使得大批难民病倒。沦陷初期，汉口还有部分积粮可以维持，武昌这边粮荒问题则十分严重。在日军的严格管控下，不允米粮载运过江，汉口这边的粮食不能救武昌之急，“对岸武昌难民之用水食粮，均感缺乏”。②

为救济难民，防止发生大规模死难事件，伪武汉治安维持会和社会各界

---

① 《武汉沦陷后情形》，《申报》（沪版）1939 年 4 月 13 日。

② 《汉口难民食粮恐慌》，《申报》（香港版）1938 年 12 月 12 日。

图 10-3　武汉沦陷后，在汉口英租界街边栖身的中国难民①

积极开展难民赈济活动。1938 年冬天，伪武汉治安维持会救济组发起冬赈募捐活动，向同业公会摊派冬赈募捐，收到募捐款法币 4 000 元。在法租界，由于难民人口急剧增加，且大量难民为穷苦之辈。法国领事高兰氏发起募捐活动，捐资 20 万元作为救济难民及防疫医药之费。银行公会方面也发起捐款活动，共捐资 2 万元。② 此外，一些慈善组织也采取募捐和施粥等方式开展冬赈活动。尽管与庞大的难民群体相比，这些活动在总体上收效不大，但在一定程度上缓解了难民问题。另外，日军侵占武汉后，美国教会创办的东湖卫生疗养院在总经理艾伦·R. 鲍因顿领导下也接纳了 2 万武汉难民，为难民施粥、看病，庇护难民半年多，直到伪武汉特别市政府成立后该难民营才被强制撤销。③

① 邓正兵、朱莉主编：《武汉会战日方图片汇编》，武汉出版社，2013 年，第 234 页。

② 聚兴诚银行：《救济难民及防疫捐款》，武汉市档案馆档案，全宗号：104-1-107。

③ 陈勇：《东湖疗养院的“辛德勒”故事》，《长江日报》2007 年 6 月 4 日。

（二）难民遣散活动

大量难民，形成了一个庞大的群体，导致了一系列严重的社会问题。难民每天需消耗大量的物资，然而沦陷后的武汉经济残破，商路断绝，生活必需品匮乏，这些给伪政府带来了巨大的管理压力。面对困境，伪武汉市政府在成立不久便开始着手外籍难民的清理和遣散活动。

1939 年 5 月，伪武汉特别市政府颁布《社会局遣送难民回籍办法》，该办法以“遣送客籍难民复归以免久羁异地流落无依为主旨”，将“所有盘踞商店之贫苦难民即指定地点予以疏散，侵害产权之无业游民即由社会局会同警察局督促迁移”。“遣送地点系下游……安庆、芜湖、大通、南京、镇江、上海六埠为限，至于其它各地容俟后设办法另定之。”①

难民遣送工作从 1939 年 5 月正式开始，但是实施初期推进并不顺利。在武汉市特别是城市周边地区一直聚集了大量难民。难民遣散困难的原因之一是流落到武汉的难民多从日军占领区而来，家乡已被日军战火焚毁，无家可归。另外这一时期长江航运运力紧张。由于大部分船只或已经在国民政府西迁活动中被征用或毁于战火，江面上能征用的民船很少。日军直接控制的船只也十分有限，并且要完成繁重的军事运输任务，没有足够的船只可以供伪政府遣散难民。更重要的原因是日伪加紧了对武汉地区难民的管制，害怕留在武汉的中国方面军政人员利用难民遣返逃离武汉，因此对遣返活动设置了重重障碍。由于以上原因，难民遣散活动在早期执行得很不好，不仅给被遣返的难民带来很多困难，同时也引起武汉本地市民的强烈不满，纷纷批评伪特别市政府的遣送办法手续极其复杂，各项条文落不到实处。即使是由日伪直接控制的《武汉报》也发表了不少市民批评该遣返活动的报道。为了平息舆论，伪武汉市特别政府责成宣传局对难民遣送办法的实施情况进行了详细调查。通过宣传局的详细调查，发现武汉媒体对难民遣返的报道是有根据的，甚至实际遣返手续比报纸讲

① 《武汉特别市政府社会局遣送难民回籍办法》，《武汉特别市市政府公报》（1939 年 9 月），武汉市档案馆档案，档案号：bB1122/16。

述的还要复杂。

根据调查报告，难民遣返行船各处均由日军特务部指定地点，在汉难民凡是希望乘船往安庆、芜湖、南京、镇江、上海等地，或由上开各地转往他处者，得述明事实，向伪社会局申请，再由伪社会局向军特务部请领发给相关文件。在领得军特务部颁发的乘船许可证后，由难民本人持该证，到日清公司取得乘船申请书，照式填写后由主管员决定船只，加盖橡皮章发给申请人（在此之前还得先问明船名及船期）。拿到前项许可证以及日清公司申请书后，难民还必须取得连同虎烈拉（霍乱）健康注射防疫证明书至江汉关北尾碇泊司令部办理相关手续。难民至江汉关日军碇泊司令部办理手续时，先从大门进，须向门卫敬礼（办公时间上午10时至下午5时），此后到卫哨室受付地点，经卫兵受付者验看后，再到便乘者受付处，将以上各种文件呈付检验。如果没有问题，可以领到一份请求书。填好申请书后，要加盖私章，交由该部主管员审核。江汉关北尾碇泊场司令部接受难民申请书后，经审核认为合格，一面发还军特务部之许可证，及日清公司之申请书、防疫证明书，并同时发给该部门名义之乘船许可证。至此，难民才可以凭此证再到日清公司购票。购票之后至最终乘船，还有很多繁杂的手续，所以这份报告最后总结说："以上各项手续繁多，不知者往往费时而误事，市民智识浅薄，有不能写字者，无法请领，甚而一般乡民惧皇军之神威，见有卫兵不敢擅入，或未明手续进退彷徨于途，情至可悯。"① 可见，难民遣返计划执行困难最重要的原因是日军对城市的严密控制。

由于日军严密防控，难民遣送活动进展比较缓慢。根据张仁蠡1939年6月所做的施政方针谈话，伪武汉特别市政府成立后，"经遣送四次计八百三十七人"。② 显然这个效率是很低的。随着局势逐渐稳定，以及救济难民等相关

---

① 《武汉特别市政府核准本市宣传局协助遣送难民复归办法卷》，武汉市档案馆档案，档案号：025—56。

② 《市长施政方针谈话》（1939年6月15日），《武汉特别市政府周年纪念特刊·总纲》，1940年，武汉市档案馆档案，档案号：bB4/14。

工作压力增大，日伪加快了难民遣送进程。1939 年 5 月日伪当局遣送难民 2 228人，至 1940 年 1 月共遣送难民 11 090 人，此后该项工作一直在进行，平均每月遣送难民的数量都在千人左右。对于本地难民则以划分难民区等方式予以安置。

第三节　安全区、难民区的设立与社会控制

除了对难民进行遣散外，日军入侵武汉后，为了尽快建立殖民统治秩序并严密地控制武汉社会，在汉口划分了军事区、安全区、难民区和“日华区”，并对法租界加强了封锁，武汉城市社会的发展出现了新的变态。

一、安全区设立及沦陷初期法租界的困顿

在中国守军撤离武汉之际，中华基督教循道公会湖北教区长饶永康神父就着手筹划设立安全区。该安全区包括前英国、德国和俄国租界各一部和汉口市一部分。此外，法租界也被划为安全区。沦陷初期，安全区共收容了无家可归的难民 7.52 万人。安全区成立之初，中方承诺在安全区域完全解除武装，日方也表示尊重安全区的设立，不允许日军随意进入安全区。然而日军入城后不久便背弃诺言，宣布“安全区之设立已过时”，并扬言：如果英军和意大利军队不允许日军进入安全区，他们将强行进入。面对日军的淫威，意大利领事为表示对日军的“友善”，首先开启由意大利水兵防守的栅门，请日军入内，紧接着由英军防守的第三区中的安全区也任由日军出入。日军在安全区内不仅对华人肆意凌辱，对于英美侨民及财产也无视国际准则加以控制和侵占，区内里弄、房屋，只要日军认为需用，原住户必须立即腾迁。

武汉失守之际，市民为了躲避战乱，大批涌入法租界，计有 8 万余人，最多时有 10 万人。法租界原本不大，人口承载力有限。战争发生后，大量市民

涌入，连同原来居民，小小的法租界竟容纳了20余万人，一时人山人海，拥挤不堪。为防止难民过多涌入，同时也防范抗日志士在法租界活动引起日军干涉，法租界当局关闭了栅子，并在每一段栅子处安设电网、沙包，派兵站岗，禁止任何人员进出法租界。日军进入武汉后，迅速对法租界进行了包围，同时以“租界内藏有反日本分子”为由，对法租界实行封锁。法租界遂成为沦陷初期武汉的一个孤岛。

日军进入武汉初期，法租界当局的态度还比较强硬。后来日军对法租界实行封锁，法租界当局不断让步，日军宪兵可以在租界内随时检查，随时拘捕行人。在法租界的栅门口有安南士兵守卫，同时也有日本宪兵守着，不准任何食物运进租界。如发现有行人带粮食进租界，则将这人罚跪地上，将粮食顶在头顶，一整天不准起来。被封锁后，法租界内生活物资极为昂贵，大米每担售价高达20元、炭每担售价16元、小菜萝卜1块钱2个。“因为租界被封锁，租界内十余万居民不易生活，困难万分。”①

由于日军的封锁，栅子关闭后，租界外面的难民不能进入，里面的难民也不能出来，内外人员和物资交通断绝。这么多难民关在租界里，缺吃少穿，生活无着犹如囚徒一般。栅子关闭当天，法租界的自来水就停了。没有水，难民的生存马上面临严重威胁。当时法租界，除了两口水井外，只有和利及赞育汽水厂排出的锈黄色的废水，根本没法食用。为了生活，租界居民被迫冒险穿过法兵岗哨和巡逻的日军，到江边取水。另外，由于人口众多加上缺水，法租界粪便无法及时处理。一时间整个租界臊臭难闻，卫生状况极差。沦陷之际还被人们视为躲避战火“天堂”的法租界，不多时便成了生活困顿的“地狱”。

除了用水以外，租界难民还得面临其他困难和压力。首先，是法租界巡捕房的盘剥。难民涌入法租界后，法租界巡捕房趁机征收各种捐税，大发横财。难民为求一席安身之地，只好交纳。另外，由于人口众多，法租界房屋租金一下子陡涨，许多人利用房屋谋利，以至于出现大房东、二房东甚至三房东现

① 《武汉沦陷后情形》，《申报》（沪版）1939年4月13日。

象，难民只好承受层层盘剥。栅子关闭后，法租界与外界交通断绝，日军严禁他人向法租界输入商品。租界内一时间食物和生活用品奇缺，普通家庭只能以储存的大米、咸菜度日。最初将新鲜鱼肉、大米送进法租界的是那些胆大的商贩。他们往往在黑夜或凌晨冒极大的生命危险躲过日本哨兵，从下水道爬进法租界。当然，食品一进租界立刻利市十倍，价格非普通百姓能够接受，他们依然遭受缺衣少粮的困苦。

自武汉局势平稳以后，日军对法租界的封锁稍稍放松。法租界当局也逐步开放栅子，允许人员进出。日军也开始允许持有良民证的中国商贩进出法租界。商贩在法租界不许沿街叫卖，只能在友谊街、海寿街口一角出售，该地也因此成为法租界最早的露天市场。最初商贩进入法租界还可沿街摆摊叫卖，后巡捕厅下令缉拿全租界摊贩，“辅堂街摊贩如林，当被法捕厅大队巡捕包围逮捕，无一脱逃。散处各巷小贩，亦悉被拘解捕厅……先后被捕之小贩，总共达四五百人之多。”① 法租界巡捕抓住小贩后，并不审理，而是直接将货物全数没收，然后分食。“该捕厅中国总管，绰号祖师爷之尉迟胖子（尉迟巨卿——作者注）”等人几乎要吃要用什么，就有什么，而这些小摊小贩因为货物被巡捕所夺，本钱丧失殆尽，同时通行证又被收去，无法在外行走，其困苦“无异于被充军关山万里之外。”对于租界内居民，法巡捕也是作威作福，常借弥月、拜寿等名敲诈勒索，称之为“打抽丰”，租界内居民对此怨声载道。当时民间有诗云：“□□□□是生财，帖士芳名任意开。儿子做生父做寿，一家欢喜等钱来。书来红柬打抽丰，说道仝人同鞠躬。如此聪明真绝顶，只愁生意不愁穷！”②

二、难民区的设立与控制

沦陷时期，汉口难民区设在今硚口以下、利济路以上，左至汉水边，右至中山大道的地带，面积 2.6 平方公里。（后来范围有所扩大，由利济路延伸到

---

① 《法租界巡捕厅乱捕界内小贩》，《武汉报》1939 年 3 月 22 日。
② 《打抽丰》，《江汉晚报》1943 年 1 月 27 日。

大夹街街口。）难民区只许中国人在区内居住、经商，日侨不准入内。难民区管理机构是基督教教会组织的“汉口难民区委员会”。该组织由“循道公会”挂名，牧师沈文卿具体负责，普爱医院院长江虎臣协助，主要负责区内的难民救济工作。伪汉口特别市政府警察局、财政局、社会局、教育局、卫生局、工部局、公用局等七局对难民区进行市政管理。

根据日方资料，1943 年，汉口难民区户口（包括附属家庭在内）总数为 47 390 余户，总人数 255 369 人，① 难民区的居民多数是店员、摊贩、工人、手工业者、苦力、车夫、下级公务员以及他们的家属，生活十分贫困。难民区所在区域以前是武汉工业、手工业和商业比较发达的地区，其服务对象主要为武汉周边的广大农村地区。沦陷后由于物资流通渠道基本断绝，交易额骤减，过去从事商业的人口逐渐减少；再加上较大规模工厂西迁或毁于战火，以及手工业的衰落，工人和手工业工匠也纷纷失业，为了维持生计不得已改行做车夫、苦力、矿工、挑贩等。

日方统计资料表明，难民区普通百姓的平均收入“每月法币 50 元至 150 元，他们的生活费中伙食费所占的比例为全支出的3/4，其中作为主食的大米约占伙食费支出的 60％，占总支出的 40％”。②而沦陷时期大米为日军严格控制的物资，市面价格非常昂贵，难民区内居民只好用杂粮、干薯来代替主食。此外，沦陷后大量难民被日军赶到难民区，难民区人口比沦陷前增加了约 40％，而难民区房屋数量并没有增加，相反还有很多房屋毁于战火，在这种情况下居民拥挤、房租昂贵的情况可想而知。

设立难民区是日军控制武汉社会的重要手段。为防止中国抗日力量利用难民区开展活动，日军对难民区进行严格的控制，在区内设“联保保甲组织”，实施保甲制度。为强化对难民区的控制，汉口全市 12 个警察分局中就有 3 个分局设在难民区内，包括管理难民区西部的第一分局，管理难民区中部的第二

①② 《汉口难民区位置、面积、概况》，武汉市档案馆编：《武汉抗战风云录》（1938 年 10 月至 1945 年 8 月）内部出版，1987 年。相关材料可能是在 1943 年（昭和十八年）由汉口日本商工会议所调查部编印。

分局和管理难民区东部的第三分局。这几个伪警察机构负责管理管辖区内的秩序、风俗、卫生、交通等事宜。3 个警察分局之下有 13 个分驻所，警察职员数目多达 656 名。

汉口难民区地域如此之大，但进出只有两个门，一设硚口，一设利济路汉正街口，四周则布满铁丝网。所有难民只准在这两处进出口通过。难民出入时必出示从日本浪人、汉奸手中购得的安居证（通称“派司”），通过门口必须向宪兵脱帽、三鞠躬，否则就要受到 3 块砖——1 块垫在膝头跪下，1 块两手高举，1 块顶在头上的体罚。严重的则被拖往日宪兵队毒打、灌水、上电刑，甚至以游击队嫌疑的罪名被处死。当难民出区时，还要在门口接受喷洒消毒药水。武昌难民区首尾两端立木栅，每日上午 9 时开放，下午 3 时即关闭，进出得接受检查。

除了汉口难民区外，日军在武昌和汉阳也分别设立了难民区。其中武昌难民区设在八铺街以外一带。“新桥”等地都被划入难民区。

三、日华区和商业区的设立

除了难民区、安全区和法租界外，日军还在汉口设置了日华区和商业区。日华区位于汉口民权路至民生路之间，允许日本人和中国人在此区域内混杂居住，但居住的日本人较少。中山大道民生路至江汉路一段，被划为商业区，这里主要是日本商行和株式会社之类的商业部门，中国人根本没有在此经营商业的权利。七七事变后，日驻汉领事撤离武汉，随即武汉市政府将日租界收回。沦陷后，日军恢复日租界，大批随军返汉的日本商人居住其中，他们组织了居留民团对日租界进行管理，此外还组织了其他日（朝）侨团体，如“鸡林会”等。此外，日军还将沿江（河）一带，上至集家嘴、下迄日租界，划为“军事区”，不准通行。日军还分别划定了它的陆、海军的势力范围：汉口界限路（即合作路）以上归陆军管辖，界限路以下由海军控制。

第四节　极端贫困的社会生活

受战争和日军残酷的经济统制影响，武汉在沦陷后，商路断绝，各种生活物资运不进来，市场基本陷于停顿，市面上物资奇缺，物价飞涨，民不聊生，市民社会生活陷入极端贫困的状态。

一、高物价下的困顿生活

武汉沦陷后，由于战争割断了周边交通，加上日军的疯狂掠夺，武汉地区物资十分匮乏，物价水平迅速上涨，通货膨胀十分严重。“从前只要上十块钱，就能买到一件很华丽的衣料，但是现在上十块钱买一件最粗最劣的衣料都还不够。”① 据《汉声》报载，1941 年 1 月与 1939 年秋相比，若 1939 年秋的物价指数为 100，1941 年 1 月物价指数则达 336.1%，其中鱼 301.5%、肉 301.5%、麦食 355.4%、油 160.7%、盐 160.7%、蔬菜 163.1%、杂食 330.9%、燃料 191.5%、米粮 533.6%、海产品 189.7%、衣服材料 365.1%，数月之间，物价腾贵，普通市民根本无法应付，生活苦不堪言。太平洋战争爆发后，日军对中国内地资源的掠夺更是变本加厉，更加严重地影响到普通民众的日常生活。以日用品肥皂为例，1943 年夏青龙牌肥皂每块值储备券 2.2 元，年终达到 5 元，1944 年夏为 20 元，年终为 200 元，1945 年竟达 1 000 元。1945 年的价格与 1943 年比，短短两年多竟上涨了 450 倍以上。

受物价高涨的影响，武汉市民生活水平急剧下降，其中受影响最大的又是中下层市民。他们无论是通过出卖劳动力，或从事小规模工商业，或在伪政府机关及其他机构任职，所获得的收入远远赶不上飞涨的物价，日常生活难以为继，整个城市市民的基本生活陷入极端贫困的状态。

---

① 《漫谈：救济！救济！》，《武汉报》1940 年 8 月 13 日。

处在社会下层的城市贫民是生活最困苦的社会群体。沦陷时期，大部分下层市民主要聚集在难民区，难民区也因此成为武汉市民贫困生活状况的一个缩影。据1939年，伪市政府汉口警察局调查，汉口区赤贫户达6 658家，24 442人。① 据1943年统计，汉口市总人口624 011人，而其中生活在难民区人数即达255 369人，约占全市总人口的40.9%，其中“约有80%即20万左右是店员、摊贩、工人、手工业者、苦力、车夫、下级工［公］务员以及他们的家属”。②

由于难民区的形成是日军强行掠夺市民房屋，用武力把市民赶到特定的区域居住和管理形成的，因此难民区首先面对的就是住房紧张，住房条件差，公共设施配套差的状况。以汉口难民区为例，面积只有2.6万平方公里，在这个狭小的区域内却集中了全市五分之二的人口。大量人口的聚集导致房屋不够使用，“找房难”成为当时一个流行语，进而导致房租大幅度上涨。高昂的房租使得大量赤贫市民脚下无立锥之地，流落街头，栖息在屋檐下。就算是中等收入的市民在高房价和高租金面前也只能选择蜗居，“一个房间也还得四五十块1月，或是二三十块钱1月的亭子间”，就是这样的房子也很难找。③

因为物价高涨和物资匮乏，普通市民只能把大部分收入用于维持最基本的生活需要，生活在难民区的居民的“生活费中伙食费所占的比例为全支出的四分之三”。生活中的其他需要被压缩到最低程度，“衣服方面都不能添制新的，用战前的旧衣服”。1940年5月，武汉纸业工会通过《武汉报》，要求资方涨薪：“各纸业内的店员，工资大小，上等的至多不过二十余元，中等的十七八元，小店员十余元，还有学徒者每月一元，但各人家均有老少数口，试问还是够买米，［还］是付房租？”④

---

① 《户口统计表》，《武汉特别市市政府公报》1939年9月，武汉档案馆档案，档案号：bB122/160。

② “汉口特别市秘书处”编：《汉口特别市政府四周市政概况》，“警务”，1943年，第16页。

③ 《武汉报》1940年8月13日。

④ 《武汉报》1940年5月1日。

生活的普遍困顿不仅表现在一般市民身上，过去一些收入较丰厚的银行高级职员和伪政府职员等也出现入不敷出的状况。以银行职员为例，沦陷前，普通银行职员属于市民中收入较高的群体。一般在银行工作的职员，其收入满足一般家庭开支绰绰有余。沦陷后，包括银行职员这样的高薪收入者其生活状况同样出现诸多困难。在当年的银行报告中，经常出现员工要求提前支薪或要求增加补贴的报告。1940 年 10 月，聚兴诚银行出现职员申请提前支薪情况，“近来受生活压迫困难到于极点，刻以无法可想，拟向行中借薪三个月以资救济”①。为解决行员生活窘境，聚兴诚银行不断提高津贴，1941 年 6 月，将生活津贴从七级提高为八级，1942 年增发“眷属津贴”，“按各员给百分之二百”，并将生活津贴，增加为 31 级；1943 年又增加 10 级米贴。其他各行情况基本与之相似，如四明银行高级职员周显章在 1938 年月工资 120 元，到 1945 年月工资只微涨至 160 元，而津贴则达到 40 200 元。中等收入者群体情况，可以从银行存款业务的减少，看出其生活的窘迫。沦陷前，中等收入者是银行存储的主要来源，而沦陷后，面对不断上涨的物价，“富有者，率多囤购货物；中产以及贫寒之家，仅足维持生活，亦无力从事积蓄”。② 聚兴诚银行 1939 年 4、5 两月，“汉、武两部储款减洋 1 100 余元。查武汉自事变后生活高昂，一般小数储户以生活艰难多有商请退储”③，1940 年情况依旧，聚兴诚银行汉口分行当年 5 月，“周内新收储款增加千元，至属有限”。④

面对艰难的生活，武汉市民无奈地感叹生活是“王小二过年，一年不如一

① 《聚兴诚银行汉口分行》（1940 年 10 月 23 日），武汉档案馆档案，档案号：104—1—113。

② 《聚兴诚银行汉口分行》（1940 年 5 月），武汉档案馆档案，档案号：104—1—114，第 129 页。

③ 《聚兴诚银行汉口分行》（1939 年 4—5 月），武汉档案馆档案，档案号：104—1—107，第 78—79 页。

④ 《聚兴诚银行汉口分行》（1940 年 10 月 23 日），武汉档案馆档案，档案号：104—1—113。

年”。① 沦陷时期武汉有一出戏剧，名曰“吃饭难”，在当时轰动一时。这正是当时社会心态的一个反映。为了维持生活，市民想尽一切办法度日。由于物价居高不下，市民购买力有限，消费只好转向旧货，同时大批市民为了活命也纷纷变卖家产，在此情况下，沦陷期间武汉拍卖行和信托公司成为新兴的行业。另外，为了渡过生活难关，伪政府机关和其他单位的职员还组织了诸如消费合作社等互助团体。伪政府也开展了小本借贷、冬赈等救济活动。但这些都不能从根本上解决问题。1939 年伪警察局进行赤贫户调查，发现仅汉口区赤贫户就达 6 658 家，24 442 人。② 面对市民困难的生活，伪市长张仁蠡也不得不表示：“现在中国已经用不着高深的政治理论，也用不着现代化的政纲政策，率直的说就是救命的问题。”③

面对重重生活压力，武汉市民不断发出提高薪资水平，丰富物资供应和平抑制市场物价的吁求。1941 年 6 月，染坊工会联合会呈请伪汉口特别市政府社会局与店东交涉，增加工资。1943 年，伪汉口市劳工协会第四区店员工会代表该工会所辖各业店员，向劳工协会呈请酌加薪资。官营工厂伪汉口社会局教养所也提出涨薪要求，工人“每月工资虽以日金为单位，但以商营工厂较之，仍相差甚巨”，“商营工厂曾于三十年（1941 年）12 月增加工友工资百分之四十五，本年（1942 年）9 月又增加百分之二百，如德记、安记、华昌等厂”，而教养所“工目工资除五十元与四十元之工目一度各加五元外，其余三十八元工目之工资迄今并未增加”④。虽然不时有要求增加工资待遇的吁求见诸报端，然而真正能争取到加薪并很快落实的却很少。在日军疯狂掠夺以及日伪政府经济统制政策下，资方的经营也困难重重。由于经营困难，资方常降低工资或者津贴，而这些行为通常会遭到员工的强烈抵制。1941 年，具有英资

① 《大楚报》1944 年 1 月 12 日。

② 《市政府公报》1939 年 9 月第 3 期，第 129 页。

③ 《当前见过三个必要的问题》，《市政府公报》，1941 年 4 月，第 8 期。

④ 《汉口特别市政府公报》（1943 年 1 月），武汉档案馆档案，档案号：bB1122/79，第 74—76 页。

背景的颐中烟公司在与日商的竞争中失利，经营状况不良，连续两月克扣工人米帖，这一行为很快引发全厂罢工，并激起社会广泛关注。对于因经营困难造成的减薪事件，日伪政府不是认真调和矛盾，反而借助这一事件，大肆开展反英美宣传，借机排挤英美在汉势力。沦陷期间层出不穷的劳资双方关于薪酬待遇的纠纷无疑大大增加了社会矛盾。

面对日益加深的社会矛盾和广大市民的吁求，日伪政府也采取了一些应对措施。比如鼓励政府机关职员和企业职员等开展合作社活动，通过互助的方式渡过经济难关。同时在冬季市民饥寒交迫的时候开展冬赈活动，对极端贫困的难民进行救济。1939 年初，伪武汉治安维持会即发起冬赈募捐，救济难民。这种方式被后来的伪武汉特别市政府等继承和延续。历届伪市政府在冬季都筹拨冬赈专款，并动员社会力量进行赈济工作。因为社会贫困的根本原因是日伪的反动统治，因此冬赈并不能从根本上解决问题。事实上，每年冬赈进行期间，饥馑冻饿横尸街头的难民依然不断，仅 1940 年 2 月 6 日至 26 日，汉口倒毙在路边的尸体就多达 586 具。

此外，为了恢复社会经济，促进市民开展营业，日伪政府开展了小贷活动，通过发放小额贷款，刺激工商业的恢复，改善社会经济。1939 年，伪武汉特别市政府制定小本借贷办法，以户为单位，每户贷予五元乃至二十元，力图刺激工商业发展。从小额贷款实施的情况看，其效果十分有限。原因是：第一，该活动不仅金额十分有限，而且“手续十分繁杂，这对于经营者来说，不过是杯水车薪”，① 不能从根本上解决问题；第二，在日军的疯狂掠夺下，生产资料奇缺，生产活动难以展开；第三，武汉经济繁荣的一个重要原因在于其沟通南北东西的交通枢纽地位，而沦陷后武汉成为战事前沿，周边交通因战争而断绝，优势不再。由于没有办法解决市民生活贫困等问题，伪市政府一方面通过反英美宣传转移视线，将社会矛盾的根源归为英美对亚洲的剥削；另一方面劝说并要求市民接受贫困的生活状态，要求市民忍耐困苦。张仁蠡在接受记

① 涂文学主编：《沦陷时期武汉的社会与文化》，武汉出版社，2005 年，第 243 页。

者采访时表示，“这个年头儿，不比承平时代，现在欧洲也在战争时期，他们的人民日食都受统制，反观我们中国，虽然也在战争时期，而人民的生活究竟还是自由的，此又不幸中之幸也。处乱离之世，首须忍耐镇定”①。

二、市民生活困顿的主要原因

1. 日军的掠夺

沦陷时期武汉地区物价高涨的原因之一是因日军掠夺和战争造成的物资匮乏。以米粮为例，沦陷后武汉粮荒十分严重。沦陷前武汉米粮主要依靠湘赣两省供应，上等好米每担不过 10 元。沦陷后交通断绝，粮食采运困难，米价逐步上涨。从 1941 年春起每担超过 30 元，市民生活开始面临严重的困难。是年伪社会局召集米业工会“议定”米价，分别等级，计分 36 元、38 元、40 元三等，以政府命令的形式公布实施。然而，由于米商不能自定价格无利可图，遂采取囤积方式，储谷不轧或匿米不粜等手段对伪政府的限价进行消极抵制。各米商故意歇业或背地暗盘加价，使该年夏季市场实际米价涨至 50 余元一担。②此后更一发不可收拾，每担米甚至比上海还贵 40 余元。③ 1942 年 3 月中米每担猛涨至法币 300 元，5 月涨至 740 元，大米则高达 920 元。1944 年 4 月更涨到 1800 元。一般市民无力购买，只得购食杂粮，“用小麦、杂粮、干薯来代替主食”，许多市民甚至采取日食一餐的方式以艰难度日。

为稳定粮价，伪市政府曾组织米商集资并成立食粮采购运销处分赴各地采购粮食，但仅筹集到资金 50 万元。不久，伪政府又以市府秘书长为委员长组织调剂民食及积谷备荒委员会，由社会局协同其他部门携款带盐，分赴武穴、汉川、新沟、信阳等地采办粮食。此外，伪政府还组织过米粮公社、武汉合作社等机构以求解决粮食采购难的问题，然而在日军统治和掠夺之下又有何处可

---

① 《武汉报》1941 年 4 月 29 日。

② “汉口特别市政府秘书处”编：《汉口特别市二周年·市政概况》第七章《公用》，第 1 页。

③ 《食米暴涨，高过上海》，聚兴诚银行档案（1941 年 1 月），武汉市档案馆档案，档案号：104—1—118。

以采购到粮食呢？伪武汉市政府为采购粮食所进行的一系列活动和努力最后均以失败而告终。伪政府也不得不承认，“此严重之民食问题……非武汉一地为然”，各项措施施行以来，“未完成预期值目的”。[①] 事实上，米荒的出现主要原因是日军对华中地区的粮食所进行的大规模有组织的抢夺，是日军以战养战政策的必然结果。但为了欺骗中国人民，日军反过来又虚伪地表示“友善”，表示愿意与伪市政府合作，解决武汉的粮荒问题。在伪市政府的委托和日军部的授意下，1941 年，日商三菱公司从泰国购米运抵武汉，高价卖给武汉市民，牟取了巨额利润。由于日本国内粮食供应本来就十分匮乏，又要支持大规模的对外侵略战争，在粮食供应问题上自顾不暇，因此日方尽管象征性地帮助武汉市民进口粮食，但时间非常短，数量也十分有限，没有起到实质性作用。

2. 日伪经济统制政策

沦陷时期武汉地区物价高涨的第二个原因是日伪对物资的垄断和对市民的盘剥。沦陷时期，日伪在武汉实施了一系列经济统制政策，借此掠夺中国各种资源，控制社会经济。以食盐的运销为例，食盐是市民生活必备品，交易量较大，武汉地处要冲，淮盐、川盐均易运抵，附近的应城亦可产盐，因此在历史上武汉地区并不缺乏食盐。日本虽然是一个海岛国家，由于受气候和海岸线条件的影响，盐产量却非常小，长期以来需要从外部输入以满足需要。盐不仅是生活必需品，同时也是重要的工业原料。日军发动侵华战争和太平洋战争后，为满足军工生产的需要，对盐的需求量进一步增加。同时作为必不可少的生活基本用品，对盐的运销进行控制可以获得超额利润，于是控制和掠夺中国生产的盐成为日军经济统制政策中的重要内容。侵入武汉后，日军很快控制了武汉地区盐的销售和贩运，造成盐的供应十分紧张。在日伪组织下，1940 年武汉成立销盐公会，代替日军行使管理盐政职权，防止私商走私。销盐公会规定：每户每月供应食盐 1 斤，每斤价日钞 0.28 元，均由保、甲长根据所辖人口呈报联保处转报销盐公会，先收钱，后发盐。实际上，每斤盐经日军经理部、销

---

① “汉口特别市政府秘书处”编：《汉口特别市二周年·市政概况》第七章《公用》，第 2 页。

盐公会、联保处、保长、甲长层层克扣，每户缴了1斤盐的钱，只得到分量不足半斤的盐，不足部分只得到黑市上去买，每斤价日钞1元。

太平洋战争爆发后，日军加紧对华物资掠夺，武汉地区市面更加紧张，日伪政府开始更全面地推行配给制，除粮食、食盐外，其他生活用品如煤、油等均按户配给。1943年，全市12大物资配给组合先后成立，配给制度在全市铺开，市民只能按照计划配给各类生活物资。1943年9月，武汉市经济局调整配给组合经营商店，重新颁发火柴、烛、皂、卷烟及砂糖购买证，交由保、甲长分发各户，配给市民9月至11月所需日用品。例如砂糖，在此次配给中共有157000斤，每户配给1斤，但“自实施以来，情形仍极紊乱，所售至砂糖，并有克扣分量等情事发生”。“联怡里一带，每户持户口只购得半斤”①。普通市民只能转向黑市购买高价糖，“冰糖每斤，已达日金二十元左右，赤砂糖每斤约为十四元，而质地较差之白砂糖，每斤则在十三元光景”②。在配给制度下，不法奸商同日伪统治者勾结起来共同作弊，或囤积商品或以次充好，使得整个武汉“遍地皆黑市”，有限的物资根本到不了普通市民手里。另外，配给物资还存在严重质量问题，如纱布组合“配给的绸布，以采芝绫双面缎之类非真丝品，充作真丝品，或秋季配给品质恶劣的香云纱，甚至配以陈腐几破或破烂不堪的布匹，一律只许按照规定价格，全部承领，不许调换”③。米的配给，除了数量严重不足外，市民按配给价只能买到由“米渣”“糠秕”和“砂砾”混合而成的“三合米”，或其他掺有杂质的碎米，难以下咽。好米只能在黑市才能买到。

---

① 《大楚报》1943年9月15日。

② 《大楚报》1943年11月16日。

③ 唐兰樵、胡笑如：《武汉沦陷时期日军对棉纱棉布的掠夺与统制》，《湖北文史资料》，1986年第3期。

第十一章

武汉军民的抗日斗争与日伪在武汉统治的终结

面对日军血腥的殖民统治，武汉人民进行了不屈不挠的英勇反抗。中国共产党领导的新四军，在武汉城区和周边地区，广泛发动群众，开展游击战争，建立抗日根据地。国民政府领导的第五、第六、第九战区，在武汉的外围，部署了约 100 万人的正规军，对武汉形成强大压力。与此同时，重庆国民政府的军统和敌后游击军在沦陷区对日军也进行了强有力打击，从而形成对武汉日军合围的有利态势。1945 年 8 月 15 日，日本宣布投降，中国人民终于取得近代第一次反侵略战争的伟大胜利。日军在武汉长达 7 年的统治宣告结束，武汉历史从此揭开新的一页。同年 9 月 18 日，武汉日军投降仪式在汉口中山公园隆重举行，日本侵略军为所欲为的时代一去不复返了。

第一节　武汉城区及近郊军民的抗日斗争

武汉城区及近郊军民的抗日斗争，包括武汉军民自发的抗日斗争、中共领导的武汉近郊的游击战和国民党在武汉城区的游击战、情报战。其中，又以中共领导的游击战最有影响，效果最为显著，直接对日军的统治形成了巨大威胁。由于中国军民的共同努力，迫使日军在武汉及其周边地区，采取战略守势，一直处于“警备”状态。

一、武汉城区军民及近郊自发的抗日斗争

据不完全统计，仅仅在 1939 年 1 月，武汉近郊地区就有游击战 65 次之多，① 且多为人民自发组织的斗争。在沦陷初期，暗杀汉奸之风盛行。伪武汉特别市高等法院院长周伯儒、伪汉口地方法院院长黄炳炎、汉口应城膏盐公司理事长杨辉庭、中江实业银行总经理戴秉清、伪湖北省政府财政厅长张若柏、伪共和党总务部长谢立生、伪临时司法部长周鸿俊，先后被暗杀。1939 年 2 月 14 日，当时武汉最大的汉奸、伪汉口维持会会长计国桢，在汉口码头遇刺受重伤。1940 年 10 月 5 日，伪中央银行经理蔡品卿被 4 人刺伤。在此期间，伪湖北省第一监狱曾发生较大规模的暴动，20 名在押抗日志士越狱成功。

日军注重防范民众，因此，要暗杀日军官兵非常困难。虽然如此，这类事件仍然时有发生。1941 年 4 月 2 日，汉口 2 名日本人被击伤，当夜共发生枪击案 4 起，以致日军如临大敌，宣布全城戒严。② 同年 4 月 27 日，武昌第五区李家大湾农民李世美目睹日军暴行，至为愤恨，其父又被日伪惨杀，他在武

① 《申报》1939 年 2 月 1 日。

② 《新华日报》1941 年 4 月 3 日。转引自武汉市档案馆等编：《武汉抗战史料选编》，内部出版，1985 年，第 499 页。

昌东湖将 2 名日军士兵和 1 名汉奸咬死，并缴夺了日军 1 支手枪。① 10 月 21 日，市民余远谋等人在汉口中山路投掷炸弹袭击日伪军，被伪警察捕获时，仍进行猛力反抗。②

1938 年 10 月 30 日，日军擅自闯入家住武昌路南的著名律师伍造炉家，伍造炉正颜厉色，怒斥日军擅闯民宅的行为。日军被其大义凛然的气势所吓倒，竟不敢进。日军见硬的一手不行就来软的，企图收买伍造炉，又遭伍造炉怒骂痛斥。日军恼羞成怒，纷拥而上，乱刀将其刺死。时人评价这件事是“我伟大民族忠勇义烈之首次表现也”。③ 著名汉剧演员黄鸣振，对日军在“难民区”大门口设卡侮辱武汉人民十分不满。“一天，他过哨卡时，未向日军鞠躬，也不让日寇在身上喷消毒药水。日军打他耳光，他又巧妙地避开，后日军数人将其抬起来往地下摔，直摔得不能动弹，后吐鲜血而死。”④

武汉民众对日军的兽行恨之入骨，以不同方式进行过激烈反抗。汉口汉中街九莲庵尼姑曾赛珠，结交了不少伪军军官家属，购买了许多被日军控制很严的西药，通过在武汉城区活动的敌后武工队送到了涨渡湖抗日根据地。⑤ 1945 年 1 月 14 日，援华美国空军飞机在黄陂、黄冈交界的武湖舵嘴附近迫降，滠口、黄陂等地日伪军出动追捕美国飞行员，当地民众挺身而出，飞行员瓦特克拉培得到了仓子埠农民柳文礼的营救，顺利脱险。

个体抗争的力量毕竟是有限的，武汉人民还自发地组织起来，出现了多种名号的游击队。日军对这些游击队当然不肯放过，1939 年 2 月首次发起搜剿，将游击队分队长罗雨阶等 100 余人抓获，一并押解到武胜门外王家牌坊，罗雨阶等 5 人被日军杀害。⑥ 然而，武汉人民继续坚持武装反抗日军的道路。青山

① 《新华日报》1941 年 4 月 29 日。转引自《武汉抗战史料选编》，第 499 页。
② 涂文学主编：《沦陷时期武汉的政治与军事》，武汉出版社，2007 年，第 470 页。
③ 武汉市档案馆等编：《武汉抗战史料选编》，内部出版，1985 年，第 495 页。
④ 皮明庥：《武汉近百年史》，华中工学院出版社，1985 年，第 310 页。
⑤ 沈春山、陈益：《涨渡湖抗日根据地史稿》，华中师范大学出版社，1991 年，第 170 页。
⑥ 武汉市档案馆等编：《武汉抗战史料选编》，内部出版，1985 年，第 482—483 页。

镇当地人组织的游击队，于中秋之夜袭击了日军警备队住地，极大地震慑了日军。国民政府军队从武汉败退后，武昌县训所解散，不少学员不甘心当亡国奴，于武昌张家铺会合，公推挹江区第4保保长沈伯康为领导，自发组织抗日团体，搜集武器，招募士兵，于1939年12月底组织抗日游击队。游击队多次主动出击，予日伪势力以打击。

1941年11月，日军进驻第一纱厂，四处招募工人，应者寥寥无几。即使有些工人被生活所迫而进厂，但也采取种种办法进行斗争，使生产始终停滞不前。日军派监工日本人中林进行压制。工人陈昌秀抓住一次机会，将此人狠狠地揍了一顿。后来，日军又要求该厂生产手榴弹，遭到全厂工人一致抵制，日军的企图未能得逞。① 1944年，南洋烟厂工人要求用实物发工资，汉奸厂长仗着有日本人做后台，对工人的要求置之不理，工人当即进行罢工，并取得胜利。②

但是，这些自发的、有组织的武装斗争，由于种种原因，很难形成大规模的、有效的抵抗，在日军的多次打击下，到1940年基本瓦解。此后，零星的武力反抗时有发生，如1944年3月一位马车夫在集家嘴江边向日军运输船投掷手榴弹等，③ 待大多归并于共产党或国民党有组织的游击活动后，其军事价值才有了质的提升。

二、中共领导的武汉城区及近郊军民抗日斗争④

早在武汉沦陷前后，中共就开始积极布置武汉城区及近郊的抗日游击战争。1937年9月，以杨学诚为书记的中共武汉地方工作委员会建立。稍后，中共中央派郭述申来汉主持党建工作。10月中旬，钱瑛、陶铸到汉与郭述申组成湖北省工作委员会，由中共中央总书记处直接领导。年底成立了湖北省

---

①② 《武汉工人运动史（1863—1949）》，武汉出版社，2012年，第198—199页。

③ 《武汉文史资料》1989年第4辑，第1—2页。

④ 本章中对中共领导的军民抗日斗争的叙述主要参考了《新四军第五师抗日战争史稿》（湖北人民出版社，1989年）、《新四军文献》第1—5册（解放军出版社，1988—1995年）。

委，新建立了中共汉阳兵工厂支部（党员32名）、江汉路支部等基层党组织，到1938年5月19日，武汉党员发展到366人。8月，中共武昌区委成立，稍后，硚口区委、汉口区委成立。武汉沦陷后，中共湖北省委撤销，武汉的党组织大量转移到武汉周边农村地区，开展创建抗日根据地的斗争。随着武汉周边地区抗日游击战争和抗日根据地的蓬勃发展，武汉城区党的组织工作又逐渐受到重视。1940年冬，中共鄂豫边区党委派刘毓兰、何功国到武汉工作，并与中共鄂南中心县委驻汉联络站的钱道权等人接上头。1941年10月，王锡珍、史纪德、张辉受命组建中共汉口市工作委员会，建立了工人、店员等党支部。

武汉党组织的恢复和发展，为武汉地区游击战争的开展奠定了组织基础。1938年10月，中共在武昌县梁子湖畔的保福祠成立了有40多人的抗日游击武装。同月，成立了以童世光为书记的天（门）汉（汉川、汉阳）工委。此后，汉阳工委的肖利三、肖抱真、张执一等人开始筹集经费和枪支，广泛发动群众，于12月在汉阳七肖大湾（距蔡甸5公里）正式成立了由姚杰任大队长的（汉）川（汉）阳抗日游击大队。这支部队得到了国民政府汉阳县县长陈绳武的支持，成为汉阳县自卫大队第5中队，肖文安为中队长。1939年2月，中共鄂中区委成立。夏季，中共鄂南中心县委派钱道权，以搬运工为职业掩护，在汉口小夹街聚丰海味号酒店建立秘密交通站。8月，汉阳5中队在新四军豫鄂游击大队两个营的协助下，进攻驻于泰山寺的伪军第92师熊光部司令部，伪军死伤200多人，被俘300多人，扩大了新四军在汉阳的影响。① 1940年3月，新四军在汉阳建立了抗日民主政权，随后，汉阳5中队正式编入新四军第5师第4团第3营。

1938年10月底，在武昌县与鄂城县交界的白云寺组建梁湖抗日游击大队，辖3个中队，不久发展到300余人枪，② 王水任大队长。后改称湖北省保安司令部直属自卫第1大队，简称“梁湖一大队”，是武鄂地区最早成立的抗

① 《武汉民兵简史》，武汉出版社，1988年，第66—68页。

② 中共武汉市委党史研究室：《中国共产党武汉史（1919—1949）》，湖北人民出版社，1999年，第476页。

日游击队。1939年春，在武昌油芳岭，经共产党员许大鹏策动，成立了鄂南人民抗日自卫总队，总队长是地方绅士黄人杰。后改编为湖北省保安司令部直属自卫第2大队，简称“樊湖二大队”。稍后，两支游击队合并为樊湖抗日游击大队，归中共武昌县委领导，最多时有1000多人、700多条枪。① 8月间，该部痛击进攻豹子澥小桥的日军，毙伤日军70人左右，打击了日军的气焰，激发了武汉人民的抗日热情。不久，这支抗日部队投靠伪军汪步青部，被编为第82师第165旅。1940年8月13日，经过中共鄂南代表团和天汉地委多次策反，在爱国人士杨经曲、第165旅旅长黄人杰率领下，这支队伍（共1500余人）重返抗日前线。后来，在第165旅和第164旅1个团的基础上，成立了新四军鄂豫挺进纵队第10、第11团队，11月，第11团队番号撤销，第10团队和第4团队合并为新四军鄂豫挺进纵队第4支队，杨经曲任支队长，郑绍文任政委。

与此同时，在武昌县的严西湖地区（今属武汉市洪山区），新四军鄂南武工队以贾家岭为据点，以清除汉奸为主，严厉打击为日军送情报、危害人民的黑恶势力。队长邵志和，政委姜南平。经过多年的努力，武工队的活动范围逐渐扩大到花山、九峰、驼子店一带。

新四军在武昌县的这些行动，扩大了中共党组织在武昌地区的影响，到1943年4月，仅武昌县委就下辖有4个区委30个支部260余名党员。② 在这30多个党支部中，离武汉城区最近的，是位于南湖地区的李家桥支部。李家桥地下党支部成立于1939年，直属鄂南中心县委领导，负责人王志坚、陈贤元、刘敬斋。他们宣传抗日，建立地下交通站，四处搜集日军情报，与日军展开小型游击战，将力量发展到了武汉大学日军司令部附近的黄家湾（今珞狮路武汉理工大学马房山校区）。该党支部组织的比较有名的战斗有邬舒嘴战斗和

① 《武汉民兵简史》，武汉出版社，1988年，第96页。

② 中共武汉市委党史研究室：《中国共产党武汉史（1919—1949）》，湖北人民出版社，1999年，第474页。

黄家湾战斗，打死日军宪兵 3 人，缴获 20 多支枪。①

黄冈沦陷不久，黄冈西部的中共党组织得到迅速发展，支部发展到 20 余个，党员 300 余人，其外围组织“中华民族解放先锋队”发展到 3 000 余人。②1939 年秋季，中共冈西（今新洲区）县委组织的武汉城区冈西武工队建立，邱绪武任队长，苏九名、黄友权先后任政委，成员都是在武汉做苦力的青年农民。这支队伍虽仅有 30 来人，但很精悍，一直战斗在武汉这个日军华中大本营的心脏。1940 年 10 月的一个夜晚，在日军军械库附近做苦力的队长魏正坤等 6 人越过围墙，从日军仓库中偷取 6 条枪，武工队以这 6 条枪为基础逐渐发展起来。1942 年春，武工队偷袭设在武昌车辆厂一带的日军军马场，缴获 4 匹马。1943 年 7 月，武工队又偷袭日军仓库，得到 9 挺机枪，10 多箱子弹，进一步壮大了力量。1943 年夏，日军在武昌青山江边办起了专种高档蔬菜的农场。不久，武工队袭击了该农场。1945 年 2 月，武工队又奇袭了在珞珈山南坡的日军仓库，俘虏 3 个日军士兵，缴获 2 支手枪、2 挺机枪、80 支步枪、18 箱子弹。武工队在武汉东部城区声威大震。

与此同时，中共在柏泉（今东西湖）、舵落口、吴家山等地建立了一支 200 多人的游击队。1939 年 1 月，在黄陂蔡店、梅店建立了黄陂第一支抗日武装——梅店抗日自卫队，后编入新四军江北指挥部游击第 6 大队，下辖 2 个中队，共 100 余人，由罗厚福任大队长，熊作芳任政委。第 6 大队成立后，沿平汉路东侧向敌后挺进，活动于三里店、四姑墩等地。4 月，在黄陂二房湾成立中共陂安南中心县委，5 月下旬在蔡店成立中共陂孝县委。这两个县委在黄陂北部山区、武汉市区北郊和濒临长江的湖区，建立了多支小型抗日游击武装。

1940 年 1 月 3 日，新四军豫鄂挺进纵队宣布正式成立，李先念任纵队司令，武汉近郊汉阳、黄陂等地中共领导的游击部队全部纳入纵队指挥系统。2

---

① 张家来：《洪山史话》，武汉出版社，2004 年，第 56—57 页。

② 中共武汉市委党史研究室：《中国共产党武汉史（1919—1949）》，湖北人民出版社，1999 年，第 475 页。

月，李先念率部进驻黄陂蔡店姚家山，组建黄陂县工作委员会，任士舜任书记。3 月，黄陂县委、黄陂县人民政府成立。5 月新四军鄂南独立第 5 团手枪队与武昌抗日游击队开辟武（昌）北游击区，建立了 10 多个乡抗日民主政权。从此，武汉人民的抗日斗争就进入了一个有组织、大发展的崭新阶段。同年 7 月，中共汉阳县工作委员会成立，王文斌任书记。8 月 13 日，经张执一、许保民等策动和爱国人士杨经曲影响，驻汉阳县的伪中国人民自卫军两个旅官兵 2 500 人反正，参加新四军豫鄂挺进纵队。10 月，中共汉口市委成立，王锡珍任书记，在不到两年的时间内，建立了硚口屠宰场支部、汉口店员支部、汉口工人支部、圣约瑟女中等学校支部。

1940 年 11 月 5 日，由鄂南、鄂中、鄂东中共党组织统一组合而成的鄂豫边区党委成立。不久，新四军第 5 师成立。新四军第 5 师和鄂豫边区党委成立后，武汉各郊县抗日游击武装纷纷汇入新四军第 5 师的旗帜下，得到更进一步的发展壮大。

1940 年秋后，中共鄂豫边区区委派刘毓兰到武汉，以学生身份作掩护建立党支部，掩护大批干部进入解放区。1940 年下半年，新四军第 5 师特务旅派陈庆陆以黄陂县保安大队文书身份，在黄陂城内建立情报站，利用中共地下党员易行之、方月峰等人的社会关系，发展杜立藻、王秋舫等人为情报组织成员，在搜集情报的同时，大量在武汉城区购置西药、药械，以缓解新四军第 5 师缺医少药的窘境。

12 月，鄂豫边区党委组建以李平为书记的中共鄂南游击特委。1941 年 1 月，中共鄂南游击特委决定以鄂城葛店、华容、段店等沿江地区便衣队和鄂南抗日挺进队为基础，组建新四军鄂南独立第 5 团，王苏任团长，李平兼任政委，下辖 1 个营，在长江南岸打击零星日伪军，袭扰日军交通线，策反伪军，镇压汉奸，在战争中不断发展壮大。夏秋以后，转至武汉近郊粤汉铁路两侧的大花岭、青菱湖、白沙洲一带，割电线、炸铁路，伏击日伪军，击沉日军汽艇 1 艘，营救群众数十名。新四军在这一地区的影响迅速扩大，中共成立了抗日十人团、农救会、妇救会、船救会等群众组织，并联合当地著名爱国人士组成宪政促进会，开辟了樊湖和武（昌）北抗日根据地，对武汉日军指挥中心构成直接威胁。①

1941年6月下旬，新四军第5师第13旅第37、第39团各一部，南下开辟汉（阳）孝（感）（黄）陂抗日民主根据地，威慑汉口北郊。到1941年底，仅仅在黄陂地区，中共领导的地方武装就有陂安南保7团152人、枪119支；陂安南独立营200人、枪120支；黄陂县政府170人、枪88支。② 1941年夏，日军200多人、伪军100多人，对黄陂塔耳岗地区进行“扫荡”，杜立藻等人送出这一情报，避免了损失。同年秋，日军准备在塔耳岗建立据点，情报站及时将日军相关意图、部署等情况通报部队，使游击队能够胜利打击日军修路行动，迫使日军放弃了在塔耳岗地区建立伪政权的计划。同年底，在黄陂地区活动的新四军敌后武工队，破坏了县北乡中石桥到横山集之间的电话线，使黄陂地区日军通讯中断了几个小时。③

1942年9月，新四军武（昌）鄂（城）挺进支队成立，活动于武昌青山一带，创建了以保福祠为中心的抗日民主根据地。年底中共鄂豫边区区委建立平汉路工作委员会，苏星任书记。1943年下半年，中共又在武汉建立两个地下交通站，一个设在汉口，与新四军军部直接联系，毛达荪负责，一个设在武昌，张纯一负责。1944年7月武汉青年抗日大同盟成立，郑燕生任主席。同年，中共云（梦）孝（感）县委派柳际明等人打入汉口日军宪兵分队和特务部，在汉口统一街和汉正街设立了德安客栈和汉丰元粮行，专事情报工作。④ 1945年7月中共鄂豫边区区委派遣李其祥到武汉建立工作委员会，李其祥任书记。中共党组织的不断发展壮大，既是新四军第5师一系列军事胜利的内在原因，又是新四军第5师一系列军事胜利的必然结果。

---

① 中共湖北省委党史研究室：《中国共产党湖北历史》，湖北人民出版社，1999年，第574页。

② 《鄂豫边区抗日根据地历史资料》第5辑，内部出版，1984年11月。

③ 吴远谟：《黄陂抗日地下情报站》，《武汉文史资料》1985年第3辑，第43—56页。

④ 中共武汉市委党史资料征集编研委员会办公室编：《武汉城工史料》（一），内部出版，1985年10月，第62—64页。

图 11-1　1942 年 2 月，挺进湘鄂赣执行任务的新四军第 5 师独立团部分指战员返回江北时合影①

新四军在武汉城区及其近郊的主要战斗有：

1. 李新湾战斗

1939 年 5 月，新四军豫鄂独立游击支队第 6 大队进至湖北省孝感县青山口，与第 5 大队第 3 中队会合后，决定打击伪自卫军第 8 军李汉鹏部。该伪军 4 000 余人，分驻于黄陂县蔡店附近李新湾、吴家湾等地。30 日，第 6 大队和第 5 大队第 3 中队兵分两路，乘夜暗奔袭李新湾、接见寺伪军驻地，采用“挖心战术”，直取伪军司令部，将吴家湾伪自卫军第 8 军司令部予以围歼。7 月又全歼伪自卫军第 8 军第 25 师，击溃伪自卫军第 8 军第 21 师，俘伪旅长 1 名、团长 3 名、伪军官兵 300 余人，缴获追击炮 3 门、重机枪 14 挺、长短枪 500 余支。② 新四军无一伤亡。此次战斗，创造了以少数兵力奇袭大股伪军的战例，使驻黄陂泡桐树店的伪第 8 军第 23 师闻风丧胆，自行瓦解。战后，新四军组建了豫鄂独立游击支队第 8 大队。

① 中共湖北省委党史研究室编：《中国共产党湖北历史图志》，中国地质大学出版社，2001 年，第 73 页。

② 武汉地方志编纂委员会主编：《武汉市志 · 军事志》，武汉大学出版社，1992 年，第 305 页。

2. 徐家桥战斗

1939 年 5 月，中共武昌县委领导的梁湖抗日游击大队事先设伏将日军 70 余人包围于金牛镇附近的徐家桥，发动突然袭击，日军多次反扑，均被游击队击退。天黑后，日军才借夜幕掩护逃回金牛镇。此役毙日军 8 人，并缴获部分枪弹。

3. 朱子桂村战斗

1939 年 7 月中旬，鄂南抗日游击队樊湖抗日游击大队第 2 中队埋伏于朱子桂村北山，痛击进犯豹子澥地区的日军。面对 400 多日军，游击队毫不畏惧，主动发起进攻。日军连续 4 次反扑，都未能前进。当日军改作围攻阵势时，游击队才顺着小道撤退。此战毙伤日军数十人，击毁日军部分车辆。

4. 保福铁村战斗

1939 年 12 月 22 日夜，鄂南游击队孔荷笼部偷袭保福铁村日军九山联队马场，击毙日军数十人、缴获马数百匹，给武汉日军以极大震动。

5. 夜袭黄陂县城

1940 年 6 月，中共在武汉东部近郊的各路游击队，在国民党军第 179 师 1 个团的策应下，采用迂回进军的方式，于黄昏时分抵达县城附近隐蔽。深夜，游击队首先在大东门外发起攻击，歼灭东寺日军 30 余名。接着，各路游击队纷纷拼死攻城，但由于日军防守严密，游击队实力不足，牺牲较重，只好主动撤退。

6. 陂安南反“扫荡”战斗

1941 年 5 月，日军以 3000 之众分 3 路进攻（黄）陂（黄）安南根据地。新四军第 5 师第 14 旅第 40 团一部，利用有利地形阻击敌人，给日军以重大打击，日军无功而返。7 月，日军再次侵入（黄）陂（黄）安南根据地，增设据点，修筑公路，并组织维持会，妄图长期盘踞。陂安南根据地军民立即展开激烈斗争，坚决打击汉奸，袭击修路日军和据点，晚上将刚修的公路予以破坏，使日军新增各据点陷入孤立，日伪军被迫撤退。11 月，日军 3000 余人分 9 路第3次大规模“扫荡”，根据地军民进行了坚决斗争，日军被迫再次撤退。1942年6月29日，湖北省黄冈县团风、仓子埠等地日伪军2000余人，在飞机掩护下，又一次残酷“扫荡”陂安南根据地。第5师第1军分区及陂安南地方武装顽强反击，经3天激战，毙伤日伪军430余人，日军被迫撤退。1944年5月23日，驻麻城县宋埠日军一部和伪军第11师共2000余人，“扫荡”陂安南抗日根据地。新四军第5师第40、第42团和地方武装在黄陂县龙王山地区与敌激战，毙伤日伪军105人，击伤伪军师长李宝琏，俘日军顾问渡部八次郎和伪军营长等32人。新四军亡12人，伤34人。

7. 兴隆集战斗

1942年1月，新四军第5师第13旅第9支队1个营到汉孝陂地区开辟根据地，活动于五通口、岱家山、姑嫂树、李家墩一带，并决定相机攻打黄孝公路边花石桥日伪军。一天，花石桥日伪军数十人前往兴隆集，第9支队所部1个营立即开往兴隆集附近隐蔽。经过激烈战斗，全歼该股日伪军，缴获步枪30多支、机枪1挺，以及一批子弹、手榴弹。

8. 侏儒山战役

1941年10月，新四军第5师根据中共中央指示精神和边区实际情况，决定挺进武汉外围，深入武汉近郊敌后，加紧开辟（汉）川汉（阳）沔（阳）抗日游击根据地。这一地区驻有湖北伪军中实力最强的伪定国军，其中伪1师汪步青部3个团5000余人盘踞在汉阳的侏儒山、汉川的南河渡一带。同年12月，日本发动太平洋战争，武汉地区日军抽兵增援华北和准备南进，各据点日军守备兵力减弱，伪军军心浮动。新四军第5师抓住战机，选择盘踞武汉西郊的伪军作为主要打击目标，发起侏儒山战役。侏儒山战役自1941年12月7日开始至1942年2月4日结束，历时近两个月，对日伪作战14次，歼灭伪定国军第1师5000余人，其中俘950余人，击溃伪定国第2师1000余人，击溃日军7次增援，毙伤日军200多人。这次战役是新四军第5师成立后规模最大、战果最丰的一次战役，也是新四军在湖北最大的一次战斗，不仅解放了大片国土，形成西面对武汉的战略包围，而且进一步扩大了豫鄂边区抗日根据地。战后，新四军第5师在武汉西郊建立了大片抗日根据地和游击区，并多次派出小型武装进出于武汉近郊的姑嫂树、舵落口、郭茨口、十里铺等地进行战斗。

图11-2　新四军在侏儒山战役中俘虏的部分伪军①

9. 道士店战斗

1942年8月中旬，新四军第5师第13旅第39团1个连在道士店设伏，打击日军1个小队。经过几个小时的激烈战斗，全歼了这几十名日军，缴获步枪15支、手枪1支、望远镜1架。

10. 横山战斗

1944年初春的一个夜晚，新四军第5师活动在黄陂北部的两个团约2 000人，夜袭日军在黄陂的军事重镇横山。经数小时战斗，缴获日军步枪91支、粮食3万多斤，击毙日军数人，俘虏伪军97人。②

11. 大嘴战斗

1944年5月，日军1个班押运一批盐船从武汉出发，因避大风停靠汉阳大嘴岸边。中共鄂南中心县委领导的游击队沿江支队得知此情，正研究堵截计划时，又获知嘉鱼伪和平救国军第29师出动两个连企图截获这批盐船。在这

① 中共湖北省委党史研究室编：《中国共产党湖北历史图志》，中国地质大学出版社，2001年，第72页。

② 黄陂县协协文史资料研究会：《黄陂文史》第二辑，1988年6月，第104页。

紧急情况下，支队长丁南平果断率领游击队员30余人采取突袭的办法，歼灭日军10余人，伪军不明情况，不敢轻举妄动。游击队缴获了一大批食盐。

12. 袭击日军青山机场

1943年冬，日军为加强空中力量，以利于发动豫湘桂战役，选定在武昌青山白浒（虎）湾附近修建军用机场（又称魏家咀机场），强迫数千民工日夜施工。新四军第5师第4军分区鄂南指挥部与中共鄂南中心县委决定，尽快破坏阻挠日军修建军用机场。1944年6月，武昌县支队派侦察员摸清机场日军的基本情况后，决定派出小部队共58人，在指挥部总队长汤楚英、武昌县支队长姜明斋的带领下，分乘5只渔船，自黄冈刘家集龙口逆江而上，采用奇袭的办法，于20日夜实施突击。经20分钟战斗，击毙日伪军3人，俘日伪军7人，① 其中有伪保安大队副队长等人，缴获一批枪支弹药与军用品。武昌城内日军闻讯前往增援，结果扑空。由于这次袭击和武汉周围新四军的威力，终于迫使日军停建青山机场，伪保安大队也缩回青山据点，日军在武汉全城实施为期1周的戒严。②

经过这些战斗，中共党组织和新四军第5师在武汉及其近郊，先后开辟了陂安南、陂孝礼、涨渡湖、汉孝陂、汉沔、咸武鄂、武鄂等抗日游击根据地，形成对武汉实施战略包围的内层包围圈。

三、国民党军事力量在武汉城区及近郊的活动

1. 国民党军事力量在武汉城区及近郊的游击活动

早在武汉沦陷之前，国民党的两大特务系统——军统和中统，以及国民政府第五战区，就在武汉城区布置了一定的军事力量，以开展敌后游击战和情报战。军统本部专门成立武汉区，赵世瑞、李果谌先后任区长，朱若愚为湖北站站长，鲍志鸿为武汉办事处主任，徐业道为第五战区司令长官部调查室主任。

---

① 阮丹：《青山史话》，武汉出版社，2004年，第23页。

② 武汉地方志编纂委员会主编：《武汉市志·军事志》，武汉大学出版社，1992年，第309—310页。

武汉沦陷前夕，戴笠通过冷光欣在法租界车站路庆平里设置秘密住所，亲自布置成立了军统武汉区及其最大的外围组织法租界特别组。李果谌利用与汉口日军宪兵队长五岛茂是日本士官学校同班同学的关系进行活动，副区长唐新兼行动组长掌管武装。伪汉口维持会成立不久，武汉区就组织人员投放定时炸弹，1939年春又暗杀金龙章，但到年底组织被日军破坏，区长李果谌叛变，朱若愚继任区长，唐新的行动组只能在汉阳西郊的侏儒山游击区活动。①

朱若愚任区长后，在武汉城区组织了一些暗杀、游击活动。1940年底，朱若愚等人根据戴笠指示，把行动重点转向对日军的刺杀。武汉区军统特工充分发挥自身优势，在选择好目标后进行周密准备。1940年12月16日，军统特工行动2队策划对驻蔡甸日军警备队的袭击，14日副队长即派3名行动队员潜伏在日军警备队附近的昶记油坊。16日凌晨，伪装成商人的队员李崧荪及随行两名队员进入蔡甸街口后，将3名强行检查的日军哨兵击毙，随即会合潜伏队员向日军警备队队部投掷手榴弹，炸死日军官兵8名。16日晚，军统特工行动1队赵云卿率队员何忠炳、雷玉卿潜入武昌八铺街日军宪兵队驻地，待日军熄灯后，向日军寝室投掷手榴弹，日军仓皇逃出时，遭到隐蔽于暗处的赵云卿等人扫射，共击毙日军官兵8名。

1941年1月21日，在汉口花楼街逛街的多名日军军官被军统行动2队队员用刀砍死，其中有日军少佐田梅次郎。2月18日，在汉口得胜街，该队杀死3名在随军妓院“鹤鸣庄”寻欢作乐的日军军官。25日晚，行动1队阎英才率5名队员突袭汉口三星街日军宪兵队，杀伤日军7人。3月2日，该队李化民等3人化装成小贩，混入汉口中山路新市场，向正在行进的日军小队投弹，日军死伤17人。② 4月16日，该队在汉阳显正街击毙日军特务机关中佐植树岩藏。19日，该队打入汉口王家墩机场，烧毁油库1座，炸毁日军轰炸机两架。10月21日，蓝衣社成员冯家福在三民路日伪警备队门前投掷炸弹，

① 邓葆光：《沦陷时期的军统武汉区》，《湖北文史资料》1986年第3辑，第68—76页。

② 陈钦编著：《我的河山：抗日正面战场全纪实》，中信出版社，2013年，第117页。

炸伤日伪警察1名，后在准备制造宝善米厂爆炸案时被日伪发觉，冯家福等人被捕牺牲。①

看到军统干得有声有色，中统自然也不甘落后。武汉沦陷不久，中统的丁子璜就在武昌的三桥、大小集场一带组织抗日游击队，从事抗日游击活动，同时搜集日军情报，指挥部设在大集场。1939年秋，日军进攻大集场，部队溃散，丁子璜被俘，后投降日军。②

国民党正规军在武汉城区也有活动。他们积极搜集情报，广泛建立游击武装。武汉沦陷不久，国民政府军事委员会军令部第二厅在武汉成立谍报组，搜集日军情报。1940年初，国民党湘鄂边区游击队方步丹部所属梁湖游击队曾在武昌县境内开展游击活动。1940年9月，第五战区别动队秘密派遣暗杀人员进入汉口，主要目标直指日伪高级官员，对日军军需仓库、主要码头和汉口繁华场所实施“恐怖”破坏活动，最大目标是暗杀日军第11军司令官阿南惟几和伪湖北省省长何佩瑢。③ 此次行动有一定效果，但不久即被日军发现，10多位暗杀人员被捕，暗杀行动被迫暂停。

国民党军的一些散兵游勇，也有树起抗日旗帜、拉起抗日队伍的。这方面的情况一开始比较复杂，有真正抗日的，有很快投敌的，有摇摆在两者之间的。例如，活动在青山一带的萧春庭部、谢军部，就既有土匪的特性，又有抗日的举动，更是反共的顽固分子，最终当了汉奸。

武汉近郊的国民党地方政府，也为沦陷后的游击战作出了一定的努力。1939年5月10日，武昌县政府从咸宁胡家街，迁回距日军湖泗桥据点只有20公里的积善下乡（今舒安乡徐河村）陈家祠堂，恢复了5个区的政权，县国民兵团和自卫中队也开始活动。同年12月13日，鄂南游击队孔荷宠部袭击了日军在山坡镇附近的1个据点，由于战前进行了详细的侦察和周密的部署，仅用

---

① 武汉市档案馆档案，档案号：8—1—163。

② 余世杰：《武汉撤退前后国民党抗日游击队和伪军的形成》，《武汉文史资料》1985年第3辑，第15页。

③ 武汉市档案馆档案，档案号：18—10—2068。

25 分钟时间，就全歼日军 1 个中队，缴获战马 200 匹。这是国民党游击队在武昌县境内打的最大一次胜仗。① 1941 年 5 月，县自卫中队队长郝儒生叛变，游击活动被迫中止。

国民党军在敌后的游击活动，由于没有深入发动群众，没有得到人民群众强有力的支持，没坚持多久，就被日军各个击破，迅速土崩瓦解。在国民党的众多游击队中，鄂东游击总队第 7 游击支队是比较有力量能战斗的一支武装。第 7 游击支队以仙台寺为根据地，曾经夜袭黄陂县城，给日军以较大打击，最终也逃脱不了被日军消灭的命运。1940 年 9 月 1 日夜，日军第 3 师团 1 个大队分 4 路包围活动在黄陂柑子树刘塆一带的胡季荪（当时还兼任国民政府的黄陂县长）指挥的第 7 游击支队第 1、第 2、第 3 大队。胡季荪部措手不及，3 个大队长先后牺牲，仍进行顽强抵抗，并伺机突围。驻扎在下凹杨的第 5 大队和驻扎在龚家大塆北面的第 4 大队闻讯前往增援。日军受到南北两路游击队援兵夹击，顿时恼羞成怒，分成南北两股，分别发动攻击。第 4、第 5 大队不支，虽经反复冲杀，但只有少数队员冲出日军包围圈。胡季荪和第 4 大队队长不幸战死，第 7 游击支队几乎全军覆没。

沦陷区军统、中统特工的杀寇行动，国民党游击队的抗日义举，虽然没有正面战场那样轰轰烈烈，且存在这样那样的问题，但他们在严酷的斗争环境里，满怀对中华民族的热爱，对日本侵略者的仇恨，不顾个人安危，奋勇杀敌，用自己的勇气和鲜血，书写了中华民族抗战史上光辉灿烂的一页，值得我们永远缅怀。

2. 国民党军事力量在武汉城区的情报活动

国民党在武汉地区的情报工作，是有一定成效的，如军统芮道一在日伪 6 年的成功潜伏，中统林尹奉国民党组织部长朱家骅之命的多次潜伏，女特务柯金凤、帮会人士许明全与日伪打得“火热”，都为中国政府军的作战，提供了许多有价值的情报。有许多人还为此献出宝贵的生命。因而，国民党在武汉城

① 《武汉文史资料》1992 年第 1 辑，第 84—85 页。

区的情报工作是武汉抗战不可或缺的重要内容。在武汉专事情报工作而牺牲的有马晋斋（武昌邻湖区人）、吴伯超等人，也堪称革命志士、民族英烈。据不完全统计，仅仅从1939年到1941年的3年中，在武汉被捕的军统人员就有170余人，比较重要的有第五战区督导队少将队长刘应龙和他的部属刘用之、第九战区情报员陈忠鹄、第六战区白果情报站情报员徐宗咏等，其中有50余人被日军杀害。

国民党很重视在武汉的情报工作。武汉沦陷不久，军统就派遣骨干特务李光源打入伪中华联合通讯社，担任武汉总分社社长的职务，以掩护军统的潜伏活动，开展军事情报搜集工作。1939年10月以后，李光源又打入汪伪特工总部，在伪中华联合通讯社内设立一个汪记秘密情报小组，即“陈文组”。这样，李光源一身二任，直到1941年5月才暴露身份，中止在武汉的特务活动。1941年3月，第五战区谍报参谋苗长湖潜入武汉搜集情报，被日军逮捕，后脱险。中统的吴世东、何荣卿以汉口洞庭村13号、杨家河云记茶馆为掩护，坚持情报工作达7年之久，搜集了许多重要情报，直到抗日战争的最后胜利。

当时，情报工作的环境极其恶劣，经常面临生命危险，如果意志不坚定、行事不周密，就会功亏一篑，甚至走向反面。不可避免，国民党在武汉城区的情报工作也有很多败笔。最大的败笔是军统特务张谰（张一民）成立的“武汉抗日铁血工作组”。这个组织也曾一度为抗日斗争作过许多有益的工作，但1940年春，张谰投靠日军，设“张谰组”于汉口崇德里16号，成为日军的帮凶。再如，1941年春，重庆军事委员会别动总队队长康泽派遣参谋刘国钧、副官潘涤非潜入汉口。刘国钧利用他系冈村宁次的学生这层关系从事情报活动。但一段时间后，刘国钧建立了真正的伪军组织。1942年8月，军统特务杜伯威奉命携带1台无线电台到武汉从事情报工作1个多月，专门负责搜集日伪组织情报和日伪军的军事行动情报，取得一些成绩，后因暴露身份也只好被迫离开武汉。①

---

① 武汉市档案馆档案，档案号：8—1—542。

国民党在武汉城区的诸多情报活动中，最有成效、功绩卓著的，当推张振国在武汉的情报活动。张振国先后任第六、第九战区司令长官部少将高参、机要室主任，主管军事情报工作，在武昌卓刀泉一所学校、汉口日租界内和湖南岳阳、祁阳等地开办特种干训班，精选在社会上有正常职业男女青年 14 人，施以个别强化训练，培训500多名特工人员，分批遣入武汉及其周边地区，专门负责搜集日军情报。

张振国利用熟悉武汉三镇地形和街巷的优势，化装成平民潜入城区，设立秘密电台于汉口日租界滨江码头一楼房内和汉口大智门南居民区一深巷内。他们设法通过旧日的各种社会关系立住脚，秘密发展情报员，建立地下联络网，监视驻汉日军调动情况，刺探各种军事、政治、经济情报，不定期给第九战区长官部发报，并发动爱国学生刻印散发反日传单。1940 年枣宜会战后，张振国伪装成伪军顾问岛田的仆从，顺利抵达汉口，以各种身份参加汪伪湖北绥靖公署主任叶蓬（张振国中学时的国文老师)、伪汉口市长杨揆一（与张振国父亲是保定军校同学）以及日伪头目的各种集会，搜集情报，破坏日伪的一些军事设施。其中，较为引人注目的是 1940 年底武昌日军一所军用油库纵火事件。这次火灾引发了两次大爆炸，烈焰冲天、浓烟滚滚，两百多吨汽油、柴油燃烧一尽，守卫仓库的一小队日军伤亡过半。这次纵火令沦陷区人民大为振奋，日军到处张贴通缉告示，出动军警宪兵搜索“纵火犯”，但最终不了了之。张振国在武汉的地下情报工作发挥过不小的作用。如他获取的日军将向东南亚用兵南侵的机密战略情报和日军总部计划第三次进攻长沙的时间、兵力部署等绝密情报，均及时用电台报告给陈诚，为长沙会战立下殊勋。①

国民政府与苏联在武汉地区的情报合作值得一提。1938 年 5 月中苏达成对日军事情报合作意向，决定成立联合情报工作机构，签订了《中苏情报合作经费议定书》。7 月 14 日，蒋介石任命军事委员会办公厅主任贺耀祖兼任所

① 此处关于张振国的资料全部引自陈少颉：《抗日少将间谍张振国》，载《湖北方志》2007 年第 1 期，第 34—36 页。

长，以国民政府军令部第二厅第三处处长郑介民及苏方的瓦西列夫为副所长，正式成立中苏情报合作机构——技术研究所，并迅速在中国各地设立组织，开展对日情报搜集与处理工作。

技术研究所先后在天津、北平、山东、宁夏、上海、汉口、香港、爪哇设立 8 个情报组。其中的汉口组成立后，于 1938 年 10 月 16 日派出组长谷兆芬、副组长郑达善在武汉三镇、平汉、粤汉两条铁路沿线及长江航线各轮上布点，成立了数十个分支机构。各分支机构不断向汉口总部发来日军情报，为开展对日政治军事与外交斗争，提供有力支援与辅助。仅仅在 1938 年，技术研究所汉口组就获取了日伪情报 18 件。①

技术研究所重点搜集的情报主要有：日军部队的调动转移，各部队组成、作战任务与目的；日军部署数量、各部队主官姓名、武器装备的数目种类，日军士兵情绪的变化；外来日军开入战区内各部队的运输方法、日期、地点、成分、组成与数量；各交通要点日军部署情况、军需武器存量，尤其对日方各要害地点以及守备兵力较少地点者更要注明；各地兵工厂、化工厂生产品种数量及工厂员工数、厂区警卫情况，产品运往何处等情报；日方军械库、粮库等设施地点情况，以及有何可采取行动之机会条件；各地日军机场之数目、地点及其警卫情况；有关日军化学兵部队的情况；各地伪组织主要人员的住址情况，以及可以利用的与日本人关系、与日伪特工组织关系；尚未加入伪政权的已投敌汉奸人员状况；日伪特工状况，其组织、人员、驻地、长官及相互联络方法等；刺探日军对南昌、长沙的再攻计划及对我部署在沦陷区内的游击队的肃清计划；设法混入日伪间谍与反间谍组织，开展工作；争取策反伪政权官员。

1941 年 6 月苏德战争爆发，中苏技术研究所的历史使命结束。

---

① 彭训厚：《友谊：中苏联合抗日纪实》，五洲传播出版社，2015 年，第 89—90 页。

第二节　武汉周边地区中国军民的抗日斗争

为了对付日军第 11 军这支深入中国腹地中心的日本侵略军，中国统帅部采取相应措施，指挥在武汉外围的一百多万中国军队，构成了对武汉的战略包围态势，迫使日军不敢轻举妄动，保证了中国抗战大后方的安全。可以毫不夸张地说，对武汉的战略包围，是中国抗日战争能够取得胜利的重要直接原因之一。中国军队对武汉日军的战略包围，包括两大组成部分。一是国民党军队先后设立的第五、第九、第六战区对武汉日军的战略包围，一是共产党领导的新四军第 5 师及其强大的抗日游击武装对武汉日军的战略包围。

一、武汉周边地区正面战场的抗日作战

日军占领武汉后，由于会战中兵力损耗较大、国内总兵力不足，采取的基本作战设想是："竭力限制战局的扩大，采取紧缩持久的阵势，在汉口附近，留下若干机动兵团。""即：河南省黄泛区以西的地方，概予放弃；为了占领武汉三镇附近，预期北自武胜关、南迄岳州附近构成一条持久战线；在武汉以东的长江南岸，主旨限于控制沿江岸的各个要点。"① 为了巩固武汉外围和扩大占领区，解除中国军队对武汉实施战略包围所产生的巨大威胁，日军多次策划较大规模战役，以打击在武汉外围的中国军队。中国军队针锋相对，形成了以第五和第六战区为基本格局、以第九战区为辅助的对武汉进行战略包围的格局，积极寻找战机对日军局部进攻进行有力反击。第五战区以李宗仁为司令长官，辖 7 个集团军和 1 个江防军，战区司令长官部驻老河口。宜昌失守后另组第六战区，以陈诚为司令长官，司令长官部驻恩施。主要战役有随枣会战、枣

① 白井胜美、稻叶正夫：《现代史资料（9）日中战争》(2)，(东京）美铃书屋，1964 年，第 269—270 页。

宜会战、常德会战、鄂西会战、豫西鄂北会战、三次长沙会战、长衡会战等。

1939年4月17日，日军步兵3个师团、骑兵2个旅团以及炮兵、工兵等部队秘密集结，20日，日军第3、第13、第16师团分别向应山、安陆、钟祥等地移动，企图将中国第五战区主力包围击灭于枣阳东北地区，"将汉口西北正面之敌击败，粉碎其抗战企图"。①为保卫襄东（汉水以东）地区，中国第五战区决定由江防军担任沙市、沙洋、荆门及宜昌一带守备；张自忠右集团军负责防守钟祥以北襄河两岸；李品仙左集团军以大洪山为依托，守卫随县东南部；汤恩伯第31集团军以桐柏山为依托，守卫随枣北部；孙震第22集团军驻守枣阳为机动兵力，粉碎日军企图。5月1日，日军主力第13、第16师团及骑兵旅团，由钟祥沿大洪山、襄河间地区向枣阳方向进攻；3日，应山、信阳方面日军第3师团及第39师团一部，向随县、桐柏进攻。4日，日军第13、第16两师团突破第33集团军阵地；第16师团和骑兵旅团，沿襄河东岸向枣阳以西迂回，并向新野、唐河方向突进；第13师团向枣阳、随县进犯。7日，日军占枣阳，12日陷唐河，企图与第3师团相策应，包围第2、第31集团军于枣阳附近地区。中国军队边打边撤，予日军以大量杀伤后主动放弃一些要地，使日军战线延长，兵力分散，战斗力严重削弱。日军在桐柏山及其南北两侧受到阻击，未能及时合围，中国军队趁机发起外线攻势，变内线作战为外线作战，主力经泌阳向北转移。第五战区令第31集团军会同第2集团军从豫西南下，向唐河、新野一带反击；令宜城以南第33集团军及江防军一部，东渡襄河，袭日军主力第13、第16师团的侧背；左集团军主力依托桐柏山，侧击

图11-3　参加随枣会战的中国士兵

① 日本防卫厅防卫研究所战史室著，田琪之译：《中国事变陆军作战史》第2卷第2分册，中华书局，1980年，第127页。

随枣公路日军。从13日起，日军被迫全线撤退。第五战区先后收复桐柏、枣阳等地。20日，恢复原态势，战役结束。此役毙伤日军1.3万余人，日军歼灭中国第五战区主力的计划破灭。

为了解除中国第九战区对武汉日军的威胁，1939年9月，日军集中第6、第33、第101、第106师团及3个旅团约10万兵力，采取奔袭攻击的方针，发动"湘赣会战"，第一次进攻长沙。为打破日军战略企图，中国第9战区代司令长官薛岳指挥16个军30多个师约40万人的兵力，采取逐次抵抗诱敌深入的作战方针，在赣北、湘北、鄂南3个方向同时与日军作战。

在赣北，9月14日，日军第106师团由奉新向会埠的中国第60军发起进攻；以第101师团一部向高安中国第32、第58军进行牵制性攻击。中国守军未抵住日军进攻，阵地被突破，19日放弃高安，退守石鼓岭和石脑圩西南高地。21日，第32军反攻高安，与日军展开激烈争夺，22日克复高安、高城，进占马形山、赵家山一线，第74军进占斜桥、南山何，日军第101师团向东北方向及五桥何退却。与此同时，日军第106师团主力由奉新西进，突破中国第183、第15师阵地。24日占领横街、甘坊。25日，中国军队调集数师兵力向甘坊一带反击，展开激战。至10月3日，日军进至大墩街、石街。中国军队进驻甘坊、横街，切断了第106师团的退路。6日，中国第1、第30集团军奉命围攻日军，战至9日，进占沙窝里、九仙汤、上富、冶城等地，并乘胜追击，先后克复罗坊、会埠、三都、修水。日军退回武宁、靖安、奉新。

在湘北，9月18日，日军第6师团及奈良支队强渡新墙河，进攻新墙河北岸中国第15集团军第52军。第52军顽强抵抗5昼夜，于22日晚退至新墙河南岸。23日拂晓，日军在猛烈炮火支援下，强渡新墙河南进；上村支队在汨罗江口附近营田登陆，对第15集团军形成夹击之势；第33师团由麦市南下，企图消灭湘北中国军队。第15集团军依据新墙河、汨罗江阵地抗击日军，予日军重创后，于24日撤至汨罗江南岸。26日，中国统帅部电令第九战区在长沙附近与日军主力决战。各军遵令随即进占阵地，侧击、伏击日军。27日，日军分路南进，至30日，日军主力进至捞刀河北岸，直扑长沙以北永安市、

图 11-4 第一次长沙会战中，向敌军猛射的川军重机枪阵地

金井、上杉市、青山市、桥头驿等地。日军由于孤军深入，中途遭到中国军队的阻击、伏击，被迫停止进攻。

在鄂南，9 月 22 日，日军第 33 师团向中国第 79 军发起攻击，23 日，进占麦市、桃树港，继向汨罗江上游进犯。中国军队第 27 集团军和第 79 军在麦市附近与日军展开激战，歼其甚多。至 29 日，日军攻占南楼岭、平江，进抵朱溪厂、龙门厂、长寿街。中国第 20、第 79 军各一部在献钟、南楼岭、桃树港一带夹攻日军，主力向朱溪厂、龙门厂日军追击。10 月 1 日，第 20 军收复龙门厂后，向长寿街日军侧击，第 79 军克复桃树港、麦市、献钟、嘉义。3 日，日军第 33 师团主力与第 13 师团奈良支队会师于三眼桥，东趋渣津攻修水；4 日，与第 27 集团军及第 79 军发生激战后，分别向南江桥、麦市、通城方向退却。第 15 集团军尾随日军追击，先后收复安定桥、长乐街、新市、汨罗等地。5 日，日军全线撤退，上村支队遭到第 54 军新编第 23 师袭击后，由营田登船从洞庭湖上逃回岳阳；至 9 日，第 6 师团退向新墙河；第 33 师团、奈良支队退回通城。中国军队在全线追击中，收复了平江、南江桥等城镇。13 日，会战结束。

中国军队在武汉西北地区设置的第五战区，既拱卫战时首都重庆及西南大后方的安全，又随时保持对武汉日军的威胁，日军视为眼中钉、肉中刺，极欲除之而后快。1940 年 4 月，日军考虑可“在 5、6 月间在华中、华南方面，实施一次超越既定作战地区的作战”，① 于是抽调驻湘北的第 6 师团及赣北第 40

① 日本防卫厅防卫研究所战史室著，田琪之、齐福霖译：《中国事变陆军作战史》第 3 卷第 2 分册，中华书局，1983 年，第 1 页。

师团各一部，从长江下游的日军第十三军第15、第22师团各抽调1个支队(相当于旅团)，连同驻鄂第3、第13、第39师团近20万人的兵力向襄樊、宜昌发动攻击。中国第五战区将所属部队分为左、中、右3个兵团分区防守。5月1日日军分3路西进，至9日相继占领桐柏、枣阳等城镇。第五战区所部在各路日军9日会师之时，跳出日军包围圈转入外线，并形成对日军的反包围态势。其中，尤以中国第31集团军对日军第3师团在樊城地区的包围战斗最激烈，日军第3师团在战车部队的协同下才突出重围。10日，蒋介石电令："鄂北之敌经我多日围攻，粮弹殆尽，必将向原阵地退却。第五战区应乘敌态势不利、退却困难之好机，以全力围攻捕捉歼灭于战场附近，尔后即向应城、花园之线追击。"要求李宗仁指挥各部"乘胜追击，扩大战果"。[①] 11日，第五战区开始全线反攻，日军在南退时见后路被堵，遂与右翼兵团拼死决战。

图11-5　1943年守卫鄂西石牌要塞的中国士兵战前接受检阅

由于中国军队的密电码被日军破译，使得中国军队作战计划暴露，日军调整作战计划，把主要作战目标锁定为负责堵截日军退路的中国第33集团军。第33集团军总司令张自忠及其亲率的截击部队成为日军的主攻目标，致使张自忠不幸左肩、胸部中弹，壮烈殉国。第33集团军群龙无首，第五战区的截

① 中国第二历史档案馆：《抗日战争正面战场》中册，凤凰出版社，2005年，第999页。

击计划落空。日军乃得以摆脱困境，乘机钻隙西进。6 月 1 日，日军攻占襄阳，随即渡过汉水攻向宜昌。由于中国军队把宜昌方向的守军调往鄂北方面堵截日军，致使宜昌方向守备空虚，日军如入无人之境，相继占领南漳、宜城、荆门、江陵、沙市，于 12 日向宜昌发动猛烈攻击。14 日，宜昌失陷。在日军南下宜昌时，第五战区机动兵力尾随其后，相继收复已失城镇。24 日，一度撤出宜昌的日军再次控制宜昌。蒋介石将宜昌失守以后的 6 个月称为“最难最苦时期”，感到“对内对外稍有不周，可以立败”。① 两个月后，7 月18 日，英国又宣布暂时关闭滇缅公路 3 个月，蒋介石在这天的日记中写道：“弱国处处为人轻侮，看人听人颜色，应忍之，为此拂逆叠来之时，惟有安毋躁，观待其变与结果也。”②

日军虽然占领宜昌，但并未解除中国第五战区对武汉日军的威胁。1941 年 1 月，日军为消灭武汉北部门户信阳（豫南）地区第五战区主力，以第 11 军为主，在华北方面军一部配合下发动对豫南地区的进攻，直指第五战区核心。20 日，襄河两岸日军第 39、第 4 师团各一部和第 18 混成旅团，从当阳、荆门、安陆出发，对中国军队第 29、第 33 集团军发起牵制攻势。日军第 3、第 17、第 40 师团由应山、信阳、罗山地区分路沿平汉铁路及其西侧地区北进。25 日，日军左翼第 3 师团在小林店、古城、查山之线展开，向高邑、舞阳方向进攻；中央第 17 师团由明港向北攻击；右翼第 40 师团在槐角镇、正阳间强渡淮河攻击前进。

中国军队采取避免正面作战，主力机动转移，侧击日军的方针。以一部在平汉路西平附近阻击日军，另以一部在日军后方截断交通，以主力预伏于方城、泌阳以东及上蔡、汝南一带，伏击向堰城、舞阳北进的日军。日军快速出击，26 日攻占确山、邢店、高邑、泌阳一线，27 日推进至驻马店、汝南、沙河店、龙王庙一线。此时，中国军队第 13 军由舞阳向象河关推进，第 85 军主

① 《蒋介石日记》，1940 年 5 月 24 日。
② 《蒋介石日记》，1940 年 7 月 18 日。

力向上蔡附近机动；第 68 军向象河关以南日军尾追；第 55 军向泌阳前进；第 59 军向南阳前进；第 22 集团军攻袭随县、淅河之日军。29 日，沿平汉路及西侧快速北进的中路日军，由于中国军队已撤出沿线地区，使其寻找守军主力的企图落空。日军左、右两路兵团分别受到中国第 13、第 85 军的攻击，损失较大。

31 日，日军变更部署，将中央第 17 师团一部向左右两翼迂回，其一部由遂平经上蔡向右旋回，企图与从汝南北进的右路第 40 师团南北夹击第 85 军；中央第 17 师团主力则由遂平分两路经西平向舞阳方面迂回；左路第 3 师团主力也向舞阳推进，企图南北夹击第 13 军。中国军队第 85、第 13 军在日军完成合围之前，分别向叶县、郾城及沙河以北地区转移，使日军再次扑空。与此同时，中国第 2 集团军从泌阳、唐河及以北地区向舞阳日军后方攻击，切断其后方联络线。日军侧背受击，决战计划一再落空，即改变作战计划。2 月 21 日，日军第 3 师团除留一部于舞阳、保安寨对北警戒外，主力向镇平、南阳转进；第 17 师团及第 15、第 4 师团各一部则经象河关向泌阳转进，企图夹击中国第 2 集团军，未得逞。中国第 13 军乘机反攻，克复了保安寨、舞阳，续向方城追击。4 日和 5 日，日军第 3 师团先后攻陷南阳、唐河。中国第 59 军进行反击，6 日克复南阳。日军第 17 师团转进至象河关附近，遭到中国第 68 军截击，伤亡甚重，至 7 日夜，向信阳方面退却，中国军队跟踪追击斩杀颇多。7 日日军先后退回原驻地，11 日全线恢复战前态势，会战结束。此役，共毙伤日军 9 000 余人，史称“豫南大捷”。

日军眼见解除武汉以北的威胁不能实现，转而向南寻找突破口。1941 年 9 月初，日军在湘北岳阳以南地区集结第 3、第 4、第 6、第 40 师团和 4 个旅团，配有战车第 13 联队，野重炮第 14 联队，独立野战重炮第 15 联队第 1 大队，共有步兵 45 个大队，炮兵 26 个大队，总兵力 12 万余人，并配有军舰 20 余艘，汽艇 200 余只，飞机 100 余架，在司令官阿南惟几指挥下，采取将主力并列于狭窄正面上，以纵深突破的战略，向长沙进犯。中国第九战区以 40 个师共计 50 余万人进行抗击。18 日拂晓，日军第 4 师团沿粤汉铁路向长沙推进；

独立第14混成旅团向洞庭湖南岸出击；第3、第6、第40师团由港口至新墙市一线强渡新墙河，迅速突破守军正面防线。中国军队凭借新墙河英勇阻击后，向右翼山地转移。19日，日军抵达汨罗江北岸地区。24日，日军强渡汨罗江，企图围歼右翼守军。21日至23日，中国第58军在洪桥，第20军在关王桥，第4军在洪源洞以南，与日军展开激战，第37军和第10军与日军第4、第3师团激战于神鼎山、密岩山、班召庙一带；第2军与日军第6、第40师团各一部激战于瓮江、蒲塘地区。26日，日军第4师团渡过捞刀河，28日占领长沙。29日，日军第3师团攻抵株洲附近。

中国统帅部急调增援部队陆续赶至战场投入战斗，将日军包围于捞刀河、浏阳河之间。与此同时，第3、第5、第6战区部队分别向正面日军发动攻势。长沙被围日军与后方联络线被切断，补给困难，遂于10月1日傍晚北撤。2日，中国统帅部命令第9战区部队追击；第79军向长乐街、新市方向，第58、第72军向关王桥、杨林街方向追击；第4、第20、第99军主力在马鞍铺、青山市、金井一带截击日军；第26、第74军和暂编第2军清扫浏阳河、捞刀河间战场。5日，中国截击部队在汨罗江以南地区与日军展开激战，迫使其北渡汨水向新墙河以北退却。6日，追击部队渡过汨罗江；8日，越新墙河，继续向日军攻击。11日，中国军队恢复原阵地，与日军对峙于新墙河，会战结束。

1941年12月8日太平洋战争爆发，日军第23军同日进攻香港。9日，中国政府正式对日宣战，并调集军队反攻广州。中旬，日军为牵制中国军队、配合其在香港地区的作战，以4个师团、3个旅团约10万人，进犯长沙和赣北的上高，企图在汨罗江两岸歼灭第九战区主力。中国第九战区14个军30余万人，采取逐次抗击、引诱日军深入战法，拟在捞刀河、浏阳河之间包围歼灭日军。19日，湘北日军一部攻占岳阳东南段山。24日起，第3、第6、第40师团先后突破新墙河、汨罗江防线南下，中国第九战区以一部兵力与日军保持接触，第37、第99军主力向金井以东及铁路以西地区转移。31日，日军越过捞刀河、浏阳河，从南东北三面包围长沙，次日发起攻击，守城的第10军英勇抗击，日军受挫。1942年1月4日，守军第4、第79军等9个军对日军实施反包围，日军被迫向东北方向退却，中国军队跟踪追击，日军伤亡严重。16日，日军撤至新墙河以北地区，由赣北西进的第34师团也被击退，会战结束。是役日军自称伤亡5万余人，被俘139人。①

1943年初，太平洋战场上的日军在英美盟军的进攻下开始节节退守。为早日从中国战场抽出兵力转至太平洋战场，日军决定加紧中国战场作战，进攻方向直指扼守入川通道、拱卫陪都重庆的鄂西，企图采取以攻为守的办法，保障其宜昌地区的安全。同时，武汉日军的后勤供应线——长江航运，“北受汉水上游第五战区和新四军第五师的牵制，西遭第六战区宜昌以下长江水域的严密控制，南遇第一二八师等对岳阳、赤壁间及其他长江航运地段的威胁，感到战略态势对其不利”②。为此，日军调集10万兵力和100多架飞机，分3路向鄂西进攻。5月5日，日军第11军投入第3、第13、第39师团、独立混成第17旅团以及配属的第34、第40、第50、第68师团各一部，总兵力约7万人，对长江南岸的中国第六战区第29、第10集团军和江防军（先后投入兵力约12万）发起进攻，以夺取南县、公安、枝江和宜昌以西地区，打通长江航路，解除中国军队对日军水上运输的威胁。中国军队对此“早有周密之准备”，③守军进行了顽强、有效的抵抗，至15日日军才渐次由湘北、鄂中等地进入鄂西山岳地带。至24日，战场推进至清江两岸，日军相继聚集6万多兵力，准备向石牌要塞发动攻击。26日，石牌要塞攻守战打响。中国江防守备部队接连打退日军多次进攻，致其重大伤亡。至此，日军已完全丧失争夺石牌要塞的力量和信心。31日，第六战区发动全面反攻，中美空军亦以大编队机群投入，参战飞机达165架，有力支援了地面作战。各路日军被迫全线东撤。至6月11日，第六战区收复失地，历时月余的鄂西会战遂告结束。这次战役，中国

---

① 菊池一隆著：《中国抗日军事史》，社会科学文献出版社，2011年，第91页。

② 刘宗武著：《湖北新民主革命通史（抗日战争时期卷）》，华中师范大学出版社，2008年，第213页。

③ 何应钦：《日军侵华八年抗战史》，（台北）黎明文化事业股份有限公司，1982年，第193页。

军队共歼灭日军官兵25718人、毙伤马1384匹，毁日军飞机45架、汽车75辆、船舶122艘,① 史称“鄂西大捷”。

1945年1月29日，日军第12军所属的第110、第115师团、坦克第3师团、骑兵第4旅团及步兵第11旅团向鄂北发动进攻。3月23日，日军第39师团主力及独立步兵第5旅团、第11旅团，由荆门北犯，攻占宜城和南漳，27日攻占老河口，29、30日攻陷襄阳和樊城。从4月2日起，中国守军开始反攻，经过激战，迫使日军放弃光化、老河口、南漳，16日、18日，收复襄阳、宜城及樊城，襄河以西恢复战前状态。28日，日军再次攻入老河口。此役日军虽控制老河口空军基地，但遭到沉重打击，伤亡15000人。②

在进行正面作战的同时，中国政府也非常注重敌后游击战，“武汉沦陷前夕，军事委员会和第五战区对武汉失守后如何开展敌后游击战争做了周密部署。”③ 1938年11月正式建立第五战区豫鄂皖边区游击总司令部，廖磊兼任总司令，率第5、第21集团军（辖第7、第48、第39军）建立大别山敌后根据地。第九战区第30集团军在通山、通城、崇阳建立鄂南抗日游击根据地。其他较小的游击武装和游击根据地也不少，如第26集团军挺进独立大队、江北抗日游击军（由第75军第139师第417团组成，司令周上凡）、江汉平原上的王劲哉第128师等。国民政府系统的地方抗日游击武装，主要包括各区（行署）的挺进军（游击总指挥部）和各县的自卫队两大系统。这些游击武装与正面作战的正规军一起，共同构成了对武汉日军的战略包围态势。

这些游击武装的表现参差不齐，有的有较好的抗战表现和成绩，如1939年2月8日，日伪1000余人进攻麻城稳铺河一带山区，鄂东游击队进行侧击，激战两昼夜，将日军击溃。④ 同月，黄安日伪军1000余人进攻七里坪，鄂东

---

① 《陈诚私人回忆资料》，中国第二历史档案馆档案。

② 宋波：《抗战时期的国民党军队》，华文出版社，2005年，第346页。

③ 洪小夏：《武汉会战前后的国民党敌后抗日游击战争》，载涂文学、邓正斌主编：《武汉抗战与民族复兴》，中国社会科学出版社，2011年，第184页。

④ 麻城县地方志编纂委员会：《麻城县志》，红旗出版社，1993年，第351页。

游击第1纵队、黄安县第3区自卫大队和中共游击武装，协同第21集团军第171师第2团进行伏击，击毙日军20余名，生擒大竹易雄，取得了黄安县国共合作抗日的首场胜利。①

1939年3月，日军一部侵犯鄂南游击根据地，第197师第1140团胡大任部在咸宁望溪乡大屋万村一带山地将日军击溃，歼敌50余人，第1137团在阳新县城附近战斗中歼敌10多人，拔掉了阳（新）通（山）公路线上的大畈日军据点。4月3—17日，鄂东游击部队协同浠水、蕲春、黄梅、广济4县自卫队，袭击沿江日伪据点，大小战斗10余起，给日军以重大打击。② 5月11日，两名日军士兵到咸宁大屋邵一带打掳，被熊新旺部伏击，打死1人。7月，浠水兰溪日军100余人进犯六神港，鄂东游击部队和浠水县自卫队坚决反击，将来犯日军全歼。8月24日，第134师1个营在咸宁鸣水泉、塘口吴一带阻击日军骑兵队，击毙日军数名。11月，第179师在鄂城九门万里打败日军进攻。③ 12月，日军发动对鄂东游击根据地的第一次"扫荡"，程汝怀指挥所部进行阻击，歼灭日军20余人。同月22日，鄂南第1游击纵队进击蒲圻、咸宁一带，破坏日军交通、通信设施，并向贺胜桥、桃岭铺、横沟桥、官铺桥等地全面猛攻，日军增援，第1游击队奋勇作战，将增援的丸山部队击溃。

1940年元宵节，鄂东游击总指挥部率部袭击浠水兰溪日军"宣抚班"，将其全歼。④ 4月，日军"扫荡"崇阳南部游击根据地，鄂南挺进军第6纵队第9支队在大眼泉、铁炉冲、古市岭、东堡等地阻击，击毙日军指挥官1人、士兵30余人。5月，日军1000余人、飞机3架，兵分3路，进攻嘉鱼县王家庄鄂南游击根据地，鄂南挺进军第8支队孙耀庭部奋力抗击，击毙日军60余人。10月18日，日军再犯王家庄，鄂南挺进军第2纵队方步舟部奋力抗击，毙敌

① 红安县地方志编纂委员会：《红安县志》，上海人民出版社，1992年，第206页。

② 何之纲：《湖北省政府鄂东行署和鄂东游击总指挥部纪略》，《罗田文史资料》第4辑。

③ 中央档案馆、湖北省档案馆编：《侵华日军在湖北暴行史料》，中国档案出版社，2005年，第136、156—157、124、125、127、170页。

④ 湖北省地方志编纂委员会：《湖北省志·人物》，上册，湖北人民出版社，2000年，第501页。

300 余人。① 12 月，驻崇阳县城日伪军 1000 余人进攻青山，第 9 支队再次阻击，歼敌 70 余人。1941 年春，第 9 支队奇袭崇阳金沙桥日军据点，打死日军 43 人，缴获轻重武器 37 件，弹药数十箱。②

1942 年 7 月，冢田攻调任第 11 军司令官，准备执行进攻重庆和西安的 5 号作战计划，企图将侵略魔掌伸向中国西南大后方。在南京召开讨论这个作战计划的会议结束后，冢田攻于 12 月 18 日乘 79 式飞机返回汉口。中国在大别山游击区的高炮部队，以这架飞机为目标，迅速开炮，将日机击中，同机 11 人全部丧生。这是中国军队在抗日战争中击毙的日军陆军军阶最高的将领。

二、武汉周边地区共产党敌后战场的抗日作战

武汉沦陷后，中国共产党积极发动群众，对日伪军进行了一场轰轰烈烈的游击战争。1938 年底，武汉周围各县组织有中共领导的抗日游击队 20 多个，共 1 000 多人。③ 1939 年，李先念、陈少敏率部进入鄂中，开展游击，对各分散的游击队进行整编，成立豫鄂挺进纵队后，到 1940 年 10 月，共进行大小战斗 243 次，击毙日军 580 名，伪军 1 950 人。1941 年初，豫鄂挺进纵队改编为新四军第 5 师，李先念任师长兼政委，刘少卿任参谋长，任质斌任政治部主任。4 月 5 日，新四军第 5 师组建完毕，下辖第 13、第 14、第 15 旅、2 个纵队、1 个警卫团。第 13 旅旅长周志坚，政委方正平；第 14 旅旅长罗厚福，政委张体学；第 15 旅旅长王海山，政委周志刚。全师兵力 15 300 余人，成为武汉周边一支强大的抗日游击武装。

在全面抗战时期，新四军第 5 师共参加战斗 1 030 次，毙伤日伪军 1.4 万多人。在敌后对日伪军起到了重大的战略牵制作用。其中的主要战斗有：

1. 余家店战斗

1939 年 1 月 17 日，新四军第 4 支队和第 8 团留守处两个连队 80 余人组成

---

① 嘉鱼县地方志编纂委员会：《嘉鱼县志》，湖北科学技术出版社，1993 年，第 239 页。

② 崇阳县地方志编纂委员会：《崇阳县志》，武汉大学出版社，1991 年，第 505 页。

③ 武汉地方志编纂委员会主编：《武汉市志·军事志》，武汉大学出版社，1992 年，第 86—303 页。

的新四军独立游击大队及随行干部60余人，由河南省确山县竹沟镇出发，向湖北省信阳和应山县交界处挺进，创建四望山抗日根据地。2月26日，到达应山，正值日军100余人和伪军一部向驻罗家庙的国民党军进攻。为支援友军，独立游击大队主动阻击日军，在余家店与日军展开激战，坚持12个小时，将日军击退，共击毙日军20余人。独立游击大队第6大队政治委员熊作芳在战斗中负伤。

2. 赵家棚战斗

1939年8月4日至7日，新四军豫鄂独立游击支队挺进团在湖北省安陆县赵家棚地区，与前来“扫荡”的日伪军1000余人进行了三天三夜“捉迷藏”式战斗，共毙伤日伪军100余人，粉碎了日军的“扫荡”。从此，赵家棚地区成为鄂中敌后抗日根据地中较为稳定的基本区。

3. 公安寨战斗

1939年3月30日，日军100余人护送慰问团乘60余只木船，由湖北省京山县徐店逆流而上，夜宿下周家河。中共鄂中区委军事部部长陶铸率应城抗日游击队连夜赶至公安寨埋伏。同时在下游袁家坡及上游秦家湾分别配备部队拦堵。31日中午，日军船队驶进伏击圈，新四军在火力掩护下发起冲锋，予敌重大杀伤，击毙日军慰问团长（皇室贵族）及官兵10余人，伤10余人，缴获军用品一批。

4. 云梦战斗

1939年4月下旬，新四军豫鄂独立游击支队进攻湖北省云梦县城，由南门城墙缺口攻入城内，歼伪军20余人。

5. 憨山寺战斗

1939年8月2日，新四军豫鄂独立游击支队第1团队第2大队，在孝感县花园镇至安陆县城之间公路上憨山寺伏击日军车队，击毙日军10余名，击毁汽车5辆，缴获步枪数十支。新四军无一伤亡。

6. 新街战斗

1939年10月13日拂晓，日军300余人及伪军400余人，从京山县罗店、贾店出动，向活动于京山县新街的新四军独立游击支队进行偷袭。新四军流动哨兵发现后，立即鸣枪示警。在支队统一指挥下，第1团队第2大队担负阻击任务，在正面打退敌人两次冲锋。第1、第3大队分别向日伪军两侧发起攻击，从而掌握了主动。日伪进攻时，日军居中，两翼配置伪军。新四军攻其弱点，把伪军打得四处溃逃。日军施放毒气掩护撤退。第1团队从东、西、北三面逼近日伪军，连续发起冲锋。日军凭借小炮、掷弹筒、重机枪等火力优势，抢占黄家祠堂等制高点死守。下午，第2团队第2大队赶来增援。激战至天黑，数路日军前来解围，守敌在佯攻中焚毁大批尸体后，遗尸20余具溃逃。此次战斗，毙伤日伪军180多人，缴获重机枪1挺、步枪10余支。新街战斗后，鄂中抗日根据地初步建立起来。

7. 同兴店伏击战

1939年10月31日，新四军豫鄂独立游击支队第2团队一部，在孝感县花园镇与安陆县之间的同兴店，伏击日军骑兵300余人。经激战，毙伤日军100余人。新四军伤亡50余人。

8. 马家冲战斗

1939年11月，新四军豫鄂挺进纵队成立。12月5日，日伪军1500余人，兵分五路，并有飞机、大炮配合，前来围攻在京山县马家冲的纵队领导机关。豫鄂挺进纵队机关和随营学校、警卫分队仅200人，众寡悬殊。经终日抗击，毙伤日军70余人，当晚突出重围，安全转移。

9. 坪坝第一次保卫战

1940年7月初，日军第3师团2个大队1200余人，向安陆、京山、随县交界处的坪坝突然袭击。当时新四军豫鄂挺进纵队平汉支队司令部驻在坪坝镇附近响塘湾，第1团队驻在坪坝镇以北谢家店，第2团队驻在洛阳店附近。当大股日军突入镇内时，第1团队协同第2团队发起攻击，控制了山崖口制高点，将日军赶至山沟。日军在火力掩护下，不断进行反扑，先后发动5次冲锋。新四军豫鄂挺进纵队平汉支队第1、第2团队密切配合，击退了日军的反扑。日军仓皇撤退，途中又遭到第1团队第3大队的截击，残部连夜逃回雷公店据点。此次战斗击毙日军100余人。

10. 坪坝第二次保卫战

1940年9月，驻安陆县城的日军700多人，又对坪坝地区进行“扫荡”。此时新四军豫鄂挺进纵队平汉支队驻坪坝镇附近只有第1团队1个大队、支队警卫连及少数机关人员。日军沿公路汹涌而来，新四军边打边退。日军怕中埋伏，分散搜索前进。第1团队另1个大队闻讯赶到，占领制高点，进行顽强阻击。日军几次猛攻均未得逞，遂向王义贞店方向撤退。途中又遭到第3团队的截击。日军为扭转被歼局面，集中1个多中队兵力向第3团队第3营阵地猛攻。第3团队政治委员王友德率第3营与日军展开血战。接着第1团队和第3团队一部先后赶来增援，对日军夹击。黄昏时，日军逃回安陆县城。此次战斗击毙日军数十人，伤180余人。新四军团政治委员王友德牺牲。

11. 坪坝第三次保卫战

1940年10月，日军步、骑兵1 000余人，从京山县三阳镇出发，沿三（阳镇）宋（河）公路南下，第三次向坪坝发起进攻。新四军豫鄂挺进纵队平汉支队第6团队凌晨3时获悉情报，连夜进入伏击阵地。上午8时，日军进到坪坝附近，其中一股日军在段家湾稻场上休息。第6团队第1、第2大队向该股日军发起突然袭击。日军匆忙组织反扑。双方激战至下午5时，日军开始溃退。第6团队跟踪追击。日军沿途丢弃尸体、枪械、弹药溃逃。此次战斗毙伤日军100余人，缴获战马10余匹和大批枪支弹药。三战坪坝的胜利，保障了白兆山的安全，巩固了鄂中抗日根据地。

12. 襄西反“扫荡”战斗

1941年2月初，日伪军5 000余人对新四军豫鄂挺进纵队的襄西根据地进行“扫荡”。新四军灵活跳出包围圈，在日军侧后方袭击周家集据点，歼日军1个小队、伪军1个中队，并袭击伪军韩江陵部，粉碎了日伪军的“扫荡”。

13. 夜袭孝感城

1941年8月8日晚，新四军第5师第13旅第37、第38团各2个连和汉孝陂手枪队，在师警卫部队1个连及群众配合下，袭入孝感县城，毙伤伪军40余人，打垮了伪县保安队，全歼了日军宣抚班，烧毁汽车站和汽车10余辆，运出大批食盐和布匹。

14. 胡家台战斗

1942年2月2日，新四军第5师第13旅第37、第38团各一部，在沔阳县之安家台一带宿营。当天下午，沔阳县城日军100余人，伪军50余人，向新四军发动进攻，占领了离安家台仅数里的胡家台。晚上，第37团第5连和第38团第9连正面攻击该敌，第38团第1连和重机枪连迂回至胡家台侧后堵击。日军以猛烈炮火阻击。新四军迅猛突进日军据守的祠堂，和日军展开肉搏战，双方伤亡很大。据守民房的伪军在新四军猛攻下四处奔逃，大部被击毙。祠堂内日军更形孤立。新四军爬上屋顶向下射击，并以手榴弹给日军重大杀伤，最后将点燃的柴草投入祠堂，大部日军被歼。3日上午，沙湖日军前来增援，被新四军第5师第44团击退。4日拂晓，汉川日军100余人在3架飞机掩护下前来解救被围残敌，新四军主动撤出战斗。此次战斗，毙日伪军近200人。

15. 太子庙战斗

1942年4月18日，湖北省大冶、阳新日军400余人，向太子庙进犯。新四军第5师第14旅第42团当即出动5个连阻击。激战4小时，毙伤日军30余人，残余日军狼狈撤退。

16. 蜈蚣岭战斗

1942年6月10日，新四军第5师第15旅第43团，在沔阳县西流河以南蜈蚣岭，与日军及伪定国军教导团、伪第2师共1000余人展开激战，粉碎了日伪军的进攻，毙伤日军20余人，俘伪军400余人。

17. 大悟山反“扫荡”战斗

1942年12月16日，日军第3、第40师团和伪军第11师共1万余人，附炮80余门，分14路向礼山县（今大悟县）大小悟山抗日根据地进逼，并严密封锁平汉铁路和山口。新四军第5师领导机关和部队趁各路日伪军尚在运动之际，于黄昏后分路向平汉路西和陂安南等地区突围，转到外线作战。第37团和第45团1个营留在内线坚持战斗，始而节节抗击，继而分散游击，不断杀伤和袭扰敌人。接着第37团一部跳出包围圈，袭入日军夏店据点。第1、第2军分区地方武装也向平汉铁路、河汉公路上日伪军据点袭扰。日伪军在合围扑空、据点受袭的情况下，于17日晚退出大小悟山地区。此次作战毙伤日伪军200余人。

18. 高庙战斗

1942年12月16日晨，应城、安陆日伪军600余人，分两路向应城县杨家河、高庙地区“扫荡”，袭击了在杨家河宿营的新四军第5师第13旅第38团，占领了杨家河东北高庙制高点。第38团为夺取制高点，以第2营两个连固守高庙西南一线阵地，以第3营2个连主攻高庙方向的日伪军，第1营固守高庙东南阵地。激战竟日，反复冲杀，肉搏8次，毙伤日伪军100余人，俘伪军10余人。战至黄昏，日伪军遗尸30余具逃窜。新四军伤亡100余人。

19. 蕲春战斗

1943年4月21日夜，新四军第5师第4军分区特务团、挺进19团对蕲春县城进行袭击。该城日伪军600余人据堡顽抗。经1小时激战，日伪军不支，向城内逃窜。新四军跟踪追击，突入城内，与日伪军展开激烈巷战。此次战斗共毙伤日伪军400余人，俘13人，缴获战马9匹、重机枪1挺、轻机枪5挺、步马枪327支、手枪19支、掷弹筒6具、迫击炮1门。

20. 熊口战斗

1943年5月，新四军第5师第15旅进军湖北省南部地区。当时，日伪军在潜江县熊口及其周围建立了10余个据点。6月7日拂晓，新四军第15旅分两路向熊口、周家矶、杨家场、马家场等地合击。经激战，攻入熊口街内，将伪军压在街北一角。在强大的军事压力和政治攻势下，伪军第10师第2旅旅长朱秉坤答应率部投降。当即命令该部退出熊口，到江陵县洪家场、宋家场集合待命。但朱秉坤率部到达该地后，竟企图向长湖逃窜。9 日，第 15 旅予以包围，俘其 1 000 余人，缴获轻重机枪 20 余挺、步枪 1 500 余支。

21. 周老嘴战斗

1944 年 3 月中旬，驻监利县日军独立山炮第 2 联队配合伪军暂编第 6 师特务旅侵占襄南抗日根据地中心区周老嘴。3 月 21 日，新四军第 5 师第 3 军分区部队乘日伪军立足未稳发动反击。激战 8 小时，将伪特务旅大部歼灭，毙伪副旅长侯学易，俘伪参谋主任以下 230 余人。

22. 五洛寺战斗

1944 年 6 月 17 日，新四军第 5 师第 2 军分区独立第 5 团的 3 个连、手枪队及地方武装一部，夜袭云梦县五洛寺伪军第 3 师师部，毙伤伪军副师长以下官佐 50 人、士兵 80 人，俘伪军参谋主任以下官兵 23 人。

23. 大田畈战斗

1945 年 2 月 22 日，八路军南下支队和新四军第 5 师第 41、第 42 团渡过长江，在阳新县三溪口击溃日军阻击，继续向南挺进。26 日下午，与尾追的日军第 6 师团 500 多人和伪军第 2 师共约 1000 余人，在大田畈激战至午夜。此役歼灭日军 300 余人、伪军 200 余人。

24. 杨林铺战斗

1945 年 4 月 4 日至 7 日，新四军第 5 师第 4 军分区第 40 团及鄂南地方部队配合八路军南下支队，在大冶县杨林铺地区发起对伪军第 1 师的攻击。激战 4 日，攻克杨林铺、大汉湖、毛家铺等据点，俘伪军官兵 600 余人，缴获轻重机枪 17 挺、步枪 400 余支。

25. 鄂东反攻作战

1945 年 8 月 13 日，新四军第 5 师兼鄂豫皖湘赣军区第 1 军分区部队，向黄陂、黄安县日伪军据点甘棠铺、六指店进攻，予日军重创。同日夜，第 1 军分区一部攻入长轩岭、街向河，并在黄陂路上与日伪激战，将其击溃。第 13 旅第 38 团一部向武家河日伪军据点进攻，将其击溃。魏家店和花园北店伪军第 22 师官兵 45 人，慑于新四军声威向新四军投诚。

第三节　日伪在武汉统治的终结

太平洋战争爆发后，日军经历了初期的胜利，但很快坠入失败的深渊。日本这架巨大的战争机器，开始运转不灵。中国的抗战，再不是独立“苦撑”，开始得到全世界反法西斯力量源源不断的援助。为了进行垂死挣扎，日本军国主义想尽了一切办法，包括竭力搜刮占领区的一切物质财富，极力拉拢汉奸伪政权，发动“一号作战”打通以武汉为中心的大陆交通线，都挽救不了它走向灭亡的历史命运。中国的抗日战争进入了一个崭新的历史阶段。1944—1945 年，中国军队开始在武汉周边地区实施局部反攻，特别是中国空军的反攻作战，给了日军以极大的震慑。但总的看来，这种局部反攻的力度不大。个中原因有：中国军队在战争初期损耗太大，西南大后方又不能提供反攻所需的强大物质基础；中国政府把反攻作战的重点，放在缅甸等地区；在美国、苏联的有力打击下，虽然中国政府制订出反攻作战计划时，日本政府已经宣布投降。但不可置疑的是，中国抗战，包括武汉地区中国军队的作战，为赢得中国抗日战争和世界反法西斯战争的胜利，做出了重要贡献。

一、日军陷入困境和内部的反战活动

（一）日军陷入困境

1942 年 1 月 1 日，世界上 26 个反法西斯国家在中国的倡议下，在美国华盛顿集会，发表联合宣言。中国与美国、英国、苏联领衔在宣言上签字。1 月 3 日，成立中国战区盟军统帅部，经美国总统罗斯福提名，由蒋介石出任最高统帅，美国史迪威将军任参谋长，统一指挥中国军队、在中国的美国军队以及东南亚越南、泰国的军队对日作战。罗斯福在第三次长沙大捷后第 22 天，给

蒋介石发来一份热情洋溢的贺电，同时宣布再次向中国提供 5 亿美元的贷款。① 不久，美、英政府主动向中国提出，要废除西方列强与中国历届政府签订的一系列不平等条约，归还上海、厦门等地公共租界，取消领事裁判权。

1942—1943 年的中途岛战役和瓜达尔卡纳尔战役，是太平洋战争的转折点。此后，日军在军事上全面处于守势，人力资源和物质资源极度匮乏。国际国内形势朝着有利于中国人民抗战的方向发展。

在这种情况下，中国军队加大了对日军的反攻力度，特别是在武汉及其周边地区，局部的反攻时有发生。

中国军队的局部反攻是从空中开始的。从 1942 年 10 月开始，中日空军的实力开始发生逆转，在美国的支援下，② 中国的空军实力开始超过日本。1943 年 1 月 10 日，中国空军第 4 大队 13 架战斗机轰炸荆门日本陆军航空队驻地，破坏日军飞机 3 架和兵营等设施。由此，武汉北部空中战场的作战，被誉为中美空军配合陆军大规模地面作战取得重大胜利的典范。中美空军共作战 53 次，出动战斗机 326 架次，轰炸机 82 架次，击落日军飞机 41 架，另将 6 架破坏在地面，击沉击伤日军军舰 23 艘，击毙日军官兵 157 人，击伤 238 人。中美空军开始形成对日军的巨大威胁。③ 日本空军部队大部不敢停留于武汉，只能作短暂停留或迁驻合肥、安庆等地机场。④ 就连侵华日军最高司令官冈村宁次，从汉口乘飞机到衡阳，也只得采取“蛙跳式飞行”，在空中要东躲西藏。⑤

由于用美国武器装备了 12 个军（其中 4 个军部署在武汉周边地区）和中国空中力量的极大加强，中国陆军地面部队的作战能力得到相当程度的提升，中国军队开始掌握陆地战场的作战主动权，并在日常作战中取得更多的胜利。1942 年 7 月中旬，日军汉口宪兵总队长美座、宪兵分队长石松樵雄、指导官

---

① 陈谦平、张连生、张生著：《中国正面战场》，华夏出版社，2015 年，第 183 页。

② 共训练了 2722 人。参见朱力扬：《中国空军抗战记忆》，浙江大学出版社，2015 年，第 314 页。

③ 菊池一隆：《中国抗日军事史》，社会科学文献出版社，2011 年，第 144—145 页。

④ 国民政府战史会档案，中国第二历史档案馆档案，全宗号：787，卷宗号：9365。

⑤ 鲍志娇：《日本侵华战犯的最后结局》，崇文书局，2011 年，第 229—230 页。

本清等人，在大冶地区被中国军队击毙。1943年11月25日，中国军队攻入当阳城内，经3昼夜巷战，歼灭日军800余人。另一支部队则攻入当阳城外的飞机场，破坏日军飞机两架和仓库、兵营多处，缴获大量军用物资。在此前后，宜昌城的攻城部队于28日攻进宜昌北面的龙泉铺，歼灭日军300多人，另一部袭击了宜昌东北的东山寺等日军据点，烧毁多处日军仓库。11月28日晚，中国军队强攻荆门北关，与日军展开肉搏，给日军很大杀伤，并炸毁了日军弹药库。① 当然，中国军队离大规模反攻还有一定距离。由于中国军队主力远征印缅，在国内许多战场包括武汉周边地区作战，都难以在短时间内形成大规模反攻的实力。

而在中国国内的有些战场，特别是在中共军队担负主要作战任务的敌后战场，存在着更多的有利于反攻的因素。1942年，中共成立豫鄂军区，下辖5个军分区。1943年创建以洪湖为中心的抗日根据地，逐步控制了襄南地区，11月进入洞庭湖区，建立了桃花山抗日根据地。至此，中共在武汉及周边地区控制了51个县，总人口1020万人，军队4万人，“江汉地区与鄂中、鄂南联成一片，互相策应，从而实现了对日伪盘踞的武汉的战略包围。”② 从1944年起，日军在战略上对敌后战场采取守势，八路军、新四军则转入进攻，开始了由游击战向运动战的转变，并开始转入局部反攻、反攻和战略大反攻。

1944年7月，新四军第5师以淮南支队5个连、信应独立第25团5个连和第38团第3营共1000余人北上，协同兄弟部队发展豫南地区的抗日斗争，至抗战胜利前夕，控制了南起信阳，北达叶县，东自正阳，西迄泌阳间1万多平方公里的土地，在10多个县境建立民主政权和抗日武装，对武汉的北大门信阳形成对抗。10月，以新四军第5师为基干，成立了鄂豫皖湘赣军区，第5师师部兼军区领导机关，下辖第13旅、河南挺进兵团和5个军分区。1945年2月，鄂豫皖湘赣军区为支援八路军南下支队挺进湘粤边，开辟五岭抗日根据

---

① 《中央日报》1943年12月2日。

② 皮明庥：《武汉近百年史》，华中工学院出版社，1985年，第320页。

地，以第5师第40、第41团渡过长江，会同南下支队创建湘鄂赣根据地，并成立辖有第1、第2、第3、第4、第5支队，东、西军分区和湘北军分区的湘鄂赣军区，兵锋直抵武汉南大门。

1945年夏，由于国际反法西斯战争的胜利，中国抗日战场敌我力量的对比发生根本性改变，八路军、新四军除运动战外也开始了局部攻坚战。在武汉近郊及其周边地区，中国共产党紧紧抓住这些客观有利因素，积极展开反攻，甚至将抗日民主政权建在武汉的近郊。1941年2月，李先念率新四军豫鄂挺进纵队在黄陂县蔡店乡姚家山开辟抗日根据地，成立黄陂县抗日民主政府，开办抗日军政大学第10分校，① 到1944年已发展为有相当实力的抗日民主根据地，在武汉的东大门钉了一个大钉子。在汉阳，中国共产党也成立了抗日民主政权，任命肖利三为首届汉阳县长，建立了3个区委会和3个民主区政权、30多个乡政权，② 对武汉西大门形成冲击。同时，新四军第5师积极争取各种力量，发展壮大自己的力量，1945年7月7日策动伪湖北省保安第1旅反正，改编为新四军第5师的1个团，在武汉城区发展了自己的力量。

到此，新四军第5师在鄂、豫、皖、湘、赣5省交界的广大地区内，形成对武汉的多层战略包围圈。“其中同武汉接壤的内层包围圈，北有陂安南、陂孝礼两块抗日游击根据地；东有新洲涨渡湖抗日游击根据地；南有咸武鄂、武鄂等抗日游击根据地。这些抗日游击根据地与武汉市区相距约20至40公里，且相互联系。武汉郊县各抗日游击根据地对武汉的包围全方位形成后，即开始了局部反攻，不断紧缩对武汉地区日军的战略包围，为转入全面反攻创造了有利条件。”③ 1945年8月中旬，根据中共中央关于建立超地方性正规兵团的指

---

① 现在姚家山还保存有李先念居住过的农民姚成台的房屋以及当时修建的抗日军政大学、鄂豫工农银行、边区印刷厂、大礼堂等具有纪念意义的革命遗址。司令部设在三份湾姚成台家。李先念住东房堂屋，陈少敏住西厢房，政治处、军需处、被服厂、造弹厂、枪械所、印刷厂、边币厂、医院等分别设在大份、二份、三份、五份湾、竹林寺、陈家独屋。

② 武汉市档案馆等编：《武汉抗战史料选编》，内部出版，1985年，第488页。

③ 中共武汉市委党史研究室：《中国共产党武汉史（1919—1949）》，湖北人民出版社，1999年，第514—515页。

示，以新四军第5师主力组成野战纵队参加抗日大反攻。至1945年8月大反攻前，新四军第5师发展到5万余人，对日伪军主要作战1 260余次，歼灭日伪军4.3万余人。第5师部队伤亡1.3万余人。在跨越鄂豫皖湘赣5省交界地区的74个县境内，解放9万多平方公里土地和1 300万人口，建立7个专区、38个县的民主政权。

在中国军队的攻势下，日军愈难摆脱困境，尤其是战略物资的匮乏，使日军穷于应付。日本的物资进口量1941年尚有4 872万吨，到1945年减少到771万吨。① 从1943年起，日军将所有大中型房屋上的金属构件，如铁门、铁梯、铜铁栏杆等，拆得一干二净，全部运回日本，以代替铸铁原材料。② 1944年8月18日，伪湖北省长、武汉绥靖主任杨揆一，伪江西省长、九江绥靖主任高冠吾，与武汉地区日本侵略军最高指挥官佐野忠义签订《关于武汉地区治安肃正之现地协定》及《附属了解事项》，在湖北、江西大肆进行“清乡”，企图采取联合作战的办法对付日益发展的在武汉及其近郊地区的抗日游击战。但日军统治区的经济仍是日益衰败。1942年，武汉三镇开工工厂只有133个，仅占战前25%，产值仅为战前15.8%，发电能力仅为战前10%。

早在1944年7月7日美军攻占塞班岛时，日军大本营陆军部第20班（战争指导班）就作出结论：“今后，帝国已经没有希望挽回败局，而且德国的处境也与帝国不相上下，今后会逐渐陷入更加恶劣的局面，所以应该迅速结束战争。”1945年6月22日，日本天皇召集首相、陆相、海相等6人（最高战争指导会议的全体成员）开会，第一次言及“和平”的字眼，讨论了关于战争结束的问题，企图由苏联做中间“调停人”。③ 日本最高当局一改过去狂妄自大、目空一切的傲慢心态，不得不正视已走向穷途末路的事实。

---

① 日本读卖新闻战争责任检证委员会：《检证战争责任：从九一八事变到太平洋战争》，新华出版社，2007年，第78页。

② 张孟青：《日军在沦陷区掠夺金属物质纪实》，《湖北文史资料》1986年第3辑，第172—173页。

③ 日本读卖新闻战争责任检证委员会：《检证战争责任：从九一八事变到太平洋战争》，新华出版社，2007年，第228、第45页。

（二）日军中的反战活动

日军中的反战活动，经历了两个阶段，第一阶段，主要以自发性的反战活动为主，第二阶段则是有组织的反战活动。

早在 1939 年，在日军中就发生过多次反战事件。如汉口刘家庙地区荻洲师团和宪兵警备队 200 余人于 2 月 13 日集体哗变，日军宪兵司令部只得将其中为首的 12 人在 3 月 21 日押送宾阳门（今大东门）外枪杀，其余 100 多人押往上海。2 月 11 日—13 日，武昌南湖机场的日军焚烧飞机 3 架，汽油仓库也被焚毁。5 月，武昌日军 1 000 多人又发生哗变，并与前往镇压的日军发生激烈冲突，双方伤亡惨重。这次反战活动最终被镇压，70 余人被枪决，其余一律押送回国。① 1940 年日本士兵坂谷义次郎、田畑作造、香河正男、后藤勇、滨中政志加入新四军。到 1942 年 8 月，因反战、厌战而被关押在日军监狱的日军官兵已超过 500 人。

有鉴于此，1940 年 2 月，新四军豫鄂挺进纵队成立了对敌工作部，任命第 2 团政治部主任、曾经在日本留过学的林滔为对敌工作部副部长，成员有森田博美等人。1941 年 4 月，豫鄂边区日本反战同盟即在华日人反战同盟第 5 支部成立，坂谷义次郎当选为支部长、森田博美任副支部长，盟员共 20 人。

反战同盟第 5 支部的主要任务，一是协助新四军第 5 师举办县团级以上单位的敌工干部训练班，二是制作宣传品，三是刺探、搜集、整理日军情报。除这些工作外，反战同盟第 5 支部还参与阵前侦察，甚至直接参加与日军的战斗。一次伏击战中，曾是狙击手的反战盟员增森一枪将日军小队长打死，日军吓得抱头鼠窜。这次战斗只用了 20 分钟，就取得击毙日军 5 人，缴获枪 6 支及其他军用物资的胜利。②

反战同盟第 5 支部的反战宣传工作做得非常出色。他们用日文编写、印刷的反战宣传品，像一颗颗炸弹投向日本侵略者。宣传品内容丰富多彩，有政论

---

① 《新华日报》1939 年 2 月 20 日、2 月 22 日、3 月 3 日、3 月 31 日、6 月 9 日。

② 张剑南、余文祥：《新洲抗战要事简记》，《武汉文史资料》1995 年第 4 辑，第 81 页。

文章、时事新闻、诗歌、漫画、小说，还有用日本的俚歌、民歌谱写成的诸如《自由的钟声》等反战歌曲。并有选择地刊载一些从日本国内寄来的家信，报道日本国内人民的苦难。1942 年下半年后，反战同盟第 5 支部编有不定期出版的报纸《反战旗》和《新导报》。坂谷义次郎在《反战旗》创刊号上写了一篇题为《同文同种，中日亲善》的文章。大意是，中日一衣带水，战火使两国人民都陷入灾难的深渊，日本只有改弦更张，停止战争，才能真正做到“中日亲善”。反战同盟第 5 支部还仿造日军信封，盖上三角形军用邮戳，写上各自熟悉或收集到的日军单位、士兵姓名，用军邮方式将宣传品直接寄出。在日本传统节日，反战同盟第 5 支部还缝制“慰问袋”，袋里装着边区出产的核桃、板栗、花生、红枣，以及边区生产的香烟等，夹带着宣传品，通过各种渠道送到日军官兵手中。

对人数少的日军据点，在抗日游击武装的掩护下，反战同盟第 5 支部的盟员乘黑夜直接摸到据点附近，用土制的喇叭对日军喊话。开始，据点里的日军无目标地乱放一阵枪，后来被生动、亲切的本国语言感动，枪声平息了。据点里沉默无声，有的日军还从碉堡里伸出头来认真听。反战同盟第 5 支部的盟员唱起凄凉哀婉的《思乡曲》，碉堡里传出隐隐的哭声。当反战同盟盟员离开时，身后照例又听到一阵枪声，这是据点里的日军给他们“送行”。

反战同盟第 5 支部的宣传取得了很好的效果。边区周围的日军大都看过日文宣传品，都知道新四军里有个反战同盟第 5 支部，许多人冒着可能受到严厉处罚的风险，暗自收藏，互相传阅。在战场上，日军士兵在处于劣势时剖腹自杀的逐渐减少，投降或投奔新四军的慢慢增多。日军中的朝鲜士兵，更是成批地投奔新四军。为此，鄂豫边区专门成立朝鲜义勇队联盟，和在华日人反战同盟第 5 支部并肩开展反战工作。

在反战同盟第 5 支部的努力工作下，日军中反战活动蓬勃开展，其中的标志性事件是应山日军暴动。

应山是日军第 3 师团所在地。新四军第 5 师和反战同盟第 5 支部以各种方式，甚至派人打入第 3 师团内部，对其进行反战瓦解工作。该师团工兵大队第

1中队经常收到寄去的传单和食品，反战情绪日渐强烈。1942年10月7日晚，师团工兵大队第1中队代理中队长关中尉突然命令全体集合，进行训话。由于事先没有通知，加之又不是惯例的集合时间，曹长山口、军曹平井、伍长三井等3人没有归队。关中尉先是破口大骂，3人回来后又对他们拳打脚踢。关中尉的暴行，激起士兵们的强烈义愤。他们开始秘密酝酿惩罚关中尉的计划。14日，三井召集愿意参加行动的24名士兵，滴血盟誓。15日，又有22名士兵要求参加行动。晚10时，关中尉被打得鼻青脸肿，许多士兵高喊："走啊！回日本去，我们不当兵，不打仗！"① 但很快，日军大部队就对暴动士兵进行了镇压。山口、三井等人被押送到师团司令部。经过严刑拷打、审讯后，被投入监狱。

这次暴动虽然被镇压下去了，但受第1中队的影响，驻应山的日军厌战、反战情绪日益增长。许多下级军人公开地咒骂天皇和日本政府；第2中队中队长野沫，甚至因厌倦无休止的侵略战争而开枪自杀。又有一些人投诚举义，加入到了中国人民的抗战行列。此次暴动，是日本在侵华战争中最大的一次内部反叛暴动，被日本军部称为"在帝国军史上留下了一个揩不掉的污点"。② 在这些暴动士兵中，有的参加了共产党，有的为中国人民的独立解放事业献出了生命，谱写了可歌可泣的壮丽篇章。

二、中国军队在武汉周边地区的反攻

（一）中国空军在武汉及周边地区的空中反攻作战

中国军队在武汉周边地区的反攻首先是从中国空军的空中反攻作战开始的。中国空军对武汉日军大规模的进攻，首先发生在第一次长沙会战期间。当时，汉口机场是日本航空部队支援地面作战的主要基地，有日本海军航空队第

---

① 转引自赵小泮：《从反战同盟五支部到日军46人集体暴动》，《党史博览》，2007年第6期，第55页。

② 转引自赵小泮：《从反战同盟五支部到日军46人集体暴动》，《党史博览》，2007年6期，第53页。

图 11-6 1943 年，由鹿地亘率领的在华日人反战同盟在前线对日军喊话，进行反战宣传①

1、第 2 联合航空队和陆军第 3 飞行团的 200 余架各式飞机。为打击日空中力量，保障地面部队行动，中国空军决定空袭日军汉口机场。10 月 3 日 9 时，中国空军（主要是苏联空军志愿队库里申科大队）以 DB-3 重型轰炸机 9 架，每机携带 100 公斤炸弹 10 枚，由成都起飞，攻击日军汉口王家墩机场。日军航空兵对中国空军长途袭击能力估计不足，停在王家墩机场的 100 多架飞机毫无戒备，来不及起飞应战。这次轰炸共炸毁日军飞机 34 架，② 而中国空军无一损失。日军共有 7 名上校一级的高级军官被炸死，其中包括日海军木更津航空队副队长石河、鹿屋航空队副队长小川等，日本海军第 1 联合航空队司令官冢原二四三被炸掉左臂。由于日军这次损失惨重，日军汉口空军基地司令被枪

① 唐惠虎、林阳春、韩兆海主编：《武汉抗战图志》，湖北人民出版社，2005 年，第 254 页。

② 曾景中等编著：《血色长空——空军抗战与抗日胜利纪实》，团结出版社，2005 年，第 43 页。

毙（一说剖腹自杀）。[①] 4 日，中国空军 8 架轰炸机再次对汉口日军机场进行轰炸，投弹 9 枚、汽油 26 箱，日军机场被大火焚烧 1 个多小时，损毁日军 95 式驱逐机 2 架、其他飞机 20 多架，炸毙日军 130 余人、伤 300 余人。[②] 10 月 14 日上午 8 时 30 分，中国空军分两批轰炸武汉，首以 DB-3 飞机 20 架，于 11 时 55 分抵达武汉上空，攻击日军汉口机场，炸毁日军飞机 83 架，击落日军飞机 3 架，炸死炸伤日军 300 余人，[③] 继以轰炸机击毁日军油库 1 座、弹药 3 万余箱、汽车 40 余辆，消灭日军飞行员 80 余人，[④] 给日军华中陆军航空队以重大打击。据日本防卫厅战史室编撰《中国方面海军作战》（二）记载，在这次轰炸中，日本海军第 13 航空队约 40 架飞机被炸毁，陆军飞机 20 架遭损毁，“这是事变发生以来的最大损害”。[⑤] 中国空军损失 2 架飞机，苏联航空志愿队轰炸机大队长库里申科牺牲。这 3 次对武汉的轰炸，造成日军飞行员和地面机械人员 200 余人的伤亡，开创了中国空军“轰炸史的新纪元”。

苏联空军全部撤走后，美国以招募志愿兵的名义组成飞虎队支持中国抗战。据统计，美国在华空军（规模最大时有作战飞机 1 000 余架，空地勤 10 000 余人）以损失 500 架飞机的代价，击毁日军飞机 2 600 架（一说 2 500 架），军舰 44 艘，商船 223 万吨，日军 66 700 人，[⑥] 为中国抗日战争做出了重要贡献。太平洋战争爆发后，飞虎队改编为“美国空军驻华特遣队”，又称美国陆军第 10 航空队（总部驻印度）第 23 战斗大队，美国空军公开、直接参与中国的抗战，极大地加强了中国的空中作战能力。到 1942 年底，中国共接收

---

① 陈应明、廖新华：《浴血长空——中国空军抗日战史》，航空工业出版社，2006 年，第 182—183 页。

② 《申报》1939 年 10 月 4 日、7 日。

③ 《申报》1939 年 10 月 19 日。

④ 《中国的空军》1946 年第 94 期，第 7 页。

⑤ 陈应明、廖新华：《浴血长空——中国空军抗日战史》，航空工业出版社，2006 年，第 183 页。

⑥ 曾景中等编著：《血色长空——空军抗战与抗日胜利纪实》，团结出版社，2005 年，第 159 页。

美制B-29型轰炸机19架，P-40型驱逐机27架，P-43型驱逐机41架，P-66驱逐机82架，各型飞机共337架。① P-40型战斗机系列，是第二次世界大战期间生产较多的机种，虽然一开始体积小、速度慢，但经过不断改进，能够适应战场的实际需要，因而生产了数万架，成为美军的主力机种之一。很快，中国空军就具备了反攻作战的实力。

1942年9月2日，美国驻华空军特遣队司令陈纳德将军的代表、驻华美军总部参谋欧高士与新四军第5师，就共建无线电情报网事宜达成协议：美国驻华空军特遣队在第5师活动区九江、蕲春、汉口、鄂城、天门、新堤附近设6部电台；在第5师师部设中文总台和英文联络台；新四军第5师供给有关日军情报，双方配合作战。此后，美机轰炸日军目标命中率提高。22日，美机空袭汉口、武昌，日伪武昌中央弹药库中弹，剧烈爆炸持续数小时。弹药损失占武汉储备量8 000吨的20%，汽油损失50%。10月25日，飞虎队第一次夜袭汉口，轰炸和扫射了汉口的日军码头和探照灯阵地，炸毁3处日军探照灯阵地。② 11月2日午夜1点10分，中国空军第2大队出动4架A-29轰炸机，自重庆的梁平机场起飞，夜袭汉口江汉关码头，3点50分抵达汉口上空，炮轰驻汉日军。22日，中国空军第1、第2大队6架A-29轰炸机、5架SB轰炸机轰炸了沙市日军机场。26日，美国驻华空军特遣队袭击了岳阳、咸宁日军及其他军事目标，炸毁日军军火库1座、高射炮阵地3处、油库1座、工厂多座，③ 中美空军越战越勇，日军几乎没有应战的能力。12月18日，美国驻华空军特遣队出动战斗机、轰炸机200余架对武汉进行轮番轰炸。汉口一元路以下长约3公里，宽约5公里区域内一片火海，房屋尽成瓦砾。大轰炸后，伪湖北省政府一度迁往黄陂，伪汉口市政府暂迁黄冈仓子埠。1943年1月10日，

① 大陆桥出版编辑部：《飞虎传奇——援华美国空军纪实（1941—1945）》，广东人民出版社，2016年，第71页。

② 陈应明、廖新华：《浴血长空——中国空军抗日战史》，航空工业出版社，2006年，第290页。

③ 曾景中等编著：《血色长空——空军抗战与抗日胜利纪实》，团结出版社，2005年，第67—68页。

中国空军第4大队P-40、B-43型驱逐机13架，由四川梁山机场起飞前往湖北荆门，袭击日本陆军航空队第44战队机场，炸毁日机3架及机库、营房等。

1943年3月10日，美国驻华空军特遣队奉命扩编为陆军第14航空队，陈纳德任司令。下辖第68、第69、第312飞行联队、第308轰炸机大队和第49轰炸机中队、第405夜间战斗机中队、第21、第27运输机中队，先后补充了性能优越的B-29、B-25型轰炸机、P-38、P-47、P51战斗机，特别是B-29轰炸机，是当时世界上最先进的重轰炸机，航程可达1000公里，投弹量可达22000磅，[①] 使中美空军的作战能力得到大幅度的提升。中美开始了大规模的空中反攻作战。在鄂西会战中，自5月19日起，中美空军共165架飞机支援陆军作战，共出动驱逐机326架次、轰炸机80架次，先后轰炸了日军宜昌机场、岳阳白螺矶机场以及日军前线指挥部、前线阵地、船队等目标，共击落日机41架、炸毁6架、炸沉炸伤日舰船23艘，毙伤日军官兵395人、马281匹。[②] 7月26、27日，美军两次轰炸汉口，并与日军展开激烈空战，取得了很好的战果。

10月8日，中美空军混合团成立，下辖1个轰炸机大队和2个战斗机大队，其成员大多为在美国受训的中国飞行员，约有1/4为美国人。美国人中又多以美籍华裔为主，因而战斗力彪悍。在混合团成立后的第一次空战——恩施空战中，中美空军就击落日军飞机4架。12月9日，中美空军夜袭武昌、汉口日军机场，14日，夜袭武昌日军机场，日军火药库中弹，发生猛烈爆炸。20日，中美空军联合出动34架飞机，摧毁了岳阳火车站及附近的铁路线。1944年2月，中美空军装备美方研制的新型火箭发射器（J-30）和威力强大的M-9火箭弹，进攻能力得到进一步增强，3月10、11日，对武汉周边的沙洋、咸宁等日军重要据点进行轰炸，“摧毁了日军几座巨大建筑、营房、大工厂、

① 朱力扬：《中国空军抗战记忆》，浙江大学出版社，2015年，第289页。

② 蒋纬国总编著：《国民革命战史（第三部）》《抗日御侮》第八卷，黎明文化事业股份有限公司，1978年，第59页。曾景中等编著：《血色长空——空军抗战与抗日胜利纪实》，团结出版社，2005年，第70—71页。

一座桥梁和一支骑兵队”。① 但中美空军的主要作战目标是中国的东南沿海地区，袭击的多为日军海上运输线，对武汉及其周边这样内陆地区的陆上作战的支持相比较弱。

美国空军大规模袭击中国东南沿海日军海上运输线，日军自然不会坐以待毙。1944 年 5 月 1 日，作为回报，驻汉口的日军第 25 飞行战队袭击汉中机场，但日军无功而返。6 日，作为对日军的回击，中美空军出动 14 架 B-25 轰炸机，在 19 架 P-40 战斗机、12 架 P-38 战斗机和 9 架 P-51 战斗机的掩护下，袭击汉口日军机场，并在空中与日军战机发生激烈空战，击落日机 20 余架。② 26 日，在 P-40 战斗机掩护下，B-25 轰炸机袭击汉口，击落日军战斗机 5 架，摧毁日军飞机 10 架，而中方只损失 1 架。③ 30 日，日空军由汉口基地起飞，夜袭梁山机场，31 日又夜袭老河口机场。3 月 9 日，在中国空军第 3 大队战斗机掩护下，B-25 轰炸机轰炸大冶。6 月 9 日，中美空军混合团第 3 大队、中国空军第 4 大队，共 17 架飞机，袭击宜昌两岸日军阵地，击落击伤日机 7 架。6 月 13 日，中国空军第 5 大队、美国第 14 航空队 24 架战机进击武昌日军军事基地，击落日军零式战机 2 架，武昌火车站停车场、仓库及南湖机场等日军军事设施严重受损，浓烟高达 100 米。

6 月 14 日，美军第 20 轰炸航空兵团 68 架 B-29 超级空中作战堡垒，首次以大编队机群远征日本本土，7 月 29 日又首次大规模空袭中国东北地区，表明中美空军大规模反攻作战正式打响，到 9 月，日军就完全丧失了在中国战场的空中优势，日本陆军从此完全暴露在中美空军的打击之下。9 月 22 日 21 时 15 分，美国第 14 航空队出动 10 多架 B-24D 轰炸机夜袭武汉市区，炸中武昌

① 赵平等著：《飞虎队在桂林——从桂林出发的中美空军》，广西师范大学出版社，2011 年，第 213 页。

② 曾景中等编著：《血色长空——空军抗战与抗日胜利纪实》，团结出版社，2005 年，第 77 页。

③ 赵平等著：《飞虎队在桂林——从桂林出发的中美空军》，广西师范大学出版社，2011 年，第 286 页。

日军中央弹药库，引起剧烈爆炸，持续数小时，日军因此损失武汉弹药储备量的20%，汽油的15%。为此，日军中国派遣军总参谋长和第34军参谋长受到了行政处分。① 10月27日，中美空军混合团第5大队出动16架P-40战斗机，袭击汉口到蒲圻之间日军铁路运输线，返航时又袭击了日军荆门机场，击落击毁日军飞机10架。

12月，汉口日军屠杀美军战俘事件发生后，引起美军的极大愤慨。18日，李梅将军指挥所部（美国第20航空队第58联队）出动84架B-29轰炸机，陈纳德指挥所部（美国第14航空队）出动33架B-24轰炸机以及多架B-25轰炸机，在中美混合团第3大队31架P-40战斗机的护航保护下，携带燃烧弹分7次共投弹500吨，对武汉日军4个主要空军基地停留的50架轰炸机、200架战斗机，包括日军的阵地和仓库，进行了轮番轰炸，汉口市因而整整焚烧了3天，予日军以重创。

这次大轰炸，是援华美军在中国出动飞机最多、规模最大的一次轰炸行动。这次行动，共击落日机12架，毁地面日机64架，中美空军无一损失，②彻底摧毁了日军在华中的最大空军基地。侵华日军在华中的空军主力基本被消灭。其中15日的轰炸炸毁了汪伪政治保卫局武汉直属分局，迫使它迁往郊外惠济路的天星花园。18日出动飞机200余架分37批空袭汉口，投掷大量燃烧弹，主要袭击汉口日军飞机库、兵营和油罐，击落日机64架，汉口一元路至江边长约3公里、宽约5公里的地区一片火海。21日，美国第14航空队和超级空中堡垒协同出击轰炸汉口，投弹1000余吨，江边10多里长的棚户区全部烧成灰烬。③ 到年底，中美空军完全掌握了制空权，武汉上空几乎见不到日军飞机的影子。

---

① 曾景中等编著：《血色长空——空军抗战与抗日胜利纪实》，团结出版社，2005年，第83页。赵平等著：《飞虎队在桂林——从桂林出发的中美空军》，广西师范大学出版社，2011年，第287页。

② 陈应明、廖新华：《浴血长空——中国空军抗日战史》，航空工业出版社，2006年，第363页。

③ 徐旭阳：《湖北国统区和沦陷区社会研究》，社会科学文献出版社，2007年，第440页。

日军不甘失败，企图在武汉重建其空中力量。针对这一新情况，1945年1月5日，中美空军出动P-40战斗机23架、P-51战斗机5架，进攻在武汉的日军新建机场，毁伤日机约80架，炸毁机库4座，中国飞行员陈华黄、宁世荣牺牲。6日、11日又进行了两次大规模轰炸，武汉陆军航空兵的残存力量基本被消灭。2月17日，驻芷江美空军第14航空队战斗机在美军上校贝纳特率领下，攻击汉口日军机场，击毁残余日机49架。日军不甘失败，从其他地区调来新的陆军航空兵部队，又遭中美空军痛击。3月中旬，为配合湘西会战，中美空军首先演出了一场以假象吸引日机的空战。陈纳德指导用竹编纸糊20架飞机，排在芷江机场边缘，白天用帆布密盖，晚上撤去帆布。至下旬，日空军信以为真，前来夜袭，被我密集的高炮和高射机枪击伤数架，击落1架。

接着，在5000米高空架设了从昆明巫家坝机场至芷江的空中运输线，用C46型运输机将轻型坦克、无后坐力炮、新六军士兵，运往芷江，为湘西会战准备了数万预备队。中国空军第1路司令张廷孟率领第4、第5大队的P51式战斗机赶赴芷江，指挥驻芷江空军协同陆军作战。中国空军用3级作战法，即以B-29远程轰炸机轰炸武汉以外的铁路桥梁、港口码头；用B-25中程轰炸机轰炸日军从岳阳、长沙至邵阳前沿阵地的公路、汽车；再用P51战斗机协同陆军轰炸日军最前沿阵地。从4月11日至5月23日的43天内，中美空军出动P-40、P-51战斗机2500架次，投弹100多万磅，发射机枪弹80多万发，毁伤日机900余架、火车头495辆、车厢1500余辆、炮船7艘、船只800余艘、汽艇舢板8200余只、桥梁220余所、汽车658辆、铁路车辆333辆、武器弹药库243处，毙伤日军3985人、战马1286匹，炸毁日军炮兵阵地168处，为湘西会战的胜利做出了重要贡献。到此时，在华日本空军仅有飞机300架，而中美方面，仅美国第14航空队就有飞机700架。到7月，全中国的上空，日军飞机销声匿迹。

（二）中国军队在武汉周边地区的地面反攻作战

中国军队在武汉周边地区的反攻作战很多，仅在宜昌地区大大小小的反攻作战就有 30 次。最早的反攻是 1939 年的春季攻势，由汤恩伯指挥第 31 集团军进攻随县以东、武胜关以南地区。最大规模的反攻是 1939 年的冬季攻势。中国军队在 1939 年到 1941 年多次进行反攻，不仅在武汉地区，而且全国范围皆是如此。据统计，这 3 年，“发生了大大小小战斗 19 660 次，其中重要战斗，由我们发动攻击的占 47%，小战斗和游击战斗，由我们发动攻击的，占 80% 以上”。① 太平洋战争爆发后，虽然在武汉周边地区也有局部的反攻作战，如 1944 年 6 月第六战区的夏季攻势（这次攻势作战使日军宜昌外围阵地遭到毁灭性打击），8—9 月的反攻宜昌西岸作战②等，但总的来说，反攻作战的次数和频率都大为减少。

1939 年 10 月 10 日，国民政府军事委员会军令部制定了《国军冬季攻势作战计划》，决定“国军以消耗敌人导国军尔后作战有力”为目的，在全国各战区开展冬季攻势。其中第二、第三、第五、第九战区为主攻，以第 2 期整训部队为主力；第一、第四、第八战区和鲁苏、冀察各战区实施助攻。③ 第五、第九战区面对的是武汉日军第 11 军，从两侧袭扰日军，所以两战区的行动须一致进行，相互策应。对第五战区来说，其作战目标是“扫荡平汉线南段信阳、武汉之敌，进取汉口，并向汉宜公路之敌攻击，截断襄花、汉宜两公路之交通”。④

中国统帅部将第五、九战区作为此次冬季攻势的主攻战区，充分考虑到了这一地区进行反攻作战的有利因素和重要的战略意义。针对日军第 11 军所占领的地域广大，兵力分散，每个师团所担负的作战正面宽 40 多里，中、小分

① 何应钦《抗战四年来之军事》，《抗战小丛刊》之 23，蒙藏委员会编译室，1941 年，第 4 页。

② 这是策应衡阳保卫战的一次反攻作战。

③ 中国第二历史档案馆：《中华民国史档案资料汇编》第五辑第二编军事（一），江苏古籍出版社，1998 年，第 667 页。

④ 《蒋委员长指示冬季攻势各战区作战任务及开始日期手令（民国二十八年十一月十九日）》，秦孝仪主编：《中华民国重要史料初编—对日抗战时期》第二编《作战经过》（一），中国国民党中央委员会党史委员会，1981 年，第 197 页。

队间隔2里乃至6里的特点，[①] 中国军队认识到，“长江为华中湘鄂赣敌人后方唯一联络线”，“切断长江可使湘鄂赣敌人态势变于不利”，攻击平汉线信阳至汉口段，“武汉敌人更感威胁，尔后不但可牵制更多敌人于武汉附近，且可打破敌人向荆沙襄樊南阳前进之企图”。“如果能够全部或者部分实现这一计划，则不仅可以截断影响华中敌第11军和第13军之间的联系，而且可以由北向南巩固以第二、一、五、九战区为第一线，以第八、十、六、四战区为第二线的纵深防御体系，至少可以达到消耗日军有生力量的目的”。[②]

统帅部将军委会直辖的第二期整训部队第2集团军、第59、第92军，加入第五战区。第五战区根据统帅部的指示，投入30多个师的兵力参加此次冬季攻势，并将部队分为5个集团。11月23日，全国性冬季攻势正式展开，12月12日第五战区各部队开始向日军发动进攻。

豫南兵团由孙连仲担任总司令，为了歼灭信阳、应山、随县一带日军第3师团，统帅部决定以军委会直辖部队第31集团军汤恩伯部与第92军组成鄂北兵团加入该方面作战，于1月初由左翼集团与豫南兵团中间地区向花园、广水挺进。激战至1940年1月中旬，未能占领信阳等武汉外围主要据点。

左翼集团军由随县向随县以东的日军第3师团攻击，曾一度进逼至昌水以东，旋遭日军反击，中国军队向后转移。尔后与日军于随县以东地区对战，并击退日军反攻。第22集团军第45军于12月下旬向浙河、马坪的日军据点进攻，曾一度攻至马坪。第41军向随县城、擂鼓墩、滚山各据点的日军进攻。第122师第364团在当地群众有力协助下，曾一个夜间将擂鼓墩据点攻占，并夺获三八式野炮1门和部分武器、弹药与装备；第124师曾数次利用夜袭实行佯攻，对据守滚山的日军进行打击，一度攻进滚山据点的外砦，但因日军死守内砦的核心工事，致终无法攻占。[③]

---

① 张宪文：《中国抗日战争史：1931—1945》，南京大学出版社，第658页。

② 李作民：《评1939年冬季攻势兼论国民党抗日政策的转折》，《民国档案》1995年第1期。

③ 胡临聪：《第二十二集团军豫鄂抗战概述》，全国政协文史资料委员会编：《文史资料存稿选编·抗日战争（下）》，中国文史出版社，2002年，第42页

右翼集团由张自忠将军统一指挥。作为此次第五战区攻势的主攻力量，该方面的攻势规模最大，兵力最多，取得的战果最为丰硕。由于承担了攻击京钟公路，尔后进取汉口的任务，所以右翼集团的攻势行动也称“反攻武汉战役”，该集团的作战颇受蒋介石重视，特派军委会高参前来担任监军，每日向他汇报战况。在冬季攻势开始之前，第 29 集团军即派出一个团于 10 月下旬东渡襄河，深入日军后方破坏汉宜公路和京钟公路的桥梁，以及日军的通讯设施。该部于 10 月 21 日从钟祥以南的南兴集附近渡过襄河，深入到京山和皂市地区，炸毁了汉宜公路上的大官桥和京钟公路上的孙桥、官桥（东桥），破坏了日军在汉宜公路、京钟公路上的专用电话线，并袭击钟祥的东兴和京山的北关。① 12 月 12 日，该部国军展开攻势，第 29、第 33 集团军分别向京山、钟祥进攻。第 33 集团军先攻钟祥以北的洋梓，进而进攻钟祥。第 29 集团军先攻钟祥东北的王家河和汪家岭，以策应第 33 集团军，进而向京山方向进攻。第 29 集团军以第 44 军第 150 师为攻击部队，第 149 师为掩护部队，第 67 军为总预备队。战斗 7 天，攻占汪家岭后即与王家河日军形成对峙状态，有力地掩护了第 33 集团军的作战。第 33 集团军第 38 师在洋梓北部的曾家大包、王家台附近歼日军 1 000 余人。② 12 月 18 日，张自忠令第 132 师第 395 团夜袭钟祥东北方向的日军第 13 师团第 103 旅团，一举击溃该旅团 104 联队，以伤亡 280 余人为代价，歼灭日军近 1 000 人。③ 但屡攻洋梓不下，与日军形成对峙状态。20 日，张自忠亲自渡河领导右翼集团作战，与日军在长寿店一带，展开激烈争夺。直到 1940 年 1 月，日军增加第 106 师团，开始向第 33、第 29 集团军反攻。第 33 集团军败退长寿店、丰乐河地区守备；第 29 集团军败退客店坡、三阳店地区守备。

① 李秾：《襄河冬季攻势和枣宜会战》，中国人民政治协商会议全国委员会文史资料研究委员会：《原国民党将领抗日战争亲历记——武汉会战》，中国文史出版社，1989 年，第 371 页。

② 张自忠将军史料征集出版工作委员会：《尽忠报国——张自忠将军史料专辑》，中国文史资料出版社，1991 年，第 125—137 页。

③ 王成斌等主编：《民国高级将领列传》（第一集），解放军出版社，1996 年，第 301 页。

12月7日，江北兵团开始渡河攻击。第75军顺利渡河，第26军第41师奉令在沙洋方面担任主攻，临时归第75军军长周嵒指挥，从多宝湾强渡襄河抄袭日军背后。当时战况十分激烈。守敌两个中队大部歼灭，① 缴获山炮数门，及其他马匹、械弹等战利品。但守军凭借坚固的工事，固守待援，第75军和第41师始终未能完整攻下日军一个据点。12月10日，日军增援部队到达，开始发动反击，进攻部队更加难以支撑，江北兵团总司令郭忏遂于13日下令除第13师以外，全部撤回襄河西岸原阵地。江北兵团是第五战区在此次攻势中最早后撤的部队，其突然后撤，致使右翼集团处于孤立境地，蒙受损失。

在此期间，鄂豫皖边区兵团与豫南兵团相配合，由平汉路以东向广水、信阳线上日军第39师团攻击，以牵制日军之行动，颇有斩获。

第五战区冬季攻势直到1940年1月中下旬方告结束，中日两军恢复战前态势。这次攻势作战牵制和歼灭了日军第11军大量兵力，提高了中国军队的威望和军队士气。日军第11军所盘踞的武汉地区作为此次攻势的主要目标，受到来自第五、第九战区的联合攻击，有力地打击了日军，据日军第11军战后统计："在此期间，中国军出击约960次，我军出击约1 050次，交战次数约1 340次，直接交战的中国军兵力约达54万。中国军攻势规模之大，斗志之旺盛，行动之积极顽强均属罕见。我军战果虽大，但损失亦不小。"② 中国军队的全面打击和分割包围，使日军第11军无直辖机动兵团，能集中起来的只有4个步兵大队，其中损失最为惨重的，是占领襄河东岸的日军第13师团。当然，"由于前方部队逐渐使用兵力，而非集中全力攻击，以致没有一个县城被我们打下来"，③ 第五战区这次作战显然未能完成"扫荡平汉线南段信阳、武

---

① 方靖：《参加襄河冬季攻势的经过》，全国政协文史资料委员会编：《文史资料存稿选编·抗日战争（下）》，中国文史出版社，2002年，第63页。

② 《日本军国主义侵华资料长编——大本营陆军部摘译》（上卷），四川人民出版社，1987年，第519页。

③ 张宪文：《中国抗日战争史：1931—1945》，南京大学出版社，第658页。

汉之敌，进取汉口，并向汉宜公路之敌攻击，截断襄花、汉宜两公路之交通”的目标。①

应该说，蒋介石和中国军队统帅部，是积极准备发动进攻乃至全国大规模的反攻的，但因实力和装备的原因，这一想法实施起来有相当困难，因此停留在思想和计划的层面较多，准备的较多，局部的进攻相对较多，而全面的大反攻始终没有到来。

在武汉周边地区的局部反攻作战中，比较有实效的当是1941年的反攻宜昌战役。

为了第二次长沙会战，1941年8月下旬，驻防宜昌的日军第13师团奉命抽调其所属的第26旅团7000多人，组成早渊支队。另外，负责掩护宜昌地区日军交通线的独立混成第18旅团也被调往襄河（汉江）以东。这样，宜昌地区的日军兵力大为减少。为了策应长沙作战，同时也为了解除日军对重庆和西南大后方的威胁，中国统帅部于9月20、21、22日，连续电令第六战区乘机攻克宜昌，并限其所属第20、第26集团军于23日开始发起攻势。② 为加强第六战区的进攻能力，统帅部同时命令第五战区将所辖的第33集团军的两个军6个师，暂归第六战区，使第六战区的总兵力达到12个军约34个师，③ 相较日军形成了局部的、暂时的优势，形成了反攻宜昌的有利态势。

第六战区积极部署对宜昌日军作战，于28日调集140门重炮，猛轰宜昌日军外围阵地，揭开了反攻宜昌战役的序幕。其具体部署是：以江防军（辖第2、第94军和第8军第5师共7个师的兵力）主力攻击宜昌；以第26集团军（辖第32、第75、第39军）向当阳方面攻击，切断汉宜公路，阻止日军第39师团增援。同时命令第33集团军的两个军向荆门方向攻击，命令第20集团军

---

① 蒋纬国：《国民革命战史（第三部）·抗日御侮》第6卷，黎明文化事业股份有限公司，1978年，第33页。

② 蒋纬国：《国民革命战史（第三部）——抗日御侮》第7卷，黎明文化事业股份有限公司，1978年，第171页。

③ 蒋纬国：《国民革命战史（第三部）——抗日御侮》第7卷，黎明文化事业股份有限公司，1978年，第167页。

的 3 个军向沙市、江陵方面攻击，以阻止日军在这一方向的增援。

日军于 9 月 23 日发觉中国军队的反攻企图后，也做好了防守和反击的准备，但日军这时在宜昌城周围和城内的只有第 13 师团的第 65、第 58、第 104 联队，其具体部署为：第 58 联队驻守宜昌西（长江右岸），从上游平善坝至下游五龙口一带，构成宜昌西岸山地屏障；第 104 联队防守宜昌东岸（长江左岸），从南津关以西至和洋湾、丰宝山山区，构成宜昌以北和东北防御地带；第 65 联队防守丰宝山以西，宜昌至当阳的山地，与驻当阳的第 223 联队相连接；第 13 师团司令部设于宜昌城内，第 103 旅团司令部位于鸦雀岭。与日军第 13 师团联合防卫宜昌外围的，是日军第 39 师团，其司令部在荆门的李家集，主力位于当阳、江口一线，可以随时策应宜昌日军作战。另有第 6 师团一部，位于白螺矶、君山一线，协助其主力拱卫长江左岸。在汉水以西的这一区域内，还有约 1 万伪军。

9 月 29 日，中国军队展开攻击，战至 30 日半夜，担任攻城任务的中国军队的进攻进入了高潮。中国军队不断变更进攻点，顽强冲锋，从数处冲进至日军阵地，双方发生肉搏战，双方伤亡十分惨重。10 月 1 日，中国三大主力加强军之一的第 2 军投入进攻，并迅速攻克土地冈、李家大包、新边桥。2 日，攻克宜昌北 6 公里的毛狗洞和丰宝山西侧的新店。中国第 94 军第 121 师则攻克跑马岭、鹰子嘴和江家坳等地。江防军一部攻占滑石垸、谭家台子，并组织奋勇队乘船攻击南津关、葛洲坝。与此同时，第 32 军第 141 师一部向龙泉铺南面的丰宝山，第 139 师一部向龙泉铺西南的良家畈等据点进攻。至 10 月 2 日，经过 5 天激战，中国第六战区不仅分别扫清宜昌正东、东南的外围屏障，缩小了包围圈，切断了日军第 39 师团与第 13 师团的地面联系，而且在宜昌西侧即长江右岸的山地也牵制住了日军，使日军的外围众多据点被分割、孤立，其主力部队被迫开始向宜昌城区收缩，从而形成了中国军队对宜昌城的包围。

根据战场形势发生了有利于我军变化的新情况，10 月 2 日晚，蒋介石命令陈诚："六战区应不顾任何牺牲，务于三日内克复宜昌。"① 3 日，第六战区

---

① 宜昌县地方志编纂委员会：《宜昌县志》卷 21，湖北人民出版社，1993 年，第 631 页。

为迅速（7日前）攻克宜昌，对战前的部署略加调整，命令第75军第13师、第73军第77师加入宜昌方面作战，命令江防军第2军第9师“钻隙突入宜昌，将飞机场焚毁，夺取宜昌”，同时严令各军各向当面日军奋力突击，攻克既定目标，“如遇市区日军利用房屋顽抗时，即纵火焚烧”。为了激励所属部队官兵奋勇进攻，陈诚制定了一系列的奖励措施，规定：夺敌军一分队据点者奖励1000元，一小队据点奖5000元，一中队据点奖励10000元，一大队据点奖励50000元，一联队据点奖励20万元。克复宜昌，并确实占领者奖励50万元。克复当阳、荆门、沙洋、沙市、江陵，并确实占领者，各奖励30万元。首先占领各要地城镇的部队，应得其赏洋的一半。①

在第六战区的有力督促下，中国各参战部队加紧对宜昌的包围，进一步缩小了包围圈，并相机由外围空隙地带逐步向宜昌城区深入。10月4日黎明，中国预备第4师、第6师集中山炮、迫击炮向双莲寺日军第3大队本部发起猛攻。6时整，中国军队300余官兵分3次冲入日军阵地，遭到日军两个中队的抵抗。中国军队只好调整部署，将主力悉数投入战斗，并用12门大炮昼夜猛轰，经过惨烈的战斗，才夺得仙人岩。

位于宜昌城北的慈云寺，是日军第104联队机关所在地。此地东临龙泉铺，西抵长江边的峡谷，四周山势较为险要。10月3日晚，中国第2军向附近的三陡坡、茶店子、南天山、曹家大包发起攻击。第76师从小溪塔趁夜幕向宜昌迂回前进，进入烟墩堡、黑虎山一带占领阵地，掩护攻城部队第9师钻隙突进。但作为攻城先锋的第9师，一开始就颇不顺利，一则因为日军实施毒气攻击，二则其第26团的团指挥所被日军炮火击中，10多位传令兵和勤杂兵被打死打伤。经一天一夜的残酷战斗，双方仍形成对峙和僵局。

4日，中国新编第33师向谭家台子、滑石垸日军阵地进攻，第76师向日军右翼第一线各据点发起攻击。6日，第76师向丰宝山日军据点攻击，日军第10中队陷入重围，藤岛中队长被击毙。“当天下午6时，中国军队向丰宝山

---

① 《陈诚致蒋介石电》，1941年8月3日，国民政府军令部战史会档案，中国第二历史档案馆藏。

左翼310高地之敌第十一中队、山炮兵第四中队发起猛攻。首先用150毫米榴弹炮、山炮及迫击炮向敌阵射击约400发炮弹。紧接着，步兵200人破坏日军铁丝网后冲入敌阵与敌厮杀，此时日军一架侦察机从宜昌铁路坝机场升空，前来助战，向丰宝山中方阵地低空扫射，被我机关枪击中，在空中爆炸。”① 7日，第76师攻占牛鼻子岗附近日军据点，先头部队攻占杨岔路，切断了宜昌城区与土门垭之间的联系，为第9师钻隙进攻宜昌创造了有利条件。当夜，日军使用毒气顽抗。

在慈云寺以东，中国第56师于5日攻击茶店子日军据点。7日，第2军一支突击队300余人夜袭石板铺南侧的日军据点，其所属的第141师尖兵连占领丰宝山日军阵地，毙伤日军100余人，缴获六〇炮3门、轻机枪4挺。8日凌晨，第9师占领烟墩堡日军据点，拂晓，第2军一部（100多人）在葛洲坝登陆。

在土门垭等地，中国第32军一部于3日集中重武器及迫击炮向临江溪西岸的三孔岩日军据点发起攻击，将其围而歼之。4日，中国第8军袭击日军土门垭飞机场，毁日机2架，击损10架。6日，中国第5师占领土门垭至宜昌的临江铺要地。土门垭是日军野战仓库所在地，日军派有重兵把守，四周各山头都修筑有坚固的工事。在第5师威胁土门垭后，中国第141师乘势于7日向土门垭日军据点发起攻击，日军调集援兵，在大炮和坦克的协同下，向中国军队猛扑，双方发生激战。同日，中国第77师两个团向鸦雀岭发起猛攻，日军陷入中国军队的重围之中。在鸦雀岭北面，中国预备第4、第6师1000余人于4日向双莲寺日军发起进攻，遭到日军顽强抵抗。后来，第75军3个团包围双莲寺，12门火炮不分昼夜地猛轰，战斗异常激烈。

这时在宜昌城周围和城内的日军只有第13师团的3个联队，本就势单力薄，由于连日受到中国军队猛攻，伤亡惨重，守备荆门、当阳的日军也遭到中国军队的围攻，不能向宜昌增援，中国军队控制了通往宜昌的所有陆上、水上

---

① 常立柱主编：《宜昌兵事钩沉》，湖北人民出版社，2005年，第229—230页。

和空中通道，围攻宜昌的中国各路大军得以突入宜昌城内。第一次突入是在5日夜。最先突入的是中国第9师，并于第二天拂晓对日军东山寺阵地发动了首次攻击，随后中国第2军主力和第32军第139师跟进。一时战况惨烈，城内大火冲天。第二次突入在7日，中国军队兵分两路，并一度占领大梁子岗、二梁子岗（俗称土城），但很快被日军反扑夺走。双方一时陷入胶着状态。

10月9日，东山寺日军据点被中国军队第9师攻占，日军第13师团司令部在毒气战的掩护下移入土城。中国第9师突击团（第27团）一部纵深插入宜昌城区圣母堂（今市中心医院）周围，中日两军在宜昌城内展开了激烈的巷战。当夜，宜昌城内的日军烧毁了军旗和秘密文件，师团长等日军军官则准备好了自杀的场地和用具，并写好了绝命书，等待最后时刻的到来。但日军并不甘心失败，仍要作最后的疯狂反扑。日军抽调残余部队，向中国军队逆袭，日军36架战机亦凌空轰炸，并投掷毒气弹，中国军队伤亡惨重，不得已暂时停止进攻。

日军这次在宜昌大规模实施的毒气战主要有三次（10月8日21时、9日18时、10日16时），以糜烂性战剂为主。除飞机投弹外，以山炮兵第19联队及迫击炮、野战重炮部队进行攻击。共发射二苯氰胂毒剂炮弹1 500余发，芥子气和路易氏气混合毒剂炮弹1 000余发，造成中国军队伤亡惨重，多次被迫停止进攻。① 但中国军队并没有被日军的毒气战所吓倒。10日凌晨3时，中国第9师3个突击营再次冲入宜昌城区，离日军第13师团司令部不到1公里，中国第32、第2军和第75军第13师等突击部队又攻占宜昌郊区多处据点，并从东面突入宜昌城，与日军展开巷战。日军再次陷入绝境。但当夜和第二天全天，宜昌突降大雨，给了日军一个喘息的机会。

就在这时，参加第二次长沙会战返转的日军，为解宜昌之危机紧急车运，其先头部队已经抵达荆门附近，日军第11军于是决定早渊支队及第13师团第103旅团在宜昌以东的部队全归第39师团指挥，全力向宜昌突进，10月8日，

---

① 纪学仁主编：《日本侵华战争的化学战》，军事谊文出版社，1995年，第147页。

第13师团的铃木大队到达距宜昌城区5.6公里处，并全力向宜昌攻击，9日，日军第11军司令官阿南惟几亲赴荆门指挥解宜昌之围。10月10日上午，日军以飞机20架向中国军队猛烈轰炸，并施放毒气。中国的突击部队伤亡很大，不得不撤退到城外。午后，中国第六战区下令调整部署，准备再攻。国民政府军事委员会鉴于日军已返抵宜昌附近，为避免被动，于10月11日晨下令停止进攻，历时15天的反攻宜昌战役结束。

在武汉的周边地区，除这次反攻宜昌外，其他的局部反攻战役也不少，如1940年5月趁武汉日军发动枣宜会战之机，李品仙指挥所部在大别山地区发动的反攻作战。这次反攻作战，中国第7军第173师由麻城进攻黄陂日军，第48军第176师袭击黄梅、武穴，第138师袭击安庆，豫南游击纵队由礼山向黄安、应山方面进击，豫东游击纵队向蕲春、浠水、兰溪镇等地进攻，第48军第138师甚至一度攻占安庆机场。李品仙则在麻城乘马岗设立前进指挥所，指挥其他各部佯攻武汉。同年冬，李宗仁指挥第五战区第41、第45军反攻武汉附近的随县、浙河、马坪等地区，攻克滚山、擂鼓墩等日军据点。① 1941年9月，中国军队又乘日军第二次进攻长沙之机，在平汉、粤汉铁路武汉段大兴攻势，第48军一部、豫南游击纵队进击信阳附近，第7军一部、鄂东游击队向礼山、花园方面出击，第48军主力袭击长江沿岸日军据点，给予日军一定打击。鄂南游击第4、第5、第8纵队袭击崇阳，一度攻占汀泗桥、羊楼洞火车站，突入咸宁城。

但中国政府军即国民党军的反攻作战也存在诸多弱点。首先是受“速胜论”的影响，过早地进行反攻。严格来说，1939年的冬季攻势和1941年的反攻宜昌作战，都没有具备足够充分的条件。蒋介石及其国民党在没有进行充分、周密准备的情况下就匆忙发动进攻，虽然有它的积极意义，但损害也是不少的，实际起到了推迟中国军队大规模反攻的作用。其次，太平洋战争爆发后，蒋介石及其国民党过分看重和依赖美国援助，把第一期的反攻重点放在缅

---

① 曹聚仁、舒宗侨编著：《中国抗战画史》，下册，中国文史出版社，2011年，第481页。

甸，使得中国内陆的作战能力相对不足，影响到了包括武汉战区在内的内陆反攻作战。这就形成了武汉战区的一个奇特现象：太平洋战争爆发之前，中国军队反攻不断、作战频繁，太平洋战争爆发后反而战局相对沉寂、反攻的规模和力度越来越小。

1945 年 3—5 月，日军先后发动豫西鄂北会战和湘西会战。在河南，日军于 3 月下旬从豫中会战之后的防线从东向西发动攻击，其前锋一直冲到西峡口。在湖北，3 月，日军向鄂西北发动攻击，于 4 月 8 日攻陷老河口。不过，日军毕竟力不从心，稍后，中国军队即发动反攻，收复了除老河口之外所有被日军占领的地区。在湖南，日军以空军基地芷江为目标，于 4 月向湖南西部发动攻击，但是在中国军队的抵抗下，日军遭受大挫败而退回原阵地，中国军队全线反攻取得完全胜利，“甚至出现毙敌 300、自损 1 人的前所未有的情况”，日军已完全失去斗志。

之后，中国军队乘胜追击，向广西地区发动反攻。1945 年 7 月 12 日中国伞兵首次作战，180 人空降广东开平县袭击日军。7 月 14 日陆军总司令部制订以桂林、雷州半岛、衡阳、曲江、广州、香港为作战目标的反攻计划。24 日，第 20、第 29 军等部，分 3 路沿湘桂铁路及其两侧向桂林急进，连克中渡、黄冕、阳朔、白沙，并经激战夺占桂林南方门户永福。25 日，中美空军协同，以 305 架战机猛袭上海日军空军基地。27 日，收复桂林。8 月，收复广西全境。此外，中国政府军原本预定于 8 月收复广州以打通中国对外运输要道，因为日本投降而未实行。在此之前，中国国民政府军事委员会军令部制订了以攻略宜昌、沙市会师武汉为目的的作战计划，计划以第六战区作为主攻击力量，在水上部队和中美空军协同下，在武汉周边地区揭开一场声势浩大的反攻作战。

在这种背景下，1945 年 6 月 8 日，日本召开了御前会议，提出了《世界形势的判断及今后应采取的指导战争的基本大纲》，明确提出：“重庆，由于美国的支援，一面加强基干战斗力量的美国化，一面与空军的增加相配合，策应美国的作战，估计很有可能在秋季以后，实行对日本的全面反攻。”① 武汉及其周边地区的战争进程虽有曲折，但中国人民胜利的趋势已不可逆转。

三、日军投降，武汉重回祖国的怀抱

1945 年 7 月 26 日，美、英、中三国共同发表《波茨坦公告》，敦促日本无条件投降。8 月 6 日，美军在日本广岛投下第一枚原子弹，3 天后又在长崎投下第二枚原子弹。8 日，苏联红军对日宣战，9 日，分 4 路越过中苏、中蒙边境，向驻守东北的日本关东军发动全线进攻，横扫中国东北。与此同时，中国的抗日战争也进入了大反攻。1945 年 8 月 9 日，中国共产党以毛泽东名义发表《对日寇最后一战》，将原本分散的抗日根据地一一连通。8 月 10 日晚 8 时，日本政府通过瑞士、瑞典政府发出乞降照会，中国一片欢腾。10 日至 11 日，延安总部发布命令，八路军、新四军开展全面大反攻。

11 日，中国解放区鄂豫皖军区暨新四军第 5 师对日本在武汉及周围驻军发出最后通牒，要求日军：1. 立即命令所属部队及机关停止一切抵抗，并在原驻地点不得调动，听候处置。2. 须于 24 小时内派遣代表前来接受无条件投降处置。3. 自接到本通牒之时起，对于一切军器、交通工具、军用器材及所有物资不得有任何损坏，并不得交于本军以外之任何方面，否则本军概不负责。4. 对于盟国俘虏及中国人民不得有伤害行为。② 稍后，新四军第 5 师和鄂豫边区党委、鄂豫边区行署、鄂豫边军区专门成立了由宗齐（邝林）任书记的武汉工作委员会，由杨经曲任主任的武汉解放委员会和由杨经曲兼任总司令的武汉解放军司令部，并派第 13 旅旅长杨经曲为武汉先遣军司令进入武汉，司令部驻汉口洞庭街俄国领事馆旧址，负责接洽日伪军的投降。

几乎与此同时，10 日，中国第六战区副司令长官兼第 26 集团军总司令周喦指令周上璠中将进入湖北宜昌，代表中国军队洽谈驻宜昌日军尾浦旅团投降

---

① 复旦大学历史系日本史组编译：《日本帝国主义对外侵略史料选编（1931—1945）》，上海人民出版社，1975 年，第 419—420 页。

② 武汉市档案馆等编：《武汉抗战史料选编》，内部出版，1985 年，第 509 页。

事宜，首开湖北地区接收日军防务进程。11日，蒋介石电令伪武汉绥靖公署主任叶蓬为新编第7路军司令；令伪陆军第14军军长邹平凡为武汉守备总指挥兼新编第21军军长（司令部设在汉口中山大道六渡桥远东饭店）。

8月14日，新四军第5师根据延安总部朱德总司令受降第一号命令，向华中地区日军第六方面军发出通牒，限期缴械投降。第5师集中主力进入信阳、武汉一线。① 深夜，蒋介石密令国民党军第六战区司令长官孙蔚如“以一个军监视宜（昌）当（阳）方面之敌，以四个军向武汉挺进，分别解除日军武装”“对敌如可能之抵抗与外扰，应有应战准备”“应警告辖区以内敌军，不得向我指定之军事长官以外任何人投降缴械”“对投降之敌军及俘虏，不得危害”。② 15日正午，日本裕仁天皇通过广播发表《停战诏书》，宣布无条件投降。

18日，周上璠受命出任宜昌城防指挥官兼宜昌区交通警备司令。20日起，第32军开入宜昌。接着，第92军在军长侯镜如率领下从湖南岳阳沿粤汉铁路北上武昌，第75军军长沈澄年率部取道宜昌挺进应城，沿汉宜公路奔向武汉；第66军军长宋瑞珂率部北渡长江过沙市、沔阳，驻武汉近郊；第76军军长廖昂率部驻沙市，统归周喦指挥。21日，日军中国派遣军副参谋长今井武夫由汉口飞赴芷江中国陆军总司令部，洽谈日军投降具体事宜。同日，国民政府陆军总司令何应钦指定第8受降区主官为第六战区司令长官孙蔚如，负责接受武汉、沙市、宜昌地区日军投降。25日，孙蔚如令侵华日军第六方面军司令官冈部直三郎向中国第六战区投降，日军以武汉、沙市为投降集中地点。

中国第六战区与日军冈部直三郎联络就绪后，即下达了各部队前进命令。30日，孙蔚如命令少将副参谋长兼参谋处长谢士炎率48人飞抵汉口王家墩机

---

① 《关于日本投降后华中部队行动方向对华中的第一次指示》。

② 《蒋介石致孙蔚如电（1945年8月10日）》，国民政府军令部战史会档案，中国第二历史档案馆藏。

场，在怡和村大成路招待所设立第六战区司令长官前进指挥所，① 代表长官部行使指挥一切权力；同时令第 10 集团军总司令王敬玖兼任武汉、蒲圻、咸宁地区日军总受降官；第 26 集团军兼总司令周喦、第 33 集团兼总司令冯治安分别为仙桃、天门、应城、黄陂、孝感地区总受降官（其中第 75 军第 6 师进驻黄陂，师长林曦祥任受降官，黄陂日军在猫耳山、青子铺、桃花庙一带集中，伪军第 11 师在任家大湾集中）；令伪军邹平凡部卫戍武汉。

11 日，第六战区长官部由恩施原驻地出发，13 日行抵宜、沙，17 日乘民本轮到达汉口，进驻市区杨森花园附近之上智中学旧址，随即宣布撤销汉口前进指挥所，正式任命郭忏为武汉警备司令。与此同时，14 日，第 10 集团军总司令王敬玖率部抵达武汉附近，16 日进入武汉市区，总部设在抱冰堂图书馆内，开始办理日军受降事宜。② 其中，王敬玖下属第 92 军第 21 师进驻武昌青山、洪山、大东门和汉阳鹦鹉洲一带，师部驻司门口，第 142 师进驻纸坊及武昌近郊，师部驻金口，第 56 师分驻蒲圻、葛店等地，师部驻咸宁。第 92 军军部驻紫阳湖烈士祠。

按照规定，日军第六方面军本部及直属部队，集中汉口、武昌，交出武器后移驻汉阳，受降官是中国第 66 军军长宋瑞珂。第 66 军军部设在汉口四马路（现友谊路）电信局内，由其所属的第 185 师担任汉口市区的警备任务。第 66 军副军长阮齐组建成立了"武汉军警宪联合督察处"，办公地址在汉口一元路。同时，在汉口设立中国空军第 4 地区司令部，以孙延世为该区空军受降主官。

9 月 18 日是日本侵占中国东北三省十四周年国耻纪念日。这一天，汉口中正路（现为解放大道）从循礼门至硚口、从怡和村到中山公园的马路两旁布

---

① 怡和村大成路招待所即今解放公园路 53 号。前进指挥所有官佐 19 员（包括中央通讯社恩施分社、军统湖北站、武汉市警察局等单位的相关人员），通信兵 12 名，随军记者 4 名，宪兵 12 名，共计 48 人，于 8 月 30 日晨由恩施乘运输机直飞汉口，以第七号备忘录交其转致冈部直三郎，当日上午 8 时到达。

② 第六战区长官部：《第六战区受降纪实》，陈占彪：《三岛蜷伏　日月重光》，生活·读书·新知三联书店，2015 年，第 412—413 页。

满了岗哨。中山公园西北角的大草坪上，有一座平顶式的横列房屋，是为表彰清朝湖广总督张之洞的功绩而兴建的“张公祠”，受降仪式就定在这里举行。祠门额上“张公祠”三字被换上了“受降堂”三个金字。堂厅正中悬挂着孙中山总理的遗像、国民政府军事委员会委员长蒋介石像和中华民国国旗，两旁悬挂中、苏、英、美等国国旗。国民政府第六战区“受降堂”旧址今位于汉口中山公园内西北角，东临人民会场，西依人工湖，东南 20 米处有张公亭，是一座平顶厅堂式建筑，始建于 1942 年，原名大众会堂，后称提襟馆、来甘馆、张公祠。长 34 米，宽 12 米，面积 355 平方米。①

上午 9 时许，两辆军用摩托车引着 1 辆竖着白旗的黑色轿车驶进了公园，停在武装警卫面前，冈部直三郎从车上走下来。② 10 时 30 分，冈部直三郎偕其参谋长中山贞武及高级参谋，前来本部谒见司令长官请示投降各项事宜。下午 3 时，中国战区华中总受降官第六战区司令孙蔚如、副司令郭忏携湖北省暨武汉市地区受降官员 88 人就位。日军第六方面军司令长官冈部直三郎及其幕僚参谋长中山贞武及来福栖静岛、冈田芳议、清水曷之 4 人低头走进受降堂，呈上受降证书，并在该文件上签名，解下腰间武士军刀，递交给孙蔚如的副官。根据投降书，在湖北地区投降的日军官兵及后勤人员共 233 335 名，收缴各类枪支 169 279 件，各类炮 884 门，以及各种军事物资。

受降仪式结束后，武汉市民自发地举行了声势浩大的游行，市区主要街道人山人海，许多店铺门前都张贴着庆祝胜利的标语，欢庆胜利的活动一直持续到深夜。同日，孙蔚如命令冈部直三郎，“在解除武装以前，日军对于保有之一切作战装备，物资，厂矿，交通，通信等，均应妥善保管维持现状，以待所命之部队机关或特定人员之接收，如有破坏行为，各该部队长及其负责者，决

---

① 2002 年，国民政府第六战区受降堂旧址被湖北省人民政府公布为湖北省文物保护单位。建有受降纪念碑，位于受降堂左侧，碑高 1.80 米，宽 0.6 米，汉白玉石材，正面镌刻“受降纪念碑”，碑的背面碑文系当年受降主官孙蔚如将军书写的碑文。

② 徐恕宇、萧志华：《参加武汉受降始末》，《武汉文史资料》1995 年第 4 辑，第 8 页。

予以应有之处罚”①。

图 11-7　汉口中山大道上挤满了欢呼抗战胜利的人群②

在武汉周边地区，金口、蒲圻、咸宁、葛店方面的日军独立混成第 88 旅团和第 86 旅团、独立步兵第 12 旅团、第 116 师团，以第 92 军军长侯镜如为受降官，以第 10 集团军总司令王敬玖为总受降官，于 9 月 30 日、10 月 8 日，先后解除其武装；仙桃、天门、岳口、应城、黄陂、孝感方面日军独立步兵第 5 旅团、第 11 旅团、第 17 旅团、第 132 师团以及独立混成第 85 旅团、第 83 旅团，以第 75 军军长柳际明、第 59 军长刘振三、第 18 军军长胡琏为受降官，第 26 集团军总司令周喦、第 33 集团军总司令冯治安为总受降官，于 9 月 25 日、10 月 1 日、10 月 3 日，各就集中地区先后解除日军武装。

整个受降工作于 9 月 25 日结束，驻汉日军 53 995 人全部解除武装，冈部直三郎被囚禁在武汉大学内。

---

① 国民政府军令部战史会档案，中国第二历史档案馆藏。

② 秦风编著：《抗战一瞬间》，广西师范大学出版社，2005 年，第 238—239 页。

10 月 1 日，第六战区长官司令部正式公布逮捕武汉地区汉奸 200 多人的名单。同月，第六战区长官司令部战俘管理处在武昌、汉口、黄陂等处设立日本官兵管理所，开始收容日俘。1946 年 2 月，成立武汉行营审理战犯军事法庭，汉口地方法院院长刘泽民兼任该庭庭长，将日军战犯羁押于汉口统一街军法看守所（稍后迁到武汉地方法院内），侦查和审理柳川悌（日军第 132 师团师团长）以下战犯 280 多人。① 从 1946 年 4 月起开始遣送，至 6 月 15 日，将日俘、日侨（包括湖北全省和河南信阳、湖南长沙地区的日侨，先在汉口原日本租界集中；设日侨管理处于卢沟桥路，戴仲明任处长）35 万余人全部遣送完毕。②

整个受降，计有日军俘虏 202 335 人，马 9 967 匹，手枪、步枪 164 128 支，轻重机枪 5 151 挺，炮 564 门，船舶 177 艘，工厂、仓库 100 多所。③

---

① 吴俊：《我所经办的检察汉奸、战犯案》，《武汉文史资料》1985 年第 4 辑，第 62—66 页。

② 陈占彪：《三岛蜷伏　日月重光》，生活·读书·新知三联书店，2015 年，第 287 页。

③ 皮明庥：《武汉近百年史》，华中工学院出版社，1985 年，第 326—328 页。

尾论

沦陷与武汉城市现代化进程的断裂

武汉是近代中国重要的现代工业发祥地、国际性工商业城市以及华中地区重要的工业基地和经济中心。晚清时期官办和官督商办工厂数量最多，占全国24%；工业门类体系齐全，以重工为主，轻工为辅，先重后轻，“自相挹注”；工业规模最大，如“汉阳钢铁、兵工二厂，远采德国之制，诚东亚第一之大规模”①。民国时期工业进一步发展，1934年工人人数、动力数位列全国第四，资金额和年总产值居全国第五。武汉的城市人口常年保持在100万左右，其城市现代化建设程度更是在全国名列前茅。然而，这一切都因日本的侵略被彻底摧毁，七年黑暗的沦陷岁月，使得武汉的城市发展几乎毫无建树，甚至呈现倒退趋势，城市现代化进程基本中断。

① 周以让：《武汉三镇之现在及其将来》，《东方杂志》第21卷第5号，1924年。

一、武汉抗战：畸形繁荣昙花一现

1937 年 12 月 13 日南京陷落后，武汉成为国民政府控制的最大的城市。政府机关、工矿企业、文化团体纷纷迁至武汉，“保卫大武汉”的呼声响彻云霄，武汉也迎来了民国时期发展的顶峰时期。

（一）“战时首都”：全面抗战初期武汉中心城市地位的凸显

1937 年 11 月 12 日，日军占领中国最大城市上海。11 月 16 日，国民政府决定迁都重庆。17 日，中央、中国、交通、农民等四家中国金融业的代表性银行迁至武汉。20 日，国民政府发表迁都宣言，并明令改组湖北、湖南、安徽、贵州等省省政府，以何成濬为湖北省政府主席。国民政府主席林森和国民党中央党部先迁重庆，国民政府军事委员会和许多政府机关迁入武汉。21 日，各国驻华使节赴汉。随后，国民政府、外交部、财政部、内政部、经济委员会、建设委员会、侨务委员会、邮政储金总局、军事委员会、总司令部相继移居武汉，国民党各方面重要人物蒋介石、汪精卫、冯玉祥、于右任、孔祥熙、张群、何应钦、陈诚、白崇禧、陈立夫等云集武汉。英、美、法、意、比、瑞典和苏联等国的外交使节赴汉；第三党（中华民族解放行动委员会）领导人章伯钧、彭泽湘，救国会领导人沈钧儒、邹韬奋、李公朴、沙千里、杜重远、张申府、王造时，妇女界领袖沈兹九、曹孟君、刘清扬，文化界名人茅盾、老舍等亦来到武汉；由陈绍禹（王明）、周恩来、秦邦宪（博古）、董必武等人组成的中共中央代表团也于 12 月抵达武汉，中共长江局、八路军武汉办事处、新四军军部先后建立。

此时，作为抗战中心的武汉吸引了全世界的注目。苏联和世界各国爱好和平的人民，纷纷以各种形式支援中国抗战。苏联派出的军事顾问、航空志愿队和大批飞行员，先后到达武汉。加拿大著名医生、国际主义者白求恩到达武汉，于 1938 年春前往延安。印度孟买学院附属医院大夫柯棣华于 1938 年 9 月 30 日率医疗队到达武汉。斯诺（美国）、斯特朗（美国）、史沫特莱（美国）、路易·艾黎（新西兰）、伊文斯（荷兰）等，都在中共代表和八路军武汉办事处的接待、介绍下，或从敌后到武汉，或从武汉进入延安和敌后根据地，参加中国人民的抗日斗争。

与此同时，全国性的各种救亡团体亦在汉恢复或建立。国民党临时全国代表大会、国民参政会首次会议先后在汉召开。武汉一时间成为全国的政治指挥中心和抗战中心，事实上的战时首都。

（二）经济内迁与武汉工商业的发展

全面抗战爆发后，国民政府提出焦土抗战政策，防止经济资敌。淞沪会战期间，国民政府资源委员会组织成立了上海工厂迁移监督委员会，监督上海工厂拆迁事宜。随后，国民政府军事委员会又成立工矿调整委员会，组织华北各工厂拆迁。

上海工厂迁移监督委员会和上海工厂联合迁移委员会商定，上海迁移工厂以武昌徐家棚附近为集中地点，然后再分别西上宜昌、重庆，南下岳阳、长沙。资源委员会随即派李荃孙、吴至信赴汉主持划地及接洽银行贷款，上海工厂联合迁移委员会派委员支秉渊驻武汉，成立办事处。

1937 年 8 月 27 日，由顺昌机械厂、新民机械厂、上海机械厂、合作五金工厂等 4 家企业组成的联合船队赴汉；28 日，大鑫钢铁厂、启文机械厂、新中机械厂、利民机械厂、精一机械厂、姚兴昌机械厂等 6 家企业组成的联合船队也出发了。随后，各类迁移船队接踵赴汉。据统计，在上海失守前，共有 121 家工厂先后到达武汉。①

在各地工厂迁达武汉之际，湖北省、武汉市当局有关部门积极配合。首先，从交通运输、防止空袭方面考虑，划定武昌洪山一带为内迁工厂厂址，以此建设内迁工业基地；其次，规划修建轻便铁路，把内迁工业基地与粤汉铁路和江边码头连接起来，水陆联运。

在湖北省和武汉市当局有关部门的配合下，一部分内迁工厂较快得到安置。此时，兵工署急需一批军用物资，内迁工厂主动承接下来，利用空余的堆

① 孙果达：《抗战期间上海民营内迁厂在武汉》，《湖北文史资料》第 12 辑，1985 年。

栈或租用民宅作厂房，临时开工生产。至1937年12月，有上海的新民、合作、慎昌等37家工厂临时开工生产；1938年1月又有华丰、三北、华生等27家工厂临时开工生产。由各地迁汉的工厂中临时开工生产者达66家。① 到1938年6月，这些临时开工生产的工厂共制造手榴弹10万多枚，迫击炮弹2万多枚，还有地雷、水雷、洋镐等大批军需器材。②

由于湖北省民政厅厅长以洪山盛产红菜薹反对在洪山建设内迁工业基地，以及一些地主以地价太廉唆使佃农闹事，致使厂址未及时落实；更重要的是，由于战事很快逼近武汉，内迁工厂终未能在武汉建厂复工，一部分工厂转迁西安、咸阳，一部分随武汉工厂迁往四川、贵州、云南等地。

全面抗战时期，由于中东部地区大批工厂停业，加之战争对物资的需求很大，武汉本土企业获得了短暂的发展机会。如总部设在武汉的裕大华纺织公司，“1937年，裕大华全年盈利429.35万元（其中石家庄大兴纱厂因1937年9月14、19日被日军轰炸停工，只有1月至9月的数字）；1938年，在大兴厂被日军占领、裕华厂于当年8月搬迁的情况下盈利比上年增长10.1%，达到476.03万元”。③ 这一时期，武汉工厂达到近700家，年工业产值达2亿元以上。“武汉在中国的经济地位迅速上升，成为中国政府控制的最大工业都市和抗战经济中心。”④

（三）战时文化的勃兴

伴随着抗战政治中心的形成，一大批文化界人士开始向武汉集结。随着上海、南京相继失守，各种救亡团体、文化界人士、成千上万的抗日青年、流亡学生从华北、上海、南京来到武汉。火热的文化救亡运动便首先在武汉兴起，并影响到全国。

---

① 孙果达：《抗战期间上海民营内迁厂在武汉》，《湖北文史资料》第12辑，1985年。

② 齐植璐：《抗战时期工矿内迁与官僚资本的掠夺》，全国政协文史资料委员会编：《工商经济史料丛刊》第2辑，文史资料出版社，1983年，第70页。

③ 张崇明：《抗战初期裕大华纺织公司撤迁始末》，《武汉春秋》，2015年，内部出版，第55页。

④ 皮明庥、欧阳植梁：《武汉史稿》中国文史出版社，1992年，第595页。

八一三上海淞沪抗战爆发后，上海文化界就提出了“到武汉去”的口号，希望把武汉变成新的全国抗战文化中心。在夏衍、于伶、宋之的等人的努力下，上海职业电影、戏剧工作者和一部分业余戏剧工作者共200余人组成了13个救亡演剧队，先后到达武汉。这些人来汉之后，加入到武汉制片厂工作。“全国18个戏剧团体，全国几乎超过95%以上的戏剧人才，都集中在汉口。”①

除文艺界人士之外，还有一批文化界人士到达武汉。陈独秀、陶希圣、罗家伦、沈从文、胡风、萧红、萧军、胡绳等会聚武汉，或公开集会演讲，或创办抗战期刊，或在报刊上发表文章，宣传持久抗战、全面抗战。到1937年底，“成千上万的抗日青年从东北、华北、华东来到武汉，文艺界、教育界、科学界的无数知名人士纷纷来到武汉，加上抗日宣传队、救亡演剧队、文化工作队、战地服务队等群众组织先后云集武汉，使得武汉三镇燃烧起抗日的熊熊烈火，成为抗战的斗争中心”。②“迁移到武汉的科学、文化艺术和救亡团体已达一二百个。”③

1938年后，随着全国抗日形势的发展，武汉地区的文化救亡运动持续高涨。4月，国民党接受中共提出的组织工、农、军、商、学各界“造成统一的群众运动和群众组织”的建议，开始重视民众组织和民众运动。4月1日，国民党临时全国代表大会通过《中国国民党抗战建国纲领案》，规定：“发动全国民众，组织农工商学各职业团体，改善而充实之，使有钱者出钱，有力者出力，为争取民族生存之抗战而动员。”④ 国家政权对民众组织的认可和推动，使集中在武汉的文艺界人士受到鼓舞，文化团体的组织开始超过武汉地域的范围，造就了一种全国性的融合和团结。

在此前后，文化艺术界人士创设了一批全国性的文化艺术组织，包括：中

---

① 洪深：《洪深杂文集》第四卷，转引自《文艺资料选辑（三）》，内部出版，1984年，第267页，

② 阳翰笙：《风雨五十年》，人民文学出版社，1986年，第164页。

③ 戴知贤、李良志主编：《抗战时期的文化教育》，北京出版社，1995年，第62页。

④ 《中国国民党抗战建国纲领案》，1938年4月1日，武汉市档案馆等编：《武汉抗战史料选编》，内部出版，1985年，第48页。

华全国文艺界抗敌协会、中华全国戏剧界抗敌协会、中华全国电影界抗敌协会、全国美术界抗敌协会、中华全国木刻作者抗敌协会、中华全国漫画界抗敌协会、中华全国摄影协会、全国歌咏协会、国际反侵略大会中国分会、星海歌咏队、武汉文化界抗敌协会、武汉合唱团、武汉业余歌咏团、武汉出版业抗敌工作团等。

1938 年 4 月 1 日，政治部第三厅在武昌县华林湖北省第一中学成立。厅长郭沫若，副厅长范寿康，主任秘书阳翰笙，秘书傅抱石、钱运铎。第三厅的成立，标志着武汉文化救亡运动领导机构的确立，它使得 1937 年七七事变以后从全国各地会聚到武汉的各种文化团体有了一个合法、统一的指导机构，有了团结和组织民众的核心力量。自此以后，在第三厅的领导下，武汉的抗日文化运动得以有计划、有步骤地展开，抗日文化活动达到了前所未有的高潮，其规模之大，动员之广，超过了任何一个时期的文化运动。

第三厅成立之后，就开始将武汉地区的文化救亡运动置于统一的组织领导之下，先后组织和领导了“抗战扩大宣传周”“雪耻兵役扩大宣传周”“七七献金活动”等。正是这几个大规模的文化宣传活动，使得 1938 年的武汉抗战宣传呈现出规模宏大、波澜壮阔的局面，使武汉乃至于全国的抗日救亡团体和民众达到高度的会聚和团结，聚集了空前的抗日救亡的群众力量，基本实现了政治动员和军事动员相配合、实行全面抗战的预期目标。

正是因为一大群文化界名人驻足武汉、一大波抗战文化活动的举办，使得武汉继成为全国抗战政治中心之后，又迅速成为全国抗战的文化中心。

沦陷前的武汉因为战争的刺激，一举成为当时的政治、经济、文化中心，在全国的地位一时无出其右者，在全国的抗战版图上发挥着中枢神经的作用。政治上，国共合作开展抗日救亡运动，辐射全国；文化上，文化界人士纷纷从往日的文化中心北平、上海、天津等地“到武汉去”，武汉抗战文化运动空前繁荣，如“自 1937 年春到 1938 年 10 月，在武汉出版、发行的报刊达 200 余种"①，武汉这座不以文化显名的城市"立刻变成了新的全国文化的中心城市"②；经济上，大量工厂的内迁，使得武汉的经济发展瞬时攀上顶峰。总而言之，沦陷前的武汉因战争的关系，获得了快速发展，城市现代化进程进一步加速，对以后武汉的发展都产生了不可估量的作用。

但是，战争既给武汉带来了繁荣，同时又使武汉的繁荣昙花一现、转瞬即逝。南京失陷后，日本开始建立对华长期战争体制，致力于消耗中国的抗战实力，并将破坏中国经济作为重要战略目标，武汉因此成为其首要打击目标。1937年9月24日，日军飞机首次大规模空袭武汉。此后，日军凭借空中优势，对武汉频频轰炸。1938年3月27日，40余架日机轰炸武昌徐家棚、余家头、南湖和汉口机场，投弹140余枚。7月19日，39架日机轰炸武汉，投弹200余枚，仅徐家棚一带即有500余栋房屋被毁，死伤千人。8月份，日军向市区投弹1115枚，炸死炸伤3112人，炸毁建筑物2298栋。在敌机的狂轰滥炸下，三镇12%的工业设施亦被摧毁。1938年10月，武汉陷入敌手，城市现代化进程戛然而止。

二、七年沦陷：武汉城市发展的最黑暗时期

沦陷七年是武汉城市历史上最黑暗的时期。七年间，武汉各项事业完全停滞甚至倒退，城市人口迅速减少，经济发展一落千丈，城市全面衰败。

（一）城市人口迅速减少

日寇的入侵打断了武汉原有的城市发展进程，整个城市呈现出一片病态的社会景观。在日伪的统治下，武汉城市发展倒退，首先表现在人口上，市民人数迅速减少。

伪政府公报记载："当事变之际，市民逃避一空，繁华市镇竟呈荒凉之景

① 皮明庥、欧阳植梁：《武汉史稿》，中国文史出版社，1992年，第588页。

② 钟兴锦、肖效钦等：《抗日战争文化史（1937—1945）》，中共党史出版社，1992年，第74页。

象，热闹商场，徒余鼠窃之惊，所历浩劫亘古未有。”①

沦陷前，武汉三镇总人口为125万人，1939年不足45万人，1940年减至31万人，其中汉口仅有15万。直到日军投降的1945年，三镇人口为79万，不到战前水平的三分之二。

表12-1 武汉沦陷前后人口比较表②

	1938年（沦陷前）		1939年		1940年	
	户数	人口数	户数	人口数	户数	人口数
汉口	146 278	800 000	69 690	287 991	76 264	150 000
武昌	59 565	300 000	16 383	93 793	17 201	93 793
汉阳	22 936	150 000	12 033	52 830	12 348	70 065
合计	228 779	1250 000	98 106	434 614	105 813	313 858

伪武汉特别市政府成立后，为了恢复社会秩序装点门面，造成一片“和平繁荣”的景象，同时为了取得更多的税收以增加财政收入，伪政府首先开展了规劝离乡离业的武汉市民复归复业的活动，并在各方面为复归复业的市民提供便利。在日伪政权基本恢复武汉的社会秩序后，逃散的城市居民为了生计和保护房产，陆续回到武汉。因此，自1941年后，武汉人口有所回升。以汉口的家庭统计为例，1940年汉口有76 264户，1941年增加到122 368户。

然而，大量的市民回归也给伪市政府带来了问题。由于许多市民房屋财产被日军征用侵夺，随日军入城的日本商人又将商业繁华地段的门面和其他房屋占据，回归市民无所依托，纷纷徘徊观望。对此，伪政府也无力扭转，对于日军强占的房屋根本无法过问，对于日商占用的民房也不敢贸然提出收回，只是在与日方协商后，由伪社会局出面租赁，向日商收取少量租金，发还给原房主。此后，伪政府又成立了房地清理委员会，专事清理房地产，发放租金等事

① “武汉特别市政府秘书处”编：《武汉特别市政府周年纪念特刊》，1940年，第3页。
② 资料来源：“汉口市政府”《新武汉》《市政公报》等。

宜。但由于房屋主要为日方占据，难以收回，成效有限。

日军入侵武汉之际，一方面有大量武汉市民逃往乡下避难，另一方面又有大量四乡难民涌入武汉。这些难民来汉后，居无定所，成为游民，有的在城市边缘和大智门铁路附近搭盖棚屋居住，还有一部分住到逃亡市民遗弃的房屋内。这些贫苦难民的存在，给伪政府的治安维持以及复归复业活动带来了不良影响。伪市政府成立不久，便开始着手进行难民的清理和遣散，将“所有盘踞商店之贫苦难民即指定地点予以疏散，侵害产权之无业游民即由社会局会同警察局督促迁移”①。至1940年共遣送难民11 090人。

“城市是人类的集居点，主体是人。城市发展主要表现在城市人口之增加”②，“人口问题直接影响着区域发展的水平、速度方向等”③。人也是社会生产力诸要素中最活跃的因素，而衡量城市化程度高低与否的一个重要指标也是人口集聚的多寡。对于武汉而言，战争使得大量人口损失、离散、逃亡，沦陷后日军的屠杀暴行更使得城市人口元气大伤，很长时间都难以恢复。

（二）工厂西迁与武汉基础工业的重创

南京失守后，鉴于淞沪会战中沿海工业损失惨重，国民政府遂正式下令筹建战时工业，以川、黔和湘西为主，将各厂继续内迁，以策后方生产之安全。因决策较早，武汉全面抗战时期工厂内迁与沿海工业内迁相比较准备工作是比较充分的。

当时，国民政府将抢救武汉工业作为保卫大武汉的紧急任务，从多方面进行动员、劝导。为有效组织拆迁，确定由军政部负责拆迁钢铁工厂、兵工厂，由工矿调整处（由原工矿调整委员会改组）负责全面督导和组织武汉民营、官营工厂拆迁，由湖北省建设厅负责省属工厂拆迁。

1938年3月8日，军政部钢铁厂迁建委员会成立，“下设技术、会计两

---

① “武汉特别市政府秘书处”编：《武汉特别市政府周年纪念特刊·社会》，1940年4月，第4页。

② 赵冈：《中国城市发展史论集》，（台湾）联经出版事业公司，1995年，第6页。

③ 陈才主编：《人文地理学》，中国科学出版社，2002年，第222页。

室，总务、铁炉、钢炉、轧机、动力、建筑、运输等七股”①。在缺少大型工具的情况下，利用敌机轰炸的间隙，用敲、钻、扛、拉等方法，共拆卸汉阳铁厂材料 30 000 吨、重要设备 1 187 件；拆卸大冶铁矿和铁厂器材 3 250 万吨、矿山铁路 34 公里；价购谌家矶六河沟铁厂（原扬子机器厂）日产百吨炼铁炉一座，原材料 3 700 万吨。为了将拆卸物资运往四川，沿途设运输站 7 个，雇运输工人 1 000 余人，动用海轮 11 艘、江轮 27 艘、炮舰 2 艘、铁驳船 4 艘、拖轮 17 艘、木驳船 218 艘、川江木船 800 只。此外，钢铁厂迁建委员会还带运上海、南京、巩县、株洲等地迁汉的兵工厂器材 19 567 吨。军政部接管了日商泰安纱厂，将 24 800 多枚纱锭、300 台布机全部迁往重庆，建成专织军用布匹的纺织厂。又将汉阳兵工厂、火药厂设备材料拆运湖南。

工矿调整处确定拆迁工厂选择标准为 3 类 14 条：纺织类——国人经营的纱厂全部拆运，纱厂布机一律随厂拆迁，设法协助小型织布业内迁，根据内地需求情况决定拆迁的染厂。机器五金类——资材在 5 000 元以上、规模较大者单独拆迁；设备简陋但能生产兵器或某种器材附件者，合并迁往一处；原动设备一律拆迁；不拆迁工厂的技术工人内迁；生铁废料尽量运往后方。其他类——资材在 5 000 元以上者拆迁，设备较新者拆迁；后方需要者拆迁，设备工具与其他工业有关联者拆迁，后方所缺乏的项目的技术工人内迁。随后，工矿调整处将上海内迁的技术工人 2 500 多名和在武汉招聘的青年技术人员 700 多人组成若干工作队，派赴各企业开展拆迁工作，并发放贷款协助内迁企业解决随迁人员的旅费和安家费。拆卸的物资一部分通过铁路运往陕西、湖南和广西，大部分通过长江运往四川。武汉地区著名的民营工厂如既济水电公司、申新纱厂、裕华纱厂、震寰纱厂、周恒顺机器厂等均迁往后方。

以纺织工业为例，1938 年 10 月武汉沦陷前，裕华、申新、震寰等纱厂，官布、官纱等局和军纺厂等大小纺织、染整企业 60 余家内迁至重庆、西安、宝鸡等地，有 91 856 枚纱锭毁于炮火，108 000 枚纱锭沦于敌手，122 336 枚纱

---

① 郭其耀：《抗战初期武汉工厂内迁》，《武汉文史资料》1998 年第 3 期，第 234 页。

锭迁内地。迁至四川的纱锭有71 000枚，其中裕华纱厂32 000枚，申新纱厂10 000枚，震寰纱厂9 000枚和军纺厂（原泰安纱厂）20 000枚。迁至陕西的有51 336枚，其中官布局15 000，申新纱厂20 000枚，震寰纱厂16 336枚。① 此外，武昌制呢分厂迁重庆，制麻局迁万县。震寰纱厂来不及运走的布机250台及全部设备转移至汉口打包公司及德租界高宝堆栈存放，厂房后被日军占作兵站。申新纱厂有部分机器在运陕时，因信阳失守，折返汉口途中被日军劫走。

湖北省建设厅自1938年8月起，将湖北官布局、湖北官纱局、湖北麻布局、湖北缫丝局、白沙洲造纸厂、航务处修船厂、大冶象鼻山矿等处机件材料6 000余吨分别运往陕西、四川和鄂西。汉口市政府所属的冰厂、水电厂、榨油厂等也先行拆运宜昌。武昌市政处下属的武昌电厂在拆运一部分机器、仪表后，其余者在撤退前一天（10月24日）全部被炸毁。

由于各方通力合作，数月之间，从武汉迁出的物资、设备计10.8万余吨。除由外埠迁到武汉再行内迁的企业外，武汉本地内迁的工厂达250家。具体分布是：机械类110个，迁四川46个、湖南53个、陕西3个、广西3个、贵州等地5个；轻工类36个，迁四川26个、湖南2个、陕西1个、广西3个、贵州等地4个；化工类17个，迁四川9个、湖南8个；纺织类83个，迁四川13个、湖南52个、陕西17个、广西1个；水电类4个，全部迁往四川。

武汉工厂的内迁，是全面抗战时期大城市企业拆迁中规模最大、效果最佳的一次战略行动，实际上也是中国当时经济重心的一次大转移，从而大大充实了后方的抗战经济实力，也大大提高了经济比较落后的西南地区的工业化程度。从全民族抗战角度看，在武汉沦陷前夕的非常时期，为免于工业资源落入敌手，将武汉的工厂内迁是完全正确的战略。但纯粹从地域经济角度看，内迁的工厂约占武汉原有企业的57%，加上敌机轰炸损失的12%和来不及拆迁被

① 武汉市地方志编纂委员会主编：《武汉市志·工业志》（上），武汉大学出版社，1999年，第611页。

主动破坏的部分，七八十年历尽艰辛而逐渐成长起来的武汉民族工业数月之内便损失70%以上，武汉基础工业精华尽失、元气尽丧。

（三）民族工业的毁灭性打击

沦陷前，武汉是当时中国内陆最大的工业基地和经济中心，钢铁、纺织、机器制造等行业在全国都据有一席之地。沦陷后，由于日方严密的经济控制和疯狂的资源掠夺，使得武汉的民族工业遭到毁灭性打击，工厂数量大量减少，工业门类残缺不全，工业产值急剧下滑。

1933年，据汉口社会局调查，武汉工厂总数不下500家；工人增至5.7万人，工业登记资本额约3000万元。至1936年，工厂家数虽只528家，工人4.38万人，但资金则增至5148万元，年总产值1.9亿—2亿元。全面抗战爆发后，除原有的500余户工厂外，从上海、河南等地迁入一大批企业。全市工人20万—30万，其中纺织工人2万余人，铁路工人6000余人，兵工业工人4000余人，卷烟业工人3700余人，印刷工人3000余人。① 由于当时武汉经济的畸形发展，工业生产达到历史最高峰，使武汉成为当时内地最大的工业基地和经济中心。武汉占优势的工业，也演变为纺织、烟草、水电、饮食、军火等工业。

武汉三镇沦陷以后，日军以“委托经营”“日华合作”“租赁”等旗号掠夺中国工厂，武汉残存的民族工业完全丧失自主发展的能力。据日本汉口商工会议所统计，1942年武汉“复兴”工厂133家，约为战前武汉工厂数的25.6%，年产额为战前的15.8%。这些工厂多用手工、半手工操作，集中分布于三民路以上的“难民区”，产品主要供给日本军需。

机器制造业方面，1936年，武汉民营机器工厂156家，符合工厂法和工厂登记规则的有82家。在这82家工厂中，总资本达到了352138元，年产值644099元，动力使用计有90台，工人数1543人，资本万元以上企业10家。

---

① 武汉市地方志编纂委员会主编：《武汉市志·工业志》（上），武汉大学出版社，1999年，第25—26页。

沦陷后，这些数据急剧下滑。据统计："1942 年 9 月至 11 月，武汉地区机械工业的投产工厂总数是 101 家，其中，日本人经营的工厂只有 13 家，其余的 88 家都是华人企业……从资本额来看，华人企业的 88 家工厂的总资本额是 91 500 元（旧法币）……没有拥有 10 000 元以上资本金的工厂，仅有一家工厂拥有 10 000 元，有两家工厂拥有 5 000 元以上 10 000 元以下，其余大部分都是 5 000元以下的小规模工厂。"①

轻工业方面，1936 年，日用化学、饮食品、烟草、印刷四大类工厂计有 314 家，共有资本 2 200 万元，占全部民营工厂资本的 46%；工人 1.4 万余人，占全部民营工厂工人数的 33%；年产值 1.35 亿元，占全部民营工厂产值的 75%。而沦陷后，民族轻工业惨遭扼杀，武汉三镇只剩下一部分小型印刷馆和食品店维持生产。1940 年汉口市食品业登记营业的只有 33 家，印刷业登记营业的只有 21 家。

手工业方面，1933 年，武汉地区 10 人以上的手工工厂有 71 户，除工厂外，还有近 60 个行业的手工业店坊共 5 477 户，近 5 万人，其中汉口 3 570 户，武昌 1 472 户，汉阳 435 户。沦陷后，由于日军对原材料的严格控制，导致店坊纷纷倒闭，大量手工业者失业，1940 年，汉口手工业支撑开工的仅有 1 854户。

（四）贸易航运的彻底衰败

民国时期，武汉一直是全国重要的贸易口岸和交通枢纽。沦陷后，由于战争的阻隔、市场的萧条以及日方对贸易航运的控制掠夺，使得武汉的贸易航运呈全面衰败之势。

武汉沦陷后，汉口至重庆的水路交通因战争状态而完全阻塞，从汉口到襄阳、老河口的汉水航线同样不能直达，当年军运和民运繁盛一时的武汉港骤然萧条。后来日清公司便着手恢复上海至汉口的航线。开始，外轮尚被允许在规定航线上行驶，随后，日军便从军事目的出发，拒绝欧美等国航商轮船行驶长

① 涂文学主编：《沦陷时期武汉的经济与市政》，武汉出版社，2007 年，第 327—328 页。

江。并于1939年8月将日本邮船公司、大阪商船会社、日清公司以及三井、三菱、山下等日商航业公司组建为东亚海运株式会社，完全垄断了长江干线航运。

1941年太平洋战争爆发后，日军将停泊在汉口的盟国船舶和中国悬挂外国旗的船舶一律没收，交付“东亚”使用。1943年1月，日军为统制长江航路，强使“东亚”“中华”“内河”三家轮船公司与长运汽船、长江产业、武汉交通、双龙洋行、戴生昌汽船等公司组成“武汉航运统制组合”，实行军需物资优先运输制。为防止美机轰炸，船舶晚开昼停，班期无定，上海至汉口要五六天才能到达，因而航业萧条，货运稀疏。

航运业的萧条，直接导致了贸易的下滑。1936年汉口口岸对外贸易进出口总值为1.44亿法币，1937年则为1.55亿法币，而到了沦陷后的1938年陡降至0.49亿法币，1939年更是跌至12万法币的低谷。1936年汉口直接对外贸易进出口总值为0.46亿法币元，占全国2.81%；1937年为0.42亿法币元，占全国2.36%；而沦陷后的1938年进出口总值只有0.31亿法币元，占全国0.19%，1939年则为12.18万法币元，占全国0.01%，1942年的进出口总值更是跌至百位数，只有588法币元。间接对外贸易方面，汉口1936年进出口合计3.068亿法币元，1937年为3.26亿法币元。沦陷后的1938年就降至1.124亿法币元，1939年更是降入历史冰点，仅有12.1843万法币元。①

以汉口港主要出口商品桐油、棉花、生皮等为例，1936年汉口出口桐油为35127吨，约占全国桐油出口总量的1/3。② 沦陷后，桐油出口基本中断。棉花出口方面，1937年抗日战争全面爆发，当年就有19家经营棉花出口的商行停业，开业的虽有中棉、松长茂、通城、永安、安泰祥、申新6家，也只是勉力支持；至于棉纱进口方面，沦陷后也只有日商东棉公司一家，销售日产棉纱。由于具有绝对的垄断地位，东棉通过1941—1942年间成立的棉纱交易市

① 以上数据均来源于《武汉市志·对外经济贸易志》。

② 武汉地方志编纂委员会主编：《武汉市志·商业志》，武汉大学出版社，1989年，第12页。

场，操纵价格，大发横财，而我国的民族工业则进一步受到摧残。牛皮及皮革制品出口方面，根据《武汉报》报道，过去由汉口输出的生皮，每年约10万担，多时20多万担。沦陷时出口，因为没有精确的统计，也就难以得知，不过出口量大为减少。牛皮制品，过去每月需用皮五千余张，沦陷初期虽然生意萧条，每月需用也在千张左右。到1941年底每月需用仅一两百张，主要为日商三井、石土冢、大昌、吉田等洋行经营，场面十分萧条。①

至于欧美在汉洋行，日军则采取限制、压迫的政策，使其难以正常营业。据伪汉口特别市政府1940年初调查统计，当时在汉66家欧美商行（含部分工厂和保险公司）中，有18家停业，1家暂时停业，28家商务减少，3家商情缩减。② 除少数生产型企业如和利冰厂、雀巢牛乳公司以及公用型企业如汉口电灯公司还在维持营业外，直接经营进出口的贸易商行几乎全部停业；与进出口贸易相关的商行，其经营也有不同程度下降。多数商行只是苦苦支撑，维持门户。

太平洋战争爆发后，日军宣布美英等国在汉洋行及其堆栈中的货物均为敌产，予以没收。勒令美英洋行交出所有账册，全部财产由日本人接收。并将所有美英在汉人员禁锢起来，集中押送上海。美英在汉产业完全为日本所有。至此，武汉地区的对外贸易全部由日商控制。

（五）文教事业全面萎缩

19世纪90年代，张之洞督鄂期间大力鼎新文教，一举奠定了武汉全国教育重镇和区域教育中心的地位。1938年武汉沦陷后，文教事业遭受了毁灭性打击，一方面各级各类教育全面萎缩，另一方面文教事业的奴化色彩特别浓厚。

以学校教育为例，1935年武汉地区有高等学校6所，中学61所，小学637所。而沦陷后，日伪政权开办为奴化教育服务的中小学92所③。1935年，

① 《闲话本市的牛皮业》，《武汉报》，1941年11月5日。

② “武汉特别市政府秘书处”编：《武汉特别市政府周年纪念特刊》，1940年，第56—90页。

③ 武汉市地方志编纂委员会主编：《武汉市志·教育志》，武汉大学出版社，1991年，第12页。

武汉在校中学生为16 167人，其中公立中学6 513人，私立及教会中学9 654人；武昌11 320人，汉阳840人，汉口4 007人。① 而沦陷后的1942年，伪汉口特别市政府办的市立中学仅有学生2 637人。

同时，日军及其傀儡代言人在武汉推行了一整套以奴化、毒害青少年儿童思想，并培养愚民为核心的殖民教育。人员师资上，按照殖民主义的教育精神培养和训练被登记的中小学教师，还通过各种手段对各级教员进行密不透风的监视。

课程设置上，有意减少和淡化汉语和中国历史、地理的教学。尽量减少汉语课课时数的同时，伪市政府以“为发展两国固有文化联络上之便利起见，自应先谋两国语文之沟通”② 为由，全面推行日语教育。

文化领域呈现全面萎缩之势。1942年汉口仅有中外报馆通讯社13家，出版定期刊物15种，文化团体8家。而与之对应的，沦陷前的武汉出版、发行的报刊200余种，全国性的文化团体就多达15家。

日军在文化思想领域实行全面控制，专门成立机构，负责检查书报杂志，取缔一切带有抗日思想的出版物，同时加强殖民奴化思想的宣传和灌输，宣扬汉奸文化，鼓吹“大东亚主义”和“日中亲善”。1941年，日伪对全市各书摊、书店进行了多次检查，共焚毁所谓“不良图书”274 190册。

（六）市政建设基本停滞

从1937年8月开始遭到日军飞机轰炸到1945年光复，武汉遭受了历史上最严重的浩劫，多处繁华的市区变为瓦砾，城市基础设施遭到极大的破坏。沦陷后，日伪政权先后成立了主管市政建设的机构，但限于财力及殖民经济的特色，武汉的市政建设几乎毫无规划可言，基本停滞。

20世纪20年代到30年代中期，武汉特别市和汉口特别市、汉口市政府先后制订了三次城市规划。分别为1929年武汉特别市时期《武汉特别市设计

① 武汉市地方志编纂委员会主编：《武汉市志·教育志》，武汉大学出版社，1991年，第139页。

② 《汉口特别市政府呈》（府政字第8076号），《汉口特别市市政府公报》，1947年7月。

方针》和《武汉特别市工务计划大纲》《1930 年汉口市分区计划图》《1936 年汉口市都市计划书》。上述三次城市规划，通过功能分区，理顺城市的空间格局，并由此展开相应的道路及其他市政设施的规划和建设。而沦陷七年时间里，日伪政权完全抛弃了旧有的三次规划，也没有制订城市规划，武汉的城市建设陷入了“无规可依”的境地。

以道路建设为例。在 1928—1938 年沦陷前的 10 年中，汉口共新辟现代化的柏油马路 6 条（含同时新建地下大型排水设施），总长 4.7 公里；改造碎石路加铺柏油路面 19 条；碎石路改铺水泥路 4 条；新辟和改煤渣、土路为碎石路 6 条；新建马路路基和临时马路 16 条。翻造、修补各类马路及租界与特别区市政局翻修马路尚不计算在此列。① 沦陷后，日伪当局对武汉道路建设只是进行了一些修修补补的工作，仅修建柏油、碎石、水泥路面 240 352.29 平方米，新式涵洞两座②。另一方面，由于管理的无能和战争的破坏，原有道路破损严重。另外，日军在城内修筑工事，也极大地破坏城市交通网的建立，使城市设施变形或毁坏。如联络武昌山南、山北的重要交通通道——武昌洞，就被日军封锁，改成军火库。根据 1946 年汉口市政府有关统计资料，沦陷后，全市所有柏油路、碎石路几乎全部毁坏，约 1 100 万平方米的路无法继续使用。

在公园建设方面，沦陷前的十年里，武汉先后修建了府前公园、湖北水灾纪念公园、龙王庙花园、海光农圃等多座公园。沦陷后，日伪当局公园建设少而破坏多。伪市政府仅于 1941 年在市中心的湖北街建有小型公园一座，名为“蠡园”，供市民休闲之用。久负盛名的中山公园、首义公园则完全被日军占领，名胜古迹和树木遭受到了极大的破坏。而建于 1929 年的原汉口特别市政府门前的花园，即府前公园，则被日军拿来修建兵营和马房，停放汽车和坦克。此外，一些私家花园也被日军侵占。如建于 1913 年面积 59 公顷（湖塘 3.7 公顷）的湖上园（位于武昌今解放路与商家巷之间），和始建于 1917 年面

① 涂文学：《城市早期现代化的黄金时代》，中国社会科学出版社，2009 年，第 181 页。

② 徐立文：《日寇铁蹄下的湖北邮政》，《武汉春秋》第 5 期，1985 年。

积225公顷的武昌琴园（位于沙湖西沟，今徐家棚秦园路一带），建筑物全被摧毁。

1937年，武昌、汉口市自来水售水量全年为1 360万吨，沦陷后自来水事业遭受摧残。武汉大学自备水厂被日军占领作为军用医院供水。只有汉口宗关水厂和武昌水电厂仍继续向市民供水。沦陷后，武汉的水电事业基本上全部由日商经营的华中水电公司经营。由于战争的破坏和日军对金属管件的掠夺，武汉自来水事业受到很大的影响，售水量逐年减少。到抗战胜利后的1946年，售水量708万吨，仅为战前的一半多。

电力供应方面，除了原特二、三区由英商汉口电灯公司供应外，其他均由华中水电公司负责供给。但是，由于缺乏燃料以及电网建设问题，很多街区并没有电力供应。市内路灯与全面抗战前相比，灯位距离拉得很大，只在必要的地方才安装40瓦的路灯。1940年汉口只有338盏路灯，武昌只有61盏。

下水道建设几乎没有。相反，沦陷前全市总长约30公里的下水道，在全面抗战期间大部分被炸毁，加上多年没有进行清除疏通工作，以致泥秽满管，无法排水，污水随处漫流。日军在投降前，一夜之间将武汉原有道路排水明沟铸铁盖板（包括租界区在内）当作战略物资抢走。抗战胜利后，市政当局不得不制造4万块铁盖板，以应急需。

防洪建设主要是修补和完善以前所建的堤防设施，其中包括张公堤、沿江堤、铁路堤、长丰南垸等堤防的护坡、护脚、加筑土牛压浸台及填塘工程。伪武汉市政府所进行的较大的堤防建设，一是长江沿岸防水墙，一是“小张公堤”，但因质量问题，屡次重修培修。

日伪统治武汉的七年间，公共建筑事业几乎没有发展。其中较大公共建筑项目为1943年竣工的市一男子中学校舍。民用建设方面，七年间新建里弄仅有22栋（1939年同德里12栋，1941年荣华村10栋），其他零星建设以及维修工程，均以伪工务局发放建筑执照的方式进行。1942年，伪工务局共发放修理房屋执照524栋，建筑房屋执照179栋，但实际进行建设很少。武汉原有的公共厕所本来就很少，虽然伪市政府年年都在新修公共厕所，但缺乏有效的管理，多数只用不修，加上战乱与破坏，战后无一处公厕可继续使用。

在划定的日本商业区（汉口交通路以下繁华商业地段）和日、韩中小商业区（交通路以上至集家嘴）内，原先由中国人开办的商店全部被日商、韩商强占，货物及家具全被其吞没。不少大的旅馆、餐馆，如璇宫饭店、会宾酒楼等，被日伪军政机关侵占或被日商强夺。1940 年汉口登记的旅馆仅剩 142 户，不及战前的 1/30。武汉进出口货物均由日商掌握，中国人只能从事零售。拥有百万人口的商业都会——汉口，在沦陷的七年中，经济功能变得支离破碎，一落千丈，市容和基础设施残缺凋零，满目疮痍。

可见，沦陷七年是武汉城市发展最为黑暗的时期，城市发展基本停滞，城市现代化的各项要素全面退化，城市现代化进程被打断。

三、复元乏力：战后武汉城市建设的停滞

1945 年，日本投降。经历七年沦陷岁月的武汉迎来了光复。然而，光复后的武汉并没有迎来城市发展的春天，反倒呈现出一片复元乏力、恢复缓慢之相。

（一）城市人口恢复缓慢

1945 年抗战胜利后，三镇内迁人口开始回迁，武汉人口开始有所回升，但始终未回复战前最高水平。1945 年为 74.87 万人，1946 年为 92.84 万人，1947 年为 99.93 万人，1948 年为 116.09 万人。[①] 而人口的集聚乏力使得城市消费不足、需求不旺，直接带来的就是商业贸易的不景气。光复后至解放前，武汉百货业仅有商户 470 家，资本额只有 168 万银元。

“城市是以人为主体，是人口、活动、设施、物资、文化等高度集中并不断运转的开放的有机整体。”[②] 人口在城市化进程中的重要作用毋庸置疑。而“光复”后武汉人口恢复的缓慢，极大地制约了城市现代化进程的推进。

---

① 苏长梅、聂仕书主编：《武汉人口》，武汉出版社，2000 年，第 7 页。

② 北京大学社会系主编：《城市学讲座》，北京大学出版社，1986 年，第 1 页。

（二）回迁厂矿元气大伤

武汉会战前，国民党政府进行了大规模的工厂企业内迁。除由外埠迁到武汉再行内迁的企业外，武汉本地内迁的工厂达250家，占到了武汉原有企业的57%。1945年，日本投降后，这些迁至大西南地区的企业开始回迁，但大多数则是永久地留在了后方。

1937年，国民政府军政部兵工署及资源委员会在汉阳设立钢铁厂迁建委员会，将汉阳铁厂、大冶铁厂和大冶铁矿的部分设备运往重庆大渡口另建新厂。1939年底，设备运抵重庆。重庆重建的钢铁厂1940年开始投产，直到1943年3月，这座全面抗战期间规模最大、设备最全之钢铁厂方告完工。该工厂也从此落脚重庆并一直延续下来，再也没有回到武汉。

未迁的大冶铁矿被日本占领，日本成立了“日铁大冶矿业所”进行管理。抗战胜利后被国民政府资源委员会大冶厂矿保管处接收，并成立华中钢铁有限公司筹备处。汉阳铁厂未迁的剩余设备在沦陷时为日军所占，1946年1月由湘鄂赣区特派员办公处接收，成立了经济部接收汉阳铁厂保管处，同年9月移交资源委员会华中钢铁有限公司。1948年，资源委员会接收了位于上海四川路徒有其名的汉冶萍公司总事务所。至此，经清末、北洋、民国三个时期，长达半个世纪的汉冶萍公司遂告结束。

武汉重工业的另一代表汉阳兵工厂于1938年迁往重庆江北鹅公岩建立机关枪厂，成为军政部兵工署第一兵工厂，对外代号简称“汉兴公司”。原汉阳兵工厂制造步枪子弹的一部分，为了就近复工生产，迁至湘西辰溪南庄坪，这一部分后来并入军政部兵工署第十一兵工厂。1945年抗战胜利后，十一厂新任厂长宋建寅兼任“兵工署武汉接收处”处长，以十一厂组成接收班子。此时在辰溪南庄坪的子弹厂仍正常生产，部分员工到达武汉，接收了位于武昌平阅路（今彭刘杨路）的日军修械厂和两湖书院、平湖门的两处军械库。至此，第十一兵工厂在武汉恢复生产。1948年，十一厂迁至湖南株洲。原在武昌平阅路的工厂由第三十兵工厂接管，时值解放战争紧张之际，工厂几乎停产。而武汉沦陷时期未搬走的汉阳兵工厂设备在抗战胜利后由汉阳兵工厂器材管理处管理，但因破坏严重，基本不能生产，1949年被运往台湾。

张之洞时期另一重要企业丝麻四局于1938年改为“湖北织布官局”，其时正值武汉抗战时期，同年五月间，织布官局就开始西迁。当时决定只拆迁一万锭子到陕西宝鸡。因经费缺乏，运至宝鸡的锭子一直闲置，更因日本飞机两次轰炸宝鸡，一万锭子只剩五千。其后，西安中国银行、国民党政府经济部工矿调整处驻陕西办事处和织布官局三方合作设厂复工，利用咸阳打包厂作为厂房，更名为咸阳纱厂。抗战胜利后，因在咸阳纱厂的机件过老，无法再行迁回武汉。而在武汉由原湖北省政府接收的原织布官局仅布机数十台，1946年组织湖北省纱布丝麻四局复厂筹备委员会，筹备恢复四局，改组为“文襄纺织公司”，另择址建厂，因资金短缺，未能全部动工，其后因内战爆发，此事不了了之。丝麻四局就此消失在历史的烟云中。

民营企业中，汉口扬子机器厂1938年被政府购买与汉阳铁厂一起西迁，其后未回武汉。另一重要企业既济水电公司的电气主要设备在武汉沦陷前拆迁往重庆。沦陷后，水、电厂设施被日军强行占领。抗战胜利后，1945年9月收回复业，并接管了英商汉口电灯公司，但发展已大不如从前。

纺织工业方面，内迁的设备基本留在了内地，继续生产。留内地的企业有重庆、成都的裕华纱厂，重庆、成都、宝鸡的申新纱厂以及军纺厂等。返汉后开工的纺织企业有裕华、申新、震寰等纱厂及一些中小企业。1946年5月，武昌第一纱厂北场及南场先后复工，全厂职工3 706人。武昌震寰纺织厂于1946年8月复工，陆续开出223台布机，次年将裕华纱厂租用的纱机5 104锭收回开工。裕华公司在日本投降后立即组织复建，由于政局动荡不安，复建进度缓慢，1948年9月始复工生产，至1949年5月才开出13 400枚纱锭。此时，全厂职工922人，月产20支棉纱886件。申新四厂1948年10月才正式复工，先后开出纱机3 200锭，1949年2月增至12 417锭。

（三）工厂企业惨淡经营

光复后，武汉的工业发展有了一定的起色，但由于国民党政府大量引入“美援”以及内战形势的恶化，加之沦陷时期日军的摧残。这都使得武汉工厂大量倒闭，残存的工厂其生产能力、生产状况只能用惨淡来形容，较之 20 世纪 30 年代的发展高峰期已不可同日而语。下表中轻工业的生产状况，足以说明这一问题。

表 12-2　1937 年与 1947 年武汉主要轻工业生产概况表①

行业	地区	厂数	设备			月产量	
			机器名称	1937 年	1947 年	1937 年	1947 年
榨油业	汉阳	5	螺旋榨机	1 240 部	500 部	15 000 吨	4 500 吨
肥皂业	武汉	27	制皂机	500 部	300 部	40 000 箱	2 500 箱
卷烟业	汉口	18	卷烟机	186 部	58 部	20 000 箱	4 500 箱

1948 年以后，武汉各重要工业部门生产更加惨淡。面粉工业：有福新、胜新、五丰等 60 单位，如生产能力充分发挥，每月可产 105 万包。该行业每月需小麦 52 万担。因各厂“经济枯竭”，“每月仅能购小麦 17 万担，生产面粉 30 万包”。公用事业：汉口既济水电、武昌鄂南电力公司勉强复业，而汉阳电气公司光复后多年未复业。汉口既济公司经营艰难，因资金困难、燃料不足等原因而被迫“停供日电”。即使维持半开工状况，仍是朝不保夕，生产随时会停顿。两家电厂流动资金严重匮乏，其存煤经常仅能“维持三数日之用”。棉纱业：有纱锭 14.8 万枚，布机 2073 台。因资金短缺，实际开工运转的纱锭仅为 10.8 万枚，布机 273 台。卷烟业：有南洋公司等 33 家，因缺乏资金周转，被迫停工者占 80%以上，仅有四五家烟厂零星开工。其他如植物油制炼、制冰、制砖等业，也因“经济支绌”被迫停工者占“百分之六七十以上，而此种趋势正在日渐扩大中”②。

战后武汉的工业恢复乏力，日趋萎缩，远远不及战前水平。自抗战胜利到 1949 年武汉解放前夕，武汉仅有纱锭 12.72 万枚，仅恢复到 1937 年的

① 资料来源：《武汉市志・工业志》（下），第 778 页。

② 湖北省汉口市工业会：《武汉各重要工业惨淡近况》，1948 年 12 月。

44.2%。其中四大纱厂1937年纱锭数20.73万枚，到1949年2月只开出9.17万枚，只占1937年的44.24%，相差11.56万枚。色织布、印染等业生产发展势头仅维持一年便急剧下降。由于开工不足，许多工厂亏损倒闭。毛巾业纷纷转向。1946年底，武汉大小烟厂关闭90%，大小纺织厂关闭75%①，染织厂在1946年10月尚有300家之多，一个月后即关闭200家②。1947年9月，武汉只有459家工厂，职工人数也是大量减少。

（四）贸易航运恢复乏力

武汉光复后，由于战争状态下导致的国际国内市场的长期萧条，长江又长期被封锁，加之国民党政权忙于内战，无心建设，使得武汉城市发展历程中重要的商业、贸易、航运功能丧失殆尽。

航运业在战后遭受重大损失，日趋衰微。抗战胜利后，长江上能航行的轮船仅有378艘，总吨位仅4.7万吨，已到奄奄一息的境地。沦陷期间，国外洋行和中国大量商船都被日军无偿征用。抗战胜利后，各方均要求发还船只，截至1946年12月31日，英美等8家洋行、公司请求发还的轮船共计165艘，经核定发还的为85艘，占全部轮船总数的51.5%。因故暂时不能归还的有26艘，沉没失踪、无法核对去处的有54艘③。本国商船的命运更不及外商。本国各船运单位申请发还的60艘商船中，经核实只发还了23艘，仅占全部船舶总数的38.3%。沉没、失踪无法证实下落去向的有34艘，已查实但暂时不能发还的有3艘。中外商船总数减少逾半，运力大为削弱，无疑对战后武汉对外贸易形成较大的负面影响，导致了外贸的不断衰退。

光复后的1946—1947年，武汉对外贸易额较战前急剧下降，贸易地位呈江河日下之势。据统计，1946年进出的蜡烛、油脂等货品价值11.53亿法币，

---

① 书报简讯社编：《武汉概况》，1949年。

② 武汉地方志编纂委员会编：《武汉市志·工业志》（上），武汉大学出版社，1999年，第30页。

③ 王洸：《复原期间之长江航运与航政》，交通部长江区航政局，1947年。

尚有可观之处，而到了1947年上半年，陡降至38.1万元法币①，外贸进口陷入停滞状况。

1946年汉口全年进口各类货物总值13.22亿元法币，仅占当年全国进口贸易总值的0.09%；1947年1—6月进口总值为5000万法币，只相当于上年进口总额的3.78%，占全国各口岸进口总值的0.0021%。与输入相比，汉口的输出情形更为惨淡：1946年汉口口岸土货出口货值为4661万元，占全国贸易口岸出口总值的0.01%；而1947年则无货物出口值。光复后的汉口对外输出基本停顿。

汉口的贸易位次也呈不断下降之势。1946年，汉口港外贸进出口总额占全国总额的0.07%；1947年为1.08%；1948年为0.004%。再从进口额分析排序，1946年汉口进口额列全国各主要口岸第14位，1947年降落至第19位②。

猪鬃、茶叶、桐油多年来为武汉的大宗出口品，其外销数量的变化，见证了武汉社会经济发展的兴衰。1930—1936年，猪鬃年平均出口量为2万担，最高年份曾达到3万担。抗日战争胜利以后，猪鬃出口未能恢复正常发展：1946年输出9067担，1947年1.1万担；1948年1.08万担，仅及战前最高水平的三分之一。汉口桐油的命运也同样"凄苦"。1937年桐油出口量高达10万吨，创汉口出口量的最高纪录。到1948年时，年出口仅2.2万吨。

（五）市政建设无所建树

武汉光复后，国民党当局一方面恢复市政机构，另一方面制定市政规划和市政复员计划，但由于沦陷时期日伪政权对城市的严重破坏，加之内战的影响，市政建设无所建树，大多数沦为空想。

市政机构还治方面，汉口市政府先行设立秘书处以及警察、财政、工务、

① 吴大明等主编：《中国贸易年鉴》，1948年。

② 武汉外贸志办公室：《汉口对外贸易地位（1867—1949）》，1981年，（内部印行）。转引自涂文学主编《武汉通史·中华民国卷》（上），武汉出版社，2006年，第384页。

卫生四局及社会、教育、地政三科，另设日德侨民管理处。其时汉口已不是行政院院辖市（或谓之特别市），但在市政管理机构设置方面，却类似于院辖市的配置，机构较为完整，这为推进城市发展提供了一定前提。作为普通市的汉口，其财政、工务两局本非在编制之列，在省府督促之下，始于 1946 年 9 月正式裁局改科。直至 1947 年 8 月重新恢复为院辖市后，才恢复了财政局。因财税收入锐减，汉口市政府机构一直未系统地建立。

武昌市政体制也重新确立。湖北省政府除设置武昌县外，分设了武昌市政筹备处，拟统辖由武昌与汉阳城区为一的武昌市。武昌市政筹备处于 1946 年 9 月 26 日正式办公。依照《武昌市政筹备处组织规程》规定，武昌市政处“受湖北省政府的指挥监督，掌理全市行政及自治事务”。筹备处设处长 1 人，下设管理全市保甲户籍、社会、教育、地政规划等事务的若干科室。1946 年 10 月，武昌市政筹备处改制为武昌市政府，管辖武昌地区。武昌在沦陷时期遭受惨重破坏，财政拮据，因而武昌市政的恢复较汉口缓慢。

光复后的汉阳市政建制颇为曲折。1945 年 10 月 31 日，湖北省政府主席王东原发布训令，将武昌以及汉阳市区行政事宜划由武昌市政处主管。王东原主持制定的大武汉建设规划中，曾对汉阳地区的市政进行过规划，明确表示汉阳的市政“将另成立汉阳市建设委员会或汉阳城区工程处负责建设事宜”①。由是观之，关于汉阳建市的设想在武汉光复后曾被提及过，但当时并未付诸实施。1946 年 10 月武昌建市后，汉阳市区又改属于汉阳县。汉阳市政建制几经更迭，加之省政府首脑变换频繁，从王东原到万耀煌，人事起伏不定，汉阳一直未找到自身准确的城市定位，严重阻碍了汉阳市政的发展。对此，艾毓英在省参议会第一届第二次大会上提案，反映汉阳地区“惟岁月荏苒，良机易失，现汉阳城区虽经收复，而其破坏荒芜的程度实属不忍卒述”。

城市规划方面，先后制订有《武昌市政处复员紧急工作计划大纲》《1947

① 艾毓英：《拟请省政府指拨专款成立机构建设汉阳市区案》，见《湖北省参议会第一届第二次大会记录》，1946 年 12 月，第 222—223 页。

年新汉口市建设计划》等规划，拟定出整理市容、公园和修建市民新村、恢复民生工业的计划，但这些规划与20世纪30年代武汉所做的城市规划相比无论是在气象上还是在层次上，都不可同日而语。加之当时国民党政权忙于内战，财政支出紧张，规划终究流为空想，无从实施。

正是由于当局的不作为，武汉的市政建设在短时间内也毫无进展。1945年至1949年5月解放前的4年中，武汉城市建设和经济规模始终未恢复到抗战前的水平。1949年三镇行政辖区计302.7平方公里，建成区面积34.7平方公里，人口102万。解放前留下的市政公用设施基本情况为：街道总长度433公里，其中铺装成柏油、水泥高级路面的约为60公里；城区房屋总建筑面积1201万平方米（其中住宅建筑面积662万平方米，且茅棚板壁房占很大比重）；市区铺设下水道仅有36公里，其余均为排水明沟或随意漫流；汉口沿江仅有不足1个流量的抽排泵站数处；武昌平湖门和汉口宗关水厂日供水量11万吨，输水干管总长154公里，用水普及率52%，汉阳则无自来水；公共汽车11辆，轮渡船12艘，出租车30余辆；城市用电装机总容量32.7万千瓦，年发电7000万余度（约为战前的78%）；公园2座，私家花园40余家，行道树仅有1800余株；公共厕所29座，环卫专用汽车5辆，木船256艘，板车240辆。上述基础设施与一个百万人口的近代大城市的功能与地位极其不相适应。①

（六）《大武汉市建设计划大纲草案》的流产

1939年秋，陈诚兼任湖北省政府主席。偏居恩施一隅的陈诚对抗战胜利充满信心，“今争取抗战胜利之日愈近，有赖于吾人奋发努力之处益多”②。开始着手考虑战后湖北的重建计划。1942年底，湖北省政府制定了《新湖北建设计划大纲》，初步勾勒了战后湖北城乡重建的轮廓框架。在策划“新湖北建设计划”的同时，还约请专家研讨武汉战后重建事宜。几经酝酿，于1943年

① 武汉市地方志编纂委员会主编：《武汉市志·城市建设志》（上）武汉大学出版社，1996年，第35页。

② 陈诚：《新湖北建设计划大纲前言》，1941年6月。

12 月编制《大武汉市建设计划草案》，次年 11 月左右修订为《大武汉市建设计划大纲草案》。至此，战后武汉重建规划已初见端倪。

《大武汉市建设计划大纲草案》规划了未来的武汉市总面积 3 600 平方公里。武汉市区性质划分为商业区域、工业区域和行政区域。商业区域以汉口城区为主要构成部分，拟规划在“襄河舵落口至谌家矶，开一新运河，绕张公堤背后以通长江”。将沿江沿河及新辟运河一带规划为商业区。将来武汉发展繁荣之后，再在“涓水入襄河之新沟，通过西湖、白水湖、后湖、武湖以至阳逻，另辟一长道运河以通长江。一方面使汉水水患得一彻底之根本解决；另一方面，使大武汉之主要商业区发展至两运河间之广大地带”。工业区域主要规划在汉阳一带。“自汉阳铁厂起，沿襄河南岸以达蔡甸，划为大武汉之主要工业区。”

另外，汉口新开运河北岸一带，为汉口方面的工业区。武昌的青山至徐家棚沿江地带划为武昌方面的工业区。行政区域集中于武昌。“以武昌方面之油坊岭一带划为省之行政区”，即湖北省政府所在。“以旧武昌市区划为大武汉之行政区”，即未来之大武汉市市政府所在。文化区域主要分布于武昌方面，“以青山南部及金口东北部两大区域，划为大武汉之主要文化区”。而汉阳沌口西南各地，划为汉阳方面之文化区，且以“办工业学校为主要”。

《大武汉市建设计划大纲草案》勾勒了未来武汉交通事业发展远景。道路建设方面：由三镇中心区设放射型主干道若干条，并与水运相联结，“建筑车船联运码头以贯穿之”。桥梁建设方面：在长江汉水上建桥梁三座，“一自汉阳之晴川阁至武昌之黄鹤楼，一自汉口之民族路至汉阳之集家嘴，一自汉口之桥口至汉阳工营场”。地铁建设设想：“为适应防空疏散及高速度交通之需要，于必要地点建筑地下铁道若干条，并于长江襄河之适当地点，渡水连接。”水运方面：除前文已计划开凿的运河以及加强过江轮渡外，计划大纲还强调了码头建设问题，拟计划选择“江岸河岸之适宜地点，建设军、商、工及普通轮渡之各种码头，务必与陆运互相衔接”。铁路建设计划：主要任务是连通平汉、粤汉两条铁路。其设想是：第一步利用巨型轮渡；第二步利用硚口、工营场及晴川阁、黄鹤楼之两铁桥；第三步则建筑江底铁道以相连贯。航空运输方面：将汉口王家墩以及武昌南湖两个机场进行扩建，并在汉口的分金楼［炉］以及武昌东湖两处各设水上机场。

总之，《大武汉市建设计划大纲草案》涵盖内容广泛，各方面规划设计甚为周详。规划以武汉发展为现代工业区域的五大区位优势（交通、劳动力、原料、能源动力、安全）为基点，将武汉的未来地位定位为“现代工业区域”，成为“我国中部轻重工业之中心与全国之一大都市”。

1945 年夏，湖北省政府邀请专家成立市政小组，由省政府顾问朱皆平为固定召集人，主持研讨武汉市政建设。市政小组从成立至日本投降的短暂时间里，共召开了四次小组会议，建议成立“武汉区域规划委员会”，规划战后武汉市政重建事宜。湖北省政府迁回武昌后，于 1945 年 9 月 25 日召开第一次谈话会。

1946 年 4 月，王东原调湖南省任职，湖北省政府随即进行了改组。湖北省政府顾问、武汉区域规划项目主要负责人朱皆平“连带下台”以后，武汉区域规划机构几乎陷入停顿。省政府当局出于财政方面的考虑认为这一工作完全属于“不急之务”。同年 4 月，万耀煌接任湖北省政府主席后，武汉区域规划委员会面临着机构人事调整的压力，“数月来因人事之变动及经费之支绌，工作无形陷入停顿”。8 月，万耀煌对武汉区域规划委员会“进行改组，加强组织，积极推进”。次年 12 月底，该机构“暂行撤销”。其后，由于财政的匮乏和战争局势的紧张，《大武汉市建设计划大纲草案》终究沦为纸上谈兵，完全没有实施。

总体而言，由于从光复到武汉解放前这一时间段较为短暂，加之国民党忙于内战，更重要的是沦陷时期元气大伤等诸多因素，导致了光复后的四年时间里，武汉城市现代化进程陷于停滞。

四、功能退化与动力弱化：武汉城市现代化进程的断裂

第二次世界大战给世界带来巨大灾难，人类文明的进程被中断，成果遭受

空前破坏。城市作为人类文明的一个重要成果，在这场战争中更是受到毁灭性破坏。

就武汉而言，日本侵华战争使武汉城市物态本体遭到毁灭性打击。武汉自晚清以来积累的工业体系、城市基础建设等均被彻底摧毁。据战后 1947 年中国全国工业协会湖北分会调查，战时武汉工业机器损失 14 220 吨，材料损失 11 220 吨，厂屋及附带设备损失 61%。①

前后七载，武昌伤亡 55 403 人，汉口伤亡 10 490 人，失踪 1 630 人。全市财产损失（以损失时价格计算）总额高达 258 828 101 985 元。其中 210 709 166 800元属于工商业损失。此外，损失房屋 8 096 栋（含空袭损失），其中公产 119 栋，私屋 7977 栋。武胜门、黄土坡、大朝街等处破坏最为严重。与其他大城市比较，“如上海、广州、平津、青岛等处，其损失之惨重，未有甚于汉口也”。②

由于战略地位重要，武汉在历史上一直是兵家必争之地。明清以降直至沦陷前，在武汉发生的大规模的战乱就有左良玉两次劫掠、张献忠攻占武汉、太平天国三克武昌、武昌首义阳夏战争等，但这些战争都无法与日军侵略战争及沦陷对武汉的破坏程度可比。上述四次战乱持续时间都很短，战乱后城市很快恢复，且繁荣程度大大超过战前。诚如民国《夏口县志》所载清人潘耒、吴淇各写的一首题为《汉口》的诗所描写的那样：“汉口通江水势斜，兵尘过后转繁华。”“雄镇曾闻夏口名，河山百战未全更。”左良玉两次劫掠持续时间约为一年零九个月，张献忠的大西政权仅占据武汉四个月，经历明末两次战乱的武汉在清初很快恢复，并一跃成为“楚中第一繁盛处”。太平军围绕武汉的争夺仅持续两年多，其后随着汉口开埠，武汉一时成为内陆最大的外贸港口；武昌首义阳夏战争更是只有短短 40 余天，战争结束后，汉口很快复建，模范区建设蔚为壮观，新的市区中心逐渐形成。

---

① 中共湖北省委党史研究室编印：《抗日战争时期武汉人口伤亡和财产损失》（下），2010 年，第 574—575 页。

② 武汉市档案馆等编：《武汉抗战史料选编》，内部出版，1985 年，第 553—564 页。

而全面抗战爆发后，因为长期处于战争的中心以及七年沦陷时期日军的残暴统治和经济掠夺，武汉城市功能明显退化，城市现代化的动力机制完全被破坏。

城市现代化的核心是城市功能的现代化，即由传统的政治或军事单一功能向现代工商文教复合功能转化。19 世纪 60 年代开埠前，作为“城”的武昌和汉阳主要是地区政治与文化的中心，汉口则是一个以区域交换市场为主体的内陆商业市镇。1861 年，汉口开埠，使得汉口由一个以区域交换市场为主体的内陆商业市镇迅速上升为开放的国际性城市。其后，张之洞推行“湖北新政”，武汉开始了从传统的政治中心和商业市镇向现代化的国际性工商业城市的转型。辛亥革命后特别是民国时期，武汉更是飞速发展，成为比较优势突出，与上海并驾齐驱的国际性城市——“东方芝加哥”。

七年沦陷，使得武汉曾经的中国工业化的引领者和全国重要工业中心的地位消失。战前武汉的钢铁、冶金、纺织等工业在全国曾占据重要地位，但沦陷时期工厂数不断减少，工业门类残缺不全，资本总额跌至谷底，工业现代化进程完全停滞，“其生产只限于机械零件的制作和修理，完全没有拥有大型设备的工厂，尤其是中国工厂，几乎都只能称作冶炼作坊”①。

商贸方面，商户大量减少，资本额、营业额不断下滑，旧有的商业中心地位烟消云散。1934 年三镇商户共有 28 028 户②，而到了 1940 年日军在进行商店登记时，商店仅有 5 218 户③。20 世纪初，武汉的贸易市场范围远及全国各地以至海外。“据《全国商埠考察记》载：东沿长江直通江西、安徽、江苏而达浙江以通海外；南接洞庭与湖南、贵州，与两广相连通；西溯长江，及于四川、云、贵而通西藏，远达缅甸、越南、印度；北赖京汉路经河南、河北而与西北各地和山东想通，间接与关外连通；西北经陆路而达陕西、甘肃，远及新

---

① 涂文学主编：《沦陷时期武汉的经济与市政》，武汉出版社，2007 年，第 327—328 页。
② 武汉市地方志编纂委员会编：《武汉市志・商业志》，武汉大学出版社，1989 年，第 63 页。
③ 武汉市地方志编纂委员会编：《武汉市志・商业志》，武汉大学出版社，1989 年，第 126—127 页。

疆、蒙古。”① 沦陷时期，市场萎缩，其辐射范围缩小为西至宜昌、襄阳由长江和汉水夹成的狭长三角地域，以及东至九江，南到岳阳，北抵信阳，对外贸易总额不断下滑。1943 年至 1945 年，汉口的直接对外贸易几乎是一片空白，彻底与外部市场脱节。

工业化是城市化的“发动机”，是推动城市化的根本动力，是城市化的直接产生和推动力量。特别是进入近代以后，“城市的真正发展需要依赖于工业的发展，因为工业本身所具有的‘群居’性质，也就是经济学家所说的空间聚集的性质，决定了工业是城市发展的动力源泉”②。沦陷使得武汉的工业功能完全受损，工业精华丧失殆尽，人口无法聚集，城市一片萧条，城市现代化最主要的动力——工业化完全丧失。影响更为深远的是，因为沦陷对武汉工业的摧残，抗战结束后，武汉的工业发展仍是元气大伤，恢复乏力，这种影响甚至延续至中华人民共和国成立后，彼时武汉的工业基础可说是一穷二白、支离破碎，“一五”期间武汉众多的工业项目完全是另起炉灶。正是由于工业化进程的乏力，使得沦陷及其后的很长一段时间内，武汉的城市化进程完全中断，甚至呈现出不进反退的趋势。

另一方面，对于一个“因商而兴”的城市，现代商业在武汉城市发展史上始终占据着重要地位，也成为武汉城市化进程的重要动力之一。商业带来市场的繁荣、人口的大量聚集和城市影响力的不断扩大。沦陷无论是对武汉城市自身商业还是市场辐射能力，都造成致命打击。城市发展的活力不复存在，开放程度不断下降，城市影响力锐减，昔日“货到汉口活”、万商云集的繁华化为泡影。

沦陷更使得武汉城市现代化发展的生态环境彻底被破坏。一方面，城市人口和城市精英大量流失。沦陷前夕，武汉政府、厂矿、高校、文化团体纷纷西迁，城市人口大量逃亡，城市发展人气不旺，缺少活力。更为致命的是，推动

① 武汉市地方志编纂委员会编：《武汉市志·商业志》，武汉大学出版社，1989 年，第 11 页。
② 华民主编：《长江边的中国——对中国经济城市化发展的思考》，学林出版社，2003 年，第 10 页。

城市现代化发展的城市精英人物几乎全部离开武汉。日伪政权建立后，当时的张仁蠡之辈在城市发展的理念、手段、意愿等方面与沦陷前推动武汉城市化进程的刘文岛、吴国桢等人不可同日而语。另外，由于伪武汉政府主要受制于日本侵略者，张仁蠡在组织伪市政府时期，其“基本政策”和“法规”都是由日本顾问高濑送来的，内容多半抄自伪满洲国。“张仁蠡及其下属所需做的，就是将这些法规翻译过来并对译文进行润饰”①。其在发展城市经济、改善民生、市政规划及建设等方面几乎无所作为，毫无建树。

日军的殖民掠夺本性也使得其在武汉主要推行“以战养战”的经济策略，并进行疯狂的经济掠夺。这使其在主观意愿和政策导向上缺乏对武汉的城市发展的关心。沦陷时期，日本在武汉开设的厂矿企业及其经营活动，主要目的在于掠夺资源。由于战争的需要，沦陷时期武汉城市经济实际上只是日军战争机器的一部分，包括日本企业在内的各种工商企业并没有独立的经营权，其生产经营活动主要与日军的侵华战争需要紧密相关。如当时日信洋行，其生产活动则完全由日军需要决定，产品也主要提供给日军，不能像正常企业一样进行销售和自行支配。

“城市是社会生产力发展的产物，更是社会资本投入的结果。”城市的所有基础设施建设，包括街区道路、公共建筑、水电管网、店铺民居等各方面，无一不需要大量资金的投入。沦陷时期，日伪政权不愿也不可能投入大量资金进行城市的基础设施建设，城市建设的财政捉襟见肘，市政设施一直吃战前老本，欠账多多，使得沦陷时期的武汉满目疮痍，残破不堪。

“一座大城市的最重要、最天然的基础，就是附近农村地带要人口稠密、劳动力充沛，这就为粮食给养、工业制造和对外贸易提供了物质资源。”② 武汉特别是汉口明清以来的发展就得益于两湖地区及西南、西北和华北等地区经济的支撑。沦陷将这种商业联系人为断裂，使得武汉的市场范围仅限于狭小的

---

① 涂文学主编：《武汉通史（中华民国卷）》（上），武汉出版社，2006年，第302页。

② 吉本：《罗马帝国衰亡的衰落和灭亡》。转引自罗兹·墨菲《上海——现代中国的钥匙》，上海社会科学院历史研究所编译，上海人民出版社，1986年，第55页。

沦陷区，城市发展中必需的各种要素之间的交换、流动、转换、扩张完全阻塞、停滞乃至中断。沦陷也使得武汉周边腹地农村经济全面崩溃，湖北农村在全面抗战中产生难民 948 万余人，荒芜土地1 325万余亩，损失农具 685 万余件，耕牛近 40 万头。① 乡村腹地的衰败残破，农业经济的日益衰落，农民的日渐贫困，城市发展赖以支持的城乡生态完全被破坏，武汉成为茫茫荒野中茕茕孑立的一座孤城。

要之，日本的侵略及七年的沦陷岁月，完全打乱了武汉既有的工业化、现代化发展轨道，给武汉带来了巨大的经济损失，汉口开埠以后几十年的现代化积累毁于一旦，现代化进程完全被中断。这场惨绝人寰、破坏巨大的战争，不仅使武汉城市遭受重创，更使城市发展的各项要素惨遭蹂躏，从而导致武汉无法顺利完成城市早期现代化的发展与转型，这也成为了武汉城市发展进程中的遗憾和悲哀。

① 赵德馨：《中国近现代经济史（1842—1949）》，河南人民出版社，2003 年，第 283 页。

参考文献

一、未刊档案

1. 中国第二历史档案馆档案

《旧航业整理委员会档案》

《武汉城防增筑计划》

《武汉会战方针、目的及策略指导》

《汉口特别市政府警察局工作报告》

《国民政府战史会档案》

《陈诚私人回忆资料》

2. 湖北省档案馆档案

《湖北省政府、汉口特别市政府联络官职务区分表》

《湖北省政府日籍嘱托汉口市政府勤务者一览表》

《湖北省抗战损失统计》

《湖北省政府收复失地善后工作纲要》

《武昌市抗战史料汇编》

《品川白炼瓦株式会社租用汉阳赫山农场挖土做砖供军用案》

《武昌市政处成立周年纪念特刊》

《湖北省高等法院汉奸更审》

《汉奸王大德》

3．武汉市档案馆档案

《沦陷初期汉阳市区的市政管理》

《汉口对外贸易地位》(1867年—1949年)

《汉口警察局、财政局、工务局、教育局、卫生局、经济局、粮食局、社会福利局的工作报告》

《汉口特别市政府周年市政概况》，1940年

《汉口特别市政府二周年市政概况》，1941年

《汉口特别市政府三周年市政概况》，1942年

《汉口特别市政府四周年市政概况》，1943年

《汉口特别市警察局业务汇刊》

《汉口特别市政府警察局消防队组织规程》

《汉口特别市社会运动指导委员会周年纪念特刊》

《汉口特别市政府秘书处宣传科1939年度工作报告》

《汉口特别市警察局消防重要器具一览表》

《汉口特别市政府关于选定中日四大节日，全市悬旗庆祝的训令》

《汉口特别市政府日籍顾问名单》

《汉口市市民清洁服务督导委员会组织通则》

《汉口市政府社会局审查管理广告规则》

《汉口特别市政府所属机关组织系统暨干部职员姓名表》

《汉口特别市政府工作月报表》

《汉口特别市政府公用局修理路灯办法》

《汉口特别市政府社会、财政、教育、公用、工务、卫生等局重要工作月报表》

《汉口市联保消防会组织通则》

《汉口市政府警察局考验汽车驾驶人办法》

《汉口市政府日籍嘱托加薪表》

《汉口市政府布告：催促收缴散存民间的街道水沟铁盖》

《汉口市政府组成人员履历表》

《汉口市民清洁服务督导委员会成立会》

《汉口市教育局所属各机关三十三年下半年支出概算》

《汉口特别市政府日籍顾问名单》

《汉市陷落后法租界水、电供应情况》

《汉阳办事处的市政管理窘态》

《汉正街万安巷附近之森记布店突遭大火，损失约达拾万元》

《武汉特别市市政府工作概况》

《武汉特别市市政府周年纪念特刊》

《武汉特别市民众教育馆组织章程》

《武汉特别市市政府宣传局审查管理广告规则》

《武汉特别市市区本年临时防汛办法》

《武汉特别市市政府武汉口汉阳三区防汛委员会组织简章》

《武汉特别市工务局向市政府呈送拟订 1940 年度防汛组织各项章则等请核准公布施行》

《武汉特别市渡船管理局航业条陈暨简略计划》

《武汉特别市工务局武昌、汉口、汉阳工务所临时防汛段暂行组织章程》

《准函送〈武汉特别市新村建筑委员会组织章程（草案）〉》

《武汉治安维持会联系政务历次会议记录》(第二次会议)

《武汉及长江交通管制》

《武汉新村计划方案》

《武昌市民复归工作计划》

《中国工程师学会武汉分会复会纪念特刊》

《本府连（联）络官姓名表》

《社会局顾问嘱托丸山郁之助解职通牒》(圆特人第四二号)

《委任警察、社会、财政、教育、工务、卫生等六局嘱托》

《大东亚建设与国民联合》(1942 年)

《调查汉口以挥发油为燃料之汽车辆数以作配给资料案》
《日伪汉口市政府卫生局人事任免及组织系统图》
《商办汉镇既济水电公司二十八年（1939 年）份事务、财务报告》
《为查复管理营业情形及一切设备是否完整请鉴由》
《日军将难民区内路灯电杆锯走路灯拆除》
《为建议繁荣武昌各项意见请鉴核施行由》
《准松田兵站司令部函知开放汉江四路暨大智边等路案》
《为将军队区之大智边及云樵路之一部开放通行请查照由》
《开放广雅路（旧名府东四路）》
《堤防管理局工务所各段防水巡堤规则》
《训令府事新字第 466 号、第 467 号》
《各机关辞职嘱托名单》
《湖北省政府日籍嘱托汉口市政府勤务者一览表》
《1946 年度防治天花》
《为建议繁荣武昌各项意见请鉴核施行由》
《日军特务部武昌分室召开防水会议，商议武昌防水事宜》
《为建议繁荣武昌各项意见请鉴核施行由》
《武昌复兴问题讨论会议纪［记］录》
《据堤防局呈报白石部队补修舵望船湾附近沿岸堤防情形，并请准支慰劳品费用等情转呈准予照办由》
《国民政府行政院任命杨恩霨等为汉口市政府秘书长等各职》（行政院训令行字第 1207 号）
《中华民国新民会“兴亚”运动周宣言》
《中国国民党设置中央及省市反共机构组织纲要》
《行政院指令》（行字第 679 号）
《大东亚建设民族大会宣言》
《密报汉口成立大中华国家社会主义青春党代电》

《华中东亚青年联盟总会汉口特别市指导部概况》

《第二届全国宣传会议宣传科工作报告》

《非党员不得充任中学训育主任、公民教员》

《为建议繁荣武昌各项意见请鉴核施行由》

《清乡工作、爱路工作解说》

《各机关欢送特务部长森冈离任办法》

4. 八路军武汉办事处旧址纪念馆档案

《第九战区武汉会战战斗详报》

5. 中共郑州市委档案

《郑州市委政研室关于郑州市几个基本情况调查》

6. 广东省档案馆档案

《各项事件传闻录》(英文)

7. 日本藏档案

《機密送第 54 號》(1896 年 10 月 15 日),海軍省—公文備考—M29—3—231

《官房 1435 號ノ 2》(1897 年 4 月 27 日),海軍省—公文備考—M30—3—262

《對支行動報告》(1915 年 5 月 12 日),日獨戰書—T3—159－616

《官房機密第 574 號》附件(1911 年 11 月 15 日),海軍省—清國事變—M44－1－136

《一月二十九日午前十一時四十五分米國海軍ホーン中佐來談要領》,海軍省—公文備考—T7—25—2136

《外務省記錄》之 G 門/都市、港灣、土木、建築、土地、建物/3 類/土地建物/《本幫人ノ中國ニ於テル土地買収及讓渡關係雜件附建物讓渡ノ件》,B—G—03—01—00—04—00—00—00—000

《陸軍省大日記》之《大日記乙輯》,1916 年(大正五年),陸軍省—大日

記乙輯—T5—3—12

《陸軍省大日記》，1942 年（昭和十七年）第 22 號，案卷號：S17－59－171

《陸軍省大日記》，1911 年（明治四十四年），陸軍省—清國事件—M44—30

《陸軍省大日記》之《密大日記》，1915 年（大正四年），陸軍省—密大日記—T4—4—12

《日本外交文書》，1913 年（大正二年）第 2 册，日本外交史料館藏

二、时人著作、回忆录、传记与史料汇编

中央档案馆、中国第二历史档案馆、吉林省社会科学院：《日本帝国主义侵华档案资料选编》，中华书局，1988 年

中央档案馆、湖北省档案馆编：《侵华日军在湖北暴行史料》，中国档案出版社，2005 年

中国第二历史档案馆：《抗日战争正面战场》上册，江苏古籍出版社，1987 年

中国第二历史档案馆：《抗日战争正面战场》中册，凤凰出版社，2005 年

中国第二历史档案馆：《中华民国史档案资料汇编》第五辑第二编军事（一），江苏古籍出版社，1998 年

中国第二历史档案馆：《中华民国史档案资料汇编》第五辑第二编军事（三），江苏古籍出版社，1998 年

南京市档案馆编：《审讯汪伪汉奸笔录》（上），江苏古籍出版社，1992 年

武汉市档案馆、八路军武汉办事处旧址纪念馆、武汉图书馆合编：《武汉抗战史料选编》，武汉市档案馆，1985 年

武汉市档案馆编：《汉口跑马场史料选辑》，内部印行，1992 年

复旦大学历史系日本史组编译：《日本帝国主义对外侵略史料选编（1931—1945）》，上海人民出版社，1975 年

黄美真、张云编：《汪伪政权资料选编：汪精卫集团投敌》，上海人民出版

社，1984 年

曾兆祥主编：《湖北近代经济贸易史料选辑》第 2 辑，湖北省志贸易志编辑室，1984 年

曾兆祥主编：《湖北近代经济贸易史料选辑》第 3 辑，湖北省志贸易志编辑室，1984 年

曾兆祥主编：《湖北近代经济贸易史料选辑》第 4 辑，湖北省志贸易志编辑室，1986 年

全国政协文史资料委员会编：《工商经济史料丛刊》第 2 辑，文史资料出版社，1983 年

全国政协文史资料委员会编：《文史资料存稿选编·抗日战争（下）》，中国文史出版社，2002 年

秦孝仪主编：《中华民国重要史料初编——对日抗战时期》，第 2 编，中国国民党中央委员会党史委员会，1981 年

秦孝仪主编：《中华民国重要史料初编——对日抗战时期》，第 6 编，中国国民党中央委员会党史委员会，1981 年

武汉市文联文艺理论研究室：《武汉文学艺术史料》第 1 辑，内部出版，1985 年

《武汉金融志》办公室等编印：《武汉银行史料》，内部出版，1987 年

武汉地方志编纂委员会办公室：《武汉国民政府史料》，武汉出版社，2005 年

东晓、陈刚编译：《〈战史丛书〉武汉会战资料汇编》，武汉出版社，2012 年

中国人民政治协商会议湖北省暨武汉市委员会：《湖北革命实录馆武昌起义档案资料选编上》，湖北人民出版社，1981 年

中共湖北省委党史研究室编印：《抗日战争时期武汉人口伤亡和财产损失》(下)，2010 年

中共武汉市党史资料征集编研委员会办公室编编印：《武汉城工史料(一)》，1985 年

中国科学院历史研究所第三所编：《近代史资料》，科学出版社，1954年

中国史学会编辑：《辛亥革命》，上海人民出版社，1957年

中国近代史资料丛刊编辑委员会编：《帝国主义与中国海关资料丛编》之九《中国海关与辛亥革命》，中华书局，1983年

“中央研究院”近代史研究所编：《中日关系史料——一般交涉》，“中央研究院”近代史研究院，1986年

鄂豫边区革命史编辑部：《鄂豫边区抗日根据地历史资料》第5辑，1984年

陈真等编：《中国近代工业史资料》第1辑，科学出版社，1957年

陈真等编：《中国近代工业史资料》第2辑，生活·读书·新知三联书店，1958年

陈真等编：《中国近代工业史资料》第4辑，生活·读书·新知三联书店，1961年

涂文学主编：《沦陷时期武汉社会与文化》，武汉出版社，2005年

涂文学主编：《沦陷时期武汉的政治与军事》，武汉出版社，2007年

涂文学主编：《沦陷时期武汉的经济与市政》，武汉出版社，2007年

徐明庭辑校：《武汉竹枝词》，湖北人民出版社，1999年

湖北政法史志编纂委员会编：《武汉国共联合政府法制编选》，1987年

马模贞：《中国禁毒史资料》，天津人民出版社，1988年

安东不二雄：《支那漫游实记》，博文馆，1892年

吉川荣吉：《清国农商工视察报告》，日本农商务省农务局，1899年

水野幸吉：《漢口——中央支那事情》，富山房，1907年

日本外务省通商局编纂：《清国事情》第1辑，日本外务省，1907年

神天外茂夫编：《大阪商船株式会社五十年史》，大阪商船，1934年

英修道：《列国在中华民国的条约权益》，东京丸善株式会社，1939年

浅居诚一编：《日清汽船株式会社三十年史及追补》，日清汽船会社，1941年

臼井忠三：《天津居留民团三十周年纪念志》，天津居留民团，1941 年

第六调查委员会学术部委员会编：《关于治外法权惯行调查报告书》，东京东亚研究所，1941 年

汉口日本商工会议所调查部编印：《武汉地区工业调查报告书第十号（华人铁系金属工业）》，1943 年

佐野善作：《清国货币问题、沪汉金融机关调查报告》，东京高等商业学校，1905 年

日本“满洲国史纪纂刊行会”：《满洲国史》，（东京）濂光社，1970 年

日本防卫厅防卫研究所战史室：《战史丛书·大本营陆军部》（1），（东京）朝云新闻社，1974 年

日本防卫厅防卫研究所战史室著，天津市政协编译委员会译：《日本海军在中国作战》，中华书局，1991 年

日本防卫厅防卫研究所战史室著，田琪之译：《中国事变陆军作战史》第 2 卷第 1 分册，中华书局，1979 年

日本防卫厅防卫研究所战史室著，田琪之译：《中国事变陆军作战史》第 2 卷第 2 分册，中华书局，1980 年

日本防卫厅防卫研究所战史室著，田琪之译：《中国事变陆军作战史》第 3 卷第 1 分册，中华书局，1983 年

日本防卫厅防卫研究所战史室著，田琪之、齐福霖译：《中国事变陆军作战史》第 3 卷第 2 分册，中华书局，1983 年

日本防卫厅战史室编纂，天津市政协编译委员会译校：《日本军国主义侵华资料长编：〈大本营陆军部〉摘译》，四川人民出版社，1987 年

日本防卫厅战史室编，天津市政协编译委员会译：《华北治安战》（下），天津人民出版社，1982 年

日本防卫厅防卫研究所战史室著，天津市政协编译委员会译：《昭和二十（1945）年的中国派遣军》第 1 卷（1），中华书局，1982 年

山田清吉：《武汉兵站》，东京：东京图书出版社，1978 年

白井胜美、稻叶正夫：《现代史资料（9）日中战争》(2)，东京美铃书房，1964 年

岡田芳政：《外務省關係電報及文書》，載於氏著《續・現代史資料（12）阿片問題》，みすず書房，1986 年

外山操、森山俊夫编：《帝国陆军编制总览》，(东京) 芙蓉书房，1987 年

黑田清隆：《漫游见闻录》，日本农务商省，1888 年

藤原彰：《外邦兵要地图整备志》，不二出版社，1992 年

内田佐和吉：《武汉巷史》(中译本)，武汉出版社，2014 年

《外务省警察史（第四十九卷）——在汉口总领事馆》，不二出版社，2011 年

日本东亚研究所：《中国占领地经济的发展》，资料乙第 86 号 A，1944 年

陈霁云：《孙中山先生五日驻鄂记》，武昌民国公报馆，1912 年

《近卫文麿日记》(附属文书类)，日本鹿岛研究所出版会，1969 年

《竺可桢全集》，上海科技教育出版社，2006 年

姚公鹤：《上海闲话》，商务印书馆，1933 年

《王世杰日记》，中国社会科学院近代史研究所：《近代史资料》总 119 号，中国社会科学出版社，2009 年

湖北省志文艺志编辑室编：《洪深杂文集》第四卷，《文艺资料选辑（三）》(内部资料)，1984 年

东史郎著，张国仁等译：《东史郎日记》，江苏教育出版社，1999 年

穆和德著，李策译：《近代武汉经济与社会：海关十年报告——汉口江汉关（1882－1931）》，香港天马图书有限公司，1993 年

王铁崖：《中外旧约章汇编》(一)，生活・读书・新知三联书店，1957 年

叶调元著，徐明庭、马昌松校注，《汉口竹枝词》，湖北人民出版社，1985 年

刘献廷撰，汪北平、夏志和点校：《广阳杂记》，中华书局，1957 年

徐焕斗著，王夔清补，彭天觉等校：《汉口小志》爱国图书公司，1915 年

张之洞撰，许同莘编：《张文襄公公牍稿》，1920 年

武汉市方志办、武汉市图书馆编：《民国夏口县志校注》，武汉出版社，2010 年

书报简讯社编印：《武汉概况》，1949 年

张毓珊、孔士谔：《中国国际贸易问题》（中），商务印书馆，1936 年

武汉市文化局史志办公室编：《武汉的书店》，1984 年

李宗仁口述、唐德刚撰写：《李宗仁回忆录》，广西人民出版社，1980 年

南奇著：《诗非梦：一代艺人南铁生》，美劳教育出版有限公司，2005 年

阳翰笙：《风雨五十年》，人民文学出版社，1980 年

郭汝瑰、黄平章：《中国抗日战争正面战场作战记》下册，江苏人民出版社，2005 年

何应钦：《日军侵华八年抗战史》，黎明文化事业股份有限公司，1982 年

蒋纬国：《国民革命战史（第三部）·抗日御侮》第 6 卷，黎明文化事业股份有限公司，1978 年

蒋纬国：《国民革命战史（第三部）·抗日御侮》第 7 卷，黎明文化事业股份有限公司，1978 年

萧志华主编：《湖北社会大观》，上海书店，2000 年

武汉市政协文史委、社科联、历史学会：《抗战中的武汉》，武汉出版社，1985 年

中国人民政治协商会议湖北省委员会文史资料委员会编：《湖北文史资料》1985 年第 1 辑

中国人民政治协商会议湖北省委员会文史资料委员会编：《湖北文史资料》1985 年第 2 辑

中国人民政治协商会议湖北省委员会文史资料委员会编：《湖北文史资料》1986 年第 3 辑

中国人民政治协商会议湖北省委员会文史资料委员会编：《湖北文史资料》1987 年第 2 辑

中国人民政治协商会议湖北省委员会文史资料委员会编：《湖北文史资料》

1992 年第 3 辑

政协武汉市委员会文史学习委员会编:《武汉文史资料》1983 年第 1 辑

政协武汉市委员会文史学习委员会编:《武汉文史资料》1984 年第 2 辑

政协武汉市委员会文史学习委员会编:《武汉文史资料》1985 年第 1 辑

政协武汉市委员会文史学习委员会编:《武汉文史资料》1985 年第 2 辑

政协武汉市委员会文史学习委员会编:《武汉文史资料》1985 年第 3 辑

政协武汉市委员会文史学习委员会编:《武汉文史资料》1985 年第 3 辑

政协武汉市委员会文史学习委员会编:《武汉文史资料》1985 年第 4 辑

政协武汉市委员会文史学习委员会编:《武汉文化史料》1985 年第 5 辑

政协武汉市委员会文史学习委员会编:《武汉文史资料》1986 年第 1 辑

政协武汉市委员会文史学习委员会编:《武汉文史资料》1989 年第 4 辑

政协武汉市委员会文史学习委员会编:《武汉文史资料》1992 年第 1 辑

政协武汉市委员会文史学习委员会编:《武汉文史资料》1992 年第 2 辑

政协武汉市委员会文史学习委员会编:《武汉文史资料》1994 年第 2 辑

政协武汉市委员会文史学习委员会编:《武汉文史资料》1995 年第 4 辑

政协武汉市委员会文史学习委员会编:《武汉文史资料》1996 年第 1 辑

政协武汉市委员会文史学习委员会编:《武汉文史资料》1996 年第 3 辑

政协武汉市委员会文史学习委员会编:《武汉文史资料》1997 年第 1 辑

政协武汉市委员会文史学习委员会编:《武汉文史资料》1999 年第 7 期

政协武汉市委员会文史学习委员会编:《武汉文史资料》1998 年第 3 期

政协武汉市委员会文史学习委员会编:《武汉文史资料》2005 年第 8 期

政协武汉市委员会文史学习委员会编:《武汉文史资料》2005 年第 10 期

政协武汉市委员会文史学习委员会编:《武汉文史资料》2014 年第 4 期

政协武汉市委员会文史学习委员会编:《武汉文史资料》2015 年第 2 期

中国人民政治协商会议罗田县委员会编:《罗田文史资料》第 4 辑,1990 年

政协武汉市江岸区文史学习委员会编:《江岸文史》总第 7 辑,2005 年

政协武汉市江岸区文史学习委员会编：《江岸文史资料》第2辑，2000年

政协武汉市委员会文史学习委员会编：《武汉文史资料文库》第2卷（政治军事），武汉出版社，1999年

政协武汉市委员会文史学习委员会编：《武汉文史资料文库》第7卷（历史人物），武汉出版社，1999年

黄陂政协文史资料研究委员会：《黄陂文史》第2辑，1988年

武穴市政协文史资料编委会：《武穴文史资料》第2辑，1990年

三、报刊

《汉口特别市教育公报》（伪）

《汉口特别市政府公报》（伪）

《武汉特别市市政府公报》（伪）

《湖北省政府公报》（伪）

《长江流域商民代表大会日刊》

《长江日报》

《东亚联盟》

《东方杂志》

《大同日报》

《大公报》（汉口版）

《大楚报》

《光复新加坡特刊》

《广州民国日报》

《关册》

《国民政府交通部交通公报》

《国民外交杂志》（北京）

《国庆纪念专刊》

《汉口物价》

《和平日报》
《华中日报》
《汉口商业月刊》
《汉口民国日报》
《寰球中国学生会周刊》
《江汉晚报》
《教育通讯》
《禁烟公报》
《交通职工月报》
《纺织时报》
《妇女文化》
《陆大月刊》
《两仪》
《立言画刊》
《良友》
《青萍月刊》
《市声周报》
《时事月刊》
《申报》
《申报年鉴》
《铁路公报》
《武汉日报》
《武汉报》
《武汉青协周年纪念专刊》
《外交公报》
《外交公报》(汪伪)
《新武汉》

《新华日报》

《新湖北月刊》

《新生》

《银行杂志》

《外交报》

《卫生月报》

《商业杂志》

《银行周报》

《一周时事述评》

《中外日报》

《中国的空军》

《商务官报》

四、当代方志

湖北省地方志编纂委员会：《湖北省志·金融》，湖北人民出版社，1992年

湖北省地方志编纂委员会：《湖北省志·经济综述》，湖北人民出版社，1992年

湖北省地方志编纂委员会：《湖北省志·政权》，湖北人民出版社，1996年

湖北省地方志编纂委员会：《湖北省志·卫生》，湖北人民出版社，2000年

湖北省地方志编纂委员会：《湖北省志·人物》上册，湖北人民出版社，2000年

武汉市地方志编纂委员会：《武汉市志·大事记》，武汉大学出版社，1990年

武汉市地方志编纂委员会：《武汉市志·外事志》，武汉大学出版社，

1991 年

武汉市地方志编纂委员会：《武汉市志·教育志》，武汉大学出版社，1991 年

武汉市地方志编纂委员会：《武汉市志·军事志》，武汉大学出版社，1992 年

武汉市地方志编纂委员会：《武汉市志·人物志》，武汉大学出版社，1999 年

武汉市地方志编纂委员会：《武汉市志·工业志》武汉大学出版社，1999 年

武汉市地方志编纂委员会：《武汉市志·城市建设志》（上），武汉大学出版社，1996 年

武汉市地方志编纂委员会：《武汉市志·商业志》，武汉大学出版社，1989 年

武汉市地方志编纂委员会：《武汉市志·对外经济贸易志》，武汉大学出版社，1996 年

《汉口租界志》编纂委员会：《汉口租界志》，武汉出版社，2003 年

麻城县地方志编纂委员会：《麻城县志》，红旗出版社，1993 年

红安县地方志编纂委员会：《红安县志》，上海人民出版社，1992 年

嘉鱼县地方志编纂委员会：《嘉鱼县志》，湖北科学技术出版社，1993 年

崇阳县地方志编纂委员会：《崇阳县志》，武汉大学出版社，1991 年

宜昌县地方志编纂委员会：《宜昌县志》，湖北人民出版社，1993 年

广济县志编纂委员会：《广济县志》，汉语大词典出版社，1994 年

汉阳县县志编纂委员会：《汉阳县志》，武汉出版社，1989 年

中国人民银行湖北省分行金融研究所：《湖北省金融志》，内部发行，1984 年

刘明森主编：《武汉医药行业志》，中国医药科技出版社，1991 年

五、论著

冯静雯、李芳清：《浅论民国时期广州百货业的发展》，载《民国广州城市

与社会研究》，广东经济出版社，2009 年

马俊亚：《抗战期间日军对江南棉纺织业的掠夺与控制》，《桂海论丛》2015 年第 4 期.

傅清沛：《抗战时期日本侵略者对青岛的殖民统治与掠夺》，《山东社会科学》1995 年第 5 期

杨升祥、杜鸿林：《不能忘却的历史：日本侵略者对天津的经济掠夺》，《天津行政学院学报》2005 年第 3 期

黄菊艳：《日本侵略者对广东的经济掠夺与经济统制》，《广东社会科学》1996 年

刘世永：《日本侵略者对河南沦陷区的经济掠夺》，《河南大学学报（哲社版）》1988 年第 1 期

陈谦平：《抗日战争的新史料与新视角》，《抗日战争研究》2016 年第 2 期

杨升祥、杜鸿林：《不能忘却的历史：日本侵略者对天津的经济掠夺》，《天津行政学院学报》2005 年第 3 期

张玉龙：《日军对厦门的经济掠夺与奴化教育述论》，《漳州师范学院学报（哲学社会科学版）》2003 年第 1 期

陈贤一：《盘龙城遗址的分期及城址的性质》，《考古学研究》（五），2013 年

徐旭阳：《抗日战争时期日本对湖北沦陷区经济掠夺述论》，《湖北第二师范学院学报》2012 年第 7 期

周俊旗：《简论抗日战争时期天津城市经济功能的转向》，《天津社会科学》1989 年第 4 期

张根福：《抗战时期人口流迁状况研究》，《中国人口科学》2006 年第 6 期.

王新旺：《武汉沦陷时期日军的经济掠夺与民众生活》，《湖北社会科学》2014 年第 10 期.

徐立文：《日寇铁蹄下的湖北邮政》，《武汉春秋》1985 年第 5 期.

张光宇：《汉口“四三”惨案始末》，《史学月刊》1984 年第 5 期；

马振犊：《广济战役前武汉会战战况史料选》，《民国档案》1985 年第 2 期

李力：《关于日军大举进攻武汉期间实行的毒气战》，《社会科学战线》1992 年第 2 期

李作民：《评 1939 年冬季攻势兼论国民党抗日政策的转折》，《民国档案》1995 年第 1 期

涂文学、宋晓丹：《张之洞“湖北新政”遗产的历史命运》，《江汉论坛》2003 年第 8 期

邓正兵、林硕：《汉口“四三”惨案述论》，《江汉大学学报》（社会科学版）2008 年第 3 期

柯育芳：《论黄广会战中国军队反击作战的战术运用》，《抗日战争研究》2008 年第 1 期

李广民：《侵华日军中“笔部队”的“文学报国”》，《外国问题研究》2010 年第 1 期

徐勇：《近代日本之扬子江扩张及其战争规划再研究》，《军事历史研究》2015 年第 1 期

皮明庥：《武汉建市的历史》，《武汉春秋》1984 年第 1 期

陆伟：《“军配组合”与战时日本在华中的物资统制》，《党史教学与研究》1999 年第 4 期

方秋梅：《近代汉口市政发展与城市形象变化》，《武汉科技大学学报》2011 年第 3 期

兰军：《试析日伪在沦陷时期实施的“大东亚教育建设”——以武汉为中心的历史考察》，《黑龙江史志》2009 年第 18 期

陈少颉：《抗日少将间谍张振国》，《湖北方志》2007 年第 1 期

赵小泮：《从反战同盟五支部到日军 46 人集体暴动》，《党史博览》2007 年第 6 期

史鸿轩：《日本甲级战犯罪行实录》，《决策探索》2005 年第 7 期

舒醒：《万家岭战役：中国抗战史上的空前胜利》，《党史文苑》2010 年第

21期

余戈：《侵华日军中的“笔部队”》，《文史精华》2015年第2期

张珊珊：《近代汉口港与其腹地经济关系变迁（1892—1936）——以主要出口商品为中心》，博士学位论文，复旦大学，2007年

冯武：《1950年代武汉娼妓改造研究》，硕士论文，华中师范大学，2008年

鲍德威著，张汉等译：《中国的城市变迁———1890—1949年山东济南的政治与发展》，北京大学出版社，2010年

白吉尔著，王菊、赵念国译：《上海史：走向现代之路》，上海社会科学院出版社，2005年

张根福、岳钦韬：《抗战时期浙江省社会变迁研究》，上海人民出版社，2009年

皮明庥主编：《武汉通史·晚清卷》(上)，武汉出版社，2006年

罗兹·墨菲：《上海——现代中国的钥匙》，上海社会科学院历史研究所编译，上海人民出版社，1986年

罗芙芸著，向磊译：《卫生的现代性：中国通商口岸卫生与疾病的含义》．江苏人民出版社，2007年

何一民主编：《变革与发展：中国内陆城市成都现代化研究》，四川大学出版社，2002年

戴鞍钢：《江南城镇通史·晚清卷》，上海人民出版社，2017年

费正清主编：《剑桥中华民国史（上）》，中国社会科学出版社，1994年

斯基娅·萨森著，孙莉、黄小兵译：《全球挑战的城市化趋势：以不对称战争为例》，《国际城市规划》2011年第2期

乔尔·科特金著，王旭等译：《全球城市史》，中国社会科学出版社，2014年

诺尔曼·庞兹著，刘景华、孙继静译：《中世纪城市》，商务印书馆，2015年

刘易斯·芒福德著，宋俊岭、倪文彦译：《城市发展史——起源、演变和前景》，中国建筑工业出版社，2005 年

帕特里克·奥沙利文等著，荣旻译：《战争地理学》，解放军出版社，1988 年

傅林祥、郑宝恒：《中国行政区划通史·中华民国卷》，复旦大学出版社，2007 年

陈谦平、张连生、张生著：《中国正面战场》，华夏出版社，2015 年

王建朗、曾景忠著：《中国近代通史》第九卷《抗日战争（1937—1945）》，江苏人民出版社，2007 年

闻少华：《汪伪政权史话》，社会科学文献出版社，2000 年

宋波：《抗战时期的国民党军队》，华文出版社，2005 年

李文海主编：《清史编年》（一），中国人民大学出版社，1985 年

中国第二历史档案馆《中国抗日战争大辞典》编写组：《中国抗日战争大辞典》，湖北教育出版社，1995 年

费正清主编：剑桥中华民国史（上），中国社会科学出版社，1994 年

堀场一雄：《中国事变战争指导史》，时事通信社，1948 年

堀场一场著，王培岚等译：《日本对华战争指导史》，军事科学出版社，1988 年

杨万秀：《广州通史·现代卷》（下），中华书局，2010 年

孟国祥：《大劫难——日本侵华对中国文化的破坏》，中国社会科学出版社，2005 年

曹洪涛、刘金声：《中国近代城市的发展》，中国城市出版社，1998 年

信夫靖三郎著，天津社会科学院日本问题研究所译：《日本外交史》（下册），商务印书馆，1980 年

信夫靖三郎：《日本外交史》（下册），商务印书馆，1980 年

菊池一隆著：《中国抗日军事史》，社会科学文献出版社，2011 年

浅田乔二等著、袁愈佺译：《1937－1945 日本在中国沦陷区的经济掠夺》，

复旦大学出版社，1997 年

江口圭一：《日中鸦片战争》，岩波书店，1988 年

爱德华·吉本著，《罗马帝国衰亡史》，辽宁人民出版社，2016 年

大江志乃夫等编：《近代日本和殖民地·膨胀的帝国人流》，岩波书店，2001 年

中下正治：《新闻にみる日中关系史》，研文出版社，2000 年

敖文蔚主编：《湖北抗日战争史》，武汉大学出版社，2006 年

钱端升：《民国政制史（下）》，上海人民出版社，2008 年

陈谦平、张连生、张生著：《中国正面战场》，华夏出版社，2015 年

黄东：《塑造顺民：华北日伪的“国家认同”建构》，社会科学文献出版社，2013 年

解放军武汉军分区编：《武汉民兵简史》，武汉出版社，1988 年

刘宗武：《湖北新民主革命通史（抗日战争时期卷）》，华中师范大学出版社，2008 年

皮明庥：《武汉近百年史》，华中工学院出版社，1985 年

皮明庥、欧阳植梁：《武汉史稿》，中国文史出版社，1992 年

皮明庥、吴勇主编：《汉口五百年》，湖北教育出版社，1999 年

皮明庥主编：《近代武汉城市史》，中国社会科学出版社，1993 年

沈春山、陈益：《涨渡湖抗日根据地史稿》，华中师范大学出版社，1991 年

田子渝、黄华文：《湖北通史·民国卷》，华中师范大学出版社，1999 年

涂文学主编：《武汉通史·民国卷》（上），武汉出版社，2006 年

唐利国：《日本侵华思想战研究刍议（1931～1945）》，载臧运祜等主编：《日本侵华与中国抗战：有关史料及其研究》，社会科学文献出版社，2013 年

王向远：《“笔部队”和侵华战争：对日本侵华文学的研究与批判》，昆仑出版社，2005 年

武汉市总工会工运史研究室编：《武汉工人运动史（1863－1949）》，武汉出版社，2012 年

徐勇：《征服之梦——日本侵华战略》，广西师范大学出版社，1993 年

中共武汉市委党史研究室：《中国共产党武汉史（1919－1949）》，湖北人民出版社，1999

张宪文：《中国抗日战争史：1931－1945》，南京大学出版社，2001 年

北京大学社会系主编：《城市学讲座》，北京大学出版社，1986 年

黄美真主编：《日伪对华中沦陷区经济的掠夺与统制》，社会科学文献出版社，2005 年

华民主编：《长江边的中国——对中国经济城市化发展的思考》，学林出版社，2003 年

苏长梅、聂仕书主编：《武汉人口》，武汉出版社，2000 年

费成康：《中国租界史》，上海社会科学院出版社，1991 年

涂文学：《城市早期现代化的黄金时代》，中国社会科学出版社，2009 年

胡如雷：《中国封建社会形态研究》，生活・读书・新知三联书店，1979 年

武汉市档案馆编：《武汉对外开放史》，武汉出版社，2005 年

赵德馨：《中国近现代经济史》(1842—1949)，河南人民出版社，2003 年

赵冈：《中国城市发展史论集》，(台湾) 联经出版事业公司，1995 年

陈才主编：《人文地理学》，中国科学出版社，2002 年

戴知贤、李良志主编：《抗战时期的文化教育》，北京出版社，1995 年

李珠、皮明庥主编：《武汉教育史》，武汉出版社，1999 年

唐惠虎、朱英主编：《武汉近代新闻史》(下)，武汉出版社，2012 年

徐旭阳著：《湖北国统区和沦陷区社会研究》，社会科学文献出版社，2007 年

熊贤君主编：《湖北教育史》上卷，湖北教育出版社，1999 年

杨天敬：《沦陷时期日伪对武汉民众的奴化教育》，华中师范大学硕士论文，2009 年

余新忠主编：《明清以来的疾病、医疗和卫生——以社会文化史为视角的探索》，生活・读书・新知三联书店，2009 年

钟兴锦、肖效钦等:《抗日战争文化史》，中共党史出版社，1992 年

笠原十九司:《日中战争时期日本海军航空队实施城市轰炸全貌》，载《“抗日战争与中国社会”宜昌国际学术研讨会论文集》(中)，2015 年

维真:《九一八后东北与日本》，知识产权出版社，2016 年

后　记

编纂《武汉沦陷史》是我多年以来的心愿。上世纪八九十年代，我在武汉市社会科学院工作，追随先师皮明庥先生从事近代武汉城市史研究。当时由于研究视域和观念束缚、档案未完全开放等多方面原因，沦陷时期的武汉历史几乎一片空白。每念及此，先生颇感无奈，希望我今后在这一领域能有所建树。1998年年底，我到武汉市档案局（馆）工作后，不仅先生对我寄予厚望，武汉历史研究前辈学者徐明庭先生、田子渝教授也希望我利用工作便利，整理武汉沦陷历史档案，编纂一部全面系统反映沦陷时期武汉政治、军事、经济、社会和文化异变和衰落的《武汉沦陷史》，以填补武汉城市史研究的空白。在诸位前辈鼓动下，我组织档案馆和江汉大学城市研究中心诸位同仁先从整理档案做起，先后于2005年和2007年编纂出版了三卷本的《沦陷时期武汉档案史料丛稿》(含《沦陷时期武汉政治与军事》《沦陷时期武汉经济与市政》《沦陷时期武汉社会与文化》)。在此基础上，自2014年始，又召集同道，着手编纂《武汉沦陷史》，几经磨砺，数易其稿，历时五载，今始付梓印行，夙愿终偿。

说《武汉沦陷史》为武汉历史研究填空补白之作多少有自夸之嫌，过往武汉历史研究包括皮明庥先生的多部武汉通史性著作，对于沦陷时期的武汉历史多有涉及，且不乏精彩篇章。如果真要谈本书对武汉历史尤其是武汉近代史研究的些微贡献，我想主要有两点：其一，它是第一部专题研究武汉沦陷时期历史的断代史。其二，它是一部以城市史视野研究沦陷时期武汉历史，在研究旨趣、论述角度、体例结构等诸多方面迥异于传统地方史的城市史著作。作为城市史的《武汉沦陷史》，本书不仅有专门的章节论述沦陷时期武汉的市政，而且从城市现代化视角审视和观照沦陷给武汉带来的城市功能畸变和城市现代化进程断裂：城市人口锐减、民族工业精华尽失、区域商圈萎缩和对外贸易停歇、文化教育全面奴化、城市现代化建设停滞和市政设施衰败……管中窥豹，从而以全新的维度、更广的领域深刻揭露日本侵略给中国近代历史发展带来的灾难性后果。

以城市史的思路编纂《武汉沦陷史》，得到编写组同仁的认同和武汉学界前辈的认可，五易寒暑，五载春秋，我和我的同事们反复切磋商讨，辛勤笔耕，终于迎来收获的季节。武汉市博物馆馆长刘庆平兄与我共同担纲主编，共同策划选题，审阅大纲；江汉大学副校长李卫东教授撰写了编纂大纲初稿；江汉大学人文学院院长邓正兵教授协助主编做了大量的组织协调工作；江汉大学城市研究中心雷丽女士编制了参考文献，最后由我对全书进行审阅删削。《武汉沦陷史》既凝聚了各位作者的心血和智慧，也得到严昌洪先生、田子渝先生、张笃勤先生、宋晓丹先生的指导和鼓励。其中尤令笔者感动的是张宪文先生和业师章开沅先生欣然赐序。两位先生不但对我们颇多奖掖，而且对深化抗战史和沦陷史研究提出许多发人深思的灼见。湖北教育出版社领导陆才坚先生、刘艺女士十分关心本书出版，李作君先生为本书选题报备、重大选题书稿送审以及书稿编辑等付出了艰巨努力，责任编辑精心编校书稿，在此一一深致谢忱！本书中的图片大多采集于历史文献，部分图片在使用时无法与版权所有者取得联系，希望版权所有者见后与本书主编联系。

今年是武汉抗战和武汉沦陷 80 周年。80 年前的武汉，风云际会，世界瞩目。“这个号称‘九省通衢’的华中最重要的城市已经成为全中华民族抗战的中心”（周恩来语），“今日武汉已成为第三期抗战中最重要的据点，这里是我们雪耻复仇的根据地，也是中华民族复兴的基石”（陈诚语）。武汉抗战是全面抗战的重大转折点，在近代中华民族伟大复兴的征程中具有重要历史意义。值此海内外学术界和武汉社会各界隆重纪念武汉抗战 80 周年之际，我们编纂出版《武汉沦陷史》，热情讴歌中国人民抵御外侮、抗击日寇的英雄壮举，深刻揭露日本军国主义侵略暴行，深切缅怀武汉抗战英烈和武汉沦陷死难同胞。以期为建设现代化、国际化、生态化大武汉，实现中华民族复兴的中国梦提供史鉴，贡献才智！

涂文学

戊戌暮春于自在心舍

(鄂)新登字 02 号

图书在版编目(CIP)数据

武汉沦陷史/涂文学,刘庆平主编.
—武汉:湖北教育出版社,2018.10

ISBN 978-7-5564-2625-6

Ⅰ.①武…
Ⅱ.①涂… ②刘…
Ⅲ.①武汉会战-研究
Ⅳ.①K265.210.6

中国版本图书馆 CIP 数据核字(2018)第 229013 号

武汉沦陷史

出品人	方平	策划	刘艺 李作君
责任编辑	黄佑志 刘宁 裴晓雷 朱思思 邓珍珍 万婵	责任校对	李镧
封面设计	牛红	责任督印	张遇春

出版发行	长江出版传媒	430070	武汉市雄楚大道 268 号
	湖北教育出版社	430070	武汉市雄楚大道 268 号
经销	新华书店		
网址	http://www.hbedup.com		
印刷	武汉精一佳印刷有限公司		
地址	武汉市硚口区发展大道 32 号		
开本	720mm×1000mm 1/16		
印张	48		
字数	730 千字		
版次	2018 年 10 月第 1 版		
印次	2018 年 10 月第 1 次印刷		
书号	ISBN 978-7-5564-2625-6		
定价	198.00 元		